Karel van Wolferen, 1941 in Rotterdam geboren, wurde nach mehrjährigem Aufenthalt in asiatischen Staaten 1972 Korrespondent der niederländischen Tageszeitung *Handelsblad* in Japan. Zahlreiche kritische Artikel über Bevölkerung, Wirtschaft und Kultur des Gastlandes brachten ihm den Protest japanischer Regierungskreise, dafür aber die Anerkennung vieler Japanologen ein.

Dieses Buch wurde auf chlor- und säurefreiem Papier gedruckt.

Vollständige Taschenbuchausgabe Oktober 1992
Droemersche Verlagsanstalt Th. Knaur Nachf., München

Titel der Originalausgabe »The Enigma of Japanese Power«
Umschlaggestaltung Agentur ZERO, München
Druck und Bindung Elsnerdruck, Berlin
Printed in Germany
ISBN 3-426-77021-0

2 3 5 4 1

Karel van Wolferen

Vom Mythos der Unbesiegbaren

Anmerkungen zur Weltmacht Japan

Aus dem Englischen
von Mara Huber

Knaur

Für Leo Labedz
für seine intellektuelle Courage und Integrität

Inhalt

Danksagung

Ich bin einer großen Zahl von Menschen dankbar, die mir direkt und indirekt geholfen haben, dieses Buch zu schreiben. Einige müssen unerwähnt bleiben, etwa die Hunderte, die ich über gut zwei Jahrzehnte zu einer großen Vielfalt japanischer Fragen interviewt habe.

Unter denjenigen, die direkter mit dem Buch zu tun haben, sind mir drei Freunde besonders wichtig. Ohne die Unterstützung von Yoshino Okubo, die Bibliotheken durchforstet und Material in japanischer Sprache aufbereitet hat, wäre es ein anderes Buch geworden. William Whetherall und Ivan Hall haben bei der Durchsicht der verschiedenen Manuskriptfassungen ständig Kommentare und unschätzbare redaktionelle Vorschläge beigesteuert. Nicht weniger wichtig war ihre unerschütterliche moralische Unterstützung in Zeiten, wenn ich wenig Fortschritte zu machen schien. Ich schätze mich außerordentlich glücklich, ihr Freund zu sein.

Ich stehe intellektuell in der Schuld von Chalmers Johnson, der es gewagt hat, einige Aspekte meines Themas, die ich bis dahin als nur am Rande bedeutungsvoll eingeschätzt hatte, ausdrücklich zu thematisieren. Außerdem danke ich ihm für seine jahrelange Freundschaft und nie nachlassende Ermutigung. Ebenso danke ich Sheila Johnson für ihre geduldige Durchsicht der Frühfassungen der meisten Kapitel und ihre zahllosen redaktionellen Vorschläge.

Ich danke Milos Sovak für seine vielen hilfreichen Hinweise und seinen Enthusiasmus. Jan van Rij, Edward Seidensticker, Ishida Takeshi, Gordon Berger, Stanislav Andreski, Harvey Stockwin, Robert Cutts und Eric Klestadt haben Teile des Manuskripts gelesen, und ich möchte ihnen für ihre Ideen und ihre willkommene Kritik danken. Ian Buruma gehört ebenfalls auf diese Liste — und auf der Liste der Menschen, die meinen Geist im Gespräch über die Jahre angeregt haben, steht er ganz oben. Professor Mikuriya Takashi möchte ich für seine Hilfe danken, und Professor Ito Daiichi für seine Kommentare. Ich schulde Clyde Prestowitz und Sheldon Garon Dank dafür, daß sie mir Fahnen ihrer wichtigen Bücher sandten.

Es gibt Menschen, die mit nebenbei gemachten Bemerkungen die Entwicklung wichtiger Ideen auslösen. Ich bin über die Jahre mehreren solcher Menschen in Japan begegnet, doch ich möchte zwei Freunde nennen, Murray Sayle und Claus Regge, die mir — wahrscheinlich ohne es zu wissen — die Anfangsideen zu etlichen Bemerkungen in diesem Buch geliefert haben.

Ein besonderer Dank gebührt George De Vos, der mich vor über zwanzig Jahren dazu drängte, über Japan zu schreiben. Dieses Buch ist wahrscheinlich ganz anders als das, was er sich damals dachte, doch er gab mir eine Menge Selbstvertrauen.

Frits Bolkenstein und Wim Kortekaas bin ich dankbar für ihren Glauben an mein Projekt, ihre Hilfe und Freundschaft. Die Mitarbeiter der Foreign Correspondents' Club-Bibliothek in Tokio waren, wie immer, effizient und hilfreich.

Michael Grey hat die Textverarbeitungsanlage zusammengestellt, mit der dieses Buch geschrieben ist; er hat sie schneller gemacht und ist in meine Berghütte heraufgekommen, um Notreparaturen durchzuführen. Ich hätte das Buch übrigens ohne das ausgezeichnete XyWrite-Textprogramm nicht in der verfügbaren Zeit fertigstellen können.

Ich kann William Miller kaum genug dafür danken, daß er ein hervorragender Agent und gleichzeitig ein guter Freund ist und mir unerschütterlich beigestanden hat, bevor ich beginnen konnte und als ich Krisen durchmachte.

Wout Woltz und Jan Sampiemon, Herausgeber des NRC Handelsblad, sind die besten Arbeitgeber, die man sich wünschen kann. Sie tragen nicht nur dazu bei, daß diese Zeitung eine der besten der Welt bleibt, indem sie mir über die Jahre ein Höchstmaß an umfassenden Analysen ermöglichen, sondern sie haben mir auch brüderliche Toleranz entgegengebracht, wenn mein Sonderurlaub lang und länger wurde.

Zu guter Letzt gilt mein warmer Dank Fusae Wako, die in den achtzehn Monaten der Isolation, in denen dieses Buch entstand, treulich den logistischen Hauptkanal zwischen Tokio und Morigane

im Vorgebirge des Nord-Ibaragi aufrechterhielt und mich schon lange davor loyal unterstützt hat.
Selbstverständlich ist niemand der oben Erwähnten für die Schlußfolgerungen und möglichen Fehler in diesem Buch verantwortlich.
Bei der Auflistung der japanischen Namen bin ich der Sitte gefolgt, den Familiennamen zuerst zu nennen.

(Morigane, Ibaragi, Oktober 1988)

1

Das Japan-Problem

Japan verwirrt die Welt. Es ist eine große Weltmacht geworden, doch es verhält sich nicht so, wie der Hauptteil der Welt es von einer Weltmacht erwartet; zuweilen macht es sogar den Eindruck, als wolle es überhaupt nicht zur Welt gehören. Gleichzeitig hat Japans überwältigende wirtschaftliche Präsenz die westlichen Länder ebenso wie einige seiner asiatischen Nachbarn das Fürchten gelehrt. Die Beziehung zwischen Japan einerseits und den USA und Europa andererseits ist in ernsten Schwierigkeiten. In den späten 1980er Jahren beginnt der Westen, an Japan als verantwortlichem Partner in Politik und Handel Zweifel zu hegen. In Japan ist es mittlerweile üblich, daß Beamte und prominente Kommentatoren vorbringen, ihr Land sei einer weitverbreiteten internationalen Mißgunst zum Opfer gefallen; ungünstige Analysen tun sie gern als »Prügel für Japan« ab.

Seit fast zwei Jahrzehnten rät man dem Westen, Geduld mit Japan zu haben. Man argumentiert, die Japaner verstünden die Notwendigkeit von Anpassungen und forcierten ihre Bemühungen um eine »Internationalisierung«. Eine langdauernde Werbekampagne für dieses Ziel, bei der in unzähligen Reden, zahllosen Zeitungs- und Zeitschriftenartikeln entsprechende Slogans wiederholt wurden, schien dies zu bestätigen. Doch in den späten 1980er Jahren greift im Westen allmählich die Erkenntnis Platz, daß die langverheißenen Veränderungen nicht erfolgen und daß die Erklärungen, auf denen Erwartungen eines Wandels basierten, vielleicht von vornherein falsch waren. Inzwischen haben zunehmende Kritik und Forderungen, erste Vergeltungsmaßnahmen und andere Formen des Drucks von frustrierten Handelspartnern, besonders den USA, zu einem Sinneswandel bei den Beamten und Kommentatoren der japanischen Seite geführt. Ihre Antworten werden zu

Retourkutschen. Ihr freundlicher Rat zur Geduld hat begonnen, sich zu einer kriegerischeren Botschaft zu wandeln: Die USA sollten ihren eigenen Haushalt in Ordnung bringen, und Europa sollte aus seiner Faulheit herausfinden und seine »Krankheit der entwickelten Länder« als solche erkennen. Beide Seiten haben den festen Vorsatz zum Ausdruck gebracht, einen Wirtschaftskrieg zu vermeiden, doch um 1987 wurde einigen Leuten auf beiden Seiten klar, daß sie mitten in einem Wirtschaftskrieg waren.

Das Rätsel, das Japan einem Großteil der Welt aufgibt, hat in seinen Wirtschaftskonflikten weder seinen Anfang noch sein Ende. Allerdings fallen sie am meisten ins Auge, weil sie anscheinend alle Länder betreffen, mit denen Japan Handel treibt. Für die meisten Beobachter drücken Japans alljährliche Handelsüberschüsse in Rekordhöhe das Japan-Problem aus, wie es inzwischen allgemein genannt wird: 44 Milliarden Dollar 1984, 56 Milliarden Dollar 1985, 93 Milliarden Dollar 1986; bis die annähernde Verdoppelung des Wechselkurses des japanischen Yen gegen den Dollar 1987 für einen geringeren Überschuß von gut 76 Milliarden Dollar sorgte.

Das Wesentliche des Japan-Problems liegt jedoch jenseits solcher Ziffern. Japan exportiert nicht nur mehr, als es importiert — zusammen mit seiner Verschlossenheit gegenüber ausländischen Produkten untergraben seine Exporte westliche Industrien. Der Begriff »adversarial trade (gegnerischer Handel)« wurde von Peter Drucker geprägt, um die japanische Methode vom Handel auf Wettbewerbsgrundlage zu unterscheiden, bei dem ein Land Produkte derselben Art exportiert und importiert. Auch die Bundesrepublik hat sehr hohe Handelsüberschüsse, doch sie praktiziert einen Handel auf Wettbewerbsgrundlage, ebenso wie die USA.[1] Weil Sektoren wie elektronische Konsumgüter und Halbleiter — die Grundlage für spezialisiertere Industrien — fast vollständig von japanischen Firmen übernommen werden, hat man im Westen begonnen, eine allmähliche »Entindustrialisierung« zu fürchten. Hat die japanische Industrie einmal die erforderliche Technologie beschafft, so scheint sie imstande, in konzertierter Anstrengung die ursprünglichen Erfinder und Entwickler in jedem Bereich aus dem Feld zu schlagen.

Bis 1988 hat sich der Westen fast ausschließlich auf Handelsüberschüsse konzentriert; doch dann dämmerte ihm langsam, daß noch andere erstaunliche Entwicklungen zu einem Gesamtmuster japanischer Politik gehören könnten, einer erheblichen nationalen Anstrengung, die fast völlig unverstanden ist. Monate nach dem New Yorker und Londoner Börsenkrach vom Oktober 1987 — der Tokios Börse kaum zu treffen schien — erreichten die Preise japanischer Papiere neue und nach westlichen Maßstäben erstaunliche Höhen im Vergleich zu den Einkünften der Firmen. Die Grundstückspreise in vielen Teilen Tokios verdoppelten, verdreifachten oder vervierfachten sich innerhalb eines Jahres. Und etwa ab 1986 begannen japanische Firmen plötzlich, sehr stark in ausländische Immobilien zu investieren und ausländische Banken und Firmen zu kaufen, oft zu Preisen weit über dem Marktwert.[2] Mit einiger Verspätung begann es einigen besorgten amerikanischen und europäischen Beobachtern zu dämmern, daß Japan möglicherweise nicht »den Westen in seinem eigenen Spiel schlug«, sondern überhaupt nicht das »Spiel« des Westens spielte; und daß der Westen, wenn er im Gegenzug Japan nacheiferte, das System des Welthandels blockieren und schließlich den Zusammenbruch der nichtkommunistischen internationalen Wirtschaftsordnung herbeiführen würde.

Europa und die USA sind, milde gesprochen, verwirrt, daß dies Gebilde im Pazifischen Ozean offenbar zielstrebig ein undurchsichtiges, eigenes Ziel verfolgt. Man kann verstehen, daß die Japaner Geld verdienen wollen, doch ihre Eroberung immer größerer Marktanteile im Ausland drückt sich nicht in erkennbar mehr Zufriedenheit oder Lebensstandard aus. Wohnraum in der Stadt ist überfüllt, eng und außerordentlich kostspielig. Die Lebenshaltungskosten sind im Verhältnis zu durchschnittlichen Einkommen unglaublich hoch. Nur etwa ein Drittel der japanischen Häuser sind an die Kanalisation angeschlossen. Die Vorortzüge sind extrem überfüllt. Das Straßennetz ist lächerlich unzureichend. Diese und andere Mängel in der Infrastruktur des täglichen Lebens führen dazu, daß der durchschnittliche japanische Städter einen geringeren Lebensstandard genießt als sein Gegenpart in weniger reichen europäischen Ländern, und sie machen deutlich, daß bei den Machern der japanischen Politik eine Verschiebung der Aufmerksamkeit fällig ist.

Die Blüte von Handel und Industrie ist mit keinerlei dauerhafter

Blüte der Künste einhergegangen, wie dies in der Geschichte oft in Zeiten großer wirtschaftlicher Leistung der Fall war. Man kann kaum behaupten, daß heute von Japan viel ausgeht, was die weniger materialistischen Aspekte des Lebens bereichert, etwa große Musik, große Literatur oder auch eindrucksvolle Architektur.

Einige nachdenkliche Japaner sind zu dem Schluß gekommen, daß irgend etwas nicht stimmt. Ein nationalistischer japanischer Anthropologe, der den Umgang mit Ausländern als eine »anstrengende und mühevolle Aufgabe« empfindet, beklagt trotzdem die Tatsache, daß sein Land wie ein schwarzes Loch im All ist und Kultur aufnimmt, aber nicht weitergibt.[3] Ein angesehener Intellektueller und ehemaliger Staatssekretär diagnostiziert bei seinen Landsleuten ein »Peter-Pan-Syndrom ... einen Rückzug in eine infantile Traumwelt ... japanische Geschäftsleute und Politiker spielen noch immer Peter Pan und fragen einander, was die Welt für sie tun kann«.[4]

Die Frage, was das japanische Volk antreibt, ist so eine Art internationales Preisrätsel geworden. Zu welchem Endzweck verzichten sie auf Komfort und riskieren die Feindschaft der Welt?

Gewöhnlich wird erklärt, die Japaner würden von Kollektivzielen angetrieben. Und tatsächlich scheint Japan die Möglichkeit zu demonstrieren, auf echt gemeinschaftlich organisierte Weise zu leben. Soweit Außenseiter es beurteilen können, akzeptieren die meisten Japaner mit Gleichmut die täglichen Anforderungen, ihre individuellen Wünsche und Interessen denen der Gemeinschaft unterzuordnen. Dieser verblüffende Gemeinschaftsgeist ist jedoch das Ergebnis politischer Arrangements, die vor über drei Jahrhunderten von einer herrschenden Elite bewußt in die Gesellschaft eingeführt worden sind; und den Japanern bleibt heute kaum eine Wahl, ob sie Arrangements akzeptieren, die noch immer wesentlich politisch sind. Unter diesen Arrangements muß ein einzelner Japaner es als unvermeidbar hinnehmen, daß sein intellektuelles und psychisches Wachstum vom Willen des Kollektivs eingeschränkt wird. Damit er das leichter schluckt, wird dieser angeblich kollektive Wille von den meisten seiner Führer als gutartig, machtlos und ganz von einer einzigartigen Kultur bestimmt dargestellt.

Diese Erklärung beantwortet allerdings nicht die Frage, woher diese politische Kraft kommt. Die Macht, die den Individualismus in Japan systematisch unterdrückt, geht nicht von einem harten, zentralistischen Regime aus. Japan ist ebenso verschieden von den kollektivistischen, kommunistischen Staaten Osteuropas und Asiens wie von den westlichen Staaten mit freier Marktwirtschaft.

Die Verwirrung über Japan ist zum großen Teil auf einen Mangel an Interesse bei westlichen Intellektuellen und Geschäftsleuten zurückzuführen. Natürlich wird Japan von vielen Menschen aus dem Westen besucht und in ihren globalen Analysen erwähnt. Doch es wird weitgehend noch als Kuriosität behandelt und in jenen globalen Analysen nicht als funktionierendes Element ins Auge gefaßt. Einseitige Ignoranz ist im Fall der USA besonders auffallend, wenn man bedenkt, daß ihre Beziehung zu Japan ohne Frage zu den strategisch wichtigsten der Welt gehört. Die ständige Frustration amerikanischer Erwartungen im Hinblick auf die japanische Politik — oder ihr Fehlen — deutet darauf hin, daß Washingtons Verständnis für seinen wichtigsten asiatischen Verbündeten trotz all des Geredes vom »Zeitalter des Pazifik« bedauerlich unzureichend ist. Tatsächlich ist die Sicht japanischer politischer Prozesse und Belange, wie sie zwischen den Zeilen der öffentlichen Statements und Artikel von direkt mit der Beziehung befaßten US-Beamten zu lesen ist, oft so fehlerhaft, daß sie Beobachter erschreckt, die wie ich glauben, daß niemandem in der nichtkommunistischen Welt mit einer ernsten Verschlechterung der Beziehung zwischen den USA und Japan gedient wäre.

Die ungewöhnliche Art, mit der in Japan Macht ausgeübt wird, und die Funktionsweise japanischer Institutionen, die für den nichtdiktatorischen Kollektivismus und die nationale Motivation des Landes verantwortlich sind, haben im Westen generell nur schwache Beachtung gefunden. In Diskussionen über die politische Verschiebung zu einer angenommenen »postindustriellen«, »technokratischen« oder »postkapitalistischen« Gesellschaft wird Japan oft mit Europa und den USA in einen Topf geworfen — die Frage aber, wie Japan wirklich regiert wird, bleibt unbeachtet.

Es ist seltsam, daß dies so ist. Japan war das erste nichtwestliche Land in der Moderne, das eine internationale Rolle spielte. Es besiegte Rußland kurz nach der Jahrhundertwende, wurde zum einzigen Land, das je die USA angegriffen hat, hat seither die zweitgrößte und in bezug auf das Pro-Kopf-Einkommen reichste Wirtschaft auf die Beine gestellt, hat etliche Industrien seiner Handelspartner vernichtet oder mit Vernichtung bedroht und ist auf dem Weg, erhebliche finanzielle Kontrolle über die Weltwirtschaft zu gewinnen. Zudem sind zwei weitere nichtwestliche Länder, Südkorea und Taiwan, bedeutende Industriestaaten geworden, indem sie statt dem westlichen dem japanischen Beispiel der Industrialisierung gefolgt sind.

Die Vernachlässigung der Frage, wie in Japan Macht ausgeübt wird und wie dies die Trends in seinen internationalen Beziehungen beeinflußt, wird langsam gefährlich. Japan ist seit den 1960er Jahren viel gepriesen, aber auch viel geschmäht worden, und von Tokio aus gesehen hat die Antipathie 1988 den Lobpreis überholt. Es ist wahrscheinlich, daß Kontakte zwischen Japan und anderen Ländern zunehmen, und wenn man aus der Erfahrung schließen kann, werden auch Probleme und Kritik weiter zunehmen.

Dies wird voraussichtlich mit Maßnahmen des Westens einhergehen, die die Japaner als feindlich deuten werden. Solche Maßnahmen könnten in Japan durchaus alte irrationale fremdenfeindliche Gefühle wieder an die Oberfläche bringen und den alten Verdacht stärken, daß die Welt Japan eigentlich keinen Platz machen will. Der daraus resultierende gesteigerte Nationalismus, von dem die ersten Anzeichen schon sichtbar werden, könnte den Beginn politischer Instabilität in Japan und unvorhersehbare, wahrscheinlich nicht wünschenswerte Entwicklungen für alle bedeuten. Unter derartigen Bedingungen ist ein besseres Verständnis für Natur und Gebrauchsweisen der Macht in Japan kein Luxus.

VERWIRRENDE FIKTIONEN

Der Faktor, der auf lange Sicht das internationale Vertrauen am meisten untergräbt, ist vielleicht die Verwirrung, die auf vielen Ebenen der Kommunikation zwischen Japan und seinen angeblichen Freunden und Verbündeten herrscht — die offensichtliche Unmöglichkeit, auch nur einen Punkt zu erreichen, bei dem beide Partner sich einigen können, daß sie nicht einig sind. Die Kommunikationslücke, die aus den 1970er Jahren stammt und Japan vom Westen sowie von einigen seiner Nachbarn trennt, scheint ständig breiter zu werden. Eine Reihe allgemein beliebter Fiktionen vernebelt die Wahrnehmung Außenstehender und erschwert die Kommunikation. Zwei von ihnen sind entscheidend für deren offenbare Unfähigkeit, mit Japan klarzukommen.

Die Fiktion der verantwortlichen Zentralregierung

Die erste Fiktion ist die, daß Japan ein souveräner Staat wäre wie jeder andere, mit zentralen Regierungsorganen, die erkennen könnten, was gut für das Land ist und außerdem die letzte Verantwortung für nationale Entscheidungen trügen. Diese Illusion läßt sich nur sehr schwer ausmerzen. Für die Diplomatie ist die Fähigkeit einer Regierung, verantwortliche Entscheidungen zu treffen, selbstverständlich; ausländische Regierungen könnten nur mit größten Schwierigkeiten ohne die Annahme auskommen, daß eine japanische Regierung sich mit der Außenwelt arrangiert, wie andere Regierungen, indem sie einfach ihre Politik ändert.

Dennoch müssen die Beziehungen zu Japan sich weiter verschlechtern, wenn nicht der relative Mangel an Verantwortung der Regierung, der tiefere Grund der beiderseitigen Frustration, erkannt wird. Staatskunst ist in Japan etwas ganz anderes als in Europa, Nord- und Südamerika und dem Hauptteil des heutigen Asien. Seit Jahrhunderten bedeutet sie ein Gleichgewicht zwischen mehreren halbautonomen Gruppierungen, die sich die Macht teilen. Heute gehören den mächtigsten Gruppierungen bestimmte Ministerialbeamte, einige politische Cliquen sowie Zusammenschlüsse von Geschäftsleuten und Bürokraten an. Es gibt viele kleinere Gruppierungen, etwa die Landwirtschaftskooperativen, die Polizei, die Presse und die Gangster. Sie alle sind Komponenten dessen, was wir das System nennen können, um es aus später zu besprechenden Gründen vom Staat zu unterscheiden. Niemand ist letztlich verantwortlich. Alle diese halbautonomen Komponenten sind mit Entscheidungsbefugnissen ausgestattet, die die Autorität des Staates untergraben, und sie sind nicht von irgendeinem Zentralorgan repräsentiert, das alles beherrscht.

Es ist wichtig, diese Situation von anderen zu unterscheiden, wo Regierungen von speziellen Interessengruppen belagert werden oder aufgrund innerer Uneinigkeit keine Entscheidungen treffen können. Wir haben es nicht mit Lobbys zu tun, sondern mit einem strukturellen Phänomen, das durch die Kategorien gängiger politischer Theorie nicht erfaßt wird. Es gibt selbstverständlich eine Hierarchie, oder vielmehr einen Komplex sich überschneidender Hierarchien. Doch sie hat keinen Gipfel; es ist eine abgeschnittene Pyramide. Es gibt keine oberste Institution mit letzter politischer Entscheidungsgewalt. Deshalb gibt es keine Stelle, wo, wie Harry Truman gesagt hätte, die Verantwortung hängenbleibt. In Japan zirkuliert die Verantwortung weiter.

Wenn Japan in der Welt, doch nicht von der Welt zu sein scheint, dann deshalb, weil sein Premierminister und andere Machthaber außerstande sind, politische Versprechen einzuhalten, die sie in wirtschaftlichen oder anderen Angelegenheiten abgeben, wenn sie wichtige Anpassungen bei einer oder mehreren Komponenten des Systems erfordern. Der Bereich innenpolitischer Macht läßt normalerweise keinen Raum für die Berücksichtigung ausländischer Wünsche oder Forderungen. Eine solche Berücksichtigung geschieht nur mit überaus deutlich gezeigtem Zögern und sehr spät, wenn erzürnte Außenstehende zu Zwangsmitteln greifen. Japan braucht die Welt für seine Exporte, um seine Wirtschaft aufrechtzuerhalten; dennoch ziehen, wie es scheint, viele Japaner in offiziellen Positionen ihre traditionelle Isolation vor und wünschen, die Welt mit all ihren politischen Komplexitäten würde ihr Land in Frieden lassen.

Die Fiktion des »Freien Marktes«

Die zweite der entscheidenden Fiktionen, die seit kurz nach dem Zweiten Weltkrieg die Einstellungen des Westens bestimmt haben, ist, daß Japan zu jener losen Kategorie gehört, die man »kapitalistische, freie Marktwirtschaft« nennt.

Obwohl so viel über sie geschrieben wird, ist die japanische Wirtschaft für Ausländer wie Japaner noch immer schwer zu definieren. Japanische Funktionäre sind gewöhnlich entrüstet über jede

Andeutung, ihr Land sei irgendwie anders als das Etikett, mit dem sie es versehen haben. Andererseits haben mir japanische Wirtschaftswissenschaftler privat gesagt, ein unter westlichen Autoren über Japan verbreiteter Fehler sei es, die Funktion des Marktes zu übertreiben. Es entsetzt westliche Wirtschaftswissenschaftler, besonders die von der konventionellen, neoklassischen Schule, zu hören, Japan gehöre eigentlich nicht zum Verein der Nationen mit »freier Marktwirtschaft«. Für viele unter ihnen ist die Idee, es könne eine erfolgreiche Wirtschaft geben, die nicht auf dem freien Kräftespiel des Marktes beruht, gleichbedeutend mit Ketzerei. Japanische Beamte haben Interessen zu schützen, und derweil haben viele westliche Wirtschaftswissenschaftler gegen diese Bedrohung eines Gebäudes von Theorien mit Anspruch auf Allgemeingültigkeit den Kopf in den Sand gesteckt.

Japan ist offensichtlich keine zentral kontrollierte Wirtschaft des sowjetischen Typs. Gehört es dann, wie einige Kommentatoren meinen, in eine ganz eigene Kategorie? Der Aufstieg Südkoreas und Taiwans als Industriestaaten, offenbar angetrieben von einer außergewöhnlichen Macht ähnlich der Japans, legt nahe, daß dem nicht so ist. Ihre Erfahrung lädt zu einer neuen Sicht des japanischen »Wirtschaftswunders« ein und zeigt, daß es selbst nach Abzug seiner kulturellen und psychologischen Eigenheiten ein Modell für bestimmte andere Länder abgeben kann.

Die Erfahrungen Japans, Südkoreas und Taiwans zeigen, daß eine dritte Kategorie politischer Wirtschaft neben dem Typ des Westens und dem des Kommunismus existieren kann. Der US-Wirtschaftswissenschaftler Chalmers Johnson hat diese Kategorie von Industrieländern isoliert und »kapitalistische Entwicklungsländer« (capitalist developmental states, CDS[5]) genannt. Die Stärke des CDS liegt in seiner Partnerschaft zwischen Bürokraten und Industriellen; es ist eine Variante, die die traditionelle Politologie und Wirtschaftstheorie übersehen hat.

Friedrich von Hayek hat beredt gegen staatliche Eingriffe in die Wirtschaft eingewendet, daß zentrale Planer niemals genug über die vielen Einzelaspekte des sozialen und wirtschaftlichen Lebens wissen können, um die richtigen Entscheidungen zu treffen.[6] Dieser Theorie zufolge können zentrale Planwirtschaften nie florieren. Wenn dies freilich wahr ist, wie haben dann Japan, Südkorea und Taiwan, deren Regierungen sich für Produktion und Handel durchaus zuständig fühlen, es vermocht, Reichtum und Wirtschaftsmacht ihrer Länder zu steigern?

Die Art, wie Japan, Südkorea und Taiwan das Hayeksche Hindernis umgangen haben, ist entscheidend für ein Verständnis ihrer politischen Wirtschaft. Zunächst einmal haben ihre Regierungen privates Unternehmertum nie als Gegensatz zu ihren Zielen betrachtet. Während der kommunistische Ansatz Unternehmertum mit Erbsünde gleichsetzt und der sozialistische Ansatz des europäischen Wohlfahrtsstaates den Unternehmer mit Regulativen behindert, fördert der CDS den Privatsektor und behandelt ihn mit großer Hochachtung. Die Bürokraten versuchen nie, völlige Macht über nicht regierungseigene Firmen zu erlangen. Sie leiten die Wirtschaft und setzen dabei Geschäftsleute als Antennen ein. Sie erfahren, was weit vom Zentrum entfernt geschieht, denn sie verfolgen ständig die Erfahrungen von Kapitalisten mit, die versuchen, neue Wege zur Erweiterung ihrer Geschäfte zu finden.

Die vielen Fehler, die diese Beamten zweifellos machen, werden mehr als kompensiert durch die vereinheitlichende Kraft, die sie in die industrielle Entwicklung einbringen. Die Wirtschaft floriert, weil erfolgversprechende Bereiche der Industrie durch investitionsfreundliche Steuerpolitik gefördert werden. Industrien, die als strategisch wichtig gelten, werden sorgsam gehegt und gegen echten ausländischen Wettbewerb geschützt. Diejenigen, die in Schwierigkeiten stecken, werden vorübergehend geschützt, um den betroffenen Firmen die Möglichkeit zur Diversifizierung zu geben; diejenigen hingegen, die offenbar in der Sackgasse sind, werden durch eine Politik, die zur Reorganisation zwingt, leichter aufgegeben. Mit anderen Worten, diese Partnerschaft ist durch eine gemeinsame Industriepolitik und Handelsstrategie besiegelt. Marktfreiheit gilt nicht als in sich erstrebenswertes Ziel, sondern als eines von mehreren Instrumenten, um das Hauptziel, die industrielle Expansion, zu erreichen.

Japan war vor etwa einem Jahrhundert, in der Meiji-Periode, ein Pionier des CDS-Modells; damals privatisierte es staatliche Industrien, nachdem das Unternehmertum des Staates viele regierungseigene Firmen an den Rand des Ruins gebracht hatte.[7] Es experimentierte in der industriellen Zwangsentwicklung der Mandschurei von den frühen 1930er Jahren bis 1945 weiter mit dem Modell. In seiner Nachkriegsform ist dieses Wirtschaftsmodell, das die marxistisch-leninistische Theorie als wirtschaftliches Vorbild für Politiker und Intellektuelle in den weniger entwickelten Ländern des nichtkommunistischen Asien weit weniger anziehend gemacht hat, strukturell protektionistisch. Das muß es auch bleiben, wenn es seine erwiesenen Vorteile behalten will. Die Frage bleibt, ob die Partnerschaft zwischen Bürokraten und Geschäftsleuten sich weiter lohnen wird, wenn die Industrie den heimischen Markt einmal gesättigt hat und Märkte in Übersee ungastlich werden. Eine weitere Frage, die sich durch den Fall Japan mit besonderer Dringlichkeit erhebt, ist die, ob internationaler freier Handel als System überleben kann, solange die Länder ohne Handelsstrategie in einen Kampf darum verwickelt sind, diesen formidablen kapitalistischen Entwicklungsländern gefällig zu sein.

Formbare Realitäten

Die Frage, ob Japan eine weitgehend unerforschte wirtschaftliche und soziopolitische Kategorie repräsentiert, gibt Anlaß zu vielen Kontroversen. Seit 1945 gilt Japan als Verbündeter des Westens und wird als Vollmitglied im Club der kapitalistischen freien Marktwirtschaften behandelt — dies trotz der Zweifel, die jüngst durch Handelskonflikte aufgekommen sind. Klarstellungen von japanischer Seite helfen nicht, die Kontroversen beizulegen. Sehr wenige Wissenschaftler oder Kommentatoren neigen dazu, über die Natur ihrer politischen Ökonomie ernsthaft zu theoretisieren. Die Funktionäre sind aus verständlichen Gründen die letzten, die an der Klärung der Dinge interessiert sind. Zudem wenden Journalisten und Akademiker fälschlicherweise bei der Diskussion ihrer Gesellschaft soziale, politische und wirtschaftliche Begriffe des Westens an, mit dem Ergebnis, daß der arglose Beobachter fast immer über die tatsächlichen Mechanismen irregeführt wird.
Es fällt japanischen Kommentatoren und offiziellen Sprechern durchaus nicht schwer, derlei Fiktionen aufrechtzuerhalten, denn es ist in Japan gesellschaftlich akzeptabel, daß die »Realität« nicht so sehr aus Ergebnissen objektiver Beobachtung besteht, als viel-

mehr aus einem emotionell konstruierten Bild, in dem die Dinge so dargestellt werden, wie sie sein sollten. Wie die Dinge sein sollten, fällt natürlich oft mit den unmittelbaren Interessen der jeweiligen Gruppe zusammen. Seit vierhundert Jahren sagt man dem japanischen Volk, es solle gesellschaftlich-politische Loyalität als höchste Tugend ansehen. Das Ergebnis ist mit den Worten eines Anthropologen, daß die Wahrheit gesellschaftlich konstituiert ist.[8] Hier stoßen wir auf das erste begriffliche Problem, das Japan dem Beobachter von außen bereithält.

Im Westen meint man mit »Realität« nicht selten etwas, das gelenkt, geformt oder ausgehandelt werden kann. Sie wird nicht in Abhängigkeit von willkürlichen Ideen gesehen, wie die Dinge sein sollten. Tatsächlich lehrt die westliche Philosophie — ebenso wie der westliche Pferdeverstand —, daß man der allgemeinen menschlichen Fähigkeit zum Selbstbetrug durch ständige Wachsamkeit gegen Illusionen und Täuschungen entgegenwirken kann. Wenn es ein Gebot gibt, das seit den Griechen in der ganzen Geistesgeschichte des Westens immer wieder ertönte, so lautet es: »Du sollst keine Widersprüche aufrechterhalten.« Dieses Gebot ist Grundlage von Logik, Mathematik und Naturwissenschaften.

Die Erben verschiedener asiatischer Denktraditionen mögen sich mit der Idee einer vielfachen und widersprüchlichen Wahrheit weniger unwohl fühlen. Dennoch ist klar, wenn man die anderen asiatischen Länder beobachtet, daß nirgends so viel »Lenkung« der Realität zu finden ist wie in Japan. Dies hat bedeutende politische Folgen. Japaner in Machtpositionen bewegen sich sehr behende von einer Wirklichkeit zur anderen, wenn sie anderen Japanern oder Ausländern »Tatsachen« und Motive erklären wollen. Einem rational begründeten Anspruch der anderen Seite werden vielleicht Argumente entgegengehalten, die in einen völlig anderen Bezugsrahmen gehören — und an diesem Punkt ist der Austausch in einer Sackgasse gelandet. Dieses Manövrieren ist eine der Weisen, auf die sich in Japan Höherrangige und Stärkere ihre Privilegien sichern.

Im internationalen Austausch verärgert diese Taktik manchmal logisch argumentierende westliche Partner und bringt sie zu dem Schluß, daß es unmöglich sei, mit Japanern zu diskutieren. Man muß auf den äußerst geschickten Einsatz von Ablenkungsmanövern gefaßt sein. Gelegentlich sind diese zu grobschlächtig, um diplomatisch wirksam zu sein, etwa als neue Regelungen den Export europäischer Skier nach Japan bedrohten und mit dem Argument verteidigt wurden, japanischer Schnee neige dazu, anders beschaffen zu sein als Schnee im Westen. Doch eine kleine Bibliothek könnte mit Büchern und Berichten gefüllt werden, in denen westliche Handelspartner selbst die Sophistik wiederholen, mit der japanische Funktionäre sich in internationalen Verhandlungen aus der Klemme winden.

In Japan geht der »flexible« Umgang mit der Wirklichkeit weit über das hinaus, was andere Gesellschaften an lahmen Entschuldigungen und eigennützigen Unwahrheiten tolerieren. Wenn ein westlicher Geschäftsmann oder Regierungsvertreter sich zum Beispiel auf einen Vertrag, ein Gesetz oder eine internationale Vereinbarung beruft, sagt ihm sein japanisches Gegenüber womöglich, die japanische Gesellschaft sei nicht so sehr von kalten Regeln geleitet als vielmehr von warmen menschlichen Gefühlen, die auf jede Situation reagierten, wenn sie aufkomme. Sollte sich aber der Ausländer bei der nächsten Gelegenheit auf seine außergesetzliche Tradition berufen und zum Beispiel auf ein bürokratisches Eingreifen in einem Handelsproblem drängen, könnte er durchaus hören, derlei sei im demokratischen Japan unmöglich und er solle zur Kenntnis nehmen, daß das Land von Gesetzen regiert werde. Beide Argumente — daß die japanische Gesellschaft menschlich flexibel ist, indem sie nicht an kalten Regeln festhält, und daß sie an dem festhält, was das Gesetz sagt — werden mit tiefer Überzeugung geäußert, und japanische Dritte sind kaum je geneigt, auf den Widerspruch hinzuweisen.

Der entscheidende Faktor

Die Toleranz für Widersprüche ist eng verbunden mit einem Charakteristikum, das letztlich als wichtigster Faktor Japans soziopolitische Wirklichkeit bestimmt — ein Faktor, der in Jahrhunderten der Unterdrückung dem japanischen Geistesleben eingezüchtet worden ist. Es ist das fast völlige Fehlen irgendeiner Vorstellung, daß es Wahrheiten, Regeln, Prinzipien oder eine Moral geben kann, die immer gilt, gleichgültig unter welchen Umständen. Den meisten Europäern, Amerikanern und Asiaten, die eine Weile in Japan gewesen sind, wird dieses Fehlen auffallen, und einige japanische Denker haben es als letztlich bestimmend für das öffentliche Verhalten in Japan gesehen.

Natürlich sind Vorstellungen von unabhängigen, universalen Wahrheiten oder unwandelbaren religiösen Inhalten, die die weltliche Realität gesellschaftlicher Diktate und die Befehle der Machthaber transzendieren, nach Japan gelangt, aber nie haben sie in einer dauerhaften Weltanschauung Wurzel gefaßt. Politische Arrangements und gesellschaftliche Praktiken waren ursprünglich vom Shintoismus sanktioniert, einer Religion der Natur- und Ahnenverehrung, die Widersprüchlichkeit und Uneindeutigkeit duldete. Diese ursprünglich japanische Religion (nicht zu verwechseln mit dem »Staatsshintoismus«, der dem japanischen Kaiserreich vom späten neunzehnten Jahrhundert bis 1945 den ideologischen Überbau lieferte) hat nie philosophische oder sittliche Lehraussagen entwickelt. Selbst als solche philosophischen und moralischen Lehren aus China importiert wurden, ersetzten sie nicht die heimischen soziopolitischen Sanktionen und Annahmen. Im Gegenteil, das chinesische Gedankengut verstärkte nur das diesseitige Glaubenssystem, das die zeitgenössischen Machthaber unterstützte.

Die Ideen der ursprünglichen Lehre von Buddhismus und Konfuzianismus, die das Hier und Jetzt der soziopolitischen Nützlichkeit transzendieren, sind Japans herrschender Elite von jeher unwillkommen gewesen. Das Christentum und später der Marxismus drohten, transzendentale Begriffe in die japanische Gedankenwelt einzuführen, doch beide wurden entweder verboten oder gezwungen, bei ihren wesentlichen Aussagen Kompromisse zu schließen. Die gängige Ansicht, daß Japan immer große religiöse Toleranz geübt habe, trifft nur zu, wo neue Religionen oder Glaubenssysteme nicht als Bedrohung existierender politischer Arrangements eingeschätzt wurden.

Um das Wesen einer politischen Kultur zu begreifen, die die Möglichkeit transzendenter Wahrheiten nicht anerkennt, ist für Abendländer ein ungewöhnlicher intellektueller Aufwand erforderlich — ein Aufwand, der selbst in seriösen Betrachtungen über Japan selten getrieben wird. Die intellektuellen und moralischen Traditio-

nen des Abendlandes sind so tief in der Annahme der Allgemeingültigkeit bestimmter Vorstellungen verwurzelt, daß die Möglichkeit einer Kultur ohne solche Annahmen kaum je ins Auge gefaßt wird. Im Westen werden Kindern Vorstellungen anerzogen, die implizit die Existenz einer letzten Logik bestätigen, die das Universum unabhängig von den Wünschen und Launen der Menschen beherrscht. Dieses Weltbild, das im späteren Leben ständig bestätigt wird, führt dazu, daß Menschen aus dem Westen als selbstverständlich voraussetzen, alle entwickelten Länder entwickelten Begriffe von allgemeiner Gültigkeit, und deshalb sind sie nicht motiviert, die Wirkung von deren Fehlen zu untersuchen.
Freilich wird in Schriften über Japan routinemäßig bemerkt, die Japaner hätten eine Situationsethik statt einer allgemeinen Ethik und partikularistische statt universalistischer Werte. Doch dies wird oft mit den oberflächlicheren Unterscheidungen der gegenwärtigen Sozialwissenschaft verwechselt und nicht durchgängig genug gebraucht, um Schlüssel für das japanische Verhalten zu liefern. Die meisten Autoren erwähnen pflichtschuldigst, daß die Japaner das, was sie glauben, ständig ihrer Situation anpassen und gehen dann zu anderen Themen weiter, als hätten sie keine Ahnung von der Tragweite dieser Bemerkung.[9]

»Gegenseitiges Verständnis«

Wo »Glaubensinhalte« von soziopolitischen Gegebenheiten abhängen und »Realität« etwas ist, das manipuliert werden kann, ist es recht einfach, Fiktionen aufrechtzuerhalten. Die internationale Sprachverwirrung, die durch solche Fiktionen entsteht, wird weiter kompliziert durch die besondere Bedeutung, die das Wort »Verständnis« im Munde japanischer Kommentatoren und Funktionäre erhält. Die dringende Notwendigkeit eines besseren »gegenseitigen Verständnisses« wird oft und enthusiastisch betont. Doch wakatte kudasai bedeutet »haben Sie bitte Verständnis« im Sinn von »bitte akzeptieren Sie meine Erklärung, ob sie nun objektiv begründet ist oder nicht«. Dabei schwingt die Nebenbedeutung von Hinnehmen und Tolerieren mit. »Verständnis« in diesem japanischen Kontext ist ein anderes Wort für Zustimmung. Echtes »Verständnis« für Menschen oder Dinge impliziert, daß Sie sie tolerieren, wie sie sind, solange Sie nicht stark genug sind, sie zu ändern. Wenn Sie stark sind, wird die andere Seite »Verständnis« zeigen, indem sie sich in gewissem Maß Ihren Wünschen anpaßt. So bedeutet »gegenseitiges Verständnis« in der Praxis, daß Ausländer das Bild Japans akzeptieren sollten, das seine Sprecher präsentieren. Ausländern, die trotz der vielen japanischen Erklärungen auf dem Protest gegen japanische Handelsmethoden beharren, gelten als unbelehrbar verständnislos. Oft ist den Japanern wohl bewußt, daß »Verständnis«, wie sie es gebrauchen, politische Konnotationen hat; wie ein Zeitungsherausgeber warnte, ist die Zeit vorbei, »als wir die oft schönen Mißverständnisse — und die Ignoranz — der Ausländer genießen konnten«.[10]

»Stoßdämpfer« und Propagandisten

Zwei wichtige Phänomene komplizieren den Kommunikationsaspekt des Japan-Problems. Eines ist Japans Einsatz von »Stoßdämpfern«. Das zweite ist sein monumentaler Propagandaaufwand.

Als »Stoßdämpfer« bezeichne ich jemanden, dem die Aufgabe übertragen ist, Kontakte mit Ausländern so problemlos wie möglich zu machen. Er ist eine typisch japanische Institution und in Regierungsbüros ebenso wie in Firmen leicht zu erkennen. In Japan lebende ausländische Diplomaten und Geschäftsleute verhandeln mit Japan über eine Gruppe zwischengeschalteter, englischsprechender und vermeintlich internationalisierter Stoßdämpfer, die die Stöße mildern sollen, die eine unberechenbare Außenwelt ihren Institutionen versetzen könnte.

Diese Stoßdämpfer können verblüffend offen sein, können ein echtes Verständnis für die Schwierigkeiten der Ausländer vermitteln und oft den Eindruck erwecken, daß man vielleicht nicht willens ist, den Ausländern die Wünsche von den Augen abzulesen, daß aber die Institutionen, die sie vertreten, deren Probleme doch vernünftig in Betracht ziehen. Japan hat eine Handvoll Super-Stoßdämpfer, die viel Zeit damit verbringen, um den Erdball zu reisen, Wogen zu glätten und bei internationalen Konferenzen die Argumente Japans zu erläutern. Einige von ihnen, wie Okita Saburo und der verstorbene Ushiba Nobuhiko, wurden Außenhandelsminister und steigerten in dieser Rolle nur die Verwirrung, denn trotz ihres Titels hatten sie kein Mandat, irgend etwas zu entscheiden, und konnten daher nicht wirklich verhandeln.

Manchmal spielen noch einflußreichere Minister, Konzernchefs oder der Premierminister selbst die Rolle des Stoßdämpfers, wenn sie mit ausländischen Handelsgesandten sprechen. Ausländer, die nach Verhandlungen mit der Nachricht heimkommen, diesmal hätten sie wirklich mit den richtigen Autoritäten gesprochen und seien beeindruckt von deren Bereitschaft zu wirksamem Handeln, täuschen sich. Leute mit so breiter Autorität gibt es nicht in Japan.

Die Kategorie der Stoßdämpfer überschneidet sich mit einer anderen Klasse von Informanten, hierarchisch geordnet nach ihrer Position in der Welt der Wirtschaft, der Politik oder der Bürokratie, die ständig von ausländischen Würdenträgern und Journalisten interviewt werden. Der Rest der Welt hört von Japan über die Aussagen einer viel kleineren Gruppe, als gemeinhin bekannt ist. Besucher, die eine »gute Quelle« in Gestalt eines dieser Informanten kennengelernt haben, meinen oft, sie hätten eine interessante persönliche Meinung gehört. Den meisten ist nicht klar, daß diese Informationen meist die gerade gängigen Platitüden wiederkäuen — ob über irgendein aktuelles Tagesthema oder allgemeinere Themen wie Charakter und Rolle Japans —, die eine routinemäßig übernommene »offizielle Realität« vermitteln.

Es sieht oft so aus, als würde allen japanischen Sprechern dieselbe Botschaft auf einem Endlosband souffliert. Sie mögen gewisse persönliche Varianten einbringen, doch im wesentlichen ist die Botschaft fast immer dieselbe und berechenbar bis in die Feinheiten, wenn man über die gegenwärtigen Themen der Presse oder über die umfangreiche erklärende Literatur auf dem laufenden ist, die die Ministerien, Verbände und subventionierten »privaten« Institutionen verteilen.

Wer glaubte, diese berechenbaren Behauptungen reflektierten persönliche Meinungen, würde den intellektuellen Fähigkeiten von Japans höherrangigen Kommunikatoren nicht gerecht. Ihre wirklich persönlichen Ansichten sind oft sehr interessant und können ganz anders sein als die öffentlichen Aussagen. Aber diese Ansichten zu hören zu bekommen, erfordert entweder eine lange Bekanntschaft und große Mengen Sake, oder (seltener) eine plötzliche Einsicht ihrerseits, daß man die offizielle Aussage ohnehin nicht glauben wird.

Die berechenbaren Behauptungen der etablierten Informanten können eine Kritik gewisser Punkte in der Regierungspolitik oder der Haltung von Bürokratie und Wirtschaft beinhalten. Doch praktisch unterstützen sie immer die Grundbehauptungen der wichtigsten Institutionen des Systems: daß Japan eine pluralistische Demokratie mit freier Marktwirtschaft sei, daß man Fortschritte bei der Öffnung des Marktes mache, daß das Zunehmen des Individualismus stimuliert werden müsse, daß die meisten Japaner langsam einsähen, daß sie kosmopolitischer werden müßten, daß die Ausländer sich nicht genug anstrengten, konkurrenzfähig zu sein und daß Konflikte mit Japan hauptsächlich aus dem Nichtverstehen der Ausländer entstünden.

Zusammengenommen stellen die Aktivitäten von Japans Stoßdämpfern und Informanten einen Propagandaaufwand dar, der nicht als solcher erkennt wird, weil er fast ganz im Gewand aufrichtiger Bemühungen daherkommt, der Welt Japan zu »erklären«. Die Propaganda ist um so überzeugender, als viele Informanten diese Erklärungen glauben.

Ein Heer von Apologeten

Bei der Verbreitung für das System günstiger Meinungen spielen Ausländer eine wichtige Rolle. Eine Menge ausländischer Kritik wurde durch den Einsatz japanischen Geldes entschärft. Kein Land hat je offiziell so viel für Lobbys ausgegeben wie die Japaner Mitte und Ende der 1980er Jahre in Washington. Regierung und Verbände Japans beschäftigen die besten Rechtsanwälte und ehemalige US-Amtsträger, um ihre Position zu verteidigen. Ein großer Teil der akademischen Forschung von westlichen Wissenschaftlern, die sich auf Japan konzentrieren, wird von japanischen Institutionen finanziert. Die Idee, daß Wissenschaftler und Kommentatoren objektiv bleiben können, weil das, was sie bekommen, an keine formellen Bedingungen gebunden ist, ist zumeist eine Illusion, wenn das Geld aus Japan kommt. Zugang zu den nötigen persönlichen Kontakten und Institutionen ist ein großes Problem für in Japan arbeitende Geschäftsleute und Wissenschaftler, die deshalb genauestens wissen, daß eine kritische Einstellung viele Türen verschließen kann. Eine Kombination von Geld und dem Bedürfnis nach Zugang, gepaart mit politischer Einfalt, hat große Zahlen von Japan-Spezialisten hervorgebracht, die in verschiedenem Maße — wie unabsichtlich auch immer — Apologeten für Japan sind.[11] Ihre öffentlichen Verlautbarungen und Kommentare in den Medien bezeugen dies regelmäßig.

Japan zu verteidigen ist das starke Anliegen vieler wirklicher und vermeintlicher Spezialisten, die in stark propagierten Seminaren, Podiumsdiskussionen und Konferenzen zur Verbesserung des »gegenseitigen Verständnisses« zu hören sind. Die meisten Vertreter der großen ausländischen Firmen in Japan mußten Teil des japanischen Systems werden, um darin handlungsfähig zu sein. Sie können nicht riskieren, sich ihm zu entfremden, indem sie öffentlich kritische Analysen kundgeben, und sind deshalb unzuverlässige Informanten.

Japanische Propaganda wird auch — bewußt oder unbewußt — von zahlreichen Artikeln in Zeitungen und Zeitschriften verbreitet, getreu der redaktionellen Konvention, die imaginären »beiden Seiten« einer Geschichte zu bringen. Und sie hat eine eindrucksvolle Wirkung gehabt; das ergibt sich aus der Tatsache, daß die US-Regierung und viele US-Kommentatoren, während diese Zeilen entstehen, weiterhin denken, Marktkräfte könnten letzten Endes das bilaterale Problem mit Japan lösen, trotz des systematischen japanischen Protektionismus, der ihnen seit über zwei Jahrzehnten ins Gesicht starrt.

Die Aura der »Unergründlichkeit«

»Verständnis« für Japan ist eine große Exportindustrie geworden, finanziert von den verschiedenen Komponenten des Systems. Dennoch ist vielen Japanern, besonders denen, die heimische Interessen international vertreten müssen, die Idee unbehaglich, daß man sie tatsächlich verstehen könnte. Die Idee, daß das Japanersein eine spirituelle Dimension hat, die per definitionem nicht von Ausländern verstanden werden kann, ist eine wichtige Zutat für die japanische Selbstachtung und wird daher weithin geglaubt.

Ein leitender Redakteur in einer von Japans fünf überregionalen Tageszeitungen sagte mir, daß seine Zeitung, ebenso wie ihre Konkurrenzblätter, ihrer Meinung nach alles drucken konnte, was Ausländer sagten, und sei ihre Kritik noch so vernichtend, weil Redakteure und Leser sich immer mit ihrem Glauben an die Unfähigkeit des Ausländers trösten könnten, die subtileren Aspekte dessen, was sie beschrieben, letztlich zu verstehen. Die Leser kritischer ausländischer Einschätzungen können so einen oberflächlichen masochistischen Reiz genießen, ohne wirklich beunruhigende Schlüsse ziehen zu müssen.

Es ist fast ein Glaubensartikel unter Japanern, daß ihre Kultur einzigartig ist — nicht so, wie alle Kulturen das sind, sondern irgendwie einzigartig, im letzten anders als alle anderen, Quelle einzigartiger japanischer Empfindsamkeiten und deshalb dem Zugriff intellektueller Analysen von Außenstehenden entzogen (wenn nicht verboten). Japaner werden ständig in ihren Schulen und Firmen sowie durch die Medien und Reden der Funktionäre von der Einzigartigkeit ihres Landes überzeugt, wenn immer sich eine Gelegenheit zu Vergleichen mit der Außenwelt ergibt.

Die westliche intellektuelle Unterstützung für die Idee der völligen Andersartigkeit Japans — leicht abwandelbar in die Idee der Einzigartigkeit — ist viele Jahrhunderte alt. Als es noch »auf der anderen Seite der Erde« war, machte Marco Polo Zippangu (wie er Japan nannte) zu etwas Geheimnisvoll-Paradiesischem; er erdachte massivgoldene Dächer auf seinem Kaiserpalast. Jonathan Swift ließ Gulliver nach Luggnagg in Japan als Endziel landen, bevor er heimkehrte. Der erste Abendländer, der in der Moderne Japan interpretierte, Lafcadio Hearn, schrieb kurz vor der Jahrhundertwende von der »immensen Schwierigkeit, wahrzunehmen und zu verstehen, was unter der Oberfläche japanischen Lebens liegt«.[12] Hearn fand: »Noch mindestens fünfzig Jahre kann kein Werk geschrieben werden, das Japan von innen und von außen darstellt, historisch und gesellschaftlich, psychologisch und ethisch.« 1946 veröffentlichte Ruth Benedict jenen bewundernswerten ersten Versuch einer ersten Wertung des »fremdartigsten Feindes, den die Vereinigten Staaten je in einem Kampf bis zur Aufgabe bekämpft haben. In keinem Krieg gegen einen größeren Feind war es nötig gewesen, so außerordentlich anders geartete Denk- und Handlungsgewohnheiten zu berücksichtigen.«[13] Dieselben Dinge, die Lafcadio Hearn und Ruth Benedict zu solch starken Worten brachten, geben der Diskussion um Japan heute noch immer Zündstoff. Noch immer wiederholen die Abendländer Hearns aufgeregte Entdeckung, wie alles auf dem Kopf steht. Und Ruth Benedicts Deutung Japans als zusammenhängende Einheit, die allein stehen kann, kulturell abgeschnitten vom Rest der Welt und völlig anders als er, ist für viele seriöse Beobachter noch immer verführerisch. Physische Isolierung kann man dafür nicht mehr verantwortlich machen. 1962 war ich einer von 202 181 Ausländern, die einreisten, und in jenem Jahr reisten nur 145 749 Japaner ins Ausland. Fünfundzwanzig Jahre danach fuhren rund sechseinhalb Millionen Japaner nach Übersee, und über zwei Millionen Ausländer besuchten Japan. Doch trotz dieses stark angewachsenen internationalen Verkehrs ist von der früheren Aura der Abgeschiedenheit viel geblieben. Japan ist noch immer Gegenstand romantischer Schwärmerei. Für einige im Westen, die den Niedergang von höflichen Manieren, Fleiß und dergleichen mehr in ihren Ländern bejammern, ist es eine Art Utopia.

Wir werden oft, besonders in akademischer Literatur, vor der Versuchung gewarnt, Japan als einen allzu speziellen Fall zu behandeln. Und natürlich ist es etwas Gutes, zu betonen, daß Japaner Menschen sind, und zu zeigen, daß auch sie die wesentlichen menschlichen Züge tragen; der intellektuelle Wunsch, Japan vollständiger in die Welt einzubeziehen, ist an sich lobenswert. Allerdings gehen einige Abendländer zu weit in ihrem Eifer, diese Mission auszuführen, weisen die Ähnlichkeiten auf und ignorieren jene Gewohnheiten und Institutionen, die man mit der größten und ausdauerndsten Mühe nicht in die westlichen Erfahrungsmuster pressen kann.

Wenn man ein Volk studiert, indem man es mit anderen vergleicht, steht man vor der uralten Entscheidung, ob man »Gleichartigkeit« oder »Andersartigkeit« betonen will. Im Fall Japan hat dies zu großen Diskrepanzen bei den Meinungen informierter Kommentatoren geführt. Keine wichtige menschliche Praxis und Einstellung, die man andernorts auf der Welt findet, ist den Japanern völlig unbekannt. Im Gegenzug kann man in anderen Ländern Gewohnheiten und Institutionen erkennen, die den japanischen entsprechen. Die japanische Erfahrung zu beschreiben, erfordert jedoch meist den Zusatz von Ausdrücken wie »viel mehr« oder »viel weniger«. Es gibt einen Punkt, an dem Unterschiede in Quantität und Kombination der Elemente sich zu einem qualitativen Unterschied summieren, besonders im Kontext soziopolitischer Organisation — denn sie kann von den Ambitionen und Launen kleiner Gruppen von Mächtigen abhängen.

Am Scheidewege

Zahllose Zeitungsbeiträge, Zeitschriftenartikel und wissenschaftliche Analysen haben in den letzten fünfundzwanzig Jahren behauptet, Japan habe eine Wegkreuzung erreicht. Vielleicht wird kein anderes Land so regelmäßig von Journalisten und Wissenschaftlern auf Anzeichen bevorstehenden Wandels hin untersucht: nicht nur der routinemäßige Wandel, der in jeder Gesellschaft erwartet werden kann, sondern etwas Grundsätzliches, ein Wandel in der Art, wie die Menschen sich selbst sehen, und folglich ein Wandel in der Einstellung der ganzen Nation zur Welt.

Die meisten Berichte zum Thema Japan am Scheidewege implizieren, daß Japan sich wandeln muß; was Japan vom Rest der Welt trennt, wird oft als anomal und vorübergehend gesehen. In den 1960er Jahren glaubte man weithin, die japanische Jugend würde die Dinge ändern, wenn sie einmal einflußreiche Stellungen erreicht hätte. Gleichzeitig würden Forderungen der Arbeitnehmer drastische Veränderungen in der sozio-ökonomischen Struktur bewirken. In den 1970er Jahren dachte man, die vielen Angestellten, die für ihre Firmen ins Ausland gingen, würden Japan bei ihrer Rückkehr »internationalisieren«, und ein weitverbreitetes Einklagen besserer Lebensbedingungen würde durch gewandelte Prioritäten dem japanischen Streben eine andere Richtung geben. Später wurde es Mode, zu denken, die »Internationalisierung« des japanischen Finanzmarktes und andere, unaufhaltbare wirtschaftliche Entwicklungen würden die Japaner zwingen, sich damit auseinanderzusetzen, daß die Außenwelt mehr Rücksicht und Initiative in bezug auf kollektive internationale Interessen von ihnen erwarte. 1987 gab es eine verbreitete Vorstellung, daß der Druck einer angeblichen öffentlichen Forderung nach Veränderung zusammen mit einem Verlust an bürokratischer Kontrolle über die Geschäftsleute beginne, die japanische politische Wirtschaft in Richtung auf mehr Marktwirtschaft zu verändern.

Heute ist Japan noch immer an der gleichen Wegkreuzung wie vor fünfundzwanzig Jahren: Das japanische Volk soll sich für eine neue Einstellung gegenüber der Welt entscheiden, unterstützt durch die angeblichen Veränderungen in der eigenen Gesellschaft, aber immer in einer vom Westen vorgegebenen Richtung. Kein Land sollte dazu verurteilt sein, so lange an derselben, unangenehmen Stelle zu warten. Die Geschichten vom Scheidewege scheinen mehr als alles andere die kurzsichtigen westlichen Vorurteile über die möglichen Formen zu reflektieren, die Institutionen und Geschäftsleben in nichtwestlichen Ländern annehmen können. Der Marsch in die Richtung, den viele westliche Beobachter für unausweichlich gehalten haben, wird nicht stattfinden.

In den späten 1970er Jahren begannen japanische Beamte eine Zeitlang, sich mit der Behauptung zu wehren, wenn es irgendwo eine Evolution geben sollte, dann im Westen. Eine von der Regierung finanzierte Publikation legte dies dar und argumentierte, japanische Formen sozialen und wirtschaftlichen Managements würden »in allen entwickelten Ländern universal werden«, wenn diese Gesellschaften einen vernünftigen Kurs weiterer industrieller Entwicklung verfolgen wollten.[14]

Etwa zu dieser Zeit griff in Europa und den USA die Idee Platz, einige der japanischen Praktiken könnten mit Gewinn übernommen werden. Das ist verständlich. Die Frage, ob der Westen sich nicht auf eine der japanischen ähnliche Gesellschaft zubewegen sollte, erhebt sich unweigerlich bei Besuchern, die erfahren, daß es in Japan fast keine Gewaltverbrechen gibt, keine schädlichen Arbeitskämpfe in der Industrie und ein Wirtschaftssystem, das mit Ölkrise und dergleichen offenbar besser fertigwird als jedes andere. Doch das Programm »von Japan lernen« hat etliche entscheidende Unterschiede zwischen Japan und dem Westen wegretuschiert. Die Übernahme einiger Teile des Systems wird schwerlich ohne den Rest des japanischen Pakets funktionieren, und die Kosten dieses

Pakets kann der Westen nicht aufbringen. Eine Entwicklung westlicher Praktiken in die japanische Richtung würde die Reproduktion von Bedingungen bedeuten, die undenkbar sind, solange auf gesellschaftliche und intellektuelle Freiheit Wert gelegt wird.
Es gibt Grund dazu, japanische Unterschiede herauszustellen, gerade weil die Mär vom Scheidewege sich hält. Viele nüchterne westliche Beobachter erwarten weiterhin große Veränderungen. »Japan AG, soweit es je existierte, löst sich weiter auf«, behauptet ein hochangesehenes Wirtschaftsblatt.[15] Japanische Slogans über »Internationalisierung« werden für bare Münze genommen. Die offizielle japanische Haltung in den 1980er Jahren ist, daß die verschiedenen Formen der Lenkung von Regierungsseite für den Privatsektor viel weniger wichtig sind als in der Vergangenheit. Doch obwohl diese Behauptung regelmäßig mit Ziffern einhergeht, die zeigen sollen, daß die gegenwärtigen Tarifregulierungen Japan ungefähr zum freiesten Markt der Welt machen, ist Japan nicht wirklich in die Kategorie der westlichen Marktwirtschaften gewechselt. Was in Japan auf dem Papier wahr ist, ist häufig — und immer häufiger als im Westen — in der Praxis nicht wahr. Tokios Beamte sind außerordentlich findig im Entwurf subtiler Kontrollen und schönfärberischer Etiketten, um sie akzeptabler zu machen. Ausländische Regierungen und Kolumnisten, die automatisch annehmen, daß Japan die Notwendigkeit neuer Entscheidungen und eines neuen Verantwortungsbewußtseins sieht, erwarten weiterhin größere Entwicklungen. Abgesehen von einer gegenwärtig unvorhersehbaren großen Umwälzung jedoch ist es unwahrscheinlich, daß japanische Institutionen für die Außenwelt unproblematischer werden, denn das würde den Bruch der Partnerschaft von Bürokratie und Wirtschaft bedeuten, die das Herz des Systems bildet.
Die Scheideweg-Geschichte sollte noch aus einem weiteren Grund aufgegeben werden. Sie schafft Frustrationen, wenn aus erwarteten Veränderungen nichts wird, und führt letztlich zu einer größeren Unbeliebtheit Japans.
Wenn wir die Scheideweg-Geschichte hinter uns gelassen haben, bleibt uns die These der kulturellen Einzigartigkeit von Lafcadio Hearn und Ruth Benedict. Doch diese Sicht kann per se Japan keinem weiteren, allgemein verständlichen Bereich menschlicher Er-

fahrung näherbringen. Sie ist zudem auf einer mehr praktischen Ebene ungeeignet, ausländischen Regierungen und Firmen bei der Findung eines modus vivendi mit Japan zu helfen.
Es gibt jedoch einen Weg heraus aus dem Begriffslabyrinth. Das Japan-Problem erscheint weniger mysteriös, und viele der Rätsel sind lösbar, wenn wir, statt wie üblich nach kulturellen Erklärungen zu suchen, fragen, wie in Japan Macht ausgeübt wird.

DIE VERGESSENE ROLLE DER MACHT

Es gibt vier generelle Ansätze, menschliche Verhältnisse zu studieren: Man kann ihre sozialen, kulturellen, wirtschaftlichen oder politischen Aspekte in den Vordergrund stellen. Freilich kann man Problemen nicht befehlen, was sie tun sollen, und daher werden sie nicht auf einer Seite der Grenzen bleiben, die einige Wissenschaftler zwischen einem Ansatz und dem anderen gezogen haben. Zudem kann man menschliche Verhältnisse unter jeder dieser Überschriften zusammenfassen; jede schließt die anderen drei wenigstens in gewissem Maße ein, denn soziales, kulturelles, wirtschaftliches und politisches Leben sind natürlich miteinander verwoben; wenn wir eines dieser Etiketten wählen, wählen wir eine Betonung.
Die Lieblingsperspektiven sowohl japanischer Kommentatoren als auch ausländischer Japanforscher waren bislang im großen und ganzen die kulturelle und die soziale, oft zu einer Einheit verschmolzen.

Die politischen Ursprünge japanischer Kultur

Die japanische Politik wird noch immer weithin als etwas dargestellt (sehr enthusiastisch von Japans offiziellen Sprechern), das kulturellen Diktaten gehorcht. Japanische Autoren, die sich für eine nichtmarxistische Sichtweise entscheiden, halten es praktisch immer für ausgemacht, daß die Welt, aus der sie stammen, Produkt der Vorlieben vergangener Generationen des gesamten Volkes sind. Die meisten Schriften über japanische Politik und ihre Geschichte machen nicht den Eindruck, als hätten die Machthaber in jedem Stadium die Mittel gehabt, das Leben derer zu organisieren, die sie kontrollierten. Eine jüngere, größere Publikation von drei prominenten Wissenschaftlern, die eine neue, umfassende Sicht des soziopolitischen Lebens in Japan erreichen wollen, ist ein ausgefeilter Versuch, alles auf kulturelle Faktoren zurückzuführen, als wäre in Japan nie Macht ausgeübt worden.[16] Ein solcher Reduktionismus ist um so bemerkenswerter, als — wenn es ein Land gibt, dessen vorherrschende soziale und kulturelle Idiosynkrasien auf politische Entscheidungen zurückgeführt werden können, die eindeutig von anderen Einflüssen isoliert waren — dieses Land Japan ist.

Müßte ich die wesentlichen Merkmale Hollands erklären, wo ich aufgewachsen bin, könnte ich entscheidende politische Faktoren in der Entwicklung seines wirtschaftlichen, religiösen und allgemein gesellschaftlichen Lebens schildern, doch ich würde nicht unbedingt die Politik in den Vordergrund stellen. Holland hat Anteil am europäischen Erbe des griechischen und jüdischen Denkens, des römischen Rechts und der mächtigen Kraft des Christentums, so wie Japan Anteil hat am kontinentalen asiatischen Erbe des Konfuzianismus, Buddhismus und Taoismus. Allerdings waren die niederländischen Patrizier nicht in der Lage, aus christlichen Aussagen und römischen Ideen der Jurisprudenz das, was ihnen paßte, auszuwählen und nach ihrem Gutdünken in die holländische Kultur einzuführen. Auch hatten die absoluten Monarchen Europas nicht oft die Macht, ihre Grenzen wirksam gegen Ideen zu verteidigen, die ihnen nicht lieb waren.

Jedes europäische Land bietet ein Knäuel möglicher Kausalketten zum Ursprung jeder Sache, die man erklären möchte. Das Gleiche gilt für Indien, um nur ein weiteres Beispiel zu nennen. Und wo muß man die Anfänge dessen suchen, was in der chinesischen Kultur am wichtigsten ist? Beim Staat oder bei der Philosophie, die ihn rechtfertigte?

Solche Fragen nach »der Henne und dem Ei« sind auf Japan weniger anwendbar. Wenn man seine Geschichte betrachtet, ist deutlich, daß politische Arrangements bei der Entwicklung der japanischen Kultur eine wesentliche Rolle gespielt haben. Japans relative Isolation bedeutete, daß die Elite in ihren Anstrengungen, an der Macht zu bleiben, das Eindringen und die Wirkung ausländischer Kultur leicht kontrollieren konnte. Obendrein konnten die Machthaber von dem, was der Rest der Welt zu bieten hatte, die Techniken und Einstellungen aussuchen, die ihrer Berechnung nach ihre Position am besten stützten. Eine solche, relativ weitreichende Kontrolle über die Kultur bedeutete fast absolute Kontrolle über potentiell subversives Denken.

Politische Kontrolle über die Kultur

Es wird allgemein anerkannt, daß chinesische Ideen und Methoden zur Ausbildung der offiziellen japanischen Kultur mehr beigetragen haben als jeder andere Einfluß. Abgesehen vom großen Erbe des Schriftsystems, der Techniken und Stile künstlerischer Produktion dienten diese kulturellen Importe vornehmlich politischen Zwecken. Im sechsten Jahrhundert übernahmen Japans Herrscher den Buddhismus und erklärten, daß dies aus politischen Gründen geschah. Die Einführung des chinesischen Modells der Staatsverwaltung kurz danach war natürlich auch ein politischer Schachzug.

In der Folge wurden die politischen Kanäle zu China verschlossen und nach dem Belieben der japanischen Herrscher bis 1401 geschlossen gehalten — dann knüpfte der Shogun Ashikaga Yoshimitsu Handelsbeziehungen mit dem Ming-Hof. Trotz der Riesengewinne und vielen Luxusgüter, die dies Yoshimitsu einbrachte, setzten seine Nachfolger dem chinesischen Handel wieder ein Ende. In den Zeiten, während derer Hof und Shogun keine offiziellen Beziehungen mit China unterhielten, setzten Japans Südprovinzen den Handel fort, und einige chinesische Kultureinflüsse müssen weiterhin durchgesickert sein, ohne jedoch, wie es scheint, die japanische Elitekultur dauerhaft beeinflußt zu haben.

Von der Mitte des sechzehnten Jahrhunderts an durften die Portugiesen ihre Feuerwaffen, Medikamente, Astronomie, Uhren und, am wichtigsten, ihre Religion ins Land bringen. Allerdings verwandelte sich diese Gastfreundschaft nicht lange nach der Jahrhundertwende in ihr Gegenteil, als der Shogun begann, sie als politische fünfte Kolonne zu fürchten und die potentielle politische Bedrohlichkeit eines Herrn einsah, der über den Wolken war und auf den seine Untertanen ihr Loyalitätsgefühl neu ausrichten könnten. das Ergebnis dieser politischen Einsicht war eine Politik fast hermetischer Abschottung, die bis Mitte des neunzehnten Jahrhunderts in Kraft blieb.

Die neuen Herrscher, die mit der Meiji-Reform von 1868 antraten, förderten den Import von praktisch allem, was ihre offiziellen Missionen in den USA und Europa als nützlich für ein neues Japan ansahen. Als dies, wie nicht zu vermeiden war, zur Ausbreitung subversiver Ideen führte, schritten sie scharf dagegen ein und begannen mit der Propagierung einer »alten« Tradition, die sie selbst aus Bruchstücken der früheren politischen Ideologie fabriziert hatten und die den Kaiser als Haupt der japanischen Staatsfamilie verherrlichte.

Bis 1945 hatten japanische Machthaber eine Spezialpolizei mit dem Auftrag, »gefährliches Gedankengut« auszumerzen. Ein halbes Dutzend Offiziere dieser Polizei wurden nach dem Krieg Minister für Bildung und Erziehung, Justiz, Arbeit, Innenpolitik und Soziales.[17] Der wesentliche Charakter des japanischen Nationalismus in den 1980er Jahren ist noch immer von Ideen bestimmt, die zur von der Meiji-Oligarchie fabrizierten Mythologie gehören.

Vor vierzehnhundert Jahren konnten japanische Machthaber sich von dem, was China zu bieten hatte, etwas aussuchen und diesen Kultureinfluß von außen fast total auf Institutionen und Inhalte beschränken, die ihnen paßten. In der zweiten Hälfte des neunzehnten Jahrhunderts gelang ihnen das mit westlichen Einflüssen wieder bemerkenswert gut. Dazwischen unterdrückten die Machthaber nach jahrhundertelangem Bürgerkrieg die originären buddhistischen Sekten, die drohten, religiöse Konkurrenz in den politischen Bereich zu tragen, und förderten oder unterbanden nach Wahl verschiedene soziale, wirtschaftliche und kulturelle Strömungen, je nach ihrer Bedeutung für die Sicherung ihrer eigenen Macht. Dic Machthaber konnten sogar die Entwicklung der Technik rückgängig machen, etwa als sie die von den Portugiesen eingeführten Feuerwaffen verboten und vergaßen. Sie wollten lieber nicht riskieren, daß einfache Leute genug lernten, um sich gegen sie zu erheben; eine Muskete oder Büchse abzufeuern, ist viel einfacher als Schwertfechten, und schwertschwingende Gegner sind leichter vor Burgmauern in Schach zu halten als Feinde mit Gewehren.

Wie wir gesehen haben, war die Macht der politischen Elite nicht intellektuell angreifbar, denn die Vorstellung einer universalen oder transzendentalen Wahrheit wurde immer daran gehindert, im japanischen Denken Fuß zu fassen. Die Machthaber konnten selbst dies kontrollieren; kein Gesetz beschränkte ja jemals ihre Macht. Daher ist es keine Übertreibung, zu sagen, daß politische Arrangements die Beschränkung des religiösen Lebens und des Denkens in Japan entscheidend bestimmt haben.

Ein Fachmann für Vergleichende Politikgeschichte hat darauf hingewiesen, daß vom gesellschaftlichen und politischen Handeln im Europa des neunzehnten Jahrhunderts eine »intellektuelle Mobilisierung« unterschieden werden konnte, an der Rechtsgelehrte, Philosophen, Freimaurer, Schriftsteller und Journalisten beteiligt waren, während in Japan keine solche Unterscheidung möglich war. Die Daimyo und Samurais, die »holländische Studien« trieben, waren auch intellektuell aktiv, aber »sie unterscheiden sich von ›Intellektuellen‹ im Europa des neunzehnten Jahrhunderts durch die außerordentliche politische Zielstrebigkeit, mit der sie diese Studien trieben«.[18]

Machtstrukturen haben intellektuelle Bestrebungen in Japan gelenkt und gleichzeitig behindert. Die japanische Vorstellung von Justiz und vom Ort des Gesetzes in der Gesellschaft ist von Herrschern nach Kriterien der Nützlichkeit geformt worden und hat die Einstellungen und Methoden dieser Herrscher in keiner nennenswerten Weise beeinflußt. Angeblich typische Aspekte der japanischen Gesellschaft und Kultur, etwa Gruppenleben, Firmentreue, Liebe zur Harmonie, Mangel an Individualismus und das fast völlige Fehlen von Streitigkeiten haben ihren Ursprung letztlich in politischen Arrangements und werden zu politischen Zwecken aufrechterhalten.

Solange man Japan vor allem unter sozialen und kulturellen Aspekten betrachtet, stößt man immer auf eine Grundfrage: Woher kommen die großen Unterschiede zwischen Gewohnheiten und Institutionen der Japaner und denen anderer Völker? Ein Teil der

Antwort liegt in Japans historischer Isolierung. Doch es ist die politische Fragestellung, die zur befriedigendsten Antwort führt, weil sie es ermöglicht, die starken Kräfte hinter der Entstehung der japanischen Gesellschaft zu erkennen.
Wir akzeptieren ohne Probleme, daß die sowjetische Gesellschaft sechzig Jahre nach der bolschewistischen Revolution Merkmale entwickelt hat, die sie nicht hätte, wenn sie frei gewesen wäre, wenn ihr die Unterdrückung durch eine herrschende Klasse, die Nomenklatura, erspart geblieben wäre und wenn sie nicht den Impuls eingebaut hätte, daß die Menschen für ihren Vorteil lügen. Im Vergleich mit ihr stellt Japan eine ganz andere, freiere und angenehmere Gesellschaft dar. Doch dem japanischen System konnte man bislang ebenso wenig entrinnen wie dem politischen System der Sowjetunion, und es hat viel tiefere Grundlagen.

Vorurteil gegen die Frage nach der Macht

Warum erscheint dennoch die kulturelle Erklärung des politischen Lebens in Japan so viel attraktiver als die politische Betrachtung der japanischen Kultur? Vielleicht weil ein oberflächlicher erster Blick auf das Land nicht dazu drängt, es durch die politische Brille zu sehen. Es ist kein Tyrann in Sicht, nicht einmal ein deutliches Zentrum politischer Macht. Die Situation läßt, oberflächlich betrachtet, keinen besonders starken Druck auf das Individuum vermuten. Selbst nach einem langen Aufenthalt in Japan bemerkt man nicht viel Druck, der etwa auf die Polizei oder ein anderes Instrument der Regierung zurückzuführen wäre. Die Literatur über Japan ist vielmehr überreich an Beschreibungen eines Strebens nach Harmonie. Kurz, in Japan ist Macht höchst diffus; deshalb ist sie zwar gerade allgegenwärtig, aber nicht sofort als solche zu erkennen.
Ich habe freilich den Verdacht, daß es einen weiteren, wichtigeren Grund für den Erfolg der kulturfixierten Perspektive unter den Abendländern gibt. Vielen Menschen in demokratisch organisierten Gesellschaften ist die Idee der Macht nicht geheuer. Selbst das weniger bedrohliche Wort »Politik« ruft Abscheu hervor — ist es doch oft mit Habgier, Lügen und anderen Dingen verbunden, die

unter unserer Würde sind. »Macht« ist ein noch schmutzigeres Wort; es weckt vielleicht nur bei jenen angenehme Gefühle, die selbst machthungrig sind.
Der Begriff »Macht« ist aus dem Vokabular einer großen Zahl zeitgenössischer Wissenschaftler getilgt worden, die menschliche Verhältnisse erforschen. Seine Konnotationen sind für Intellektuelle, insbesondere Amerikaner, so unangenehm, daß sie dazu neigen, ihn abzulehnen,[19] manchmal sogar ernsthaft vorzuschlagen, man solle den Begriff insgesamt abschaffen.[20] Eine Erklärung hierfür könnte sein, daß die Idee der Macht emotionell mit dem Ideal der Chancengleichheit kollidiert, das die Kraft einer Ideologie gewonnen hat. Macht im Sinne der Kontrolle einer kleinen Gruppe über die Mehrheit, und Macht von der Art, wie sie ein Herr über einen Diener ausübt, sind unerfreuliche Möglichkeiten. Deshalb werden intellektuelle Konstrukte geschaffen, die Machtbeziehungen hygienisch einwandfrei machen und als völlig vernünftiges Ergebnis kollektiver Entscheidungen sehen.
Hier ist nicht der Ort, um bei den Schwächen zeitgenössischer politischer Wissenschaft zu verweilen, doch einige wenige Bemerkungen mögen helfen, diesen Ansatz einzuordnen. Seit dem Zweiten Weltkrieg haben uns die Gelehrten eine in Zellophan verpackte, hygienische Version unserer soziopolitischen Welt dargeboten. In dieser Version wird der Begriff Macht manchmal durch den vermeintlich neutraleren Begriff »Einfluß« ersetzt, dem das Element der (potentiellen) Gewalt fehlt. Herr-Diener-Beziehungen werden, wenn sie überhaupt wahrgenommen werden, in ausschließlich wirtschaftlichen Termini behandelt, und zudem als etwas, das zum Besten aller dient; die Idee der »brutalen« Macht hingegen kam nur in bezug auf revolutionäre Situationen zur Sprache.
Diese Sichtweise, besonders wie die Anhänger des »Pluralismus« sie vertreten, führt dazu, daß jedes politische Arrangement als das akzeptiert wird, was es im Grunde sein sollte, wenn auch mit Raum zur Verbesserung gewisser Details. Selbst wo die Macht aus der Gelehrtensprache nicht verschwunden ist, sind ihre scharfen Kanten abgeschliffen. Sie wird oft behandelt, als sei sie ein knappes Gut, das durch ähnliche Kräfte wie die des Marktes verteilt werden kann. Diese ökonomische Erklärung der politischen Welt entstellt die Idee der Macht selbst. Sie kann die sehr realen blutigen Nasen

japanischer Lehrer zum Beispiel nicht erklären, die gegen die Versuche der Bildungsbürokraten ankämpfen, die Kontrolle über das »moralische Denken« in den Schulen zurückzugewinnen. Sie kann sich ein Land, das wegen der katastrophalen Art der Machtausübung kopfüber in die Katastrophe stürzt, nicht vorstellen.

Das portionsweise Verteilen von Verantwortung und Pflichten nach Art demokratisch organisierter westlicher Gemeinwesen — die Grundlage des »Pluralismus« — ist nur möglich nach einer Übereinkunft, wie Macht begrenzt wird, wann und wie sie normale Bürger betreffen darf. Dies Verständnis von Macht setzt die Existenz von Gesetzen voraus, die ernstgenommen werden. Es setzt auch voraus, daß das Ideal pluralistischer Repräsentation eine Realität ist, und nimmt diese Realität zum Ausgangspunkt.

Japanische Bürger berufen sich in der Praxis nicht auf das Gesetz; tatsächlich wird der Unterschied zwischen »Bürger« und »Untertan« kaum verstanden. Pluralistische Repräsentation gibt es natürlich auf dem Papier, doch es ist recht leichtgläubig, zu meinen, dies gestalte die Praxis in Japan.

Wenn ich zwischen den Zeilen der folgenden Kapitel den Eindruck erwecke, daß Macht in Japan mit Vorsicht zu genießen ist, dann ist das Absicht. Im Unterschied zu Machthabern in den Ländern, die die Modelle des »Pluralismus« geliefert haben, setzen japanische Machthaber Macht systematisch mit Methoden und zu Zwecken ein, über die der Wähler letztlich nicht die geringste Kontrolle hat.

Die Bloßstellung politischer Motive

Dadurch, daß wir japanische Macht erkennen, wo es nötig ist, sehen wir Dinge, die uns sonst verborgen blieben. Eines ist, daß das System als solches in besserer Verfassung ist als je in diesem Jahrhundert. Wir können sehen, daß die Niederlage im Zweiten Weltkrieg und die Besatzung einen geringeren Einschnitt im politischen Leben Japans bedeuten als gemeinhin angenommen. Das bürokratische Machtsystem der Vorkriegs- und Kriegszeit, abzüglich seiner militärischen Komponenten, hat seine Macht nach dem Krieg gefestigt und ist dabei, sie noch weiter zu festigen.

Die politische Perspektive, die ich nahelege, eröffnet auch eine neue Sicht internationaler japanischer Wirtschaftspraktiken. Man ist sich seit langem einig, daß die Priorität der großen japanischen Konzerne die Erweiterung der Marktanteile statt mittelfristiger Profite ist. Und man hat oft festgestellt, daß sie, um ihre strategischen Ziele zu erreichen, viel länger auf gesunde Gewinne verzichten, als westliche Firmen sich das leisten können. Marktanteile erweitern hängt, wie die Erweiterung des Territoriums, das man kontrolliert, vom Wunsch nach mehr Macht ab, einem politischen Motiv. Profitmaximierung hängt vom Wunsch nach Geld ab, einem wirtschaftlichen Motiv. Die beiden Dinge sind natürlich in westlichen wie japanischen Konzernen miteinander verwoben; die Ergebnisse der unterschiedlichen Priorität jedoch sind enorm. Die Bürokratisierung der japanischen Wirtschaft in der Nachkriegszeit durch gesteigerte bürokratische Kontrolle und Protektion sowie die Ersetzung von Unternehmern durch ministerienfreundliche Verwalter ist direkt mit dem politisch motivierten Streben nach immer größeren Marktanteilen verbunden.

In den 1970er Jahren schuf Japan sich Machtnischen in Auslandsmärkten, ließ aber den umgekehrten Vorgang nicht zu. Die Geschichte wiederholt sich Ende der achtziger Jahre in der Finanzwelt. Japanische Firmen kaufen viele westliche Finanzinstitutionen. Sie investieren ihre massiven Gewinne (die sie gemacht haben, indem sie die Eroberung internationaler Marktanteile für Endprodukte konsolidierten) nicht im Inland, wo es eine ganze Reihe innen- und außenpolitischer Probleme lösen würde, sondern im Ausland, wo es noch Möglichkeiten gibt, Marktanteile zu bekommen. Die vielpublizierte »Liberalisierung« des Finanz- und Kapitalmarktes durch das Finanzministerium hat die internationale Emanzipation japanischer Banken und Versicherungen, die nun besser auf den Geldmärkten der Welt mithalten konnten, gefördert und den Handelsfirmen ein großes neues Feld für Auslandsinvestitionen eröffnet.

Diese Entwicklungen könnten von erheblicher politischer Tragweite sein, denn die Möglichkeit, Japans einseitigen wirtschaftlichen Eroberungen entgegenzuwirken, wird äußerst begrenzt sein, wenn

Tokio die Art Kontrolle über den Weltfinanzmarkt gewinnt, die sein gegenwärtiges Drängen nach erweiterten Marktanteilen anscheinend bewirken soll. Die westliche Seite hat es durchgehend nicht vermocht, Wirkungen dieser Art vorauszusehen — ein Ergebnis ihrer offensichtlichen Unfähigkeit, sich wie die Japaner die Möglichkeiten vorzustellen.

DAS JAPAN-PROBLEM FÜR DIE JAPANER

Als Nation ist Japan sich selbst ein Problem, denn die Art, in der japanische Macht ausgeübt wird, führt zu Konflikten mit und Isolation von anderen Ländern. Aber auch für den japanischen Einzelmenschen ist Japan ein Problem. Diskussionen mit vielen von ihnen in den letzten fünfundzwanzig Jahren haben mich überzeugt, daß die Art, wie Macht in ihrem Land ausgeübt wird, negative Auswirkungen auf sie hat. Sie sind nicht so frei, wie sie sein sollten. Japaner werden von ihrem Schulsystem und ihren Vorgesetzten so behandelt, wie ein Landschaftsgärtner eine Hecke behandelt; abstehende Stücke der Persönlichkeit werden regelmäßig beschnitten. Ein politisches System kann einfach unmöglich das Individuum schlecht behandeln, ohne daß das schwerwiegende Folgen für die psychologische Entwicklung seiner Bürger hat.

Ich glaube, daß die Japaner Individuen sind — alle 120 Millionen. Nicht alle wollen ihre Individualität vielleicht durchsetzen; die meisten tun es nicht, weil sie so konditioniert worden sind. Doch ich habe eine ganze Reihe kennengelernt, die als Einzelpersonen behandelt werden wollen statt als ununterschiedene Mitglieder einer Gruppe. Diese unabhängigen Denker sind besorgt. In vielen Fällen haben sie sich in die private Welt ihres eigenen Denkens zurückgezogen. Die japanische Kultur beinhaltet eine riesige, unverbundene und unerforschte Inselgruppe solcher Privatwelten. Individualistische Japaner sind allgemein unpolitisch, denn sie würden sich ständig die Finger verbrennen, wenn sie die existierenden Machtverhältnisse herausforderten. Doch sie sind Japaner, trotz ihrer Weigerung, Konformisten zu sein.

In den letzten Jahrzehnten ist es üblich geworden, im Zusammenhang mit Japan die Idee persönlichen Wachstums als eine Manifestation westlichen Ethnozentrismus abzutun und anzunehmen, daß die Japaner ihre eigene, spezifisch japanische Art individueller Differenzierung haben. Doch es gibt Kriterien für persönliches Wachstum, die nicht kulturgebunden sind. Geradeso, wie es in der Knospe liegt, eine Rose zu werden und im Tigerjungen, ein Tiger zu werden, hat der wachsende Mensch die ihm innewohnende Bestimmung, ein reifes, wohlintegriertes Individuum zu werden.[21] Meine Erfahrung in anderen asiatischen Ländern und meine Bekanntschaft mit wohlintegrierten japanischen Individuen haben mich in diesem Glauben bestärkt.

Viele seriöse Japan-Kommentatoren haben mit Bedacht Aussagen vermieden, die als Werturteile bezeichnet werden könnten. Dennoch bin ich der Ansicht, daß es eine Illusion ist, zu meinen, sinnvolles Reden über politische Themen könne von Urteilen freigehalten werden, die nicht letztlich mit Werthaltungen irgendeiner Art zu tun haben. Das Streben nach Objektivität geht Hand in Hand mit einer dauernden Aufmerksamkeit gegen mögliche Vorurteile, doch schon die Auswahl der Themen verrät persönliche Anliegen, und diese sind nicht unbedingt Vorurteile. Vieles mag relativ sein, aber Maßstäbe für eine wünschenswerte Organisation des Lebens gibt es nun einmal, und Entscheidungen sollte man treffen. Der Ort der Menschen in ihrer Gesellschaft sollte nicht dem Zufall überlassen sein.

Platon machte die großartige Entdeckung, daß Selbsterkenntnis von einem Verständnis des Charakters und Ausmaßes politischen Lebens abhängt; das korrumpierende Potential der Macht war ihm voll bewußt. Sein wundervoll vernünftiger und poetischer Verstand sah als erster die Notwendigkeit der Befreiung von Mythen, von Traditionen und brutaler Macht als grundlegende Rechtfertigung für politisches Handeln. Ich sehe keinen Grund, warum das nur auf westliche Gesellschaften anwendbar sein sollte.

Der Philosoph Leszek Kolakowski, der in Polen geboren ist und gezwungen war, sich mit der kommunistischen Gesellschaft intellektuell auseinanderzusetzen, hat mehr als die meisten seiner im Westen geborenen Kollegen darüber nachgedacht und formuliert es am deutlichsten:

Die Freiheit von Individuen hat — das können wir voraussetzen — eine anthropologische Grundlage. Dies ist zugegebenermaßen eine Theorie, die im normalen Sinn des Wortes »beweisen« nicht bewiesen oder widerlegt werden kann. Und dennoch hängen unsere Hoffnung, daß die Freiheit nicht für immer durch den gemeinsamen Druck von Totalitarismus und allgemeiner Bürokratisierung zerstört werden wird, und unsere Bereitschaft, sie zu verteidigen, entscheidend von unserem Glauben ab, daß der Wunsch nach Freiheit, nach souveräner individueller Selbstentfaltung als freie Entscheidung, keine zufällige Laune der Geschichte ist, kein Ergebnis besonderer sozialer Bedingungen und kein zeitgebundenes Nebenprodukt spezifischer ökonomischer Lebensformen, von Marktmechanismen, sondern daß er in der Eigenschaft des Menschseins selbst verwurzelt ist.[22]

Kolakowski weiß, daß dies eine philosophische Frage ist, die durch empirische Untersuchung nie abschließend beantwortet werden kann. Doch er hat recht, wenn er sie für eine Frage hält, die »wir einfach nicht ignorieren oder zurückweisen können, weil sie nach den Regeln, die wissenschaftliches Forschen beherrschen, unlösbar ist«. Nimmt man einmal den philosophischen Standpunkt ein, daß Freiheit für das Individuum wünschenswert ist, so darf man die kritische Methode anwenden, wenn man politische Arrangements untersucht, die diese Freiheit schwerwiegend beschneiden — mehr, als für die Aufrechterhaltung der sozialen Ordnung vernünftig ist.

2

Der ungreifbare Staat

Das japanische Leben wirkt oft wie ein Theaterstück, das in seiner Inszenierung schlimm durcheinandergeraten ist. Die Texte, die die Schauspieler sprechen, passen nicht zu den Charakteren, die sie ihren Kostümen nach verkörpern sollen. Institutionen, Prozesse und Verhaltensweisen, die mit der Ausübung von Macht zu tun haben, legen auf den ersten Blick eines nahe und bei näherem Hinsehen etwas ganz anderes.

Auf der untersten Ebene politischen Lebens ist Japan natürlich nicht anders als andere Länder. Einige Japaner lieben die Macht, und einige erlangen sie. Die große Mehrheit unterwirft sich wie überall willig der Macht, aus Furcht vor persönlicher Bestrafung oder sozialem Chaos. Die Japaner haben Gesetze, eine Legislative, ein Parlament, politische Parteien, Gewerkschaften, einen Premierminister, Interessengruppen und Aktionäre. Doch durch diese vertrauten Bezeichnungen sollte man sich nicht zu voreiligen Schlüssen darüber verleiten lassen, wie Macht in Japan ausgeübt wird.

Der japanische Premierminister soll nicht viel Führungsstärke zeigen; die Gewerkschaften lassen ihre Streiks innerhalb der Mittagspausen stattfinden; die Legislative macht in Wirklichkeit keine Gesetze; Aktionäre verlangen nie Dividenden; Verbraucherschutzgruppen sind für den Protektionismus; Gesetze werden nur angewandt, wenn sie nicht zu sehr im Widerspruch mit den Interessen der Mächtigen stehen; und die herrschende Liberaldemokratische Partei ist, wenn überhaupt etwas, dann konservativ und autoritär, sie ist keine echte Partei und herrscht eigentlich nicht.

Warum, so könnte man fragen, benennt man die Dinge nicht einfach um? Das wäre freilich zu einfach. Bei manchen japanischen soziopolitischen Institutionen bedeuten die vertrauten Bezeichnungen die vertrauten Funktionen. Bei anderen stehen sie in unterschiedlichem Maße für etwas anderes. Eine Hauptquelle der Verwirrung ist die Tatsache, daß japanische Journalisten und die meisten japanischen Wissenschaftler die unter ihren westlichen Kollegen übliche Gewohnheit, auf Widersprüche hinzuweisen, nicht kultiviert haben. Sie neigen dazu, die Institutionen so zu behandeln, wie ihre Bezeichnungen es vorschreiben.

Das heißt nicht, daß Japan, wie viele Japaner gern denken, von Außenstehenden nicht »verstanden« werden kann. Es heißt allerdings, daß es Mühe und Geduld kostet, eine besondere Art der Komplexität zu entwirren, mit wenig Hilfe und viel Behinderung von der im Westen gängigen Polit-Terminologie. Die Wirklichkeit der politischen Welt Japans neigt dazu, einem durch die Finger zu schlüpfen. Wenn ich für meine Zeitung über Japan schreibe, empfinde ich es immer wieder als notwendig, die vertrauten Begriffe umzudefinieren, weil sie Bilder evozieren, die teilweise, wenn nicht völlig unangemessen für die japanische Realität sind. Manchmal wird ein seriöser Beobachter der japanischen Machtstruktur sogar den Drang verspüren, das gesamte politische Lexikon neu zu schreiben.

MACHT

Untersuchen wir zunächst den Begriff des Staates. Es ist zur Zeit Mode, den Staat nicht als etwas von der Regierung oder der Nation Unterschiedenes zu erkennen. Doch die Unterscheidung ist, wie mit der Zeit deutlich werden wird, notwendig und in bezug auf Japan besonders aufschlußreich.

Eine Nation definiert sich durch eine gemeinsame Sprache und ein Gefühl kultureller Eigenart. Japan ist eindeutig eine Nation. Der Staat ist nicht so leicht zu messen oder zu beschreiben; seine verschiedenen Definitionen stimmen jedoch darin überein, daß er die letzte Verfügungs- und Entscheidungsgewalt über die Macht in einem Land hat. Wo muß man dann in Japan den Staat suchen? Formal und in Übereinstimmung mit Japans offiziellem Status als parlamentarische Demokratie liegt die Souveränität beim Volk und die gesetzgeberische Macht bei den gewählten Mitgliedern der beiden Häuser des Parlaments. Doch diese Versammlung frei gewählter Volksvertreter, die die Verfassung die höchsten Organe der Macht nennt, kann nicht wirklich als letzte Entscheidungsinstanz für das gelten, was in Japan zugelassen wird. Das sollte in sich nicht verblüffen; es gibt nicht wenige andere Länder, wo die Macht nicht bei den Institutionen liegt, die sie haben sollten. In solchen Fällen erwartet man allerdings, daß sich eine andere Institution aufzeigen läßt, oder eine Person oder Gruppe, die de facto die Macht hat. In Japan gibt es keine solche klar umrissene Gruppe von Machthabern.

Als einzige anderen Institutionen außer der formalen Legislative stellen sich die Bürokratie und die Verbände als plausible Zentren dar, um die der Staat organisiert ist; doch letzte Gewalt haben beide nicht. Man wird viele Bosse deutlich erkennen, aber nicht den einen Boss der Bosse, nicht eine bestimmte Gruppe von ihnen, die die Kontrolle hat. Japan ist höchst zentralisiert in dem Sinne, daß sein Kapital der wirtschaftliche und kulturelle Mittelpunkt des Landes ist. Tokio ist nicht weniger als Paris oder London die Stadt, wo »alles geschieht«. Große Firmen müssen wichtige, wenn nicht Hauptbüros dort unterhalten, und sei es nur, um in der Nähe der Ministerialen zu sein. Die wichtigsten Bildungsinstitutionen sind dort konzentriert. Lokale Regierungen müssen bei den zentralen Bürokraten antichambrieren und um notwendige Haushaltsmittel betteln. Außerhalb Tokios gibt es kaum wichtige Verlags- oder Unterhaltungsindustrien. Und dennoch hat dies geographische Zentrum keinen politischen Kern.

Die Wirklichkeit des Staates ist in keinem Land leicht zu begreifen; in Japan aber ist es wie das sprichwörtliche Suchen einer schwarzen Katze im Dunkeln. Die Befehlsstränge, der Brennpunkt der Verantwortung, die Entscheidungsprozesse — alles bleibt aufreizend ungreifbar.

Könige ohne Macht

Ausländische Beobachter müssen sich immer daran erinnern, daß die Dinge im politischen Leben Japans selten so sind, wie sie scheinen.[1] Diese Faustregel ist von Ausländern, die Japan über die Jahrhunderte besuchten, vielfach wiederholt worden. Tatsächlich legen die allerersten nichtlegendären Berichte über Japan schon nahe, daß das wirkliche Ziel der höchsten politischen Institutionen dort wenig mit ihrer angeblichen Funktion zu tun hatte. Chinesische Chronisten des Wei-Königreiches bemerkten im dritten Jahrhundert mit einigem Erstaunen, daß das Land Wa (so nannten sie Japan) formal zwar von einer Königin namens Himiko regiert wurde, doch diese war in einem wohlbewachten Palast verborgen und trat nur über einen einzigen Mann in Verbindung zur Außenwelt; die Regierung des Landes überließ sie ihrem jüngeren Bruder.[2]

Die Weltgeschichte kennt unzählige Priesterkönige, Gottkönige und Medizinmänner oder Schamanen mit weltlicher Macht, und Himiko, deren Aufgabe es war, »den Willen der Götter zu kennen«, könnte als eine von ihnen erscheinen.[3] Doch das nominelle Haupt des Königreichs Wa hatte keine wirkliche Macht. Und die spätere Geschichte der Kaiser beweist die Neigung der Japaner, formale von tatsächlicher Macht zu trennen.

Auch als Japans Kaiserinnen und Kaiser weniger eifrig die Heerschar ihrer Gottahnen bei Laune hielten, hätten ihnen die Details eines schwindelerregenden Rituals noch immer keine Zeit zum Regieren gelassen, selbst wenn sie das gedurft hätten. Ein paar frühe Kaiser hatten anscheinend politische Kontrolle, doch diese Kontrolle wurde bald delegiert, zuerst an den Kronprinzen und später an kaiserliche Berater.

Im zehnten und elften Jahrhundert hatte Japan eine klar umrissene Gruppe von Machthabern in Gestalt der Fujiwara; diese raffinierte Familie riß alle Kontrolle über das Land an sich, derer sie habhaft werden konnte, und legitimierte ihre Position, indem sie ihre Töchter mit nacheinanderfolgenden Kaisern vermählte. Für rund ein Jahrhundert nach dem Niedergang der Fujiwara lag die wirkliche Macht hinter dem Thron bei zurückgetretenen Kaisern. Nach einer Übergangsperiode, in der die meiste Macht einer weiteren Familie gehörte, den Heike, ging die tatsächliche Herrschaft schließlich an die Kriegerdynastien, die Japan dann bis zum Industriezeitalter kontrollierten. 1185 wurde dem General Minamoto no Yoritomo formell vom Hof erlaubt, die Polizei für alle sechsundsechzig Provinzen Japans zu stellen. Dann wurde ihm sieben Jahre später der Titel seii tai shogun verliehen, »Barbarenunterwerfender Generalissimo« — ein Amt, das nach weiterer Konsolidierung bis 1867 der offizielle Brennpunkt der Macht in Japan bleiben sollte.

Inzwischen geriet der Hof als politische Größe in Vergessenheit. Einige Kaiser waren mittellos. Ogimachi (1557—86) zum Beispiel mußte seine Kalligraphien und die Palastmöbel verhökern, um leben zu können. Die einzige Ausnahme von der Schwäche der Kaiser, und dies nur drei Jahre lang, war Kaiser Go-Daigo; ihm gelang es, zwischen 1333 und 1336 die militärischen Diktatoren herauszufordern und die Autorität des Hofes wiederherzustellen. Auch in der Geschichte anderer Länder gab es schwache Könige, bevor das Aufkommen konstitutioneller Monarchien den Charakter des Königtums veränderte. In Japan aber war es die Institution selbst, die machtlos war.

Die Delegierung der Macht in Japan machte beim Amt des Shogun nicht halt. Im dreizehnten Jahrhundert gab es schließlich, wie der Historiker George Sansom bemerkt, »das erstaunliche Schauspiel eines Staates mit einem Titularkaiser an der Spitze, dessen letzte Funktionen von einem abgedankten Kaiser usurpiert werden und dessen reale Macht nominell an einen hereditären Militärdiktator delegiert, tatsächlich aber von einem hereditären Berater jenes Diktators ausgeübt wird«.[4] Der letzte Hinweis gilt der Familie Hojo, die die Shogune so kontrollierte wie frühere mächtige Familien die Kaiser.

Solche Arrangements gefielen eindeutig den mächtigen Männern, die ihre japanischen Landsleute über die Jahrhunderte kontrollierten. Nicht einer von ihnen unternahm je einen ernsthaften Versuch, den Thron an sich zu reißen. Dies ist um so bemerkenswerter, wenn man an das wunderbare Modell der Usurpation denkt, das China bot, wo erfolgreiche aufständische Generäle ständig neue Dynastien gründeten.

Die Vorteile delegierter Macht scheinen jedoch den Mangel an sichtbarem Glanz stets ausgeglichen zu haben. Die Fujiwara-Familie, die die Norm für diese Art Herrschaft einführte, verspürte offenbar kein Bedürfnis, ein System zu zerstören, das ihre Erben mit allen Privilegien eines Herrschers außer seinem Titel ausstattete. Die Tradition hat in der Tat einen deutlichen Vorteil für die wirklichen Machthaber. Man ist wesentlich weniger verwundbar, wenn jemand anderes den Titel trägt, der zu der Macht gehört, die man besitzt. Wenn die Quelle realer Macht unklar ist, wird auch unklar sein, wie man sie angreifen kann.

Das geschönte Einparteiensystem

Japans asiatischen Nachbarn ist diese Trennung zwischen Form und Substanz der Autorität vollkommen vertraut. Ein Großteil der formalen Machtstruktur im heutigen Asien ist fiktiv. Die offizielle Aufmachung der nichtkommunistischen Staaten ist geborgt, eingeführt entweder von Kolonialverwaltern wie in Indien, Indonesien, den Philippinen und Malaysia, oder, wie in Thailand und Japan, von heimischen Reformern, die glaubten, westliche Formen würden ihre Länder dauerhaft frei und in den Augen des Westens respektabel machen.

Diese asiatischen Systeme sind zum Teil, manchmal zum großen Teil Fassade und verbergen eine unsichtbare Machtstruktur. Nur wer die älteren, einheimischen Formen politischen Verhaltens untersucht, kann den politischen Prozeß verstehen. Auch im Westen können nichtformale und außerrechtliche Beziehungen erheblichen Einfluß auf die Ausübung von Macht haben. In fast allen asiatischen Ländern sind jedoch persönliche Beziehungen ungleich wichtiger als die jüngeren, formal unparteiischen Institutionen. Trotzdem sollte man die formalen Prozesse der Regierungen in Asien nicht als sinnlose Pantomime abtun. Die aus dem Westen importierten offiziellen Strukturen haben mit den älteren politischen Gewohnheiten interagiert und sie radikal verändert. Hicr ist Japan keine Ausnahme.

Da Japan aber die vollständigste Garnitur demokratischer Verzierungen außerhalb des Westens hat und generell der gleichen geopolitischen Kategorie zugerechnet wird wie die entwickelten westlichen Industriestaaten, lassen sich Beobachter über die politische Realität dort leichter täuschen als irgendwo sonst in Asien. Japan wird auch weniger offensichtlich autoritär regiert als die meisten seiner Nachbarn. Seine Regierung sperrt niemanden ein, um an der Macht zu bleiben. Aus solchen Gründen hat man lange angenommen, hier blühe die Verfassungstreue.

Japan hat alle Institutionen, die für eine parlamentarische Demokratie als unverzichtbar gelten, und oberflächlich betrachtet haben sie nichts Ungewöhnliches an sich. Im Herzen Tokios steht ein Parlamentsgebäude, Versammlungsort des Oberhauses und des Unterhauses, deren Mitglieder über jede Andeutung empört wären, sie nähmen ihre demokratischen Pflichten leicht. Alle vier Jahre oder öfter hat die japanische Öffentlichkeit Gelegenheit, diese Vertreter aus einer breiten Palette von Kandidaten zu wählen.

Das Merkwürdige ist, daß seit 1955 diese Freiheit immer zu einer Einparteienregierung geführt hat, die nie ernsthaft in Frage gestellt wurde.[5] Sieht man von den zehn Monaten 1947/48 ab, als konservativ gesonnene Sozialisten an einer wirren Koalition beteiligt waren, so muß man sagen, daß seit Kriegsende immer dieselbe, relativ kleine Gruppe von Politikern »Die Reise nach Jerusalem« mit Ministersesseln gespielt und nur für ihre Protegés Platz gemacht hat, ohne daß die Öffentlichkeit einen nachweisbaren Einfluß auf politische Entscheidungen gehabt hätte.

Diese Gruppe von Politikern nennt sich jetzt Liberaldemokratische Partei (LDP) — eine völlige Fehlbezeichnung für eine Koalition von habatsu, politischen Cliquen, wie wir schon sahen. Sie hat an der Basis keine nennenswerte Parteiorganisation und keinen allgemein anerkannten Mechanismus, um die Nachfolge in ihren Führungskadern zu regeln; auch steht sie nicht für irgendwelche identifizierbaren politischen Prinzipien. Sie kann in einem Jahr weniger als eineinhalb Millionen Mitglieder haben, im nächsten über drei Millionen und ein Jahr später wieder unter eineinhalb Millionen.[6] Im gängigen westlichen Sinn ist sie also eigentlich überhaupt keine politische Partei.

Japan wird selten als Einparteienstaat beschrieben. Statt dessen heißt es, das gemeine Volk habe so viel Vertrauen zu den Politikern, die das Land zu wirtschaftlichem Erfolg geführt haben, daß es nicht genug von ihnen bekommen könne. Bis vor kurzem war dies die Ansicht der meisten einflußreichen ausländischen Wissenschaftler, die über Japan schrieben. Und dies ist verständlicherweise die Erklärung der LDP gegenüber der Außenwelt für ihre unangefochtene Position. Wenn ein US-Präsident zu einem japanischen Premierminister über ihr gemeinsames Engagement für die pluralistische Demokratie spricht, wird der letztere ihm nicht widersprechen.

Die Wahrheit ist allerdings, daß die LDP sich durch Wahlschiebung an der Macht gehalten hat, durch den Einsatz von Geld, um sich die nötigen rund 48 % der Stimmen zu sichern, durch Einhämmern der Botschaft, daß ländliche Bezirke nur dann verbesserte Infrastrukturen bekommen, wenn sie LDP-Kandidaten wählen. Unter den Umständen, die sie selbst mit geschaffen hat, ist diese Botschaft zutreffend genug: lokale Regierungen sind sehr abhängig von einem System finanzieller Hilfen, die von der zentralen Bürokratie verteilt werden, einem System, das nicht nach unparteiischen Regeln organisiert ist. Die Politiker werden gebraucht, um bei Regierungsbeamten zu vermitteln, und LDP-Politiker haben den besten, wenn nicht ausschließlichen Zugang zu ihnen.[7] In Wahlkämpfen betonen LDP-Politiker endlos ihre Verbindungen zu eben den Beamten, die die Mittel für ein von den Wählern gewünschtes Projekt zuteilen können. Das System wird außerdem durch die angeblich nicht parteigebundenen Landwirtschaftskooperativen geschönt, durch die unzähligen Baufirmen und ihre Zulieferer, deren Fabriken tatsächlich als Wahlbüros dienen.

Die absolute LDP-Mehrheit wird weiter durch ungleiche Repräsentation garantiert, die bewirkt, daß eine der unermüdlich umworbenen ländlichen Stimmen drei Stimmen aus der Stadt wert ist. Außerhalb der großen Städte praktizieren die LDP-Kandidaten einen überaus gründlichen Stil beachtlicher Geldzuwendungen, um wiedergewählt zu werden.

So ist die LDP vor allem eine Stimmenfangmaschine. Ihr Wahlglück hängt nicht von öffentlicher Identifizierung mit einem Programm ab, sondern von willkürlichen Faktoren: von der Wahlbeteiligung (je höher auf dem Land, desto besser) und von der sorgfältigen Plazierung der Kandidaten, damit ihre Stimmen in dichtbevölkerten Wahlkreisen nicht zu sehr gesplittert werden. Wie einer von Japans prominentesten Politologen in den 1960er Jahren bemerkte: Wenn die LDP doppelt so viele Sitze gewinnt wie die Japanische Sozialistische Partei (JSP), so bedeutet das nicht, daß ihre Ideen zur Sozialgesetzgebung doppelt so gut ankommen, sondern daß ihr Geld doppelt so schwer wiegt wie die bloßen Meinungen der JSP.[8]

Der griechische Chor des Parlaments

Die LDP kann das System weiter schönen, weil die »Opposition« aus Parteien besteht, die anscheinend glauben, ihre angemessene Stellung auf Dauer sei außerhalb der Regierung. Die zweitgrößte Partei, die JSP, macht es der LDP leicht, sich als die einzig regierungsfähige Partei hinzustellen. Ihr Eintreten für unbewaffnete Neutralität und ihre traditionelle Amerikafeindlichkeit scheinen fast kalkuliert, die Partei unattraktiv für die breite Wählerschaft zu machen. Die andere ideologische Partei, die Japanische Kommunistische Partei (JCP), ist in mancher Hinsicht weniger unrealistisch doktrinär und zieht eine größere Zahl Sympathiestimmen von Nichtkommunisten an. Dennoch macht ihre frühere Geschichte als offensichtliches Instrument sowjetischer Außenpolitik sie zusammen mit den Nachkriegsängsten vor allem, was »kommunistisch« heißt, selbst als Koalitionspartner für die anderen Minderheitsparteien inakzeptabel.

Die kleine Demokratisch-sozialistische Partei (DSP) und die Komeito-Partei benehmen sich manchmal, als wären sie gern an der offiziellen Regierung des Landes beteiligt, doch selbst dann nur als Koalitionspartner der LDP. Sie haben nie auf Gelegenheiten reagiert, sich mit der JSP zusammenzutun, die möglicherweise zu einer Nicht-LDP-Regierung geführt hätten.

Die permanente politische »Opposition« in Japan funktioniert nicht auf eine Weise, die Wähler in westlichen parlamentarischen Demokratien erkennen könnten. Sie war wichtig als Störfaktor und Hindernis für die Art Gesetzgebung, die liberale Japaner an Vorkriegsmethoden und -kontrollen erinnert. Sie kann die LDP in einem oder mehreren der Ständigen Ausschüsse im Parlament durch eine Obstruktionspolitik in Verlegenheit bringen, die die

Aufmerksamkeit der Zeitungen weckt. Doch sie zwingt die LDP nicht zu einer nennenswerten Debatte über ihre Politik.
Da die LDP als diktatorisch denunziert würde, wenn sie Gesetze in Abwesenheit der »Opposition« verabschiedete, sind Boykotts der Parlamentssitzungen eine wirksame Demonstration symbolischen Unmuts. Die Minderheitsparteien greifen zu diesem Mittel, um gegen die »Eigenmächtigkeit« der LDP zu protestieren, um auf die »politische Moral« aufmerksam zu machen (ein höflicher Hinweis auf Korruption bei LDP-Mitgliedern) oder hin und wieder, um Unzufriedenheit mit dem Staatshaushalt zu äußern. 1983 verursachten die Minderheitsparteien eine Handlungsunfähigkeit des Parlaments, die die Rekordzeit von achtundzwanzig Tagen anhielt, und schon oft haben sie die Legislative für eine oder zwei Wochen lahmgelegt. Im Frühjahr 1987 trug ein Boykott der Minderheitsparteien dazu bei, daß sich innerhalb der LDP-Gefolgschaft die Opposition gegen eine geplante Verbrauchssteuer festigte und daß ein Entwurf zur Steuerreform zurückgezogen werden mußte. Häufiger kommt es vor, daß die LDP unter dem Druck des Boykotts zu einem Kompromiß in einer symbolischen Frage bereit ist, der, wenn überhaupt, nur sehr geringe Wirkung auf die praktische Politik hat. Mit wenigen Ausnahmen sind Parlamentsdebatten Vorstellungen, die demokratisch beruhigend sind, aber nicht den geringsten Einfluß auf die Entwicklung in den Verhältnissen des Landes haben.
Kurz, die japanische parlamentarische Opposition ist wie der Chor in einer griechischen Tragödie. Ihre monotonen Kommentare zur Lage der Nation und Klagen über die Sünden der LDP sind ritualistisch und harmlos.

Schwache Minister

Die LDP wird gewohnheitsmäßig als »herrschende Partei« bezeichnet, aber auch das ist eine Fehlbezeichnung. Von ihr gehen wenige Gesetze aus. Manchmal sind politische Initiativen auf mächtige LDP-Gruppen zurückzuführen, meistens jedoch sind sie von nebensächlicher Bedeutung. Die LDP setzt kaum je neue Prioritäten für die Verwaltung. Die Grenzen ihrer Macht werden am deutlichsten in den politischen Entscheidungen, die sie nicht trifft — Entscheidungen, die zum Beispiel darauf abzielen, den Konflikt mit anderen Ländern zu entschärfen oder die heimische Infrastruktur zu verbessern. Bestimmte Einzelpersonen und Gruppen in der Partei üben in einer weitgehend indirekten Weise Macht aus, aber nicht Macht von der Art, die generell als relevant für die Führung eines Staates gilt. Was LDP-Mitglieder von anderen Japanern unterscheidet, sind persönliche Privilegien und die Fähigkeit, Bitten sympathisierender Lobbyisten an die Bürokraten weiterzuleiten. In den späten 1980er Jahren hatten viele westliche Beobachter den Eindruck, daß die LDP neue Aktivität dabei entwickelte, Politik im Bereich industrieller Restrukturierung, Öffnung der Inlandsmärkte, finanzieller Liberalisierung und Bildungsreform zu debattieren und zu fördern. Diese Vorstellung beruhte auf einer Flut von Ausschußberichten und Zeitungsartikeln, die die Notwendigkeit einer neuen Politik betonten, und war weitgehend irrig. In der nationalen Diskussion wurden die Fortschritte in diesen Bereichen sehr übertrieben; und die meisten wurden Japan durch äußere Umstände aufgezwungen, wurden so klein wie möglich gehalten und von den Bürokraten statt der LDP überwacht.

Den Vorsitz über das schwache Parlament führt der japanische Premierminister, immer auch Präsident der LDP. Theoretisch hat er Möglichkeiten, große Macht auszuüben. Tatsächlich erlaubt ihm diese Macht allerdings nicht, Dinge zu tun, die Ausländer, ausländische Regierungen eingeschlossen, von einem Premierminister erwarten. Wenn er den Hauptteil seiner Energie auf ein Ziel konzentriert und mehr als ein paar Jahre im Amt bleibt, bewirkt er vielleicht auf subtile Weise eine kleine Verschiebung der Prioritäten bei der Verwaltung. Seine unmittelbare Macht ist in der Praxis darauf beschränkt, das Unterhaus aufzulösen. Sollte er versuchen, viel mehr zu tun, würden ihn seine Rivalen in der LDP zusammen mit den Parteien der »Opposition« fast sicher stürzen.

Der japanische Premierminister hat weniger Macht als jedes andere Regierungsoberhaupt in Asien. Dies beweist (falls das noch notwendig ist) die jüngste Erfahrung von Nakasone Yasuhiro. Als Premierminister ließ Nakasone nie Zweifel daran aufkommen, daß er herrschen wollte. Auch gab er sich mehr Mühe als jeder seiner

Vorgänger in der Nachkriegszeit, sein Amt zu stärken. Am Ende gelang es ihm jedoch nicht, die politischen Veränderungen seiner Wahl durchzusetzen — abgesehen von der Zerschlagung der Firma, die die größten Defizite der Welt einfuhr, der japanischen Staatseisenbahn.

Der Verfassung zufolge hat das Kabinett die exekutive Gewalt. Die meisten Minister des japanischen Kabinetts leiten jedoch die Ministerien nicht, deren Portefeuille sie innehaben. Sie haben meist wenig oder keinen Einfluß innerhalb ihrer Häuser. Die fast jährlichen Kabinettsveränderungen lassen ihnen keine Zeit, genug Detailwissen zu sammeln, um ihren ranghöheren Bürokraten voraus zu sein. Ein starker Politiker kann einen politischen Bereich durch ein gewisses Maß an Einflußnahme bei der Ernennung höherer Mitarbeiter prägen, und indem er durch die Ränge der entsprechenden Gruppe in der LDP aufsteigt. Einige bürokratische Reservate wie Bildung und Erziehung, Verkehr und Bau sind weniger selbstherrlich als andere, etwa die Ministerien für Handel und Industrie oder Finanzen. Doch Minister, die wichtige Entscheidungen treffen, sind so außergewöhnlich, daß sie noch jahrelang Stoff für Klatsch zwischen den Ministerien und für Pressekommentare liefern.

Bestünden die Minister des Kabinetts darauf, die Macht auszuüben, die die formalen Regeln ihnen geben, dann würden sie in fast allen Fällen auf unüberwindliche bürokratische Sabotage stoßen. Kabinettssitzungen sind mit äußerst seltenen Ausnahmen rein zeremonielle Angelegenheiten; sie dauern zehn bis fünfzehn Minuten und haben den einzigen Zweck, politische Anpassungen zu billigen, die die administrativen Staatssekretäre (die obersten Bürokraten in jedem Ministerium) am Vortag bei ihrem eigenen Treffen beschlossen haben. Das Kabinett diskutiert keine neue Frage, von der die Bürokraten nichts wissen, wie das in europäischen Ländern üblich ist, und keine Frage, die nicht in allen Einzelheiten von den Bürokraten ausgearbeitet ist.

Die Bedeutung der Rolle des Politikers ist zugegebenermaßen etwas unterschiedlich, je nachdem, für wie dringlich neue administrative Programme gehalten werden. In den 1950er Jahren waren zum Beispiel eine Reihe LDP-Abgeordnete (meist selbst frühere Bürokraten) daran beteiligt, den Fahrplan für die verschiedenen Anpassungen zu erarbeiten, die zur Vorbereitung unbegrenzten Industriewachstums erforderlich waren — man setzte als selbstverständlich voraus, daß dies die höchste nationale Priorität war. Anfang der 1960er Jahre brach Premierminister Ikeda Hayato den Widerstand des Finanzministeriums gegen eine ungehinderte Politik des hohen Wachstums. Danach mischten sich die Politiker selten in diesen Fahrplan ein, und gewiß führten sie nie neue Prioritäten ein. Andererseits haben LDP-Abgeordnete in den vergangenen Jahrzehnten ständig die Aktivitäten des Ministeriums für Bildung und Erziehung beeinflußt. In den späten 70er und 80er Jahren wiederum bauten bestimmte LDP-Politiker ihre Macht aus, als ihnen die Rolle der Vermittler im Streit der Ministerien um die Rechtshoheit in neuen Industriebereichen wie Telekommunikation zufiel. Insgesamt muß man sich zwar davor hüten, die Macht der LDP zu unterschätzen, doch kann man sich kaum der Folgerung entziehen, daß die Macht der Beamten weit größer ist, wenn es um die Beherrschung des Landes geht.

Die autoritäre Bürokratie

Ist die Macht des japanischen Staates dann in der Bürokratie zu finden? Eine ganze Anzahl erfahrener Beobachter ist zu diesem verlockenden Schluß gekommen.

Im Alltagsgeschäft der japanischen Regierung haben Gruppen von Beamten, besonders in den Ministerien für Finanzen, Außenhandel und Industrie, Bau sowie Post und Telekommunikation sehr viel Macht, eindeutig mehr, als ihnen theoretisch zusteht. Sie bremsen, kontrollieren und stimulieren die Wirtschaft. Sie machen fast alle Gesetze — das ist in bezug auf meßbare Macht nicht alles, aber schon eine Menge. Diese Gesetze werden fast immer vom Parlament abgesegnet, und im typischen Fall gehen die Bürokraten dann daran, sie als Mittel zur Erreichung ihrer Lieblingsziele zu nutzen. Ihre inoffizielle Macht gibt ihnen obendrein noch größere Kontrolle über die Bereiche gesellschaftlicher Aktivität, für die sie offiziell zuständig sind. Weil diese inoffizielle Macht nicht diskutiert wird, ist sie sehr weitreichend.

Es könnte deshalb bei der Lösung des Rätsels japanischer Macht helfen, Japan als »autoritären bürokratischen Staat« zu bezeichnen; versucht man aber den Finger darauf zu legen, wer nun unter den Bürokraten das Sagen hat, ist man gleich wieder verloren. Die administrativen Staatssekretäre geben einander nicht nach, wenn sie gedrängt werden, Entscheidungen zu billigen, die ihre jeweiligen Ministerien ablehnen. Regelmäßige Teilnehmer an den Treffen der Staatssekretäre, die vor den zeremoniellen Kabinettssitzungen stattfinden, haben mir gesagt, daß kontroverse Themen immer zu Handlungsunfähigkeit führen, weil es einfach nicht möglich ist, aus der Sackgasse zu kommen, wenn ein Ministerium sich sperrt.

Intensive Rivalität unter Beamten hat lange verhindert, daß sie eine allgemeine Vorherrschaft in der japanischen Politik erlangten. Ebenso behindert territorialer Neid zwischen Ministerien und Ämtern, die oft zu öffentlichen Kriegen werden, die Findung dringend notwendiger, national einheitlicher politischer Formulierungen. Selbst abgesehen von derlei interner Rivalität ist die Rechtshoheit der Bürokratie als Ganzes eindeutig begrenzt, obwohl anscheinend niemand genau sagen kann, wo genau ihre Parameter liegen.

Die zaikai

Uns bleibt noch eine Hauptgruppe von Mitspielern im japanischen Machtspiel, eine besonders beliebte Gruppe bei Theoretikern, die bei der Betrachtung japanischer Politik eine Verschwörung postulieren. Es ist die zaikai (Wirtschafts- und Finanzwelt), der weite Kreis wirtschaftlicher Spitzenfunktionäre, besonders derer, die durch die mächtigen Verbände sprechen. Da Japan international fast ausschließlich durch die Produkte seiner Industrie und deren Wirkung auf andere Ökonomien bekannt ist, sind Ausländer versucht, zu denken, die Industriekapitäne beherrschten die politischen Entscheidungsprozesse. Dieser Interpretation zufolge dienen sowohl die LDP als auch die Bürokraten der zaikai als Strohmänner.

Dieses Bild ist falsch. Zwar operieren japanische Konzerne in einem äußerst günstigen politischen Klima, denn Industriewachstum ist in den Augen der Wirtschaftsbeamten und der LDP weiterhin das nationale Ziel, und die meisten Methoden, die zur Erreichung dieses Ziels angewandt werden, werden selbstverständlich akzeptiert. Dies hat allerdings aus den Präsidenten und Vorsitzenden industrieller Konzerne nicht Japans heimliche Herrscher gemacht.

Freilich haben die Verbände, besonders Keidanren, außerordentliche Macht. Keidanren ist ein Zusammenschluß führender industrieller Organisationen; er umfaßt den Verband der Automobilhersteller, den Verband der Schiffbauer, den Eisen- und Stahlverband, den Erdölverband und den Verband der chemischen Industrie, dazu Handelsgesellschaften, Großhandelsfirmen, Banken und Versicherungen. Der zweitwichtigste ist Nikkeiren (Japanische Föderation der Arbeitgeberverbände). Sie hat das Ziel, die Arbeiterbewegung kontrollieren zu helfen und Lohnerhöhungen in Grenzen zu halten. Das Keizai Doyukai (Komitee für Wirtschaftsentwicklung) bietet ein Forum, wo die Elite der zaikai-Mitglieder eine theoretische Basis für Geschäftsstrategien formulieren kann; es hat Mitte der 1950er Jahre mit Vorschlägen für einen »reformierten Kapitalismus« japanischen Stils von sich reden gemacht. Die vierte und älteste Organisation, die Japanische Industrie- und Handelskammer (ursprünglich die Handelskammer Tokios, gegründet 1878), überwacht die Welt der kleineren Firmen.

Es wäre ein Fehler, die Gründer und wichtigen Führer der Nachkriegsverbände für Unternehmer oder die Vertreter von Unternehmern zu halten. Ein Grund für den Erfolg der Partnerschaft zwischen Wirtschaft und Bürokratie liegt darin, daß diese Organisationen an der Spitze der industriellen Hierarchie in ihrer Entstehungszeit und lange danach von Bürokraten geführt wurden, die für die wirtschaftliche Mobilisierung im Krieg zuständig gewesen waren, und von bürokratisierten Führern der Kartelle in der Kriegszeit. Diese Männer gaben den Hauptanstoß dazu, daß sich die rivalisierenden konservativen Parteien 1955 zur LDP zusammenschlossen.[9] Sie hatten auch einen entscheidenden Einfluß in der Bildungspolitik nach der Besatzung und in der Gestaltung des Schulsystems.

Ende der 1980er Jahre bilden die zaikaijin (die Wirtschaftsältesten) eine Gerontokratie an der Spitze einer immer stärker bürokratisierten Welt. Als Aufsichtsratsvorsitzende in ihren jeweiligen Firmen verfügen sie oft noch immer über gewaltige Macht, größer selbst als die der Präsidenten. Der Vorsitz läßt ihnen mehr Zeit und Gelegenheit, in Ausschüssen mitzuarbeiten. Sie steigern das Ansehen ihrer Firmen, wenn sie darüber dozieren, was wünschenswert für die Gesellschaft ist, und tragen das Ihre zu den allgegenwärtigen Platitüden über Japans Aufgaben und künftige Rolle in der Welt bei. Doch sie haben nicht die Fähigkeit, Japan in die Richtung neuer Prioritäten zu steuern, die besser mit diesen Zielen und dieser internationalen Rolle übereinstimmen.

Als Klasse kaufen die Geschäftsleute von heute regelmäßig Macht ein. Individuelle Wirtschaftssektoren, selbst große Einzelfirmen, halten die meisten LDP-Mitglieder unter Kontrolle, indem sie die unglaublich hohen Kosten dafür übernehmen, daß diese in ihren Wahlkreisen eine intensive Präsenz in der Werbung behalten. Einige Firmen spielen eine entscheidende Rolle darin, sie betreffende bürokratische Entscheidungen zu fördern oder zu bremsen.

Doch diese Macht ist noch immer recht begrenzt, und die inoffizielle bürokratische Kontrolle reicht sehr weit. Selbst im wirtschaftlichen Bereich ist die zaikai in hohem Maße abhängig davon, daß die Ministerien ihre existierenden Industrien auf dem Inlandsmarkt vor ausländischer Konkurrenz schützen, daß sie ihr Leitung und Koordination stellen, wenn sie in neue industrielle Richtungen strebt.

So kann jede der drei oben beschriebenen Größen bald überraschende Macht beweisen, bald unerwartete Schwäche. Keine elegante Gleichung ist möglich, die genau zeigt, wie sie sich mit ihren Machtanteilen zueinander verhalten. Die wesentliche Tatsache ist, daß keine von ihnen als der Gipfel der japanischen Machthierarchie angesehen werden kann.

Wenn es keine anderen Gruppen gibt, die mehr Macht haben als die drei gerade besprochenen — wo ist dann der japanische Staat zu lokalisieren? Ist es am Ende möglich, daß wir an diesem unerwarteten Ort einen Staat haben, der gerade in irgendeinem Stadium des Verschwindens ist?

Brauchen die Japaner einen Staat? Anscheinend fand zumindest vom Mittelalter bis zur Mitte des neunzehnten Jahrhunderts die politische Elite Japans das nicht. Doch das war nicht immer so gewesen. Als die Yamato-Herrscher des heutigen Zentraljapan ihren Besitz Mitte des siebzehnten Jahrhunderts konsolidierten, versuchten sie, andere Sippenhäuptlinge mit Maßnahmen unter Kontrolle zu bringen, die Japan in einen zentral gelenkten Staat nach chinesischem Vorbild verwandeln sollten. Dieser »Staat« hielt sich jedoch nicht lange und führte nicht zu einer dauerhaften Struktur zentralisierter Macht. Das Land war in Verwaltungseinheiten aufgeteilt, und von der Hauptstadt wurden Beamte für eine feste Zeit als Gouverneure entsandt. Nach einer Weile blieben die Beamten, wohin man sie geschickt hatte, und vererbten ihre Macht an ihre Nachkommen. Als der Kontakt zu China abgebrochen war, verschwand anscheinend das Bedürfnis nach einem Staat aus dem Denken der japanischen Machthaber. Selbst die mächtige Fujiwara-Familie erreichte in einem späteren Stadium nie unangefochtene Kontrolle über das ganze Land.

Von Oda Nobunaga (1534—82), dem ersten der drei »Einiger« Japans, könnte man vielleicht sagen, er habe einen Staat gründen wollen. Er versuchte, durch Eroberungen zentrale Gewalt zu erringen und ersetzte feindliche Fürsten durch Männer, die er genau unter Kontrolle hatte.[10] Es war aufschlußreich, daß er zur Rechtfertigung dieses militärischen »Befriedungsfeldzuges« den Ausdruck tenka (»das Reich«) für etwas benutzte, das größer war als die existierende Ansammlung der von Kriegern beherrschten Gebiete.[11] Doch sein »Reich« wurde nie konsolidiert.

Sein Nachfolger Toyotomi Hideyoshi (1537—98), der 1590 die Einung des Landes fast erreicht hatte, kam wahrscheinlich näher an die höchste Führerschaft als jeder andere in der japanischen Geschichte. Doch statt die Fürsten auszurotten, die er besiegt hatte, ließ er die meisten weiter in ihren Gebieten herrschen. Tatsächlich trug er zur Entwicklung der feudalen Ordnung bei, die um halbautonome, Daimyo genannte Fürsten zentriert war — und dieser große politische Balanceakt hielt die Tokugawa-Shogune über zweieinhalb Jahrhunderte lang an der Macht.

Die Tokugawa

Japans größte verpaßte Gelegenheit zur Staatsbildung vor der jüngeren Vergangenheit folgte der entscheidenden Schlacht von Sekigahara im Jahr 1600, die rund dreihundert Jahren immer wieder aufflackernder Bürgerkriege ein Ende setzte und den Boden für ein neues politisches Arrangement bereitete. Tokugawa Ieyasu sicherte sich die Gefolgschaft aller überlebenden Kriegsherren, übernahm das Shogunat, und die lange Periode relativen Friedens begann, die nach seiner Familie benannt wird. Friede — aber nicht politische Einheit. Keine wirklich zentralisierte Regierung wurde je versucht, denn sowohl Shogune als auch Daimyo waren damit beschäftigt, ihren Besitz für ihre Erben zu sichern. Jede einende, nationale Idee, die die Macht untergeordneter oder rivalisierender Fürsten beschnitt, wäre zu riskant gewesen.

Das Tokugawa-bakufu — wie das Shogunat gewöhnlich genannt wurde — kontrollierte nur etwa ein Viertel des japanischen Territoriums. Dies tat es direkt und auch durch ungefähr fünftausend Familien von hatamoto (Gefolgsleuten), die für einen jährlichen Sold als Offiziere und Verwalter dienten. Außerdem konnte es auf die Loyalität einer kleinen Zahl blutsverwandter (shimpan) Daimyo und durchschnittlich 170 fudai-Daimyo zählen, die innerhalb ihrer Lehen Entscheidungsgewalt behielten und die nach der zweiten Tokugawa-Generation die herrschende Elite des bakufu stellte. Danach blieben durchschnittlich 80 tozama oder »Außenvasallen«, die der Shogun schwach halten mußte.

Einige der größeren tozama-Lehen waren praktisch unabhängige Staaten und außer in ihren Beziehungen zu anderen Lehen autonom. Durch Kontrollpunkte auf den Straßen, ein Spionagenetz und strategisch postierte Lehen loyaler Daimyo stellte das Shogunat sicher, daß diese potentiell problematischen Lehen voneinander isoliert blieben. Es war eine Koalition mehrerer solcher »Außenlehen«, die schließlich die Tokugawa-Herrschaft stürzte. Als dies geschah, hatte Japan sich schon zu einem hochkomplexen politischen Gebilde entwickelt, doch es hatte keine unangefochtene zentrale Führung, und es war kein Staat.

Das intensive Gefühl von der Unantastbarkeit alles Japanischen, das die Nation kennzeichnet, schließt ein starkes Gefühl der Unantastbarkeit ihres Territoriums ein. Doch wie wir gesehen haben, erforderte jahrhundertelang die Bewahrung dieses Territoriums kein Bewußtsein von Staatszugehörigkeit. Dies hing wahrscheinlich mit dem ungewöhnlichen Umstand zusammen, daß niemand Japan belästigte, außer zwei Invasionsversuchen von den Mongolen unter Kublai Khan (1274 und 1281). Solange man sie in Ruhe ließ, brauchten die Japaner, in scharfem Gegensatz zu den Chinesen, offenbar keinen Staatsbegriff.

Sie sollten nicht für immer ihre Ruhe haben. 1853 landete der US-Kommodore Matthew Perry mit vier ominös schwarzen Kriegsschiffen und verlangte Proviant und Tankmöglichkeiten für Japan passierende US-Schiffe sowie humane Behandlung entlaufener Seeleute und die Öffnung der japanischen Häfen für den Handel. Der Vertrag, den er acht Monate später schließen konnte, gab den USA keine großen Konzessionen und ermöglichte es den japanischen Beamten, sich aus dem herauszuwinden, was sie — wie die Amerikaner glaubten — versprochen hatten. Doch er wurde zum Modell für Verträge mit Großbritannien, Rußland und den Niederlanden, und er markierte das Ende der offiziellen Abschottungspolitik Japans. Endlich war Japan notgedrungen mit der turbulenten Gemeinschaft der Weltmächte konfrontiert — und folglich mit der Notwendigkeit einer Außenpolitik.

Die Demontage des Meiji-Staates

Die Meiji-Oligarchie, die 1868 — weitgehend infolge dieser ausländischen Invasion — die Kontrolle übernahm, war davon besessen, einen starken Staat zu schaffen. Innerhalb von drei Jahren nach dem Sturz des Tokugawa-Shogunats hatte sie die feudalen Lehen abgeschafft; sie erklärte: »Um Gleichheit mit fremden Nationen zu bewahren, muß dafür gesorgt werden, daß Worte in Wirklichkeit bedeuten, was sie zu bedeuten vorgeben, und die Regierung des Landes muß ihr Zentrum in einer einzigen Autorität haben.«[12] Die Mahnung war alles andere als überflüssig, wenn man bedenkt, daß einige der mächtigeren Lehensherren von sich aus mit den ausländischen Mächten verhandelt und sogar Kriegshandlungen eingeleitet hatten.

Die ersten Versuche, einen Staat zu bilden, erschienen überraschend erfolgreich und nötigten den westlichen Mächten Bewunderung ab, besonders als der Sieg von 1905 im russisch-japanischen Krieg Japans Überlegenheit auf See zu demonstrieren schien. Doch das System der Zentralherrschaft erwies sich als nicht stabil genug, um seine Schöpfer zu überleben. Während die ursprüngliche Oligarchie fähig gewesen war, Meinungsunterschiede auszubügeln und eine einheitliche Politik zu formulieren, hatte die nächste Führungsgeneration kein solches Gefühl der Zusammengehörigkeit und konnte keine effektive Oligarchie bilden. Das Naimusho,[13] die Armee, die Marine, das Außenministerium, das Finanzministerium, der Geheime Rat und andere wichtige Institutionen des Staates wurden alle von Männern geleitet, die sich eher mit diesen Institutionen identifizierten als mit dem Machtzentrum, das sie repräsentieren sollten. Oft sprachen sie nicht einmal miteinander.

Heute kann man mit dem Überblick des Späteren sehen, daß die Meiji-Reformer bei aller Leistung auch für das Führungsproblem verantwortlich waren, das Japan noch immer hat. Bei genauer Betrachtung scheint es fast, als hätten sie den Staat so angelegt, daß er sie nicht überleben konnte. Sie wurden persönlich gebraucht, um ihn zusammenzuhalten, denn die Regeln, die sie aufstellten, machten nie deutlich, wer das Sagen haben sollte. Die Herrschaft der Oligarchie sollte anfänglich nur vorläufig sein und dann einem gut koordinierten System weichen, das japanische und westliche Institutionen mischte. Doch die verständliche Furcht vor dem eigenen Machtverlust ließ die politischen Architekten des modernen Japan die Frage der politischen Verantwortlichkeit ignorieren — und sie ist wesentlich für eine solche Koordination.

Im Lauf der Zeit entwickelten die verschiedenen Organe des Staates ein Gefühl der Autonomie ähnlich wie die abgesetzten Feudalherren der Tokugawa-Periode; sie verwechselten dabei Kirchturmpolitik mit den Interessen der Nation. Nach der Jahrhundertwende gab es viel Gerangel um die Macht zwischen Geheimem Rat, militärischen Führern, Bürokraten, Politikern, einflußreichen Geschäftsleuten und Palastberatern. Bis etwa 1920 war die ursprüngliche Oligarchie noch eine zusammenhängende Truppe von genro, »Alten Staatsmännern« mit genug Macht, um ernste Brüche zu verhindern. Als sie jedoch abgetreten waren, zogen Japans Führer das Land energisch in verschiedene Richtungen, wobei jeder sich auf ein Mandat vom Kaiser berief.

Der Kaiser war formal Souverän, sollte aber nicht regieren. Die Legislative war nicht dazu angelegt, echte Macht zu haben, kam aber durch einen Fehler in ihrer Organisation zu einem eigenen, oppositionellen Leben.[14] Das Kabinett wuchs über seine Rolle als eine Art beratende Körperschaft hinaus, doch die Verfassung sagte nicht, was es statt dessen sein sollte. Nach dem Ersten Weltkrieg stellten die politischen Parteien die formale Regierung; sie wurden von den großen Firmen finanziert. Viel tatsächliche Macht gewannen sie im Konkurrenzkampf mit den anderen, von der Meiji-Verfassung unterstützten Machtzentren allerdings nicht.

Das Ausmaß der potentiellen Uneinigkeit zwischen den »Dienern des Kaisers« zeigte sich beim »Go-Stop-Zwischenfall (Ampel-Zwischenfall)«, in den das mächtige Naimusho und die Armee verwickelt waren. 1933 überquerte ein Gefreiter zweimal bei Rot eine Straße in Osaka. Der für die Kreuzung verantwortliche Schutzmann nahm ihn fest, doch der Soldat lehnte jede Verpflichtung ab, Anweisungen der Polizei zu befolgen, und es kam zum Handgemenge. Der Streit erreichte immer höhere Ebenen. Der Generalstabschef der Vierten Division sah eine Gelegenheit, die Polizei zu rügen und eine Lanze für die Würde der Armee zu brechen. Armeeminister Araki pflichtete ihm bei und sorgte dafür, daß der Chef der Elite-Militärpolizei (Kempeitai) den Polizisten wegen Überfall und Ehrenkränkung eines Berufssoldaten verklagte.

Auf der Polizeiseite machte der Streit seinen Weg über die Schreibtische des regionalen Polizeichefs, des Bürgermeisters von Osaka und des Direktors des Polizeibüros im Naimusho, bis er schließlich den des Innenministers selbst erreichte. Alle waren sich einig, daß eine Entschuldigung nicht in Frage kam und daß der Soldat vor Gericht gebracht werden sollte. Da ähnliche Fälle sich in Tokio, Nagoya, Akita und Fukuyama ereignet hatten, war das Naimusho entschlossen, die Arroganz der Armee herauszufordern. Doch die Armeebürokraten behinderten hartnäckig Versuche der Strafverfolgung, bis der Konflikt endlich dem Kaiser zu Ohren kam. Er fragte Armeeminister Araki danach. Dieser wies daraufhin seinen Staatssekretär für politische Belange an, die Sache mit dem Chef des Polizeibüros im Naimusho zu regeln, und ein Präfekturgouverneur wurde als Vermittler für einen Kompromiß eingeschaltet.[15]

Die kopflosen Hühner der Vorkriegszeit

In den 1930er Jahren, als die Hoffnungen auf eine Demokratie westlicher Art zunichte wurden, glitt die Macht immer mehr in die Hände des Militärs. Doch selbst während dies geschah, wußte niemand, wer hier das Sagen hatte. Armee und Marine hatten ihre eigenen Chefs, die direkt dem Kaiser verantwortlich waren und einander nicht einmal konsultierten. Die Formulierung einer Verteidigungspolitik wurde durch den Zielkonflikt, durch gegensätzliche strategische Prioritäten und Ansichten über den hypothetischen Feind stark behindert. Die Dienste hatten getrennte Beschaffungswege. Ein Kadett der Marineakademie hätte mit einem Soldaten nicht einmal über Waffen sprechen können, denn die beiden gebrauchten völlig verschiedene Begriffe. Gleichzeitig waren Armee und auch Marine von inneren Streitigkeiten zerrissen. In der Armee lag zum Beispiel die »Partei des kaiserlichen Weges« (Kodo-ha) in bitterer Feindschaft mit der »Kontroll-Gruppe« (Tosei-ha). Sie waren durch die unterschiedliche Herkunft der Offiziere getrennt, und durch die unterschiedliche Wertung praktischer Planung gegenüber dem Vertrauen in die Macht des japanischen Geistes. Später kam die »Gruppe der Reinigung« (Seigun-ha) und die »Kokutai genri-ha« hinzu, radikale junge Offiziere, die 1936 für die wichtige Rebellion »26. Februar« verantwortlich waren.[16]

Die Auflösung der politischen Zentralmacht, die zu Beginn des Jahrhunderts ihren Anfang nahm und dazu führte, daß Japan in den 1930er Jahren völlig außer Kontrolle geriet, gab fanatischen

Armeeoffizieren der mittleren Chargen Gelegenheit, die Nation zu »entführen«. Im September 1931 griffen Teile der japanischen Kwantung-Armee die chinesische Garnison in Mukden an und begannen so die Eroberung der Mandschurei. Als dieser Akt schweren Ungehorsams von der Regierung in Tokio nicht gerügt wurde, verstand die Armee, daß sie tun konnte, was sie wollte, und gründete in eigener Regie den Marionettenstaat Mandschukuo. Die Einschüchterungsaktionen fanatischer Offiziere, die dann folgten, brachten Japan auf den Kurs, der zu Pearl Harbor und dann zu Hiroshima führen sollte.

Der Angriff auf ein Land, das zehnmal soviel Industrie hat wie das eigene, muß als selbstmörderisch angesehen werden, und es ist sehr unwahrscheinlich, daß eine gefestigte Führung ihn erlaubt hätte. Man könnte tatsächlich sagen, daß der japanische Überraschungsangriff, der die USA in den Zweiten Weltkrieg hineinzog, eine direkte Folge der Rivalität zwischen Armee und Marine war. Die Armee, die Japan auf den Weg in den Krieg brachte, hielt es für ausgemacht, daß die Marine die Verteidigung gegen die starken Vereinigten Staaten übernehmen würde; die Marine hingegen vermied es, den in ihren Chargen weitverbreiteten Glauben auszudrücken, daß ein Sieg unmöglich sei, weil sie ihre Macht und ihre Glaubwürdigkeit als patriotische Kraft behalten wollte.[17]

Der Krieg selbst trug wenig dazu bei, die politischen Institutionen des Landes zu einen. Er stärkte zweifellos die Bürokratie, doch hier war die Macht nicht in den Händen eines einzelnen Menschen oder Organs.

> *Das Kabinett blieb eine Föderation von Ministerien und Ämtern, die ihre je eigenen Privilegien und ihre Autonomie sorgsam hüteten. Der Premierminister war nie der Chef der Exekutive; er war der Koordinationschef, dessen Aufgabe darin bestand, eine einheitliche Kabinettspolitik zu gewährleisten. Er konnte weder den anderen Ministern Vorschriften machen noch sie beliebig austauschen; einen Minister zu ersetzen, war eine komplizierte Aufgabe und erforderte sowohl Druck als auch Überzeugungskraft.*[18]

Die Japaner gaben im Krieg niemals einer Person (oder einer Regierungsinstitution) auch nur annähernd so viel Macht, wie Hitler, Mussolini, Stalin, Churchill oder Roosevelt hatten. Selbst gegen Ende des Krieges rief die Regierung nie das Kriegsrecht aus, das ihr die notwendigen Machtbefugnisse gegeben hätte, Japan mit aller Konsequenz zu verteidigen. »Ein Grund dafür war, daß keine der führenden Eliten wollte, daß die anderen mehr Macht bekamen.«[19]

Das Mißverständnis der Nachkriegszeit

Nach dem katastrophalen Abenteuer des Pazifischen Krieges wurde kein neuer Versuch unternommen, eine echte Zentralmacht einzusetzen. General Douglas MacArthur und seine politischen Reformer trafen 1945 ein, um niederzureißen, was sie und praktisch alle anderen für die Reste einer soliden Diktatur nach Art von Hitler und Mussolini hielten. Die Idee, daß es das Fehlen einer starken Führung gewesen sein könnte, was Japan dazu gebracht hatte, die westlichen Alliierten anzugreifen, ist anscheinend niemandem gekommen. Was die Japaner selbst betraf, so forderten die inneren Probleme ihre Aufmerksamkeit und ermutigten sie nicht, Experimente mit einem Zentralstaat à la Meiji zu wiederholen.

Da sie die Außenpolitik gezwungenermaßen in den Vordergrund stellten, hatten die Meiji-Männer gemeint, eine starke Zentralregierung sei notwendig, um mit anderen Staaten zurechtzukommen. Von 1945 bis weit in die 1970er Jahre hingegen brauchte sich Japan kaum darum zu kümmern, ob es ein Staat war oder nicht, denn es brauchte kaum je als politische Einheit zu handeln. Erfordernisse der Außenpolitik wurden schlicht nicht wahrgenommen. Japans erster Nachkriegspremier, Yoshida Shigeru, machte die beachtliche politische Entdeckung, daß Japan keine Sicherheitsanstrengungen im traditionellen Sinn nötig hatte, da ja die USA bereit waren, dafür zu sorgen. Danach sah man ein, daß alle anderen Aktivitäten, an denen ein Staat von außen erkennbar ist, ebenso stellvertretend von den USA durchgeführt werden konnten.

Japan wurde total abhängig von den USA, nicht nur in der Verteidigung, sondern auch letztlich in der Diplomatie. Tatsächlich boten die USA ihm einen diplomatischen Schutzschild, hinter dem Japan mit der Hilfe neomerkantilistischer Handelspraktiken seine riesige Nachkriegswirtschaft aufbaute. Die sogenannte allseitige Diplomatie, die Japan der Welt als idealistische Neuerung präsentierte, bis Nakasone Yasuhiro Premierminister wurde, war tatsächlich ein Versuch, allen, die Japan Produkte abkauften und Rohstoffe verkauften, alles zu sein. Tokio konnte diese Haltung nur aufrechterhalten, solange Washington sie tolerierte. So bedeutet Japans außergewöhnliche Beziehung zu den USA erheblich mehr als diplomatische Hilfe, gegenseitigen Handel und das Versprechen militärischen Schutzes. Sie hat es Japan ermöglicht, auf der Grundlage rein wirtschaftlicher Prioritäten mit anderen Ländern zu verkehren und sich kaum um politische Konsequenzen zu scheren.

Die abgeschnittene Pyramide von heute

Im Inland bringen die Beziehungen, die zählen, inzwischen keine größeren Probleme mit sich, trotz der großen Rivalitäten. Die Bürokraten flicken an der Wirtschaft herum und verändern Dinge, um ihr weiteres Wachstum zu erleichtern. Die Politiker und fast alle anderen halten sich heraus. Die Parlamentsabgeordneten, vor allem wegen ihrer Geschicklichkeit im Umgang mit kalkulierten Zuwendungen gewählt, widmen sich hauptsächlich der Aufgabe, wiedergewählt zu werden. Da dies weitgehend von ihrer Fähigkeit abhängt, das Volksvermögen zu verteilen, stehen die Politiker ständig in der Schuld der bürokratischen Haushaltswächter. Die Industriellen erweitern unbeirrt ihre ausländischen Marktanteile und verschaffen sich mit Hilfe der Bürokraten Zugang zu neuen Märkten. Sie werden von den anderen Industriellen in Schach gehalten; und diese bezahlen die Politiker. Niemand ist Boß, aber jeder hat irgendwie Macht über einen anderen, und das hilft die Ordnung aufrechtzuerhalten.

Zusätzlich zu der Triade Bürokratie-LDP-Wirtschaft gibt es noch weitere, mächtige, halbautonome Gruppen. Die Presse ist eine von ihnen; die riesigen Tageszeitungen kopieren einander und nehmen dann zu den meisten Tagesthemen eine fast einheitliche Haltung ein. Da sie zumeist mit einer Stimme sprechen, haben sie großen

Einfluß auf die öffentliche Meinung, in innenpolitischen Fragen wie in der Einstellung gegenüber internationalen Beziehungen.
Eine weitere einflußreiche Kraft, die Nationale Föderation der Landwirtschaftskooperativen, ist der Dachverband unzähliger örtlicher Kooperativen, regionaler Föderationen und spezieller Wirtschaftsorganisationen, zuständig für die 8% der japanischen Arbeitnehmer, die in der Landwirtschaft beschäftigt sind. Sie unterhält eine symbiotische Beziehung mit dem Landwirtschaftsministerium. Das Ministerium hält in Zusammenarbeit mit der LDP den Preis für heimischen Reis etwa fünfmal so hoch wie den Weltmarktpreis. Dafür werden LDP-Kandidaten in vielen ländlichen Gebieten fast bedingungslos unterstützt.
Es gibt andere Organisationen, über die die Bürokratie recht wenig Kontrolle hat. Gangstersyndikate treiben in riesigem Maß Schutzgelder ein und dürfen in den Vergnügungsvierteln, die in fast jedem Ort existieren, durch Einschüchterung herrschen. Die Polizei unterhält uneingestanden eine symbiotische Beziehung mit den Gangstersyndikaten, um das Verbrechen unter organisierter Kontrolle zu halten. Die Polizei selbst bildet eine weitere, halbautonome Gruppe mit weitreichenden Machtbefugnissen. Die öffentlichen Strafverfolger Japans entscheiden selbst, oft willkürlich, welche Straftaten sie verfolgen und welche nicht.
So ist die Macht in Japan über eine Anzahl halb autarker, halb gegenseitig abhängiger Gruppen verteilt, die weder der Wählerschaft verantwortlich sind noch letztlich einander untergeordnet. Zwar haben all diese Gruppen Anteil am Regieren, doch läßt sich unter ihnen keine finden, die anderen ihr Mandat gibt. Niemand trägt letztlich Verantwortung für die nationale Politik oder kann in Notfällen nationale Fragen entscheiden. Hier unterscheidet sich Japan wiederum von westeuropäischen Gesellschaften, selbst denen, wo sehr starke Interessengruppen die Zentralmacht schwächen. Bei europäischen Kabinettssitzungen werden Initiativen vorgebracht und am Ende Beschlüsse gefaßt. In Japan bleiben die verschiedenen »regierenden« Gruppen selbst unregiert.

Das bringt uns zurück zum schwer greifbaren japanischen Staat. Die Öffentlichkeit nimmt einen »Staat« natürlich in Gestalt des Finanzamtes, der Polizei und einer Fülle von Gesetzen wahr. Der japanische Staat aber verschwindet, sobald man die Frage der Verantwortlichkeit stellt. Es ist interessant, daß der Durchschnittsjapaner den Marionettenstaat Mandschukuo nicht als »unsere Kolonie« bezeichnet; er war Kolonie der Armee, nicht Japans. Die Japaner neigen nicht dazu, sich symbolisch als Teil eines Staates zu sehen, für den sie dann auch Verantwortung trügen.

Hier liegt ein offensichtlicher Widerspruch, denn die Begeisterung, mit der die normalen Japaner die Eroberung des japanischen Kaiserreiches begrüßten, und das Maß, in dem sie sich mit dem nationalen Ziel identifizierten, sind gut dokumentiert. Dennoch finden sie sich selbst nicht unehrlich, wenn sie sich von der Armee distanzieren, denn diese hat in ihren Augen nicht ihren Staat repräsentiert. Sie war nur eine Gruppe, eine unter vielen, die rückblickend sehr viel Probleme verursacht hat.

Der Staat bedeutet verschiedenes für verschiedene Menschen; er sollte allerdings wenigstens eine Art »existentieller Konsistenz« aufweisen. Er sollte von einem Augenblick zum nächsten vorhanden bleiben und einem nicht plötzlich wie Sand durch die Finger rinnen. Washington war verwirrt, als im Mai 1981, einen Tag nach einem Besuch beim US-Präsidenten, der damalige Premierminister Suzuki Zenko den japanischen Zeitungen sagte, das, was jeder für eine klare Aussage über eine »Allianz« mit den USA in dem gerade unterzeichneten, gemeinsamen Kommuniqué gehalten hatte, habe er nicht gemeint. Die sofortige Reaktion des Auslands in solchen Situationen ist der Verdacht, dahinter stünden unehrliche Motive; kaum jemand kam auf den Gedanken, daß Suzuki, »der Premier«, etwa keinen Staat repräsentierte. In dem darauffolgenden Durcheinander in Tokio trat der Außenminister zurück. Sein Nachfolger Sonoda Sunao verbesserte die Situation freilich kaum, als er feststellte, gemeinsame Kommuniqués seien für die Unterzeichner nicht bindend.

Das Mindeste, was man von einem Staat erwartet, ist, daß er sich wie etwas Einheitliches verhält, wenigstens mit einer Stimme

spricht. Wo ist der Staat, wenn das Außenministerium einen ausländischen Korrespondenten, wie meinem Kollegen geschehen, für die Falschheit einer Meldung rügt, die er aufgrund von Informationen des Landwirtschaftsministeriums verfaßt hat? Oder wenn ein Ministerium, wie recht oft geschehen, vor diplomatischen Verhandlungspartnern ablehnt, was ein anderes Ministerium gerade gebilligt hat?
Die Frustration manch eines ausländischen Partners, dem man den x-ten Vermittler schickt, läßt sich in dem einzigen Schrei zusammenfassen: »Bringen Sie mich zu Ihrem Führer!« Japan hat keinen. Es wird von vielen Machthabern geschubst, gezogen, über Wasser gehalten, aber nicht wirklich geführt, in dem, was ich das System nenne.

DAS SYSTEM

»Staat« könnte man das gesamte politische Gemeinwesen nennen; der Begriff würde dann alle einschließen, die irgendwie am Machtprozeß beteiligt sind. Doch dies ist verwirrend, denn der Staat würde etwas äußerst Nebulöses, und wir müßten noch immer eine Verantwortlichkeit postulieren, die ihrerseits ein Zentrum voraussetzt. Wie soll man dann etwas nennen, das kein Staat ist, aber das politische Leben des Landes umfaßt? Mir scheint, das Wort »System« stiftet am wenigsten Verwirrung. Es bezeichnet wenig mehr als die Existenz eines in seinen Wirkungen einigermaßen berechenbaren Gefüges von Beziehungen zwischen denen, die gesellschaftlich-politisch tätig sind. Der Ausdruck »System« wird auch häufig im Sinne eines Gefüges unausweichlicher Mächte gebraucht, gegen die der einzelne machtlos ist, wenn er nicht zur Gewalt greift. Er deutet etwas an, das den potentiell korrektiven Kräften demokratischer Politik entzogen ist; das System läßt nicht mit sich reden — gelegentlich läßt es sich allerdings austricksen. Tatsächlich haben die Japaner selten Gelegenheit, die Existenz soziopolitischer Arrangements zu vergessen, die unendlich viel stärker sind als jede Art Macht, die ein einzelner je über sie ausüben könnte; bestenfalls haben sie eine vage Vorstellung, daß man im idealen Fall demokratische Prozesse in Gang setzen sollte, um diese Arrangements zu verändern. Der Ausdruck »System« ist deshalb sehr nützlich im Zusammenhang mit dem Gemeinwesen Japan. Er bezeichnet etwas, das weder »Staat« noch »Gesellschaft« ist, aber trotzdem bestimmt, wie in Japan gelebt wird und wer wem gehorcht.

Der gemischtwirtschaftliche Bereich

Ausländer haben oft gespürt, daß Japan in dem Begriff »Staat« nicht vollständig erfaßt ist. »Japan GmbH« ist der Ausdruck, der sich eingebürgert hat, um die Frage zu erfassen. Doch die Metapher ist irreführend, weil Japan nichts in der Art eines Aufsichtsratsvorsitzenden, eines Präsidenten oder selbst eines Direktoriums hat, um eine einheitliche Sichtweise für wichtige Entscheidungen vorzugeben.

Andererseits verweisen japanische offizielle Sprecher, die den Begriff »Japan GmbH« nicht mögen, auf Westeuropa und behaupten, zum Beispiel in England oder Frankreich sei viel mehr Industrie verstaatlicht, und deshalb seien dort eher als in Japan Regierungs- und Wirtschaftsinteressen wirklich verschmolzen. Diese Sprecher sind der auf alle Japan-Kommentatoren lauernden Versuchung erlegen, Äpfel mit Birnen zu vergleichen.

Gewiß ist Japan, wenn es um die Größe seiner Bürokratie geht, nicht beeindruckend im Vergleich mit dem Westen, wo der Wohlfahrtsstaat ein notorisch aufgeblähtes Beamtentum geschaffen hat. Auf 100 Einwohner kommen in Japan nur 4,4 Beschäftigte im öffentlichen Dienst; das ist ein Drittel der englischen und etwas über die Hälfte der US-amerikanischen und der bundesdeutschen Zahl. Doch dies ist im Zusammenhang mit dem japanischen System irrelevant. In den gemischten Volkswirtschaften Westeuropas, selbst Frankreichs, sind die privaten und die staatlichen Elemente noch recht gut erkennbar. Staatliches Eingreifen kann in meßbaren Dosen geschehen und beobachtet, gelobt oder bei Bedarf angeprangert werden. In Japan neigt die Beteiligung der Bürokratie dazu, sich der Analyse zu entziehen.

Die Vermengung des privaten und des öffentlichen Bereichs in Japan ist dennoch kein mysteriöser Prozeß. Es lassen sich verschiedene Praktiken aufzeigen, die die Beteiligung der Bürokratie erleichtern. Japanische Regierungsbüros haben außerordentliche Machtbefugnisse in der Erteilung von Lizenzen und anderer Genehmigungen für wirtschaftliche Aktivitäten sowie in der Verweigerung von Vorteilen wie Subventionen, Steuerprivilegien oder Billigkrediten nach ihrem eigenen Gutdünken. Die Ministerien können zu »administrativer Führung« greifen, um Organisationen in ihrem Zuständigkeitsbereich zu »freiwilligen« Maßnahmen zu zwingen. Mit solchen Mitteln hat das Außenhandels- und Industrieministerium ganze Industriesektoren verändert, verbunden und auf andere Arten geformt, um sie kollektiv für eine optimale Leistung auf den ausländischen und heimischen Märkten fit zu machen. Das Finanzministerium und die Bank von Japan üben ebenfalls eine machtvolle Kontrolle aus, da die japanischen Firmen einst fast ausschließlich von Bankkrediten als Kapital abhängig waren. Obwohl die meisten großen Firmen in den 1980er Jahren so viel Gewinn gemacht haben, daß sie auf selbstgeschaffenem Kapital schwimmen, bleibt die Beziehung zwischen Bürokratie und Industrie in Japan so eng wie in keinem Land der westlichen Welt. Die Bank von Japan gibt den kommerziellen Banken bindende Anweisungen und behält so einen sehr großen Einfluß bei der Zuteilung von Mitteln für alle wirklich großen Investitionen.

Die Bürokraten haben auch den Vorsitz über ein üppiges Gewirr öffentlicher und halböffentlicher Unternehmen, die wirtschaftlichen und politischen Zwecken aller Art dienen — übrigens auch der Beschaffung von Pfründen für pensionierte Bürokraten selbst. Diese Unternehmen erhalten ihre Mittel weitgehend von Japans Postsparkasse (der größten Finanzinstitution in der nichtkommunistischen Welt), und ihr Haushalt bedarf nicht der parlamentarischen Billigung; so bleiben Ausgaben zur Förderung spezifisch bürokratischer Ziele unbemerkt.[20]

Rund dreihundert Bürokraten wechseln jährlich in die Wirtschaft, als Direktoren oder hochrangige Berater von Firmen, die sie während ihrer Regierungslaufbahn überwacht haben. Da das Pensionsalter 55 Jahre ist, haben solche Bürokraten noch etwa zwanzig Jahre, in denen sie die »reibungslose Kommunikation« zwischen Industrie und Ministerien oder Zentralbank sichern helfen. Dieses entscheidende Phänomen heißt amakudari, das »Herabsteigen vom Himmel«. Eine persönliche Bekanntschaft mit Regierungsbeamten und eine enge Vertrautheit mit bürokratischen Prioritäten sind fast unverzichtbar, wenn man Übereinstimmungen zur »Anpassung« von Strategien erreichen will. Der amakudari-Bürokrat ist deshalb effektiver als jeder offizielle Kanal, um den Informationsfluß zwischen Bürokratie und Unternehmen aufrechtzuerhalten.

In den höheren Sphären des Systems sind Bürokraten, ehemalige Bürokraten in Spitzenpositionen der Wirtschaft oder bürokratisierte Geschäftsleute, die die Konzerne leiten, nicht zu trennen — sie mischen sich, überwachen eifrig die Wirtschaft und halten die soziale Kontrolle aufrecht. Man muß nur den Ausdruck »Bürokrat« durch »Verwaltungsbeamter« ersetzen, und die traditionellen Abgrenzungen des Industriestaates verschwinden fast vollkommen.

Die meisten Wirtschaftsbosse der Nachkriegszeit sind eher Verwaltungsbeamte als Unternehmer. Das mächtigste Drittel der LDP-Abgeordneten besteht zumeist aus früheren Ministerialbeamten, und ihre Methoden und Einstellungen sind die von Verwaltungsbeamten. Japans höchste Verwaltungsbeamte, gleichgültig welcher formalen Kategorie, sind mit dem gleichen Filter ausgelesen: den juristischen Fakultäten der ehemals kaiserlichen Universitäten, besonders der Universität von Tokio (gewöhnlich Todai genannt) und in viel geringerem Maße der Universität von Kioto.

In den höheren Sphären des Systems gibt es eine ganze Menge Antagonismen, doch selten oder nie zwischen den offiziellen Organen des Staates und den Industrieorganisationen. In beiden Bereichen stehen sich aus Geschäftsleuten und Bürokraten gemischte Gruppen gegenüber. Die Risse verlaufen diagonal durch die ganze, spitzenlose Pyramide. Die großen Rivalitäten und Territorialkriege zwischen den Ministerien sind außerordentlich wichtig; von echten Konfrontationen zwischen Bürokraten und widerspenstigen Geschäftsleuten hingegen hört man selten (und wenn, dann wird noch jahrelang davon gesprochen). Nur auf einer viel niedrigeren Ebene, bei den neueren Firmen und besonders im lebenswichtigen Sektor kleiner Zulieferfirmen, finden sich noch echte Unternehmer.

Zwischen den kleinen und mittleren Betrieben am unteren Ende der Industriehierarchie und der höchsten Ebene der Ministerien und Konzerne liegt das hochdisziplinierte Spektrum der Firmen, die Japan in der Nachkriegswelt berühmt gemacht haben. Diese »privaten« Firmen in der japanischen Version des »Kapitalismus« sind nur halb autonom. Die meisten großen Firmen gehören — bei unterschiedlich enger Bindung — zu Konzernen, von denen es sechs kolossal große gibt: Mitsui, Mitsubishi, Sumitomo, Fuyo, Sanwa und die Dai-ichi Kangyo Bank.

Diese Konzerne werden als gurupu, »Firmengruppen« bezeichnet; sie umfassen höchst diversifizierte Industriebetriebe, die um ihre eigenen Banken gruppiert sind, zusammen mit Immobilienfirmen, Versicherungen und den berühmten Handelshäusern. Die gesamte Struktur ist in jedem Fall durch sich überschneidende Direktorien verbunden. Zwischen 60 und 70% aller an den japanischen Börsen ausgegebenen Aktien gehören japanischen Konzernen und Finanzinstitutionen. Sie halten diese Aktien in einem System gegenseitiger Beteiligung innerhalb ihrer Konzernfamilie. Weil die Aktien »politisch« verstanden werden statt als Investition, werden sie nie verkauft. Über die Hälfte der Aktien einer Firma in diesen gegenseitigen Beteiligungen zu halten, schließt die Möglichkeit von Übernahmen durch Außenstehende aus.

Niemand führt eine gurupu, und niemand ist letztlich verantwortlich für sie. Der shachokai oder Präsidentenrat, der regelmäßig zusammentritt, ist eine Einrichtung zur gegenseitigen Kontrolle, denn die beteiligten Präsidenten aller großen Firmen sind nicht als Aktionäre ihrer eigenen Gesellschaften anwesend, sondern als Vertreter der Aktien, die ihre Firma von allen anderen Mitgliedsfirmen hält.[21] Eine Funktion dieser Treffen besteht darin, gemeinsame Investitionen und die Gründung neuer Schwesterfirmen in neuen Industrien zu besprechen.

Ein anderer gängiger Ausdruck für Konzern ist keiretsu, doch dieser Name wurde ursprünglich für noch eine andere Art Firmengruppe gebraucht, bei der die Mitglieder noch enger verbunden sind. Dies sind die hierarchisch geordneten Systeme von Tochtergesellschaften, Zulieferern, Unterlieferanten und Zwischenhändlern, die von einem bestimmten, großen Hersteller abhängen. Jedes große Mitglied einer gurupu steht an der Spitze einer vertikalen keiretsu, die mehrere hundert Firmen umfassen kann. Es gibt auch neuere und kleinere Firmengruppen; sie entstanden in der Umgebung der Nachkriegsriesen, die nicht zu den sechs größten Konzernen gehörten.

Im einzelnen sind Organisation und Ausmaß der Kontrolle über die Mitglieder bei jeder Gruppe verschieden, doch die Verpflichtung, einander zu helfen und soviel vom Geschäft wie möglich in der Gruppe zu halten, ist selbstverständlich.

Die gurupu sind Nachfolger der saibatsu, die vor 1945 um Holdinggesellschaften organisiert waren und durch die Besatzungsbehörden der USA zur Auflösung gezwungen wurden. Die Nachkriegsgruppen sind schlagkräftiger, denn die Säuberung durch die Besatzung sorgte für eine Chance der Umstrukturierung, bei der viel Ballast abgeworfen wurde.[22] Wichtiger noch war die Ablösung der alten Holdinggesellschaften durch die Banken; sie etablierte ein Netzwerk von Finanzpumpen, deren Überleben durch die Zentralbank garantiert ist; ohne sie wäre das »Wirtschaftswunder« erheblich weniger eindrucksvoll ausgefallen oder hätte vielleicht gar nicht erst stattgefunden. Die Besatzung räumte nicht mit dem kontrollierten Industriesystem der Vorkriegs- und Kriegszeit auf, sondern sie verjüngte es.

Die japanische Industrie ist noch kontrollierter, als das eben Gesagte nahelegt. Die Einzelmitglieder der Firmengruppen sind wiederum in einander überschneidende, innungsähnliche, aber auch stark hierarchische Strukturen organisiert. Obligatorische Anpassung an ungeschriebene Gesetze beschränkt ihre strategischen Möglichkeiten. Die Industriekollektive haben fast alle außergesetzlichen Befugnisse, um Sanktionen zu verhängen, wenn ein Einzelmitglied aus der Reihe tanzt oder nicht zu verstehen scheint, was nach Meinung der anderen gut für es ist. Extreme Sanktionen wie erzwungener Bankrott sind selten, da bei einem leisen Zeichen des Mißvergnügens gewöhnlich pariert wird.

Die beeindruckende Kombination verflochtener Hierarchien ernährt ein Heer von Zulieferfirmen bis hinunter zu den kleinen Ausbeutungsbetrieben. Hier kann man noch ganze Familien finden, die täglich zehn Stunden arbeiten. Auf dieser unteren Ebene der vieldiskutierten »dualen Struktur« Japans wird man an »Kapitalismus« in dem Sinn erinnert, den das Wort im Westen hat. Diese Kleinfirmen werden noch von Unternehmern betrieben, die enorme Risiken tragen. Allerdings sind sie nur begrenzt vom Markt abhängig. Ihre Hauptfunktion ist es im Grunde, billige Arbeit für die höherrangigen Firmen zu leisten. Kollektiv dienen sie als Puffer in Zeiten wirtschaftlichen Niedergangs und helfen, Japans hohe Bankrottziffern zu erklären, denn sie gehen regelmäßig in großer Zahl unter, nur um in anderen Fertigungsbereichen wieder aufzutauchen.

Gegenseitige Beschränkungen

Es ist unmöglich, in diesem riesigen System etwas auszumachen, das Staat genannt werden könnte. Die Existenz eines Staates wird natürlich immer impliziert, wenn Japan Gesetze verabschiedet und Maßnahmen zum Konsum von Importwaren ergreift — etwa wenn die Bürokraten die Einfuhrzölle senken. In der Praxis bedeutet das jedoch fast nichts. Die Funktionsweise des Systems verhindert unausweichlich Wirkungen, die überall sonst in der industrialisierten Welt normal wären. Das System ist immer stärker als der Staat.

Dabei muß man sich davor hüten, das System als monolithisch zu sehen. Hier herrscht kein orientalischer Despotismus in modernem Gewand. Der Despot ist nirgends in Sicht, ebensowenig wie ein stets wachsamer Großer Bruder. Tatsächlich hätte jede Komponente des Systems, die eine solche Rolle anstreben wollte, unverzüglich die anderen Komponenten gegen sich. Die eigene Machterhaltung ist die erste Priorität jeder Systemkomponente. Dies wird erreicht durch unablässige Beschränkung, gegenseitige Überwachung und Einmischung unter den Komponenten, die jede von ihnen daran hindert, stark genug zu werden, um den Rest zu dominieren. Die Japaner wissen aus bitterer Erfahrung, daß es furchtbar schiefgehen kann, wenn diese Balance, wie in den 1930er Jahren, gestört wird.

In ihren Geschäften mit der Außenwelt streben die Komponenten des Systems in mehr oder minder dieselbe Richtung und nach ähn-

lichen Zielen. Dies ist es, was den Eindruck einer gigantischen Verschwörung entstehen läßt. Im Inland jedoch arbeiten sie teilweise gegeneinander und halten gegenseitig ihre Macht in Schranken. Der grundlegende Fehler in der Metapher »Japan GmbH« war schon immer, daß sie Bilder eines rauchgeschwängerten Vorstandssaales beschwört, wo zur wirtschaftlichen Eroberung Deals gemacht und Komplotte ausgebrütet werden. Wäre dies nur wahr — dann hätten es ausländische Regierungen viel leichter, denn mit einem Vorstand kann man wenigstens verhandeln.
Japaner und Ausländer unterschätzen generell gleichermaßen ihre Einigkeit in dem Bestreben, einerseits eine bestimmte Weltsicht und Propaganda zu verbreiten, die die Erhaltung der bestehenden Machtbeziehungen im System fördert, und andererseits die Unzufriedenheit der Handelspartner zu entschärfen. Dafür wird aber ihre Fähigkeit, in einer Krise existierende Machtbeziehungen für eine einheitliche Strategie zu opfern, weit überschätzt.

Eine gelähmte Supermacht

Im Inland funktioniert dieses System ohne Kern recht gut, obwohl Bereiche sozialer Funktionsstörungen aufgrund fehlender Taten meist gestört bleiben. Japan treibt weiter, während Beamte, Politiker und Geschäftsleute endlos an kleinen politischen Anpassungen herumbasteln.
Nach dem Krieg war der Wiederaufbau der Industrie eine selbstverständliche Priorität, die nicht von einem starken politischen Zentrum gesetzt werden mußte. Im Lauf des Wiederaufbaus ergab sich natürlich die politische Annahme, daß unbegrenztes Industriewachstum die Priorität für das Land sei. Die Bürokratie übernahm es, diese Politik auf Kosten anderer potentieller Interessen zu verwalten, und kein Politiker setzte den Plänen der Wirtschaftsverwaltung irgendeinen Widerstand entgegen. Das De-facto-Einparteiensystem Japans garantierte, daß keine Störung durch lästige parlamentarisch-demokratische Prozesse möglich war. Doch es bedeutete auch, daß die Politiker Verantwortlichkeiten aufgaben, die in westlichen Demokratien zentral für größere politische Entscheidungen sind. Im Grunde handelt Japan noch immer nach

Strategien aus den 1950er Jahren. Heute zerren nicht mehr starke Rivalen Japan in verschiedene Richtungen, jeder mit dem Anspruch, den »kaiserlichen Willen« zu erfüllen, wie es in den ersten Jahrzehnten dieses Jahrhunderts geschah. Heute liegt das Problem darin, daß Japan zu sehr in eine Richtung gezerrt wird, weil ein Mechanismus fehlt, um neue Prioritäten zu setzen.

Das politische Geben und Nehmen unter den Komponenten des Systems stört den notwendigen Umgang der Nation mit dem Rest der Welt. Um nur ein Beispiel zu nennen: Viele, wenn nicht die meisten japanischen Politiker sind uneingestanden an etwas beteiligt, was schönfärberisch boeki masatsu oder »Handelsreibung« (eigentlich: Handelshemmnisse) heißt. Sie wollen nicht, daß es allzuviel Schaden anrichtet, und sie bitten die Bürokraten, in Grenzen »Kosmetik« zu betreiben. Doch wenn das Phänomen verschwände, verschwände auch eine lukrative Einkommensquelle, denn die Sektoren der Wirtschaft, die Auslandskonkurrenz auf dem Inlandsmarkt am meisten fürchten, sind auch die großzügigsten mit »politischen Spenden«.

International gesehen ist das japanische System in seiner jetzigen Form ein Anachronismus. Es mag zu einem armen, isolierten Japan gepaßt haben, doch für Japan als internationaler Partner ist es ungeeignet. Seine fein verwobenen, rein japanischen Komponenten sind erschreckend unfähig, dem Land ein wirksames Mittel zu liefern, einen Modus vivendi mit einer potentiell sehr feindseligen Welt zu finden.

Das System hat eine Vielfalt offensichtlicher Widersprüche. Es hat keine starke Führung, doch es erweckt im Ausland den Eindruck eines zielstrebigen Riesen, der die Welt wirtschaftlich erobern will. Es hat kein politisches Zentrum, doch im Inland vermag es gegnerische Gruppen fast immer zu integrieren. Das System ist ungreifbar. Es entzieht sich dem Zugriff der Abendländer, die mit ihm zurechtkommen wollen. Die Japaner, die an ihm beteiligt sind, können es nicht begrifflich erfassen und erst recht nicht verändern. Es existiert, ohne daß die meisten Beteiligten sich seiner bewußt sind; und es hat keine Gestalt oder Form (von einer Berechtigung ganz zu schweigen) im Gesetz.

3

Eine unentrinnbare Umarmung

Das Fehlen eines Verantwortlichen inmitten zahlreicher politischer Kräfte, von denen jede potentiell staatsgefährdende Macht besitzt und ihre eigenen Interessen verfolgt, führt nicht zum gesellschaftlichen Chaos. So ausgeprägt ist tatsächlich die Ordentlichkeit des Lebens in Japan und die Disziplin seines Volkes, daß der Verdacht naheliegt, eine weitere, sehr einflußreiche politische Kraft sorge für Zusammenhalt.

Die Japaner werden dazu erzogen, es hinzunehmen, daß ein Großteil ihres Lebens fremdbestimmt ist. Ihre Umwelt ermutigt sie generell nicht zum Improvisieren. Oft werden Aktivitäten, die Entspannung und Vergnügen bringen sollen, mit einer Zurschaustellung großer Disziplin verfolgt. Von Schulfesten bis zum Betrachten der Kirschblüte werden kollektive Unternehmungen fast immer mit so viel Mühe vorbereitet und so berechenbar abgewickelt, daß Außenstehende gelegentlich bemerkt haben, der ganze Spaß sei wegorganisiert worden.

Was für die einzelnen Japaner gilt — daß sie handeln, als wäre ihnen ständig bewußt, wieviel Ellbogenfreiheit ihnen genau zugeteilt ist —, gilt auch allgemein für japanische Organisationen. Anhaltende Opposition gegen existierende soziopolitische Arrangements ist selten. Freilich streben japanische Organisationen, ihre Vormachtstellung auszubauen, und sei es nur als beste Garantie dagegen, daß sie ihre Position in der Hierarchie verlieren. Doch abgesehen von einer kleinen Zahl winziger und (bezeichnenderweise) sehr radikaler Randgruppen zeigt keine von ihnen das geringste Interesse, die etablierte Ordnung zu stören.

Japan hat keine der Institutionen (etwa Religionen oder Sippenverbände), die in anderen asiatischen Ländern und im Westen eine alternative Machtbasis darstellten, von der aus die Elite herausgefordert werden konnte. Deshalb gibt es dort kein uraltes Beispiel anhaltender Opposition gegen die politische Ordnung, das eine Arbeiterbewegung oder selbst ein so einfaches Phänomen wie einen Verbraucherverband inspirieren könnte. Es gibt Interessengruppen, Bauernkooperativen und Gewerkschaften, doch sie sind fast alle dem System einverleibt und vor seinen Karren gespannt worden.

Die Entschärfung traditioneller Herausforderungen

Japans Machthaber hatten viele Jahrhunderte Zeit zur Verfeinerung ihrer Technik, potentiell bedrohliche Organisationen unschädlich zu machen oder einzubinden. Ihre Erfahrung damit geht mindestens auf die Zeit zurück, als der Buddhismus begann, »eine bloße Stütze für die existierende Gesellschaftsordnung und das traditionelle Wertesystem« zu werden.[1] In den meisten anderen politischen Systemen sind gewöhnlich die stärksten Institutionen, die den weltlichen Herrschern die Macht streitig machten, aus den Religionen hervorgegangen. Zumindest in einem gewissen Ausmaß haben sie die Tendenz gehabt, den einzelnen von der Umklammerung der Machthaber zu befreien.

So waren die Hindu-Könige, selbst Angehörige der Kriegerkaste, genötigt, ein wachsames Auge auf die Priesterkaste der Brahmanen zu halten. Der purohita, eine Art Premierminister, repräsentierte diese geistig überlegene Kaste, und selbst wenn seine Pflichten hauptsächlich zeremoniell waren, erwartete man von ihm einen entscheidenden Einfluß auf die Ansichten des Monarchen. Im heutigen Indien sind religiöse Überlegungen noch immer ein Faktor von großer und anscheinend wachsender Bedeutung im politischen Leben. In Thailand wird die buddhistische Religion in einem Atemzug mit der Monarchie als Grundlage und Quelle nationaler Werte genannt. Auf den Philippinen waren die Initiativen der katholischen Bischöfe, die sich auf universelle Prinzipien beriefen, entscheidend für den Sturz von Präsident Marcos 1986.[2] Die Regierungen von Indonesien und Malaysia können es sich nicht leisten, ihre islamischen Führer zu verärgern, denn diese haben ihrerseits die Macht des islamischen Fundamentalismus hinter sich. Die organisierte Opposition gegen die südkoreanische Regierung ist weitgehend in den wachsenden katholischen und protestantischen Kirchen des Landes verwurzelt. Und moderne politische Systeme, in denen das Volk der Souverän ist — das Modell, zu dem Japan sich formal bekennt —, sind natürlich von einer grundsätzlichen europäischen Annahme der Trennung von Kirche und Staat hergeleitet, die seit Jahrhunderten für politischen Gesprächsstoff sorgt.[3]

In China, wo die Religion der weltlichen Autorität bestenfalls schwache Konkurrenz machte, war das hochzentralisierte Verwaltungssystem auf andere Weise herausgefordert. Der Staat bestand aus einer massiven, von Mandarinen getragenen Bürokratie, mit einem Kaiser im Zentrum und von der Hauptstadt aus organisiert. Doch neben dieser Autorität bestand eine völlig andere gesellschaftliche Struktur: die Sippenverbände und der lokale Adel, der den Gipfel der regionalen Pyramide der Familienmacht darstellte. Die Spannung zwischen diesen beiden Systemen war stets ein potentieller Konfliktherd.

In Japan waren gesellschaftliche und politische Hierarchie deckungsgleich, nicht getrennt. Während in China die Blutsverwandtschaft die Zugehörigkeit zur Familie bestimmte — wobei die Ehrfurcht vor den Eltern, das höchste Gebot der konfuzianischen Moral, sogar Vorrang vor politischer Loyalität gegen Kaiser oder Staat hatte —, hatte der japanische Haushalt oder ie politische Bedeutung. Das grundlegende Kriterium für die Zugehörigkeit war ein gemeinsames Ziel; seine Mitglieder waren nicht unbedingt Blutsverwandte, und die Nachfolge in der Führung wurde oft durch Adoption geregelt. Bezeichnenderweise sah das Tokugawa-Regime den ie als Grundbaustein seines politischen Systems. Er wurde praktisch zu einer Körperschaft, dessen Mitglieder kein Eigentum besitzen durften und sich der formal anerkannten Macht fügen mußten, die der Führer über sie ausübte. Auf diese Weise wurde der traditionelle Haushalt, der in China in Opposition zum Staat bestehen konnte, in Japan vom Gemeinwesen eingebunden. Wir werden diese sehr wichtige Entwicklung in Kapitel 6 näher untersuchen.

Wer gegen den politischen Status quo in Japan opponieren möchte, sieht sich Barrieren gegenüber, die zugleich flexibel und ungreifbar und daher praktisch unüberwindlich sind. Macht ist in Japan so diffus, daß sie sich der Konfrontation entzieht. Die einzelnen Komponenten des Systems verstehen es, mit friedlichen Mitteln alle größeren und die meisten kleineren sozialen Elemente zu integrieren, die sich ihnen entgegenstellen. Jeder reale oder potentielle Gegner wird entweder rasch unschädlich gemacht und vergessen, oder — wenn er so groß ist beziehungsweise so viel Lärm machen kann, daß er nicht zu ignorieren ist — ganz natürlich als funktionierender Teil des Systems assimiliert.

Da ist zum Beispiel die Verbraucherbewegung. Japanische Hausfrauen der Mittelschicht sind potentiell ein wichtiger politischer Faktor. Sie haben bei immer mehr Freizeit einen Enthusiasmus für Anliegen ihrer Wohngegenden entwickelt; kaum eine Wohngegend ist heute ohne ihre fujinkai oder Frauengruppe. Der japanische Hausfrauenverband Shufuren war eine der ersten Lobbys; er wurde 1948 gegründet, hauptsächlich zur Bekämpfung des Schwarzmarktes nach dem Krieg. In den späten 1960er und frühen 1970er Jahren schloß er sich Chifuren an (einer Dachorganisation für eine Vielzahl von fujinkai) und lancierte Verbraucherkampagnen, die den Eindruck einer neuen Art von politischem Aktivismus erweckten. Nach einigen kleinen Erfolgen — etwa einer Regulierung, nach der die Hersteller von Dosenfruchtsaft den Anteil an echtem Fruchtsaft deklarieren mußten, und einer Preissenkung bei Farbfernsehern — wurde dieser Aktivität jedoch wirksam die Spitze genommen.

Das System — allgegenwärtig, ungreifbar, allumfassend, absorbierend — hatte eine Gefahr gesehen und sie neutralisiert. 1975 präsentierten Spitzenvertreter der Geschäftswelt den betroffenen Ministerien und Geschäftsleuten einen 250seitigen Bericht, in dem sie zu dem Schluß kamen: »Die Bürgerinitiativen sind hoch zu schätzen als neue Energiequellen in der Leitung der wirtschaftlichen Gemeinschaft und sollten, wenn möglich, bei der Planung und Gestaltung der Politik berücksichtigt werden«, aber »wenn die Energiespannung, die durch die Bewegungen entfesselt wird, hoch ansteigt und beginnt, ungeordnet zu fließen, sollte sie gezügelt werden. Die Regierungsbehörden müssen angesichts von Aktionen, die die Rechtsordnung stören werden, Festigkeit zeigen.«[4]

Die Verwaltungsbeamten haben es verstanden, die »Energiespannung« auf ein in der Tat sehr geringes Maß zu reduzieren. Obwohl man die Zahl der Verbrauchergruppen in den späten 1980er Jahren auf fast dreizehntausend schätzt, und obwohl Chifuren als Mitglieder insgesamt über sechs Millionen Hausfrauen angibt, wird ihre Existenz kaum je bemerkt. Dies ist bemerkenswert, denn die übertriebene Preissteigerung bei fast allen Gütern (vor allem Lebensmitteln) und die Verbreitung unsauberer Geschäftsmethoden liefern eine Vielzahl guter Gründe zur Erregung. Besonders bemerkenswert ist das Schweigen um die Tatsache, daß der spektakuläre Kursanstieg der japanischen Währung (auf etwa das Doppelte gegen den Dollar in der Periode 1985—87) sich nur bei sehr wenigen wichtigen Verbrauchsgütern und bei keinem Inlandsprodukt auf den Preis auswirkt; einige Preise sind im Hinblick auf eine angeblich »ungewisse Lage« sogar erhöht worden.

Die Beamten, die in den 1970er Jahren für eine kurze Zeit vorgaben, die Ansichten der Bürger bei ihren Verwaltungsentscheidungen zu berücksichtigen, empfinden es nicht mehr als vordringlich, Verbrauchergruppen zu beschwichtigen. Einige Städte haben diesen eine Alibi-»Stimme in der Politik« gegeben und so ihren Kampfgeist entschärft. Die Verbrauchergewerkschaft Japans, die von Takeuchi Naokazu geführte Dachorganisation, kämpft jetzt gegen die Entfernung von Importbarrieren für landwirtschaftliche Produkte und gegen die Anpassung der Produktnormen zur Vereinfachung des Imports ausländischer Konsumgüter. Mit anderen Worten: Das bedeutendste Element in der Verbraucherbewegung ist eifrig bemüht, die Lebensmittelpreise oben zu halten und die Auswahl der Verbraucher auf heimische Produkte zu beschränken.

Hier ist kein mysteriöser Prozeß indirekter Verteidigung von Verbraucherinteressen am Werk, sondern vielmehr die Macht des Präsidenten der Organisation. Takeuchi ist ein ehemaliger Spitzenbeamter des Ministeriums für Landwirtschaft, Forst und Fischerei. Zwar schied er im Streit über den Einsatz von Pestiziden aus seinem Ministerium aus und kann deshalb nicht als echter amakudari bezeichnet werden, doch es ist undenkbar, daß er gegen die Interessen seiner früheren Kollegen in diesem protektionistischsten Lager des japanischen Beamtentums arbeiten würde.

Lobbys

Eine gängige Theorie über die Entwicklung der Regierungspolitik besagt, daß »Interessengruppen« oder »Lobbys« den Bereich des öffentlichen Dienstes, dessen Kooperation sie brauchen, gleichsam »erobern«. Eine japanische Gruppe, die (und das ist eine Ausnahme) genau das getan hat, ist der japanische Ärzteverband (JMA); er hat seit den 1950er Jahren eine Vorrangstellung unter Japans Lobbys gewonnen, indem er so funktionierte, wie man es außerhalb Japans von solchen Gruppen erwartet — nur besser. Anders als die meisten derartigen Verbände hat er die Bürokraten eher konfrontiert, als ihnen im Austausch gegen Vergünstigungen entgegenzukommen.[5]
Bis 1982 wurde er von Takemi Taro, einer starken Persönlichkeit, geleitet; er schuf sich eine gefügige Basis und gebrauchte aggressive Methoden, kanzelte zum Beispiel die Regierung in ganzseitigen Zeitungsanzeigen ab, um die Entscheidungsprozesse bei medizinischen Belangen zu dominieren. Er spielte eine Hauptrolle beim Verbot der »Pille« und verhinderte so einen Schwund in der lukrativen Abtreibungsindustrie.[6] Er stellte seine eigenen Kandidaten für Parlamentswahlen auf und finanziert eine Anzahl regulärer LDP-Kandidaten.
Der JMA kann den Import bestimmter medizinischer Geräte unterbinden, wenn sie die Nachfrage nach lukrativen Behandlungen gefährden; und er schützt die weitverbreitete Geschäftemacherei, die das Krankenkassensystem ermöglicht. Das Einkommen japanischer Ärzte errechnet sich nicht nur teilweise aus der Menge der Arzneien, die sie verschreiben, sondern sie sind obendrein berechtigt, diese Arzneien in ihren Praxen zu verkaufen. Dies hat zu korrupten Beziehungen mit der pharmazeutischen Industrie, zu einem alarmierend übersteigerten Medikamentenkonsum und zu ein paar sehr reichen Ärzten geführt.

Seit Takemi Taro nicht mehr im Amt ist, hat der JMA an Macht eingebüßt, doch er ist nach wie vor eine der kleineren Komponenten des Systems. Die Beamten des Gesundheitsministeriums haben sich so daran gewöhnt, sich den Wünschen des Verbandes zu beugen, daß die Gesetze, die sie entwerfen, noch immer aus der Feder der Ärzte selbst zu stammen scheinen.[7] Es ist bezeichnend, daß die einzige größere Ausnahme unter den japanischen Lobbys, die so funktioniert, wie es im Westen von Lobbys erwartet wird, dies auf so extreme Weise tut. Die Praktiker der Medizin haben genau den Bereich der Regierung übernommen, der sie kontrollieren sollte, um die Medizin als öffentlichen Dienst zu gewährleisten.

Die Lobbys schossen in der Nachkriegsgesellschaft wie Pilze aus dem Boden: die Lobby der Hausfrauen, der Hinterbliebenen, der Veteranen, der Kriegsversehrten, der ehemaligen Landbesitzer (die ihr Land in der Bodenreform nach dem Krieg verloren), der Heimkehrer aus früheren Kolonien und der Bordellbesitzer — um nur die bekanntesten zu nennen. Mitte der 1950er Jahren wurden sie ein vertrautes Thema der Zeitungskommentare, besonders nachdem die Bordellbesitzer den Alljapanischen Verband zur Verhinderung von Geschlechtskrankheiten gegründet hatten, um das Anti-Prostitutionsgesetz zu blockieren (dies mißlang, und rund eine halbe Million Gunstgewerblerinnen mußte neue Berufsbezeichnungen finden). Eine sehr erfolgreiche Lobby, die die Aufmerksamkeit der Presse erregte, war Chuseiren, die später wichtigste Föderation kleiner und mittelgroßer Betriebe.[8]

Diese neuen Akteure auf der politischen Bühne riefen gemischte Gefühle wach. 1958 gelang es zwei Veteranengruppen, die Mittel für Kriegsrenten um 30 Milliarden Yen aufzustocken, während der JMA sich 21 Milliarden zusätzlich sicherte.[9] Japanische politische und journalistische Kommentatoren sahen durch derlei den demokratischen Prozeß untergraben; die Lobbys wurden bezichtigt, das Allgemeinwohl zu mißachten und selbstsüchtig Maßnahmen durchzusetzen, von denen nur sie profitieren würden.[10] Ironischerweise zitierten westliche Beobachter die Lobbys gerade zur gleichen Zeit (in den 1960er Jahren), als die Japaner sie als undemokratisch ansahen, als besten Beweis, daß die »Demokratie« endlich in Japan Fuß fasse. Selbst in den 1980er Jahren gelten sie noch als eine Kraft für größeren Pluralismus.

Bei näherem Hinsehen zeigt sich, daß sie einem recht eigenartigen Pluralismus dienen. Mit Ausnahme der Ärzte findet das »Erobern« in Japan weitgehend in umgekehrter Richtung statt: Die Beamten und die LDP benutzen die Gruppen im Austausch für gewisse Subventionen und ein Minimum an Entgegenkommen. Wenn man von allen Gruppen absieht, die enge organisatorische Bindungen an Verwaltungsbeamte haben, ist die Kategorie echter Lobbys sehr klein. Sie schrumpft noch weiter, wenn man diejenigen mit halboffiziellen Bindungen an andere größere Komponenten des Systems ausschließt. Am Ende bleibt ein Kern von Gruppen, die mit einem Bein im Lager der offen gegen das System gerichteten Aktivisten stehen und gelegentlich der Polizei Schlachten liefern, um zu demonstrieren, daß sie sich auf keine Weise kaufen oder gleichschalten lassen. Die Koalition aus Bauern und radikalen Aktivisten, die weiterhin den Ausbau des neuen, internationalen Tokioter Flughafens in Narita blockieren, ist ein ausgezeichnetes Beispiel hierfür.

Umweltschützer

Unter den Nachkriegslobbys, die außerhalb des Systems geblieben sind, sind die am erfolgreichsten — gemessen an dem Ausmaß, in dem das System ihnen entgegenkommen mußte —, die für die Opfer der industriellen Umweltvergiftung gekämpft haben. Trotzdem dauerte es gut zehn Jahre, bis Umweltprobleme in Japan ernsthaft beachtet wurden. Erst als Katzen, die quecksilberverseuchten Fisch gefressen hatten, Krämpfe bekamen und ins Meer sprangen, begann die Presse, an den Problemen von Minamata (der Gemeinde, die später weltweit zum Symbol der Umweltverschmutzung wurde) ein begrenztes Interesse zu zeigen. Es vergingen noch etliche Jahre, bis das Leiden der menschlichen Opfer ein nationales Thema wurde. Sie waren rasch zahlreicher geworden und manchmal vor schierer Erschöpfung an den Krämpfen gestorben, die von den Schäden ihres Nervensystems herrührten.

Die Firma, die dafür verantwortlich war, daß Quecksilberabfall ins Meer gekippt wurde, behauptete, es gebe keinen Zusammenhang, und heuerte Gangster an, um Opfer und Familien, die sich beschwert hatten, zu verprügeln.[11] Die Opfer selbst, meist aus armen Dörfern, wurden verfemt. Die Überbringer schlechter Nachrichten — Ärzte, die die Minamata-Fälle und ähnliche Fälle von Quecksilbervergiftung in Niigata untersuchten — wurden zunächst diskreditiert. Dem Forscherteam der Kumamoto-Universität wurde der Geldhahn zugedreht, seine Befunde wurden unterdrückt. Eine Kampagne wurde gegen einen gewissen Dr. Hagino Noburu losgetreten, der Patienten in der Präfektur Toyama mit der sogenannten itai-itai-Krankheit (Aua-aua-Krankheit) behandelte, einem rätselhaften Syndrom, bei dem durch Kadmium im Reis die Knochen so mürbe wurden, daß sie an vielen Stellen brachen. Die Unterdrückung von Beweismaterial und das Einspannen von Ärzten, um die Klagen als wissenschaftlich unbegründet abzuwehren, wiederholten sich in anderen Teilen Japans, bis es Aufstände gab, bis die Fabrik in Minamata, die den Quecksilberabfall verursacht hatte, gestürmt wurde und bis eine nationale Pressekampagne und die Publizität im Ausland ein solches Verhalten unmöglich machten.

Den ersten Prozeß für Opfer der Umweltverschmutzung strengten linksgerichtete Anwälte 1967 an; ihm folgten rasch drei weitere. Anfang der 70er Jahre kam das Beamtentum aufgrund dieser Prozesse und der allgemeinen Unzufriedenheit mit der schlimm verschmutzten Luft der Gegend um Tokio zu dem Schluß, daß gewisse Maßnahmen unvermeidlich geworden waren. Strikte Vorschriften für die Industrie wurden eingeführt; über Nacht wurde es Mode, die Expansion der Industrie anzuprangern, die auf Kosten der lebenden Umwelt vonstatten gegangen war. Die Gerichte brauchten zwar zehn oder mehr Jahre, um Prozesse abzuschließen, doch auch sie begannen, Opfern Entschädigungen zuzusprechen. In den meisten Fällen zeigte die Erfahrung jedoch, daß die Justiz nur eine untergeordnete Rolle spielte: Das System hatte auf den Druck reagiert, den ein durch die Presse enorm verstärkter Aufschrei verursacht hatte. Seine Antwort war ein Beleg dafür, daß es dazu gebracht werden kann, Unrecht wiedergutzumachen, vorausgesetzt, das Unrecht ist augenfällig genug und kann weitverbreitete öffentliche Entrüstung wecken.

Ende der 1970er Jahre schien die Umweltschutzbewegung eine neue Art Opposition gegen die Art mit sich zu bringen, wie Japan geführt wurde, und man glaubte, die Bürgerinitiativen hätten durch politische Bewußtseinsbildung auf regionaler Ebene für dauerhafte Veränderungen gesorgt. Oppositionelle Bürgermeister wurden gewählt. Doch inzwischen übernahmen LDP-geführte Gemeinden Programminhalte der Opposition. In den Augen der LDP war die Opposition absorbiert.[12] Mitte der 80er Jahre verglichen sich die Aktivistengruppen schon selbst mit »Windglockenspielen im Winter« — eine Anspielung auf die Glöckchen, die man im Sommer vor die Fenster hängt und deren Klingeln im Sommer erfrischend wirkt, im Winter aber lästig und bedeutungslos. Die Zahl der Städte mit oppositionellen Bürgermeistern sank von 136 im Jahr 1974 auf 60 im Jahr 1988.[13] Hastige Umweltschutzmaßnahmen, eine Anpassung in der Wahlkampfrhetorik örtlicher LDP-Kandidaten und eine Bestätigung der LDP als einziger Quelle der Mittel für kostspielige Projekte hatten der Opposition der Basis gegen den Status quo wirksam Einhalt geboten.

Lobbys als Wahlhelfer

Während Verbraucher- und Umweltschutzinitiativen mit der Zeit von der politischen Bildfläche verschwunden sind, haben andere Arten von Lobbys politische Bedeutung behalten, nicht weil ihr »Druck« irgendwelche Änderungen im politischen Prozeß bewirkt hätte, sondern wegen der Arbeit, die sie für LDP-Politiker leisten.

Da die Regierungspartei fast keine Basisorganisation hat, müssen sich Kandidaten für Parlamentswahlen auf persönliche Helferteams verlassen, die sogenannten koenkai. In den meisten Fällen hängt die Wiederwahl eines Abgeordneten vor allem von der Mitgliederzahl und dem Einfluß der koenkai ab, die er zwischen den Wahlen hält. Und fast unmittelbar beim ersten Auftreten der Lobbys war klar, daß sie ideale koenkai abgeben würden, wenn man sie richtig behandelte. So kommt es, daß Lobbys in vorderster Linie des politischen Lebens in Japan stehen, Stimmen fangen, Mittel aufbringen und Mädchen für alles für einzelne LDP-Kandidaten sind.

Für den LDP-Parlamentarier sind freundschaftliche Verbindungen zu verschiedenen Ministerien entscheidend für den Aufbau einer solchen Beziehung mit einer Lobby, denn der Politiker muß beweisen, zumindest durch Alibi-Maßnahmen, daß er etwas dafür tut. Wenn er vor seinem Wahlvolk spricht, redet der Kandidat selten um den heißen Brei herum. Wenn sie einen neuen Flughafen wollen, wird ihnen versichert, daß er den besten Draht (oder paipu, vom englischen Wort pipe, Leitung) zum Verkehrsministerium und Finanzministerium hat; wenn breitere Straßen gebraucht werden, oder eine neue Brücke, dann hat er mehr Freunde im Bauministerium als jeder andere Kandidat. In Wahlkreisen mit großer Bevölkerung vergleicht der LDP-Kandidat seine Beziehungen zu den Bürokraten mit denen seiner Parteifreunde; und jeder versteht, daß die Minderheitenparteien keine paipu zu den Ministerien haben. Die »Parteifreunde«, gegen die ein LDP-Kandidat bei Wahlen kämpft, gehören fast immer zu anderen habatsu (Cliquen). Deshalb ist es für habatsu-Führer wichtig, gute Beziehungen zu nationalen Dachorganisationen zu pflegen, die die örtlichen Lobbys kontrollieren. Aus diesem Grund sind die Veteranenorganisationen, der Kriegsversehrtenverband und die Organisation der Hinterbliebenen weiterhin eine wichtige Kraft und zwingen die LDP, umstrittene symbolische Aktivitäten, die die militärische Vergangenheit verherrlichen, zu befürworten und mitzutragen.[14] Ein Politiker, den ich bei seinem Antrittsbesuch in einem Dorf, das gerade zu seinem Wahlkreis hinzugekommen war, begleitete, legte Wert darauf, zuerst das Haus eines Mannes ohne Beine zu besuchen — er war der örtlicher Vertreter der Kriegsversehrten.

Bürokratische Ausläufer

Viele Lobbys setzen direkt bei den Beamten an, deren Mitarbeit sie für ihre eigentlichen Zwecke brauchen. Relativ schwache regionale Industrie- und Handelsverbände haben die Bürokratie benutzt, »um ihnen bei der Stärkung ihrer organisatorischen Basis durch Regierungsbeschlüsse zu helfen, die ihren Status legalisieren und die Mitgliedschaft zur Vorschrift machen«.[15] Lobbys, die entstanden sind, um spezifische landwirtschaftliche oder wirtschaftliche Interessen zu fördern, werden offene Türen in den Ministerien finden, die für diese Interessen zuständig sind. Erscheint eine Gruppe

groß und potentiell mächtig genug, wird sie von den Beamten aktiv hofiert. Als Gegenleistung für die Berücksichtigung ihrer Wünsche liefert sie detaillierte Informationen über Bedingungen, Persönlichkeiten und wichtige Ereignisse in ihrer Region. So wird sie Teil des »Radars«, mit dem die Bürokraten das gesamte System wirksam steuern. Da die Information in nur eine Richtung fließt, nach Tokio, gewinnen die Verwaltungsbeamten straffere Kontrolle über Bereiche des japanischen Lebens, die bislang weniger wirksam ins System integriert waren. Und diese größere Kontrolle wird oft durch die betreffenden Lobbys ausgeübt.
Regionale Lobbys existieren gewöhnlich weiter, nachdem die eigentliche Ursache für ihre Entstehung aus den Augen verloren ist. Oft werden ihre Aktivitäten und Ziele diffus und vage; ihre Bedeutung liegt vor allem darin, daß sie Menschen, die nicht großen Firmen angehören, aber das Bedürfnis nach sozialem Verschmelzen haben, einen Brennpunkt der Loyalität bieten. Binden sich die Lobbys dann an einzelne Politiker, wie das außerhalb der großen Städte fast alle tun, ist ihre Hauptfunktion einfach die Organisation von Wahlkämpfen. Hier sind die Gründungsmitglieder vielleicht nicht einverstanden, doch sie verlieren gewöhnlich ihren Einfluß, und auch Appelle an »grundsätzliche Prinzipien« werden nicht verstanden. Obwohl diese Initiatoren vielleicht mehr wollen, als für die Gruppe bei der bequemen Beziehung mit dem Beamtentum herauskommt, hält es die Masse der Mitglieder »für klug oder gar unvermeidbar, sich auf den existierenden Mechanismus zu verlassen oder sich ihm anzupassen«, da eine Störung des etablierten Systems von Belohnung und Zuteilung Undankbarkeit impliziert und riskant sein kann.[16] Die Kontrolle über eine Lobby, die in der Umarmung des Systems gefangen ist, geht oft an Führer, die sie für ihre eigenen Zwecke benutzen. Trotzdem kann die Gruppe weiterhin weitreichende Loyalität an sich binden.[17] Loyalität wird zum Selbstzweck; wo sich Konflikte in der Gruppe abzeichnen, können Bürokraten und Politiker leicht den Gedanken vorgeben, daß Solidarität das Wichtigste sei. Oft können die Vertreter des Systems sogar einen Führungswechsel bewirken.
Wenn die Lobbys oder Industrie- und Handelsverbände bedeutend genug sind, werden sie wahrscheinlich in die Hände früherer Bürokraten übergehen, die an der Spitze der Organisation einge-

schleust werden. In solchen Fällen werden die Lobbys für den einstigen Beamten oft zum Sprungbrett in die politische Karriere.[18] Die Tatsache, daß viele LDP-Abgeordnete einmal Bürokraten waren, sollte deutlich machen, wie überaus freundschaftlich Verhandlungen zwischen Lobbyisten, Bürokraten und Politikern zu sein pflegen.

Das System unterwandert potentielle Opposition oder erkauft sich ihr Stillhalten mit erheblichen Kosten für die Flexibilität der Regierung. Die Ministerien verstricken sich tief mit den Gruppen, die sie kontrollieren müssen, und lassen Zeichen von Identifikation mit den Zielen der Gruppen erkennen. Deshalb bleibt zum Beispiel das Landwirtschaftsministerium ein unverrückbares Hindernis für die Liberalisierung von Nahrungsmittelimporten — die andere Komponenten des Systems für notwendig halten, die dem ganzen System gut täte und die es vor ausländischen Vergeltungsmaßnahmen im Handel schützen würde. So führt der Impuls des Systems, sich durch Einbindung gegnerischer und potentiell feindlicher Gruppen zu erhalten, ironischerweise zu seiner eigenen teilweisen Lähmung.

Die Lobbys werden, wo immer möglich, auch von Regierungsbehörden in ihren Auseinandersetzungen und Machtkämpfen untereinander und mit Komponenten des Systems benutzt. An einem Punkt in einer Kampagne zur Öffnung von importfeindlichen Marktsektoren erhielt der damalige Premierminister Nakasone Tausende von Telegrammen und Postkarten, die ihn drängten, keine drastischen Schritte zu tun. Da die Formulierung dieser Beschwörungen bemerkenswert ähnlich war, war klar, daß sie alle von einer begrenzten Zahl landwirtschaftlicher Verbände und industrieller Interessengruppen kamen. Bei einer darauffolgenden Kabinettssitzung erinnerte Nakasone seine Minister zornig daran, daß es wohl kaum die Aufgabe ihrer Häuser sei, die Industrie zu einer Protestbewegung zu veranlassen.

Ständig entstehen neue Lobbys, und manchmal werden sie das Mittel, mit dem bestimmte Ansprüche der Öffentlichkeit beim System durchgesetzt werden. Elastisch, wie das System ist, kommt es diesen Gruppen bis zu einem gewissen Punkt entgegen. Doch es wird keinen wesentlichen Wandel im Status quo oder echte, dauerhafte Opposition zulassen.

Selbstgemachte »Opposition«

Eine wohlerprobte Masche, die Teile des Systems benutzen, um Probleme zu entschärfen, bevor sie unkontrollierbar werden, oder um einen Bereich in die Hand zu bekommen, der sich ihrem Zugriff noch entzieht, ist die Bildung einer eigenen »Opposition«. Ein gefeiertes Beispiel dieser Strategie sind die Alternativgewerkschaften, die das Management in den 1950er und 60er Jahren schuf, um Mitglieder von den potentiell gefährlichen, marxistisch inspirierten nationalen Gewerkschaften abzuziehen. Entsprechend war die Nosei Suishin Kyogikai (Diskussionsgruppe zur Förderung der Agrarpolitik), die in den 1960er Jahren eine Hauptrolle bei der Koordination ländlicher Lobbys spielte, tatsächlich eine Kopfgeburt von Beamten des Landwirtschaftsministeriums, die die Kontrolle über ihren Bereich straffen und in den Haushaltsverhandlungen ihre Hausmacht gegenüber dem Finanzministerium stärken wollten.[19]

Das Auftauchen einer neuen, im Hause ausgebildeten Oppositionsgruppe erwies sich als äußerst hilfreich für die LDP, als sie aufgrund von Bestechungsskandalen und einer vorübergehenden Welle der Entrüstung in der Presse Kritik und Wählerunwillen hinnehmen mußte. 1976 traten sechs LDP-Mitglieder unter der Führung von Kono Yohei (dessen Vater nach dem Krieg einer der großen LDP-Bosse war) aus der Partei aus und gründeten demonstrativ eine Oppositionspartei, den Neuen Liberalen Club. Der NLC gab gelegentlich oppositionsartige Geräusche von sich und sprach für saubere Politik; so ermöglichte er es einigen verärgerten Wählern, ihr Gewissen zu beruhigen und trotzdem bei der LDP zu bleiben. Denn in Wirklichkeit war der NLC eine LDP-habatsu außerhalb der LDP, der bei jeder Entscheidung mit der LDP stimmte. Dies bedeutete, daß es die LDP nicht zu kümmern brauchte, wenn sie formal ihre Mehrheit im Parlament verlor. Nach den Wahlen vom Dezember 1983, als die LDP einen Rekordverlust an Sitzen erlitt (wenn auch nicht an Stimmen), bat Premierminister Nakasone den NLC ins Kabinett und gab ihm das Innenministerium. Viele japanische und ausländische Journalisten, stets nach einschneidenden, zukunftsweisenden Ereignissen ausschauend, schlossen daraus, die langerwartete Ära der »Koalitionsregierung« sei gekommen.

»gemeinsame Kontrollsystem« des Tokugawa-Shogunats nur auf dem Papier. Es gab viele regionale Unterschiede, doch in vielen Dörfern bildeten die politischen Formen, die durch die Selbstverwaltung entstanden, einen wirksamen Schutz gegen die Autorität der Zentralverwaltung.
Um diesen Schutz zu durchbrechen, etablierte der Meiji-Staat eine Vielzahl landesweiter Organisationen, doch ganz gelang es nie. Ein anderer Kanal, durch den Tokio versuchte, für gehörig patriotisches Verhalten zu sorgen, waren die örtlichen Grundherren, die persönlichen Vorteil aus der Gefügigkeit des Dorfes zogen. Das mächtige Naimusho wiederum konnte vor dem Krieg störrische Dörfer bestrafen, indem es ihnen Notwendiges, wie Reparaturen an ihren Flußufern nach einem Taifun, versagte.[24] Trotzdem brachte die Dorftradition vielerorts unabhängige Einstellungen hervor. Unter derartigen Umständen stürzten sich Regierung und Grundherren natürlich auf die um die Jahrhundertwende gegründeten Bauernkooperativen als einen weiteren Kanal, um die ländliche Bevölkerung zu kontrollieren. Noch 1924 waren allerdings erst knapp die Hälfte der Bauernhöfe den örtlichen Kooperativen beigetreten, die in etwa zweihundert Föderationen gruppiert waren. 1943 wurde der ländliche Widerstand schließlich überwunden, als alle Kooperativen unter zentrale Kontrolle gestellt und die Präfekturföderationen aufgelöst wurden. Der Kaiserliche Landwirtschaftsverband oder Nogyokai entstand als Teil des Bestrebens, so viele Organisationen wie möglich um der Kriegsanstrengung willen eng zusammenzufassen; die Mitgliedschaft war nicht länger freiwillig.
Im heutigen Japan ist der Zugriff der Tokioter Behörden auf ländliche Gemeinden über die Gesetzeshüter recht fest geblieben. Die Polizisten, die zwei oder drei Jahre in den Dörfern und Städtchen dienen, trinken Sake mit den Einheimischen und bekommen Ehrenplätze bei Veranstaltungen; sie sind große Informationsquellen und Berater der Dorfbewohner; dennoch bleiben sie Außenseiter. Die Bauindustrie liefert ein weiteres wichtiges Instrument der Kontrolle, doch die landwirtschaftlichen Kooperativen, die ja ein Erbe des Kriegssystems sind, bringen am wirksamsten das ländliche Japan dazu, dem System — und der LDP insbesondere — zu dienen.

Der zentralisierte Kaiserliche Landwirtschaftsverband lieferte die Infrastruktur für das nokyo-System nach dem Krieg. Seine Büros, Ausrüstung und Angestellten wurden wie die meisten seiner Funktionen einfach übernommen von den scheinbar neuen Organisationen, die mit Ermutigung der amerikanischen Besatzung gegründet wurden.[25] Da fast alle japanischen Bauern von ihren Diensten abhängig sind, erbte das Nachkriegssystem auch die totale oder fast totale Organisationsrate.
Das Nahrungsmittel-Kontrollsystem der Regierung, das zu den außerordentlich hohen Preisen für japanische Agrarprodukte beiträgt, ist untrennbar mit nokyo-Interessen verfilzt. Ebenso wichtig für die nokyo sind die protektionistischen Barrieren im Agrarbereich, die Ursache für größere Konflikte mit der US-Regierung darstellen. Aus diesem Grund steht Japans »überprotegierte Landwirtschaft«, und das bedeutet das nokyo-System, seit Ende der 1970er Jahre unter Beschuß durch die Wirtschaft und die Bürokraten des Außenhandels- und Industrieministeriums, die hoffen, die internationale Kritik von sich selbst abzulenken. Freilich sind diese rivalisierenden Seiten innerhalb des Systems nicht so weit gegangen, das wahre Problem öffentlich zu analysieren. Schon in den 1960er Jahren wiesen japanische Spezialisten darauf hin, daß die nokyo eigentlich nicht die Bauern vertritt. Die Föderationen auf Präfekturebene verhalten sich wie Unterlieferanten der zentralen nokyo-Institutionen, und die Interessenvertretung der höherrangigen Organisationen sorgt manchmal für erhebliche Reibung zwischen ihnen und den örtlichen nokyo-»Kapiteln«.[26] Die kombinierten Interessen der nokyo und des Landwirtschaftsministeriums bilden ein größeres Hemmnis für die Liberalisierung der Landwirtschaft als die Interessen der Bauern.

Ein symbiotisches Konglomerat

Die nokyo-Organisationen haben eine Möglichkeit des Überlebens gefunden, als sie sich ihre Rolle als »Hilfsorganisationen« des Landwirtschaftsministeriums voll zu eigen machten. Die Bauern selbst haben im großen und ganzen ambivalente Gefühle für das System, in das sie eingespannt worden sind, besonders was das Versagen der Regierungspläne zur Modernisierung der Landwirtschaft betrifft, für das sie nokyo-Praktiken verantwortlich machen.[27] Sehr wenige japanische Bauern können von der Landwirtschaft leben. Über vier Fünftel aller bäuerlichen Haushalte haben Zusatzeinkommen aus anderer Arbeit — gewöhnlich in kleinen Fabriken, Speditionen oder Dienstleistungsbetrieben in der nächsten Stadt. In über 85% der Haushalte sind die Einkünfte aus der sogenannten Teilzeitarbeit höher als aus der Landwirtschaft. Weil aber Zenkoku Nokyo Chuokai (besser bekannt als Zenchu), die allgemeine Zentrale des nokyo-Zusammenschlusses, jedes Jahr sehr viel Worte macht, wenn die Beamten über den künstlich hohen Preis für Reis beraten, gewinnen Japaner wie Ausländer den Eindruck, die japanischen Bauern seien sehr mächtig und ließen die Regierung nach ihrer Pfeife tanzen. Tatsächlich ist die wirkliche Macht die Kombination nokyo/Landwirtschaftsministerium. Kein anderes Ministerium hat eine Kraft von so sicherer Wirkung im Rücken, um mit dem Finanzministerium zu verhandeln. Seine Haushaltsvorschläge sind heilige Kühe. Und keine anderen Wirtschaftsunternehmen sind so frei von Regulierungen wie die, die Zenchu leitet und koordiniert.

Das Geld, mit dem die Regierung fast die gesamte Reisernte bezahlt, geht schnurstracks zur Norin Chukin (Zentralbank für Landwirtschaft und Forst), und von dort »zirkuliert es in alle Sektionen der nokyo-Organisation wie Blut und ernährt jeden Bereich«.[28] Die Norin Chukin leitet das Reisgeld der Regierung über den Shinyo Nokyo Rengokai (nokyo-Kreditverband) auf Präfekturebene zu den Sparkonten der Einzelhaushalte, die zum Verkauf beigetragen haben. Diese automatische Überweisung bedeutet, daß die Kosten für die nokyo-Bankorganisation ein Bruchteil der Kosten bei normalen Handelsbanken sind. Dasselbe Geld fließt innerhalb der nokyo-Firmenfamilie hin und her, in Form von Krediten an die Landbevölkerung durch Kreditanstalten und als Zahlung für Dienstleistungen aller Art. Die zentrale nokyo-Bank hält nur etwa den halben Betrag in Reserve für Investitionen außerhalb. Wenn eine Vollversammlung der nokyo-Mitglieder eine landesweite Kampagne befürwortet, kann die Zentrale automatisch von allen Sparkonten Beiträge abziehen. Dies macht die umfangreiche Propaganda für nokyo-Interessen in In- und Ausland möglich, ganz zu schweigen von den ritualisierten Petitionen an das Finanzministerium und die LDP, in Größenordnungen, die keine andere Gruppe erreichen kann.

Die über zehntausend nokyo-Ortsverbände in Kleinstädten und Dörfern kaufen Agrarprodukte (außer Reis) auf und vermarkten sie über die nokyo-Handelsgesellschaften auf höherer Ebene. Obendrein verkaufen sie der ländlichen Bevölkerung praktisch alles, was sie zur Landwirtschaft benötigt, und noch vieles andere. Die Totalität gibt ein fast perfektes Modell eines Zwangsmarktes, da ja die Sparkonten schon in der Hand der nokyo sind. Die Unterorganisationen sorgen auch für Gesundheits- und Sozialeinrichtungen, Kredit, Lagerplatz, Beratung und Unterweisung. Eine ihrer interessantesten Unternehmungen ist eine Firma der »gegenseitigen Hilfe«, die zur größten Versicherung der Welt geworden ist.

Als die entsprechenden Gesetze zuerst entworfen wurden, bestand die US-Besatzung zunächst darauf, daß die Versicherungstätigkeit der nokyo der Aufsicht des Finanzministeriums unterstellt wurde. Agrarbeamte argumentierten jedoch mit Erfolg, die nokyo plane kein eigentliches Versicherungssystem, sondern ein System, das auf der Tradition japanischer Bauern aufbaue, einander in Zeiten der Katastrophe zu helfen. Die Finanzbürokraten und Versicherungsgesellschaften ahnten nicht, daß das Vermögen der nokyo-Firma für »gegenseitige Hilfe« über 4,9 Trillionen Yen erreichen würde — sehr viel mehr als das Gesamtvermögen der weltgrößten kommerziellen Lebensversicherung, der japanischen Nihon Seimei, und fünfmal so viel wie das Vermögen der Tokyo Marine Fire Insurance, der größten japanischen Eigentumsversicherung. Jede Basiseinheit der nokyo ist ein Versicherungsbüro. Da diese Operation wie ihre anderen zentral organisierten Geschäfte als gemeinnützig klassifiziert ist, darf die nokyo im Gegensatz zu den »kommerziellen« Firmen sowohl Lebensversicherungen als auch Eigentumsversicherungen verkaufen. Alles in allem ist wohl keine andere japanische Industriegruppierung so spektakulär erfolgreich gewesen.

In jedem Wahlkampf werden aus den nokyo-Versicherungsvertretern, Orangenaufkäufern und Saatgutlieferanten enthusiastische Wahlkämpfer für den örtlichen LDP-Kandidaten — zumindest theoretisch. Obwohl die nokyo-Verbände ihre Macht aus der Annahme herleiten, daß sie eine unschlagbare Wahlkampfmaschinerie darstellen, die an die LDP gebunden bleiben muß, ist ihr tatsächlicher Erfolg bei den Wählern von Ort zu Ort sehr unterschiedlich. Insgesamt ist die Abhängigkeit der LDP von den Stimmen der Bauern im Schwinden; dennoch hatten in den späten 80er Jahren von sechsundvierzig Präfekturen noch immer elf über 30% und neunzehn über 20% als bäuerlich klassifizierte Haushalte. Als das GATT-Abkommen (General Agreement on Tariffs and Trade, Allgemeines Tarif- und Handelsabkommen) Japan 1987 vorschrieb, den Import für zwölf Agrarprodukte zu liberalisieren, unterzeichneten stolze 359 von 445 LDP-Abgeordneten eine Erklärung gegen eine Befolgung der Vorschriften jenes internationalen Gremiums. Verärgerte nokyo-Ortsverbände arbeiteten, wie man erfuhr, sehr gelegentlich für einen Oppositionskandidaten. Obwohl natürlich auch Bauern von anderer politischer Überzeugung der nokyo angehören, ist man sich allerdings einig, daß die Organisation als solche keine andere Wahl hat, als sich an die LDP zu halten.

In den Wahlkreisen mit mehreren Sitzen hat man noch die Wahl zwischen konkurrierenden LDP-Kandidaten. Will sich ein regionaler nokyo-Verband ernsthaft in den Wahlkampf stürzen, so kann er sich den Absichten der LDP-Zentrale mit gewaltiger Kraft entgegenstemmen, wie ein Fall in der Präfektur Miyazaki bewies. Erzürnt über die Wahl des Kandidaten, die die Parteifunktionäre in Tokio getroffen hatten, beschloß die nokyo, einen anderen LDP-Politiker zu unterstützen. Während des Wahlkampfes halfen ihm täglich vier- bis fünftausend nokyo-Angestellte und Bauern. Eine Veranstaltung, bei der der ursprüngliche Kandidat zweitausend Wähler ansprechen wollte, bekam am gleichen Tag Konkurrenz von einer anderen Veranstaltung, zu der die nokyo zehntausend Wähler mit Charterbussen fuhr. Nokyo-Teams suchten jeden Laden auf, und in der Endphase kamen noch Hausfrauen und Teenager zu einem Heer von inzwischen 60 000 Wahlhelfern hinzu.[29]

Die nokyo der Präfektur Miyazaki ist als recht aktive Wahlkampfmaschinerie bekannt. Normalerweise stellt sie kostenlos gut dreitausend Wahlhelfer zur Verfügung. Kurz bevor Wahlen ausgerufen werden, werden in allen Ortsverbänden Treffen angesetzt. Spezialisierte Gruppen wie Schweinezüchter oder Mandarinenbauern, die in einer anderen Unter-Dachorganisation der nokyo organisiert sind, treffen sich ebenfalls um diese Zeit. Das strenge Wahlgesetz verbietet den offenen Wahlkampf; so wird auf diesen Treffen ein »Bericht« präsentiert, für welchen Kandidaten die nokyo sich entschieden hat. Um die Rechtsvorschriften zu umgehen, hält der Kandidat selbst »Bildungsveranstaltungen« ab, bei denen er über seine Initiativen in Tokio berichtet. Rückt die Wahl näher, statten nokyo-Verkäufer den Bauern besondere Besuche ab. Stimmenfang von Tür zu Tür ist zwar selbst in der offiziellen Wahlkampfzeit streng verboten, doch ein Vorwand findet sich leicht — eine neue Art Versicherung, eine nokyo-Publikation —, um indirekt von dem bevorzugten Kandidaten zu sprechen. Jedes Haus wird in einem Wahlkampf mindestens zweimal besucht. Das örtliche nokyo-Büro ruft Mitglieder an und drängt sie, zu Treffen zu kommen, die selbstverständlich Wahlveranstaltungen sind und zu denen die nokyo auch die Fahrt organisiert. Aus dem Gefühl der Verpflichtung gegenüber den örtlichen nokyo-Funktionären weigern sich die Bauern selten, zu kommen.

Für den offeneren Wahlkampf fungieren die Dorfverbände der nokyo nicht als nokyo-Unterverbände, sondern als Teile des Miyazaki-Bauernbundes. Im Gegensatz zur nokyo hat dieser Bund keine politischen Beschränkungen, doch wie es der glückliche Zufall will, ist der Chef der einen Organisation gleichzeitig der Chef der anderen, und die Büros befinden sich in denselben Räumen.

Angestellte der nokyo dürfen jeden empfehlen, den sie mögen, bis die Organisation beschließt, wen sie empfiehlt. Danach dürfen sie nur noch für den auserwählten Kandidaten sprechen. Ein Angestellter, der über diese Aufgabe klagt (weil er persönlich zum Beispiel die JSP unterstützt), wird von höheren Funktionären gerügt und riskiert, degradiert zu werden, wenn er (oder sie) sich nicht an die »inoffiziellen« Richtlinien der nokyo hält.[30]

Japans Wirtschaftssystem, wie wir es nach dem Krieg kennen, wäre nicht möglich gewesen, wenn eine den Zielen der Industriekonzerne feindliche Arbeiterbewegung die Arbeiter hätte organisieren können. Anders als man gemeinhin glaubt, wäre dies durchaus denkbar gewesen. Die harmonische Beziehung zwischen Arbeitgebern und Arbeitnehmern, einer der bekanntesten Aspekte des modernen Japans, ist nicht vom Himmel gefallen. Eine ganze Reihe Gewerkschaften mußte zerschlagen werden, bevor »Harmonie« einkehrte. Tatsächlich ist kein anderes Element der japanischen Gesellschaft so gewaltsam wie die Nachkriegs-Arbeiterbewegung dem System angepaßt worden.

In den 50er Jahren neutralisierte das System eine echte Bedrohung durch die Arbeiter; dabei halfen ihm ein Vierteljahrhundert Erfahrung im Umgang mit linkem Aktivismus, die ideologische Starrheit der »Linken« selbst und eine frühe Verlagerung der Prioritäten bei der US-Besatzung.

Die Unterdrückung der Arbeiterbewegung vor dem Krieg

Die ersten japanischen Gewerkschaften wurden von Intellektuellen, die mit dem sozialistischen Denken Europas vertraut waren, um die Jahrhundertwende gegründet. Sie wurden unverzüglich durch Gesetze praktisch abgeschafft.[31] Dies verhinderte freilich nicht die bitteren Arbeitskämpfe nach dem russisch-japanischen Krieg (1904/05) oder die beträchtlichen Arbeiterunruhen in den 20er Jahren.

Das Bild einer Regierung, die ständig mit den Konzernen konspiriert, um die Arbeiter auszubeuten, wäre nicht ganz zutreffend. Tatsächlich initiierten die »Arbeitsbürokraten« (die vom Naimusho aus operierten) Gesetze zur Verbesserung der Arbeitsbedingungen, denn sie waren daran interessiert, die von der Ausbeutung verursachte Unruhe zu dämpfen und die Arbeiterschaft gesund zu halten.[32] Sie setzten sich sogar (erfolglos) für ein Gewerkschaftsgesetz ein. Ihre etwas beschützende Haltung gegenüber den

Arbeitern sollte wohl auch die Macht der zaibatsu in Grenzen halten.

Trotzdem durfte als einziger Gewerkschaftsverband der Sodomei existieren, der Konfrontationen furchtsam auswich. Vor dem Krieg betrug die höchste Mitgliederzahl der Gewerkschaften weniger als 8% der Arbeitnehmer.[33] Das kam Japans Verwaltungsbeamten allerdings schlimm genug vor, besonders als die Arbeiterbewegung stärker vom Marxismus beeinflußt wurde. Von den frühen 1930er Jahren an wurden die Gewerkschaften als Brutstätten »gefährlichen Gedankenguts«, das die Ziele der Nation untergraben würde, gnadenlos bekämpft. Inzwischen hatte das Bestreben, die Interessen der Arbeitnehmer zu unterdrücken, zweifellos den Segen der Regierung.

Die Firmengewerkschaft, ein Erbe aus dem Krieg

Die Endlösung, die der Verwaltung die Kontrolle über Japans Arbeiterbewegung sicherte, wurde als Ergebnis des erhöhten Produktionsdrucks im Krieg entdeckt. In den 1920er Jahren hatten einige Firmen begonnen, so zu tun, als seien sie große Ersatzfamilien für ihre Arbeiter. Das Naimusho erkannte dies als vorteilhaft für die soziale Kontrolle und verbreite die Idee »Firma als Familie« landesweit — sie paßte so schön zu den Ideen von Japan als Staatsfamilie. Zwischen 1938 und 1940 wurden »Firmenräte« aus Arbeitnehmern und Arbeitgebern gegründet, um Begeisterung für die Kriegsanstrengung zu wecken. Sie halfen auch ungesunden Arbeitsbedingungen in gewissem Umfang ab und sicherten den Arbeitern minimale Verbesserungen.

Ende 1938 hatten örtliche Polizei und Firmen mehr als neunzehntausend solcher Räte — »patriotische Industrievereinigungen« oder Sangyo Hokokukai — mit drei Millionen Mitgliedern organisiert.[34] Ende 1940 gehörten rund zwei Drittel der Industriearbeiter 60495 Vereinigungen unter zentralisierter Führung an.[35] Allen Unternehmen wurde befohlen, sich anzuschließen; die Zögerer bekamen es mit unbeugsamen Naimusho-Bürokraten zu tun, die die (demselben Ministerium unterstehende) Polizei holen konnten, um ihre Vorstellungen durchzusetzen. Die Gewerkschaften, die überlebt hatten, waren bis etwa 1941 mit dieser Organisation verschmolzen, ebenso wie später die politischen Parteien und Jugendorganisationen mit dem Verband zur Unterstützung der kaiserlichen Herrschaft ›Imperial Rule Assistance Association‹ verschmolzen.[36]

Im Rückblick verdient der Erfolg der Sangyo Hokokukai-Bewegung, ein Meilenstein der japanischen Wirtschaftsgeschichte genannt zu werden. Die gängige, kulturalistische Erklärung der Arbeitnehmer-Einstellungen besagt, Firmengewerkschaften seien Ausdruck einer »natürlichen« japanischen Neigung, sich mit den Interessen des Vorgesetzten zu identifizieren. Diese Deutung übersieht die Tatsache, daß die japanischen Nachkriegsgewerkschaften weitgehend deshalb als Unternehmen statt als Gewerkschaften gebildet wurden (und bis heute geblieben sind), weil die Kriegsgewerkschaften »einfach die alte Haut abstreiften und weiter existierten, als der Krieg vorbei war«.[37] Unter dem Einfluß der Sangyo Hokokukai war die bereits Raum greifende Auffassung, daß Arbeitnehmer nicht die Firma wechseln sollten, plötzlich zu einem Gebot geworden. Und obwohl viele Umstände in der Nachkriegszeit anders waren, blieb diese Auffassung, inzwischen durch jahrelangen Zwang zur Gewohnheit geworden: Arbeitnehmer sollten ihrer Firma treu sein, ihr Bestes tun, um die Produktion zu steigern und nicht mitten in ihrer Laufbahn umsatteln.

Wildwuchs wird zertreten

Die Neuorganisierung der Arbeiter in Sangyo Hokokukai war weitgehend durch das Beispiel von Nazideutschland und Mussolinis Italien inspiriert. Tatsächlich war das direkteste Vorbild der Bewegung eine »kaum kaschierte Version des Nazi-Arbeitsdienstes«, die das Naimusho übernahm.[38] Diese faschistischen Ideen aus der europäischen Vorkriegszeit sind in den japanischen Beziehungen zwischen Arbeitnehmern und Arbeitgebern noch heute lebendig, und trotzdem erlebte Japan direkt nach dem Krieg die schnellste Verbreitung einer vorwiegend marxistischen Ausrichtung in der Gewerkschaftsgeschichte. Dank der Unterstützung durch General MacArthurs Besatzer waren innerhalb eines Jahres drei Millionen

Arbeiter gewerkschaftlich organisiert, und zehn Jahre später waren es sechs Millionen. Und diese Gewerkschaften waren nicht alle patriotische Vereinigungen in neuem Gewand. Die Besatzung hatte die Kommunisten und Linkssozialisten aus dem Gefängnis befreit, so daß Japan in den Jahren unmittelbar nach dem Krieg keinen Mangel an ernsthaften Arbeiterorganisierern litt. Innerhalb eines Jahres nach Japans Kapitulation war die gemäßigte Sodomei aus der Vorkriegszeit wieder auferstanden. Etwa zur gleichen Zeit organisierten die Kommunisten, die die Oberhand bei der Inszenierung radikaler Konflikte gewonnen hatten, die Sanbetsu Kaigi, die zweimal so viele Mitglieder an sich band (1,6 Millionen).

Von Ende Oktober bis Anfang Dezember 1945 übernahmen die Arbeitnehmer der Zeitung *Yomiuri* den Betrieb und versuchten, ihn selbst zu führen. Andere bittere Arbeitskämpfe folgten. So streikten die Arbeiter der Toho-Filmgesellschaft 1948 195 Tage, die Toshiba-Gewerkschaften 56 Tage, die Energieindustrie wurde 1946 und 1952 bestreikt, 1947 streikten die Postler, und 1954 streikten Kumpel und Stahlarbeiter 63 Tage lang. In jenen Zeiten gingen durch Streiks ähnlich viele Arbeitsstunden verloren wie in den USA und Europa. Am berühmtesten war der im Februar 1947 geplante Generalstreik. Da General MacArthur fürchtete, ein solcher Streik könnte außer Kontrolle geraten und den wirtschaftlichen Zustand des Landes noch verschlimmern, verbot er ihn — und die Euphorie der Arbeiterbewegung verrauchte.

Kurz darauf verboten neue Gesetze den Angestellten der Regierung, überhaupt zu streiken. Und dann zeigte eine gewandelte Einstellung zu einer Vielzahl politisch wichtiger Fragen, daß die Prioritäten der USA sich geändert hatten. Dies gab den Vorkriegsbürokraten (die im Amt geblieben waren) das Signal, daß sie beginnen konnten, die Gewerkschaftsbewegung an die Kandare zu nehmen. Die »Rote Säuberung« von 1949, bei der Kommunisten und Linkssozialisten aus öffentlichen Positionen entfernt wurden, sorgte zusammen mit der Rückkehr der Vorkriegs- und Kriegsbeamten nach ihrer »Säuberung« von 1950 für das nötige Klima und bürokratisches Personal.

Von einer konzentrierten Kampagne, um Japan von seinen Vorkriegs- und Kriegsführern zu säubern und zu »demokratisieren«, hatten sich die Ziele der USA durch die Revolution in China und

den Koreakrieg dahin verlagert, ein Bollwerk gegen den asiatischen Kommunismus im Pazifik zu errichten. So wurde die kommunistisch geführte Arbeiterbewegung der frühen Nachkriegszeit, die von der US-Besatzung gefördert worden war, mit Zustimmung der USA in den 50er Jahren planmäßig vernichtet.
Einige Firmen heuerten Gangster als Streikbrecher an. Nikkeiren, der japanische Arbeitgeber-Dachverband, wurde von Wirtschaftsbürokraten gegründet, die im Krieg in vorderster Linie der Industrieorganisationen gestanden hatten. Sein erklärtes Ziel war die Bekämpfung der Arbeiterbewegung. Eine Lieblingstaktik bei Firmen mit lästigen Gewerkschaften war die Gründung einer gemäßigten Konkurrenzgewerkschaft. In kurzer Zeit zog diese Alternativgewerkschaft meist viel mehr Mitglieder an als die Aktivistengewerkschaft, denn den Arbeitnehmern wurde bald klar, daß ihre Beförderungschancen blockiert wären, wenn sie nicht kooperierten.
In großen Konzernen kann man noch Relikte der radikaleren Gewerkschaften finden. Im allgemeinen läßt die Firmenleitung sie jedoch recht gern überleben, da sie ein so wundervolles Ventil für die frustrierteren Mitarbeiter sind. Wenn diese radikalen Gewerkschaften aktiv werden — gewöhnlich im Zusammenhang mit der Höhe der Halbjahresgratifikation —, melden sie der Betriebsleitung zu welcher Zeit, an welchem Tag und auf welchem Gang des Bürogebäudes sie zu demonstrieren gedenken. Mit ihren Megaphonen und Sprechchören, ihren roten Stirnbändern und ihren rhythmisch erhobenen Fäusten sehen diese Demonstranten recht eindrucksvoll aus; doch ich habe jedesmal unter der Oberfläche der Wut die Ordnung gespürt.
Radikal kommunistische Gewerkschaften haben sich in einige ausländische Firmen eingeschmuggelt. Besonders ausländische Banken und Fluglinien leiden gelegentlich unter ihrer kompromißlosen Taktik; dies hat dazu beigetragen, daß manche in Japan tätigen Geschäftsleute einen übertriebenen Eindruck von der Stärke der Arbeiterbewegung haben. In einem weithin bekannten Fall führte eine radikale Union einen jahrelangen, peinlichen Prozeß um die Entlassung eines Angestellten auf Zeit vom Büro der EG-Delegation. Diese Art Aktionen dient dem System in mindestens zweifacher Hinsicht: Die kommunistischen Aktivisten haben ein Territo-

rium, das sie ihr eigen nennen können, ohne daß sie japanische Konzerne stören müssen, und die ausländischen Firmen und Delegationen werden daran erinnert, daß ihre Tätigkeit in Japan Anpassungsbereitschaft erfordert.

Brot und Spiele

Ein wesentlicher Aspekt des Gewerkschaftssystems nach dem Krieg ist es, daß ein großer Teil der schlecht bezahlten Arbeit von nicht gewerkschaftlich organisierten Arbeitern mit befristeten Verträgen geleistet wird, die oft tatsächlich auf Dauer beschäftigt sind, aber auf einer tieferen Stufe der wirtschaftlichen Hierarchie. Firmengewerkschaften schließen Arbeitnehmer mit befristeten Verträgen aus, auch wenn sie seit vielen Jahren für die Firma arbeiten, eben weil sie nicht in der Kategorie der lebenslang Beschäftigten sind. Einer Schätzung zufolge genießt nur etwa ein Fünftel aller japanischen Arbeitnehmer die Anstellung auf Lebenszeit und ihre Vorteile, die angeblich die japanische Arbeitswelt charakterisieren.[40] Bei kleineren Firmen, die als billige Zulieferer ein entscheidender Faktor für die Konkurrenzfähigkeit vieler großer Firmen sind, sind Gewerkschaften sehr selten, und die landesweiten Verbände unternehmen keinen Versuch, sie dort zu etablieren. Arbeiter der Unterschicht verdienen erheblich weniger als Gewerkschaftsmitglieder, verlieren in Perioden wirtschaftlichen Abschwungs leicht den Arbeitsplatz und würden natürlich von einem Arbeiterschutz am meisten profitieren. Doch auf dieser Ebene sind Gewerkschaften nicht willkommen, und die Verwaltung hat genug Macht, um keine andere Bewegung von Bedeutung neben den zahmen Verbänden aufkommen zu lassen. Das System würde ernstlich untergraben, wenn die Arbeiter im Zuliefererbereich je wirklich organisiert wären.

In den 1920er und 30er Jahren lernten die Arbeitgeber, daß es nicht schwer war, die Arbeitnehmer mit Entlassungsdrohungen von den Gewerkschaften fernzuhalten. Loyale Arbeitnehmer wurden mit Dauerbeschäftigung und mit Gehalt nach Dienstalter belohnt; solche Programme wurden oft von der Regierung gefördert.[41] Im zerstörten Japan nach dem Krieg, wo das unvermeidliche Sicherheitsbedürfnis wieder zur wichtigsten Motivation der Arbeitnehmer wurde, führte diese Praxis der planvollen Gewerkschaftsvernichtung sie dazu, sich mit den zahmen Firmengewerkschaften zu begnügen. Zudem waren viele dieser Gewerkschaften besorgt, daß eine Verbindung mit den zentralen Gewerkschaftsverbänden sie in ideologische Konflikte verstricken könnte. So war die Verwaltung mit ihrer Furcht vor einer umfassenden gewerkschaftlichen Organisation der Industrie immer im Vorteil.

Die Organisationsrate ist von 55,8% 1949 stetig bis auf 28,2% 1986 gesunken. Außer den Seeleuten, Lehrern und Gruppen des öffentlichen Dienstes, die nicht so leicht zu zähmen sind, gibt es heute nur Firmengewerkschaften, die vom Management unterstützt werden und meistens aktiv an Kampagnen zur Produktionsmaximierung beteiligt sind — auf Kosten der Arbeitsbedingungen. Die Führer dieser Firmengewerkschaften arbeiten gewöhnlich eng mit der Geschäftsleitung zusammen, sie steigen selbst oft später in die Geschäftsleitung auf und fordern auf ähnliche Weise Gehorsam von ihren Untergebenen in der Gewerkschaft. So gibt es keinen Konflikt zwischen der Geschäftsleitung und den »gewerkschaftlich organisierten« Arbeitnehmern. Die Firmengewerkschaften tun wenig mehr, als die sogenannten Rechte der lebenslang Angestellten unter ihren Mitgliedern zu schützen, und führen weitgehend ritualistische Verhandlungen über Lohnerhöhungen und die Höhe der Halbjahresgratifikation, für die es landesweite Standards gibt.

Der radikal kommunistische Gewerkschaftsverband Sambetsu Kaigi wurde 1950 aufgelöst, und die Initiative der Arbeiterbewegung ging auf die Sohyo über, die bis 1987 die größte und bedeutendste unter Japans zentralen Arbeiterorganisationen blieb. Die Sohyo rekrutierte sich weitgehend aus dem öffentlichen Dienst. Bei ihrer Gründung war sie gemäßigt und gewann den Segen der US-Besatzung durch den Hinweis, sie würde auf der nichtkommunistischen Seite des kalten Krieges bleiben. Bald jedoch wurde sie mit der aktivistischen »Linken« identifiziert, und sie bestimmte tatsächlich den Ton von deren Rhetorik mit, die später bis zum Protest gegen den bilateralen Sicherheitsvertrag zwischen Japan und den USA und gegen die US-Stützpunkte ging.

1954 trennten sich einige ehemals sozialistische Gewerkschaften, die zur früheren, gemäßigten Sodomei gehört hatten, von der Sohyo und bildeten die Domei. Diese Organisation, deren Mitglieder hauptsächlich aus dem privaten Sektor kamen, unterstützte die Demokratische Sozialistische Partei (DSP, ein Ableger der JSP), die bei Parlamentsabstimmungen immer die LDP unterstützt hat.

Nachdem die radikalen Aktivitäten erstickt waren, leitete die Sohyo eine Reihe landesweiter Aktionen ein, die für niemanden gefährlich waren. 1956 erfand sie die shunto, die »Frühlingsoffensive«. Jeden Frühling bis Mitte der 70er Jahre spielte die Belegschaft der (jetzt privatisierten) japanischen Eisenbahn die Hauptrolle bei landesweiten Bummelstreiks oder später regelrechten Streiks. Die taktische Wende zu vollen Streiks wurde in Übereinstimmung mit den Wünschen der Behörden vollzogen, nachdem erzürnte Fahrgäste, die stundenlang in überfüllten Vorortzügen steckengeblieben waren, mehrere Bahnhöfe demolierten. Die shunto entwickelte sich zu einem jährlichen Ritual. Neben den Karten, die das Vordringen der »Kirschblütenfront« über die Inseln zeigten, druckten die Zeitungen detaillierte Karten mit den Eisenbahnlinien, die während der ein- bis zweiwöchigen Kampagne betroffen sein würden. So wußten loyale Angestellte, wann sie ihr Bettzeug in die Firma mitbringen mußten. Das Wort shunto wurde sogar in die Liste der Ausdrücke aufgenommen, die nach offizieller Auffassung als »Jahreszeiten-Indikatoren« in japanischen Gedichten geeignet sind (solche Gedichte werden regelmäßig von Hunderttausenden von Amateuren verfaßt).

Der Frühlingsritus der Sohyo war den Arbeitgebern durchaus nicht unwillkommen. Unruhige Arbeitnehmer konnten, selbst wenn sie nicht daran teilnahmen, aus dem so massiven Handeln der anderen ein wenig Genugtuung ableiten. Und trotz ihres vorwiegend rituellen Charakters waren diese jährlichen Aktionen wenigstens substantieller als jene Mittagspausenstreiks, die die Firmengewerkschaften organisieren, denn sie waren mitbestimmend für die jährliche Lohnsteigerungsrate des ganzen Landes.

Als die Eisenbahnergewerkschaften 1981 den letzten Streik hielten, der diesen Namen verdient, hatten sie die Führung der shunto bereits an Metallergewerkschaften verloren. Ab Ende der 70er Jahre wurden die Lohnsteigerungsraten in Verhandlungen zwischen dem Japan-Rat des Internationalen Metallarbeiterverbandes und den acht größten Firmen in den wichtigsten metallverarbeitenden Industrien beschlossen: Stahl, Werften, Automobile und elektrische Maschinen. Die Arbeiter in diesen Industrien haben allerdings wenig Stärke gezeigt, so daß die shunto Ende der 80er Jahre kaum noch bemerkt wird. Die Arbeiterbewegung, in den 50er Jahren ihrer Klauen und Zähne beraubt, scheint schließlich auch noch ihre Stimme verloren zu haben.

Auf den ersten Blick sieht die Situation für die japanischen Arbeitnehmer gar nicht übel aus. Paraden zum 1. Mai sind große jährliche Ereignisse, und Leitartikel über »Forderungen« und »Strategie« der Arbeitnehmer erwecken den Eindruck einer lebendigen Bewegung. Derlei verschleiert die Tatsache, daß die japanischen Arbeitnehmer nicht an den Entscheidungsprozessen des Landes beteiligt sind. Die Zähmung der Gewerkschaften hat die Zerstörung bestimmter Industrien durch mächtige Gewerkschaftsbosse verhindert, aber sie hat auch den Mitgliedern die Chance genommen, an irgendeiner Art Diskussion über die Zukunft beteiligt zu sein.

Dieses wurde im Frühling 1986 wieder einmal überaus deutlich. Industrie und Bürokratie riefen laut nach mehr Konsum als Methode, um die Inlandsnachfrage zu steigern, und Japan hatte seinen Handelspartnern versprochen, es würde langsam vom Export zum Inlandskonsum als Hauptanreiz seines Wirtschaftswachstums übergehen — aber die japanischen Firmen investierten ihre großen Gewinne der vorangegangenen Jahre im Ausland. Die Löhne stiegen sogar noch geringfügiger als in den Vorjahren. Kein offizieller Gewerkschaftsvertreter kommentierte dies öffentlich.

Eine Gewerkschaft, das Ende der Gewerkschaften

In den späten 1980er Jahren gab es auch einschneidende Veränderungen in der Organisation, denn Nippon Telephone and Telegraph (NTT) wurde privatisiert und die staatliche Eisenbahn privatisiert und regionalisiert; ihre Belegschaft war immer die Hauptstütze der Sohyo gewesen. Fünf Jahre lang arbeitete ein neuer, übergeordneter »Rat«, Zenmin Rokyo, unter der Führung der DSP-freundlichen Domei und der Schirmherrschaft der großen Konzerne an einem großen Plan, um alle Gewerkschaften zu einer gemäßigten Einheitsgewerkschaft zusammenzufassen. Im November 1987 führte dies zur Gründung des japanischen Gewerkschaftsbundes für den Privatsektor Zenmin Roren oder kurz Rengo sowie zu der Ankündigung, die Sohyo würde sich 1990 auflösen.[42]

Der Rengo ist ausdrücklich gegen Organisationen, die der Kommunistischen Partei Japans nahestehen. Bei einem Kongreß im Februar 1985 strich die Zendutsu, ein Organisations-Nervenzentrum der NTT und Japans größte Firmengewerkschaft, Ausdrücke wie »Klasse«, »Reaktion« und »Faschismus« aus ihrem Vokabular.[43] Im Juni desselben Jahres verlangte die Zendutsu als erstes Mitglied der Sohyo deren Auflösung. Die Dominanz der traditionell sehr gemäßigten Domei-Gruppe im Rengo ist ausgeprägter, als die sympathisierenden Sohyo-Elemente und die kleineren aufgelösten Verbände erwartet haben.[44] Viele Gewerkschaften des öffentlichen Dienstes mildern ihre rituelle Militanz, um dem neuen Verband beitreten zu können.

Schon im Frühling 1983 gründete eine Gruppe linker Gewerkschaftsführer, Akademiker und Intellektueller eine Gegenorganisation, um so liebgewordene Begriffe wie »Klassenkampf« zu bewahren; und ein kleiner Verband, der hauptsächlich aus den meisten linken Gewerkschaften der früheren Sohyo besteht, wird wohl bestehen bleiben, um das Land an den »Ausverkauf« seiner früheren Bundesgenossen an den »Monopolkapitalismus« und die »Rechte« zu erinnern.[45]

Die Organisateure des Rengo haben Japan einen großartigen Plan für die Vereinigung der sozialistischen JSP mit der DSP beschert. Die Möglichkeit einer größeren und stärkeren Oppositionspartei scheint der Verwaltung freilich nicht die geringsten Sorgen zu bereiten. LDP, Bürokraten und Geschäftsleute applaudierten den Rengo-Plänen gleichermaßen und unterstützten sie. Man darf auch nicht vergessen, daß die DSP, die kleine, von der Domei unterstützte Partei, abgesehen von ihrer Teilnahme am gelegentlichen rituellen Oppositionsboykott, in ihrem Abstimmungsverhalten praktisch nicht von der LDP zu unterscheiden ist. Tatsächlich paßt der Rengo sehr gut zu dem ausdrücklichen Wunsch der LDP-Ideologen, die Wählerschaft der Partei auf die Gewerkschaften auszudehnen.[46] Er könnte eine nützliche Lobby abgeben und im Aus-

tausch für Vermittlung durch LDP-Politiker die Gunst der Wähler liefern.
Mit Sicherheit paßt der Rengo den Arbeitgebern besser als die früheren landesweiten Verbände. Sein erster Präsident — Tateyama Toshifumi, der auch dem bahnbrechenden Zenmin Ryoko vorstand — ist Exekutivmitglied des Japan Productivity Centre; diese Organisation von Bürokratie und Konzernen wollte schon seit langem die Gewerkschaften von den Vorteilen der Kooperation zwischen Arbeitnehmern und Arbeitgebern überzeugen. Tateyama ist zudem mit etlichen Beratungsgremien verbunden, in denen LDP, Bürokratie und Wirtschaft zusammenarbeiten. Das Hauptziel des Rengo, bei seiner Entstehung verkündet, wird nicht das Streben nach ständiger Lohnerhöhung sein, sondern die Förderung besserer Arbeitsbedingungen und die allgemeine Wohlfahrt seiner Mitglieder mit ihren Familien. Er erklärt auch, daß er Streiks nicht befürwortet. Man erwartet, daß die Mehrheit der relativ unterbezahlten Arbeiter in den kleinen und mittleren Zulieferbetrieben außerhalb seiner Interessensphäre bleiben werden.
Diese weitere Zähmung der landesweit zusammengefaßten Gewerkschaften ist mit einer weiteren Zähmung vieler Firmengewerkschaften einhergegangen. Die beibehaltenen roten Fahnen und roten Stirnbänder (die bei Mittagspausenstreiks getragen werden) werden durch andersfarbige Fahnen ersetzt — besonders grün als Farbe der »Natur«. Früher stellten viele Firmengewerkschaften bei Verhandlungen das Geld in den Vordergrund, heute dagegen wird in ihren Programmen zunehmend nach Selbsterfüllung und Familienglück gerufen.

EINGEKAPSELTE AUSSENSEITER

Dem System ist durch eine etablierte Opposition bestens gedient. Diese institutionalisierte, machtlose Opposition bindet potentiell echte Opposition ein. Wir haben schon bei der Sohyo etwas davon gesehen; sie ist mit der Japanischen Sozialistischen Partei verbunden. Das zentrale Beispiel aber ist die JSP selbst. Japans größte Oppositionspartei hat Mitte der 1950er Jahre aufgehört, eine glaubwürdige Alternative zur LDP zu bieten, und ist als politisches Gegengewicht im Parlament immer unbedeutender geworden. Ihre Mitglieder zogen es lange Zeit vor, über die marxistische Lehre zu streiten, zum Teil wegen ihrer großen Abhängigkeit von den Stimmen des dogmatischeren Teils der Sohyo.

Gezähmte Opposition

Der vorwiegend theoretische japanische Marxismus ist eine sichere Nische, von der aus man den Status quo kritisieren kann, ohne Theorie und Praxis unter einen Hut bringen zu müssen. Die Intellektuellen, die die Prioritäten der JSP bestimmen, haben kein direktes Wissen vom Leben des »Volkes«, für das sie gegen die Ungerechtigkeiten des »Monopolkapitalismus« ankämpfen sollen. Die Beziehung der japanischen Regierung zu den USA hat die Sozialisten mehr aufgeregt als die Mißbräuche im Inland, für die sie die Regierung zur Verantwortung ziehen könnten. Wie verzerrt ihr Bild von der politischen Wirklichkeit ist, zeigt ihre lange Anerkennung des Großen und Weisen Führers Kim Il Sung als einzigen Vertreter Koreas und ihre endlose, bis 1987 andauernde Debatte über die »Anerkennung« der Realität Südkorea.

Ein großer, mächtiger Flügel der JSP ist der reinen Lehre als Selbstzweck verhaftet geblieben und hat die Partei dadurch blind für ihre eigenen Möglichkeiten gemacht. Sein zunehmend radikaler Kurs in den 1950er Jahren führte dazu, daß der wichtigste Teil der Parteirechten sich 1960 abspaltete und die DSP gründete. Der linke Flügel fuhr in den 70er Jahren fort, Versuche der Strukturreform und ideologischen Mäßigung zu vereiteln, und drängte weitere prominente Rechte aus der Partei. Als 1986 Doi Takako (als erste Frau an der Spitze einer japanischen Partei) die Führung übernahm, schien ein gewisser verspäteter Pragmatismus Einzug zu halten — nach dem Abtritt der Sohyo, der traditionellen Machtbasis der Partei, war dies auch nötiger denn je.

Natürlich hindert nichts in den offiziellen Regeln eine wirkliche Opposition daran, stark genug für eine Regierungsübernahme zu werden; einige meinen auch, wenn die JSP weniger doktrinär gewesen und umsetzbare Politik vorgeschlagen hätte, hätte sie eine echte Oppositionspartei werden können. Daran ist etwas Wahres; die Frage ist nur, warum die JSP so unverantwortlich unpraktisch und unattraktiv wurde, daß sie dem Wähler eine glaubwürdige Alternative zur LDP vorenthielt. Die Antwort scheint einfach: Die Mauschelei zwischen Industriellen und Bürokraten hinter dem Zusammenschluß der »Konservativen« zur LDP und die symbiotische Beziehung der herrschenden Partei zur herrschenden Elite aus der Bürokratie der Vorkriegs- und Kriegszeit zeigte den Realisten in der japanischen Linken, daß es wenige oder gar keine Chancen gab, daß alternative politische Kräfte je an die Macht gelassen werden würden.

Es ist eine oft beobachtete Erscheinung, daß die Führung von Parteien, die weit von der Möglichkeit der Regierungsbeteiligung entfernt sind, zunehmend radikale Positionen einnimmt. Die Ziele der Selbstdarstellung neigen dazu, die praktischen Ziele in ihren politischen Manövern in den Hintergrund zu drängen. Die JSP ist ein Bilderbuch-Beispiel dieser Tendenz.

Schon 1960 schloß einer der prominentesten japanischen Politikhistoriker, die LDP und die JSP seien nicht in der Konfrontation über wichtige Themen zu sehen, sondern in verschiedenen Kämpfen in getrennten Boxringen.[47] So kann keine Seite von der anderen besiegt werden, und die Funktion der JSP ist nicht einmal der Wettbewerb, sondern die Einbindung negativer Elemente, die natürlich von ihr angezogen werden. Kleine Interessengruppen, denen das Hauptsystem aus dem einen oder anderen Grund nicht entgegenkommt, haben so die Möglichkeit, einem linken Minisystem beizutreten, das ihnen zwar keine Pfründe bieten kann, aber Publizität und moralische Unterstützung. Ein gutes Beispiel aus jüngster Zeit ist die Gruppe der Koreaner, die sich weigerten, ihre Fingerabdrücke für die fremdenpolizeiliche Registrierung nehmen zu lassen, und die mit sympathisierenden japanischen Aktivisten und Fingerabdruck-Verweigerern anderer Nationalitäten verbündet waren.

»Ehemals Verfemte« werden in Schach gehalten

In einem ganz besonderen Fall hilft die JSP, zusammen mit den Kommunisten, etwas zu entschärfen, das sonst ein ständiger Unruheherd sein könnte: die Gemeinden »ehemals Verfemter«. Die Mitglieder dieser Gemeinden, euphemistisch burakumin, »Dorfleute« genannt, sind zwar physisch nicht von nicht-burakumin-Japanern zu unterscheiden, doch sie stammen von einer Kombination aus rituell »unreinen« Menschen (Metzgern, Lederhandwerkern, Totengräbern) und Fahrensleuten niederer Klasse ab. In der Vergangenheit waren sie so völlig von der Gesellschaft ausgestoßen, daß die Landkarten ihre Dörfer nicht einmal zeigten. Als Japan modernisiert wurde, verschwanden die offiziellen Regulierungen, die sie zu einer besonderen Gemeinschaft mit besonderen Aufgaben — und daher auch Privilegien — erklärten. Doch die Diskriminierung konnte nicht per Gesetz verschwinden; und weil die burakumin das Monopol in ihren Handwerken verloren, wurde ihre wirtschaftliche Benachteiligung noch schlimmer. Heute versuchen viele, dem Stigma zu entkommen, indem sie fortziehen, aber Arbeitgeber und Familien setzen routinemäßig burakumin-Listen und Privatdetektive ein, um festzustellen, ob ein Stellenbewerber oder möglicher Ehepartner aus einer Gemeinde ehemals Verfemter kommt.

Burakumin-Gemeinden sind hauptsächlich in der Kansai-Gegend konzentriert, in der Umgebung von Osaka, Kioto und Kobe sowie in Shikoku. In vielen anderen Teilen des Landes ist die Existenz dieser Minderheit und das Maß ihrer Diskriminierung nicht bekannt. Es ist kein Thema, das leicht zu besprechen wäre, nicht einmal mit besser informierten Japanern.

In Zusammenarbeit mit der JSP hat die Burakumin-Befreiungsliga (Burakumin Liberation League, BLL) einen Modus vivendi mit dem System erreicht. Die BLL hat eine Methode der Selbstbehauptung durch »Anklagesitzungen« entwickelt, bei denen sie Menschen und Organisationen der Diskriminierung für schuldig befindet. Geständnisse und Entschuldigungen werden gewöhnlich geliefert, haben jedoch kaum Bedeutung. Die BLL geht nicht den Rechtsweg, um die Diskriminierung zu bekämpfen, und die Bürokraten wissen diese Haltung zu schätzen, ja sie ermutigen den ritualisierten Protest. Die Verwaltung zieht die zeremonielle Selbstkritik (sowie die Finanzierung spezieller Einrichtungen und Stipendien) der Entwicklung von Normen vor, die eine Integrationspolitik notwendig machen, das System beunruhigen und eine wichtige Quelle billiger Arbeitskraft beeinträchtigen würden.[48] Es gibt rund drei Millionen burakumin, und obwohl über die Hälfte der Ehefrauen arbeitet, beträgt ihr Familieneinkommen die Hälfte bis zwei Drittel des Landesdurchschnitts. Viele leisten harte körperliche Arbeit, und sie erleiden sechsmal soviel Verletzungen an Rücken und Schultern wie der Landesdurchschnitt.[49]

Der BLL stehen die mit der kommunistischen Partei verbündeten burakumin entgegen. Sie ziehen es vor, die Gerichte anzurufen und schimpfen über die wachsende Abhängigkeit der BLL von den Zuwendungen der Regierung. Doch die JCP sieht die ehemals Verfemten in engen ideologischen Begriffen als Unterdrückte, auf die gleiche Weise wie andere Opfer des »Monopolkapitalismus«. Bei ihrem Wettbewerb um die burakumin als Verbündete zeigt keine der beiden Parteien Interesse, ernsthaft deren Emanzipierung zu betreiben.

Die wenigen Unbeugsamen

Einige wenige Elemente bleiben in Opposition gegen das System, kompromißlos und nicht assimilierbar. Die Studentenbewegung, die sich selbst in ihrer Blütezeit durch den Ritualismus ihrer Opposition hervortat, verschwand im Lauf der 70er Jahre fast völlig — allerdings nicht, ohne sehr radikale Extremistengruppen hervorgebracht zu haben. Unter diesen haben die »Rote Armee«, die Chukaku-ha und die Kakumaru-ha vor allem durch terroristische Aktivitäten im Ausland und Rachemorde an den Führern der jeweils anderen Gruppe öffentlich von sich reden gemacht.

Neue radikale Gruppen, die Mitte der 80er Jahre auftauchten, verursachten große Sorge bei den Behörden (und eine erhebliche Verstärkung der Aufruhrpolizei), als es ihnen gelang, ungestraft eine Anzahl primitiver, selbstgebastelter Raketen abzuschießen, die ihre Ziele verfehlten. Bis heute ist der Flughafen Narita schwer bewacht mit versenkbaren Zäunen, elektronischen Detektoren und einem großen Polizeikontingent. All dies beweist, daß die japanische Gesellschaft nicht von tiefen politischen Konflikten verschont ist. Doch abgesehen von radikalen Randgruppen — und in den 80er Jahren waren sie wahrhaftig Randerscheinungen — konnte das System praktisch jede echte politische Opposition ausschalten.

Was wäre aus den Interessengruppen geworden, wenn sie das System bekämpft hätten, statt sich ihm anzuschließen? Dies ist keine hypothetische Frage, denn eine wichtige Gruppe in Japan hat tatsächlich den Neutralisierungsversuchen widerstanden: die japanische Lehrergewerkschaft, besser bekannt als Nikkyoso. Ihre Erfahrungen zeigen, daß die Entschlossenheit der Verwaltung, oppositionelle Gruppen unter Kontrolle zu bringen, kaum übertrieben werden kann.

Nach Japans Niederlage von 1945 war sich die große Mehrheit der Japaner einig, daß der Krieg ihnen großes Leid gebracht hatte und somit ein Fehler gewesen war. Die Lehrer aber konnten nicht so leicht wie die Mehrzahl ihrer Landsleute weitere Verantwortung für diesen Fehler von sich weisen und namenlosen »Militaristen« in die Schuhe schieben. Seit den letzten Jahrzehnten des vorigen Jahrhunderts waren immer sie der wichtigste zivile Kanal zur Verbreitung der nationalistischen Ideologie gewesen; und in den 1930er Jahren hatten die Behörden ihnen die Propagierung von Glaubensinhalten und Einstellungen übertragen, die die jungen Japaner zu dem Wunsch brachten, Japans expandierendem Kaiserreich ihr Leben zu opfern. Selbst wenn die Lehrer wußten, daß sie Lügen verbreiten sollten, war ihnen nichts anderes übriggeblieben, als mitzumachen oder die Arbeit zu verlieren. Viele fühlten sich schuldig. Selbst heute ist der Hauptslogan ihrer Gewerkschaft, auf jedem Kongreß und bei jedem Interview wiederholt: »Nie wieder unsere Schüler auf das Schlachtfeld schicken«.

Nikkyoso entstand 1947 durch den Zusammenschluß kommunistischer und sozialistischer Gruppen mit einer aus Gemäßigten und Radikalen gemischten, marxistischen Führung, die sie bis in die 80er Jahre behalten hat. Zum Teil wegen der »Roten Säuberung« gewannen die gemäßigten Marxisten langsam an Stärke, und seit den frühen 60er Jahren dominieren sie die Gewerkschaft. Ihr Erzfeind ist das Erziehungsministerium.

Die Beziehungen zwischen Nikkyoso und diesem Ministerium

konnten nicht anders als problematisch sein. Ideologisch könnten die beiden nicht weiter auseinander sein. Die linke Nikkyoso stellt sich eisern allem entgegen, das nach einer Verklärung der Vorkriegszeit aussehen könnte. Das Erziehungsministerium, dessen Personal nach dem Krieg relativ unverändert blieb, bekam 1950/51 seine »gesäuberten« Beamten und frühere Naimusho-Beamte zurück; es hat nie aufgehört, zu glauben, daß »rechtes Denken« sein muß, daß es durch die »moralische Erziehung« gelehrt werden muß und daß den unveränderten Vorkriegssymbolen, Flagge und Hymne, formeller Gehorsam gebührt. Da das Ministerium den Inhalt der Schulbücher bestimmt, ist es ihm gelungen, die frühere, eindeutige Ablehnung des alten Nationalismus zu dämpfen; es hat eine schönfärberische Behandlung und teilweise Rationalisierung der imperialistischen Vergangenheit Japans begünstigt.
Von Anfang an trauten die Lehrer den Zielen des Erziehungsministeriums nach dem Krieg nicht. Die kommunistisch dominierte Zenkyo, die später der Nikkyoso angegliedert wurde, warnte bei ihrer Gründungssitzung am 1. Dezember 1945, daß regierungsnahe Lehrergewerkschaften gegründet würden, damit das Erziehungsministerium sich der Verantwortung für sein Tun in Kriegszeiten entziehen und die freie Gewerkschaftsbewegung unterdrücken könne.[50] Auf der anderen Seite ist der wichtigste ideologische Beweis gegen die Nikkyoso in den Augen des Erziehungsministeriums und seiner Verbündeten unter den Politikern, daß sie erklärt hat, »Erziehungsarbeiter« zu vertreten. Dies war ein befrachteter Ausdruck in Vorkriegszeiten; er lehnte den Konfuzianismus implizit ab und war von den Ultranationalisten mißbraucht worden, um »die Lehre als göttliche Mission« zu bezeichnen.[51] Zudem ist ein Linksdrall das letzte, was die Beamten sich in der japanischen Erziehung wünschen. Es muß betont werden, daß die Feindseligkeit von Bürokratie und LDP gegen die Nikkyoso nie von einer Sorge um die Qualität der Bildung inspiriert war. In der LDP haben Verbesserungen und Mittel für die Bildung als solche keine Priorität; aber »Programme, die die Nikkyoso schwächen sollen, werden mit Nachdruck vorangetrieben«.[52] 1950 wurde ein Gesetz mit Klauseln verabschiedet, die die organisatorische Grundlage der Nikkyoso untergraben sollten. Es markierte den fast totalen Bruch zwischen Lehrern und Regierung und den Beginn eines Krieges, der noch unvermindert tobt.

Bis Mitte der 80er Jahre war die stark ideologische Lehrergewerkschaft beeindruckend kühn im Angesicht häufiger Versuche des Erziehungsministeriums, sie zu unterwerfen. Im März 1954 organisierte die Nikkyoso massive Schulboykotts und Kundgebungen gegen ein Gesetz zum Verbot von Organisationen, die Lehrer zu politischer Aktivität anstifteten. Das Gesetz wurde unter Faustkämpfen zwischen den Parlamentariern der LDP und der JSP verabschiedet.[53] Zwei Jahre später führte die Regierung Regulierungen ein, nach denen örtliche Schulvertreter ernannt statt gewählt werden mußten. Der Präsident und ein früherer Präsident der Universität Tokio erklärten ihre Einwände gegen ein Gesetz, das »dem zuwiderläuft, was wir seit dem Krieg vertreten«.[54] Am 18. Mai verließ eine halbe Million Lehrer ihre Klassenzimmer. Am 1. Juni kämpften sozialistische Abgeordnete handgreiflich mit LDP-Abgeordneten im Parlament, und am nächsten Tag wurde das Gesetz verabschiedet — fünfhundert Polizisten bewachten die Kammern des Unterhauses.

Während der US-Besatzung waren Erziehungsminister unpolitische, unbürokratische Gestalten mit akademischem Hintergrund gewesen. Doch fast unmittelbar nach dem Abzug der Amerikaner wurde das Erziehungsministerium mit schwergewichtigen früheren Bürokraten verstärkt, die helfen sollten, mit der Nikkyoso-Herausforderung fertigzuwerden. 1953 wurde Odachi Shigeo Erziehungsminister; er war in der berüchtigten japanischen Besatzung Singapurs Bürgermeister gewesen. Er kam vom Naimusho — der einzigen Einrichtung der Bürokratie, die wegen ihrer repressiven Aktivitäten vor und im Krieg von den Besatzungsbehörden aufgelöst worden war. Mit ihm kamen etliche »gesäuberte« Beamte und einige frühere Kollegen aus dem Naimusho. Eine Anzahl von Beamten des Erziehungsministeriums trat in dieser Zeit aus Protest gegen die wachsende politische Beeinflussung ihres Hauses zurück.[55]

Ein weiterer ehemaliger Naimusho-Beamter, Nadao Hirokichi, war ab 1957 vier Legislaturperioden lang und unter vier Premierministern Erziehungsminister — dergleichen hat es zuvor nie gegeben. Er gewann einen ungewöhnlichen Ruf unter den Beamten seines Hauses für seine Härte und willensstarke Führung.[56] Ihm wurde die Aufgabe übertragen, die »Auswüchse« der Besatzungspolitik in Sachen Erziehung rückgängig zu machen, und so wurde er der gefürchtetste Feind der Nikkyoso. Ein Gesetz zur strengeren Kontrolle der Schulbücher war für das Parlament unannehmbar, weil es allzusehr an die Vorkriegszensur erinnerte, doch er setzte sie in der Praxis durch — dank der »administrativen Führung« in der Version des Erziehungsministeriums.

Die größten Zusammenstöße, die mancherorts auch blutig waren, ereigneten sich zwischen 1957 und 1959 im Zusammenhang mit dem Protest gegen ein von der Regierung gefördertes System der Effizienzprüfung zur Einstufung von Lehrern, das Schulleitern eine Waffe gegen Nikkyoso-Mitglieder zu liefern drohte. Die Formulare zur Einstufung stellten vage und mehrdeutige Fragen, und die Wertungskriterien schienen äußerst willkürlich. Der Weltbund der Lehrerorganisationen, der 1959 in Washington zusammentrat, verabschiedete eine Resolution, die das Einstufungssystem als für die Erziehung und die Lehrer selbst schädlich erklärte, und sandte der japanischen Regierung ein Protesttelegramm.[57]

Dieser spezielle Zusammenstoß mit dem Erziehungsministerium kostete die Nikkyoso schätzungsweise 80000 Mitglieder, darunter 15000 Schulleiter. Über 200 Lehrer wurden verhaftet, über 400 entlassen oder suspendiert, über 1000 degradiert und über 3000 gerügt; außerdem wurde über 52000 das Gehalt gekürzt.[58] Aus dieser Zeit stammen die finanziellen Probleme der Nikkyoso, die interessierten Elementen der LDP Mitte der 1980er Jahre half, einen Keil in die Organisation zu treiben.

Die ideologische Ausrichtung der Nikkyoso hat es dem System leicht gemacht, sie als realitätsfern und als Störer der nationalen Harmonie hinzustellen. Es ist wahr, daß die Nikkyoso nicht nur gegen die Wiedereinführung der moralischen Erziehung gekämpft hat, sondern auch, in vorderster Front, für eine Anzahl linker Anliegen: Opposition gegen Japans sogenannte Selbstverteidigungskräfte, den bilateralen Sicherheitsvertrag mit den USA und US-Stützpunkte in Japan. Doch ausländische Forscher, die das Thema untersucht haben, kommen fast einhellig zu dem Schluß, daß die meisten Nikkyoso-Mitglieder die Gewerkschaft aus Sorge um eine unabhängige Erziehung unterstützen statt aufgrund marxistischer Ideologie.[59] Tatsächlich wird die Organisation manchmal als tanchozuru bezeichnet, als weißer Kranich mit rotem Kopf.[60] Die Aktivisten innerhalb der Nikkyoso gelten gewöhnlich als die besten Lehrer, »die, die am energischsten sind, die das Bildungssystem verbessern möchten, die nach vorn blicken«.[61]

Es ist eine rein akademische Frage, ob das japanische Bildungssystem von einer Lehrergewerkschaft profitiert hätte, deren Führer sich vor allem als Lehrer statt als soziale Aktivisten in einem bitteren Kampf verstanden hätten. Wären sie nur Lehrer gewesen, hätten sie wohl mit Sicherheit nicht so starken Widerstand gegen die Wiedereinführung der Kontrolle über die moralische Unterweisung durch die Verwaltung leisten können. Dies wird durch das Schicksal anderer Oppositionsgruppen deutlich, die ihre Fähigkeit zu effektiver Opposition verloren, weil sie sich »umarmen« ließen.

Der Krieg zwischen LDP und Erziehungsministerium einerseits und der Nikkyoso andererseits hat die meisten Versuche zu einer dringend notwendigen Bildungsreform vereitelt. Er schwelt weiter, und die Kräfte des Systems gewinnen zusehends an Boden, weil die Kräfte der japanischen Linken insgesamt schwinden. Entwicklungen von 1987, die freundschaftlichen Verbindungen von Führung und etlichen Mitgliedern der Nikkyoso zu zentralen Figuren in den mit Erziehung befaßten Gruppen des Systems, weisen darauf hin, daß angesichts des unausgesetzten Drucks die Festigkeit zurückgeht.

Die Nikkyoso ist auch eine Lieblings-Zielscheibe neuerer Rechtsextremer, die sie mit Lärmsalven von ihren Lautsprecherlastwagen angreifen. Seit es Rechtsextremisten gelang, Angestellte des Nikkyoso-Hauptquartiers als »Geiseln« zu entführen, ist der Eingang schwer bewacht. Zweimal täglich umrunden Lautsprecherlastwagen der Rechtsextremisten das Gebäude zehn bis fünfzehn Minuten lang und terrorisieren es mit hohen Lautstärken. Es kam regelmäßig zu tätlichen Zusammenstößen, wenn die Rechtsextremen versuchten, die jährlichen Kongresse der Nikkyoso zu verhindern. Im September 1968 mobilisierten 270 rechtsextreme Gruppen 2620 Mitglieder, um eine solche Versammlung zu stören, und es ist immer schwieriger geworden, Tagungsorte für sie zu finden; viele Gemeinden haben ihnen die Erlaubnis zur Benutzung der Stadthallen verboten, mit der Begründung, das aus den Aufmerksamkeiten der Rechtsextremen resultierende Chaos störe die normalen Leute. Die Polizei weigert sich, die Nikkyoso vor diesem rechtsextremen Terror zu schützen.

Gequältes politisches Gewissen

Warum haben allein die Lehrer in ihrer Opposition gegen das System beharrt?

Eine mögliche Erklärung liegt in dem ungewöhnlichen Hintergrund, den, jedenfalls bis vor kurzem, alle Nikkyoso-Führer gemeinsam hatten. Keiner von ihnen hatte die Universität Tokio oder eine andere der Eliteuniversitäten besucht, die die Verwaltungsbeamten produzieren, und so waren sie für immer von der Sphäre der Entscheidungen ausgeschlossen. Dennoch waren sie Intellektuelle, die sich in besonderer Weise für die Gemeinschaft verantwortlich fühlten. Sie hatten während der Wirtschaftskrise an Grundschulen in kleinen Städten und Dörfern unterrichtet. Sie waren auf Lehrerseminaren ausgebildet worden, die für ihre strikte ideologische Disziplin berüchtigt waren, und danach wurden sie gezwungen, sich an der Verbreitung einer nationalistischen Ideologie zu beteiligen, an die sie nicht glaubten. All diese Umstände bringen einen Menschen dazu, ernsthaft über die Bedeutung seiner Arbeit nachzudenken und später starre Positionen einzunehmen.

Doch es gibt wahrscheinlich einen weiteren, damit verbundenen Grund. Wir haben am Beginn dieses Kapitels gesehen, daß die Religion oft eine Quelle für alternative Macht ist und die Macht der jeweiligen Herrscher durch ihr Gegengewicht einschränkt. Die Führung der Nikkyoso hatte eine solche Quelle, weil sie treulich der Ersatzreligion Marxismus anhing. Einige der früheren Organisateure der Bewegung waren für ihren Glauben zehn Jahre in Haft. Es ist auch kein Zufall, daß die Nikkyoso der Sohyo ideologische und intellektuelle Schützenhilfe geleistet hat, denn sie hatte eine in Japan seltene Fähigkeit bewiesen, universalistische Ideen zu manipulieren, um ein gewisses Maß an Einfluß in der etablierten Ordnung zu erreichen.

Der Marxismus war — und ist noch immer in gewissen Grenzen —

eine mächtige Kraft an japanischen Universitäten. Unter eben den Professoren, die die herrschende Elite ausgebildet haben, hängen viele merkwürdigen antikapitalistischen Theorien an, die ebenso unrealistisch wie starr sind. Das System hat keine andere Wahl, als sie zu dulden, und wir haben die Ventilfunktion eines solchen Alibi-Radikalismus schon gesehen. Erst wenn intellektueller Radikalismus tätig werden will, unternimmt das System etwas, um eine Verbreitung der Ansteckung zu verhindern. Die Erfahrungen der Nikkyoso mit der Gewalt von rechtsextremen Gruppen, mit legislativen und ideologischen Angriffen aus LDP-Kreisen und dem Erziehungsministerium sind keine isolierte Erscheinung der Intoleranz. Polizei, Staatsanwälte und Richter diskriminieren systematisch Personen und Gruppen, deren Tun von linker Ideologie inspiriert ist.[62] Das System verabscheut ideologische Ketzerei als Bedrohung seiner eigenen Existenz.[63]

All dies legt in der Tat nahe, daß es Zeit sein könnte, einige aus der Zeit nach 1960 stammende Annahmen über die japanische Linke und japanischen Radikalismus zu revidieren; viele, die zu den Linken strömten, waren nämlich im Herzen Liberale. Die Tragödie ist, daß sie als Gefangene der starren marxistischen Ideologie ihrer Gruppen ihre natürlichen Verbündeten, die Amerikaner, verloren — genau die Verbündeten, die ihnen nach dem Krieg alles an Freiheit und Möglichkeiten gegeben hatten, das ihnen je zuteil wurde. Der Name Nikkyoso hat seit langem Bilder ideologischer Kompromißlosigkeit heraufbeschworen, doch in ihrem Kontext kann man sie auch anders sehen. Wie einige andere, winzige Gruppen von Bürgern, die Interessen schützen, aber nicht dem System dienlich sein wollen, hat sie keinen Zugang zu grundlegenden Entscheidungen der Verwaltung. Ohne ihre feste ideologische Verwurzelung hätten linke japanische Gruppen die Zudringlichkeit des Systems nicht lange abwehren können. In diesem Sinn sind sie sowohl Opfer als auch Nutznießer ihrer eigenen Lehren.

Dies haben die amerikanischen Besatzungsbehörden, jedenfalls in einem gewissen Ausmaß, wohl vorausgesehen. Ein Besatzungsoffizier, der gewiß nicht bezichtigt werden kann, die Weisheit General MacArthurs anzuzweifeln, erinnert sich: »Hohe ›Besatzungs‹-Offiziere hatten nicht nur erhebliche Bewunderung für die Führungskraft und das Organisationstalent von ›Kommunistenführer‹ Nozaka ›Sanzo‹, sondern eine inoffizielle Überzeugung, daß seine Gefolgsleute am härtesten und effektivsten für die Erhaltung des neuen demokratischen Systems kämpfen würden.«[64]

Japanischer »Pluralismus«

Trotz seiner Intoleranz gegen von linker Ideologie Infizierte ist das System nicht der Große Bruder. Tatsächlich wird einer ganzen Vielfalt von Unzufriedenen so viel Beachtung geschenkt und die Behinderung politischer Anpassungen, die Beamte und LDP-Kreise begünstigen, so weitgehend toleriert, daß seriöse Beobachter zu dem Schluß gekommen sind, das politische System Japans sei trotz aller Abweichung von der westlichen parlamentarischen Tradition letzten Endes ein pluralistisches System.[65] Diese Sicht ist zwar als Verteidigung gegen die marxistisch inspirierte Auffassung von der herrschenden Elite im Dienst des »Monopolkapitalismus« — die bei japanischen Intellektuellen fest verwurzelt ist — verständlich, aber es gibt gute Gründe, ihr nicht zuzustimmen. Die Idee des Pluralismus so zu dehnen, daß sie die politische Wirklichkeit in Japan einbezieht, bedeutet, ihr die ursprüngliche Bedeutung zu nehmen.
Politischer Pluralismus heißt nicht einfach die Existenz vieler Gruppen und Regierungsinstitutionen, die einander in Schach halten, wie manchmal angenommen wird. Wäre das der Fall, dann ist Japan schon seit Ende des 19. Jahrhunderts ein Vorbild des Pluralismus. Pluralismus in politischen Entscheidungsprozessen eines Landes ist die Möglichkeit größerer Gruppen der Bevölkerung, über ihre Vertreter an der Bestimmung der langfristigen Ziele des Landes teilzuhaben. Das japanische Volk hat nicht das geringste Mitspracherecht bei der Entscheidung für unbegrenztes Industriewachstum, auf Kosten anderer Werte, als langfristiges Ziel. Die meisten Japaner mögen zuerst davon begeistert gewesen sein (ebenso begeistert wie einst über das Wachstum des japanischen Kaiserreiches), doch »GNP-ismus« (»Überbewertung des Bruttosozialprodukts«) ist seit den 1970er Jahren keine Inspiration mehr. Das Fehlen eines echten Pluralismus ist am Fehlen politischer Parteien abzulesen, die genug Phantasie hätten, um neue und lohnendere Prio-

ritäten zu entwickeln, und an den fehlenden Chancen für phantasiebegabte Japaner, solche Parteien zu gründen. Die Behauptung, die große Mehrheit der Japaner sei an derlei politischem Wettbewerb nicht interessiert, weil sie ihn nie gekannt haben, macht aus dem System keine pluralistische Demokratie.

Der Ausdruck »konservative Koalition«, der gebraucht wurde, um das politische System Japans zu beschreiben, ist aus ähnlichen Gründen ebenfalls irreführend.[66] Eine Koalition setzt ein Mindestmaß an politischer Wahlfreiheit voraus, das die Komponenten des Systems nicht haben.

In den späten 70er und 80er Jahren kamen einige Fachleute zu dem Schluß, daß Japan gut mit dem Wort »Körperschaftsstaat« bezeichnet werden könnte. Die Körperschaftstheorien sehen Schlüsselorganisationen an der Spitze von Berufs- und Interessenhierarchien, die miteinander um Einfluß auf die Politik konkurrieren. Dies trifft für japanische politische Anpassungen auch zu — mit anderen Worten, für Verwaltungsentscheidungen. Das läßt freilich die entscheidenderen Initiativen unberücksichtigt, die zu Veränderungen der Politik führen — Initiativen, die mit existierender Politik konkurrieren. Die Niederlande, Schweden und Österreich wurden als gute Beispiele für Staaten hochgehalten, deren Handeln durch die Körperschaftstheorie durchsichtig gemacht werden könne. Und das politische System dieser Länder ist so ganz anders als das japanische — in so wesentlichen Dingen wie der Wahlfreiheit der Bürger und den Berufungsmöglichkeiten, wenn sie Verwaltungsentscheidungen für falsch halten —, daß es die Körperschaftstheorie fast bedeutungslos macht, Japan einen Körperschaftsstaat zu nennen.

Das wesentliche Merkmal des japanischen Systems, das durch die pluralistische und auch die Körperschaftstheorie deutlich wird (die beiden gängigsten Perspektiven in der zeitgenössischen Politologie), ist schließlich das Fehlen politischer Instrumente, um die japanische Gesamtpolitik zu ändern. An Japans politischem System sollte uns beeindrucken, was es nicht zu tun versucht, wo offenbar dringend gehandelt werden müßte und wo in anderen Staaten eine Koordinierung durch die Regierung selbstverständlich wäre.

4
Diener des Systems

Der Umarmung des Systems kann man sich wahrhaft schwerlich entziehen. Sie umfaßt Institutionen — typischerweise die Arbeiterbewegung, Teile des Bildungssystems und die Presse —, die in anderen nichtdiktatorischen Gesellschaften häufig in mehr oder minder ständiger Spannung, wenn nicht offener Feindschaft, mit den Kräften der etablierten soziopolitischen Ordnung existieren. Wir haben bereits einen Blick auf Japans »im Hause ausgebildete« Gewerkschaften geworfen. Seine Schulen und Zeitungen sind für das Überleben des Systems nicht minder wichtig. Und das erstaunliche Ausmaß der Umarmung wird durch den Einschluß des einen Elements noch größer, das in anderen Ländern generell als unintegrierbar gilt: der Kriminellen.

Es mag pervers wirken, Schulkinder, Journalisten und Ganoven in einen Topf zu werfen. Dennoch haben japanische Schulen, Zeitungen und organisiertes Verbrechen einen hohen Grad an Politisierung als Diener des Systems gemeinsam. Das System verabscheut echte Opposition zu sehr, um irgendeine wichtige gesellschaftliche Institution sich selbst zu überlassen. Institutionen, die stark genug sind, um gelegentlich die wichtigsten Gruppen der Verwaltung einzuschüchtern, werden als kleinere Komponenten des Systems eingebunden, die auf einer unteren Ebene an der Machthierarchie beteiligt sind. Die Presse, und auf eine seltsame Art auch die Verbrechersyndikate, sind hierfür ein Beispiel. Eine relativ schwache Institution kann den Hauptzielen des Systems völlig unterworfen werden, wie es den japanischen Schulen widerfuhr.

Es ist ironisch, aber kaum überraschend, daß die Lehrergewerkschaft — die Nikkyoso, die kämpferischste Anti-System-Institution — ihre Existenz gerade der Institution verdankt, die das System ganz entscheidend nährt und den Zusammenhalt seiner disparaten, rivalisierenden Komponenten fördert.
Die Nikkyoso hat die Einführung von Formen der moralischen Erziehung blockiert, die dem System auf offenere Weise dienen. Zwar gilt die japanische Erziehung deshalb bei einem wichtigen Teil der verwaltenden Klasse als sehr mangelhaft; trotzdem vermittelt sie eine selten als solche erkannte Ideologie, die günstig für das System ist.[1] Viel wichtiger ist allerdings die fast totale Unterordnung der Bildung unter die Aufrechterhaltung einer angeblich verdienstvollen Hierarchie. Die Schulen funktionieren als Sortiermechanismus und Rekrutierungsagentur in den verschiedenen überlappenden Hierarchien. Diese Funktion dominiert in den Schulen Japans, die als die besten gelten, auf jeder Ebene. Sie wird auf Kosten fast aller anderen Funktionen betont, und sehr zum Schaden der intellektuellen Entwicklung der japanischen Jugend.

Anti-intellektuelle Schulen

Japans Erziehungssystem hat im Ausland den Ruf, eines der besten, wenn nicht gar das beste zu sein. Dieser Ruf beruht zum Teil auf den hohen (oft höchsten) Punktzahlen, die japanische Schulkinder in internationalen Mathematikprüfungen erzielen, und auf dem angenommenen Zusammenhang mit Japans wirtschaftlichem Erfolg. Er wird gestützt durch Bemerkungen von Spezialisten, die von der Disziplin an japanischen Schulen, dem Eifer der Mütter und der Fähigkeit der Schüler, Massen von Fakten aufzunehmen, beeindruckt sind.
Daß japanische Schüler in internationalen schriftlichen Prüfungen gut abschneiden, ist nicht überraschend. Gerade auf diese Art Prüfungen werden japanische Schüler von der Grundschule bis zum Gymnasium trainiert. Sollten die Prüfungen freilich die Fä-

higkeit auswerten, zum Beispiel Schlüsse zu ziehen, von Fakten zu abstrahieren, Abstraktionen zu verbinden, Gedanken in einem Aufsatz zu organisieren, sich in einer Fremdsprache auszudrücken oder schlicht Fragen zu stellen, so würden sie offenbaren, wo es im japanischen Schulsystem hapert.

Die Ziele japanischer Schulen könnten kaum weiter von dem ursprünglichen Sinn des Wortes »Bildung« entfernt sein: Geisteskräfte zu wecken und zu entwickeln statt nur Faktenwissen zu vermitteln. Das japanische Bildungssystem schärft nicht etwa das Denkvermögen seiner Zöglinge, sondern ist einem solchen Ziel insgesamt feindlich. Spontanes Denken wird ebenso wie spontanes Verhalten in praktisch allen Schulen systematisch unterdrückt; für Originalität hat niemand Geduld. Die Schüler werden nicht gelehrt, logisch zu denken oder die richtigen Fragen zu stellen — überhaupt irgendwelche Fragen zu stellen. Statt dessen wird schlichtes Behalten betont. Japanische Schüler, die »gut abgeschnitten« haben, schleppen riesige Massen von Fakten im Kopf herum; wenn sie diese Fakten verbinden und zu einem zusammenhängenden Weltbild verarbeiten konnten, mußten sie das ganz allein tun. Der übergeordnete Zweck des japanischen Erziehungssystems wurde von einem Kenner des Themas so beschrieben: »Es formt Generationen disziplinierter Arbeiter für ein techno-meritokratisches System, das hochsozialisierte Individuen erfordert, die in einem starren, hierarchischen und fein abgestimmten Organisationsmilieu viel leisten können.«[2]

Die japanische Bildung bestimmt, wer auf welcher Ebene und in welchem Teil welcher Hierarchie im System landen wird; so erfüllt sie eine Funktion, die in den meisten, wenn nicht allen anderen Ländern zu finden ist. Sie erfüllt sie allerdings in einer unbarmherzig strengeren Weise als irgendwo im Westen und vielleicht auch im größten Teil der kommunistischen Welt. Sie formt Eliten, die über das System verteilt werden und ihm Zusammenhalt verleihen, etwa so, wie die Old-Boy-Verbindungen der englischen Public Schools und Universitäten, nur in vergrößerter und vielfältigerer Form.

Die Selektion beginnt in einem sehr frühen Stadium, doch um den Grund hierfür zu sehen, müssen wir am anderen Ende beginnen, wo die Universitäten den größeren Firmen und der Bürokratie ihre jährliche Ladung Absolventen abliefern.

Japans Hochschulen bilden eine Hierarchie mit Todai (der Universität Tokio) — insbesondere seiner juristischen Fakultät — an der Spitze. Todai-Absolventen haben die besten Chancen, ins Finanzministerium zu kommen, das beste Sprungbrett für Premierminister oder andere LDP-Karrieristen in spe. Zudem beliefert es die Konzerne mit vielen späteren Spitzenmanagern. Die Universität Kioto und andere ehemals kaiserliche Hochschulen, die fast so angesehen sind wie Todai, produzieren einen kleineren Teil der Elite. Es ist allerdings nicht leicht zu vermitteln, wieviel Ehrfurcht das Etikett Todai weckt. Seit einem Jahrhundert hat ihre juristische Fakultät fast alle Spitzenleute der japanischen Verwaltung »ordiniert«; ein Diplom von dieser Hochschule ist praktisch eine Einlaßkarte zur herrschenden Kaste.

Kenner der französischen Regierung mögen meinen, das Phänomen zu erkennen, und auf die Rolle der grandes écoles verweisen. Die Vielfalt unter diesen ist allerdings erheblich größer, und es ist sehr wichtig, was und wie gründlich ein Student dort studiert hat.

Eine Stufe tiefer in der Hierarchie, doch immer noch hochangesehen und schwer zu erreichen, kommen Waseda und Keio, zwei private Universitäten in Tokio. Wasedas Ruf beruht auf Absolventen, die Politiker und Journalisten geworden sind; Keio hingegen hat immer Zugang zu den höheren Sphären der Geschäftswelt eröffnet. Noch tiefer finden sich die Universitäten mittleren Ranges wie Chuo, Meiji, Sophia (von Jesuiten geführt) und Rikkyo. Und unter diesen ist eine Fülle kleinerer, provinzieller und privater Universitäten und Hochschulen, Frauenhochschulen und fachgebundener Institutionen wie Kunst- und Musikhochschulen, wobei die letzteren eine eigene kleine Hierarchie bilden.

Die Qualität der Hochschulbildung ist nie das Kriterium für den Zutritt zu den Höhen des japanischen Verwaltungsapparats gewesen. Als es in den letzten Jahrzehnten des vorigen Jahrhunderts klar wurde, daß politische Entscheidungen das Privileg einer Klasse werden würde, die durch Examen statt durch Geburt oder irgendein anderes, nicht meritokratisches Kriterium selektiert würde, ging die Debatte nicht um die Qualität oder selbst den Inhalt der Lehre, sondern darum, welche Prüfungen, von welcher Autorität abgenommen, den Filter abgeben würden.[3] Was heutige Studenten in einem Jurastudium der Todai, das ihnen die Gipfel der Verwaltungshierarchie eröffnet, wirklich lernen, ist nicht eindrucksvoll im Vergleich mit dem, was Studenten wissen müssen, um an vielen europäischen und den besseren amerikanischen Universitäten Examina zu bestehen.

Die Qualität der Lehre an den Hochschulen niedersten Ranges ist nicht notwendig schlechter als an den Eliteschulen. Die Universitäten in den mittleren Rängen und darüber würden ihr Ansehen nicht verlieren, und wenn sie noch so absackten. Denn obwohl die Bürokratie und die großen Firmen Eingangsprüfungen haben, die theoretisch jedermann offenstehen, richten sich ihre Einstellungen tatsächlich nach einem Quotensystem; sie nehmen einen mehr oder minder festen Anteil Absolventen von jeder der verschiedenen Universitäten an. Die Bildungshierarchie entspricht der wirtschaftlich-bürokratischen Hierarchie. Eine Firma mittleren Ranges würde nicht im Traum daran denken, einen Todai-Absolventen einzustellen; und ebenso erklimmt beispielsweise ein Absolvent der Chuo-Universität selten die höchsten Stufen der Wirtschaft und nie die der Regierung.

Den Japanern ist überaus bewußt, welche Hochschulen die Menschen besucht haben, mit denen sie zu tun haben. Ein nichtjapanischer Bekannter von mir wurde einst von seiner Freundin gebeten, sie ein paar Monate nicht zu treffen, weil ihre Schwester zum Zweck einer arrangierten Heirat überwacht wurde und ihr künftiger Gatte ein Todai-Absolvent war. Nichts, auch nicht die Beziehung eines Familienmitgliedes zu einem Ausländer, durfte einer so glänzenden Partie im Wege stehen.

Was Studenten in den vier Jahren ihres Grundstudiums tun, ist kaum von Bedeutung, es sei denn, sie tun es in den Fakultäten für Medizin, Ingenieurwesen oder Naturwissenschaften — die meist zu Laufbahnen außerhalb des »Elitekurses« von Wirtschaft und Bürokratie führen. Jura, Volks- und Betriebswirtschaft — mit fast ausschließlicher Betonung dessen, was Autoren über die Verwal-

tungsaspekte dieser Gebiete geschrieben haben — sind die bevorzugten Studiengänge, um Zutritt zu den höheren Ebenen des Systems zu bekommen. In meinen vier Jahren als Dozent an der Waseda-Universität habe ich festgestellt, daß die Studenten in den ganz oben rangierenden Fächern Politik und Wirtschaft wenig zu tun hatten. Sie lasen ein paar, oft obskure, Bücher über ihr Thema, von denen sie gewöhnlich herzlich wenig behielten. Ich wurde angewiesen, Studenten normalerweise nicht durchfallen zu lassen, wenn sie regelmäßig zu den Vorlesungen erschienen waren.
Der Abschluß kommt praktisch automatisch. Studenten, die demonstrieren können, daß sie mehr als die meisten gearbeitet haben, haben bessere Chancen, in die Bürokratie und die besten Firmen aufgenommen zu werden. Absolventen, die vier Jahre an einer hochrangigen Universität nichts getan haben, können jedoch immer auf höherer Ebene Anstellung finden als fähigere Absolventen von weniger angesehenen Hochschulen. Für die meisten Studenten bedeutet die Universität schiere Entspannung, ein kurzer Ausflug ins Leben, bevor sie in die reglementierte Welt der Wirtschaftsorganisationen eintreten.

Pauken für eine Karriere

Viele Japaner finden die »Pause«, die die Studenten an den »besseren« Universitäten bekommen, wohlverdient, denn dort einen Studienplatz zu bekommen, ist ein äußerst nervenaufreibender Prozeß. Obwohl Geld und Beziehungen der Eltern manchmal eine Rolle spielen, besonders beim Zugang zu medizinischen und zahnmedizinischen Fakultäten, muß der ehrgeizige Jugendliche in den meisten Fällen bei Zulassungsprüfungen zehn, zwanzig oder mehr Rivalen ausstechen. Der am wenigsten komplizierte Weg, dies zu erreichen, ist ein Gymnasium zu besuchen, das den Ruf hat, eine große Ernte erfolgreicher Kandidaten zu produzieren: Japanische Gymnasien werden tatsächlich nach diesem Kriterium eingestuft. Drei von den 5 453 Gymnasien des Landes liefern etwa 10% der erfolgreichen Kandidaten für die Universität Tokio.[4]
Dies bedeutet, daß die Schüler an Gymnasien, die für besser als der Durchschnitt gelten (und die Einstufung der Schulen in dieser Hin-

sicht ist fast ein Nationalsport), die meiste Zeit damit verbringen, das Bestehen von Prüfungen zu trainieren. Die angesehenen Schulen haben die beste Vorstellung, was in den — ausschließlich schriftlichen — Prüfungen gefragt werden wird. Und da die Professoren, die die Prüfungsfragen zusammenstellen, oft sehr willkürlich in ihrer Auffassung der richtigen Antwort sind, ist es nicht so sehr Ziel dieser Schulen, ein Fach zu lehren, als vielmehr Experten im Lesen der Gedanken jener Professoren auszubilden.

Im Englischunterricht lernen die Gymnasiasten zum Beispiel, Prüfungen zu bestehen, die nur aus Multiple-Choice-Fragen bestehen, zusammengestellt von Professoren, die sich selbst mit der wirklichen Sprache nicht wohlfühlen. Die Tests enthalten oft Uneindeutigkeiten oder wirkliche Grammatikfehler. Nach zehn Jahren Unterricht in Englisch, das zusammen mit Mathematik und Japanisch eins der drei wichtigsten Prüfungsfächer für alle Universitäten ist, sind die Schüler mit seltenen Ausnahmen unfähig, sich auf Englisch zu verständigen.

Mathematik und Physik eignen sich besser für schriftliche Prüfungen, und deshalb wird an der Schule viel Aufmerksamkeit auf das Bestehen von Mathematikprüfungen verwendet. Was Geschichte oder Gesellschaftswissenschaften betrifft, wirken die Tests, wie ein Fachmann es ausdrückt, »wie nichts als ein riesiges Quiz, zusammengestellt von Wissenschaftlern statt von populären Kulturfreaks«.[5]

Die entscheidende Bedeutung der Zulassungsprüfungen hat eine lukrative Subindustrie in der Form spezieller Schulen geschaffen, die Privatunterricht nach den normalen Schulstunden anbieten. Sie heißen juku und werden ebenfalls danach eingestuft, wie viele ihrer Zöglinge welche Prüfungen bestanden haben. Viele Schüler, die die Tests für die hochangesehenen Universitäten nicht bestehen, werden es nochmals versuchen, manchmal drei oder vier Jahre hintereinander. In der Zwischenzeit besuchen sie die juku, wo sie Prüfungen vergangener Jahre durchgehen, oder Einpaukschulen (yobiko), die für ihre Bedürfnisse entstanden sind. Das Lernen in diesen Schulen ist sehr esoterisch geworden: Veröffentlichte Fragen früherer Prüfungen werden durchgenommen, zerlegt und kommentiert, so, wie ein klassischer Wissenschaftler einen neuentdeckten Text auf Altchinesisch behandeln würde. Einige professio-

nelle Einpauker entwickeln Wahrscheinlichkeitstheorien für ihre Kunden, nicht viel anders als die »Theoretiker«, die ein System für das Glücksspiel in Las Vegas verkaufen.
Um in einem hochangesehenen Gymnasium eingeschult zu werden, ist es fast Pflicht, eine hochangesehene Mittelschule besucht zu haben. Die meisten Schüler, deren Eltern beschlossen haben, nach hohen Stellen im System zu streben, legen die Zulassungsprüfungen für zwei, drei oder gar vier verschiedene Schulen ab. Um in eine der aussichtsreichsten Mittelschulen zu kommen, ist es hilfreich, die richtige Grundschule besucht zu haben. So hängt der Ruf der letzteren wieder vom Anteil der Schüler ab, die sie an hochrangige Mittelschulen und Gymnasien geliefert hat. Es sind Bücher mit speziellen Drills für Kinder auf dem Markt, die sich auf Grundschul-Zulassungsprüfungen vorbereiten. Oft jedoch beginnt die Auswahl schon früher.

Von der Wiege zu den Ministerien

Ein relativ glatter Weg nach oben von der Grundschule zur Universität wird von bestimmten teuren Privatinstituten gesichert, die aus Universitäten mit ihren eigenen, »angeschlossenen« Gymnasien, Mittel- und Grundschulen, manchmal sogar Kindergärten bestehen. Wenn man einmal auf dieser Schiene ist, sind die Prüfungen auf jeder Stufe weitgehend Formsache. Dies ist als das »Fahrstuhlsystem« bekannt geworden, und der beste Weg in den Fahrstuhl beginnt bei einem Kindergarten, der zu höheren Schulen führt. Als Folge hiervon gibt es berühmte und äußerst kostspielige Kindergärten, die tatsächlich eigene Zulassungsprüfungen haben. Keio, Gakushuin, Seijo Gakuen und Aoyama Gakuin gehören zu den bekannten Privatuniversitäten am oberen Ende von Fahrstühlen, die beim Kindergarten anfangen. Augenzeugen zufolge testen die Kindergartenprüfungen meist die Fähigkeit, japanische Silbenzeichen zu erkennen, Klötze aufzubauen und dergleichen. An einem entscheidenden Punkt in einer Routineprüfung, die einer meiner Informanten abgelegt hat, wurde dem Kleinkind eine eingepackte Süßigkeit gegeben; aller Augen schauten auf ihn, um zu sehen, ob er das Papier sauber faltete oder auf den Boden warf.

Doch wir sind noch immer nicht am Anfang. Einige Mütter arrangieren Privatunterricht für ihre Dreijährigen, damit sie eine bessere Chance haben, die Kindergartenprüfung zu bestehen. Wer einen der berühmten Kindergärten in Tokio besuchen soll, muß gewöhnlich von einer Kleinkinder-juku trainiert werden. Es hat Eltern gegeben, die eigens zu dem Zweck nach Tokio zogen, ihr Kind in den richtigen Kindergarten zu schicken. Ein Entbindungskrankenhaus bietet sogar die Entbindung als Teil eines Kopplungsgeschäfts an und garantiert, daß das Baby sich für den richtigen Kindergarten qualifiziert.
Mädchen, die eine Position in der Bürokratie anstreben, dürfen in diesem System mit Jungen konkurrieren. Für die meisten Töchter ehrgeiziger Eltern gibt es jedoch eine Parallelhierarchie von Frauenuniversitäten; sie zu besuchen, ist wichtig, nicht nur weil die Mütter wollen, daß ihre Töchter »gute Partien« machen, sondern auch weil firmeneigene Brautwerber hochklassige Frauen für ihre Angestellten suchen. Es gibt auch eine Stufenleiter von Arbeitergymnasien, die der produzierenden Industrie Fabrikarbeiter von hoher Qualität liefert.

»Prüfungshölle«

Das Bildungssystem ist eins der am meisten kritisierten Elemente des Systems. Ein früherer Staatssekretär des Ministeriums für Außenhandel und Industrie (MITI) behauptet: »Unser gegenwärtiges Bildungssystem scheint nur geeignet, schlechtere Roboterversionen zu produzieren.«[6] Einer von Japans wortgewandtesten Essayisten meint, es produziere dressierte Seehunde.[7] Das große Publikum beklagt gewohnheitsmäßig die shiken jigoku, wörtlich »Prüfungshölle«, und den sozialen Typus, den sie hervorgebracht hat: die kyoiku mama oder Bildungsmama, die ihren Kindern eine normale Kindheit versagt und sie die Bildungsleiter hinaufschubst. Die kyoiku mama wird von machtvollen Motiven getrieben. Die Mutter wird weitgehend für die Leistung ihres Kindes verantwortlich gemacht; dessen Erfolge oder Mißerfolge bei Prüfungen haben eine große Wirkung auf ihren Status in ihrer Wohngegend.[8] Die Familie findet, sie habe eine Menge in den jungen Gelehrten investiert, und benimmt sich in der Zeit vor Prüfungen manchmal, als ginge es um Leben und Tod. Versagen in einer Prüfung kann psychologisch verheerend sein, und nicht nur für den Kandidaten. Der oft übermenschliche Anspruch an das Kind und die Spannungen, die im Zusammenhang mit der shiken jigoku die ganze Familie betreffen, sind für ein Großteil der Dramen im Familienleben der japanischen Mittelschicht verantwortlich.

Von Kindern, die zeigen wollen, daß es ihnen ernst ist, wird erwartet, daß sie ihre Hobbys, Sport und Freunde aufgeben, um sich ganz der nahenden Prüfung zu widmen, oft zwei Jahre im voraus. Die Vorbereitung bedeutet Pauken bis tief in die Nacht nach der Schule und den juku-Stunden. Eine juku gibt Paukkurse für Zwölfjährige von 21 Uhr am Samstag bis 6 Uhr am Sonntag. Einige Kinder müssen körperliches Härtetraining erdulden, das an Armeelager erinnert. Vierzehnjährige, die um 1 Uhr früh noch an ihrem Schreibtisch sitzen, sind nichts Ungewöhnliches. Daß sie nach ein paar Stunden Pauken fast nichts aufnehmen, ist unwichtig; sie zeigen der Welt, daß sie es ernst meinen und die erforderliche Zähigkeit haben.

Ein solches Auswahlsystem kann nur so lange weiter funktionieren, wie die Kinder es hinnehmen, und ihr diszipliniertes Verhalten kann nicht verstanden werden, ohne ihre Mutterbeziehung zu betrachten. In einer typisch japanischen Erziehung werden dem Kind Ideen von anständigem Betragen weniger durch Bezugnahme auf ein universales Schema vom Funktionieren der Welt beigebracht, als vielmehr durch Manipulation der kindlichen Emotionen. Es lernt gutes oder schlechtes Betragen generell durch die Wirkung auf die Laune der Mutter erkennen. Eine Folge hiervon ist, daß die kyoiku mama ihrem Kind sehr starke Schuldgefühle eingeben kann, die sie als Ansporn einsetzt.[9]

Geschichten über Selbstmorde im Zusammenhang mit Prüfungsangst oder -versagen erreichen große Publizität und erwecken den Eindruck, daß shiken jigoku eine häufige Todesursache bei Schulkindern ist. Das trifft nicht zu; Fehlentwicklungen der Persönlichkeit und Schwierigkeiten in Eltern-Kind-Beziehungen werden jedoch durch chronische Examensangst zweifellos verschlimmert.

Obwohl praktisch jeder Japaner zustimmen wird, daß das Prüfungssystem grausam ist und abgeschafft werden sollte, ist den meisten klar, daß nie etwas getan werden wird, um diese Auswahlmethode zu ändern. Im ganzen paßt es wunderbar ins System. Selbst wenn die Massen von Fakten, die in ihre Köpfe gepumpt werden, weitgehend nutzlos sind, selbst wenn (wie im Englischunterricht) die Schüler schlechte Gewohnheiten erlernt haben, die schwer abzulegen sind, werden die für den Aufstieg zur Spitze Ausgewählten sehr zäh sein und ein außerordentliches Gedächtnis haben. Der Beamtenapparat und die Wirtschaft schätzen Ausdauer, Hingabe und Gedächtnis viel höher als Erfindungsgeist.

Diese Beobachtungen sind nicht neu. Einer der ersten ausländischen Lehrer in Japan, der amerikanische Missionar William Griffis, schrieb 1874 über japanische Lehrer: »Ihre erste Pflicht war es, ... den Schülern den Kopf vollzustopfen und vollzupauken. Die geistigen Kräfte eines Knaben zu erweitern oder zu entwickeln, seinen geistigen Horizont zu erweitern, ihn zu lehren, über sich selbst nachzudenken, hätte bedeutet, genau das zu tun, was der Lehrer verhindern sollte.«[10]

Das Schulsystem fördert ein hohes Maß an Einheitlichkeit beim familiären Hintergrund der verwaltenden Klasse. Zwar ist die Erfolgsleiter theoretisch für alle zugänglich, aber arme Familien können sich die teuren Privatschulen nicht leisten und selten die Umgebung bieten, die man braucht, um sich für die berühmten staatlichen Institutionen vorzubereiten. Die sorgsam vorsortierten »Angehörigen« japanischer Konzerne bleiben in Kontakt mit früheren Mitschülern, die der Firma durch ihre Position in anderen Teilen des Systems nützlich sein können. Die Bedeutung außervertraglicher und außerrechtlicher Beziehungen in der japanischen Wirtschaft und Bürokratie hat diesem feingesponnenen Netz die Funktion eines Nervensystems gegeben. Es ermöglicht, daß wichtige Informationen buchstäblich innerhalb von Minuten relevante Bereiche im ganzen System erreichen. Es hilft, die Reibung zwischen Komponenten des Systems zu mildern. Innerhalb der Konzerne wird die Kommunikation durch informelle Gruppierungen verbessert, die oft von den Schulen abgeleitet sind, aus denen die Spitzenmanager kommen.

Ein Bildungssystem, das fast ausschließlich darauf ausgerichtet ist, Experten für Multiple-Choice-Tests zu produzieren, selektiert keine originellen Denker. Da überdies intellektuelle Neugier zur Gefahr für die Überzeugung werden kann, wird sie aktiv entmutigt: Das macht das japanische Bildungsmilieu äußerst ungastlich für kreatives Denken. Teile der Geschäftswelt und der Bürokratie äußern seit einigen Jahren Besorgnis über den anerkannt niedrigen Grad japanischer Kreativität. Als ein in den USA wohnender Japaner 1987 den Nobelpreis für Medizin bekam, wiesen viele Pressekommentare darauf hin, daß er ihn ohne die Stimulierung durch jahrzehntelange Studien und Laborarbeiten im Ausland nie bekommen hätte. Naturwissenschaftler an japanischen Universitäten werden von einer außerordentlich starren Hierarchie behindert, die talentierte Forscher in untergeordneten Positionen hält, und durch zu viele von Erziehungsbürokraten erlassene Regeln.

In den dreißig Jahren nach dem Krieg störte das Problem Kreativität niemanden sehr, denn viele grundlegende Erfindungen waren öffentlich zugänglich, und Technologie war billig zu kaufen. Doch nun, da die japanische Industrie in Bereiche vorstößt, wo ihr niemand voraus ist, und da die Gefahr besteht, daß ausländische Patente nicht so leicht zu bekommen sind wie ehedem, steigt der Bedarf an japanischen Erfindern. Diese Sorge spiegelt sich in den regelmäßigen Berichten des MITI zum Problem Kreativität ebenso wie im Computerprojekt der sogenannten fünften Generation, bei dem die ungewöhnlich jungen Forscher ermutigt werden, sich mehr wie entspannte Abendländer zu benehmen — in der Hoffnung, daß die Kreativität folgen wird.

Im Sommer 1985 gab eine Ad-hoc-Konferenz zur Bildungsreform mit Vertretern aus Universität, Intelligenz und Wirtschaft, eingesetzt vom damaligen Premierminister Nakasone, einen Vorausbericht, der nur als Rüffel für das gesamte Bildungssystem zu verstehen war. Die Konferenz charakterisierte die Produkte japanischer Erziehung als Stereotypen ohne klare Individualität, unfähig, richtig zu denken und eigene Urteile zu bilden. Sie sprach auch von Kreativitätshemmnissen. Kurz, sie faßte viel von der Unzufriedenheit zusammen, die der liberale Teil der Intelligenz seit Jahren äußert. In seinen Verbesserungsvorschlägen zeigte der Bericht allerdings die Handschrift der weniger liberalen Konferenzteilnehmer — der Vertreter des Erziehungsministeriums und der LDP-Lobby für die Erziehungsreform. (Dies brachte die private Frauen-Bildungskonferenz dazu, ihren eigenen Bericht zu veröffentlichen und darin Nakasones Club vorzuwerfen, er mißachte die wirklichen Wünsche der Eltern.) In weiteren Berichten von 1986 und 1987 räumte die Konferenz noch weitere Stellungen und bezweifelte ansatzweise schon die Notwendigkeit, individuelle Denker zu produzieren.

Produktion von »Qualitätsarbeitern«

Die Wirtschaftsbosse mögen über das Problem Kreativität lamentieren — sie müssen trotzdem viel Verantwortung für den Stil der heutigen Schule übernehmen. Anfang der 1960er Jahre schlugen Vertreter der Wirtschaftsverbände Maßnahmen zur teilweisen Umstrukturierung der nationalen Bildung vor, damit die Schulen »Orte zur Schulung disziplinierter Arbeiter von hoher Qualität« würden, im Interesse einer optimalen Wirtschaftsentwicklung.[11] Zwei Jahre später gab der Bildungsausschuß des Nikkeiren (des Arbeitgeber-Dachverbandes) spezifischere Ratschläge zur Rolle der Mittelschulen.[12] Danach präsentierten auch andere große Wirtschaftsinstitutionen ihren Rat, und einige Vorschläge wurden in einem Entwurf verarbeitet, den der zentrale Bildungsausschuß der Regierung anfertigte.[13] Von darauffolgenden Ausschüssen in konkrete Pläne umgesetzt, spiegelten sich diese Vorschläge in den stufenweisen Lehrplanänderungen, die das Erziehungsministerium im Lauf der 1970er Jahre durchführte.

Das Ergebnis dieser Änderungen ist nach einer Statistik aus Schätzungen von Lehrern, daß 30% der Grundschüler, 50% der Mittelschüler und 70% der Gymnasiasten beim Lerntempo nicht mithalten können. Anpassungen zugunsten langsam Lernender sind in den staatlichen Schulen — die rund 90% der Schüler besuchen — nicht möglich, denn ihr gesamter Lehrplan wie auch die Geschwindigkeit, in der er zu bearbeiten ist, werden vom Erziehungsministerium vorgeschrieben.

Zum gleichen Komplex von der Wirtschaft vorgeschlagener und von den Erziehungsbehörden verwirklichter Pläne gehört die Aufteilung aller Schüler in fünf Leistungsgruppen, um zu bestimmen, in welche höherrangigen Schulen sie »befördert« werden können. Der Druck auf die Schüler verschärfte sich Mitte der 80er Jahre weiter mit der Einführung des hensachi-Systems. Hierdurch legen die Schüler regelmäßig Probetests ab, manchmal jeden Monat, um ihre Chancen zu beurteilen, die Leistung zu erreichen, die sie für Prüfungen zu guten Schulen qualifiziert.
Fast alle Schüler werden versetzt und machen den Schulabschluß, denn das ist in Japan gewöhnlich automatisch. Dem Hauptteil der vielen Schüler, die nicht das vom Erziehungssystem begünstigte, außerordentliche Gedächtnis haben, ist freilich schon im Alter von 12 Jahren voll bewußt, daß sie den Rest ihres Lebens auf den mittleren oder unteren Stufen der sozialen Leiter verbringen müssen. Die Lehrergewerkschaft Nikkyoso glaubt, daß das Gefühl der Hoffnungslosigkeit, zu dem dies führt, die direkte Ursache der wachsenden Aufsässigkeit und Kriminalität unter Mittelschülern und Gymnasiasten ist. Das Problem, Ordnung zu halten, wird durch die riesige normale Klassenstärke — 40 bis 50 Schüler — verschärft; sie macht persönlichen Kontakt mit den Lehrern fast unmöglich. Andererseits hat das neue Einstufungssystem den Lehrern viel Macht gegeben, die Schüler indirekt zu kontrollieren.[14]

Disziplin, die Gewalt erzeugt

In der ersten Hälfte der 80er Jahre wurde die japanische Öffentlichkeit durch die Gewalt an den Schulen ständig an die Mängel des Erziehungssystems erinnert. 1983 waren die Zeitungen etliche Monate lang voll von Geschichten über Lehrer, die von ihren Schülern angegriffen worden waren. Einige Lehrer wurden von rachsüchtigen Schülern nach deren Schulabschluß überfallen. Anderen wurde die Schulspeisung oder eine Schere ins Gesicht geworfen. Die Geschichten, die an die Ohren von Polizei und Presse drangen, waren höchstwahrscheinlich nur die Spitze des Eisbergs, denn japanische Schulen sind um ihren Ruf äußerst besorgt, und Unregelmäßigkeiten werden weitgehend geheimgehalten. Dann tauchte

1985 ein sehr viel ernsteres Problem in Gestalt des ijime auf, der Einschüchterung und organisierten Hänselei, die in großem Ausmaß an japanischen Schulen geschieht. Ihm galten Berichte der Staatspolizei und des Justizministeriums, dann auch des Erziehungsministeriums. Dieses beschloß zum erstenmal in seiner Existenz, 40 000 Fälle von Gewalt an Grund- und weiterführenden Schulen zu untersuchen. Eine Nikkyoso-Landeskonferenz ergab, daß rund die Hälfte der Mitglieder meinte, körperliche Züchtigung sei manchmal nötig zur Aufrechterhaltung der Ordnung. Eine Juristengruppe fand, daß die Schüler in der Mehrheit der 985 untersuchten Schulen fast jeden Tag von Lehrern geschlagen oder getreten wurden. Diese Form der Disziplinierung wurde in engem Zusammenhang mit dem ijime gesehen.

Als erste Zeitung brachte die *Asahi Shimbun* einen Leitartikel, der Beispiele anführte. Ein Mittelschullehrer besuchte ein Mädchen, das beim Rauchen erwischt worden war, zu Hause und schlug vor, sie solle mit dem Küchenmesser Harakiri begehen; als sie sich dann zu Boden warf, um sich zu entschuldigen, trat er sie an den Kopf. Die Zeitung schloß, da Studien viele Zwischenfälle mehr als die Presse offenbarten, müsse man davon ausgehen, daß körperliche Züchtigung tägliche Praxis sei.[15] Untersuchende Behörden fanden heraus, daß Lehrer oft die Anführer bei Gruppenbestrafungen an denjenigen sind, die sie als Außenseiter ansehen, und daß sie oft der Verfemung eines Schülers zustimmen, der ungeschriebene Gesetze bricht. Obwohl Konformismus in Japan hochgeschätzt ist, schlossen die Pressekommentatoren, daß ijime als Mittel, ihn zu fördern, nicht tolerierbar sei. Liberal gesinnte Mitglieder des obengenannten Bildungsausschusses gingen so weit, in Gesprächen mit Vertretern der Presse anzudeuten, das Problem spiegele eine Störung der japanischen Gesellschaft insgesamt — so offenbarten sie das Wissen um die selten anerkannte Tatsache, daß milde (und manchmal weniger milde) Formen der Einschüchterung dazu beitragen, die Machthierarchie in dieser Gesellschaft aufrechtzuerhalten.[16] Tatsächlich ist der Lehrer, der der Einschüchterung Vorschub leistet, bezeichnend für das Funktionieren des Systems.

Das Einschüchterungsproblem lieferte der Presse Sensationen und Gelegenheit zu empörten Leitartikeln; seine Tragweite war jedoch viel größer. Es ist ein symbolisches Thema mit tiefen moralischen Implikationen zwischen zwei Lagern, die um die Kontrolle der Methoden kämpfen, mit denen die heranwachsenden Generationen von Japanern sich dem System anpassen.

In einem gewissen Ausmaß dient jedes Problem den Zielen disziplinfreundlicher Beamter des Erziehungsministeriums und einer Gruppe von Erziehungspolitikern der LDP, die beide ein Meinungsklima schaffen wollen, das die Wiedereinführung von Vorkriegspraktiken begünstigt. Ihnen stehen politisch aktive Lehrer und Gruppen besorgter Intellektueller und Eltern gegenüber. Die Verwaltungsbeamten meinen, das Hauptproblem des Bildungssystems sei sein Mangel an rechter »moralischer« Unterweisung, seit die US-Besatzung es von nationalistischen Lehren gesäubert hat. Die offizielle Meinung, wie der frühere Premierminister Nakasone sie aussprach, sieht die Quelle des Problems in den Familien und in einer allgemeinen Disziplinlosigkeit.

Die japanische Juristen-Dachorganisation Nichibenren ist zu dem Schluß gekommen, daß das wirkliche Problem im Gegenteil zuviel Disziplin ist. Die wachsende Aufsässigkeit in staatlichen Mittelschulen und Gymnasien, nach Ansicht der Nikkyoso verursacht durch das jüngst eingeführte Einstufungssystem und die Unfähigkeit der Schüler, das Tempo zu halten, hat dazu geführt, daß viele Schulen die Regeln verschärft haben. Seit Ende der 70er Jahre haben Schulregulative beträchtlich überhandgenommen und sind in manchen Fällen absurd streng geworden.

Der Juristenverband hat einen Bericht erstellt, der zu dem Schluß kommt, daß schwerwiegende Menschenrechtsverletzungen an Kindern weitverbreitet sind.[17] Die Mehrheit der untersuchten Schulen schrieb bis ins kleinste Detail vor, wie die Schüler sitzen, stehen und gehen müssen, zu welcher Höhe und in welchem Winkel sie die Hand heben sollen. Auch der Schulweg ist oft festgelegt. Einige Schulen haben Regeln, die es Klassenkameraden verbieten, auf der Straße miteinander zu sprechen. Die Ordnung, in der die Schulspeisung verzehrt zu werden hat, ist manchmal vorgeschrieben. Schulregeln gelten sogar daheim und in den Ferien: Es ist generell verboten, nach sechs Uhr abends auszugehen; es ist vorgeschrieben, wann der Schüler aufstehen muß, selbst am Sonntag. Nur ausgewählte Bücher dürfen gelesen werden. Die Schulen, nicht die Eltern, entscheiden, welche Fernsehprogramme gesehen werden dürfen. Einige Schulen fordern, daß selbst für Ferienreisen mit der Familie um Erlaubnis gebeten wird.

Daß alle Schüler der spartanischen Schulen ihre Schuluniformen zu allen Zeiten tragen müssen, ist selbstverständlich, doch auch die Haartracht muß identisch sein. Ein Mädchen mit Naturlocken oder nicht ganz schwarzem Haar tut gut daran, zu Beginn des Schuljahrs eine Bestätigung von ihrer Mutter mitzubringen, denn schwere Strafen erwarten Mädchen, die ihr Haar in Dauerwellen legen lassen oder färben.

Es ist klar, daß viele dieser Regeln nach dem Prinzip erlassen wurden, daß mehr Regeln weniger disziplinarische Probleme bedeuten. Dies war zumindest teilweise eine Fehleinschätzung. Die Juristen und die Nikkyoso sehen einen direkten Zusammenhang zwischen sinnlosen Regeln und Schülern, die gewalttätig gegen ihre Lehrer oder gegeneinander werden.[18] Die gestraffte Disziplin und die Berufung auf den angeblichen Bedarf der Gesellschaft an »produktiven« Mitgliedern sind eine Rückkehr zur Meiji-Periode, als es eine ähnliche Reaktion auf liberale Ideen über das Recht auf eine allgemeine humanistische Erziehung gab.[19]

Der neue Rückwärtstrend scheint unaufhaltsam, während die Macht der Nikkyoso schwindet. Die Juristen stellen die Auswüchse fest, haben aber keine Handhabe zu ihrer Bekämpfung. Die japanische Presse schlägt gelegentlich Alarm, nimmt aber keine feste Haltung ein und macht sich kaum die Mühe, forschend zu analysieren. Dieselben Herausgeber, die die Einstellung der Erziehungsbürokraten abzulehnen scheinen, scheinen gleichzeitig zuzustimmen, wenn Aufsässigkeit offiziell der Disziplinlosigkeit daheim zugeschrieben wird. Ihre Meinung zum Recht der Verwaltung, Erziehungsprioritäten und disziplinarische Muster festzulegen, ist bestenfalls ambivalent, und dies auf eine für die japanische Presse typische Weise.

Die japanische Presse ist unabhängiger als das Bildungssystem, und auf den ersten Blick scheint sie eine Gegenkraft im System zu sein. Ihre fast durchgängige »Anti-Establishment«-Haltung ist freilich recht oberflächlich. Die Zeitungen nehmen das System nie wirklich »aufs Korn«. Sie wüten gelegentlich gegen eins seiner Elemente, halten jedoch selten mehr als zwei Wochen damit durch. Und die Wut ist oft zum Nutzen konkurrierender Elemente. Vor allem machen sie keinen Versuch, das System zu analysieren, einen kritischen Bezugsrahmen zu geben, der die Leser befähigt, Fragen zum Wesen des Systems und zur Richtung, in die es sie bringt, zu stellen.

In dieser Hinsicht scheinen die heutigen Journalisten weniger mutig als einige ihrer Vorgänger, die für die ersten Zeitungen oder in den 1920er Jahren arbeiteten. Die revolutionären Veränderungen von 1868 brachten auch die Idee von der Presse als Hilfe für die Führer des Landes. Viele frühe Journalisten waren Samurai, die bei der Auswahl für Regierungsposten übergangen worden waren. In den 1870er Jahren führten diese Pioniere lebhafte Debatten über die neuen Aufgaben der Oligarchie und über die relative Klugheit japanischer Entscheidungen in der politischen Entwicklung — eine Diskussion, die in diesem Stadium möglich war, denn »die Begriffe von journalistischer Freiheit waren zwar noch nicht ausgereift, aber die härteren Methoden der Regierung zur Kontrolle der Presse waren es auch noch nicht«.[20] Begriffe und Methoden entwickelten sich gleichzeitig, und in der Mitte des Jahrzehnts beschäftigten die Zeitungen schon »Gefängnisredakteure«, die willens waren, die in der Presseverordnung von 1875 vorgesehenen Gefängnisstrafen abzusitzen.[21]

Die Tradition der Selbstzensur

In den letzten Jahrzehnten des 19. Jahrhunderts brauchten die Machthaber nicht viel Gewalt anzuwenden, um die Mitarbeit der Zeitungen zu gewinnen. Die Journalisten sollten eine wichtige Rolle bei der Verbreitung des neuen Mythos vom göttlichen Kaiser und der nationalistischen Ideologie von der »Staatsfamilie« spielen.[22] In den ersten drei Jahrzehnten des 20. Jahrhunderts wurde die Kontrolle der Presse weitgehend durch Selbstzensur erreicht, gefördert gerade durch die Unberechenbarkeit und Willkür der offiziellen Zensur. Oft war nicht klar, was zensiert werden würde, denn die offiziellen Anweisungen waren vage, abstrakt und wenig eindeutig.

Viele wichtige Ereignisse — die Reisunruhen, die Angriffe auf in Japan ansässige Koreaner nach dem großen Kanton-Erdbeben von 1923 — wurden wenig oder gar nicht beachtet. Die Gründung und Entwicklung der kommunistischen Partei war streng tabu. Selbst abgesehen von so offenbar politisch wichtigen Themen wurden unerfreuliche Tatsachen ignoriert, entweder aus »Patriotismus« oder auf Druck von oben. Gesetze und Spezialvorschriften waren nur ein untergeordnetes Mittel bei dieser Unterdrückung; eine Lieblingsmethode der Regierungsbeamten waren inoffizielle, persönliche Warnungen.[23] Dies ist bei der japanischen Bürokratie allgemein noch immer ein beliebtes Mittel: eine ungreifbare Kontrolle, für die niemand verantwortlich gemacht werden kann.

Von 1920 an wurde die Pressefreiheit zunehmend beschnitten. Doch entgegen der unter heutigen japanischen Intellektuellen gängigen Auffassung war das nicht so sehr Folge des wachsenden »Militarismus« als vielmehr einer Kombination aus bürokratischer Kontrolle und »Selbstkontrolle« der Medien.

Die Selbstzensur ist weiterhin ein auffallendes Merkmal der japanischen Presse. Zeitungen, Nachrichtenagenturen und Sender bekommen ihre Informationen von Regierung und Wirtschaft über kisha-Clubs (Reporterclubs), die in Kriegszeiten aufblühten, als die Zensur offiziell war. Der kisha-Club repräsentiert die institutionalisierte Symbiose zwischen den Journalisten und den Organisationen des Systems, über die sie berichten.[24] Sie helfen den Journalisten, die sich keine Sorgen machen müssen, eine wichtige Entwicklung zu verpassen, und sie sind für die Machthaber das wichtigste Mittel, die Selbstzensur der Medien zu koordinieren. Es gibt rund vierhundert kisha-Clubs, angeschlossen an alle Ministerien und Regierungsorgane, die Bank of Japan, die LDP, die Polizei, Industrieverbände — kurz alle und alles, was Japan am Laufen hält. Sie versorgen etwa zwölftausend Journalisten von über 160 Medienorganisationen. Von wichtigen Organisationen echte Nachrichten zu bekommen, ohne über die kisha-Clubs zu gehen, ist schwierig und manchmal direkt unmöglich. Formelle Pressekonferenzen in Japan sind kaum ernstzunehmende Schauveranstaltungen.

Der Premierminister hat jeden Tag drei Leute von den drei größten Zeitungen im Schlepptau, die bei ihm bleiben, wohin er auch geht, und alles mitbekommen, was er sagt. Als Nakasone Premierminister war, durften ihm die kisha-Clubmitglieder nur zu seiner wöchentlichen Meditation in einen Zen-Tempel nicht folgen. Eine journalistische Lieblingsmethode ist es, sehr spät abends an der Türschwelle eines Politikers einzutreffen. Lange Stunden des Wartens werden dann vielleicht mit einer Einladung belohnt, hineinzukommen und mit einem LDP-Schwergewicht en famille und im Nachtgewand zu sprechen. Der innere Zirkel der loyalsten Reporter, die informell mit einem Politiker reden dürfen, wird seinen Status nicht durch die Veröffentlichung größerer Enthüllungen oder Offenbarungen aufs Spiel setzen; beide Seiten wissen, daß vieles von der so gesammelten Information nie gedruckt werden wird. Kisha-Clubmitglieder dürfen auch Geschenke von der Person annehmen, über die sie berichten sollen.

Die meisten japanischen Journalisten verbringen den ganzen Tag mit Kollegen ihres kisha-Clubs und haben generell wenig Kontakt mit Informanten außerhalb dieses Milieus. Ihr Club trifft kollektiv Entscheidungen darüber, was seine Mitglieder berichten dürfen oder nicht, gelegentlich sogar über den Ton ihrer Berichte. Solche Regeln können streng sein. Einer meiner japanischen Kollegen erzählt, ein Reporter von einer der größten Zeitungen sei sechs Monate von seinem kisha-Club gesperrt worden, weil seine Zeitung eine Geschichte brachte, die sie alle laut gemeinsamem Beschluß nicht drucken wollten. Daß ein anderer Redakteur verantwortlich gewesen war, der die Information aus anderer Quelle hatte, wurde nicht als mildernder Umstand angesehen. Die kisha-Clubs sind recht exklusiv, und viele von ihnen stehen ausländischen Journalisten nicht offen, obwohl die Vorsitzenden von Foreign Press In Japan (Ausländische Presse in Japan) seit zehn oder mehr Jahren mit ihnen verhandeln.

Es braucht kaum betont zu werden, daß das System der kisha-Clubs für äußerst herzliche Beziehungen zwischen den Zeitungen und den Leuten sorgt, deren Aktivitäten und Ziele sie durchleuchten sollten. Es gibt kaum einen Anreiz für einzelne Journalisten, irgend etwas selbst zu recherchieren, und schon gar keine Belohnung, wenn sie einen Fall so darstellen, daß er den Folgerungen ihrer Kollegen widerspricht. Bezeichnenderweise bekommt Japan aber dann, wenn ein Politik- oder Industrieskandal bekannt wird und von allen Medien berichtet wird, eine wahre Lawine von Informationen darüber, denn viele der Journalisten kannten die Details schon lange. Wie ein Veteran der ausländischen Journalisten bemerkt:

> *Wenn ein großer Skandal bekannt wird, stürzt plötzlich eine Flut von Offenbarungen über die Öffentlichkeit herein; sie schießt Tag für Tag, Woche für Woche aus Zeitungen, Zeitschriften und Sendern hervor, bis der Skandal selbst als der ganze politische Prozeß erscheint, einzigartig und ohne Bezug zu irgend etwas anderem in der Vergangenheit. Aus diesem Grund bricht ein Skandal nach dem anderen aus und verebbt, doch keine politische Lektion wird gelernt und keine wirkliche Reform erreicht.*[25]

Herausgeber und Journalisten betonen routinemäßig »das Recht der Öffentlichkeit auf Information«, und manchmal nehmen sie rituell die Regierung aufs Korn, weil sie der Öffentlichkeit dieses Recht vorenthalte, doch sie selbst tragen oft dazu bei, die Details geheimzuhalten, wie die Verwaltung Japan wirklich lenkt. Die meisten Journalisten, die sich auf einen Bereich spezialisiert haben, wissen recht wohl, wie weit die Praxis von der offiziellen »Wirklichkeit« abweicht. Erstaunlich ist jedoch, wie wenig sie die beiden in Bereichen, die sie nicht bearbeiten, unterscheiden können. Wenige haben sich der Realität eines Systems gestellt, das grundsätzlich im Widerspruch zu den Konventionen und Regeln der parlamentarischen Demokratie operiert. Diese Wenigen fallen dann in das verbrauchte Klischee vom »Monopolkapitalismus« zurück, um sie zu beschreiben.

Die Wirkung selbstverordneter redaktioneller Ignoranz kann reichlich seltsam sein. Die Zeitungen mögen beispielsweise einen Parlamentsboykott der Minderheitenparteien mit dem Argument beklagen, er hindere Japans gewählte Vertreter an der Diskussion einschneidender Weltereignisse — und dabei getrost ignorieren, daß außenpolitische Fragen, selbst wenn sie das nationale Interesse direkt betreffen, nie im Parlament debattiert werden. Zu einem großen Fall von Veruntreuung meinte ein Leitartikel der *Yomiuri Shimbun*, Aktionäre und Gewerkschaft hätten die Vorgänge in der betreffenden Firma überwachen sollen; solche Gruppen haben freilich in einer japanischen Firma nie eine Rolle gespielt, die Derartiges auch nur annähernd ermöglicht hätte. Ähnliche Beispiele lassen sich praktisch jeden Tag finden.

Ein wohltönender einstimmiger Chor

Die Macht der japanischen Presse beruht hauptsächlich auf ihrer monolithischen Natur. In der ersten Morgenausgabe der fünf größten Tageszeitungen (deren Auflage mit Morgen- und Abendausgaben zusammen 39 Millionen beträgt) mag die Auswahl der Nachrichten und der Ton der Leitartikel noch etwas variieren. Doch in der letzten Morgenausgabe — die in den großen Städten gelesen wird — werden dann alle Themen homogen behandelt, bis auf bestimmte Routinekontroversen (etwa über Rüstungsausgaben), wo die Zeitungen manchmal erkennbar unterschiedliche Haltungen einnehmen. Die Herausgeber lesen fieberhaft die Frühausgaben der anderen und passen ihre eigenen ständig an. Der seltene Knüller wird normalerweise für die letzte Morgenausgabe aufgespart, die in den Großstädten verkauft wird, denn wenn er früher erschiene, wüßte niemand, daß es ein Knüller ist. Leitartikel an den Tagen nach wichtigen Ereignissen sind meist unverbindlich und vage, ambivalent und nicht voneinander zu unterscheiden. Was diese Zeitungen drucken, ist größtenteils das berechenbare Produkt von Redakteuren, zusammengeschrieben aus Informationen von mehreren Reportern und beeinflußt von sachfremden politischen Faktoren. Das Ergebnis wird fast nie in Zweifel gezogen, wiederum abgesehen von den Routinekontroversen. Alle Japaner lesen jeden Tag annähernd das Gleiche und lassen sich ihre Meinung aus Quellen bilden, die in Wirklichkeit nur eine einzige sind.
Diese einheitliche Stimme der Presse ist oft kritisch und klingt wie

die Klagen kleiner Parlamentsparteien. Es gilt als angebracht, den Autoritäten hin und wieder auf die Finger zu klopfen, doch das ist kaum mehr als ein Ritual. Einige Komponenten des Systems machen sich dieses berechenbare Verhalten der Presse zunutze, um rivalisierende Komponenten zu strafen oder unter ihre Kontrolle zu bringen. Tatsächlich spielt die Presse eine wichtige Rolle in dem ständigen Balanceakt, mit dem einige Gruppen von Machthabern andere daran hindern, zu stark zu werden.

Politische Kontroversen über eine begrenzte Zahl immer wiederkehrender Themen bringen eine praktisch einstimmige Pressereaktion hervor, so unverzüglich und berechenbar wie der Speichel bei Pavlovs Hunden, wenn die Klingel ertönte. Selbst wenn die Einmütigkeit durchbrochen wird, ist das Muster sehr berechenbar. Die *Asahi Shimbun* zum Beispiel, die am meisten Prestige hat, runzelt gern über alles die Brauen, für das angeblich Japans »rechtsextreme« Kräfte stehen, einschließlich der japanischen Argumente für eine stärkere japanische Beteiligung an der Last seiner militärischen Sicherung. Ähnlich argwöhnisch sah sie Nakasones Bemühungen, den politischen Einfluß auf die Bürokratie zu stärken. Die Linie der *Asahi* ist von Kolumnisten und Beratern bestimmt, die eher USA-feindlich sind und in einigen Fällen mit einer altmodischen, japanischen Version des Marxismus großgeworden sind.

Die wichtigste Presseentwicklung der jüngsten Jahre ist der Bruch der *Yomiuri Shimbun* mit der konventionellen Einstellung gegen die USA und die Rüstung. Die *Yomiuri* ist mit einer täglichen Auflage von 9 Millionen die größte Zeitung. Die *Mainichi Shimbun* folgt noch eher der *Asahi*-Linie, ebenso wie alle anderen. Die *Sankei Shimbun*, die kleinste der vier nichtwirtschaftlichen überregionalen Tageszeitungen, steht im Ruf der Rechtslastigkeit. Dieser Ruf schien berechtigt durch ihre Weigerung, sich einer Vereinbarung anzuschließen, die die japanischen Medien mit der chinesischen Regierung trafen: Im Austausch für die Genehmigung, Korrespondenten in Peking zu stationieren, sollte über Mao Tse-tungs China nur noch positiv berichtet werden. Das Ausscheren der *Yomiuri Shimbun*, die antilinke Haltung der *Sankei* und die verhalteneren Berichte der *Nihon Keizai Shimbun*, der größten Wirtschafts- und Finanzzeitung, haben viel dazu beigetragen, Nachkriegstabus in der Diskussion militärischer Fragen zu brechen.

Japanischen Journalisten ist ihr eigenes Dilemma in einer Gesellschaft, die das Aufdecken ihrer Widersprüche nicht belohnt, manchmal bewußt. Die Presse ist in einer idealen Position, um zu bemerken und zu kommentieren, wenn die Machthaber sich nicht an die offiziellen Regeln halten; schwerwiegend eingeschränkt wird sie dabei aber durch ihre eigenen Journalisten und Herausgeber, die Angst haben, zu zeigen, aus welchem Stoff die Realität des Systems ist. Was soll ein japanischer Journalist mit der Fülle an Informationen tun, die er zu aktuellen Praktiken im System hat? Wollte er unbeirrbar die institutionellen Verstöße gegen Grundregeln aufzeigen, so würde sein eigener kleiner Teil der realen (im Unterschied zur idealen) Welt wahrscheinlich zusammenstürzen und ihn unter sich begraben. Das ewige Problem ist, zu wissen, wo Schluß sein muß mit der ehrlichen Berichterstattung. Das Gespür für die Notwendigkeit der Selbstzensur wird gewöhnlich als »erwachsene Mentalität« der Journalisten bezeichnet.[26]
Dennoch ist ein unbehagliches Gefühl recht verbreitet, den Standards des Journalismus, zu denen man sich bekennt und die immerhin zur Ausbildung von Journalisten gehören, nicht gerecht zu werden. Das Problem wird weiter kompliziert durch die selbstauferlegte und akzeptierte (wenn nicht erwartete) Funktion der Presse als Erhalterin der sozialen Ordnung und Hüterin der öffentlichen Moral. Für die daraus resultierende Frustration gibt es Ventile. Wie in vielen anderen Fällen offensichtlich unlösbarer Konflikte in der japanischen Gesellschaft neigt man dazu, in ritualisiertem Verhalten eine vorläufige Lösung zu finden. Eingedenk der Traditionsregel »Einen strafen heißt hundert warnen« führen die Zeitungen deshalb periodische Feldzüge, in denen ein hohes Maß an empörter Energie freigesetzt wird.
Etwa alle zwei Jahre »entdecken« die Zeitungen einen Lehrer, der die Kühnheit besessen hat, ehrgeizigen Eltern Prüfungsfragen zu verkaufen. Funktionäre der International Telephone and Telegraph Company wurden einmal erwischt, wie sie kleinere Konsumgüter ins Land schmuggelten, und die Presse schmähte sie, bis die Firma reumütig versprach, die (hanebüchenen) Preise für Auslandstelefonate zu senken. Der Spitzenmanager eines berühmten Warenhauses

wurde durch den Dreck gezogen, als herauskam, daß im Warenhaus verkaufte persische Antiquitäten in Yokohama hergestellt wurden. Ein weiteres Beispiel war die Behandlung des Besitzers des Hotels New Japan in der Presse, nachdem das Hotel in Flammen aufging und sich herausstellte, daß es einige der vorgeschriebenen Sicherungseinrichtungen nicht gehabt hatte. »Entwicklungen« in solchen ausgesuchten Fällen werden wochenlang, manchmal monatelang auf den Titelseiten gehalten, die vermutlichen Verantwortlichen werden in die Gosse gestoßen und von allen empörten Redakteuren gleichzeitig getreten, oft bevor irgend jemand verhaftet ist. Andere Warenhaus- oder Hotelbosse, oder Leiter gleich welcher Organisation, die vielleicht als nächste drankommt, sind definitiv verängstigt und vorgewarnt. Der Gesellschaft ist dadurch gedient, daß die allgegenwärtigen unsauberen Geschäftspraktiken ein wenig eingedämmt werden. In einem Land, wo Gesetze für die Verwaltungszwecke der Bürokratie existieren statt für den Schutz der Bürger, spielt die Presse eine entscheidende, sanktionierende Rolle. Sie kann das tun, weil die Japaner die Folgen eines angekratzten Rufes tief fürchten. Diese Sorge um die Erhaltung ihres guten Namens ersetzt weitgehend rechtliche Sanktionen, um die Leute von Verstößen abzuhalten.

Das »mondai«-Phänomen

Die japanische Presse dient dem System dadurch, daß auch die Journalisten indirekt der Öffentlichkeit suggerieren, es als unausweichlich hinzunehmen. Manchmal richtet sich ihre korrigierende Funktion allerdings auf einen schlecht funktionierenden Teil des Systems selbst. Von Zeit zu Zeit stürzt sich die japanische Nation wie besessen auf einen bestimmten Punkt, und die Medien hämmern tagtäglich darauf ein. Ein Thema, das so intensive negative Aufmerksamkeit anzieht, heißt mondai, und das bedeutet je nach Zusammenhang »Problem«, »Angelegenheit« oder »Frage«.

Das »mondai« der Einschüchterung in der Schule stellte den Rekord auf: Es hielt sich über ein Jahr. Die meisten von der Presse gemachten mondai sind höchstens ein paar Monate auf den Titelseiten, doch während dieser Zeit ist nicht schwer zu erraten, worüber

in Bars, Cafés und andernorts gesprochen wird. Zumindest schaffen sie ein Gefühl der Zusammengehörigkeit und Eintracht. Meinungen über das mondai des Monats, die von der der meisten Medien abweichen, wären für einen japanischen Gesprächspartner fast so überraschend wie ein Widerspruch gegen ihre Routinekommentare über den Zustand des Wetters.
Das monumentalste mondai der letzten Jahrzehnte war das kogai mondai, die industrielle Verseuchung von Luft, Land und Wasser. Die nationale Presse ging auf einen gemeinsamen Feldzug und veröffentlichte etwa ein halbes Jahr lang furchterregende Geschichten. Dies brachte die Menschen endlich fast ganz davon ab, Fisch zu essen, und bedrohte den Markt für Fisch und Meeresfrüchte erheblich. Möglicherweise, um dies nicht überhandnehmen zu lassen, wurde das kogai mondai durch neue Nachrichten und Artikel von den Titelseiten verdrängt; in ihnen wurde die Möglichkeit diskutiert, daß ein großes Erdbeben weite Teile der Hauptstadt zerstörte, und die Katastrophenplanung der Regierung hinterfragt. Die fast monolithische Stimme der Presse kann zuweilen massive Überreaktionen auslösen, die manchmal bis an den Rand der Massenhysterie zu gehen scheinen.

Ein Hindernis für krumme Dinger

Die Presse wendet sich manchmal gegen Mißbräuche, vor denen die Beamten die Augen verschlossen haben. Die sarakin, Firmen für »Gehaltsdarlehen«, sind ein gutes Beispiel. Diese mit Gangsterkreisen verbundenen Kredithaie unterhalten normale Geschäftsbeziehungen mit Banken, Versicherungen und anderen Finanzinstitutionen, und oft sitzen sie in respektablen Büros.
Der Grund für ihre Existenz ist der sehr unterentwickelte Stand japanischer Verbraucherkredite. Die Japaner bringen seit Jahrzehnten ihr Erspartes (durchschnittlich knapp ein Fünftel ihres Einkommens) zu den kommerziellen Banken und zur Postsparkasse, und von dort fließt das Geld ausschließlich in die Großindustrie. Die Banken waren nicht darauf eingerichtet, die Kreditwürdigkeit potentieller Schuldner zu beurteilen, und ungebundene Kredite an Privatpersonen waren lange Zeit fast undenkbar. Ende der 1970er

und Anfang der 80er Jahre, als andere Umstände die Nachfrage nach Verbraucherkrediten gesteigert hatten, tauchten die sarakin auf und verlockten Büroangestellte zu kurzfristigen Krediten, ohne Sicherheiten zu verlangen. Der Haken waren Zinsraten von rund 40 bis 70% oder noch mehr. Eine große Zahl unerfahrener Schuldner versank immer tiefer in Schulden, wobei die Kredithaie nach Kräften mithalfen.

1984 begann die Presse, von Familienmorden und Selbstmorden zu berichten, die durch diese Zustände motiviert waren. Es gab Horrorgeschichten von Gangstern, die an die Haustür kamen, Bezahlung verlangten und so den Namen des Schuldners bei seinen Nachbarn ruinierten; von Briefen, die den Kindern des Schuldners in die Schule geschickt wurden; von verzweifelten Hausfrauen, die unter der Anleitung der sarakin zu Prostituierten wurden.

Die Gesetze zur Regelung dieser Geschäfte waren widersprüchlich, und die Urteile in einer Anzahl Härtefälle, die gerichtlich geschlichtet wurden, waren nicht ermutigend. Keine Institution oder Gruppe vertrat die Opfer, und die Presse fand sich als einzigen Wachhund. Tatsächlich brachte sie eine gewisse Erleichterung des Problems zuwege, indem sie neue (wenn auch unzureichende) Gesetze und bürokratische Aufsicht anregte, die zu einer Kategorie weniger wucherischer sarakin führte.

Der Prozeß, der zur Gesetzgebung führte, verdeutlicht, daß im System die Interessen des Verbrauchers als letzte berücksichtigt werden. Zuständigkeitskonflikte unter den Ministerien und Anträge von LDP-Politikern, um die Wucherer im Austausch gegen »Spenden« zu schützen, blockierten fünf Gesetzentwürfe und verzögerten die Gesetzgebung um sechs Jahre.[27] Das Gesetz, das schließlich in Kraft trat, legitimierte die sarakin und setzte eine Höchstgrenze von 73% für Zinsen fest, zu senken auf 40%, wenn es die »wirtschaftlichen Verhältnisse« der sarakin erlaubten — dies alles, obwohl ein Konkurrenzentwurf die Zinsen auf 20% beschränkte! Am meisten profitierten von dem neuen Gesetz die größeren sarakin und das Finanzministerium. Das letztere war über die unorganisierte Verfassung dieses neuesten Sektors in einer sonst gut kontrollierten Finanzwelt höchst ungehalten gewesen; nun schreibt das neue Gesetz sarakin-Firmen die Registrierung vor, und das bedeutet, das Ministerium hat Kanäle für zwangsweise Information in der einen und administrative Führung in der anderen Richtung bekommen.

Der unzureichende rechtliche Schutz der Öffentlichkeit hat zur Entwicklung vieler unseriöser Geschäfte in Japan beigetragen. Die sarakin sind nur ein Beispiel; weitere sind juku-Einpaukschulen, Ärzte, die zuviel Medikamente verschreiben, und die koenkai, die LDP-Mitgliedern Wahlhilfe leisten. Auch Japans Immobilien- und Aktienmärkte sind voller unsauberer Geschäftspraktiken. Keine von ihnen ist Gegenstand ernsthafter Reformversuche, und es ist der Presse überlassen, auf die Auswüchse zu reagieren, die die gesellschaftliche Ordnung wirklich zu stören drohen.

ANGEPASSTE GANGSTER

Das verblüffendste Beispiel für die Art, wie das System Gruppen angeblicher Außenseiter für seine Zwecke einsetzt, ist die Beziehung zwischen Polizei und Verbrecherbanden. Japan hat eine blühende und recht romantisierte Unterwelt von rund hunderttausend Gangstern, genannt yakuza. Anders als amerikanische Mafiosi sind die normalen, modernen yakuza von der achtbaren Geschäftswelt deutlich getrennt geblieben; ein Hauptteil ihrer Gewinne stammt aus illegalen Aktivitäten. Auch suchen sie nicht zu verbergen, was sie sind, sondern machen sich klar erkennbar in dunkelblauen Zweireihern, weißen Krawatten und dunklen Sonnenbrillen.

Die Polizei schätzt das yakuza-Einkommen aus illegalen Aktivitäten auf runde 1,5 Trillionen Yen im Jahr. Unabhängige Experten halten dies für eine kolossale Unterschätzung; sie übersieht eine vielleicht ebenso große Summe aus der Sex-Industrie auf beiden Seiten des Gesetzes. Einem Anwalt zufolge, der für das größte Verbrechersyndikat Yamaguchi-gumi arbeitet, übersieht diese Schätzung auch die beträchtlichen Gewinne aus der Schuldeneintreibung, der »Regelung« von Konkursfällen und anderen krummen Geschäften.[28] Wie dem auch sei, die Ganoven sind in einer lukrativen Branche; sie und die Zahnärzte sind in etwa die einzigen Abnehmer für große amerikanische Autos, die von den japanischen Händlern zu weit überhöhten Preisen verkauft werden.

Es ist eine jahrhundertealte, traditionelle Dienstleistung der Gangster, daß sie, die sich innerhalb ihrer Syndikate selbst kontrollieren, der Polizei helfen, Verbrechen außerhalb der Syndikate unter Kontrolle zu halten. Die Beamten des Tokugawa-Shogunats, die für die öffentliche Ordnung verantwortlich waren, erwiesen sich als Meister pragmatischen Regierens, denn sie meinten, da man Verbrechen nie ganz ausmerzen könne, sollte das organisierte Verbrechen genutzt werden, um das unorganisierte möglichst klein zu halten. Hauptschauplatz für Verbrechen war damals die Tokaido, die berühmte Landstraße zwischen Kioto und Edo (später Tokio), die von hochrangigen Leuten ebenso benutzt wurde wie von Straßenräubern und anderem Gesindel. Die einfache Lösung der Beamten war, den Banden von finsteren Gestalten, die das unvermeidliche Glücksspiel und die Prostitution organisierten, die Verantwortung für die Ordnung auf der Landstraße zu übertragen.

Die yakuza werden in Filmen verherrlicht und in der sozialen Landschaft geduldet. Wie der Cowboy, der am Rand des Gesetzes arbeitet, setzt sich der Kino-yakuza oft für die Opfer der Ungerechtigkeit ein. Anders als der Cowboy wird er jedoch nie als Individualist und Einzelgänger dargestellt. Unter normalen Japanern ist der Glaube noch verbreitet, daß die yakuza ehrwürdige Bräuche und Tugenden bewahren, die in der übrigen Gesellschaft der Modernität gewichen sind; das bedeutet zumeist intensive Gruppensolidarität und simplizistische Demonstrationen absoluter Treue zu einem Herrn und Meister. Wie Samurai-Filme romantisieren yakuza-Filme die traditionelle Mannestugend einer erfundenen Kriegervergangenheit. Tatsächlich »sind die Samurai-Helden in mancher Hinsicht weniger traditionell, weniger urjapanisch als die yakuza«.[29] Außerhalb des Kinos neigen die wirklichen yakuza, besonders die älteren, zu dem Glauben, sie seien tatsächlich Hüter der Tradition; das »reine« japanische Verhalten auf der Leinwand färbt tatsächlich auf die organisierten Verbrecher ab, die diese Filme lieben.

Das Protokoll eines Polizeiverhörs illustriert dies: »Ich bin verpflichtet, den Worten meines Chefs um jeden Preis zu gehorchen. Wenn er sagte, eine Krähe sei weiß, würde ich das auch sagen. Auch wenn ich dafür ins Gefängnis müßte.« Pseudo-Blutsverwandtschaften werden in Zeremonien geschlossen, bei denen die so Vereinten Sake aus derselben Schale schlürfen. Ein Anwalt, der sich auf die Verteidigung von yakuza spezialisiert hat, sagt, er habe ihre Verwandtschaftsterminologie zuerst als unsinnig sentimental empfunden, doch ihm sei klargeworden, wie überzeugend sie für die yakuza selbst sei. »Weder Logik noch Geld kann einen eigensinnigen Gangster kontrollieren. Wenn die Organisation aber das übergeordnete und irrationale Prinzip von der ›Vaterschaft‹ des Chefs hochhält, kann sie ihre Mitglieder bewegen, sich allem zu fügen.«[30]

Yakuza sind an Protektion hochgestellter Leute gewöhnt. Sie wurden vor und auch nach dem Krieg von den Konzernen eingesetzt, um Streiks zu brechen. Große und berühmte Firmen von untadeligem Ruf sind sich nicht zu schade, sie zu Einschüchterungszwecken zu benutzen — in den seltenen Fällen zum Beispiel, wo ihnen jemand den Kampf ansagt. Es ist ein offenes Geheimnis, daß Gangster manchmal die Schmutzarbeit für Politiker tun. Premierminister Sato Eisaku hatte eine yakuza-»Leibwache«, und eine Reihe anderer Politiker war so vorsichtig, bei Wahlveranstaltungen Gangster dabeizuhaben. Wenn man bedenkt, wieviel in Japan durch Einschüchterung zu erreichen ist, sollte es keine Überraschung sein, daß einige LDP-Politiker gute Beziehungen zu hohen yakuza immer noch für nützlich halten. Es wird nicht als sensationell empfunden, wenn ein Minister auf eine Ganovenhochzeit geht oder Blumen schickt. Der frühere Premierminister, die Graue Eminenz Kishi Nobosuke, war 1963 Vizepräsident eines Ausschusses, der ein yakuza-Begräbnis organisierte.[31] 1974 gratulierte er Taoka Mitsuru, dem Sohn des Yamaguchi-gumi-Chefs, telegrafisch zur Hochzeit.[32]

Die Welt der yakuza grenzt an und verschmilzt praktisch mit der der Rechtsextremen, die sich selbst als die einzig wahren Patrioten sehen. Die extreme Rechte umfaßt mehr als achthundert Gruppen mit weit über hunderttausend Mitgliedern, ein Fünftel davon höchst aktiv. Die Aktivisten erinnern Japan hauptsächlich an ihre Existenz, indem sie Lärm machen, im Zickzack mit ihren Lastwagen, aus denen martialische Musik dröhnt, durch den Verkehr fahren und gelegentlich einen Bombenanschlag auf die Lehrergewerkschaft verüben. Doch 1987 wurde ein Reporter der *Asahi Shimbun* von einem Killer ermordet, der, wie man annimmt, zu einer mysteriösen, extrem rechten Organisation namens Sekihotai gehörte. Seither hat diese Gruppe auch gedroht, den früheren Premierminister Nakasone Yasuhiro zu töten und weitere »Warnungen« an die Zeitung gerichtet.

Abgesehen vom extremistischen Rand gibt es ein ausgedehntes Netzwerk von Sympathisanten mit rechten Zielen, das in die Medien, die Universitäten und die LDP hineinreicht. Die beiden bekanntesten Rechten der letzten Zeit, privat reiche Machtprofis und Drahtzieher für so manchen Politiker, haben ihre Positionen zum Teil durch Beziehungen zur Unterwelt erreicht. Es sind Kodama Yoshio, der viel Aufmerksamkeit durch seine Verwicklung in den Lockheed-Bestechungsskandal erregte, bis er 1984 starb, und Sasakawa Ryoichi, der noch immer durch seine philanthropischen Aktivitäten Aufmerksamkeit erregt. 1982 gründete Sasakawa, der allzugern den Friedensnobelpreis gehabt hätte, die amerikanische Japan Foundation, um den kulturellen Austausch mit den USA zu fördern, und er ist der größte private Spender an die Vereinten Nationen. 1978 erhielt er von der japanischen Regierung den Ersten Orden des Heiligen Schatzes, und 1987 den Ersten Verdienstorden am Großen Band der Aufgehenden Sonne.

Sowohl yakuza als auch Rechtsextreme rekrutieren sich aus jugendlichen Straftätern, besonders den berüchtigten bosozoku oder Motorradbanden. Zwischen 30 und 40% der Neuzugänge in der Yamaguchi-gumi sind bosozoku-Mitglieder.[33]

Seit Beginn des Jahrhunderts haben Polizei und Konzerne Gangster als Gegengewicht gegen den marxistischen Einfluß benutzt. Als 1960 um die Erweiterung des Sicherheitsvertrages mit den USA gestritten wurde und radikale linke Studenten sowie linke Gewerkschaften gegen die Regierung protestierten, vermittelte Kodama Yoshio zwischen der LDP und Tokios Bandenchefs; es wurde eine Armee von über 30000 yakuza und Rechtsextremen organisiert, um während des angesagten Besuchs von Präsident Eisenhower zusammen mit der Polizei die Ordnung zu wahren.[34] Die Banden hatten Flugblätter, Armbinden, Transport und Logistik organisiert, bevor der Besuch wegen der Unruhe schließlich abgesagt wurde. Die yakuza strotzten zu dieser Zeit vor Selbstbewußtsein, und ihre Zahl erreichte 1964 einen Gipfel von fast 200000.

Als sie Mitte der 60er Jahre zu mächtig wurden, ließ die Polizei einige Banden hochgehen, und in manchen Teilen des Landes hat sie gelegentlich Bürgerinitiativen bei dem Versuch unterstützt, die yakuza von ihren Wohngegenden fernzuhalten. Ein ernster Versuch, die Banden zu sprengen, ist allerdings nie unternommen worden. Die Ursache hierfür ist nicht Bestechung, sondern die Tatsache, daß Japans niedrige Kriminalstatistik wahrscheinlich steigen würde, wenn die Polizei ohne Hilfe mit einem Chaos von allein oder in kleinen Gruppen arbeitenden Verbrechern fertigwerden müßte. Wie ein Kenner der japanischen Polizei schließt: »Die Beziehung nützt beiden Seiten: Polizei und Gangster finden es beide vorteilhaft, die Beziehung aufrechtzuerhalten und mit einer Fassade der Herzlichkeit zu verbessern. Dieser Kern des Wohlwollens und Verstehens scheint zu bleiben, selbst wenn die Polizei nach einem größeren Zwischenfall massiv gegen eine Bande vorgehen muß.«[35] Polizeispezialisten besuchen regelmäßig Gangsterzentralen, um herauszufinden, ob irgendwelche Mitglieder verstoßen worden sind; in diesem Fall verhaften sie sie. Damit ist beiden Seiten gedient, denn es bedeutet, daß es keine einsamen Wölfe unter den Verbrechern gibt, die rachedurstig durch die Straßen streifen. Die großen Syndikate unterhalten offen Büros — geschmückt mit Bandenemblemen — in den Städten.

Polizei und Bandenchefs halten gelegentlich Gipfelkonferenzen, die die Reviergrenzen bestimmen und informelle Vereinbarungen unausgesprochen bestätigen sollen. Es werden ständig Geschäfte gemacht, besonders im Zusammenhang mit der Fahndung nach Schußwaffen. Die Polizei bittet den yakuza, sich von einer illegalen Waffe zu trennen, und dafür drückt sie bei einem Schmuggel von Aufputschmitteln ein Auge zu. Es ist vorgekommen, daß Banden nur Waffen kaufen, damit sie solchen Bitten nachkommen können.[36]

Selbsternannte Robin Hoods

Japanische Gangster scheinen überzeugt, daß sie eine gesellschaftlich wichtige Funktion erfüllen. Die Führer lassen sich zu yakuza-Aktivitäten befragen und argumentieren recht überzeugend, ohne ihre Organisation wüßte die antisoziale Jugend nicht wohin und wäre eine große Last. Dies erinnert an die Behauptung des größten aller modernen yakuza, des verstorbenen Taoka Kazuo, er stelle sicher, daß von der Bahn Abgekommene gebändigt würden.[37] Obwohl sie es nicht an die große Glocke hängen, sind die Gangster tatsächlich unter den wenigen japanischen Organisationen, die Angehörige von Minderheiten wie burakumin und Koreaner willkommen heißen, die erheblich diskriminiert werden. Dies ist ein Grund, warum so viele Gruppen ihren Anfang in der Kansai-Gegend, um Kioto, Osaka und Kobe nahmen, wo solche Gemeinschaften konzentriert sind.

In seinen Memoiren behauptete Taoka, seine Bande habe das Polizeipräsidium von Kobe gegen Angriffe von einer Koreanerbande geschützt, die er ausmerzen half. In einem einstündigen Fernsehprogramm über die Yamaguchi-gumi, das im August 1984 von NHK ausgestrahlt wurde (einem Sender, der in Funktion und Prestige der BBC vergleichbar ist), bekamen Bandenführer Gelegenheit, ihre angeblichen großen Dienste an der Gesellschaft einem Publikum von 25 Millionen zu erläutern.

Eine »Hauszeitschrift« der Yamaguchi-gumi gibt eine Vorstellung von dem Selbstbild japanischer Ganoven.[38] Auf der Rückseite des Deckblatts ist eine Erinnerung an das Ziel, dem das Syndikat sich verschrieben hat: die Entwicklung »unseres Landes und unserer Gesellschaft im Geiste des kyodo« — das bedeutet, die Mitglieder müssen (1) Harmonie wahren, um die Gruppe zu stärken; (2) Menschen außerhalb der Gruppe lieben und achten und bedenken, was sie ihnen schulden; (3) immer höflich sein und immer der Beziehungen von Jüngeren zu Älteren eingedenk sein; (4) von den Erfahrungen der Älteren lernen und an sich arbeiten; (5) in Kontakten mit der Außenwelt zurückhaltend sein.

Dem folgt ein Gedicht über die Natur und das Leben. Ein Aufsatz von Taoka Kazuo erklärt, der Big Boss sei Mitglied der Alljapanischen Anti-Drogen-Bewegung geworden, Drogenhandel sei schlimm und niemand im Syndikat solle etwas damit zu tun haben. Ein anderer Führer des Syndikats erzählt, wie die sozial Unterdrückten sich in in der Tokugawa-Periode zu Banden von Rechtlosen zusammenschlossen, um sich gegenseitig Wärme und Verständnis zu schenken. Ein Führungsassistent macht hierauf Vorschläge, wie die Yamaguchi-gumi mehr Achtung von außen bekommen könnte und erläutert, sie sei nicht nur eine Verbrecherbande. Als nächstes bringt die Zeitschrift einen Lobpreis auf einen toten Gangster, geschrieben von seiner Tochter. Eine Leserspalte gibt einem Mitglied einer Unterbande Gelegenheit, in der Vergangenheit zu schürfen und darzustellen, wie seine Bande den Stadtbehörden von Kobe half, mit dem schändlichen Benehmen der Koreaner und Chinesen kurz nach dem Krieg fertigzuwerden. Es folgen Warnungen, sein Revier zu schnell auszuweiten, wobei betont wird, die Etablierung örtlicher Bandenfilialen sei nicht ganz dasselbe wie die Ausweitung eines Netzwerks von Handelsvertretungen. Es gibt Klagen über Ungerechtigkeiten in der japanischen Gesellschaft und Ratschläge von Chefs der Unterbanden, wie die innere Harmonie zu fördern sei. Ein weiterer Blick in die Geschichte zeigt die Polizei als machtlos im Angesicht von Straßenraub, Vergewaltigung, Mord, Entführung und dergleichen, bis die Bande des Autors ihr zu Hilfe eilte. Nach einer Lektion Recht und einem Gedicht von einem Gangster, um den Geist seines toten Chefs zu trösten, endet die Zeitschrift mit persönlicher Information über einzelne Bandenmitglieder, die aus dem Gefängnis entlassen werden sollen, und wo die Willkommenszeremonien stattfinden werden. Es gibt Informationen über Begräbnisse und Hochzeiten der Mitglieder, und als letztes eine Adressenliste, wo jedes im Gefängnis einsitzende Mitglied erreichbar ist.

Die meisten Japaner haben Schwierigkeiten, zwischen der Robin-Hood-Folklore und der recht unappetitlichen Realität zu unterscheiden. Selbst abgesehen von den Erpressungen, denen Lebensmittel- und Unterhaltungsunternehmen in vielen Bezirken zum Opfer fallen, können die yakuza die Kunden jedes Ladens vertreiben, wenn sie nur nebenan mit einem eigenen Geschäft einziehen.

Die ungeschriebenen Gesetze des Systems besagen, daß Gangster Schutzgelder erpressen, Prostitution und damit verbundene Geschäfte betreiben dürfen, nicht aber Schußwaffen tragen und mit Betäubungsmitteln handeln. Die Polizei achtet ebenfalls scharf auf Bestrebungen, Verbände zu einem landesweiten Syndikat zusammenzufassen, denn dies nimmt der Polizei den Vorteil des divide et impera. Es ist ein ehernes Gesetz, daß yakuza darauf achten müssen, bei ihren Schlachten keine unschuldigen Passanten zu verletzen. Es ist klar, daß die besonderen Beziehungen zur Polizei nur solange dauern können, wie die Gesellschaft nicht durch Drogensucht untergraben wird und kein Blut fließt. Nicht selten haben Banden freiwillig Mitglieder, die diese Regeln gebrochen hatten, der Verfolgung preisgegeben. Allerdings bringen Verhaftung und Gefängnis den wichtigen Vorteil der Beförderung in der yakuza-Hierarchie mit sich.

Firmenerpresser und Grundstückshaie

Ein Fall, in dem das System halbherzig gegen eine seiner eigenen außerrechtlichen Komponenten vorgegangen ist, betrifft den sokaiya, »Hauptversammlungserpresser«, einen Ganoven vom Typ des Geschäftsmanns, der in den 1970er Jahren aufkam. So beliebt wie die tätowierten Kinohelden ist er nicht. Seine Opfer sind die großen, angesehenen Konzerne.

Das Aufkommen dieser Erpresser war durch die tiefe, beständige Kluft zwischen der formalen und der tatsächlichen Wirklichkeit in der Geschäftswelt möglich. Da japanische Firmen offiziell Aktionäre haben, sind Aktionärsversammlungen nötig, um diese formale Wirklichkeit nicht zu stören. Tatsächlich haben die Aktiengesellschaften nie die geringste Absicht gehabt, Aktionären außerhalb des Direktoriums ihrer eigenen Firmengruppen irgendeine Art Stimmrecht zu geben. Der Zweck des sokaiya war, daß diese Situation aufrechterhalten werden konnte.

Alles begann, als Gangster gerufen wurden, um Opfer industrieller Vergiftung zusammenzuschlagen, die Aktien kauften und auf Aktionärsversammlungen Gehör verlangten — ein Mittel, um den Panzer der Gleichgültigkeit umweltverseuchender Firmen zu durchbrechen. Dies machte andere yakuza darauf aufmerksam, wie verwundbar andere japanische Firmen waren, und innerhalb eines Jahrzehnts war ein gut organisiertes Erpressungssystem entstanden, gegen das keine große Firma gefeit war. 1982 gab es rund 6300 sokaiya — ein Fünftel arbeitete selbständig, ein Viertel war mit den großen Verbrechersyndikaten verbunden, und der Rest gehörte neuen, spezialisierten Erpresserbanden an.

Bis Ende der 70er Jahre hatten die sokaiya ihren Stil verfeinert und gaben vor, »Forschungsinstitute« zu betreiben und Zeitschriften über wirtschaftliche Themen zu veröffentlichen. Viele große Firmen bildeten spezielle Stäbe für »sokaiya-Angelegenheiten«, und fast immer zahlten sie am Ende. Zahlten sie nicht genug, so wurden alte Präsidenten zum erstenmal in ihrem Leben auf ihren jährlichen Aktionärsversammlungen stundenlang ausgefragt. Wurden die Ganoven jedoch ausreichend bezahlt, so sorgten sie dafür, daß das ungeschriebene Gesetz »keine Fragen« bei diesen rituellen Versammlungen eingehalten wurde. Ein Zusatz zum Handelsgesetz von 1982 machte sokaiya-Praktiken theoretisch illegal, doch dies war kein Trost für die Mehrheit der Opfer. Die Direktorien, die mit der Polizei zusammenarbeiteten, erlitten weiterhin Qualen auf ihren Versammlungen. Inzwischen waren sokaiya in den Augen vieler Konzerne ein notwendiges Übel geworden. Sie schützten Firmen, die Skandale vertuschten. Und abgesehen davon, wie konnten die Direktoren ihre Beziehungen zu »freundlichen« sokaiya abbrechen und erwarten, vor »feindlichen« geschützt zu werden? So wurden immer subtilere Taktiken entwickelt, um die Institution am Leben zu halten. Einige sokaiya bekommen Geld zum Jubiläum ihres »Beraterbüros« oder zur Gründung neuer Büros oder Publikationen. Andere verkaufen »Mitgliedskarten« zu unglaublichen Preisen für »Verwaltungsberatung«. Dieses parasitische Phänomen ist zwar vielgeschmäht, aber nicht ohne Nutzen für das System. Die sokaiya verzichten darauf, anfälligere Teile der Gesellschaft auszubeuten, und die Konzerne versuchen, den »Dreck«, den die sokaiya ausgraben, gering zu halten, indem sie ehrlichere Praktiken pflegen.

Der Ganove, der die Vertreter großer Firmen trifft und etwas veröffentlicht, das er als Wirtschaftszeitschrift ausgibt, ist raffinierter als ehedem, als er den dunkelblauen Zweireiher, weiße Krawatte und Sonnenbrille trug. Ähnliche Zeichen zunehmender »Achtbarkeit« lassen sich in anderen Bereichen der yakuza-Welt beobachten, die langsam in andere Geschäfte einsteigen, etwa die oben erwähnten sarakin, die nicht unbedingt illegal sind.

Ende der 80er Jahre hat eine weitere Art Gauner die Bühne betreten, die jiageya (Grundstückshaie). Wie die sokaiya und die sarakin zuvor sind sie Ergebnis wirtschaftlicher Entwicklungen, die unsaubere Geschäfte begünstigen. 1986/87 stiegen die Landpreise, die schon die höchsten der Welt waren, in schwindelnde Höhen, denn die Konzerne mit ihrem unersättlichen Immobilienhunger schwammen im Geld. Dies beschleunigte die Konzentration des Reichtums in noch weniger Händen. Manchmal jedoch werden die hochfliegenden Pläne der Investoren von Einzelpersonen vereitelt, die ihr Grundstück nicht verkaufen oder aus zum Abbruch bestimmten Wohnungen nicht ausziehen wollen. Hier werden die jiageya eingesetzt — zuerst, um solche zögernden Mieter und Besitzer zu »überreden«, ihre Meinung zu ändern, dann, wenn Worte allein nicht wirken, um sie mit Lärm, Anrufen und durch die Wand krachenden Kipplastern einzuschüchtern. Mehrere Fälle von Brandstiftung wurden jiageya nachgewiesen. Ein Beispiel der windelweichen Pressereaktion, die derartiges hervorruft, ist ein Leitartikel in der Yomiuri Shimbun, in dem stand: »Die Immobilienindustrie insgesamt ist gefordert, ihre Geschäftspraktiken genau zu überdenken, um das öffentliche Vertrauen wiederzugewinnen, den Schlüssel für erfolgreiche Geschäfte.«[39]

Der große Erbfolgekrieg

In den 1980er Jahren wurde die Beziehung zwischen Polizei und yakuza leicht unbehaglich. Der Waffenschmuggel nahm erheblich zu, und in einigen Präfekturen mähten die Gangster einander nieder, wie ein entsetzter Inspektor der Staatspolizei sagte, »als ob sie glaubten, sie machten einen Film«. Auch ist die Polizei unglücklich über die Internationalisierung der yakuza.[40] Die zunehmende Verbreitung von Meta-Amphetaminen (Aufputschdrogen), die die yakuza schmuggelt, hat ihren gesamten Ruf noch weiter untergraben.[41] Obendrein haben Führungsprobleme in der Yamaguchi-gumi nach Taokas Tod Mitte der 80er Jahre zu einem gnadenlosen Bandenkrieg geführt, der nur langsam verebbte, bis 1987 zeremoniell der Friede wiederhergestellt wurde.

Die Einzelheiten dieser Affäre beleuchten viel mehr als nur die inneren Angelegenheiten der yakuza. Die wirklichen Probleme begannen im Juli 1984, als die Witwe des großen Chefs nach dreijährigem Machtkampf Takenaka Masahisa einen Dolch überreichte und damit zeremoniell seine Nachfolge als Führer der größten Bande besiegelte. Inzwischen hatte jedoch ein Rivale, der eine gemä-

ßigtere Politik vertrat, eine alternative Yamaguchi-gumi gegründet, die als Ichiwakai bekannt wurde.
Obwohl die Mehrheit dem Syndikat der Abtrünnigen beigetreten war, gewann die Yamaguchi-gumi den Hauptteil ihrer Kräfte einen Monat später zurück, und eine Periode blutiger Zusammenstöße begann, in der deutlich wurde, daß die Rebellen verlieren würden. Das Emblem der Yamaguchi-gumi hatte sich als zu starkes Symbol erwiesen, um ignoriert zu werden. Außerdem, wie die Polizei es ausdrückte, »hat nicht jeder Gangsterqualitäten«, und die hastige Rekrutierung, mit der die Ichiwakai ihren Niedergang aufzuhalten versuchte, beschleunigte ihn nur.
Die »Notlösung«, zu der das Ichiwakai-Syndikat griff, war die Ermordung des neuen Yamaguchi-gumi-Chefs Takenaka zusammen mit zwei seiner ranghöchsten Helfer. In ganz Japan konnten die Fernsehzuschauer auf immerhin drei Kanälen zuschauen, wie 1 500 Gangster in Schwarz Takenakas Sarg begleiteten, getragen auf den Schultern der Chefs von acht Unterbanden und beobachtet von 400 Aufstandspolizisten — und die Nation begriff, daß eine turbulente Zeit in der Welt der yakuza angebrochen war. Trotzdem brachten die yakuza ein halbes Jahr, 174 bewaffnete Zusammenstöße, 16 Tote und 47 Verwundete später genug Bürgersinn auf, um einem Waffenstillstand zuzustimmen, damit der Ruf der Stadt Kobe nicht leide: Sie lag im heißesten Kriegsgebiet und sollte ein internationales Sportereignis ausrichten, die Universiade.
Was zwischen der Yamaguchi-gumi und der Ichiwakai geschah, war in kleinem Maßstab und im überhöhten Kontext der traditionellen yakuza-Rituale das gleiche, was zwischen Anhängern und Dissidenten auf den unteren Ebenen des Systems geschieht. In diesem Fall kam es zu nackter Gewalt und Blutvergießen, weil eine Graue Eminenz in der Gangsterwelt fehlte, die eine Kompromißlösung für die gegnerischen Parteien herbeiführen konnte — ein Dienst, den das System ständig von Grauen Eminenzen erwartet. Doch die Machtdynamik, bei der die größere Gruppe die Kraftquellen der kleineren graduell absorbiert und ihr die Wirkung nimmt, illustriert die Machtdynamik des Systems insgesamt.

5
Die Verwalter

Japan hat eine deutlich erkennbare herrschende Klasse. Ihre Mitglieder — hauptsächlich Bürokraten, Spitzenleute der Wirtschaft und ein Teil der LDP — sind alle im Grunde Verwalter; für den nach Höherem strebenden Staatsmann ist unter ihnen kein Raum. Die Zugehörigkeit zu dieser Klasse ist nicht im strengen Sinne erblich. Sie ist relativ offen, heute allerdings weniger als im ersten Jahrzehnt nach dem Zweiten Weltkrieg. Söhne von Verwaltern sind sehr im Vorteil, wenn sie ihr angehören wollen, und sie ist eine reine Männerwelt. Auf jeden Fall wissen die meisten Jungen unabhängig von ihrer Herkunft, welche Chancen sie haben, wenn sie in die Teenagerjahre kommen.

Herrschende Eliten versuchen überall, sich zu verewigen. Sie unterscheiden sich durch Größe und Exklusivität voneinander, durch das Maß ihrer Geschlossenheit und durch ihre Haltung gegenüber der Masse der Beherrschten. In Japans relativ große Verwalterklasse gelangt man ausschließlich über eine sehr schmale Leiter, die Schulhierarchie, hinauf. Sie ist von inneren Konflikten zerrissen, präsentiert jedoch dem Rest der Gesellschaft eine erstaunlich geschlossene Front. Und da ihr Überleben vom Überleben des Systems abhängt, ist dessen Erhaltung ihr höchstes gemeinsames Ziel.

DIE ERHALTUNG DES SYSTEMS

Die wesentliche Bedingung für das Überleben des japanischen Systems ist ein ständiger Schutz der Verwalterklasse; er besteht darin, daß die Kriterien für die Mitgliedschaft und die Regeln für Transaktionen unter den Verwaltern selbst informell bleiben. Das System ist, was es ist, durch informelle Beziehungen, die weder in der Verfassung noch in anderen Gesetzen, formalen Regeln von Ministerien, LDP, Konzernen oder einer anderen Verwaltungsinstitution irgendeine Grundlage haben.

Ein informelles menschliches Netzwerk

»Beziehungen« sind auf allen Ebenen der japanischen Gesellschaft lebenswichtig. Der Erfolg hängt fast ausschließlich davon ab, wen man kennt. Kone (eine japanisierte Abkürzung des englischen Wortes »connections«) sind oft die Eintrittskarte für gute Schulen und gute Anstellungen. Wenn man die beste medizinische Behandlung will, ist eine spezielle Einführung bei vielbeschäftigten Ärzten fast unumgänglich. Die meisten Japaner stehen in diesem Sinn tief in der Schuld zahlreicher anderer Japaner, und wieder andere sind ihnen verpflichtet; eins der Hauptmerkmale des Lebens in Japan ist ein unausgesetzter Handel mit Gefälligkeiten.

In den höheren Rängen der Gesellschaft multiplizieren sich die kone zu ganzen Netzwerken spezieller Beziehungen. Diese können von früheren Gefälligkeiten, gemeinsamen Schulen oder gemeinsamen Erfahrungen stammen, oder sie können komplizierte Abfolgen gegenseitiger Streicheleinheiten bedeuten. Sie werden als jinmyaku bezeichnet, wobei jin »persönlich« bedeutet und myaku eine »Ader«, wie man sie bei Mineralablagerungen findet; jinmyaku heißt also eine Ader oder ein Netz persönlicher Verbindungen, das durch das Gewebe der Gesellschaft verläuft. Jinmyaku sind viel weiter verbreitet und unvergleichlich viel wichtiger als Old-Boy-Netzwerke im Westen.

Unter den höchsten Bürokraten, Politikern und Geschäftsleuten vereinfacht Heirat den Aufbau informeller Kontakte mit der Elite. LDP-Politiker stärken ihre Position, indem sie die Töchter älterer, einflußreicher Politiker ehelichen und dann ihre eigenen Söhne und Töchter mit den Kindern reicher, mächtiger Geschäftsleute verheiraten. Die resultierenden Netzwerke heißen keibatsu (Familiengruppierung durch Heirat). Es gibt Institutionen zur Heiratsvermittlung, die sich auf die Festigung von Verbindungen unter

Verwaltern spezialisieren. Dazu gehört eine Gruppe von Absolventinnen der Gakushuin, der früheren Hochschule für Adlige.[1] Eine andere ist ein Club von Parlamentariergattinnen, gegründet von der Frau des Premierministers Ikeda, die ständig Informationen über Kandidaten für arrangierte Hochzeiten austauschen. Die Tanakawa-kai, eine Gruppe von rund tausend Absolventinnen berühmter Universitäten und Elitebeamten des MITI, des Finanzministeriums und des Außenministeriums, trifft sich etwa sechsmal jährlich und hat Hunderte hochkarätiger Paare produziert.[2] Die wahrscheinlich exklusivste von allen Gruppen, die 1942 gegründete Karuizawa-kai, erregte allgemeines Aufsehen, als eins ihrer Mitglieder, Shoda Michiko, den Kronprinzen heiratete. Sie bringt Vertreter der höchsten japanischen Industriellen- und Politikerfamilien sowie des keibatsu der kaiserlichen Familie zusammen. Die Söhne und Töchter der Mitglieder treffen sich auf privaten Festen in der Sommerfrische der Reichen in Karuizawa.[3] Es gibt auch Privatpersonen, deren Zeit ganz mit dem privaten Hobby ausgefüllt ist, Ehefrauen für Spitzenpolitiker und hohe Bürokraten zu finden, und die eng mit den Sekretariaten der Eliteministerien zusammenarbeiten.

Ohne informelle Kontakte kann kein Spitzenverwalter erfüllen, was von ihm erwartet wird. Die tatsächliche Macht eines hochrangigen Japaners beruht auf seinen jinmyaku. Ein Bürokrat ohne gute jinmyaku kann keine großen Höhen erreichen. Ein Minister ohne ausgedehnte jinmyaku ist für sein Ministerium und seine Clique innerhalb der LDP wertlos. Die Macht japanischer Spitzenpolitiker leitet sich von einem großen Komplex vernetzter jinmyaku ab, die mit Gefälligkeiten, Geld, Heiraten und politischer Pfiffigkeit geknüpft werden. Auf der mittleren Ebene erfordert der Aufbau von jinmyaku Zeit, Energie, Charme, Schmeichelei und eine Leber, die eine Menge Alkohol vertragen kann. Der Wert eines Angestellten für seine Firma ist weitgehend von seinen jinmyaku bestimmt. Erfolgreicher Einsatz für Firmenziele hängt entscheidend davon ab, wen die Manager am Telefon erreichen können, um das Nötige zu arrangieren. Für die kleineren Verwalter bedeuten gute jinmyaku ein gutes Einkommen, viele Leute, die ihnen verpflichtet sind und Sicherheit nach der Pensionierung.

Absolvent der Universität Tokio (Todai) zu sein, besonders der juristischen Fakultät, bedeutet, automatisch in einem riesigen Netzwerk von Beziehungen zu stecken, die leicht jederzeit aktiviert werden können. Es sind nicht die akademischen Qualitäten der juristischen Fakultät von Todai, die sie zur unangefochtenen Spitze des japanischen Bildungssystems machen, sondern die Tatsache, daß ihre Absolventen traditionell die höchsten Ränge der Verwaltung erreicht haben, und das heißt, daß neue Absolventen sich gleich an das bestehende Netzwerk der Ehemaligen anschließen können.
Von allen Sektionschefs und höherrangigen Bürokraten im Finanzministerium kommen 88,6% von Todai. Im Außenministerium sind es 76%, in der Nationalen Landagentur 73,5% und im Verkehrsministerium 68,5%.[4] Zwischen 80 und 90% der jährlich 20—30 Rekrutierungen zum Finanzministerium kommen von Todais juristischer Fakultät.[5] Fast alle japanischen Premierminister nach dem Krieg, die irgendeinen Einfluß ausübten, waren Todai-Absolventen — mit den auffallenden Ausnahmen Tanaka Kakuei und Takeshita Noboru.[6] In den meisten Kabinetten nach dem Krieg hatten Todai-Absolventen wichtige Ministerien. Selbst in Tanaka Kakueis Kabinett stammten sieben Minister von ihrer juristischen Fakultät. Über ein Viertel aller Parlamentarier und über ein Drittel aller LDP-Mitglieder sind Todai-Absolventen. Mitte der 70er Jahre gab es in 43 der wichtigsten 50 Firmen mehr Todai-Absolventen als andere.[7] 1985 waren die Präsidenten von 401 der 1 454 größten Firmen Todai-Absolventen, weitere 140 und 72 kamen von den praktisch gleichwertigen Universitäten Kioto und Hitotsubashi.[8]
Als 1972 im Wettkampf um den Posten des Premierministers deutlich wurde, daß Tanaka Kakuei der Hauptrivale für Fukuda Takeo sein würde, einen prominenten Todai-Absolventen, der die Spitze des Finanzministeriums erreicht hatte, erhob die damalige Graue Eminenz der Wirtschaft, Ishizaka Taizo, schwere Einwände. »Wir können die Position nicht einem Mann geben«, sagte er, »der ein unwissender Arbeiter ist.« Obwohl Tanaka einer der erfolgreichsten Selfmademen in der japanischen Wirtschaftsgeschichte war, empfand Ishizaka — als Chef des Keidanren und angeblicher Ver-

treter einer Welt von Unternehmern — nicht die geringste Affinität zu ihm. Ishizaka war Absolvent der juristischen Fakultät von Todai und war Bürokrat des Postministeriums gewesen, bevor er zum Präsidenten von Japans erster Versicherung aufgestiegen war. Sein Fall ist typisch. Inayama Yoshihiro, der bis ein Jahr vor seinem Tod 1987 eine der gewichtigsten Stimmen des Keidanren in den 80er Jahren war, Nagano Shigeo, dessen Name von den 1960er Jahren an praktisch synonym für Japans Handels- und Industriekammer war und Uemura Kogoro, eine wichtige Figur des Keidanren und ab 1968 sein Präsident — sie alle waren Absolventen der Universität Tokio und in früheren Phasen ihrer Karriere Regierungsbürokraten. Die Creme der japanischen Industriellen und fast alle Bankpräsidenten sind über Todai nach ganz oben gelangt.

Die Welt der Todai-Juristen (Absolventen der juristischen Fakultät Kioto sollte man noch hinzufügen) ist hochexklusiv. Außenseiter, selbst solche von untergeordneten »Elitekursen«, finden oft, daß sie in dem Ministerium, dem sie dienen, nie wirklich »dazugehören«. Hatano Akira, Justizminister in einem von Nakasones Kabinetten, aber nur Absolvent der Abendschule der Nihon University, wurde von den Bürokraten des Justizministeriums und ihm unterstellter Behörden demonstrativ geschnitten und machte seinerseits keinen Hehl aus seinem Haß gegen sie. Naito Yosaburo war einer der wenigen Absolventen anderer Hochschulen, die den Posten des Staatssekretärs (im Erziehungsministerium) erreichten. Früher in seiner Karriere, als er vom Sektionschef zum Bürochef befördert werden sollte, bat er seinen Vorgesetzten dringend, ihn zu übergehen, weil er die Eifersucht fürchtete, die das unter seinen älteren Kollegen — allesamt Todai-Juristen — schaffen würde.[9]

Pseudokünstler und andere Schwindler in Japan geben sich ständig als Todai-Absolventen aus. Und die echten sind extrem begehrt auf dem Markt arrangierter Heiraten (omiai). Es sollte auch gesagt werden, daß viele prominente Kritiker des politischen Systems — der berühmteste unter ihnen ist Maruyama Masao — ebenfalls die juristische Fakultät von Todai absolviert haben. Obwohl sie kaum zu den Verwaltern gezählt werden können, hilft ihnen ihr Todai-Hintergrund sehr, weil er es ihnen erlaubt, wie ein japanischer Kenner des Phänomens sagt, in einer »Sicherheitszone« zu arbeiten.[10]

Abgeschirmte Verwalter

Das System schützt die Verwalterklasse. Insgesamt ist die Elite von den Wechselfällen ideologisch inspirierter Politik isoliert. Individuell genießen ihre Mitglieder erheblich mehr Schutz vor den Folgen ihres Handelns als die gewöhnlichen Japaner.

Wie weit dieser Schutz gehen kann, wurde im Fall der Sanko Steamship Company deutlich, deren Mehrheit Komoto Toshio besaß, der Führer einer LDP-habatsu (Clique), mehrfach Minister und einmal aussichtsreichster Kandidat für das Amt des Premierministers. Im Sommer 1985 präsentierte die Sanko Japan seinen größten Bankrott, als sie gerichtlichen Schutz suchte. Die Firma unterhielt die größte Tankerflotte der Welt (264 Schiffe mit einer Kapazität von 21 Millionen Tonnen zum Zeitpunkt ihres Rückzugs), 110 Büros in Japan und im Ausland sowie etliche Tochterfirmen. Ihre Pleite war Ergebnis einer unverantwortlich spekulativen Expansionspolitik über viele Jahre; sie hatte trotz schwerer Schulden und langfristiger Schwierigkeiten, die nach Anpassungen schrien, weiter Schiffe geordert. Ohne den Schutzschirm von Komotos Position hätte sie das nie tun können. Große japanische Firmen sind fast konkurssicher, denn ihre »Hauptbanken« versorgen sie immer weiter mit Kredit. Komotos Firma hatte seit langem das Stadium hinter sich, wo man sie hätte retten können. Doch erst als die beiden Nebenbanken erfuhren, daß Premierminister Nakasone und Finanzminister Takeshita ihrem Kollegen, der habatsu-Chef war wie sie, nicht helfen würden, beschloß die Hauptbank der Sanko, die unausweichlichen, schweren Verluste zu begrenzen, die auf sie alle zukamen.

Einige Verwalter sind besser geschützt als andere. Die Bürokraten sind ohne Zweifel die am stärksten abgeschirmte Kategorie von allen. Artikel 15 der Verfassung, der dem Volk das Recht gibt, Beamte zu wählen und zu entlassen, könnte nicht weiter von der Wirklichkeit entfernt sein. In der Praxis stehen japanische Bürokraten über ihren eigenen, formalen Verwaltungsgesetzen. Auch läßt man sie bei Geldskandalen, in die Politiker verwickelt sind, gewöhnlich ungeschoren.

Das Ausmaß der Protektion, die sie genießen, kann aus den Umständen des Verkaufs von Geräten an die Sowjetunion durch eine Toshiba-Tochter geschlossen werden. Dies war ein Verstoß gegen die COCOM, die internationale Organisation, die den Handel zwischen westlichen und kommunistischen Ländern mit bestimmten Gütern überwacht. Dieser Zwischenfall war von großer Tragweite für das Verhältnis USA—Japan, denn er verband in den Augen vieler amerikanischer Parlamentarier das Handelsproblem mit Verteidigungsfragen. Die Verwaltung reagierte auf die Erregung über dies Ereignis mit dem rituellen Rücktritt des Toshiba-Präsidenten und groß publizierten personellen Konsequenzen. Kein Finger zeigte freilich auf die MITI-Bürokraten, die die Hilfe des Außenministeriums und der Behörde für Selbstverteidigung in der Überwachung von Verletzungen des japanischen COCOM-Gesetzes zurückgewiesen hatten, und die unmöglich ahnungslos darüber sein konnten, daß Firmen wie Toshiba das Gesetz nicht ernst nahmen.

LDP-Abgeordnete, die einmal Bürokraten waren, sind eine weitere recht sichere Kategorie. Ohne bürokratischen Hintergrund sind sie oft angreifbarer; hier macht die jeweilige politische Stellung allerdings viel aus.

Der Fall der Sanko Steamship Company zeigt ebenso wie drei oder vier andere Konkurse großer Firmen nach dem Krieg, daß nicht alle japanischen Konzerne völlig sicher sind. Obwohl Japans Wirtschaftsspitzen gut geschützt sind, ist ihr Schutz weniger automatisch als bei Bürokraten und Politikern. »Verwalter« sind Geschäftsleute natürlich nur an der Spitze ihrer Kategorie, die graduell zu den echten Unternehmern übergeht.

Eine Hand wäscht die andere

Ein wesentlicher Faktor japanischer Politik ist der ständige Zwist unter Verwaltern, besonders zwischen Regierungsbehörden und LDP-Cliquen. Dieser Zwist behindert die Innenpolitik und bestimmt die Haltung des Landes gegenüber der Außenwelt. Es ist aber kein Zwist zwischen einem öffentlichen und einem privaten Bereich. Hin und wieder mag eine Frage aufkommen, in der einer der vier Wirtschaftsverbände Wert darauf legt, gegen die Haltung eines Teils der Bürokratie zu opponieren, doch Regierungsbeamte kommen fast immer besser mit den Firmen zurecht, die sie beaufsichtigen, als mit ihren Kollegen in anderen Ministerien. Und Poli-

tiker genießen im Regelfall eine symbiotische Beziehung mit Bürokraten und Geschäftsleuten.
Die berechenbaren Mobilitätsmuster innerhalb der Verwalterklasse spiegeln diese Beziehungen. Karrierebürokraten ziehen ständig von Büro zu Büro in ihrem Ministerium, aber nie in ein anderes Ministerium, es sei denn auf Zeit, für eine bestimmte Aufgabe, oder in eine neue Regierungsbehörde, die mehrere Ministerien kontrollieren. Der Standardsprung ist von der Bürokratie in die Wirtschaft oder die LDP; das Umgekehrte ist undenkbar. Eine Situation wie in den USA, wo von den Politikern ernannte Leute und Experten von außen ständig in und aus Ministerien versetzt werden, wäre japanischen Bürokraten ein Greuel; sie finden die Kabinettsminister, die ihnen die LDP schickt, lästig genug.
Als Belohnung für ein Vierteljahrhundert geduldiger Pflichterfüllung dürfen Karrierebürokraten eine zweite Karriere als LDP-Abgeordnete erwarten, als Manager eines staatlichen oder halbstaatlichen Konzerns oder, wie meistens, als Manager einer großen Firma oder Bank. Ihre späte Belohnung als amakudari-(»vom Himmel herabsteigende«)Bürokraten umfaßt gewöhnlich zumindest eine Einkommensverdoppelung und ansehnliche Nebeneinkünfte.
Auch Geschäftsleute können sich um ein LDP-Mandat bewerben, tun das aber seltener als Bürokraten. Zwar können weder Geschäftsleute noch LDP-Politiker Beamte werden, doch Führer der Wirtschaft stehen trotzdem bürokratischen Ausschüssen vor und können mit großen politischen Projekten betraut werden.
Das wichtigste ungeschriebene Gesetz unter Verwaltern lautet, daß jede Kategorie der anderen helfen muß, im Sattel zu bleiben. Das geschieht mit Methoden, die nirgends formal definiert sind; tatsächlich sind einige Methoden, mit denen sie einander beistehen, eindeutig gegen Buchstaben und Geist der formalen Regeln. Die Bürokraten halten die LDP an der Regierung, indem sie die Öffentlichkeit mit Subventionen und öffentlichen Investitionen kaufen. Die LDP-Parlamentarier halten die Bürokraten im Amt, indem sie stillhalten und nicht den kleinsten Versuch unternehmen, die Politik des Industriewachstums zu ändern, die direkt nach dem Krieg aufkam. LDP und Bürokraten halten die Geschäftsleute im Geschäft, indem sie ihre Geschäfte vor ausländischer Konkurrenz schützen und ihre expansionistischen Programme unterschreiben.

Wenige Sektoren illustrieren die drei Hauptkategorien von Verwaltern so deutlich wie der Bausektor. Es lohnt sich auch, das Bauministerium und die von ihm kontrollierten Geschäfte genauer zu betrachten, denn die Bauindustrie ist ein wesentlicher Faktor zur Erhaltung des Systems geworden. Zusammen mit der landwirtschaftlichen Firmengruppe, der in Kapitel 3 beschriebenen nokyo, hilft sie der LDP, ihre Herrschaft im Parlament zu sichern.
Das Bauministerium rangiert im Prestige nicht so hoch wie das Finanzministerium, Außenministerium oder MITI, doch es erhält einen größeren Anteil an Mitteln aus dem allgemeinen Haushalt (zwischen 8 und 14%) und rund ein Viertel des sogenannten zweiten Haushalts — mehr als jedes andere Ministerium. Der »zweite Haushalt«, der Fiskalische Investitions- und Darlehensplan, wird aus der Postsparkasse finanziert und ist etwa zweidrittel so groß wie der formale Haushalt; die Beamten verwalten ihn nach ihrem Gutdünken. Das Bauministerium ist befugt, der ganzen Industrie Lizenzen zu erteilen. Es unterhält direkt 232 Bau-, Instandhaltungs- und Forschungsbüros und 655 kleinere Regionalbüros. 1986 wurden über eine halbe Million öffentliche Bauprojekte durchgeführt, die Mehrheit davon unter direkter oder indirekter Aufsicht des Ministeriums. Es hat zudem 162 außerministerielle Institutionen unter seiner Schirmherrschaft, darunter staatliche Firmen, die einen Teil der amakudari-Beamten übernehmen.
Bauinvestitionen machen jährlich zwischen 15 und 16% des Bruttosozialprodukts aus, und die Industrie beschäftigt runde 5,3 Millionen Arbeiter. Beamte des Bauministeriums müssen deshalb zu Japans mächtigsten Bürokraten gerechnet werden. Ihre Macht stammt aus der Zeit, als der Koreakrieg die Baupolitik der Regierung in Schwung brachte und als die im Krieg angesammelten Gewinne zu einem Bauboom in den Städten sowie zu massiven Elektrifizierungsprojekten führten.
Welche Macht das Ministerium bei der Verteilung des nationalen Wohlstands hat, zeigt sich fast jeden Tag durch die große Zahl von Bittstellern, die seine Amtsräume aufsuchen. Die Büros der Bürochefs und des Staatssekretärs ziehen solche Massen an, daß seit den frühen 60er Jahren Schilder an den Türen Besucher auffor-

dern, am Nachmittag wiederzukommen, damit die höchsten Beamten am Vormittag ihre Verwaltungsarbeit tun können. Es kommen viele Vertreter der Kommunalregierungen, die zum Beispiel an der Autorität des Ministeriums, Straßen zu klassifizieren, interessiert sind. Es kann eine Orts- oder Regionalstraße zur Nationalstraße erheben; dann wird sie von der Regierung unterhalten, und die Kommunalregierung kann das freigewordene Geld für andere Zwecke ausgeben.

Der Schrecken interventionistischer Minister

Da der Bauminister in einer idealen Position ist, um für sich und seine Mitarbeiter »Spenden« an Land zu ziehen, ist dieser Posten einer der begehrtesten bei den mächtigen LDP-Mitgliedern. Für den Aufbau von jinmyaku gilt er als gleichwertig wie der des Premierministers oder LDP-Generalsekretärs. Premierminister versuchen immer, sicherzustellen, daß der Posten an ein Mitglied ihrer eigenen habatsu geht. Es ist ein Zeichen sehr großer Stärke innerhalb der Regierungspartei, wenn ein habatsu-Führer, der nicht Premierminister ist, einen seiner Gefolgsleute in das Amt des Bauministers bringen kann. Tanaka Kakuei ist das berühmteste Beispiel eines solchen Führers.

Wie andere japanische Bürokraten sind Beamte des Bauministeriums »starken« Ministern gegenüber ambivalent eingestellt. Einerseits wollen sie, daß ihr Ministerium nominell einen LDP-Politiker als Haupt hat, der mächtig genug ist, um ihnen einen größeren Anteil an Haushaltsmitteln zu verschaffen. Andererseits fürchten sie politische Interventionen bei Personalentscheidungen. Die normale Beziehung zwischen japanischen Bürokraten und ihren Ministern wird in einem Fall sehr deutlich, der als Gipfel des Anomalen galt — der tatsächlich im Gedenken der japanischen Bürokratie als echte Schreckensherrschaft weiterlebt. Kono Ichiro, Minister von 1962 bis 1964, ignorierte notorisch alle ungeschriebenen Gesetze der Personalverwaltung, genau so, wie er das vorher im Landwirtschaftsministerium getan hatte. Er importierte drei Beamte von der Staatspolizei und gab ihnen Spitzenpositionen, auch die als Sekretariatschef des Ministers, die zweithöchste bürokratische Position nach der des administrativen Staatssekretärs.[11] Seine Hauptsünde war, daß er die noch schwache bürokratische Identität des Bauministeriums untergrub, denn dieses war aus Resten des aufgelösten Naimusho entstanden, dessen harter Kern die Polizei gewesen war.[12]

Die ungeschriebenen Gesetze sollen Spannungen mildern, die der allgegenwärtige bürokratische Partikularismus schafft. Die meisten japanischen Ministerien und Behörden leiden daran, daß sie in Fraktionen zertrennt sind, die sich manchmal bis zur gegenseitigen Lähmung bekämpfen. Im Bauministerium besteht der latente Konflikt zwischen den technischen Karrierebeamten (gikan) und den administrativen Karrierebeamten (jimukan); er geht auf die Zeit vor dem Krieg zurück, als die Baubürokraten einen niedrigen Rang im Ingenieurbüro des Naimusho einnahmen. Um die Macht der jimukan und der gikan im Gleichgewicht zu halten, ist das Ministerium klugerweise so organisiert, daß die rund 10000 Mitarbeiter der ersten und die rund 13000 der zweiten Gruppe sich nicht in die Quere kommen können. Vertreter der beiden Gruppen wechseln sich bei der Besetzung der Spitzenposition des administrativen Staatssekretärs ab (in keinem anderen Ministerium werden technische Bürokraten so hoch befördert). Die Direktorenposten der Regionalbüros gehen an die gikan, das entscheidend wichtige Sekretariat des Ministeriums ist von jimukan dominiert. Die Chefs von Straßen- und Flußbehörde sind immer gikan. Stadtbauamt und Wirtschaftsamt werden immer von jimukan geführt, die Leitung des Wohnungsbauamtes dagegen geht zwischen den beiden Gruppen hin und her. In jedem Büro wird strikte Arbeitsteilung praktiziert; ein gikan unterstützt einen jimukan-Chef oder umgekehrt.[13]

Konos Ernennungen mißachteten die bürokratischen Empfindlichkeiten und verursachten ein Chaos. Das Ministerium hatte zwar schon andere ungewöhnlich starke Minister (verglichen mit Ministerien, die mehr Prestige haben), doch keiner von ihnen hat es gewagt, in die bürokratische Routine einzugreifen. Kono kam nicht von Todai, sondern von Waseda und war Zeitungsreporter gewesen, bevor er in den frühen 30er Jahren in die Politik ging. Ein anderer wichtiger Politiker, der keinen bürokratischen Hintergrund hatte und nicht einmal die Universität besucht hatte, war Tanaka Kakuei. Mit Methoden, die sich von Konos roher Gewalt stark unterschieden, zeigte Tanaka, wie Politiker japanische Bürokraten kontrollieren können. Er handelte niemals gegen bürokratische Erwartungen; er gab den Baubürokraten mehr Vertrauen und mehr Verfügungsgewalt. Sie liebten ihn, als er Bauminister war, als er Premierminister war und lange danach, als er das Ministerium weiter beherrschte. Und sie lieben ihn bis heute.

Wahlpropaganda und manipulierte Ausschreibungen

Ehemalige Beamte des Bauministeriums schneiden bei Wahlen gewöhnlich gut ab. Dies ist sehr schön für das Ministerium, denn starke Repräsentation in der LDP ist notwendig, um zu verhindern, daß Konkurrenzinteressen die Verabschiedung von Gesetzen blockieren, die gut für den Bausektor sind. Für jedes Ministerium gilt: Je mehr frühere Beamte es in den Rängen der LDP hat, um so bereitwilliger werden seine Haushaltsvorschläge und Gesetzentwürfe angenommen.

Die Stärke der Baubürokraten bei Wahlen wurde in den Oberhauswahlen 1959 offenbar, als ein ehemaliger Staatssekretär, der nur sechs Monate amtiert hatte, einen landesweiten Stimmenrekord für sich verbuchte. Sehr dicht an diesem Rekord lag Kajima Morinosuke, Vorsitzender der Kajima Corporation, einer der größten Baufirmen.[14]

Es ist in japanischen Wahlkämpfen üblich, daß alle Kandidaten die Straßen, Brücken und Tunnel aufzählen, die sie gebaut haben. Die Hauptstärke der mit Bauen befaßten Kandidaten stammt jedoch von örtlichen Organisationen unter der Kontrolle des Bauministeriums. Die regionalen Baubüros sind potentielle Koordinatoren für Wahlkämpfe in fast jedem Ort. Sie unterstützen ungeniert frühere Baubeamte als Kandidaten; manchmal tritt der gegenwärtige Bauminister offen im Wahlkampf auf.[15] Das Bauministerium hat zudem einen starken, wenn auch inoffiziellen Einfluß bei der Ernennung der Leiter von Ingenieurbehörden auf Präfekturebene, der sich ebenfalls in erhebliche Macht bei Wahlen umsetzt. Und es gibt eine enge Zusammenarbeit zwischen der Flußbehörde des Ministeriums und der Gruppen zur Verhinderung von Überschwemmungen, die in den meisten von Japans zahlreichen bewohnten Tälern existieren.[17]

Die Baufirmen selbst bilden begeisterte Schaltstationen für die koenkai, die Wahlhelfergruppen, die Netzwerke zum Stimmenfang knüpfen und unterhalten. In der Wahlkampfmaschinerie eines LDP-Kandidaten tut sich wahrscheinlich der Präsident irgendeiner Baufirma hervor, ganz gleich, ob der Kandidat spezifisch mit dem Bausektor identifiziert wird oder nicht. Die Firmen leihen dem Kandidaten gewöhnlich Sekretärinnen und Autos aus, damit er in den zwei Jahren zwischen den Wahlen dauernd seine Präsenz zeigen kann.

Die wirklich symbiotische Beziehung zwischen LDP-Politikern und Baubranche beruht auf einem System manipulierter Ausschreibungen. Auf das Wesentliche reduziert funktioniert das System folgendermaßen: Damit eine Baufirma ein Angebot für ein öffentliches Projekt machen kann, muß sie erst einen mächtigen Politiker schmieren. Dann wird sie alle anderen nominierten Firmen in einer Verhandlungsrunde namens dango treffen, bei der beschlossen wird, wer von ihnen den Auftrag bekommt. Die Sitzung wird von einem örtlichen Boß namens dangoya geleitet; hat der Ort keinen dangoya, so vermittelt eine große Firma.[18] Das dango-System stellt sicher, daß alle beteiligten Firmen irgendwann einmal ein Regierungsprojekt bekommen.[19] Für große Projekte kann der Politiker von einer einzigen Firma mehr als eine Milliarde Yen kassieren.[20]

Zwar wird die formale Auftragsvergabe vom Gesetz geregelt, doch die Bürokraten sind nicht in der Lage, spezifische, von LDP-Mitgliedern empfohlene Firmen zu übergehen. Die dango, die die Firmen hinter der Fassade der öffentlichen Ausschreibung untereinander halten, geht die Regierungsbeamten formal nichts an. Die durch dango ermittelte Firma gestaltet ihren Preis in Übereinstimmung mit Insider-Informationen von den Beamten, und ihre »Konkurrenten« setzen ihre Preise höher an.[21] Der Ausschuß, der die Entscheidung offiziell trifft, ist von ein paar einflußreichen Männern kontrolliert, und seine Verhandlungen sind weitgehend Formsache.[22] 1982 wurde das dango-System öffentlich kritisiert; daraufhin gab das Bauministerium »administrative Führung«: die Zahl der Firmen, die sich an Ausschreibungen für öffentliche Bauten beteiligten, mußte von zehn auf zwanzig verdoppelt werden. Ein Jahr danach wurde die Anweisung allerdings unter starkem Druck der LDP-Mitglieder zurückgezogen, die am innigsten mit der Bauindustrie verbunden waren.[23]

Das Ministerium selbst hat auch nichts gegen manipulierte Ausschreibungen. Eine Firma, die einen amakudari-Bürokraten vom Bauministerium übernimmt, hat mindestens ein großes Bauprojekt sicher. Einer stillschweigenden Vereinbarung zufolge respektieren die »konkurrierenden« Firmen in einem solchen Kontext politische Entscheidungen des Ministeriums. Wenn zum Beispiel eine der Firmen, die sich am »Wettbewerb« beteiligen, um einen Damm zu bauen, einem in Pension gehenden Beamten des Bauministeriums eine zweite, lukrative Karriere ermöglichen will, erhält diese Firma die Zusage, daß sie den Auftrag bekommen wird. Wenn es zehn Jahre dauert, den Damm zu bauen, kann die Firma zehn Jahre überleben, indem sie einen einzigen amakudari akzeptiert.[24]

Kein Oppositionspolitiker empört sich über diese Praktiken, denn auch von ihnen versucht eine Anzahl, durch die Bauindustrie Wahlvorteile zu gewinnen.

Einer der mächtigsten LDP-Politiker Ende der 80er Jahre, Kanemaru Shin, spielte eine wichtige Rolle für die Erhaltung und Stärkung des dango-Systems gegen Maßnahmen, die die Fair Trade Commission (Ausschuß für gerechten Wettbewerb) plante.[25] Man erwartet, daß Kanemaru, eine zentrale Figur unter den LDP-Mitgliedern, die die Bauindustrie repräsentieren, von öffentlichen Projekten wie der geplanten Brücke über die Bucht von Tokio gewaltig profitieren wird.[26] Ohne Kanemarus Hilfe wäre Takeshita Noburu wohl kaum Premierminister geworden.

Seit den 1970er Jahren sind Familienverbindungen mit den Nachkommen der Baubosse bei LDP-Politikern sehr gesucht. Die Tochter des früheren Premierministers Nakasone ist mit dem Sohn des Präsidenten der riesigen Kajima Corporation verheiratet.[27] Auch Takeshita ist in Kreisen der Baubranche bestens integriert. Seine älteste Tochter hat Kanemarus ältesten Sohn geheiratet. Sein Halbbruder und Sekretär ist mit der Tochter des Präsidenten einer mittelgroßen Baufirma (Fukudagumi) verheiratet. Seine dritte Tochter hat den zweiten Sohn des Expräsidenten der Takenaka Komuten, einer von Japans bekannteren Baufirmen, geheiratet.[28] Er wird zudem direkt von achtzehn Baufirmen unterstützt.[29] Kurz nach seinem Amtsantritt als Premierminister waren fast alle Anträge auf Bauten für Takeshitas eigene Präfektur, Shimane, im ersten Haushaltsentwurf für 1988 berücksichtigt. Die Präfekturbehörden sind daran gewöhnt, jedes Jahr viel Energie für Anträge aufzuwenden, anfänglich ignorierte Projekte in folgenden Haushaltsentwürfen des Finanzministeriums »wieder einzusetzen«; doch diesmal drückte der Gouverneur von Shimane seine Freude über das »Gratulationsgeschenk« der Bürokraten an den neuernannten Premierminister aus. Ähnlich glücklich war die Lokalregierung der Präfektur Ehime, die den Bauminister in Takeshitas erstem Kabinett ins Parlament gewählt hatte, als sie entdeckte, daß ihre Vorschläge für öffentliche Bauprojekte im ersten Haushaltsentwurf angenommen worden waren.[30]

Bau- und Gesellschaftslöwen

Es heißt, aufstrebende Bürokraten mit gutem Familienhintergrund versuchten, ins Finanzministerium zu kommen, weil die mit Hirn nur ins Bauministerium gingen. Fast alle der zweiten Kategorie können mit der Zeit Direktoren bei Firmen werden und brauchen nicht zu fürchten, von Konkurrenten mit besseren Familienbeziehungen aufgehalten zu werden. Es braucht nur eine zähe Leber, um mit ihren »Abendpflichten« fertigzuwerden, denn Baubürokraten werden von allen Verwaltern am üppigsten bewirtet.[31]

Die staatliche Steuerbehörde führt die Bauindustrie als »zweitgeselligste« Industrie auf, übertroffen nur von der mehr amorphen Kategorie der Großhändler; 1985 gab sie 635,82 Milliarden Yen für Bewirtung aus.[32] Baubeamte dürfen auch Einladungen von Bürgermeistern, lokalen politischen Führern und Parlamentariern erwarten. Beamte des Bauministeriums, gefolgt von denen des MITI, sind die meistgesehenen Bürokraten in Tokios exklusivsten und schändlich teuren Nobelrestaurants. Manchmal zahlt das Ministerium selbst die Rechnung. 1977 erregte es einige Aufmerksamkeit, weil es 8,23 Millionen Yen für Essen und Trinken mit Revisoren ausgegeben hatte, die die Bücher in acht Regionalbüros prüften.

Das Bauministerium wird oft als der »Pate« von etwa 350 Firmen bezeichnet. Seine Beamten dienen ihnen, indem sie ihre Angebote für eine Ausschreibung zulassen, ihnen wesentliche Information im voraus geben, von »übertriebenen« Inspektionen absehen[33] und ihren Einfluß auf dem Markt des privaten Sektors geltend machen. Obwohl sich staatliche Projekte weniger auszahlen als private Bauverträge, sind sie sehr gefragt, seit die Investitionen der Firmen nach der Ölkrise zurückgingen. Obendrein werden 40% der Vertragssumme für öffentliche Bauten im voraus bezahlt, und dies bedeutet reichlich Mittel für kurzfristige Investitionen, denn viel von der Arbeit wird von Unter-Vertragsfirmen geleistet, die eine Zahlungsfrist von bis zu einem Jahr akzeptieren.

Die regionalen Baubehörden sind berüchtigt für ihre Bestechlichkeit — und die Fälle, die ans Licht kommen, sind gewiß nur ein kleiner Prozentsatz. Nur selten betreffen Anklagen das Ministerium. 1973 wurde ein Vizedirektor des Flußamtes verhaftet und zum Rücktritt gezwungen, woraufhin er einen lukrativen Beraterposten bekam; das Ministerium hatte einen Beamten geopfert, um den Schaden zu begrenzen.[34] Im Ministerium gibt es ein geflügeltes Wort: »Bargeld oder Frauen annehmen kann fatal sein«; dies impliziert, daß andere Arten von Geschenken und Bewirtung innerhalb des Akzeptablen sind. Da selbst kleine Beamte in einem örtlichen Büro eines regionalen Bauamtes über eine Million Yen pro Jahr annehmen dürfen, erhalten höhere Beamten wahrscheinlich recht märchenhafte Summen.[35]

Es ist klar, daß Baufirmen ohne großzügige Mittel für Politiker und Bürokraten, ohne jinmyaku, um die Wirkung des Geldes zu maximieren, nicht überleben können. Zeichen der gezielten Zuwendungen, die die LDP an der Macht halten — und auch Millionen regulärer Bauarbeiter, Tagelöhner, Nebenerwerbslandwirte und Bauersfrauen in Lohn und Brot halten —, sind überall auf dem Land erkennbar. Einstige kleine Bäche zwischen Reisfeldern fließen in riesigen Betonkanälen; selbst die ärgsten Wolkenbrüche bedecken kaum ihre Sohle mit Wasser, und sie sind manchmal so überwachsen, daß sie kaum als Kanäle erkennbar sind. Gemeinden von kleinen Häusern und Läden, die einen halben Kilometer Landstraße säumen, haben manchmal Rathäuser und Komplexe von Versammlungsräumen in den Proportionen moderner Opernhäuser. Bauruinen künden von nie zu Ende gebrachten Projekten; es gibt einen teuren Tunnel, der der Straße eine einzige Kurve erspart. Japans Landschaft ist nie fertig; es gibt immer Platz in einem entlegenen Tal, wo noch ein kleiner Damm ein wenig regennasse Erde zurückhalten kann. Angesichts so sicher begründeter Rechte können es sich Lokalpolitiker der Opposition in Präfektur- und Kommunalregierungen nicht leisten, den Vertretern des Systems nicht in die Hand zu arbeiten, gleichgültig, welcher Ideologie sie anhängen.[36]

Hochs und Tiefs für die Hüter des »Wirtschaftswunders«

Nicht alle japanischen Bürokraten gehen so locker mit den Firmen um, die sie beaufsichtigen sollen, oder sind so anfällig für LDP-Druck wie die des Bauministeriums. Das Landwirtschaftsministerium gehört in die gleiche Kategorie wie das Bauministerium; die beiden anderen Wirtschaftsministerien hingegen, Finanz und MITI, gelten als »respektabler« und genießen mehr Prestige.

Das Finanzministerium (MOF) steht am Gipfel des japanischen Beamtentums; es ist inoffiziell für den Schutz des Systems gegen die Auswüchse verantwortlich, die die informellen Beziehungen von Myriaden jinmyaku Japan bescheren könnten.[37] Wenn die Beamten anderer Ministerien gegenüber den Interessengruppen, die sie subventionieren, oder gegenüber Politikern allzu gefügig scheinen, so werden sie aufgeschreckt, wenn sie mit MOF-Beamten über ihren Anteil des Staatshaushalts verhandeln. Um gute Aufnahme für Sonderwünsche und neue Projekte zu finden, muß ein Ministerium einen guten allgemeinen Ruf beim MOF haben, und die Grundbedingung dafür ist, daß es seine Bücher in Ordnung hält.[38]

Eine weitere Hauptfunktion des MOF ist die Regulierung des Geldflusses von den Banken in die Wirtschaft. Seit dem Krieg haben japanische Konzerne kaum eine andere Wahl, als sich Kapital von Banken zu leihen, statt auf dem öffentlichen Markt Anteile zu verkaufen.[39] Die Banken sind praktisch die einzige Kapitalquelle der Industrie. Sie haben große Aktienanteile von Firmen innerhalb ihrer jeweiligen Konzerngruppe. Die Banken sind hierarchisch geordnet; sie arbeiten eng zusammen, und da es nur eine sehr begrenzte Zahl institutioneller Investoren gibt — fast nur Versicherungen und Konzernbanken —, haben sie eine enorme Macht, die Wirtschaft zu steuern. Sie wiederum werden von der Bank of Japan und den MOF-Bürokraten gesteuert. Die Zentralbank muß den sogenannten Citybanken (angeschlossen an die keiretsu-Firmengruppen) grünes Licht für deren Darlehensstrategie geben. Jedes Quartal legen die Banken Pläne vor und bekommen dafür »Fensterführung«. In den 1980er Jahren, nachdem die Knappheit des Kapitals vorbei ist, behaupten der allgemeine Menschenverstand und die Beamten selbst, die »Fensterführung« sei bloße Formsache; ausländische Banker in Tokio und andere Fachleute halten sie jedoch immer noch für ein mächtiges Kontrollinstrument. Die Zentralbank war erfolglos mit ihren Versuchen, Unabhängigkeit vom MOF zu gewinnen, und deshalb hat dieses das letzte Wort bei der »Fensterführung«. Seine direkte Kontrolle ist ebenfalls erheblich. Ein kenntnisreicher Beobachter vergleicht die Funktion des MOF-Bankbüros

> *mit der eines Konzessionsgebers. Die Banken ihrerseits dienen als Konzessionsnehmer. In dem festungsähnlichen MOF-Bau in Kasumigaseki machen vierzigjährige kacho (Sektionschefs) die Gesetze für Gruppen von Bankern in blauen Anzügen, die sie jeweils zu fünft aufsuchen. Seit Jahrhunderten waren diese Rituale der Kern der finanziellen Regierung — und sie sind es noch. Wenig Wichtiges wird niedergeschrieben und kodifiziert. Die Regulierungen gehören in die mündliche Tradition, wie die kacho sie auslegt. Das System überlebt, weil die zentrale Motivation darin besteht, die Gewinne der Bank zu schützen.*[40]

Die nicht formalisierte Natur dieses für die japanische Wirtschaft so wichtigen Prozesses ist klar. Wie der Autor weiter bemerkt, hat »Regulierung« nicht die gleiche Bedeutung wie im Westen. Es gibt keine Schiedsrichter; die »Beamten sind wirklich Spieler-Manager, die ihre Bankermannschaft vorantreiben«.[41]

MOF-Bürokraten erhalten von ihren Kollegen in anderen Teilen des Beamtenapparats gewöhnlich eine Vorzugsbehandlung. Und ihr Gesamtbild in der Öffentlichkeit kommt dem Ideal des selbstlosen, hart arbeitenden, sich aufopfernden Beamten, der an nichts als das Allgemeinwohl denkt, am nächsten. Hart arbeiten werden die meisten von ihnen sicher. Einem gängigen Witz zufolge werden die Kinder von Beamten der Haushaltsbehörde alle in denselben wenigen Wintermonaten geboren, denn sie sehen ihre Frauen die meiste Zeit des Jahres kaum. In den letzten Jahrzehnten war die Scheidungsrate bei ihnen ungewöhnlich hoch, wahrscheinlich weil die Elite-Erwartungen ihrer Bräute aus der Oberschicht keine männerlosen Haushalte mehr beinhalten.[42]

Diese Elite der Elite kann sich nicht erlauben, etwas anderes zu sein als ein Modell des Dienstes an der Öffentlichkeit; ihre Ausbildung und die Umgebung, in der sie arbeitet, macht sie jedoch nicht weniger, sondern eher mehr rücksichtslos ehrgeizig als Beamte anderer Ministerien. Ihre Mitglieder finden es selbstverständlich, daß die LDP sie bei nationalen Wahlen in größerer Zahl unterstützt als Beamte aus anderen Ministerien. Außerdem erwarten sie, die höchsten amakudari-Posten zu bekommen, die die Geschäftshierarchie zu bieten hat; oft landen sie in gutbezahlten Spitzenstellungen in staatlichen Firmen, Banken, Versicherungen oder Konzernen.

Je höher der Rang in der Bürokratie, desto besser der amakudari-Posten. Frühere administrative Staatssekretäre sind die aussichtsreichsten Kandidaten für die Leitung der Zentralbank, der Exportbank oder der Japan Development Bank, oder für den Präsidentensessel einer staatlichen Firma. Welches auch die endgültige Stellung ist — man erreicht sie nur über die richtigen jinmyaku, und das bedeutet, man muß in seiner ganzen Laufbahn Gönner-Klienten-Beziehungen zu Geschäftsleuten und Politikern pflegen.

Das Goldene Zeitalter der MOF-Bürokraten dauerte von der amerikanischen Besatzung bis Mitte der 60er Jahre. Dies war die Periode, in der sie zusammen mit den MITI-Bürokraten Japan mehr oder minder regierten. Sie monopolisierten die Geld- und Haushaltspolitik. Sie waren gleichzeitig verschwiegen und äußerst gut informiert — so sehr, daß sie den Beinamen »Japans CIA« bekamen. Und da niemand sonst genug von ihrer Arbeit verstand, oder im übrigen von den Geldquellen, die sie anzapfen konnten, blieben ihre Anweisungen praktisch unwidersprochen.

Diese Glanzzeit ging ihrem Ende entgegen, als Subventionen für angeschlossene Interessengruppen den MOF-Bürokraten die Hände zu binden begannen. Einige Jahre wurden Versuche unternommen, dieses große Hindernis zu entfernen; der augenfälligste war die Bewegung »Durchbrecht die fiskalische Erstarrung« von 1967/68. Das Haushaltsbüro des Ministeriums gab als erstes Alarm über einen Flexibilitätsverlust in Haushaltsentscheidungen aufgrund unausweichlicher Steigerungen bei fixen Kosten. Reisbauern und viele andere Empfänger von Staatssubventionen hätten sich so an jährliche Einkommenssteigerungen gewöhnt, daß sie zusammen mit Gehältern und anderen steigenden Kosten, für die der Staat direkt verantwortlich sei, zuviel von den Zuwächsen staatlicher Einnahmen absorbierten und wenig oder nichts zur freien Verteilung durch das Ministeriums übrigließen.[43]
In einer herrlichen Demonstration der Macht, die bestimmte einzelne Bürokraten haben können, lancierte der Direktor des Haushaltsbüros, Murakami Kotaro, im Herbst 1967 einen großen Propagandafeldzug, in den die Presse, andere Ministerien und prominente LDP-Politiker hineingezogen wurden. Er versuchte, den Eindruck zu erwecken, als stehe eine Krise bevor, die ein Rettungsmanöver durch sein Amt in Form dramatischer Veränderungen der Haushaltspolitik erfordere. Trotz großer Unterstützung von LDP-Schwergewichten und anderen Kreisen der Verwaltung (etwa eines Parallelplans von Miyazawa Kiichi, dem damaligen Leiter des Amtes für Wirtschaftsplanung) hatte die Bewegung wenig Wirkung auf den nächsten Haushalt und starb in aller Stille. Der Feldzug ging nach hinten los, weil die Haushaltsbehörde behauptete, die Periode hohen Wirtschaftswachstums sei vorüber, während die Wirtschaft weiter die gewohnten hohen Zuwächse aufwies. Ein zusätzliches Problem, typisch für dieses Ministerium, das manchmal als »lauter Ämter, aber kein Ministerium« bezeichnet wird, war die peinliche Tatsache, daß keins der anderen Ämter auch nur einen Finger rührte, um dem Haushaltsamt zu helfen.[44]
Ob die Bürokraten es wußten oder nicht: Die Bewegung »Durchbrecht die fiskalische Erstarrung« und spätere, weniger intensive Feldzüge waren tatsächlich Versuche, das Haushaltsamt des MOF als stärkste politische Kraft in Japan zu etablieren. Mit ihnen reagierte es auf die seiner Auffassung nach wachsende Einengung sei-

ner Vorrechte durch starke LDP-Politiker (namentlich Tanaka Kakuei). Wären sie erfolgreich gewesen, so hätten die Finanzbürokraten die Freiheit gehabt, neue nationale Prioritäten zu setzen. Wie die Dinge stehen, spiegeln japanische Haushalte keine nationalen Prioritäten, die neu entwickelt oder bewußt bestätigt wären; es gibt keine zentrale politische Organisation, die erhebliche Kursänderungen bei existierenden Prioritäten vornehmen könnte.[45]

Der Kuchen der nationalen Einnahmen wird auf fast vorherbestimmte Weise aufgeteilt, entsprechend dem Bedürfnis, durch regelmäßige Ausgaben zugunsten von LDP-Klienten und mit der Bürokratie verbundenen Interessengruppen den politischen Frieden zu sichern. Diese Starre der üblichen Praxis innerhalb des Systems bedeutet, daß Defizitausgaben ein ständiger Alptraum für die Finanzbürokraten sind. Sie sind fast alle als »fiskalkonservativ« bekannt, und sie sind mit gutem Grund konservativ. Sobald ein Trend in Japan einmal angelaufen ist, läßt er sich nur sehr schwer anhalten, schon gar nicht umkehren. Die informellen Beziehungen, die die politische Wirtschaft in Gang halten, sind so beschaffen, daß die Hauptbeteiligten nicht überzeugt werden könnten, auf die Vorteile der gegenwärtigen Praxis zu verzichten. Keine übergeordneten Regeln zur Begrenzung von Auswüchsen werden anerkannt, und Appelle an das nationale Interesse sind wirkungslos. Dennoch sind Defizitausgaben seit Ende der 60er Jahre ein wichtiges Mittel der Bürokraten, um die Wirtschaft zu steuern. Sie brachten dem Staat erhebliche Schulden und bis Ende der 80er Jahre etliche Befürchtungen, daß die Staatskasse immer tiefer in die Abhängigkeit von Staatsanleihen geriete.[46] Für das MOF bedeutet das Problem der Staatsanleihen Haushalte mit Nullwachstum (abgesehen von einigen Posten) und stetigen Machtverlust gegenüber anderen Ministerien.[47]

Erst als Ende der 80er Jahre neue Techniken im »Geldspiel« zur Erhöhung der Einkünfte entdeckt wurden, als die Nippon Telegraph and Telephone privatisiert wurde (ihre Aktien erreichten ein so astronomisches Preis-Gewinn-Verhältnis, daß sie die teuerste Firma der Welt wurde), waren die MOF-Bürokraten ihrer Sorgen enthoben. Japans Banken und Versicherungen, die alle weitgehend unter den Fittichen des Ministeriums arbeiten, hatten — zumindest auf dem Papier — fast exponentielle Zuwachsraten und wurden

eine dominierende Kraft auf den internationalen Kapital- und Finanzmärkten, und die Creme der Eliteverwalter schien in eine neue Glanzzeit einzutreten.
Jedes japanische Ministerium hat gewöhnlich einen Erzfeind unter den anderen Ministerien. Für das Bauministerium ist es das Verkehrsministerium, das Gebietsansprüche über die Straßen hat und einen Anteil der Ölsteuer haben will. Für das Finanzministerium ist es das Ministerium für Post und Telekommunikation (MPT), das das Postsparsystem betreibt, die größte Finanzinstitution der nichtkommunistischen Welt. Seit 1976 ist die Sparrate bei der Post höher als bei kommerziellen Banken. Das MPT hat auch durch seine Möglichkeit, höhere Zinsen für das Postsparen festzusetzen, Macht gewonnen — und durch seine Bereitschaft, die Augen zu schließen, wenn durch die Führung mehrerer Konten unter falschem Namen Steuern hinterzogen werden. Zudem wird es von einer starken Gruppe in der LDP geschützt — sie ist zum Teil auf Wahlhilfe in den Postämtern angewiesen, die in fast jedem japanischen Dorf zu finden sind.[48]
Ein Hauptgrund für diese Feindseligkeit des MOF gegen das MPT ist allerdings die Rivalität um die besten amakudari-Posten in Institutionen, die Mittel der Postsparkasse einsetzen. Der Sekretariatschef des MOF muß jedes Jahr über zwanzig ausscheidenden Beamten hochkarätige Positionen verschaffen. Um sein amakudari-Programm zu sichern, hat das Ministerium zur Gründung neuer Institutionen, etwa von Hypothekenfirmen, beigetragen und einigen von ihnen mit Erfolg Präsidenten vermittelt.[49] Ein willkommenes Nebenprodukt der Konkurrenz um amakudari-Posten ist die starke Motivation der Bürokraten, ihre Ministerien klein zu halten.
Ein Ministerium, das in seinen bürokratischen Schlachten gegen das Postministerium noch spektakulärer gelitten hat, ist das Ministerium für Außenhandel und Industrie (MITI). Der Kampf der beiden Ministerien um den relativ neuen Sektor der Telekommunikation in der ersten Hälfte der 80er Jahre war ernst, und mehrere LDP-Politiker mußten vermitteln, bevor ein interministerielles Memorandum schließlich den Waffenstillstand brachte. Selbst zuvor hatte die Macht des MITI zu schwinden begonnen. Wie Chalmers Johnson, der Chronist dieser wohlbekannten Institution, es

ausdrückt: »In gewisser Hinsicht ist das MITI ein klassisches Beispiel für eine Bürokratie, die selbstmörderisch erfolgreiche Strategien verfolgt hat ... Das Ministerium ist ein wenig wie ein Amt gegen Armut, dem es wirklich gelungen ist, die Armut auszumerzen.«[50]

Mit dem Ende des überzogenen Wirtschaftswachstums und der Konsolidierung des Industrieapparats mußte das MITI seine Aufgaben neu definieren. Es hat sich begierig in neue Projekte zur Entwicklung von High Tech und Informationsindustrie gestürzt. Doch unter anderem wegen der Ansprüche rivalisierender Bürokraten auf diesem Sektor zollt man ihm nicht den fast unbedingten Gehorsam, den es einst gewöhnt war.

Das MITI wurde am engsten mit Japans »Wirtschaftswunder« nach dem Krieg identifiziert. Viele Jahrzehnte lang war es siegreich in Machtkämpfen gegen die, die ihm im Weg waren, namentlich den Ausschuß für fairen Handel (Fair Trade Commission, FTC), den offiziellen Wachhund des Anti-Monopol-Gesetzes. Wie die erste große Arbeit über informelle Beziehungen unter Verwaltern zusammenfaßt:

> *Das Ministerium hat die machtvolle Rückendeckung nicht nur der Industrie, sondern auch der Handelsverbände und der vier Big-Business-Organisationen, die tatsächlich seine Hausmacht sind. Folglich fungiert das Ministerium eher als Förderer und Beschützer denn als Regulativ der Industrie und hat durchgängig die Politik verfolgt, Wirtschaft und Industrie gegen Opposition vom Ausschuß für fairen Handel zu unterstützen.*[51]

Der FTC ist praktisch die einzige offizielle japanische Institution, die je versucht hat, den informellen Praktiken und Beziehungen des Systems zu widerstehen, die die formalen Regeln untergraben. Obwohl er fast immer unterliegt, hilft er die Illusion aufrechtzuerhalten, daß die formalen Regeln ernstgenommen werden. Ganz gelegentlich jedoch spielt der FTC die Wirtschaftsbürokraten an die Wand. In einem berühmten Fall wurden 1974 die Petroleum Association und Manager von zwölf Ölgesellschaften angeklagt, in der Ölkrise des vorausgegangenen Jahres Preisabsprachen getroffen zu haben. Sie verteidigten sich mit der Behauptung, sie hätten lediglich die Anweisungen des MITI befolgt. Dies beeindruckte den Hohen Gerichtshof in Tokio freilich nicht, und nach zehn Jahren wurde der Fall mit hohen Geldbußen und Haftstrafen auf Bewährung für die Manager abgeschlossen.

Die Beziehung zwischen dem MITI und den Konzernen neigt wie die zwischen MOF und Banken dazu, höchst informell und persönlich zu sein. Die Effizienz der japanischen Bürokratie wird nicht an unpersönlichen Maßstäben gemessen. Was zählt, ist, wie das Ministerium »leistungsstarke Firmen geschützt« oder »die Gewinne unter den verschiedenen Mitgliedern der Geschäftswelt angepaßt« hat, nicht, was die Gesamtwirkung auf Wirtschaft oder Gesellschaft war.[52] Wenn Beamte auf der Ebene der Generaldirektoren der Wirtschaft Anweisungen geben, können sie offiziell ihre hanko (Siegel) benutzen, doch mündliche oder formlose schriftliche Mitteilungen von Direktoren sind ebenso wirksam. Die Wirtschaft hat vor allem durch die Bürodirektoren Kontakt mit dem Ministerium. Auch auf Direktorenebene finden vor den Richtlinien Konsultationen statt. Werden Richtlinien des MITI nicht befolgt, so müssen die Wirtschaftsbosse Strafen gewärtigen. Die Macht des MITI über die Industrie beruht auf seiner Möglichkeit, Lizenzen und rechtliche Genehmigungen zurückzuhalten, wenn Firmen sich seinen Wünschen nicht fügen. Informelle Richtlinien für einen Geschäftsbereich werden oft eingehalten, weil die Drohung impliziert wird, in einem anderen Bereich, in den die Firma womöglich einsteigen will, nicht zu kooperieren. Die Firmen sind auch deshalb gefügig, weil sie wissen, daß das MITI über ein riesiges Informationsnetz verfügt und eine Missetat aus ihrer Vergangenheit publik machen kann, die ihr Prestige untergräbt.

Der Druck, den Geschäftsleute ihrerseits auf MITI-Bürokraten ausüben kann, wird über die Politiker erreicht. Viele der über zweihundert Parlamentarierverbände haben Abkommen zu gegenseitiger Hilfe mit Firmen. Folglich ist die LDP recht anfällig für Druck aus der Wirtschaft, und es ist üblich, daß MITI-Generaldirektoren dem Druck der LDP weichen.

Obwohl die engstirnigeren Direktoren Präzedenzfälle in den Angelegenheiten des Ministeriums für sehr wichtig halten, bietet das MITI relativ vielfältige Möglichkeiten für Originalität und Risikobereitschaft. Es ist vorgekommen, daß Überlegungen zum Endzweck einer Strategie stärker waren als Konvention und Präzedenzfälle. Die gesamte Organisation muß zuweilen durch die Anwendung gewagter Maßnahmen »verteidigt« werden. Und wenn ein riskanter Kurs erfolgreich ist, badet der verantwortliche Direktor in Ruhm und wird befördert. »Geistige Flexibilität« — oder vielmehr die Fähigkeit, sich chamäleonartig wechselnden Bedingungen anzupassen — wird bei MITI-Beamten hochgeschätzt; dies ist ein Grund, warum Leute, die als »Wirtschaftler« bekannt sind, d. h. auf Meinungen beharren, die ausschließlich in der Wirtschaftstheorie gründen, nicht weiter als bis zum Bürodirektor aufsteigen.[53]

Recht früh in ihrer Laufbahn werden japanische Bürokraten mit dem Gefühl belohnt, echte Macht auszuüben und von anderen geachtet zu werden. Informanten aus dem MITI bestätigen trotzdem, daß ihr langfristiges Ziel wie bei allen Bürokraten darin liegt, ihre eigenen Chancen auf eine Stellung in der Privatwirtschaft zu kultivieren.

Diplomaten im Ministerium

Die meisten Kabinettsminister hinterlassen kein Erbe von Initiativen in dem Ministerium oder der Regierungsbehörde, die sie offiziell geleitet haben. Ihre Hauptaufgabe ist die Verteidigung ihres Ministeriums gegen potentiell feindliche Interessengruppen im System. Einige aktivistische Minister, besonders die, die nach dem Sessel des Premierministers streben, sind viel mehr als nur Galionsfiguren. Das MITI und das MOF sind weniger leicht durch solche Minister kontrollierbar als etwa die Ministerien für Bau, Verkehr, Gesundheit und Soziales oder Erziehung. Ein starker und politisch gewiefter Politiker, der das wirtschaftlich wichtige MITI- oder Finanzministerium hat, wird allerdings darauf achten, enge Beziehungen zu hohen und vielversprechenden jüngeren Beamten zu pflegen und sie sich zu verpflichten, indem er ihren Aufstieg durch indirekte Manipulation beschleunigt.

Diese Kunst hochklassigen jinmyaku-Knüpfens wurde sehr wirkungsvoll von Premierministern wie Ikeda Hayato, Sato Eisaku, Fukuda Takeo und vor allem Tanaka Kakuei ausgeübt. Takeshita

Noboru hat es getan, und künftige Kandidaten für das Amt des Premierministers wie Miyazawa Kiichi und Watanabe Michio haben sich darin ausgezeichnet.
Daß dies auf das MITI große Wirkung haben kann, zeigte sich im Juni 1984 durch die Ernennung von Konaga Keiichi zum administrativen Staatssekretär — de facto zum Leiter des Ministeriums. Die gesamte japanische Bürokratie hielt den Atem an und staunte über diese Entwicklung, denn der dreiundfünfzigjährige Konaga war der erste Mensch, der diese Spitzenposition erreichte und nicht Todai-Absolvent war. Als er 31 Jahre zuvor in einem »Jahrgang« von 38 Neuen an das MITI gekommen war, kamen nur vier andere nicht von Todai; noch außergewöhnlicher: er kam von der Universität Okayama, von der kaum jemand gehört hatte.
Wie konnte ein Beamter mit solchen Referenzen je zu einer Spitzenposition in der Verwaltung aufsteigen? Die Antwort ist nicht schwer zu finden. Als Tanaka Kakuei MITI-Minister wurde, bekam er Konaga als Sekretär, und Konaga behielt den Posten, als Tanaka Premierminister wurde. Dank dieser Verbindung und seinen zweifellos überragenden Fähigkeiten verdiente sich Konaga den Ruf, ein einzigartiges System von Kanälen zu mächtigen Politikern zu besitzen. Diese Beziehungen machten es ihm möglich, zum Waffenstillstand mit dem Postministerium beizutragen, und seine Kollegen hofften, er könnte sie gebrauchen, um die einst sprichwörtliche Dynamik des Ministeriums wiederzubeleben. Bei den Treffen der Staatssekretäre, die jeden Montag und Donnerstag stattfinden, um die politischen Entscheidungen zu bestätigen, die dann automatisch am folgenden Tag vom Kabinett übernommen werden, kann das diplomatische Talent eines Beamten wie Konaga für ein japanisches Ministerium von entscheidender Bedeutung sein.

Kontrolle und gegenseitige Abhängigkeit unter den Verwaltern werden generell in bezug auf drei Fragen untersucht: Kontrolle und Schutz der Wirtschaft durch starke Wirtschaftsministerien, das Machtspiel zwischen Bürokratie und LDP-Politikern, Unterstützung der LDP durch die Wirtschaft. Wir haben noch die dritte Frage und das entscheidend wichtige Thema der politischen Finanzierung zu besprechen, doch zuvor lohnt sich ein Blick auf die Karriere eines einzigen Politikers, dem es gelang, innerhalb des Systems ein Imperium aufzubauen, wie das moderne Japan es noch nie gesehen hatte.

Sein Name, Tanaka Kakuei, ist schon in verschiedenen Zusammenhängen aufgetaucht. Ein Überblick über seine Karriere ist hier hilfreich, denn das Imperium, das er innerhalb der Verwaltung aufbaute, war ein Paradebeispiel für die ineinander verwobenen Netzwerke inoffizieller Beziehungen und ungeschriebener Kriterien für politisches Verhalten, die das System zu dem machen, was es ist. Er war der größte aller jinmyaku-Knüpfer, und seine Geschichte beweist, daß der Mann, der diese Kunst meisterhaft beherrscht, praktisch das Land übernehmen kann.

»Schattenshogun«

Wenige Episoden verraten mehr über Tanakas Macht als die Art, wie der Premierminister und fast alle anderen wichtigen LDP-Figuren an sein Krankenlager eilten, als es eines Tages 1983 hieß, er habe Atembeschwerden. Als er 1985 den Schlaganfall erlitt, der den Beginn seines politischen Abstiegs markierte, eilte sogar Miyazawa Kiichi, lange mit den Anti-Tanaka-Kräften identifiziert, ins Krankenhaus; er wußte, daß Tanakas Zustimmung zu jener Zeit noch eine Bedingung dafür war, Premierminister zu werden.

Tanaka begann seine Laufbahn als Straßenarbeiter. Nach der Grundschule besuchte er eine Ingenieur-Abendschule, die er erst bezahlen konnte, nachdem er eine Arbeit bei einer Baufirma in Tokio gefunden hatte. Sein Vater, ein kleiner Roßhändler, war spielsüchtig, und seine Mutter mußte arbeiten, um die Familie vor dem

Bankrott zu bewahren. Eine solche Kindheit paßt in das gängige japanische Klischee vom Sohn, den seine Mutter durch ihr Leiden zu immer großartigeren Leistungen treibt.
Mit neunzehn Jahren eröffnete Tanaka sein eigenes kleines Büro für Baupläne. Seine große Chance kam, als er eine geschiedene Frau heiratete, deren Familie eine Baufirma besaß, die er 1943 reorganisieren durfte. Er akzeptierte einen riskanten Kriegsvertrag für die Verlegung einer Kolbenringfabrik nach Korea, und es gelang ihm, ein kleines Vermögen in harter Währung auf die Seite zu bringen, nach dem nach der Niederlage niemand fragte. Mit diesem finanziellen Sprungbrett erlangte er 1947 einen Sitz im Unterhaus. In der Rekordzeit von zehn Jahren wurde er Postminister und fünf Jahre später der jüngste Finanzminister, den Japan je hatte. Dann, 1972, machte dieser Selfmademan ohne formale Schulung Geschichte, indem er Premierminister wurde.
Inzwischen wurde Tanaka als Nationalheld verehrt, ein lebendes Symbol für Japans starke Nachkriegswirtschaft, soziale Mobilität und Demokratie. Als er zwei Monate nach seinem Amtsantritt mit diplomatischen Erfolgen aus Peking heimkehrte, sprachen Presse und Öffentlichkeit von einem »Tanaka-Boom« und glaubten, unter der Führung dieses »computerisierten Bulldozers« würde Japan der Welt zeigen, wozu es fähig war.
Etwa elf Jahre später war Tanaka Mittelpunkt einer Welle fast hysterischer Abscheu, als er im ersten Prozeß um den berühmten Lockheed-Bestechungsfall für schuldig im Sinne der Anklage befunden wurde. Die Presse zeichnete ihn als Schurken, dessen Verhalten eines Japaners unwürdig sei und der deshalb verdiene, von der Gesellschaft ausgestoßen zu werden. Sein Pech hatte tatsächlich 1973 begonnen. Etwa zu der Zeit, als er und ihm ergebene Bürokraten einen grandiosen Plan zur »Umgestaltung der Inselgruppe« lancierten (im Grunde ein Schema, um das flache Land für eine riesige Ausdehnung der industriellen Kapazität vorzubereiten), begannen sich die ersten ernsten Zweifel über die Folgen der überhitzten, wildgewordenen Wirtschaft für Japans Lebensqualität zu regen. Die Hosiannas, die zu einem massiven Chor geworden waren, als er Nixon nach Peking folgte, verstummten zusehends, als Inflation und wirtschaftliche Unsicherheit zunahmen. Diese waren weitgehend das Ergebnis von Fehleinschätzungen der

Bürokraten aus der Zeit vor Tanaka, doch 1974 fanden viele Japaner die Ursache für Japans Schwierigkeiten in Tanakas »Geldpolitik«, einem Begriff, das die Zeitungen gerade erst erfunden hatten. Karikaturen zeigten Tanaka mit einem Safe auf dem Rücken oder mit Geldscheinen, die ihm aus Ohren, Nase und Mund kamen — ein lebendes Symbol eines leicht ranzig gewordenen Wirtschaftswunders.

Gegen Ende 1974 war Tanaka gezwungen, als Premierminister zurückzutreten, weil ein paar Enthüllungsartikel in einer achtbaren Zeitschrift einige seiner dunklen finanziellen Transaktionen ans Licht gebracht hatten. Die Jagd auf ihn wurde aber erst eröffnet, als der Lockheed-Skandal im Frühjahr 1976 aufflog. Im Sommer jenes Jahres wurde er der Bestechung und der Verletzung der Gesetze zur Kontrolle des Devisen- und Außenhandels angeklagt. Er wurde für ein paar Tage inhaftiert, und — was am schädlichsten war — die Zeitungen ließen das ehrende san (Herr) fort, wenn sie ihn beim Namen nannten.

Von dieser Zeit an, nachdem er sich in symbolischer Buße von der LDP (aber nicht von seinem Mandat) getrennt hatte, machte Tanaka tödlichen Ernst mit dem Versuch, seine Macht auszudehnen. Seine Clique, die während seiner Zeit als Premierminister zwischen 80 und 90 Mitgliedern gehabt hatte, erreichte nun einen Gipfel von 122 Mitgliedern. Er baute nicht nur eine habatsu auf, die stärker war als die wichtigste Oppositionspartei, sondern stärkte sie auch mit einem Netzwerk von jinmyaku, das die Bürokratie und die Wirtschaft abdeckte, und rekrutierte in der restlichen LDP viele »heimliche Tanaka-Anhänger«.[54] Der gesamte Apparat wurde als Tanakas gundan oder »Armeecorps« bekannt. Es ermöglichte Tanaka, seinen alten Verbündeten Ohira Masayoshi im Amt des Premierministers zu halten, den nächsten Premierminister Suzuki Zenko und auch Suzukis Nachfolger Nakasone Yasuhiro zu bestimmen. All dies tat er, obwohl er nicht einmal Mitglied der »herrschenden Partei« war — das endgültige Beispiel der Art von Macht, die nicht anerkannt, aber allgegenwärtig ist.

Am 27. Februar 1985 wurde Tanaka von einem Gehirnschlag niedergestreckt, Ergebnis eines erschöpfenden Arbeitsrhythmus und einer Geschichte von Atembeschwerden. Ebenfalls verantwortlich war nach Ansicht seiner politischen Vertrauten sein unterdrückter

Zorn auf Takeshita Noboru, der damals ein dritt- oder viertrangiger Unterführer des »Corps« war: Er hatte eine »Studiengruppe« aus vierzig Mitgliedern der Tanaka-habatsu gegründet und strebte offensichtlich das Amt des Premierministers an, das er im Oktober 1987 bekam.

Eine Zeitlang hatte sich die politische Aufmerksamkeit in Japan in einem unglaublichen Ausmaß verengt. Seit den 1960er Jahren war die LDP dank ihres Machtmonopols das einzige Objekt anhaltenden Medieninteresses gewesen, in den späten 70er und frühen 80er Jahren hingegen hatte sich die Aufmerksamkeit noch weiter auf die Machenschaften innerhalb des Tanaka-gundan verengt. Im Frühling 1985 konzentrierte sich die Neugier schließlich auf Tanakas Krankenbett, dem sich niemand außer seiner unmittelbaren Familie und seinem treuen Sekretär Hayasaka Shigeo nähern durfte. Zwei Armeen von Fotografen, eine auf dem Dach des Hauses gegenüber Tanakas Krankenhaus und die andere auf Trittleitern vor der Mauer von Tanakas palastartiger Residenz balancierend, waren nicht einmal sicher, in welchem der beiden Gebäude sich sein Bett befand. Inzwischen waren die Spitzenverwalter plötzlich unsicher, an wen sie sich um Anweisungen wenden sollten. Tanakas Ausfallen schuf Probleme bei Ernennungen für Spitzenpositionen bei der staatlichen Eisenbahn und der NTT, der Telefon- und Telegraphengesellschaft, die gerade durch Privatisierung Japans größtes Privatunternehmen geworden war. Verhandlungen über öffentliche Bauprojekte in vielen Präfekturen gerieten ins Stocken. Premierminister Nakasone und sein Kabinett waren plötzlich sehr unsicher, wie ihre Überlebenschancen aussahen.

Viele Jahre zuvor hatte Tanaka etwas entdeckt, das eins der zentralen Themen dieses Buches ist: die Leere im Herzen des Systems. Wie die Offiziere mittlerer Chargen in der Kwantung-Armee vor dem Krieg fand er, daß diese Leere es relativ leicht machte, rivalisierende Machthaber hinter sich zu zwingen, sobald er dafür die richtige Technik entwickelt hatte. Dann schuf er ein informelles Shogunat in der Schale einer parlamentarischen Demokratie, die nicht so funktionierte, wie sie sollte. Vielleicht wäre er nie so weit gekommen, das System ganz zu übernehmen, aber er kam dem näher als jeder andere einzelne Japaner der Moderne.

Tanakas Macht stammte aus vielen Faktoren, die sich gegenseitig verstärkten, doch seine zwei Hauptstärken waren, daß er die Bürokratie zum Handeln bewegen konnte und daß er den Mitgliedern seiner habatsu die Wiederwahl praktisch garantieren konnte.

Soweit die Japaner ihre Abgeordneten nach ihrer Fähigkeit beurteilen, den zentralen Bürokraten Versprechen für Straßen, Brücken, Krankenhäuser, Eisenbahnlinien und Schulen abzuringen, war Tanaka zweifellos der beste Vertreter, den sie sich wünschen konnten. Niigata, Tanakas Präfektur, war einst eine der ärmsten und am meisten vernachlässigten Gegenden an der relativ isolierten Küste der Japanischen See. Heute ist sie bedeckt mit gepflasterten Straßen, Brücken und Tunnels, die zu Dörfchen von nur ein paar Dutzend Einwohnern führen. Zwei Autobahnen durchqueren sie, und ein »Geschoßzug« hält auf riesigen Betonbahnhöfen, die zu Dörfern zwischen den Reisfeldern gehören. Es gibt wahrscheinlich keinen anderen Ort auf Erden, wo Wahlgeschenke so offen zur Schau gestellt sind wie in Niigata. Die Einwohner im übrigen Japan haben Grund zur Eifersucht, denn Mitte der 80er Jahre wurden dort pro Kopf 60% mehr Steuergelder ausgegeben als im Landesdurchschnitt, und selbst Ende der 80er Jahre bekam die Region mehr öffentliche Baumittel als jede andere der sechsundvierzig Präfekturen.

Tanaka eroberte die Bastion der Bürokraten mit Todai-Weihen durch persönlichen Charme, ein großes Interesse an bürokratischen Belangen und vor allem ein phänomenales Gedächtnis für Rechtsvorschriften und Gesetzeslücken sowie für Informationen aus zahllosen Gesprächen mit den besten Fachleuten des Beamtenapparats. Er wußte, wo die bürokratischen Skelette vergraben waren. Er wußte wie kein Politiker vor oder nach ihm, welche Abteilung in welchem Ministerium für welche Art Entscheidungen formal verantwortlich war. Ich habe hochrangige Beamte interviewt, die sich, lange nachdem sein Ruf ruiniert war, voller Zuneigung daran erinnerten, wie Tanaka kleine Einzelheiten von Ratschlägen behielt, die sie ihm acht oder mehr Jahre zuvor en passant gegeben hatten. Seine Energie und sein Wissen brachten ihm die Bewunderung und Achtung praktisch aller Bürokraten ein, mit denen er in Kontakt kam.[55]

Seine Talente wurden von den früheren Bürokraten erkannt, die in der LDP das Sagen hatten. Nachdem Kishi und Ikeda ihn mit einem lukrativen Ministerium (Post) bzw. dem wichtigsten Portefeuille des Kabinetts (Finanz) belohnt hatten, betraute ihn Premierminister Sato mit den Finanzen seiner eigenen Clique und machte ihn zum LDP-Generalsekretär und MITI-Minister.

Zu Beginn seiner politischen Laufbahn hatte Tanaka die Bauern und Saisonarbeiter von Niigata organisiert. Sie, die seit Generationen ausgebeutet worden waren, hatten sich nach dem Krieg als linke Aktivisten hervorgetan; jetzt aber klammerten sie sich begierig an diesen verläßlichen Politiker, der in der konservativen Hochburg Tokio so wunderbare und direkt spürbare Ergebnisse erzielte.

Unter den koenkai, den Stimmenfängergruppen, sollte Tanakas Etsuzankai einzigartigen Ruhm erwerben und zum Vorbild für viele andere werden. Mit 92 000 Mitgliedern allein in Niigata unterhielt sie ein großartiges Netzwerk von Außenstellen, die unter vielem anderen genau darauf achtete, wann Begräbnisse und Hochzeiten stattfanden. Bis 1975 erhielten Neuvermählte und über Achtzigjährige, die Geburtstag feierten, von Tanaka persönlich unterschriebene Glückwünsche. Nachdem diese Methode verboten war, erhielten sie Telegramme. Bei jeder Beerdigung brannte eine dicke Kerze, verziert mit Tanakas Namen in Pinselkalligraphie. Die Etsuzankai hat viele Ehen arrangiert und mindestens zehntausend Menschen Stellungen vermittelt. Familienangehörige der so Begünstigten fühlen sich Tanaka lebenslang verpflichtet. In Tokio hielt Tanaka hof und empfing jeden Vormittag Dutzende bis Hunderte von Bittstellern. All diese Funktionen — das Arrangieren von Ehen, Stellenvermittlung, Organisation von Wochenendausflügen für Senioren, Hilfe für Besucher, Schlichtung lokaler Zwistigkeiten — gehören heute zur täglichen Routine der meisten LDP-Politiker. Tanaka aber war es, der die Methode im großen Maßstab perfektionierte.

Tanakas originellster Beitrag zur politischen Geschichte Japans war seine Entdeckung, daß die Techniken wirksamen Stimmenfangs von der lokalen auf die nationale Ebene übertragbar waren. Er zeigte sich interessiert an den Problemen von Dorfschulzen, Gemeindebeamten, Schulleitern, Lokalpolitikern und allen Menschen mit Prestige überall im Land. Sein phantastisches Gedächtnis befähigte ihn, zumindest Beruhigendes am Telefon zu sagen, selbst wenn er nicht sofort für die notwendigen Mittel oder bürokratischen Maßnahmen sorgen konnte. Dadurch erwarb er sich die Bewunderung vieler Lokalmatadore in ganz Japan, die in ihm ihren Vertreter in Tokio sahen. Sie mußten ihn nicht einmal hundertprozentig unterstützen; Tanaka pflegte am Telefon jovial um »halbe Unterstützung« zu verhandeln, wenn jemand andere Loyalitäten hatte oder seines Ansehens wegen zögerte, sich zu eng mit ihm zu identifizieren.

Die Tanaka-Maschinerie bot neuen LDP-Kandidaten in den dichtbevölkerten Wahlkreisen die besten Wahlchancen, und dadurch konnte Tanaka die begabtesten Exbürokraten rekrutieren. Dies war die »Möhre« — und gleichzeitig der »Stock«. Wenn Tanaka ein feindliches LDP-Mitglied zur Räson bringen wollte, brauchte er generell nur zu drohen, im Wahlkreis des Widerspenstigen einen Rivalen zu unterstützen — der dann die besseren Chancen haben würde, zu gewinnen. Dank seiner hochkarätigen Polizeikontakte hatte Tanaka obendrein Zugang zu Informationen, die nützlich war, um seine Gegner in Schach zu halten, falls nötig mit subtiler Erpressung.

Die riesige Gruppe von Politikern, die Tanaka auf nationaler Ebene durch Gefälligkeiten um sich scharte, hatte und hat den Ruf, die talentiertesten Verwalter zu umfassen, die in Japan zu finden sind. Tanaka selbst verglich sie mit einem großen allgemeinen Krankenhaus, wo jeder Politiker Hilfe finden konnte, wenn seine Stellung gefährdet war. In seinem gundan gab es Spezialisten für jedes denkbare politische Problem; seine »Krankenstation« nahm selbst Politiker, die nicht zu seiner Gruppe oder nicht einmal zur LDP gehörten, gastlich auf.

Die Muttermilch der Politik

Nach den Wahlen von 1974 und dem Lockheed-Skandal wurden die Zeitungen besessen von der kinken seiji, der Geldpolitik, und der seiji rinri, der politischen Ethik. Sie hatten entdeckt, daß »Tanakas scharfes Auge vor allem sah, daß Geld tatsächlich die Muttermilch der Politik war, und daß derjenige das System kontrollierte, der am meisten Geld kontrollierte«.[56]

Alles prangerte die Geldpolitik an. Niemand konnte sie öffentlich verteidigen oder in der Presse erklären, daß es ohne sie keine LDP gäbe. Die unmittelbare »Abhilfe« war eine Verschärfung des Gesetzes zur Kontrolle der Parteifinanzierung; das wies darauf hin, daß zwischen der LDP und der Wirtschaft ein Bereich war, wo es nicht ganz mit rechten Dingen zuging. Der Ausdruck »politische Ethik«, den Leitartikler und Politiker jeder Couleur benutzten, bedeutete schließlich einfach Tanakas Ausschluß vom Parlament. Er wurde eine Waffe in den anhaltenden Kämpfen zwischen LDP-habatsu und ein rhetorisches Versatzstück zeremonieller Opposition. Konnte man Tanaka nur zwingen, als Volksvertreter zurückzutreten, so konnte die politische Welt Japans mit der Selbstreinigung beginnen — so der Tenor zahlreicher Leitartikel bis 1985.

Der regulierte Geldfluß von der Wirtschaft zur LDP unterstreicht die offiziell gebilligte Partnerschaft der beiden. Führer der zaikai — der Creme von Japans Finanz-, Industrie- und Handelsorganisationen — spielten eine wichtige Rolle in dem Prozeß, der im November 1955 zur Entstehung der LDP führte, und es war nur natürlich, daß sie sie am Leben hielten, indem sie die notwendigen Mittel zur Verfügung stellten. Die organisierte Parteifinanzierung hat schon eine lange Geschichte, und die beiden wichtigsten Vorkriegsparteien — beide völlig von der Bürokratie eingebunden — wurden jeweils von einer der beiden größten Firmengruppen bezahlt: Minseito von Mitsubishi und Seiyukai von Mitsui. Bis zum Zusammenschluß der Liberalen Partei und der Demokratischen Partei 1955 erhielten die politischen Bosse das meiste Geld persönlich von einzelnen Geschäftsleuten, und wer mit den Großzügigsten befreundet war, stieg meist am höchsten auf. Dies führte allerdings zu Skandalen, die das Vertrauen des Volkes zum frühen Nachkriegssystem untergruben. Die zaikai war extrem besorgt über mögliche politische Gewinne der Linken, und im Januar 1955, auf der Höhe ihrer Kampagne, um diese Gefahr zu neutralisieren, gründeten die vier größten Wirtschaftsverbände den Runden Tisch zum Wiederaufbau der Wirtschaft, um ein besseres Finanzierungssystem zu erarbeiten. Leiter der Organisation war der damalige Vizepräsident des Keidanren, Uemura Kogoro, der vor dem Krieg eine Hauptrolle dabei gespielt hatte, militärische und zivile Wirtschaftsplaner zusammenzubringen, und im Krieg einer

der höchsten Bürokraten in der Wirtschaftsplanung gewesen war. Ihr Ziel war, Geld direkt in die Parteizentralen zu leiten, dadurch Parteigezänk und unschöne persönliche Rangeleien zu umgehen und die »Konservativen« zusammenzuschmieden.[57] Ihre Folgeorganisation, der Volksverband (Kyokumin Kyokai), 1961 gegründet und 1974 in Politischer Volksverband umbenannt (eine kosmetische Änderung infolge des »Geldpolitik«-Skandals), stellte der LDP in den späten 60er und 70er Jahren gute 90% ihres offiziellen Einkommens zur Verfügung.
Jedes Jahr bitten die drei höchsten LDP-Manager bei einem Neujahrstreffen mit Wirtschaftsvertretern formell um »Spenden«, wobei sie ein »Ziel« erwähnen. 1985 war dies 10 Milliarden Yen. Welcher Sektor wieviel spenden soll, wird später in Gesprächen unter den Industrien selbst beschlossen. Zwischen Neujahr und dem Beginn des neuen Haushaltsjahrs am 1. April muß der LDP-Schatzmeister mehrere hundert Industrieverbände und große Unternehmen besuchen, um den Spendenfluß anzuregen.[58] Zahlen des Innenministeriums zeigen, daß die Spenden, die ein LDP-Mitglied von der Wirtschaft erhält, bei jedem Aufstieg in eine erkennbar höhere Position zwischen 55 und 100% steigen. 1985 erhielt Nakasone Yasuhiro fünfmal soviel wie in dem Jahr, bevor er Premierminister wurde.
Eine neue Methode, die erlaubte Finanzierung durch Firmen zu steigern, besteht darin, daß Beauftragte eines LDP-Politikers »Unterstützungspartys« organisieren und zwischen 20000 und einer Million Yen für Karten verlangen. Firmen sind manchmal gezwungen, eine Anzahl solcher Karten über ihren Industrieverband zu kaufen. Die Hotels, in denen die Partys stattfinden, können auch Karten an Geschäftspartner und andere Mitglieder des keiretsu verkaufen, zu dem sie gehören. Solche Karten verstoßen nicht gegen das Gesetz, und das zuständige Innenministerium betrachtet sie als »Bezahlung für Erfrischungen«. In zwei Monaten erzielte das LDP-Mitglied Tamaki Kazuo auf Partys in Tokio und Osaka 1984 einen Reingewinn von 445 Millionen Yen (2,6 Millionen Dollar zum damaligen Wechselkurs) mit den Erfrischungen, die er servierte, zusätzlich zu den offiziell deklarierten 1229 Millionen Yen (7,2 Millionen Dollar) aus offiziellen Spenden in seinem Wahlkreis.

Auch die Ministerien tun das Ihre. Wie ein Karrierebeamter einem Zeitungsreporter klagte:

> *Viele Male habe ich Karten für die Partys prominenter Mitglieder von Parlamentsausschüssen gekauft, die mit meiner Arbeit zu tun haben. Die Kosten waren vom Haushalt unseres Ministeriums gedeckt. Daneben müssen wir auch aus unserer eigenen Tasche Karten für Politiker bezahlen, mit denen wir Beziehungen pflegen müssen. Ich persönlich gehe zu etwa 15—20 Partys im Jahr, was für mich eine finanzielle Belastung ist.*[59]

Besonders im Fall der LDP ist das registrierte Einkommen nur ein kleiner Teil der Wirklichkeit. Es gibt viele indirekte Wege, Geld von der Wirtschaft zu kassieren. Einer geht über die Börse. Insidergeschäfte sind in Japan sehr verbreitet, und ein Politiker kann Papiere kaufen, die dann durch eine Vielzahl von Manipulationen steil ansteigen. (Insidergeschäfte sind theoretisch natürlich nicht erlaubt. Doch von 1948 bis 1987 führte nur ein Fall zur Anklage. Japanische Firmen und Makler werden nicht so überwacht, wie es an westlichen Börsen üblich ist. Wenn das geschähe, wäre die keiretsu-Struktur in Gefahr, und große Versicherungen wie Nomura wären nicht mehr da.) Das Geld, das LDP-Politiker in ihren eigenen Präfekturen kassieren, braucht nur den örtlichen Behörden angegeben zu werden, und niemand kontrolliert dies. Noch wichtiger sind die geheimen und sehr lukrativen Absprachen, die alle wichtigen LDP-Mitglieder mit Firmen und Banken haben, und die »Tunnelorganisationen«, die einzelnen habatsu Geld zuleiten.

Dieser ungeregelte Geldfluß von der Wirtschaft zu den Politikern ist eine alte Tradition. Ein früher ausländischer Kommentator japanischer Politik staunte über die riesigen Reichtümer, die Parteipolitiker der Meiji-Periode durch Bestechung ansammelten. Sobald die Parlamentarier entdeckten, welche Macht ihnen unbeabsichtigt durch ihr einzig bedeutendes Recht gegeben war — die Regierung zum Auskommen mit dem Haushalt des Vorjahres zu zwingen —, wurden sie auch von der Bürokratie systematisch bestochen.[60] Sie brauchten das, denn der Brauch des Stimmenkaufs scheint in Japan so alt wie der Wahlkampf.[61]

Heutige LDP-Politiker können sehr offen sein, was ihr »geheimes« Einkommen betrifft. Als ich sie auf Routinereisen durch ihre Wahlkreise begleitete, habe ich mit eigenen Augen gesehen, wie sie Dutzende Millionen von Yen in braunen Papiertüten entgegennahmen. Das registrierte Einkommen ist nur ein Bruchteil dessen, was LDP-Politiker brauchen, um ihren Stab und ihre koenkai in normalen Jahren zu unterhalten, um in Wahljahren indirekt Stimmen zu kaufen, um die Unterstützung rivalisierender habatsu zu kaufen, wenn sie zum Parteivorsitz aufsteigen, und manchmal, um als Teil ihrer komplexen politischen Manöver die Parlamentarier der »Opposition« zu bestechen.

Es ist unmöglich, einen verläßlichen Durchschnitt zu errechnen, doch ich schätze, in einem Jahr ohne Wahlen Mitte der 80er Jahre hat es rund 400 Millionen Yen (gute 3 Millionen Dollar zum Wechselkurs von 1987) gekostet, in einem Wahlkreis präsent zu bleiben.

Und dies sind nur die Grundkosten. Komoto, der Besitzer der einst hochprotegierten Sanko Steamship Company, erregte weithin Aufsehen mit einem dramatischen Versuch, das Amt des Premierministers zu kaufen. Nach der Einführung einer neuen Parteiregelung, die Vorwahlen bei der LDP-Basis vorsah, um Kandidaten für den Parteivorsitz zu ermitteln, schwoll die Zahl von 1,4 Millionen Parteimitgliedern 1979 plötzlich um weitere 1,7 Millionen an. Als dann klar wurde, daß die Vorwahl schließlich doch nicht stattfinden würde, »verlor« die Partei praktisch alle neuen Mitglieder, und im August 1980 waren es wieder 1,4 Millionen. Komoto selbst hatte der Mehrzahl von ihnen die Mitgliedsbeiträge bezahlt.

Tanakas Wahl zum Parteivorsitzenden hat angeblich zwischen drei und fünf Milliarden Yen gekostet. Die Wiederwahl Nakasones als LDP-Vorsitzender kostete seine habatsu 1984 über eine Milliarde Yen, und eine weitere Milliarde wurde in Reserve gehalten, um mit unerwarteten Problemen fertigzuwerden.[62]

Die Vorteile, die die Geschäftswelt sich mit dem Geld für LDP-Politiker kauft, sind recht eindeutig. 1984 waren die kommerziellen Banken am großzügigsten mit (registrierten) Spenden; sie zahlten etwa ein Drittel dessen, was die Wirtschaft offiziell für die LDP ausgab. Kein Wunder, daß die so forcierte Liberalisierung des Finanzsektors nur japanischen Institutionen half. Den traditionell hohen Beiträgen von den geschützten Sektoren Stahl und Maschinen folgten an dritter Stelle die der Telekommunikation mit 11% der Gesamtsumme. Dies war ein Jahr, in dem die USA sehr auf die Öffnung des Telekommunikationsmarktes drängten.
Ein Fachmann fand:

> *Die Kommission, die die Tanaka-Maschinerie dafür verlangte, die Bürokratie zum Handeln zu bringen — zum Beispiel, einen Bauvertrag aus dem Bauministerium zu bekommen oder die Umsetzung eines Plans zur Marktöffnung vom Ministerium für Post und Telekommunikation zu verzögern —, betrug drei Prozent vom Wert des Projekts.*[63]

LDP-Mitglieder, die der Regierung einer Stadt oder Präfektur ein von der Zentralregierung bezahltes, öffentliches Projekt vermitteln, erhalten routinemäßig 2% seines Wertes.[64]
Man könnte endlos weitere Beispiele anführen. Ärzte- und Zahnärzteverbände haben 1984 über eine Milliarde registrierter Spenden gezahlt. Sie geben jedes Jahr viel, als Gegenleistung für ständige Steuervorteile und staatliche Duldung der Geschäftemacherei, die das Krankenkassensystem ermöglicht. In den frühen 1980er Jahren stürzten sich Firmen, die Supermärkte betrieben, auf Karten für Geldbeschaffungspartys, weil ihnen, recht spät, klar wurde, daß für sie ungünstige bürokratische Vorschriften zu ändern gewesen wären, wenn sie die richtigen LDP-Mitglieder gefördert hätten.[65] Während einer Debatte in der LDP-Zentrale, ob Geräte zur Büroautomatisierung besteuert werden sollten, strömte 1984 eine große Gruppe zum Konferenzsaal und verkündete laut ihre Opposition in Hörweite der Industrievertreter in den Korridoren. Wie Kato Mutsuki, der Vorsitzende des LDP-Forschungs-

ausschusses zum Steuersystem, sagt, ist leicht zu erkennen, wer welcher Industrie nahesteht.[66] Er selbst hat die innigsten jinmyaku-Verbindungen zum Verkehrsministerium und ist engstens mit dem Japanischen Verband zur Förderung der Automobilmechanik befreundet (der letztere schützt die Interessen von etwa 78 000 Werkstätten mit 570 000 Automechanikern; sie beziehen einen guten Teil ihres Einkommens aus den vorgeschriebenen zweijährigen Inspektionen, die alle Autobesitzer jedesmal rund 200 000 Yen kosten). Er kämpfte in vorderster Linie gegen die geplante Reform dieses Systems, das allgemein als kolossale Schiebung gilt.[67] Die Verkäufer von Lebensversicherungen wiederum haben LDP-Kandidaten vor Wahlen aktiv unterstützt, und nicht zufällig schlug die LDP 1984 gegen die Opposition des Finanzministeriums bestimmte Befreiungen von der Einkommensteuer vor, die die Versicherungen sich wünschten.

Die Wirtschaftssektoren — besonders wenn ihre Märkte expandieren, schrumpfen oder wenn sie auf andere Weise von Eingriffen der Regierung Vorteile erwarten — bewerten Politiker oft nach ihrer Kenntnis der Probleme der fraglichen Industrie, ihrer Bereitschaft zur Zusammenarbeit und früheren Gefälligkeiten. Der Politiker darf finanzielle Unterstützung nach dieser Bewertung erwarten.

Skandale

Nur wenige japanische Premierminister nach dem Krieg sind nicht an irgendeinem Punkt ihrer Laufbahn durch einen Skandal oder den Verdacht der Bestechung belastet worden, der mit ihrer symbiotischen Beziehung zu Geschäftsleuten zu tun hatte. Yoshida Shigeru schröpfte die Kohlegesellschaften im Zusammenhang mit einem Gesetz zum Wiederaufbau der Sclüsselindustrien.[68] Kishi Nobusuke war ein politischer Krämer und stand im Verdacht, ein Vermögen mit Reparationen, Hilfsdarlehen und Konzessionen in Taiwan, Vietnam, den Philippinen, Indonesien und Südkorea gemacht zu haben.[69] Der lichtscheue Ganove Kodama Yoshio war einer von Hatoyama Ichiros größten Finanziers nach dem Krieg. Ashida Hitoshi und Fukuda Takeo wurden im Zusammenhang mit dem Showa-Denko-Skandal angeklagt, der 1948 für Aufregung sorgte. Ikeda Hayato und Sato Eisaku waren in den Werftenskandal von 1954 verwickelt. Eine Reihe von Skandalen, die in den 60er Jahren ans Licht kamen und von der Presse als »der schwarze Dunst« bezeichnet wurden, schienen praktisch jeden, der in der LDP zählte, an irgendeinem Punkt zu betreffen.[70]

Obwohl diese und andere Skandale immer wieder Aufschreie verursacht haben, ist die Korruption in Japan in gewissem Sinn durch ihre Systematik legitimiert. Sie ist so durchorganisiert und ist so sehr, auf so vielen Ebenen, Teil der außerrechtlichen Wege des japanischen Systems geworden, daß die meisten Bürger und im Land wohnenden Ausländer sie nicht als das erkennen, was sie ist, sondern als »zum System gehörig« akzeptieren. Die Presse nennt sie »strukturelle Korruption« und erkennt damit implizit an, daß sie ein notwendiger Aspekt des Systems in seiner gegenwärtigen Verfassung ist.

Wenn jedermann in Japan die Situation akzeptiert, warum wurde dann um Tanakas Geldgeschäfte so viel Theater gemacht, daß er als Premierminister zurücktreten mußte? Und warum das anhaltende Gezeter über Lockheed? Die Tatsache, daß der Lockheed-Skandal zuerst in den USA aufflog, erschwerte es zweifellos, ihn unter den Teppich zu kehren. Trotzdem, warum wurde Tanaka nach 1976 ständig an den Pranger gestellt? Drei Jahre nach seiner Verhaftung wurde offenbar, daß ein anderer Flugzeugbauer, McDonnell Douglas, ebensoviel an den Generaldirektor der Selbstverteidigungsbehörde gezahlt hatte, wie Tanaka von Lockheed bekommen hatte (500 Millionen Yen). Doch der Funken des Skandals wurde rasch erstickt, und heute erinnert sich praktisch niemand daran. Warum Tanaka?

Jeder wußte, daß es eine Menge Geld gekostet hatte, in seine Position aufzusteigen, seine habatsu zu stärken, für die Leute von Niigata zu tun, was er tat und die Bürokratie zu bewegen, Pläne durchzuführen, die er für Japan für nützlich hielt. Irgendwoher mußte das Geld kommen; kein japanischer Politiker kommt mit seinem Geld allein aus. Dies hatte der habatsu-Führer Fujiyama Aiichiro bewiesen, der sich in dem vergeblichen Versuch, Premierminister zu werden, fast ruinierte.[71] Ikeda Hayato hatte bei der Beratung seiner habatsu-Mitglieder keinen Zweifel daran gelassen, woher die Mittel kommen sollten: nicht aus der eigenen Tasche oder der eigenen Firma — sondern andere sollten die Ausgaben der Politiker tragen.[72]

Tanaka war darin anders, daß er sich einen großen Teil seiner Mittel durch seine eigenen geschäftlichen Transaktionen verschaffte. An einem Punkt sah es so aus, als gäbe es in Niigata kaum etwas anderes als das Baugeschäft. Tanaka spekulierte ohne Risiko in Immobilien, weil er Insider-Informationen über Regierungsprojekte hatte. Er besaß eine Reihe von Briefkastenfirmen, die nichts taten als Land kaufen und verkaufen.

Tanaka erklärte einmal seinem Sekretär, Hayasaka Shigeo, er hätte dem Beispiel seiner Politikerkollegen nicht folgen können, weil er nicht ihren Hintergrund hatte. Kein Todai in seiner Vergangenheit verband ihn mit dem Rest des Systems.[73] Anders als Ikeda, Fukuda Takeo und Ohira Masayoshi hatte er nicht im Finanzministerium gedient und dadurch starke finanzielle Bindungen mit Banken, Versicherungen und den wichtigsten Industrien, etwa Stahl, aufgebaut. Anders als Miki Takeo hatte er weder ein mit chemischen Düngern verdientes Vermögen erheiratet noch war er von Versorgungsbetrieben unterstützt worden.

Hier liegt vielleicht ein Teil der Erklärung für die kollektive Verurteilung Tanakas. Er war relativ unabhängig. Die Wirtschaftskomponenten des Systems hatten ihn letztlich nicht in der Hand. Sie können die Wahl oder Wiederwahl eines Premierministers nur verhindern, solange er nicht privat sehr reich ist. Tanaka blieb am Ende ein Außenseiter. Dies wurde nach dem Lockheed-Urteil 1983 überaus deutlich, als er die kleinste Geste verweigerte, die als Zeichen der Zerknirschung hätte gelten können. Selbst viele seiner Sympathisanten waren mit seinen Feinden einig darin, daß dies zu weit ging und daß er sich »unjapanisch« verhalte. Rituelle Buße war es, was alle erwarteten, und wäre er weitergegangen und hätte sein Abgeordnetenmandat niedergelegt, um in der bevorstehenden Wahl »das Volk sprechen zu lassen«, so hätte ihm ein glanzvoller Sieg größtmögliche Ellbogenfreiheit verschafft. Doch er war wütend und wollte der Elite des Landes trotzen.

Der Hauptgrund für das Anti-Tanaka-Geschrei liegt allerdings wohl in jenem Wesenszug des Systems, den wir in diesem Kapitel betrachten: seiner Formlosigkeit. In gewisser Hinsicht war Tanaka zu ehrlich. Er hatte seine Macht erreicht, indem er die inoffiziellen

Möglichkeiten im politischen System geschickter ausnutzte als alle vor ihm. Dann versuchte er, explizit zu machen, was nur implizit gewesen war; er versuchte, das System zu systematisieren. Was Tanaka tat, wurde zu offensichtlich. Im Wahlkampf zum Oberhaus 1974, während dessen er Premierminister war, gab es keinen Versuch, die vielen Manöver zum Stimmenkauf zu verbergen, und Firmen wurden offen unter Druck gesetzt, damit sie ihren Angestellten befahlen, LDP-Kandidaten zu wählen. Obendrein begann die strukturelle Korruption, um die jeder Verwalter wußte, sich aber unwissend stellen konnte, so offen praktiziert zu werden, daß man sie nicht länger leugnen konnte.

Hiermit ging eine weitere, beunruhigende Entwicklung einher. Das ungeschulte politische Genie, das alle Schranken durchbrochen hatte, um ins Zentrum der Todai-geweihten Verwalter vorzustoßen, war durch brillantes Können sowohl an der Basis als auch in Tokio praktisch unbesiegbar geworden. Das Gleichgewicht der Cliquen innerhalb der LDP war durch die Überlegenheit von Tanakas gundan gestört worden. Für besorgte Japaner war das entsetzlich. In vieler Augen liegt das Wesen japanischer »Demokratie« in der Erhaltung des Gleichgewichts zwischen den Komponenten des Systems und innerhalb des Untersystems LDP.

Tanakas alles beherrschende Präsenz provozierte eine chronische Reaktion, die unter den Verwaltern manchmal bis zur Hysterie ging. Eine große Ironie der Geschichte war das Verhalten der Zeitungen. Sie versuchten, zu exorzieren statt zu analysieren; eine der interessantesten Entwicklungen in Japans Nachkriegspolitik regte sie zu moralischer Entrüstung an statt zu vernünftigem Nachdenken. Obwohl Tanaka seine größte Macht — die Macht, die es ihm ermöglichte, Japans Premierminister zu bestimmen — nach seinem Sturz als Premierminister und nach seiner Verhaftung in Sachen Lockheed hatte, sagte die Presse in gerade diesen neun Jahren seines stetigen Machtzuwachses in regelmäßigen Abständen und fast einstimmig seinen unmittelbar bevorstehenden Rücktritt voraus. Die Voraussagen waren zum Teil als sich selbst erfüllende Prophezeiungen (»self-fulfilling prophecy«) gemeint. In ihrer Rolle als Moralwächter der Nation versuchte die Presse, Tanaka zum Weggehen zu zwingen, indem sie von seiner schwindenden Macht berichtete. Dies hätte bei einem kleineren Mann wahrscheinlich funktioniert, aber Japans Zeitungsmacher unterschätzten Tanaka auf der ganzen Linie. Und weil er ihnen einfach eine lange Nase machte, wurde ihre Stimme immer schriller und hysterischer. Sie hielten erst ein, als klar wurde, daß der »Schattenshogun«, teilweise gelähmt und sprachbehindert, endlich die Kontrolle über eines der größten jinmyaku-Systeme verlor, die Japan je gesehen hatte.

LDP-SCHLACHTEN, BÜROKRATEN UND POLITISCHE STÄMME

Ein großes Problem der japanischen Politik ist die Unfähigkeit der LDP, ein allgemein akzeptiertes Verfahren zur Wahl ihres Präsidenten zu entwickeln. Eine Zeitlang wurde dies von Premierministern gelöst, die mit dem Segen und der Ermutigung der Wirtschaft ihre eigenen Nachfolger aussuchten. So gab Kishi den Posten an Ikeda weiter und dieser wiederum an Sato. Als Sato aber 1972 zum Rücktritt gezwungen wurde, ernannte er niemanden, und so begann ein Machtkampf, der ein Dutzend Jahre lang den Stoff für politische Nachrichten und Diskussionen abgeben sollte.

»Habatsu«-Politik

Politische Kommentare in japanischen Zeitungen konzentrieren sich fast ausschließlich auf das, was Cliquenführer tun, um Macht übereinander zu behalten oder zu gewinnen. Als Takeshita Noburu im Frühling 1987 endlich seine Absicht erklärte, für den LDP-Vorsitz zu kandidieren, und dadurch Tanakas gundan spaltete, löste er für ein halbes Jahr Spekulationen der Medien über Nakasones Nachfolger aus. Und doch griff nicht ein Leitartikel die Frage auf, wer unter den vier Kandidaten der beste Premierminister sein könnte. In Japan sind politische Kommentare zumeist eng auf das ewige Ratespiel beschränkt, wer wem in geheimnisvollen Manövern was antut. Bezugnahmen auf Politik finden keinen Platz darin; es gibt keine politischen Unterschiede, auf die man sich beziehen könnte.

Ausgefeilte Theorien, die LDP-Cliquen de facto als Parteien sehen, die miteinander um Einfluß in politischen Entscheidungsprozessen konkurrieren, sind falsch. Habatsu konkurrieren um den Posten des Premierministers und um unmittelbaren Zugang zur Bürokratie, um ihre versprochenen Wahlgeschenke liefern zu können. Keine Idee, kein Prinzip von der richtigen Ausübung der Macht hat etwas damit zu tun.[74] Habatsu-Politik entspricht keiner Form des Pluralismus. Sie ist ein Machtspiel, völlig bar jeder sinnvollen politischen Diskussion, auf das der Wähler nicht den geringsten Einfluß hat.

Die Zahl der habatsu schwankt aufgrund von Teilungen und Zusammenschlüssen; während der 70er und 80er Jahre hat es immer fünf bis sieben wichtige gegeben. Ihre Namen haben sie von ihren Führern, die auch die aussichtsreichsten Kandidaten für den LDP-Vorsitz und daher den Sessel des Premierministers sind. Die habatsu sind Anlaß zu endlosen Reibereien und manchmal so starken Spannungen, daß die LDP sich aufzulösen scheint. Kabinettsposten werden nach der Größe jeder habatsu verteilt, und wenn eine von ihnen auch nur ein Portefeuille zuviel zu bekommen scheint, gibt es sofort Debatten über die »heikle« oder »sehr kritische« Lage. Die habatsu helfen beim Teilen der politischen Beute und erfüllen eine wesentliche Funktion in der Verteilung der Gelder. Weil Wahlkreise mit hoher Bevölkerung die Konkurrenz unter LDP-Kandidaten fördern, wird erwartet, daß hochrangige Mitglieder für ihre Leute gegen Kandidaten aus anderen habatsu in den Wahlkampf ziehen. Örtliche LDP-Büros sind, wenn sie überhaupt existieren, bedeutungslos und werden in diesen Kämpfen hinter den Kulissen vielleicht sogar feindlich betrachtet.

Um Premierminister zu produzieren, sind Allianzen zwischen den habatsu nötig, und die erfolgreichen werden gewöhnlich als die Regierung unterstützende »Hauptströmung« bezeichnet. Die rivalisierenden habatsu der »Gegenströmung« werden trotzdem mit Ministerien belohnt, aber genau beobachtet, ob sie eine Kampagne beginnen, um die Hauptströmung zu untergraben. In den letzten Jahren haben Überläufer und neue Zusammenschlüsse zwischen Teilen rivalisierender habatsu zu überlappenden »Studiengruppen« es zunehmend erschwert, zwischen der »Hauptströmung« und der »Gegenströmung« zu unterscheiden.

Seit 1985 sind die Manöver der habatsu, die Konfiguration ihrer Bündnisse und die Wahrscheinlichkeit der Nachfolge von Premierministern — d. h. die eigentliche Substanz japanischer Politik — weniger berechenbar geworden. Das liegt daran, daß Tanaka nicht mehr die wichtigen Entscheidungen trifft. Selbst ehe Tanaka in den späten 70er Jahren die Macht bekam, das zu tun, hielt sich der Kampf innerhalb der LDP an relativ vorhersehbare Muster, denn ein alles beherrschender Konflikt war tatsächlich institutionalisiert worden. Diese lange Episode in Japans Nachkriegspolitik wird gemeinhin als der Kaku-Fuku-Krieg bezeichnet — Kaku vom ersten Schriftzeichen in Tanakas Vornamen und Fuku vom ersten Zeichen in Fukudas Familiennamen.

Der Konflikt brach 1972 offen aus, als Tanaka sich den LDP-Vorsitz kaufte, und endete mit Fukudas fast völliger Niederlage Ende der 70er Jahre. Wie wir schon in mehreren Zusammenhängen feststellten, fungieren LDP-Politiker hauptsächlich als Makler, die zwischen den Hütern des Haushalts und lokalen Interessen stehen und die Verteilung von Japans Reichtum regulieren. Nach dem Tod von Kono Ichiro in den letzten Tagen der Regierung Sato hatten nur zwei Politiker — Fukuda und Tanaka — die jinmyaku, den Anspruch auf angesammelte Verpflichtung ganzer Ministerialbüros, das Talent und die Statur, unter diesen Maklern Boß zu sein. Die beiden Riesen hatten vieles gemeinsam. Beide begannen den Tag mit dem Empfang vieler Bittsteller in ihrem Haus. Beide waren Ausnahmen unter den Kabinettsministern, weil sie ihre Macht über die Bürokraten in einer Reihe verschiedener Kabinettsposten behalten hatten. Beide waren für wichtige Beförderungen in den Ministerien verantwortlich und hatten sich so eine Hausmacht persönlich loyaler Bürokraten geschaffen. Ihre Unterschiede in Ausbildung und sozialer Herkunft jedoch wogen viel schwerer. Als Sato Eisaku als Premierminister zurücktrat, wußte jeder von ihnen, daß er den anderen nicht an der Spitze dulden konnte. Ihre Rivalität verschärfte sich noch durch andere Dinge als die Verlockung des Amtes: Wie in den folgenden Jahren klar wurde, war es ein Kampf um das Recht, die japanische Politik zu managen, das über das Amt des Premierministers weit hinausging.

Als Tanaka Premier war, hatte Fukuda trotz seiner Niederlage keine wirkliche Macht abgegeben. Tanaka machte ihn zum Finanzminister, um den Haushalt nach »den größten Wahlgeschenken in der Geschichte der öffentlichen Finanzen Japans«, wie ein Forscher es nennt,[75] wieder in Form zu bekommen, und unter Premierminister Miki Takeo übte er in der gleichen Position weiterhin sehr großen Einfluß aus. An diesem Punkt hatte Fukuda wahrscheinlich einen Vorsprung vor Tanaka, den er hätte behalten können, wenn Tanaka nicht gestürzt wäre. Er spielte eine wichtige Rolle bei der Aufdeckung des Skandals über Tanakas »Geldpolitik«. Als dies Tanaka jedoch zum Rücktritt zwang, mußte er noch gegen Ohira Masayoshi kämpfen, der ebenfalls aus dem Finanzministerium kam und ein alter Verbündeter Tanakas aus früheren habatsu-Schlachten war. Ein Parteisenior, Shiina Etsusaburo, wurde gebeten, einen Ausweg aus der Klemme zu finden, die die etwa gleiche Stärke Fukudas und Ohiras bedeutete, und er fand eine Lösung, indem er den Chef einer viel kleineren und schwächeren habatsu erhob: Miki Takeo. Dessen Ruf als ungewöhnlich »sauberer« Politiker war in jenem Jahr von Vorteil für die LDP.

Mit Miki als Kompromißpremier schien es zumindest einigen, daß die Methode der gezielten Zuwendungen zurückgehen würden. Miki selbst hatte eine aktive Abneigung gegen die in der japanischen Politik üblichen Praktiken und wollte offenbar echte parlamentarische Verfahren in Japan einführen. Zwar war es kaum wahrscheinlich, daß dieser Ehrgeiz erfolgreich sein würde, schon wegen Mikis nicht ausreichender Hausmacht, doch der Enthusiasmus, mit dem die Reden von »sauberer Politik« in der Presse begrüßt wurde, schuf die Illusion, das Land wäre bereit, das System des Handels mit der Macht zu verschrotten.

Wenn die Illusion je griff, so wurde sie durch Fukudas berühmten Händedruck mit Ohira zerschmettert. Er bereitete Mikis Sturz von Ende 1976 und Fukudas Aufstieg zum Premierminister vor. Ohira löste dann Fukuda ab, wie sie ausgemacht hatten. Fukuda trat jedoch nicht in Würde zurück. Und als die beiden 1979 in einem Vierzig-Tage-Krieg für das Amt des Premierministers kandidierten, erlebte die LDP vielleicht den dramatischsten Höhepunkt ihrer Geschichte. Tanaka sorgte dafür, daß Ohira gewann, doch Fukuda und Miki verrieten die Regierung Ohira 1980, indem sie ihre habatsu-Mitglieder von der Abstimmung über einen routinemäßigen Mißtrauensantrag der Opposition fernhielten. Dies ist nach der weitverbreiteten Auffassung der Grund für den Herzinfarkt, dem Ohira zehn Tage vor den Nationalwahlen erlag. Sein Tod führte zu Sympathiestimmen und großen Gewinnen für die LDP und mehrte Tanakas Macht; dieser konnte daraufhin Suzuki Zenko als nächsten Premierminister bestimmen.

Rückblickend hat es den Anschein, daß 1978 die Frage entschieden wurde, welche LDP-habatsu die größte Macht hinter den Kulissen haben würde. Weder Ohira noch Suzuki zeigten irgendwelchen Ehrgeiz, als Meister der Makler zu herrschen, so daß die Beziehungen zwischen Bürokraten und speziellen Interessengruppen vor allem von Tanakas gundan gepflegt wurden. Dies hatte sich Ende der 80er Jahre noch nicht geändert, denn obwohl Tanaka selbst nicht mehr aktiv sein konnte, war sein ungetreuer Ex-Gefolgsmann Takeshita Noboru Premierminister und formell für das gundan verantwortlich; sein angeheirateter Verwandter Kanemaru Shin, ein Veteran aus Tanakas »Maschinerie«, war dabei die Macht hinter dem LDP-Thron.

Bürokraten in der LDP

Der Kaku-Fuku-Krieg spiegelte in gewissem Ausmaß einen älteren Konflikt zwischen Politikern, die aus der Bürokratie kamen, und solchen, die von der Basis kamen. Tanaka versuchte als zweiter Politiker von der Basis, der kleineren, aber beherrschenden Gruppe früherer Bürokraten die Kontrolle über die Partei zu entreißen, denn Kono Ichiro hatte es im ersten Jahrzehnt nach Gründung der LDP, wenn auch erfolglos, ebenfalls versucht. Die politische Trennung der beiden Gruppen war in der Frühzeit viel deutlicher als heute, doch sie besteht noch, und Parlamentarier werden manchmal als tojinha, Basispolitiker, und kanryoha, Ex-Bürokraten, klassifiziert. Die letzteren haben das Etikett nicht gern, denn sie wollen ganz deutlich machen, daß sie schließlich vom Volk gewählt sind.[76]

In den 50er und 60er Jahren gab es eine klare Arbeitsteilung zwischen tojinha und kanryoha. Die Rolle der ersten Gruppe beschränkte sich vor allem darauf, wiedergewählt zu werden und die Zahl der LDP-Mitglieder im Parlament groß genug zu halten. Die ehemaligen Bürokraten nutzten ihre Kenntnis der Rechtsvorschriften und ihre jinmyaku mit einstigen Kollegen und der zaikai, wie es echten Verwaltern geziemte, um die Politik zu fördern, die zu Japans wirtschaftlichem Erfolg beitrug.[77] Nach dem Tod von Ono Bamboku 1964 und Kono Ichiro 1965 gab es keine starken Parteipolitiker mehr, die es mit den zu Politikern gewordenen Bürokraten aufnehmen konnten, bis Tanaka, eingebettet in die habatsu des früheren Bürokraten Sato Eisaku (und für diesen unentbehrlich wegen seiner Geschicklichkeit im Geldmachen), höher stieg als alle anderen.

Es gibt keine unüberwindliche Klassentrennung zwischen den Ex-Bürokraten und der restlichen LDP. Die beiden Gruppen vermischen sich in den habatsu. Ihre Unterschiede störten Tanakas Bündnis mit Ohiras habatsu nicht, obwohl diese für ihren starken kanryoha-Charakter bekannt ist. Zwischen den beiden Gruppen hat sich eine symbiotische Beziehung entwickelt: Die einstigen Bürokraten zeigen den Basispolitikern die Techniken des Umgangs mit der Bürokratie, und diese wiederum weihen sie in die Kunst des Wahlkampfs ein. Ex-Bürokraten werden nicht mehr so rasch zu Ministern befördert wie einst Kishi, Ikeda und Sato, so daß eine Quelle des Ärgers für Basispolitiker verschwunden ist.

Trotzdem ist die kleinere Gruppe der kanryoha zweifellos der wichtigere Teil der LDP. Für sie ist es immer noch leichter, Mittel von der Wirtschaft zu bekommen, während die Basispolitiker eventuell Gefahr laufen, im Dunstkreis fragwürdiger, rechtsextremer Organisationen oder reicher, aber zweifelhafter Einzelpersonen zu geraten. Es gibt nur eine Handvoll bemerkenswert starker und fähiger tojinha-Politiker, unter ihnen den früheren Finanzminister Watanabe Michio. Tanaka selbst kultivierte und benutzte Bürokraten mit Bedacht, und es ist bedeutsam, daß der jüngere und immer mächtiger werdende Watanabe Ex-Bürokraten als seine wichtigsten Gefolgsleute in der LDP heranzieht. In den Unterhauswahlen von 1986 versuchte eine auffallend hohe Zahl ehemaliger Karrierebeamter, insgesamt 25, zum erstenmal ein LDP-Mandat zu bekommen. Als wie wertvoll sie noch immer gelten, um eine habatsu zu stärken, zeigt sich darin, daß bei diesen Wahlen — den letzten vor dem Wechsel des Premierministers — alle vier Rivalen, die Nakasones Nachfolge antreten wollen, zusammen mit Watanabe Michio versuchten, sie in ihre eigene Clique zu ziehen.[78] Ein weiterer Beweis, daß frühere Bürokraten noch immer eine bevorzugte Stellung in der LDP genießen, ist die Tatsache, daß sie bei den Oberhauswahlen von 1986 die meisten hohen Listenplätze bekamen.[79]

Von ehemaligen Bürokraten in der LDP wird erwartet, daß sie die Interessen ihres früheren Ministeriums wenigstens in gewissem Ausmaß vertreten; denn täten sie das nicht, so würden ihre jinmyaku zu einstigen Kollegen nachlassen, und sie wären der LDP weniger nützlich. Und während sich japanische Forscher und Journalisten streiten, ob die Politiker oder die Bürokraten am meisten Macht haben, rangieren die Beziehungen zwischen beiden Gruppen tatsächlich von gegenseitiger Unterstützung bis zur echten Symbiose. Der Antagonismus, den Kono Ichiro sich als Landwirtschafts- und Bauminister zuzog, indem er links und rechts Beamte ernannte und entließ, war eine Ausnahme. Repräsentativer für die Norm ist etwas, das Ohira Masayoshi zur Gründungszeit der LDP schrieb: »Ein Minister muß sich als nur zeitweiligen Besucher in seinem Regierungsamt betrachten und alles daran setzen, daß seine Beamten ihn nicht ablehnen.«

Minister und Ministerium

Über die Beziehung zwischen Minister und Ministerium sollte man keine vorschnellen Aussagen machen. Mit dem aus der Bürokratie kommenden Minister, der in einem anderen Ministerium gearbeitet hat, ist oft leichter zusammenzuarbeiten als mit einem Minister, der in sein altes Revier zurückkehrt. Und tojinha-Minister können sich eifriger für die Bürokraten einsetzen, die sie angeblich führen, als es ihre kanryoha-Kollegen tun würden, denn in fast allen Fällen müssen sie sich für bürokratische Unterstützung zur Förderung ihrer privaten politischen Ziele mehr anstrengen.

Wo es um die Macht geht, hochrangige LDP-Kollegen zu beeinflussen, ob innerhalb oder außerhalb des Kabinetts, ist der Basispolitiker im Vorteil. Der Unterschied wird sehr sichtbar in dem früheren Bürokraten Miyazawa Kiichi und dem Erzpolitiker Kanemaru Shin. Miyazawa hatte schon die meisten wichtigen Kabinettsposten, und trotzdem bringt er nur mit Schwierigkeiten selbst die Mitglieder seiner eigenen habatsu hinter sich, während Kanemaru als der beste Abgeordneten-Manipulierer gilt, den man in der LDP findet. Andererseits gibt es die Ausnahme Gotoda Masaharu, einen einstigen Bürokraten (Chef der Staatspolizei). Sowohl Tanaka als auch Nakasone setzten ihn als ihre rechte Hand im Umgang mit den Bürokraten ein, und gleichzeitig hat er große Fähigkeiten in der politischen Manipulation. Und obwohl Takeshita nicht riskieren wollte, von Gotoda an die Wand gespielt zu werden, und ihn deshalb aus dem Kabinett ausschloß, konferierten er, Gotoda und Kanemaru Shin drei Wochen nach Takeshitas Regierungsbildung, um monatliche Treffen miteinander zu vereinbaren.[80] Wenn es 1988 ein Gravitationszentrum in der LDP gab, so war es dieses Trio.

Der Ruf der verschiedenen habatsu bei den Bürokraten ist unterschiedlich. Die Mitglieder von Abe Shintaros habatsu, der früheren Fukuda-Clique, gelten als sehr anspruchsvoll, während die Bürokraten sich generell mit einem Minister aus Tanakas Mannschaft wohl und entspannt fühlen.[81] Ehrgeizige LDP-Mitglieder versuchen, eine Machtbasis in einflußreichen Ministerien wie Finanz, Bau, Verkehr oder Landwirtschaft aufzubauen. Die ganz Mächtigen lassen ihre habatsu ein Ministerium »kolonialisieren«. Ein gutes Beispiel hierfür ist die Dominanz, die Tanakas gundan über das Ministerium für Post und Telekommunikation gewonnen hat, wo die jüngeren Gruppenmitglieder seit Ende der 70er Jahre unfehlbar mit dem Posten des parlamentarischen Staatssekretärs belohnt worden sind. Für jeden, der in den neuen Bereich der Telekommunikation kommt, gilt es als Vorbedingung, daß er freundliche Beziehungen zu Mitgliedern des Tanaka-gundan knüpft — oder der Takeshita-habatsu, wie sie seit 1987 genannt wird.

Die Bürokraten ihrerseits haben viele Mittel und gut entwickelte Techniken, mit Politikern umzugehen. Sie sind sehr geübt darin, mit subtilen Anpassungen auf die wechselnden Bündnisse der habatsu zu reagieren. Wie sie sagen: »Bürokraten müssen ihre Antennen wie Insektenfühler in die Richtung bewegen, aus der die Macht kommt.«

Was Bürokraten tun könnten, um eine nicht von der LDP getragene Regierung zu erschüttern, muß im Reich der Spekulation bleiben, doch es gibt ein Beispiel von Fukuda Takeo, der eine Schlüsselrolle in der Schwächung des Katayama-Kabinetts spielte, als er Chef der Haushaltsbehörde im Finanzministerium war. (Die Regierung Katayama wurde im Mai 1947 als erste und einzige sozialistische Regierung Japans gebildet und hielt sich nur neun Monate.) Fukuda konnte das Geld nicht auftreiben, das Katayama für ein wichtiges Programm brauchte; dem nächsten, konservativen Premierminister Ashida konnte er die nötigen Mittel allerdings beschaffen.[82]

Im Tagesgeschäft haben die Ministerien eine Reihe von Routinemechanismen, um ihren Herrn bei Laune zu halten und davon abzubringen, sich allzu sehr in ihre Angelegenheiten einzumischen. Ein spezieller »Sekretär«, einer der gescheiteren Beamten der mittleren Chargen, wird beauftragt, die Richtung der Gedanken und Neigungen des Ministers zu erkunden. Zusammen mit dem Sekretariatschef des Ministers (der zweithöchsten Karrierestufe) muß er manchmal so tun, als ergreife er für den Minister Partei gegen die eingefleischte Opposition anderer Beamter.

Bürokraten pflegen politische Führer nicht offen zu kritisieren oder gar zu konfrontieren. Politiker können es sich leisten, Bürokraten von oben herab zu behandeln und öffentlich herunterzumachen. Das tun sie manchmal, um ihre eigene Überlegenheit zu demonstrieren — die freilich zumeist illusorisch ist. Obwohl das Parlament immun gegen Kritik von Bürokraten ist (deren weithin geteilte Ansicht über Ignoranz und Inkompetenz der Politiker per stillschweigender Vereinbarung nie gedruckt wird), werden seine Abgeordneten nur informiert, soweit die Bürokraten es für nötig halten.

Allerdings gibt es einen Anreiz für Bürokraten, sich bei Politikern beliebt zu machen, weil dies die Chancen für eine positive Bewertung ihrer Verwaltungsfähigkeiten erhöht. Der Minister hat eine wichtige Waffe zur Verfügung, weil er die Macht hat, Spitzenbeamte zu entlassen, die ihm in die Quere kommen. Macht er Gebrauch davon, kann er freilich seine Aussichten auf künftigen Nutzen aus seiner Arbeit im Ministerium dauerhaft schädigen. Personalmanagement ist eins der bürokratischen Heiligtümer, das kein Minister ungestraft betreten kann. Wenn er sich zu offen einmischt, kann er keine jinmyaku knüpfen.[83] Sein Einfluß in diesem Bereich muß durch Hinweise ausgeübt werden, vorzugsweise an die Adresse früherer administrativer Staatssekretäre. Im MITI hat zum Beispiel die Gruppe der ehemaligen Staatssekretäre den meisten Einfluß auf die höchsten Ernennungen im Ministerium. In über 90% aller Fälle stimmt der MITI-Minister zu, wenn der scheidende Staatssekretär seinen Nachfolger benennt.

Selbst wenn ein Minister seine ganze ihm bleibende Macht einsetzt, wird sie ihm nicht ermöglichen, der japanischen Politik in der Praxis eine spürbar neue Richtung zu geben. Ein Minister mag Einfluß über ein Ministerium in dem Sinn haben, daß er Beamte befördern oder feuern kann und daß er die Verteilung von Mitteln so lenken kann, daß seine Gefolgsleute und sein Wahlkreis profitieren. Dies aber ist etwas anderes als starke politische Macht über eine Bürokratie. Außer wenn sie zu einer langfristigen Kampagne gehört, zum Beispiel die Erziehung unter Kontrolle zu bekommen, ist die »Politik« eines Ministers generell zu eingeschränkt, um diesen Namen überhaupt zu verdienen.

Politische Arbeitsteilung

Die Bürokraten ergreifen auch die Initiative bei politischen Anpassungen, die wahrscheinlich auf den Widerspruch von Interessengruppen stoßen oder lärmende Opposition im Parlament provozieren werden. Die wichtigsten Instrumente für derlei Initiativen sind die zahlreichen Beratungsgremien oder shingikai, in die bekannte Wissenschaftler, Journalisten und Geschäftsleute sowie prominente Vertreter betroffener Interessengruppen berufen werden. Die Teilnahme an diesen Beratungen wird als Ehre empfunden, und um angeblich erarbeitete »Übereinstimmungen« wird viel hergemacht — Meinungen, die generell so manipuliert sind, daß sie die der ebenfalls teilnehmenden zuständigen Bürokraten wiedergeben. Die shingikai helfen den Bürokraten oft, potentielle Opposition gegen einen Plan zu zerstreuen und zu neutralisieren.

Der Gesetzgebungsprozeß ist gewöhnlich abgeschlossen, wenn ein Gesetz dem Parlament vorgelegt wird. In fast allen Fällen segnen die gewählten Volksvertreter einfach ab, was die Bürokraten ihnen vorsetzen. Die tatsächliche Auseinandersetzung über Gesetze findet, wenn überhaupt, innerhalb der LDP statt, und ihr Ergebnis ist von Differenzen zwischen Ministerien und Verhandlungen mit der Wirtschaft sowie anderen wichtigen Interessengruppen bestimmt. Wird ein Gesetz einmal dem Parlament vorgelegt, so tut die LDP alles, um es durchzubringen; es ist schwierig, im Plenum Änderungen zu bewirken, denn das würde einen Gesichtsverlust des betreffenden Ministeriums bedeuten.

Im Parlament sind LDP-Mitglieder ohne die Hilfe der Bürokraten leicht verloren. In den meisten parlamentarischen Systemen wird die politische Diskussion zwischen Abgeordneten geführt. In Japan ist dies äußerst selten; soweit überhaupt »diskutiert« wird, besteht das aus kniffligen Fragen, die von Oppositionellen gestellt und im Prinzip von beamteten Experten beantwortet werden. Gut vorbereitete Bürochefs und Bürodirektoren begleiten ihren Minister, wenn er Anhörungen der Parlamentsausschüsse beiwohnt, und »ergänzen« seine unverbindlichen Erklärungen mit ihren eigenen vorgefertigten Antworten.[84] In den meisten Fällen fehlt dem Minister das allgemeine Verständnis für den Verwaltungsbereich, für den er formal zuständig ist.[85] Spitzenbeamte verbringen meist viel Zeit damit, LDP-Abgeordnete durch Material zu führen, das mit der Regierungspolitik zu tun hat. Im MITI verbringen Direktoren etwa die Hälfte und Generaldirektoren etwa ein Drittel ihrer Zeit mit Politikern.

Das Schlimmste, das einem Abgeordneten widerfahren kann, ist, in seinem Wahlkreis als »gleichgültig« oder nicht »aufrichtig« genug zu gelten. Damit dies nicht geschieht, muß das Durchschnitts-LDP-Mitglied außerordentlich viel Zeit damit verbringen, in seinem Bezirk herumzureisen und seine Teilnahme zu zeigen. Auch muß er zeigen, daß er tatsächlich Zugang zu hochgestellten Leuten in Tokio hat — er nennt das paipu (pipe = Leitung). Wenn Wahlen bevorstehen, wird er Tausende von Menschen an einen zentralen Ort bringen — eine Sporthalle oder Stadthalle —, wo ein prominentes Mitglied seiner habatsu, möglichst ein Minister, als lebender Beweis für seine »paipu« erscheinen wird.

Sobald er einmal Minister wird, erwartet man von dem LDP-Politiker ganz besondere Aufmerksamkeit für die Klientengruppen, die sein Ministerium unter seinen Fittichen versammelt hat. Um sich in ihren Augen als »aufrichtig« zu erweisen, muß er auch viel rituelles Verhalten an den Tag legen; dazu gehört oft ein Besuch im Büro seines Kollegen im Finanzministerium, wenn die letzten Haushaltsanpassungen gemacht werden. Tatsächlich werden diese finanziellen Dinge immer auf unterer Ebene zwischen den Bürokraten geregelt, doch in typischen Fällen kommt der Minister aus dem Büro des Finanzministers und läßt alle wissen, wie hart er verhandelt hat. Bei einer solchen Gelegenheit rief der Minister aus: »Ich habe es!«; als ihn ein Reporter fragte, was er denn habe, erwiderte der Minister: »Das müssen sie den Staatssekretär fragen — alles, was ich für ihn tun mußte, war dem Finanzminister meine Aufwartung zu machen.«[86]

Der Premierminister

Der japanische Premierminister hat weniger wirkliche Macht als jeder Regierungschef in der westlichen Welt und in den meisten Ländern Asiens. Er hat auch erheblich weniger Macht, als die meisten gelegentlichen Beobachter ihm implizit zuweisen. Im Herbst 1964, als Sato Eisaku Premierminister war, wurde eine Bewegung lanciert, um das Amt des Premierministers und damit die zentrale politische Kontrolle über die Bürokratie zu stärken. Die Ideen dazu waren aus dem vorherigen Kabinett Ikeda ererbt: Es sollte ein System von Kabinettsassistenten (naikaku hosakan) etabliert werden, bestehend aus speziellen Sekretären, die den Premierminister berieten. Der Plan fiel durch, weil sowohl LDP als auch Bürokratie heftig opponierten. Die Politiker wollten ihn nicht, weil sie fürchteten, er würde zwischen sie und die Ministerien kommen und damit eine wichtige Quelle politischer Finanzierung gefährden; die Beamten waren dagegen, weil die neue Institution möglicherweise einige ihrer etablierten Privilegien gefährdet hätte.
Am Ende sahen die Premierminister selbst die Gefahr, noch weniger Macht zu haben, wenn sie von einer permanenten Gruppe ihrer eigenen Kabinettsassistenten umgeben wären. Normalerweise agieren die zeitweiligen Assistenten, die aus dem Beamtentum hinzugezogen werden, um in speziellen, aktuellen Themen zu beraten,

auch als Spione; dies ermöglicht es ihren Ministerien, Gegenmaßnahmen zu treffen, wenn das Denken des Premierministers droht, in sie betreffendes Handeln umzuschlagen. Bei einer Einsetzung ständiger Kabinettsassistenten würde der Premierminister noch ein zusätzliches Kontrollinstrument benötigen, um sie zu überwachen.[87]

Der Premierminister kann keine neuen nationalen Prioritäten oder Maßnahmen durchsetzen, die er für Japans internationale Stellung für wichtig hält, aber ein Premierminister kann noch immer einen großen Unterschied zum nächsten ausmachen. Tanaka ist natürlich das Beispiel, an das man sofort denkt, obwohl seine Bedeutung für die Geschichte der japanischen Politik vor allem darin liegt, was er nach seiner Zeit als Premier erreichte. Doch daß ein Premierminister einen Unterschied machen kann, hätte nicht dramatischer illustriert werden können als von den beiden letzten Premierministern, die Tanaka wählte: Suzuki Zenko und Nakasone Yasuhiro.

Das Paradebeispiel der Führerlosigkeit

Suzuki Zenko hatte die japanische Kunst, Entscheidungen auszuweichen, zu einer Perfektion kultiviert, wie sie unter japanischen Premiers nach dem Krieg noch nie da war. In den Jahren, als Tanaka Premierminister war, hatte der damals unsichtbare Suzuki geholfen, Ordnung in den Reihen der LDP zu halten und Tanaka dadurch einen Grund gegeben, ihn als Premierminister zu erwählen. Die Partei in Ordnung zu halten, erfordert eine Hypersensibilität für wechselnde Machtverhältnisse zwischen und in den habatsu, kombiniert mit subtilen Vermittlungskünsten. Japans politische Kommentatoren waren sich bald einig, daß Suzuki sich in diesen Künsten auszeichnete, doch entsprechend keinen menschlichen Drang hatte, Entscheidungen zu treffen: Seine politische Passivität brach alle Rekorde, so weit die Erinnerung reichte.

Sein Aufstieg zum Premierminister war total unerwartet, denn wenige Menschen hatten je von ihm Notiz genommen. Bald genug war allerdings klar, daß er weder von Wirtschaft noch von Diplomatie das geringste verstand. Suzukis Hauptinteresse bestand darin, nie jemanden zornig zu machen, und das stellte er sicher, indem er absolut nichts tat. Ein Beispiel unter vielen war die diplomatische Krise mit Südkorea und China, die sich an der Neufassung der Kolonial- und Kriegsgeschichte in japanischen Mittelschulbüchern entzündete. Auf der Höhe dieser Krise kam er mit seiner offiziellen Lösung: Erziehungsministerium und Außenministerium sollten das Problem untereinander bereinigen, obwohl das erstere sich hartnäckig geweigert hatte, die symbolischen Gesten zu machen, die das letztere verlangte.

Die Bürokraten verachteten Suzuki. Seine Minister ignorierten ihn, wie das seit dem Krieg in Japan nie geschehen war. Eingeweihte ließen die Information durchsickern, daß er bei den kurzen Kabinettssitzungen nicht mit der üblichen Zuvorkommenheit behandelt wurde und erst auf seiner ersten Auslandsreise die kleinen Zeichen der Achtung erhielt, die ein Premierminister normalerweise bekommt. Und obwohl japanische Kabinette gewöhnlich versuchen, der Außenwelt gegenüber wenigstens den Anschein der Geschlossenheit zu erwecken, handelte Komoto Toshio, der Generaldirektor der Behörde für Wirtschaftsplanung, unabhängig, um dem Regierungsprogramm wirtschaftliche Anreize aufzusetzen — was vom Finanzministerium Erklärungen provozierte, dies sei nicht Regierungspolitik.

Nichts hiervon ist übertrieben. Einer der Spitznamen, den Suzuki sich als Premierminister zuzog, war »Tonband«, denn für Treffen, die nicht vermieden werden konnten, mußten ihn die Bürokraten trainieren, die Antworten auswendig aufzusagen. Die Bürokraten begannen, ihn sorgsam vor Besuchen ausländischer Würdenträger und Redakteure abzuschirmen, doch eine Pressekonferenz mit europäischen Journalisten vor Suzukis Europabesuch, angesetzt zu dem erklärten Zweck, Mißverständnissen entgegenzuwirken, ließ sich nicht vermeiden. Etwa drei Wochen zuvor erhielt ich einen Anruf vom Außenministerium und wurde gefragt, ob ich etwas fragen wollte, und was das sein würde. Dann erhielt ich Anweisungen, meine Frage, »um kein Durcheinander zu verursachen«, sofort zu stellen, nachdem die Frage eines bestimmten anderen Journalisten beantwortet war. Vor der Pressekonferenz erhielt ich zweimal geänderte Anweisungen über meinen Platz unter den sieben auserwählten Fragestellern. Am großen Tag setzte sich Suzuki und sagte

mit halbgeschlossenen Augen die gelernten Antworten auf, was manchmal seltsam klang, weil einige Korrespondenten so pervers gewesen waren, ihre Fragen umzuformulieren.
Der Glanzpunkt der »Pressekonferenz« aber kam zum Schluß: Ein deutscher Journalist fragte Suzuki mit dem zuvorkommendsten Worten unter stillem Beifall, ob er wisse, daß alles inszeniert sei, um spontan auszusehen, daß aber rund fünfzig europäische Zeitungs- und Fernsehreporter in dem Glauben gekommen seien, jeder hätte eine gleiche Chance, Fragen zu stellen; ob Suzuki das nicht angesichts der offiziellen Begründung seiner Europareise für bedauerlich halte? Die Frage wurde einwandfrei übersetzt, doch Suzuki sagte schlicht die Antwort auf die Frage auf, die mein Kollege ursprünglich beim Außenministerium eingereicht hatte.[88]
Daß Suzuki für Japan eine internationale Belastung war, wurde klar, als er eine Aussage leugnete, die er in einem gemeinsamen Kommuniqué mit Präsident Reagan unterschrieben hatte.[89] Beim folgenden jährlichen Gipfeltreffen von 1981 war der US-Präsident sichtlich nicht daran interessiert, irgend etwas mit ihm zu besprechen. Die Vorbereitungen für den nächsten Gipfel von 1982 bereiteten den japanischen Bürokraten mehr als die normalen Kopfschmerzen, denn ein Treffen zwischen dem US-Präsidenten und dem japanischen Premierminister im Vorfeld des Gipfels war eine etablierte Gelegenheit geworden, die Möglichkeit unerfreulicher Überraschungen zu reduzieren, und Präsident Reagan hatte sehr ausdrücklich keine Zeit gehabt, Suzuki zu treffen. Inzwischen war der japanische Erfolg bei diesen Gipfeltreffen an dem Ausmaß abzulesen, in dem andere Regierungschefs Suzuki ignorierten, und die japanischen Zeitungen stellten unverblümt fest, Suzuki habe nicht das intellektuelle Rüstzeug, ernsthaft über Themen nachzudenken, die zur Diskussion kommen würden.
In einer Hinsicht war Suzuki der ideale japanische Premierminister, gemessen an Maßstäben, die oft als ideal japanisch dargestellt werden. Er war zurückhaltend und glaubte vor allem an »Konsens«. Doch die Presse war fast einhellig der Auffassung, daß allzuviel Erfüllung dieser Ideale nicht das Richtige sei und daß Suzuki einfach seine grundsätzliche Pflicht nicht erfülle.

Rettung hinter den Kulissen

Gelegentlich kommt es vor, daß eine machtvolle Figur hinter den Kulissen eine drohende Krise abwendet. 1982 wurde die ernsthafte Verschlechterung zwischen US-Präsident und japanischem Premier aufgehalten, als Kishi Nobosuke die Wiederwahl Suzuki Zenkos subtil blockierte. Im Frühsommer jenes Jahres hatte Tanaka Kakuei den alten Bürokraten und Politiker mehrfach in seinem Altersruhesitz auf dem Land besucht. Sie hatten als natürliche Feinde gegolten; Kishi war der politische Ziehvater Fukudas, des Hauptgegners von Tanaka, und Kishis Schwiegersohn Abe Shintaro war der gesalbte Erbe der Fukuda-habatsu. Die Beschreibungen der Kishi-Tanaka-Treffen, die ihre Assistenten ein paar Journalisten gaben, erweckten allerdings den Eindruck, als benähmen sich die zwei Mächtigen hinter der LDP wie Götter des Olymp und blickten milde auf das politische Gerangel herab, das unten vor sich ging. Welche Vereinbarung sie auch trafen — sie hatte zur Folge, daß Kishi Suzuki eine Nachricht zukommen ließ, er werde seine Kandidatur nicht unbedingt ein zweitesmal unterstützen. Suzuki gab sofort bekannt, er werde sich nicht zur Wiederwahl stellen, und überraschte den größten Teil der politischen Welt Japans mit etwas, das fälschlich als die einzige Entscheidung bezeichnet wurde, die er je getroffen habe.

Die Motive für Kishis Handeln wurden nie offenbar, sind jedoch nicht schwer zu erraten. Er galt seit langem als »Freund der Vereinigten Staaten« und verstand gewiß die »besondere Beziehung« der beiden Länder. Er wurde als Kriegsverbrecher der Kategorie A inhaftiert, aber nie vor Gericht gestellt, und ging mit dem Segen der USA zurück in die Politik. Er wurde speziell mit dem Bemühen identifiziert, den Sicherheitsvertrag zwischen den USA und Japan zu verbessern, und förderte auch auf andere Weise enge strategische Beziehungen mit den Vereinigten Staaten. Ihm muß die katastrophale Wirkung, die Suzuki auf diese Beziehungen hatte, überaus deutlich gewesen sein.

Der habatsu-Führer, den Tanaka und Kishi auserkoren, um im November 1982 Premierminister zu werden, war Nakasone Yasuhiro. Er sollte den Schaden beheben, den die amerikanisch-japanischen Beziehungen erlitten hatten; und von seinen ersten Aussagen an, schon vor seiner Amtsübernahme, zeigte er einen großen Enthusiasmus, genau das zu tun. Kurz danach tat Kishi etwas für ihn Untypisches: Er lobte öffentlich Nakasones Diplomatie. Außerdem sorgte er dafür, daß sein Schwiegersohn Abe Shintaro in Zeiten von habatsu-Kämpfen weiterhin die Regierung Nakasone unterstützte, gegen die Wünsche von Abes politischem Boß Fukuda Takeo.

Der Mann, der regieren wollte

Schon in den 1970er Jahren hatten politische Kommentatoren spekuliert, daß Nakasone Yasuhiro eine mögliche Ausnahme in einer Reihe relativ farbloser Premierminister sein würde. Er hat sie nicht enttäuscht. Freilich hatte er auch lange als ungeeignet für das Amt des Premierministers gegolten, aus genau denselben Gründen, die ihn farbig machten: seine entschiedenen Vorstellungen, zitierbaren Aussagen und nationalistischen Interessen. Ungewöhnliches Aufsehen erregte er als Generaldirektor (im Rang eines Ministers) der Selbstverteidigungsbehörde, die er ohne viel anhaltende Wirkung umzuformen suchte. Lange zuvor, im Januar 1951, hatte er die Kühnheit besessen, als neuer Parlamentarier General Douglas MacArthur ein »Manifest« vorzulegen, das zusammenfaßte, »was die Japaner denken«; das trug ihm bei den Japanern früh den Ruf des radikalen Nationalisten ein. In diesem Dokument drückte er die Sorge aus, daß Japans anhaltende Unterwerfung unter die USA die japanische Souveränität bedrohen würde. Er war auch eines der wenigen LDP-Mitglieder, die offen für eine Verfassungsänderung plädierten.

Von dem Moment an, als er Premierminister wurde, ließ Nakasone keinen Zweifel daran, daß er fest entschlossen war, zu regieren. Jede Ungewißheit hierüber wurde ganz zu Beginn des Jahres 1983 zerstreut, als er das Außenministerium mit der vollendeten Tatsache seines Beschlusses konfrontierte, nach Südkorea zu reisen, dessen Beziehungen zu Japan sehr kontrovers waren. Sein Führungsanspruch war ebenso deutlich in der Wahl seiner Kabinettsminister. Bis dato waren solche Entscheidungen durch die Machtbalance der habatsu bestimmt gewesen, und nur sehr selten durch die Befähigung der Kandidaten selbst. Alle Nakasone-Kabinette zeichneten sich durch eine ungewöhnlich hohe Zahl »starker« Minister und die Beibehaltung wichtiger Minister bei den traditionell häufigen Umbildungen aus. 1985 bekannte Nakasone seinen ehemaligen Schulkameraden bei einem Klassentreffen, er wolle ein Premierminister nach der Art eines Präsidenten sein, der starke Politik durchsetzen könne wie Frau Thatcher. Und am 25. Juli 1986, kurz nach der Bildung seines dritten Kabinetts, hielt er getrennte Treffen mit elf Ministern ab und wies sie an, bei wichtigen Vorhaben den Widerstand der Bürokraten zu überwinden. Bei der ersten Sitzung seines neuen Kabinetts am vorhergehenden Donnerstag hatte er gesagt, Minister dürften nicht Sprecher ihrer Häuser werden, sondern sollten ein übergreifendes Verständnis für nationale Fragen haben. Er zog es oft vor, Fragen im Parlament selbst zu beantworten, statt dies seinen Ministern und deren Bürokraten zu überlassen; und er erregte Aufmerksamkeit mit seinen (für japanische Maßstäbe) klaren und unumwundenen Antworten.

Ein resolutes Auftreten und feste Entschlüsse rufen bei Verwaltern oft Schaudern hervor. Wichtige Beschlüsse auf jeder Ebene werden generell nur gefaßt, wenn sie mit einer Demonstration kollektiver Zustimmung einhergehen, oder wenn sie unbemerkt durchgesetzt werden können. Eine dritte, sehr häufig wahrgenommene Option besonders in internationalen Belangen besteht darin, eine Entscheidung zu vermeiden und zu hoffen, daß die Gründe dafür von selbst verschwinden — eine Hoffnung, die sich in der Praxis oft erfüllt. Vor diesem Hintergrund schockierte Nakasones Entschlossenheit viele und machte ihn in seiner Partei unbeliebt.

Die japanische Presse reagierte negativ auf sein erstes Kabinett und nannte es einmütig eine »Tanakasone-Regierung«, weil eine große Zahl Vertreter des Tanaka-gundan darin waren. Die Redakteure übersahen jedoch, wie vergleichsweise sinnvoll dieses erste Kabinett Nakasone war, und begriffen nicht, daß es neue Möglichkeiten in der Entwicklung japanischer Politik eröffnete: Diese Beziehung in der japanischen Politik brachte nämlich ihren begabtesten Machtmakler und den ersten Premierminister der jüngeren Geschichte zusammen, der tatsächlich regieren wollte.

Tanaka kümmerte sich weiter um sein Imperium der gezielten Zuwendungen, und Nakasone nahm sich indessen Themen vor, die endlich einmal über das hinausgingen, was mit dem unmittelbaren Wirtschaftswachstum, Wahlgeschenken oder dem Bedürfnis, ganz oben zu bleiben, zusammenhing. Er sprach von Nachholbedarf in »unerledigten Nachkriegsgeschäften« und meinte damit von der Besatzungszeit nach dem Krieg ererbte Hemmungen und Tabus. Dazu in Übereinstimmung drückte er große persönliche Sorge über verschiedene Fragen aus, die in der einen oder anderen Weise mit Japans Souveränität zusammenhingen, etwa Erziehung und internationale Verantwortung. Er forderte im Parlament zu Fragen über Verteidigungsangelegenheiten auf, die eine potentielle politische Plattform darstellen, weil sie den Nationalstolz berühren. Er konnte sich das erlauben, denn solange Tanaka das Sagen hatte und die beiden sich nicht entzweiten, war seine Stellung garantiert. Tanakas Maschinerie beherrschte nicht nur die LDP, sondern war auch das beste Mittel für einen tatkräftigen Premier, um mit der Bürokratie fertigzuwerden.

Die größte Hilfe im Umgang mit der Bürokratie kam in den Nakasone-Regierungen von Gotoda Masaharu, Nakasones leitendem Kabinettssekretär (der Posten bedeutet eine wichtige Koordinationsfunktion und den Rang eines Ministers). Seine Ernennung galt als Nakasones spektakulärste Wahl, denn der Posten war bislang für ein Mitglied der habatsu des Premierministers reserviert gewesen. Gotoda war von Tanaka entdeckt worden und galt als einer der fähigsten Politiker im gundan; manchmal wurde er als »Tanakas Hirn« bezeichnet. Tanaka hatte ihn oft eingesetzt, um Fronten widerspenstiger Bürokraten zu durchbrechen, wenn er es eilig hatte, mit etwas voranzukommen. Er war Generaldirektor der Staatspolizei gewesen, und er wußte die Macht zu nutzen, die ihm seine sehr speziellen jinmyaku gaben. Er wurde Nakasones rechte Hand und die Schlüsselfigur seiner Kabinette. Und als Nakasone eine neue Regierungsbehörde bildete (die Behörde für Management und Koordination), um schnelle Reaktionen auf Notfälle zu erleichtern, ernannte er Gotoda zu ihrem ersten Generaldirektor.

Als zum erstenmal in zwölf Jahren ein japanischer Premierminister die Chance bekam, mehr als zwei Jahre im Amt zu bleiben, war dies von internationaler Bedeutung. Nakasone hatte gesagt, er würde Japan helfen, in der Welt die Rolle zu spielen, die seiner wirtschaftlichen Macht entsprach, und er hatte wichtige symbolische

Gesten zu diesem Zweck gemacht. Er präsentierte Japan unmißverständlich als aktives Mitglied des westlichen Bündnisses und führte einen Stil direkter, persönlicher Diplomatie im Umgang mit dem amerikanischen Präsidenten ein.

Präsident Reagan war angenehm überrascht, als er sich bei Nakasones erstem Besuch einem Führer gegenübersah, der die Sowjetunion offenbar durch die gleiche Brille sah wie er. Er bat den japanischen Premierminister, ihn »Ron« zu nennen, woraufhin Nakasone ihm eine Abkürzung seines Vornamens anbot. Daß man sich selbst bei engen Männerfreundschaften in Japan selten beim Vornamen nennt, machte die Symbolik in Japan um so bedeutungsvoller. Die »Ron-Yasu«-Beziehung dämpfte für ein paar Jahre die schrillen Stimmen aus Washington, die die Japaner für verschiedene Sünden im Zusammenhang mit Handel und Verteidigung tadelten. Auf der japanischen Seite wurde die Beziehung geschickt genutzt. Sie kehrte einige wichtige Probleme unter den Teppich und stärkte in den USA die Illusion, daß Japan nun endlich einen Führer gefunden hatte.

Nakasones Beliebtheit brach in den japanischen Meinungsumfragen alle Rekorde. Nur Tanaka war mit ähnlich hohen Zahlen belohnt worden, als seine Regierung ein Jahr alt war, doch dann sank seine Beliebtheit auf einen Rekord-Tiefpunkt. Die Zustimmungsrate für Nakasones Regierung blieb hoch; anders als oft behauptet, wußte die japanische Öffentlichkeit einen Premierminister zu schätzen, der klare Antworten gab und im Inland wie im Ausland einen starken Eindruck machte.

Diese öffentliche Meinung stand in scharfem Kontrast mit der Abneigung, die die Mehrheit der LDP-Parlamentarier gegen Nakasone empfand. Es hieß, er ließe es an persönlicher Wärme fehlen, weil er Probleme rational anging und relativ ungeduldig war, wenn er politische Ziele erreichen wollte. Als Tanaka 1985 ausfiel und erneutes habatsu-Gerangel ausbrach, schien Nakasones Führung in Gefahr. Der Rekordsieg der LDP bei den Wahlen von 1986 brachte ihm ein weiteres Jahr als Premierminister ein, doch die Zustimmung der Öffentlichkeit ist das letzte, was einen japanischen Premier im Amt hält, und im Herbst 1987 mußte Nakasone Takeshita zu seinem Nachfolger bestimmen.

Nakasones angestrengte Bemühungen, zu regieren und Politik auf den Weg zu bringen, haben am Ende keine wesentlichen Veränderungen in Politik oder Programm bewirkt. Die Veränderungen jedoch, die er in Stil, Symbolik und Atmosphäre bewirkte, waren in sich wichtig genug. Seine bedeutendste Leistung war ein Durchbruch in den Beziehungen zu Südkorea — und damit die Erfüllung des amerikanischen Wunsches, daß Japan mehr Rücksicht auf seinen asiatischen Verbündeten nähme. Ebenso wichtig war es vielleicht, daß er Japan bei den jährlichen Gipfelkonferenzen Profil gab und die Achtung seiner Partner gewann, als er selbst 1986 den Vorsitz eines Gipfels führen mußte. Die staatliche Eisenbahn wurde unter ihm privatisiert, und er nahm ein paar »Tabus« aufs Korn, die mit Japans Kriegsvergangenheit zusammenhängen.

Die Bürokraten und speziellen Interessengruppen in der LDP aber, eifersüchtige Wächter ihrer eigenen Reviere, zeigten keine Neigung, die Probleme zu lösen, die man ihnen vorsetzte, selbst wenn sie zugegeben hatten, daß sie dringlich waren. Nakasone fand sich eingekapselt von diesen halbautonomen Kräften. Im Landwirtschaftsministerium oder gar im Finanzministerium hatte er nichts zu sagen.

Eine interessante Neuerung in der Machtausübung eines japanischen Premierministers wurde eingeführt, als Nakasone eine neue Verwendung für das Beratungsgremium oder shingikai fand. Wie wir sahen, wird das shingikai gewöhnlich von Bürokraten eingesetzt, um Opposition gegen ihre Pläne zu entschärfen oder zu verhindern. Besondere shingikai werden auch von oder für Premiers eingesetzt, um hochfliegende Pläne zu präsentieren, lang in abstrakten Idealen und kurz in konkreten Vorschlägen, die sie als Politik ausgeben können. Doch während seine Vorgänger ihren shingikai befahlen, erbauliche, aber vage Themen zu betrachten, etwa den »Lebenszyklus« (Miki), »die Entwicklung der Gesellschaft« (Fukuda) oder »Gartenstädte« (Ohira), benutzte Nakasone die seinen für einen Versuch, Tabus und bürokratische Hindernisse zu durchbrechen und Gesetze vorzubereiten. Er gründete shingikai, die ihm direkt Bericht erstatteten, ihre Vorsitzenden und wichtigsten Mitglieder waren von ihm handverlesen, und er überließ es nicht ihrer Phantasie, wie er »beraten« werden wollte.

Bevor er Premierminister wurde, war Nakasone eng mit dem Ad-hoc-Ausschuß zur Verwaltungsreform verbunden gewesen, einer Art shingikai, in dem Spitzenleute der Wirtschaft, Akademiker und pensionierte Bürokraten Wege erforschten, um die Größe und die Belastungen der Regierung zu reduzieren. Drei seiner bislang ausgeführten Aufgaben sind: die Auflösung der Japanischen Staatsbahn, die Schaffung der Behörde für Management und Koordination (durch Kombination der Administrativen Managementbehörde mit Elementen vom Amt des Premierministers) und die ostentative Privatisierung von Nippon Telephone and Telegraph. Nakasone selbst verglich die Veränderungen, die der Ausschuß zur Verwaltungsreform und seine anderen shingikai bewirken sollten, mit den Veränderungen, die Japan nach der Meiji-Restauration oder direkt nach dem Zweiten Weltkrieg erlebte. Natürlich übertrieb er; während seiner Amtszeit herrschte kein Gefühl akuter Krise, das das schwerfällige System hätte ermutigen können, sich auf ein Projekt der Selbsterneuerung einzulassen. Am Ende hatten Nakasones Neuerungen zur Überwindung bürokratischer Hemmnisse wenig mehr als marginale Wirkung.

Es wurde Mode, Nakasones Gebrauch von shingikai als undemokratisch zu brandmarken. Es hieß, Beschlüsse würden gefaßt, bevor die Gruppen auch nur konferierten; überdies waren mehrere ihrer wichtigsten Mitglieder mit Nakasone in der Schule oder der Kaiserlichen Marine gewesen, oder im Naimusho, wo Nakasone kurz Polizeiinspekteur gewesen war. All dies traf zu, doch es entsprach nur der gängigen Art, in der die Bürokratie die shingikai schon immer benutzt hatte, und der ebenso gängigen Art, jinmyaku zu nutzen. Der bemerkenswerte Aspekt bei Nakasones Vorgehen war, daß er seine Beratergruppen mit einem ungewöhnlich hohen Anteil an Spezialisten ohne bürokratischen Hintergrund besetzte. Dies bewirkte, daß den Bürokraten nach einigem Zögern langsam klar wurde, daß sie diesen »Amateurgruppen« mit einem gewissen Maß an Information und Kooperation entgegenkommen mußten, und sei es nur, um die Interessen ihrer Ministerien und Behörden zu wahren.

Es gab andere Ursachen für den gelinden Wandel, der sich in der Beziehung zwischen LDP und Bürokraten vollzog. Der graduelle Übergang der japanischen Wirtschaft zu weniger überhitztem Wachstum — wachsende Haushaltsdefizite und daraufhin stärkere Reibung zwischen Teilen der Bürokratie — der Mißerfolg der Bewegung »Durchbrecht die fiskalische Erstarrung« — Territorialkämpfe zwischen Ministerien um die neuen Industriesektoren: All dies hatte seine Auswirkungen.

Nakasones Reden von Veränderungen wie in der Meiji-Periode waren keine bloße Polit-Rhetorik, und seine Experimente mit shingikai waren mehr als eine vorübergehende Laune. Tatsächlich führte er eine Kampagne fort, die Tanaka Kakuei begonnen hatte, um die Macht der LDP-Politiker über die Bürokraten zu mehren. Um dies besser zu verstehen, ist es notwendig, eine letzte formale Institution der Verwaltung hier in ihrer Theorie und ihrer weit davon abweichenden Praxis vorzustellen.

Die wichtigste institutionelle Grenzfläche zwischen LDP-Politikern und Bürokratie ist der Seichokai oder Forschungsrat Politik und Wirtschaft (Policy Affairs Research Council, PARC). Er besteht aus siebzehn Abteilungen, die etwa das gleiche administrative Gebiet abdecken wie die Ministerien. Der Politiker, der Leiter einer solchen Abteilung wird, erhält Zugang zu großartigen jinmyaku, die sowohl Industrielle als auch Bürokraten umfassen. Nach durchschnittlich eineinhalb bis zwei Jahren als Abteilungsleiter wird er automatisch Mitglied des »zoku« (des »Stammes« oder der »Familie« innerhalb der LDP), der sich speziell mit dem betreffenden Sektor befaßt, Entwicklungen beobachtet und ihn durch Unterstützung von Gesetzesvorhaben der Bürokraten beeinflußt. Ehemalige Minister und parlamentarische Staatssekretäre werden auch oft Mitglieder des zoku, der ihrem früheren Ministerium entspricht.

Die Seichokai-Abteilungen treffen normalerweise keine Entscheidungen. Sie bieten ein Terrain der Interaktion zwischen Bürokratie und LDP, das der Beobachtung entzogen und, soweit man annehmen kann, völlig informell ist. In Zusammenarbeit mit der kleinen Gruppe zuständiger Beamter und mächtiger zaikai-Vertreter können die Politiker Druck oder sanfte Erpressung ausüben, und vor diesem Hintergrund sind Rechtsvorschriften fast völlig belanglos. In Fällen strukturellen Wandels in einem bestimmten Sektor oder wenn ein neuer Industriezweig entsteht, können die zoku-Politiker erhebliches Gewicht haben. Doch letzten Endes ist ihre Beteiligung vorwiegend parasitisch. Durch seine Kontakte mit Handels- und Industrieverbänden hilft PARC bei der Organisation der obligatorischen »freiwilligen Spenden« und der unvermeidlichen »Hilfe« bei Wahlen. Ein Anruf vom Vorsitzenden einer Abteilung, in dem er die entsprechenden Geschäftskreise um Mittel bittet, führt oft zu umgehender Reaktion.[90]

Die Politiker, die über die PARC-Abteilungen Macht ausüben, haben ihren Aufstieg zu neuer Prominenz in der zweiten Hälfte der 60er Jahre begonnen, als Bürokraten der entsprechenden Ministerien und ihre angeschlossenen Interessengruppen sich mit ihnen verbündeten, um die Hüter des Haushalts zu konfrontieren.[91] Diese waren dann letztlich gezwungen, die Politiker mit wirklichen statt rituellen Erklärungen zufriedenzustellen.[92] Doch der größte Faktor für die wachsende Macht der zoku waren Tanakas Initiativen.[93] Das gundan hat den stufenweisen strukturellen Wandel in der Beziehung zwischen Bürokraten und Politikern besser ausgenutzt, als jede normale habatsu das könnte. Es beherrscht viele zoku, auch neuerdings wichtige wie den für Post und Telekommunikation. Weil sie über relativ lange Zeit an einem bestimmten Bereich der Politik interessiert bleiben, sind zoku-Mitglieder generell viel besser informiert, als LDP-Politiker es einst waren. Diese Tatsache allein hat ihnen eine neue Art Macht über die Bürokraten gegeben.

Der Rang eines Politikers innerhalb der LDP und damit sein Zugang zu bzw. seine Stellung in einem zoku hängt vor allem davon ab, wie oft er wiedergewählt worden ist. Ernennungen zu Kabinettsposten erfordern in den späten 80er Jahren allgemein sechs oder sieben erfolgreiche Wahlen. Eine Wahl kann einen zum Juniormitglied eines Parlamentsausschusses oder einer PARC-Abteilung machen. Ein einmal wiedergewählter Parlamentarier kann stellvertretender Vorsitzender einer Abteilung oder leitendes Mitglied eines Ausschusses werden. Wer zum vierten oder fünften Mal im Parlament ist, kann den Vorsitz eines Ausschusses oder einer

Abteilung bekommen. Der letztgenannte Posten ist jedoch nicht der wichtigste. Um dem kleinen, inneren Kreis der zoku-Bosse anzugehören, muß das LDP-Mitglied fast immer zuerst eine leitende Stellung in einer Abteilung bekleidet haben; dann kehrt er dorthin zurück, nachdem er das Portefeuille des entsprechenden Ministeriums gehabt hat.[94]

Der französische Vergleich

Wir haben in Kapitel 3 gesehen, daß das japanische System, oberflächlich betrachtet, wohl als »pluralistisches« oder »Körperschafts«-System durchgehen kann, aber anders ist als in den Ländern, die am häufigsten als Beispiel für solche Systeme genannt werden — so grundlegend anders, daß Zweifel angebracht sind, wieviel solche Bezeichnungen eigentlich erklären. Japan ist auch recht oft als »Verwaltungsstaat« bezeichnet worden. Dies wirft die Frage auf, wie das System im Vergleich mit einem guten Beispiel eines westlichen »Verwaltungsstaates« wie Frankreich abschneidet.

Es gibt viele Ähnlichkeiten. Die französische Bürokratie, die aus dem absolutistischen Staat des siebzehnten Jahrhunderts stammt und von Napoleon als Instrument nationaler Politik ausgebaut wurde, ist seit langem eine der mächtigsten der Welt. Sie ist dauerhaft und hochzentralisiert, und kein Machthaber kann ihre eingefleischten Ansichten in vielen Fragen ignorieren. Wie in Japan hat die zentrale Bürokratie Rechtshoheit über die lokale Regierung, den Hauptteil des Erziehungssystems, öffentliche Bauten, Gerichte, Polizei und andere Bereiche, die in den meisten anderen westlichen Ländern entweder unter der Kontrolle unabhängiger örtlicher Behörden oder in privaten Händen sind.

Wie Japan hat Frankreich den Prozeß der Elitebildung in hohem Maße institutionalisiert. Eine weitere auffallende Ähnlichkeit ist das Phänomen der pantouflage, das ständige Überwechseln von Beamten in den privaten Sektor. Auch wechseln viele französische Bürokraten in die Politik.[95] Sie halten über die Trennung zwischen privatem und öffentlichem Bereich hinweg (die weniger deutlich ist als in den angelsächsischen Ländern oder der Bundesrepublik) wichtige inoffizielle Beziehungen aufrecht. Es könnte auf den ersten Blick den Anschein haben, als ob Frankreich am ehesten eine Klasse von Verwaltern ähnlich wie in Japan entwickelte[96] — eine Klasse, die obendrein in der Nachkriegszeit ähnlich damit beschäftigt war, optimale Bedingungen für wirtschaftliches Wachstum zu schaffen.

Bei näherem Hinsehen jedoch zeigen sich bedeutsame Unterschiede. Die höherrangigen französischen Beamten haben eine relativ breite Bildung in einer von etwa fünf grandes écoles erhalten. Ein gutes Gedächtnis mag geschätzt werden, ebenso aber Allgemeinbildung, intellektuelle Fähigkeit und äußerste Sprachgewandtheit. Die Spitzenbürokraten sind generell in eines der fünf wichtigsten grands corps d'état eingetreten (Finanzinspektion, diplomatisches Corps, Rechnungshof, Staatsrat, Brücken und Straßen), bevor sie in verschiedene Ministerien versetzt wurden. Sie sind wesentlich mobiler als japanische Bürokraten und können zeitweilig beurlaubt sein, um Führungspositionen in anderen Regierungsbehörden, staatlichen Unternehmen, Banken oder im privaten Sektor zu übernehmen. Die allgemeine Auffassung vom Hintergrund aus Eliteschule und corps besagt, daß er den einzelnen befähigt, rasch das Wesentliche an jeder Situation zu erfassen, so daß er — oder sie — für fast jede Art Führungsposition geeignet ist.[97] In Japan werden Spitzenbürokraten von Abteilung zu Abteilung versetzt, um ihre Vielseitigkeit zu steigern, doch sie bleiben in ihrem ersten Ministerium und identifizieren sich in einem Ausmaß mit ihm, das schädlich für das Funktionieren des Beamtenapparats insgesamt ist.

Ebenso ist pantouflage durchaus nicht das gleiche wie amakudari. Mit Ausnahme neugeschaffener staatlicher Firmen oder Behörden erwarten japanische Gesellschaften und Banken, die einem amakudari-Bürokraten ihre Türen öffnen, daß er für reibungslose Beziehungen mit dem Ministerium sorgt, von dem er kommt, nicht aber, daß er die Art von Entscheidungs- und Führungskraft an den Tag legt, die von einem französischen Bürokraten erwartet wird, wenn er in den privaten Sektor wechselt.

Ein weiterer wichtiger Unterschied ist jene andere, starke französische Tradition: politisches Denken, das eine nichtbürokratische Elite artikuliert und repräsentiert. Wie ein französischer Fachmann zusammenfaßt:

Die leitenden Beamten genießen den Schutz eines Gesetzes, eine ungeheure Sicherheit des Arbeitsplatzes und enormes Prestige aufgrund ihres Elite-Hintergrundes und ihrer technischen Kompetenz. Sie bilden eine eigene Berufsgruppe, und ihre Ansichten stehen in fast jeder Frage im Widerspruch zu denen einer anderen wichtigen Berufsgruppe: der Politiker. So drohen zwei verschiedene Auffassungen vom Beruf der Staatsführung ständig aufeinanderzuprallen.[98]

Angehörige der grands corps sind unverzichtbar bei der Entwicklung und Kontrolle der Gesetze. Der französische Minister ist freilich im allgemeinen eine erheblich wichtigere Figur als sein japanischer Kollege.[99] Andererseits kann die französische Bürokratie ihrer Rolle nicht so sicher sein wie die japanische. Sie hat politisch schwere Zeiten durchlebt, je nach dem Maß an politischer Verwirrung, das Parteipolitik und relative Stärke oder Schwäche der französischen Präsidenten gestiftet haben, und als Eliteinstitution wurde sie vor dem Ersten Weltkrieg, in den 1930er Jahren und 1968 heftig angegriffen.
Der entscheidende Unterschied ist natürlich, daß die französische Bürokratie einem hochzentralisierten Staat dient. Trotz all ihrer Expertise braucht sie Direktiven von einer identifizierbaren Regierung, um richtig zu funktionieren. Die Macht eines De Gaulle oder Mitterrand ist unvergleichlich viel größer als die jedes japanischen Premierministers. Die französischen Verwalter haben, anders gesagt, die Möglichkeit, nationale Prioritäten zu verschieben.

»Plus ça change . . .«

In den späten 1980er Jahren haben viele japanische Politik-Kommentatoren und einige Wissenschaftler behauptet, größere Strukturveränderungen in Richtung auf mehr politische Führung in der japanischen Politik zu entdecken — Veränderungen, die, wie sie meinten, vom Phänomen der zoku illustriert würden. Das gleiche Argument wurde viel gebraucht, um Kritik von Japans Handelspartnern zu begegnen: Es wurde impliziert, daß die politische Wirtschaft Japans mit der Zeit fähiger würde, Prioritäten zu ändern oder anzupassen. Es war allerdings mehr als nur ein wenig verfrüht, das Aufkommen der zoku als Zeichen wesentlicher Veränderungen in der Beziehung zwischen Bürokraten und Politikern und damit als Vorboten des Wandels in der Art zu deuten, wie Japan regiert werden würde.

Je mehr sich die Dinge änderten, um so mehr blieben sie, wie es scheint, dieselben. Die alten Muster waren sogar ausgeprägter in den späten 80er Jahren, weil sie besser organisiert waren. Viele LDP-Politiker haben gehofft, Tanakas Beispiel zu folgen und zu systematisieren, was sie schon lange taten. Dies mag dazu geführt haben, daß der Wohlstand ein wenig breiter verteilt wurde, doch die Verteilung ist gerade so willkürlich wie zuvor. Es gibt immer noch keinen Mechanismus, um nationale Prioritäten zu ordnen. Die Schwächen des Haushaltssystems in Abwesenheit eines solchen Mechanismus sind, wenn überhaupt, deutlicher geworden.

Zwei wesentliche und zusammenhängende Ziele der Verwalter — die Macht zu behalten und sich ein Mindestmaß an politischem Einfluß über die Normalverbraucher zu bewahren — haben sich in keiner Weise geändert. Seit 1945 ist das japanische Volk politisch wacher geworden, aber diese Wachheit wird ihm abgekauft — zum Teil durch die Subventionen und andere, regelmäßige Bezüge, die die Kombination LDP/Bürokraten garantiert, und zum Teil durch die Beschäftigungspolitik, die in Kapitel 6 behandelt wird.

Natürlich gibt es ständig gewisse Machtverschiebungen zwischen den Verwaltern in Politik, zaikai und Bürokratie. Sie bedeuten jedoch nicht, daß sich wesentlich andere Beziehungen zwischen diesen drei Hauptkategorien von Verwaltern oder wesentlich neue Motive entwickelten. Es wäre falsch, zu folgern, daß höhere Beamte die Fußsoldaten der LDP-Politiker werden. Sie haben einen Weg gefunden, so zu tun, als hätten die Parlamentarier das Sagen, während sie in Wirklichkeit an den Prinzipien und Privilegien der Bürokratenherrschaft festhalten. Die Bürokratie ist noch immer de facto Gesetzgeber in Haushaltsfragen. LDP-Politiker gehören vor allem wegen der Finanz- und Wahlvorteile den zoku an — nicht, weil ihnen plötzlich klargeworden wäre, daß Japan neue Prioriten braucht und in Übereinstimmung mit ihnen eine neue Politik entwickeln muß.

Das einzige Ziel der Verwalter ist letztlich die Erhaltung des Systems. Seit 1945 ist dies erreicht worden, indem man einerseits eine rasch wachsende Wirtschaft förderte, wobei industrielle Expansion den Vorrang vor anderen Werten hatte, und andererseits soziale Kontrolle ausübte. Die am System Beteiligten, die in diesem Kapitel beschrieben wurden, zeigen weiterhin trotz aller Konflikte untereinander, daß sie in beidem Hervorragendes leisten.

6
Die unterwürfige Mittelschicht

Nach dem Krieg waren die Ziele des japanischen Systems hauptsächlich wirtschaftlichen Organisationen anvertraut. Dem System geht es vor allem um Industrie und Handel, deren Ausdehnung als wesentlich für sein Überleben gelten. Obwohl kein politisches Zentrum auszumachen ist, gibt es doch sozusagen einen harten Kern von Institutionen — zahlreich, durchorganisiert, untereinander verbunden —, die eng für diese Ziele eingespannt sind.

Die Verwalter, die an der Spitze der miteinander vernetzten Hierarchien von Herstellerfirmen, Banken und Handelsgesellschaften stehen, befassen sich mit mehr als Produktion und Handel. Firmen im privaten Sektor haben tatsächlich eine Doppelfunktion. Politisch sind sie wichtig wegen der Macht, die sie über die Bevölkerung ausüben, weil sie das Verhalten und Denken ihrer Angestellten weit mehr kontrollieren, als sich Firmen im Westen vorstellen oder erlauben könnten. Es ist die Standard-Indoktrination, die japanische Firmen liefern, und ihr Erfolg darin, ihren Angestellten einen Lebensstil aufzuzwingen, die dem System viel von seiner Solidität verleihen.

DAS MODELL »SALARYMAN«

Die menschliche Substanz des großen harten Kerns des Systems ist der sarariiman (»salaryman«, Gehaltsempfänger [d. Ü.: bleibt unübersetzt, weil unübertragbares Phänomen]). Er wurde ursprünglich nach dem Gehalt benannt, das er empfing, im Unterschied zum Lohn der Fabrikarbeiter und anderen Arbeiter weiter unten in der Berufshierarchie. Doch der Begriff »Salaryman« impliziert weit mehr als »Büroangestellter« oder »Geistesarbeiter«: Er steht für eine erstrebenswerte Verhaltensnorm. Der Gehaltsempfänger hat so berechenbare Interessen und Gewohnheiten, daß es im Japanischen üblich geworden ist, von »Salaryman-Kultur« zu sprechen. Die Produktion von Büchern und Magazinen, die vor allem Vorlieben der Gehaltsempfänger entgegenkommen (darunter Comics, dick wie Telefonbücher), ist eine von Japans größten Industrien. Die Medien bringen das Gehaltsempfänger-Modell des Lebens in jeden Winkel des Landes.

Wie man »Mitglied« wird

Die Welt der Gehaltsempfänger steht rund einem Drittel der jungen japanischen Männer offen, die durch das in Kapitel 4 beschriebene Auswahlsystem gegangen sind. Doch selbst wenn alle Hürden des Schulsystems überwunden sind, ist die Einstellung in einer Firma oft von Empfehlungen von Professoren, weiteren, firmeneigenen Prüfungen und den Ermittlungen von Detektiven abhängig. Ehemalige Grundschul- und Gymnasiallehrer sowie Nachbarn können gefragt werden, wie der Rekrut sich als Teenager geführt hat. Viele Firmen wollen sich vergewissern, daß der Rekrut kein Abkömmling der »unreinen« Kaste der burakumin ist und keiner der sogenannten »neuen Religionen« angehört, da dies Loyalitätsprobleme verursachen könnte.[1]

Der Einstellung folgt gewöhnlich ein ausgedehnter Initiationsritus, der auf dramatische Weise bestätigt und symbolisiert, daß der junge Mann ein »Mitglied« der Institution wird, in die er eingetreten ist, und ihm keinen Zweifel daran läßt, welche Stellung er im Verhältnis zu allen anderen einnimmt.

Das Leben in der »Welt der Erwachsenen« beginnt gewöhnlich mit einer Zeremonie, bei der der Rekrut, manchmal zusammen mit Hunderten seinesgleichen, in frischer »Salaryman-Uniform« (nüchterner grauer oder blauer Anzug mit dem Firmenemblem am Aufschlag) zum erstenmal aus dem Munde des Präsidenten oder eines hohen Managers die »Firmenphilosophie« hört. Bald wird er diese »Philosophie« und die kürzeren Slogans, die dazugehören, im Schlaf aufsagen können.

Bei der dann folgenden Ausbildung wird erheblicher Wert auf eine oft komplizierte Firmenetikette gelegt. Selbst der Winkel einer Verbeugung wird genau angegeben: 15 Grad für gleichrangige Kollegen, die man im Gang trifft; 30 Grad mit beiden Händen stramm an der Hosennaht für Vorgesetzte und wichtige Besucher; 45 Grad mit höflichen Phrasen der Entschuldigung, wenn etwas schiefgegangen ist oder besondere Höflichkeit angebracht ist. Das Verteilen und Annehmen der allgegenwärtigen Visitenkarten erfordert Übung. Die Stellung, die man gegenüber Vorgesetzten in Empfangsräumen, Autos oder Zügen einzunehmen hat, muß studiert werden. Man muß ein wenig hinter Vorgesetzten in den Gängen der Firma gehen, aber vor einem Gast den Aufzug betreten. Ein Rekrut, der mit Gleichaltrigen in den Gängen spricht, zeigt, daß er den Ernst des Ganzen nicht richtig erfaßt hat. Der äußere Eindruck, den der neue Salaryman macht, ist von höchster Wichtigkeit.

Gleichzeitig wird eine Umerziehung im Denken des Rekruten unternommen. Langes Eintauchen in einem eiskalten Fluß, bekleidet mit nur einem Lendentuch, ein 24-Stunden-Marsch mit Soldaten und ein ganzer Tag Toilettenputzen mit Kollegen sind einige der extremeren Lösungen, die Firmen für das Problem der Zähmung einer neuen Gruppe von Universitätsabsolventen gefunden haben. Die Firmen sehen ihre jährliche Einstellung neuer Arbeitnehmer als disziplinarisches Problem, denn nur durch Disziplin werden die Rekruten die spezielle Beziehung voll würdigen, die sie eingegangen sind. Sie sollten ihre Firma nicht nur als einen Ort ansehen, wo sie ihren Lebensunterhalt verdienen. Wenn der Salaryman nicht fühlen kann, daß er mit seiner Firma verschmolzen ist, oder nicht wenigstens so tun kann, als sei er ganz in sie eingebunden, so kann er kaum als würdiges und vollgültiges Mitglied der Gesellschaft gelten.

Einige Firmen haben Arrangements mit Zen-Tempeln für etwas, das letztlich Härtetraining ist. Rund zweitausend schicken ihre Rekruten in die Baracken der Selbstverteidigungstruppen. Die meisten Firmen gehen entspannter an das Problem der neuen »Mitglieder« heran, doch praktisch alle haben spezielle Trainingsprogramme, die zwei Monate bis ein Jahr dauern können.

Der Rekrut muß in dieser Zeit eventuell in einem Firmenheim leben, vor Morgengrauen aufstehen, alle Arten von Gemeinschaftsarbeiten tun, einem Zapfenstreich gehorchen und um zehn Uhr im Bett sein und das Licht gelöscht haben. Die größeren Firmen, die Freizeit- und Begegnungsstätten in Urlaubsgebieten haben, isolieren ihre Rekruten oft für Wochen zu intensiver Übung in Zusammensein, gegenseitigen Beichten und anderen Übungen, von denen einige eindeutig Reinigungs- und Initiationsriten darstellen. Der Endzweck kann mit dem des Unteroffiziers in der militärischen Grundausbildung verglichen werden: möglichen individuellen Widerstand gegen die Ziele der Gesamtorganisation zu brechen und eine Gewohnheit des Gehorchens zu bilden.

Es wird gemeinhin angenommen, daß Universitätsabsolventen dies heute dringend brauchen. So organisiert Nikkeiren, der Dachverband der Arbeitgeber, ein jährliches Trainingsprogramm für kleinere Firmen; es wird in den Anlagen abgehalten, die für die Olympischen Spiele gebaut wurden. Am Ende dieses Programms marschieren die Rekruten hinter dem Emblem ihrer Firma um das Stadion. Nikkeiren-Sprecher erklären, Urbanisierung, Wohlstand und die Mängel der Schulen hätten es notwendiger als je gemacht, daß junge Angestellte dieser Art Training unterzogen werden.

Loyalität in Unfreiheit

Jedes Jahr drucken die Zeitungen die Ergebnisse einer Meinungsumfrage, bei der neue Angestellte gefragt werden, ob ihnen Firma oder Familie wichtiger ist. Jedes Jahr steigt der Prozentsatz, der die Familie vorzieht, ein wenig, und das inspiriert eine weitere Runde von Kolumnen und Artikeln über die sich wandelnde Moral des Salaryman. 1986 sagten acht von zehn Befragten, sie würden ihr Privatleben über die Anforderungen der Firma stellen. Doch die Experten des Nikkeiren nehmen solche Äußerungen der Unabhängigkeit nicht sehr ernst. Bislang ist in der Praxis klar, daß selbstverständlich die Familie sich anpaßt, wenn Interessen von Firma und Familie in Konflikt geraten. Der Maihomu-shugi oder »My-home-ismus« (von my home, mein Heim) — die Tendenz junger Gehaltsempfänger, die Rechte von Frau und Kindern hoch anzusetzen — hat sich als nicht so bedrohlich erwiesen, wie Beamte und

Wirtschaftselite in den 60er und frühen 70er Jahren dachten. Das Präfix mai (my = mein) hat noch immer einen relativ negativen Klang, gleichgültig welchem Substantiv es voransteht, denn in den Augen der Industrieverwalter ist es mit einem verminderten Interesse am Arbeitsplatz verbunden. Gleichzeitig war aber Wettbewerb unter Salaryman-Familien, ihre kleinen Wohnungen mit dem letzten Schrei an Kühlschränken, Klimaanlagen, Stereo-Farbfernsehern und einer riesigen Palette arbeitssparender Elektrogeräte sowie ihre winzigen Parkplätze mit Autos auszufüllen, genau das, was nötig war, um viele ihrer Firmen voll auszulasten.

Die meisten Firmen schenken dem frischvermählten Salaryman besondere Aufmerksamkeit. Nach der Geburt des ersten Kindes, im typischen Fall etwa zwei Jahre nach der Hochzeit, erwarten sie allerdings, daß der Ehemann sich an die ernste Aufgabe gewöhnt, den Hauptteil seiner Energie, Zeit und Aufmerksamkeit seiner Firma zu widmen.

Einige Soziologen und andere Kommentatoren haben gemeint, japanische Männer zögen die Gesellschaft ihrer Kollegen vor und fühlten sich unwohl, wenn sie mit Frau und Kindern ausgehen müßten. Dagegen läßt sich jedoch einwenden, daß der Salaryman kaum eine Wahl hat, und daß sein Unbehagen von mangelnder Übung herrührt. Ein Besuch auf dem Land oder in Stadtvierteln, wo Handwerker-Familienbetriebe und Arbeiter vorherrschen, bestätigt, daß die meisten Japaner von sich aus keine Schwierigkeiten mit einem Gesellschaftsleben haben, dessen Zentrum die Familie ist. Das Phänomen einer Mittelschicht, die weitgehend keine als Ehemänner und Väter funktionierenden Männer hat, ist relativ neu. »Wären die Japaner ›von Natur aus‹ — aufgrund kultureller Konditionierung — bereit, ihr Ego einer großen Organisation zu opfern, dann müßte die Organisation nicht so hart arbeiten, um ihnen Loyalität und Identifizierung anzuerziehen.«[2]

Der Salaryman soll aktiv Loyalität zu seiner Firma demonstrieren. Es gibt verschiedene Weisen, dies zu tun: In den 1960er und 70er Jahren ging er bei Eisenbahnerstreiks zu Fuß ins Büro; in den 80er Jahren verzichtet er teilweise oder ganz auf den ihm zustehenden Urlaub. Seine am weitesten verbreitete Art, Loyalität zu demonstrieren, ist abends lange zu arbeiten oder nach der Arbeit mit Kollegen und Geschäftspartnern zusammenzusein — das beschränkt

die Zeit, die er mit seiner Familie verbringt, auf die Stunden zwischen elf Uhr abends und sieben Uhr früh.
Diese Bindung zwischen Firma und Angestellten kann natürlich nur bestehen, solange die Angestellten nirgendwo anders Arbeit finden. Meist ist das auch der Fall. Zwar ist in den niederen Rängen der Geschäftshierarchie — unter den kleinen Zulieferfirmen — eine ständige Fluktuation von Arbeitnehmern recht üblich, doch in der Welt des Salaryman ist ein Stellenwechsel, wenn überhaupt, praktisch nur in den ersten paar Jahren möglich.
Die »psychologische« Erklärung für diesen Mangel an Mobilität ist überstrapaziert worden. Zwar werden Gehaltsempfänger zweifellos konditioniert, zu glauben, es sei richtig, bei demselben Arbeitgeber zu bleiben, doch der wichtigere Faktor ist, daß ein Wechsel fast immer einen Verlust an Einkommen, Prestige und Aufstiegschancen mit sich bringt. Es ist die Politik großer Firmen — wenn der Wechsel nicht von vornherein zwischen den Firmen vereinbart ist —, Angestellte von anderen Arbeitgebern entweder nicht zu übernehmen oder ihnen erheblich niedrigere Positionen zu geben, als sie vorher hatten.
Diese Strategie ist eindeutig ein politisches Mittel, um dem Salaryman zu einem dauerhaft tiefen Gefühl der Loyalität zu verhelfen. Die zaghaften Anfänge eines freien Arbeitsmarktes für Spezialisten, besonders bei Ingenieuren und Software-Entwicklern, bei denen die Nachfrage das Angebot in den 80er Jahren weit übersteigt, veranlaßte den Dachverband der Wirtschaft, Keidanren, einen Bericht herauszugeben, der deutlich machte, diese Entwicklung sei als unerfreulich einzustufen und sollte eingeschränkt werden. Die Verwalter in der Wirtschaft machen keinen Hehl aus ihrem Wunsch, daß Gehaltsempfänger ganz von ihren Firmen abhängig bleiben sollten — so, wie Kinder von ihren Eltern.

Für die Verwalterelite ist die Treue des Salaryman zu seiner Firma beispielhaft für die ideale Beziehung aller Japaner zum System. Meist wird sie im Bild der Firma als einer Art Familie dargestellt — ein Bild, das in zahlreiche ausländische Analysen des japanischen Wirtschaftslebens Eingang gefunden hat. Weithin wird angenommen, daß solcherart familiäre Beziehungen sich aus einer jahrhundertealten Tradition psychologischer Vorlieben entwickelt haben. Tatsächlich aber ist die Idee von der Firma als Familie eine recht moderne Erfindung, obwohl die aus der Tokugawa-Periode ererbten soziopolitischen Funktionen des japanischen Haushalts und die fiktiven Verwandtschaftsverhältnisse ihr den Weg bereitet haben.

Sozioökonomisch und nicht politisch betrachtet war es durchaus nicht unvermeidlich, daß japanische Firmen Pseudofamilien geworden sind. Betriebe in der Meiji-Periode wurden zumeist von recht individualistischen Unternehmern geleitet. Die flagrante Ausbeutung der Arbeiter und die daher rührende Unruhe in der Industrie, ganz zu schweigen von den sehr auffallenden Statusunterschieden, hätten die Familienmetapher damals wohl nicht einmal dem naivsten Beobachter glaubhaft gemacht.

Industrielle Organisationen mit dem Etikett »Familie« sind jedoch nicht aus dem Nichts entstanden. Fiktive Verwandtschaftsbeziehungen sind seit Jahrhunderten üblich. Überdies gab das Tokugawa-Shogunat dem Haushalt, wie wir gleich sehen werden, eine soziopolitische Funktion, die in gewisser Weise die der Firma vorausnahm. Und es gab ein noch direkteres Vorbild — ein Vorbild, das im Zusammenhang mit dem lebhaften Arbeitsmarkt aufkam, den das rasch wachsende Unternehmertum im Meiji-Japan schuf. Dieser Markt bestand ursprünglich aus Gruppen von Arbeitern und sie kontrollierenden Bossen; sie nannten sich gegenseitig oyakata und kokata (wörtlich Menschen, die die »Elternrolle« bzw. »Kindesrolle« haben), und waren durch quasi-familiäre Bande aneinander gebunden, bei denen Loyalität und Gehorsam gegen angenommenes Wohlwollen ausgetauscht wurden. Frühe Gewerkschaften waren tatsächlich oft nichts anderes als diese oyakata-kokata-Gruppen. Sie waren in gewissem Maße mit den heutigen

Gangsterorganisationen vergleichbar — tatsächlich waren sie um die Jahrhundertwende manchmal mit diesen verbunden. Schauerleute und Kumpel sind dafür gute Beispiele.
Als die großen Firmen besser ausgebildetes Personal brauchten und ihre Furcht vor Arbeiteraktivismus stieg, wurden die Unternehmer von ihren eigenen Bedürfnissen und dem Drängen der Regierungsbürokraten dazu gebracht, Arbeitnehmer mit dem Ziel zu rekrutieren und auszubilden, reguläre Dauerbelegschaften zu bilden. Dennoch dauerte es Jahrzehnte, bis die Familienideologie sich bei den Managern durchzusetzen begann. Als das geschah, wurden viele Firmen nicht mehr von unabhängig denkenden Unternehmern geführt. »Es war die erste Generation bürokratischer Manager, direkt von den Universitäten rekrutiert, die das Familienideal tatsächlich übernahmen.«[3] Ohne diese frühen Verwalter der Wirtschaft wäre die Familienrhetorik vielleicht nie allgemein akzeptiert worden. Sie hatten ihre bürokratische Entsprechung in Gestalt ihrer Kommilitonen aus Todais juristischer Fakultät, die gleichzeitig die Ideologie einer vom wohlwollenden Kaiser zusammengehalten »Staatsfamilie« propagierten. Trotzdem verbreiteten sich die Vorstellungen von der Firma als Familie und die entsprechenden organisatorischen Änderungen erst in der zweiten Hälfte der 1930er Jahre im ganzen Land, als der Krieg gegen China die Regierung zwang, sich auf industrielle Programme zur Produktivitätssteigerung zu konzentrieren. Einige Merkmale der berühmten japanischen »Anstellung auf Lebenszeit« wurden 1942 mit der Verordnung zum Management der Arbeit in wichtigen Industrien zum erstenmal eingeführt.[4]

Der »öffentliche« und der »private« Bereich

Kriege erleichtern es Bürokraten immer, Wirtschaftsmanagern Vorschriften zu machen. In diesem Fall half den japanischen Bürokraten zusätzlich das Fehlen einer traditionellen Unterscheidung zwischen »öffentlichem« und »privatem« Bereich. Vor zwei bis drei Jahrhunderten wurden Japaner aller Schichten ausschließlich durch persönliche Bindungen unter Kontrolle gehalten, die zu einem Komplex patriarchalischer Strukturen gehörten. Der niedrigste Landarbeiter und seine Familie wußten von keiner anderen Autorität als der des Landverwalters, dessen Knechte sie waren. Für den Landverwalter und seine Familie verkörperte sich die Autorität nur in einer einzigen Figur über ihnen: dem Vasallen des Daimyo (Baron). Und dieser wiederum war nur seinem Daimyo Treue schuldig.[5] Als das Wirtschaftsleben der Tokugawa-Zeit komplexer wurde, entwickelten sich selbstregulierende Berufsklassen und funktionelle Gruppen. Doch obwohl der städtische Arbeiter, Händler oder Handwerker gelegentlich darauf aufmerksam wurde, daß Macht auch aus anderen Quellen als von seinem Vorgesetzten oder seiner Gilde kam, hätte er noch immer kein Gefühl für irgendeine unpersönliche politische Organisation gehabt, eine etwaige Vorform des Staates, die sein Verhalten objektiv beurteilen könnte. »Öffentliche Angelegenheiten« bedeutete einfach die Summe der Dinge, die die Aufmerksamkeit seines Vorgesetzten beschäftigten.

Über die Jahrhunderte nahm die politische Integration zu, und eine nationale Kultur entstand; doch es gab keine Parallelentwicklung einer Idee von Staatszugehörigkeit. Hätte sich ein solches Denken in Japan verankert, so wären die politischen Haltungen heute wahrscheinlich ganz anders. Mit Hilfe des Begriffes »Staat« kann man sich eine Grenze vorstellen, die um eine Autorität verläuft. Er ermöglicht es dem Denken, eine Karte getrennter öffentlicher und privater Bereiche zu zeichnen — eine Vorbedingung, wenn man entdecken will, wo und wie der öffentliche den privaten Bereich unnötig einengt. Ohne dieses intellektuelle Konstrukt, um die Gedanken zu ordnen, sind politische Ordnung und »Gesellschaft« deckungsgleich.

In der idealen japanischen Perspektive — die in der negativen Konnotation des »My-home-ismus« weiterbesteht — gelten Arbeitsplatz, Großfamilie im Unterschied zur Kleinfamilie, Schulen oder Clubs nicht als dem privaten Bereich zugehörig. Dies bedeutet natürlich, daß der öffentliche Bereich bis zur Schwelle der individuellen Psyche eindringen kann. Für viele Japaner bilden Familie, Freunde und Kollegen keinen Puffer, der ihnen gegenüber Autoritäten von Firma oder Regierung Schutz und moralische Unterstützung bietet; die politische Welt liegt direkt außerhalb der eigenen Haut. Andersherum gesagt, die ganze Welt ist eine »private« Welt, mit »Familienspannungen«, die Magengeschwüre verursachen, und anderen Problemen, die nur durch »persönliche Beziehungen« lösbar sind.

Hier wird es erhellend sein, ein in Kapitel 3 schon angesprochenes Thema genauer zu untersuchen: den japanischen ie oder »Haushalt«, und wie seine Tokugawa-Version sich von ihrem chinesischen Gegenstück unterschied.[6] Der chinesische Vergleich ist nützlich, denn die beiden Länder teilen zwar bestimmte konfuzianische Vorstellungen von Familie, doch der ie bezeichnet eine soziale Einheit, die anders als ihre chinesische Entsprechung weniger durch Blutsbande als durch die gemeinsame wirtschaftliche Rolle bestimmt ist. Die »blutsverwandte« Familie kann sich natürlich mit der wirtschaftlichen Einheit, die der ie darstellt, überschneiden, doch der Unterschied wird ganz deutlich, wenn man die japanischen und chinesischen Praktiken in bezug auf Nachfolge durch Adoption betrachtet. Wenn es keinen männlichen Erben gab, der neues Familienoberhaupt werden konnte, so adoptierte der Chinese jemanden, der der Familie so nah wie möglich blutsverwandt war. In Japan war die entscheidende Frage oft die Eignung zur Nachfolge; selbst ein natürlicher Sohn konnte übergangen werden, wenn ihm die nötigen Eigenschaften abzugehen schienen.[7] Eine recht verbreitete Lösung für Haushalte mit ungeeigneten Söhnen oder ohne Söhne war die Adoption eines Schwiegersohnes oder sogar eines jungen Mädchens, um für sie einen Ehemann zu wählen und dann ihn in den Haushalt zu adoptieren. Diese Tradition ist nicht tot. Ein kinderloser buddhistischer Priester,[8] mit dem ich eng befreundet bin, hat zehn Jahre lang — vergeblich — eine junge Dame gesucht, um sie zu adoptieren und mit einem jungen Priester zu verheiraten, der dann seinen kleinen Tempel erben würde. Außerdem galten in Japan Dienstmädchen, Knechte und ähnliche als Angehörige des ie, Familienmitglieder, die nicht mehr unter dem gemeinsamen Dach lebten, hingegen nicht. Die Chinesen empfanden dagegen generell weiterhin ein tiefes Gefühl der Familienzugehörigkeit, selbst nach Generationen der Trennung, etwa durch den Pazifischen Ozean.

Der Körperschaftscharakter des japanischen ie hat sich nicht natürlich entwickelt, sondern als Ergebnis von Vorschriften, die das Tokugawa-Shogunat als Teil seines komplexen Systems sozialer Kontrolle durchsetzte. Der Haushalt wurde ganz bewußt vor etwa dreieinhalb Jahrhunderten zu einer politischen Einheit umgewandelt — als erstes der Samurai-Haushalt, doch später auch die wohlhabenden Dorfhaushalte und die geschäftlich tätigen Stadthaushalte. Einzelpersonen besaßen kein Eigentum, sondern der ie besaß es. Einzelpersonen wurden als Angehörige des ie registriert, dessen Haupt für sie verantwortlich war. Das Haupt hatte auch fast unbegrenzte gesetzliche Macht über die Mitglieder seines Haushalts.

Die Bedeutung des ie als Einheit war aus seinen metaphysischen Attributen abgeleitet. Er war nicht nur eine gesellschaftliche Einrichtung; der Ideologie zufolge, die sich um ihn rankte, war ihm das Leben und verschiedene andere Segnungen durch eine kontinuierliche Linie von Ahnen (real oder fiktiv) gegeben worden, und bei der richtigen Nachfolge würde er unbegrenzt so weiter existieren. Der ie war wie ein Schiff, das von Göttern auf den Weg geschickt und nie als Schrott verkauft worden war: Heimat für eine stets wechselnde Mannschaft, deren heilige Pflicht es war, es über Wasser und auf Kurs zu halten.

Für Machthaber war dies eine wunderbare Basiseinheit, mit der sie arbeiten konnten, und die Meiji-Oligarchie dehnte die rechtliche ie-Organisation auf alle Schichten der Bevölkerung aus. Im zwanzigsten Jahrhundert war der ie bis 1945 verpflichtet, moralische Bürger zu produzieren.[9] Das Bürgerliche Gesetzbuch nach dem Krieg nahm dem Haushalt und seinem Oberhaupt seine legalen Rechte und Pflichten und schaffte den formalen Begriff des ie ganz ab. Doch er lebt in Organisationsidealen weiter.

In der Tokugawa- und der frühen Meiji-Periode waren geschäftlich tätige Haushalte durch rechtliche Definition ie. Als die Manager begannen, die Unternehmer vom Beginn dieses Jahrhunderts abzulösen, griffen sie einfach die ie-Bildsprache wieder auf und übertrugen dies ursprünglich politische Konstrukt auf ihre Betriebe. Heute haben viele der großen Firmen ihre »Ahnen« in Gestalt legendärer Gründerpräsidenten und ihrer unmittelbaren Nachfolger; und diese Ahnen hinterließen oft eine »Philosophie« oder »Moral« zum Nutzen für Generationen von Arbeitnehmern. Diese werden manchmal in der Hochglanzliteratur ausgelegt, die japanische Firmen veröffentlichen und die oft glauben machen wollen, kommerzieller Gewinn sei das letzte, woran japanische Manager denken. Die Firmen werden als Wohltäter des Volkes, wenn nicht der ganzen Menschheit dargestellt, und nicht wenige haben tatsächlich ein oder zwei Zeilen über ihr Ideal, zum Weltfrieden beizutragen, in ihre Werbeliteratur aufgenommen. Vor allem aber nützt die Firma nach der gängigen Theorie ihren Angestellten und existiert für sie; deren »aufrichtiges Bemühen« wird als Gegenleistung für all das erwartet, was frühere Manager getan haben, um sie zu dem zu machen, was sie ist.

Vorrang des Arbeitsplatzes

Es ist lehrreich, die Gleichung von Familie und Arbeitsplatz von einem weiteren Gesichtspunkt aus zu betrachten: im Vergleich mit der westlichen Erfahrung. Vor der Industriellen Revolution war die europäische Familie die elementare Einheit der wirtschaftlichen Produktion, ebenso wie in China und Japan. Als aber die Industrialisierung voranschritt, begannen die Abendländer, außerhalb der Familie Arbeit zu finden, an unpersönlichen Arbeitsplätzen; die Funktion der Arbeit wurde von der Familieneinheit getrennt. Japan hingegen bekam nach einer Übergangsperiode und der Konsolidierung des heutigen Systems eine Situation, in der sozusagen die Funktion der Familie von der Arbeitseinheit getrennt ist. Der ie von heute ist die Arbeitsgruppe in den Konzernen.
China hat eine lange Geschichte der Spannungen zwischen dem Sippensystem und den Vertretern der Zentralregierung. Die vielen Berichte über Konflikte zwischen Familientreue und den Forderungen eines künstlich kollektivistischen Staates nach 1949 sind keine Überraschung. Die chinesischen Kommunisten versuchten, namentlich während des Großen Sprungs nach Vorn, genau die Haltung bei ihren Untertanen zu etablieren, die die Japaner seit einer Weile ohne besonderes Drängen von einer Zentralregierung an den Tag legen: die Bereitschaft, persönliche und familiäre Interessen für gemeinsame Wirtschaftsaufgaben zu opfern. So, wie die Dinge im System fixiert sind, geben sie dem Salaryman keine andere Wahl. Und Japans herrschende Elite ist recht glücklich mit der unbewußt ideologischen Folgerung der Soziologen, daß Arbeitseinheiten, nicht Familien, die Grundbausteine der japanischen Gesellschaft sind.[10]

Die intensive Bindung des Salaryman an seinen Betrieb macht eine beruhigende Symbolik nötig, die bestätigt, daß er seine Zeit, Energie und persönlichen Interessen einer würdigen Sache opfert; die Firma muß als etwas erscheinen, das mehr ist als eine Organisation, die Gewinn machen oder ihren Angestellten den Lebensunterhalt ermöglichen soll. Sie wird allgemein als etwas in sich Wertvolles dargestellt. Manchmal erinnert ein firmeneigener Shinto-Schrein auf dem Dach vage, aber allgegenwärtig an die spirituelle Bedeutung des gemeinsamen Strebens, die Reise der Firma von vergangenen Generationen durch die Gegenwart in die Zukunft fortzusetzen. Ein wichtiges Symbol für den modernen Großbetrieb ist sein Emblem, das an die Familiensiegel der früheren prominenten ie erinnert (vergleichbar mit westlichen Wappen). Manche Firmen haben wie die alten Händler-ie auch eine »Verfassung«, die aus Pietätsübungen und vorgeschriebenen Pflichten besteht. Und von jeder großen Firma wird erwartet, daß sie ihren eigenen shafu hat, einen »Firmengeist«, abgeleitet von Idealen, die in katechismusähnlichen Traktaten dargelegt sind. Jeder, der eine Führung durch zeitgenössische japanische Fabriken mitmacht, bekommt wahrscheinlich stapelweise Broschüren und Pamphlete, die die speziellen Weisheiten und Traditionen der Firmen beschreiben, vermischt mit Platitüden über das Allgemeinwohl.

Die gemeinsame Firmenkultur wird regelmäßig durch gemeinsames Absingen der Firmenhymne bestärkt. Die Angestellten der Werft Hitachi Shipbuilding and Engineering singen:

> *Neues Licht in der Morgenröte, das Friedensland Japan wird geboren ... Laßt uns gute Schiffe bauen, Unsere Pflicht ist wichtig, Wir beten für Hitachi zosen, die den Wohlstand des Landes entwickelt. ... Wir sind voller Vitalität, Hitachi zosen ... bringt das Glück der Menschen ... Wir sind stolz auf Harmonie, Unser Ehrgeiz ist, die Länder der Welt mit Schiffen zu verbinden, Möge (Gott) Hitachi zosen segnen, Möge sie sich Tag für Tag entwickeln.*

Die Belegschaft der Victor Company of Japan Ltd. sieht es so:

Genies der Welt versammeln sich hier, wo Musik gespielt wird, Wesen der Kultur, Stolz menschlicher Technik, Victor, Victor, Unser Victor, Wohlstand des Landes, Harmonie der Familie, Wir verwirklichen sie beide, Wir erfüllen unsere Mission gerne, Höchste Technologie der Zeit, Stolz der Welt... Die Flamme, die unsere Produkte macht, ist unsere Aufrichtigkeit, Wesen der Kultur, Stolz menschlicher Technik.

Beschäftigte der Baufirma Obayashi-gumi singen:

Laßt uns eine Regenbogenbrücke am Himmel machen, Wenn wir voller Hoffnung bauen, werden Lieder des Bauens widerhallen, Sie werden im Himmel von morgen widerhallen, Obayashi-gumi baut die Welt, Laßt uns Träume auf Erden skulptieren, Neue Dinge werden geschaffen werden. Die Straße beginnt hier und führt zu einer funkelnden Morgenröte, Obayashi-gumi entwickelt die Welt.

Angestellte der Toyota Motor Corporation versichern, sie seien voller

Wünsche für überfließenden Sonnenschein und Grün, Wir eröffnen das neue Zeitalter mit Mumm und einem ewig wachsenden Netzwerk... Wir wachsen morgen weiter, mit einigem Sinn und beständigem Streben, Unser, Unser, Unser Toyota... Wir formen unsere Geschichte mit einem Traum der Welt, Weisheit und reiche Technologie, Lichte Zukunft, mit einigem Sinn und neuen Schritten, Unser, Unser, Unser Toyota.

Lieder von vier beliebigen anderen Firmen würden etwa den gleichen Bereich abdecken. Ausdrücke wie »lichtere Zukunft« und »Harmonie« fehlen selten. Die Hymnen handeln oft von der Zugehörigkeit zu einer großen Familie, vom Aufbau des Landes und großer Entschlossenheit, Ziele zu erreichen, die meist nur vage definiert sind. Viele Hymnen beziehen sich auf das, was andere in der Vergangenheit getan haben, um die Gegenwart zu erschaffen, und implizieren dadurch eine Pflicht, das gute Werk weiterzuführen.

Obwohl japanische Gehaltsempfänger den Tag nicht gerade mit gemeinsamem Gebet beginnen, ist dies der Eindruck, den die choreikai vermitteln, die Morgentreffen, die in schätzungsweise 80% der japanischen Firmen abgehalten werden.[11] Die Angestellten haben intensiv und ständig mit Treffen, Diskussionsgruppen zur Arbeit, »Qualitäts-Kontrollrunden« und dergleichen zu tun. All dies trägt zur Bildung einer manipulierbaren Persönlichkeit bei. Das leidenschaftliche Festhalten an Firmensymbolen, Gründer und Firmenideologie, das Singen der Firmenhymne, die gemeinsamen Freiübungen — sie alle sind Symbolhandlungen, die den Angestellten von seiner Zugehörigkeit zur Firma und ihren nährenden Kräften überzeugen sollen. Die Symbole sind trotz ihrer Abstraktheit unmittelbar und vertraut. Die trivialen Phrasen, wiederholt wie Beschwörungen, betäuben die kritischen Fähigkeiten. All dies verbraucht viel von der emotionalen Energie des Salaryman und läßt wenig psychologische Reserve für persönliche Bindungen außerhalb der Firma.

UNTERWERFUNG UND ORDNUNG

Die Loyalität des Japaners zu seiner Firma ist infolge vieler populärer Schriften über die wirtschaftlichen Leistungen Japans fast sprichwörtlich geworden, und es ist nötig, sie hier in eine klarere Perspektive zu bringen. Seit die Abendländer vor etwas über einem Jahrhundert Japan wieder besuchen durften, waren sie von der Kraft japanischer Loyalität immer tief beeindruckt,[12] und sie neigen noch immer zu dem Schluß, sie sei der höchste Wert im japanischen Leben. Diese Analyse kann trotz ihrer Richtigkeit irreführen, wenn nicht deutlich gemacht wird, worin japanische Loyalität wirklich besteht.

Zunächst gilt japanische Loyalität immer einer Gruppe oder Person, nicht einem Glauben oder einer abstrakten Idee. Und da Organisationen, die dem System schaden können, fast ganz aus der Gesellschaft ausgemerzt sind, ist die japanische Solidarität eine ganz direkte Stütze der etablierten soziopolitischen Ordnung.

Loyalität wird oft im gleichen Atemzug wie »kindliche Pietät« genannt, denn beide Werte sind zentral im chinesischen Konfuzianismus, den die japanische Aristokratie vor langer Zeit importierte, um ihre Macht abzusichern. Der Einfluß der Verpflichtung zu kindlicher Pietät muß erheblich gewesen sein. B. H. Chamberlain schrieb kurz nach der Jahrhundertwende: »Es gibt keine größeren Lieblinge des japanischen Volkes als die ›Vierundzwanzig Helden kindlicher Pietät‹, deren wunderliche Taten der Tugend die chinesische Legende erzählt.« Ein Held hatte eine grausame Stiefmutter, die Fisch liebte. Obwohl sie ihn schrecklich behandelte, legte er sich nackt auf einen gefrorenen See, schmolz ein Loch mit seiner Körperwärme und fing zwei Karpfen, die zum Luftschnappen hochkamen. Ein anderer schlief nackt, damit alle Mücken ihn stachen und seine Eltern in Frieden ließen. Mein Favorit aber ist der siebzigjährige Held, der sich Babykleider anzog und auf dem Boden krabbelte, um seine neunzigjährigen Eltern glauben zu machen, sie könnten letzten Endes doch nicht so uralt sein.[13]

Die Meiji-Regierung propagierte nicht nur kindliche Pietät, um die politisch wichtige Familienmoral und den Patriotismus zu fördern, sondern bestimmte auch, daß kindliche Pietät und Kaisertreue ein und dasselbe seien. Eine noch weitergehende Revision des chinesischen Moralsystems war schon viel früher geschehen. Die Tokugawa-Herrscher hatten die Ethik auf den Kopf gestellt, indem sie Treue zum Herrn statt kindliche Pietät zum obersten Gebot machten.

Nachdem Japans frühe Herrscher den von Göttern abstammenden Kaiser beiseite geschubst hatten, konnten sie sich nicht auf allgemeingültige Prinzipien berufen, um den niederen Adel zu Gefolgschaft und Gehorsam zu überreden. Dies war ein großes Problem; es wurde zum Teil gelöst, indem eine militärische Hierarchie aufrechterhalten wurde, die Maßstäbe für Regierungstreue setzte. Die Disziplin und Ethik des Gehorsams, die automatisch bei allen militärischen Organisationen vorherrschen, gab einen idealen Nährboden für die Entwicklung des japanischen Loyalitätskults ab. In einem solchen Kontext hat Loyalität fast immer blinden, zwangsweisen Gehorsam gegenüber einem Herrn und Meister bedeutet. Im mittelalterlichen Europa konnte ein Ritter seinen Herrn um Gottes willen verlassen, und er hatte genau bestimmte Rechte; das Feudalsystem gründete auf gegenseitiger Treue zwischen Herrschern und Gefolgsleuten. Die Beziehung zwischen Herrscher und Gefolgsmann in Japan war dagegen »gekennzeichnet durch Pflichten, die nur dem Gefolgsmann auferlegt waren; er mußte den Befehlen seines Führers absoluten Gehorsam leisten«.[14]

Heute ist der Gehorsam der Japaner gegenüber Vorgesetzten generell nicht mehr blind oder total bedingungslos, doch das Element der freien Wahl fehlt in den meisten Fällen noch immer. Wenn die meisten Beschäftigten eines Großbetriebes ihren derzeitigen Boß nicht mehr tragbar finden, haben sie keine Wahl, als »loyal« zu bleiben, denn, wie wir sahen, wenn sie kündigten, würden sie keine andere Stellung mit vergleichbarem Einkommen finden. Noch heute hat Loyalität zum Vorgesetzten Vorrang vor anderen anerkannten moralischen Werten. Ein landesweites Fernsehpublikum wurde 1976 hieran erinnert, als eine Gruppe von Managern durchgängig, ausführlich und recht offensichtlich Meineide schwor, um ihre Arbeitgeber bei parlamentarischen Anhörungen zum Lockheed-Bestechungsskandal zu »schützen«. In Fällen, wo es um »Loyalität« geht, wird systematischer Betrug weitgehend gesellschaftlich sanktioniert und bewundert.

Wenn die Ethik der Loyalität zu ihrem kulturell gepriesenen, letzten Ausdruck kommt, der in Kabuki-Opern und einigen zeitgenössischen Filmen gefeiert wird, ist sie für Abendländer moralisch unannehmbar, wie zum Beispiel, wenn Eltern ihr eigenes Kind ermorden, um dem Kind ihres Herrn das Leben zu retten. Vor allem aber muß man verstehen, daß die japanische Ethik der Loyalität ihrem Wesen nach eine Ethik der Unterwerfung ist.

Nicht nur Angestellte sind gezwungen, der japanischen Firma »treu« zu sein, sondern auch ihre kleinen Zulieferer haben keine Wahl, als mehr oder minder verspätete Bezahlung ihrer Teile und halbfertigen Produkte zu akzeptieren, wenn die Großen keine guten Geschäfte machen.[15]

Die Welt des Salaryman und ihre Belange mögen tonangebend für das Leben im heutigen Japan sein, doch sie umfaßt nur rund ein Drittel der Arbeitnehmer. Firmen mit 100 bis 1000 Beschäftigten stellen 16% der Arbeitsplätze, und die mit über 1000 weitere 15%. Außerhalb dieser Welt gilt die relative Sicherheit des Arbeitsplatzes, die als »Anstellung auf Lebenszeit« bekannt ist (generell bis zum Alter von 55 bis 58 Jahren), nicht. Immerhin bieten unternehmerische Ambitionen eine respektable Alternative zu Salaryman-Hoffnungen und -Haltungen; der Traum von der eigenen Firma ist noch immer weit verbreitet und trägt erheblich zum Überleben der sogenannten Doppelwirtschaft bei. Die hochragende Hierarchie der großen Konzerne wird von einer riesigen Ansammlung mittlerer und kleiner Betriebe gestützt, die gedrückt werden können, wenn die Zeiten schlecht sind.

Fast die Hälfte der japanischen Fabrikarbeiter ist in Betrieben mit unter 50 Mitarbeitern beschäftigt. Dies sind oft nicht mehr als Ausbeutungsbetriebe, in denen Ehepaare zehn oder mehr Stunden täglich arbeiten. Als Zulieferer stellen diese kleinen Firmen — die Teile herstellen oder fertige Produkte zusammensetzen, damit sie von den berühmten Firmen vertrieben werden — billige Arbeitskraft zur Verfügung, und in Zeiten wirtschaftlichen Niedergangs dämpfen sie den Schock zum großen Teil ab. Als der Yen zwischen 1985 und 1987 im Verhältnis zum Dollar auf das Doppelte stieg, mußten diese kleinen Betriebe einen großen Anteil der Gewinneinbußen für Firmen tragen, die ihre ausländischen Marktanteile unbedingt behalten wollten.[16]

Japan hat einen viel größeren Prozentsatz solcher Kleinbetriebe als die hochindustrialisierten westlichen Länder. Nur 0,2% aller japanischen Firmen beschäftigen mehr als 1000 Menschen (obwohl dieser Anteil noch immer über 2000 Firmen repräsentiert). Selbständige und im Familienbetrieb Mithelfende (hauptsächlich

Frauen) stellen 29% der arbeitenden Bevölkerung, verglichen mit 8% in Großbritannien, 9% in den USA, 14% in der Bundesrepublik und 17% in Frankreich.[17] Die Widerstandskraft dieses großen Bereichs kleinerer Firmen gegen wirtschaftliche Widrigkeiten ist von entscheidender Bedeutung für die enorme internationale Konkurrenzfähigkeit der großen japanischen Firmen. Eine große Zahl Konkurse bei kleinen Betrieben wird durch eine etwa gleiche Zahl Neugründungen ausgeglichen; dieselben Unternehmer machen eine andere Firma auf. In weiten Teilen Tokios und Osakas, in von Außenseitern selten besuchten Nebenstraßen, hört man dasselbe, unaufhörliche Rattern kleiner Maschinen hinter Hunderten von Holztüren wie vor zehn oder zwanzig Jahren; nur produziert dieses Rattern heute völlig andere Dinge.

Die Freiheit der Kleinunternehmer ist insofern real, als sie ihren Firmen ihren eigenen Namen geben und ihre Präsidenten sein können. Sie ist jedoch insofern nicht real, als fast zwei Drittel aller kleinen Fabriken finanziell von einer der größeren Firmen abhängen, die die Konditionen, unter denen sie arbeiten, bestimmen kann. Auch auf dieser Ebene wird viel Gebrauch von der Familienmetapher gemacht. Die »Elternfirma« hilft dem Zulieferer mit Rohmaterial und technischer Hilfe, auch mit Investitionen für Maschinen. Unter normalen Bedingungen geht sie nicht zu einem billigeren Zulieferer. Doch die »Kindfirma« muß ihre Rolle als Stoßdämpfer in Zeiten wirtschaftlichen Niedergangs akzeptieren.

Auch hier ist das System am Werk, und seine Umarmung ist auch an den zahlreichen Verbänden kleiner und mittlerer Betriebe und deren Dachverbänden abzulesen, die LDP-Kandidaten im Wahlkampf unterstützen. Mit der LDP hinter sich erhalten die Bürokraten die Doppelwirtschaft, indem sie die kleinen Fabrikanten nicht mit strengen Vorschriften belasten, und vor allem durch formelle und informelle Steuerprivilegien. Das MITI hat eine Behörde für kleine und mittlere Unternehmen, die durch ein komplexes Finanzierungssystem mit örtlichen Banken dazu beiträgt, die Hierarchie unter den kleineren Betrieben zu erhalten. Die größeren Mitglieder in der Gemeinschaft der Kleinbetriebe, die sich der LDP stärker verpflichtet fühlen, helfen, die kleineren zu kontrollieren.

Die japanische Wirtschaft kontrolliert nicht nur Denken und Handeln des Salaryman, sondern hilft auch auf andere Weise, Ordnung im System zu halten. Die Beziehungen innerhalb der Firmen sind streng hierarchisch, und dasselbe ist zwischen den Firmen der Fall — ganz intensiv im Fall der Zulieferer. Die Firmen beschäftigen keinen Querschnitt der Bevölkerung, sondern streng selektierte Gruppen, die von den verschiedenen Ebenen der Bildungshierarchie kommen. So betonen die größeren Firmen, die selbst in Konzerngruppierungen und Industrieverbänden hierarchisiert sind, die hierarchische Ordnung der Gesellschaft noch stärker, indem sie sozusagen die Bevölkerung »einstufen«.

Angestellte in spe interessieren sich nicht sehr dafür, in welche Art Firma sie eintreten, ob sie mit Versicherungen oder mit Chemikalien handelt. Dafür sind sie äußerst interessiert an ihrem Rang, denn dieser bestimmt direkt ihren eigenen Rang in der Gesellschaft. Auch der Reichtum der Firma, in die er eintritt, kümmert den Salaryman-Rekruten nicht sehr. Während im Westen und den meisten anderen nichtjapanischen Volkswirtschaften Faktoren wie Gewinn den Erfolg einer Firma bestimmen, wird Erfolg in Japan mehr an politischen Indikatoren gemessen: Die Größe der Firma, ihre Marktanteile und, davon abgeleitet, ihre Stellung in der Hierarchie.

Ein weiterer Beitrag japanischer Firmen zur Aufrechterhaltung der gesellschaftlichen Ordnung ist die systematische Diskriminierung der Frauen. Frauen stellen einen sehr bedeutenden Teil der Beschäftigten. Über die Hälfte der Ehefrauen ergänzt das Familieneinkommen mit Vollzeit- oder Teilzeitarbeit, oft in Zulieferfirmen. Diese arbeitenden Frauen liefern dem System ein gigantisches Reservoir relativ billiger Arbeit, und zwar aufgrund gezielter Firmenpolitik, die explizit unter Berufung auf »Sitten und Traditionen der japanischen Gesellschaft« entschuldigt wird und die die Unterstützung der Bürokratie genießt. Ab achtzehn oder zwanzig Jahren arbeiten Mädchen im Dienstleistungssektor oder in Büros; dann heiraten sie mit Mitte Zwanzig und räumen den Arbeitsplatz. Viele werden wieder berufstätig, wenn sie Mitte Dreißig sind und ein oder zwei Kinder großgezogen haben. Die meisten Frauen in Büros beginnen ihre Laufbahn mit 10% weniger Gehalt als männliche Kollegen, die im gleichen Jahr eingestellt wurden, und diese Kluft verbreitert sich auf etwa 30%. Wenn sie in den Beruf zurückkehren, können sie sich nicht auf ihr Dienstalter berufen wie Männer im System der »lebenslangen Anstellung« und werden im typischen Fall als »Teilzeitkräfte« beschäftigt, obwohl sie vielleicht ebenso viele Stunden arbeiten wie ihre männlichen Kollegen — mit der halben Bezahlung und wenigen, wenn überhaupt irgendwelchen weiteren Vergünstigungen.

Die Frauen werden auf ihren Platz verwiesen

Nach den Kämpfen einiger aktivistischer Frauen in den 1970er Jahren entlassen die meisten großen Firmen Frauen nicht mehr kurzerhand, wenn sie das »Abschiedsalter« erreichen oder heiraten.[18] Doch der Druck, »freiwillig« zu gehen, ist fast immer unüberwindlich. Wenn eine Angestellte nicht für eine Bank, Versicherung, Behörde, ein Warenhaus oder eine ausländische Firma arbeitet — diese Organisationen bieten Frauen Karrieren —, muß sie einen Ehemann oder eine andere Einkommensquelle finden, wenn sie neunundzwanzig Jahre alt wird.

Seit dem Frühjahr 1985 hat Japan ein Gesetz zur beruflichen Chancengleichheit, das Japans Firmen grundsätzlich vorschreibt, zu »versuchen«, männliche und weibliche Beschäftigte gleich zu behandeln. Das Gesetz nennt keine Folgen für den Fall, daß ein solcher Versuch nicht gemacht wird, und der endgültige Gesetzestext — ein Resultat jahrelanger shingikai-Diskussion unter bürokratischer Führung — gilt weithin als Sieg des Managements. Das Gesetz war das Mindeste, was Japan für sein internationales Image tun mußte, und es wurde gerade rechtzeitig für die Ratifikation der UNO-Konvention zur Abschaffung aller Formen der Diskriminierung von Frauen verabschiedet.

Die Rolle japanischer Frauen im wirtschaftlichen Prozeß ist ein Problem geworden, das durch den Druck von Emanzipationsgruppen nur teilweise reflektiert wird. Die Zahl der berufstätigen Ehefrauen war 1985 doppelt so hoch wie vor zwanzig Jahren, das Phänomen des »Flitterwochenbabys« ist drastisch zurückgegan-

gen, und das langsame Ansteigen der noch immer niedrigen Scheidungsrate geht zum großen Teil auf die Wünsche von Ehefrauen zurück, eine berufliche Laufbahn zu verfolgen. Um die Belastungen und Spannungen zu entschärfen, befürworten die Verwalter aktiv das Bild ihrer »traditionellen« japanischen Familie, das von Massenmedien und etablierten »Gesellschaftskritikern« verbreitet wird. Von den vehementen Reaktionen in seriösen Zeitschriften auf die Emanzipationsbewegung müßte man schließen, das Überleben der japanischen »Kultur« stehe auf dem Spiel.[19]
Obwohl die japanische Tradition in Wirklichkeit nie etwas gegen arbeitende Frauen hatte und heute die Mehrheit der Ehefrauen das Ihre zum Unterhalt der Familie beitragen muß, zeigt das offiziell geförderte Bild vom »gesunden« Familienleben stereotyp, daß der Platz für Frauen das Heim ist. In einem Land, wo Stereotype heiliggehalten werden, ist die Betonung der etablierten, richtigen Rollen für Frauen besonders spürbar. Das umfaßt ein zurückhaltend-schüchternes Auftreten, eine einstudierte, unschuldsvolle Niedlichkeit, eine »sanfte« Stimme eine Oktave über der normalen Stimme und eine stets nährende, mütterliche Gemütsart. Die Idealfrau in der Welt des Salaryman ist eine Kreuzung aus Florence Nightingale und dem Finanzminister (denn Frauen sind fast immer allein verantwortlich für die Finanzen des Haushalts). Besondere Intelligenz ist eine Belastung für Mädchen und Frauen und muß versteckt werden. Frauen werden in Fernsehprogrammen und Comic strips häufig subtil, manchmal auch weniger subtil herabgewürdigt. Viele Buchhandlungen haben eine Sado-Maso-Abteilung; die beliebtesten Artikel darin sind Zeitschriften und Bücher mit Bildern von Damen, die so zusammengeschnürt sind, daß sie aussehen wie Rollbraten. 1985 verursachte Miura Shumon, Generaldirektor des zum Erziehungsministerium gehörigen Kulturamtes, gelindes Aufsehen, als er in einigen Zeitschriftenartikeln schrieb, Vergewaltigung sei zwar nicht das Verhalten eines Gentleman, aber auch nicht so schlimm, wenn sie an modernen jungen Frauen praktiziert würde, deren moralische Standards ohnehin gesunken seien.
Das Bild ist nicht ausschließlich negativ. Ein großer Schritt in der rechtlichen Befreiung der Japanerinnen wurde unter der Schirmherrschaft der US-Besatzung erreicht, als Ehebruch als Straftat

aus dem Gesetzbuch verschwand. Unter dem alten Recht konnte entsprechend der konfuzianischen Praxis nur die Ehefrau je dieses Verbrechens schuldig sein. Auch scheint es keinen Zweifel daran zu geben, daß hinter der Mehrheit der verschlossenen Türen die japanische Ehefrau das mächtigere Familienmitglied ist, und daß der an seine Firma gefesselte Salaryman Emanzipation ebenso gut gebrauchen könnte wie seine Frau. Doch die Erwartungen richtigen Verhaltens werden den Japanern durch eine Flut von Comic-Büchern, Filmen und Fernseh-Seifenopern eingehämmert. In allen Ländern, die Seifenopern haben, neigen diese dazu, die hergebrachten Sitten der Gesellschaft zu unterstützen, doch die japanische Abart geht allgemein härter mit Nonkonformisten um. Die unternehmungslustige, unabhängige junge Frau, die darauf besteht, ihren eigenen Weg zu gehen, wird ab einem gewissen Punkt allen Arten von Hindernissen und Kalamitäten begegnen. Mit ganz wenigen Ausnahmen entsprechen Happy-Ends den ungeschriebenen Regeln über Arbeit, Ehe, Kinderkriegen und Betreuung alter Eltern und Schwiegereltern als den richtigen Marksteinen eines japanischen Frauenlebens.

Die nicht vertretene Mittelschicht

Wir haben gesehen, wie die japanische Landbevölkerung an das System gebunden ist, und wie Ärzte, Professoren und kleine Fabrikanten zu ihm gehören. Relativ unabhängig sind Ladenbesitzer, Betreiber von Schönheitssalons, Künstler und einige andere. Selbst hier sind Ladenbesitzer oft an Händlerverbände gebunden, die von Herstellern kontrolliert werden; auch in den anderen Kategorien wuchern die Verbände und stellen oft relativ hohe Forderungen der Konformität an ihre Mitglieder. Doch keine Kategorie ist in ihrer Freiheit so beschränkt wie die des Salaryman.
Durch das Leben des Salaryman und all seine Organisationen übt das System die wirkungsvollste wirtschaftliche Macht über das japanische Volk aus. Der härteste Kontrast zu anderen Industrienationen ist das Fehlen jeder Gegenmacht auf der Seite der Arbeitnehmer, denn für Gehaltsempfänger gibt es fast keinen Arbeitsmarkt.

Die meisten Gehaltsempfänger sind städtische Verbraucher, und sie haben durch relativ hohe Spareinlagen, die dann in die keiretsu für Kapitalinvestitionen geleitet werden, eine entscheidende Rolle dabei gespielt, das »Wirtschaftswunder« aufrechtzuerhalten. Sie haben noch Ende der 80er Jahre Japans Exportindustrien subventioniert, indem sie sich systematisch billige Importe vorenthalten ließen und für fast alle Güter des täglichen Bedarfs wesentlich höhere Preise zahlten als Verbraucher in den westlichen Industrieländern.

In den meisten anderen Ländern hat der Aufstieg der Mittelschicht die politischen Beziehungen aus dem Gleichgewicht gebracht und grundlegend verändert. In Japan ist ein derartiger störender Einfluß minimiert worden. So wichtig der Salaryman für das Überleben des Systems auch sein mag — seine Interessen sind bejammernswert unterrepräsentiert. Ein Grund, warum die Wohnungsbaupolitik vernachlässigt wird, ist, daß die LDP keine Wahlvorteile darin sieht.[20] Wir haben in Kapitel 3 gesehen, wie von Salaryman-Ehefrauen initiierte Verbraucherbewegungen systematisch eingekapselt und untergraben wurden. In Kapitel 4 sahen wir, wie eine Art Erpresser, die sarakin, unter der Schirmherrschaft der Regierung neu organisiert wurde, wobei nicht auf die Interessen der Verbraucher geachtet wurde, sondern auf die der größeren sarakin-Firmen, des Finanzministeriums und der Politiker.

Alle Bestrebungen, das politische Potential des Salaryman zu organisieren, darunter eine Salaryman-Partei, sind gescheitert. Die Ansprüche der Firma auf seine ganze Person lassen ihm nicht genug Zeit, Energie und Ideen, um eine politische Kraft zu werden. Die Gehaltsempfänger sind als Japans neue Mittelschicht bezeichnet worden, doch diese Angestelltenschicht ist nie zu einem Bürgertum geworden, das dem traditionellen japanischen Gemeinwesen gefährlich werden könnte.

Eine Mammutindustrie sorgt dafür, daß die Japaner ihre »Spiele« ebenso wie ihr »Brot« bekommen. Die japanische Massenkultur ist darauf zugeschnitten, die ordentliche Welt des Salaryman zu erhalten. Sie zeichnet sich durch den Mangel an allem aus, das die politische Phantasie herausfordern könnte. Die Tage des seriösen japanischen Films, der soziale und politische Themen beleuchtete, sind lang dahin. Seit den 60er Jahren stoßen die japanischen Filmstudios, die sehr zum System gehören, völlig berechenbare Kost aus, hergestellt nach wenigen, starren Formeln. Die Toei-Studios haben seit langem innige Verbindungen zum Verbrechersyndikat Yamaguchi-gumi und haben Hunderte von Filmen gemacht, in denen die traditionelle »Moral« der Gangster gefeiert wird, ebenso wie Kriegs- und Nachkriegsfilme mit nationalistischer Tendenz. Zwei- oder dreimal jährlich produziert ein unabhängigerer Regisseur vielleicht einen Qualitätsfilm; doch selbst wenn solche Filme zeitgenössische gesellschaftliche Praktiken satirisch behandeln, analysieren sie deren Ursprünge nicht. Manchmal beanspruchen japanische Theatergruppen der Avantgarde, »politische Aussagen« zu machen, doch ihre Botschaften sind abstrakt und gewichtslos.

Die Organisation der Massenkultur

Ein wesentlicher Faktor der japanischen Volkskultur ist ihr Grad kommerzieller Organisation. Es gibt wenig Raum für Einzelgänger. Ein Beispiel ist der Filmregisseur Oshima Nagisa, einer der wenigen japanischen Künstler, die sich ernsthaft mit soziopolitischen Fragen befassen, etwa der Studentenbewegung der 1950er und 60er Jahre und dem Leiden der in Japan lebenden Koreaner. Er wurde schließlich an den Rand der japanischen Filmindustrie gedrängt und mußte sogar seine Projekte mit ausländischen Geldern finanzieren. Selbst die Welt der seriösen Kunst ist durchorganisiert; es gibt eine Rangordnung, die das Einkommen bestimmt. Japanische Maler, Hersteller von Holzschnitten, Musiker und Schauspieler sind an Systeme gebunden, die viel hierarchischer, abweisender und unbeugsamer sind als im Westen.

Die japanische Massenkultur läßt sich ohne offene oder direkte Beschränkungen von der Regierung leicht kontrollieren. Japaner, ob begabt oder nicht, werden kaum zu ihr beitragen, wenn sie nicht in einer hierarchisch geordneten Firma im Unterhaltungssektor angestellt oder irgendwie mit den jinmyaku-Beziehungen von Managern solcher Firmen verknüpft sind. Ebenso wie das Erziehungssystem verabscheut diese Industrie Phantasie, die gegen den Strich der soziopolitischen Erwartungen geht. Die Polizei wird nur bei Fotos und Filmszenen aktiv, die Schamhaar zeigen. Alles andere, das zur Massenkultur gehört, kann kontrolliert werden, denn die »privaten« Institutionen, die es herstellen, sind inoffiziell mit einer Reihe von Elitegruppen verbunden. Sie umfassen Film- und Fernsehstudios sowie die meisten der gigantischen Zeitungs- und Verlagsfirmen. Das beste Beispiel ist aber wohl die Werbebranche, und besonders Dentsu, die größte »Werbeagentur« der Welt.

Der heimliche Medienboß

Dentsu tut mehr als jede andere Firma irgendwo auf der Welt, um die populäre Kultur zu formen, sowohl direkt als auch durch Horden von Unter-Vertragsfirmen. Sie organisiert auch Großveranstaltungen wie Weltausstellungen und Papstbesuche. Sie ist politisch höchst aktiv — darüber gleich mehr.

Dentsu ist für ein Drittel aller Werbespots im japanischen Fernsehen verantwortlich und hat praktisch das Monopol für die Plazierung der Kunden in der besten Fernsehzeit, ganz abgesehen von der Kontrolle, die sie durch ihre vielen Zulieferer und Vertragsfirmen ausübt. Etwa 120 Filmproduktionsfirmen und über 400 Graphikstudios sind unter ihren Fittichen. Wer zwischen 7 und 11 Uhr abends im Fernsehen werben will, kommt fast nicht um Dentsu herum, denn sie kontrolliert die Auswahl der Spots und einen Großteil des Programms.

Die Programmacher nennen die Dentsu scherzhaft »das Redaktionsbüro von Tsujiki« (so heißt der Stadtteil, in dem ihr monumentales Hauptbüro steht).[21] Sie kann diese Rolle spielen, weil in Japan das Umsatzvolumen meist direkt dem Maß an politischer Macht entspricht. Unter diesen Umständen ist es ein Privileg, von

Dentsu rücksichtsvoll behandelt zu werden, und die Kunden folgen eher ihren Anweisungen als umgekehrt. Dasselbe gilt sogar für die kommerziellen Fernsehprogramme, die weitgehend von Dentsu abhängig geworden sind.

Das Ergebnis ist, daß Dentsus Macht über die Substanz der japanischen Fernsehkultur mit keiner anderen Art gesellschaftlicher Kontrolle durch die Massenmedien auf der ganzen Welt zu vergleichen ist. Und dies ist von großer politischer Tragweite. Nirgends ist das Fernsehen so erfolgreich wie in Japan eingesetzt worden, und nirgends hat die Sucht sich so eingebürgert, mit Fernsehern in Restaurants, Läden, Reisebussen und sogar Taxis. Sehr wenige Länder, wenn überhaupt eines, können stolz auf die Gesamtqualität ihrer Programme sein, aber die weltweite Kulturwüste hat Gegenden größeren und geringeren Elends. Manchmal sendet NHK (vergleichbar mit der BBC) — ironischerweise der Sender, der am engsten mit dem Beamtentum vernetzt ist — ein seriöses Programm, in dem Reporter echte Fragen über gesellschaftliche Themen aufgreifen dürfen. Was jedoch den Rest betrifft, reicht das japanische Fernsehen von pseudo-gelehrter, bereinigter und sorgfältig konfliktloser »seriöser« Kost auf NHK über Seifenopern, die auf allen Kanälen geheiligte japanische Sitten fast karikieren, bis zu völlig hirnlosen Showprogrammen.

Quizsendungen und Amateur-Sängerfeste sind von ausländischen Beispielen kopiert, doch in Japan erreichen sie eine Apotheose des Schwachsinns. Populäre »Stars« werden massenhaft produziert; mit »Karrieren«, die selten länger als zwei Jahre dauern, karikieren sie das westliche Phänomen der Entertainer, die nur für ihren Ruhm berühmt sind.[22]

Es gibt keine gängigen Maßstäbe, um derlei international zu bewerten. Wenn jedoch die Fernsehprogramme in den meisten westlichen Ländern und den USA auf die Intelligenz von Zuschauern im Durchschnittsalter von elf oder zwölf zugeschnitten sind, so sind die japanischen auf Acht- oder Neunjährige abgestimmt. Dentsu ist das wichtigste Instrument zur Bestimmung der Qualität für Japans tägliche Unterhaltung, und es ist ihr gelungen, fast alles auf den kleinsten gemeinsamen Nenner zu reduzieren. Zwar gibt es auch in anderen Ländern Institutionen zur Produktion geisttötender Unterhaltung, doch hier haben wir es mit einer Organisation zu tun, die fast unfehlbare Macht besitzt, andere draußen zu halten und die Entwicklung einer populären Kultur von höherer Qualität zu bremsen oder anzuhalten.

Der geschlossene Schaltkreis der Dentsu-Macht

Dentsu arbeitet mit rund einem Viertel aller Werbemittel in Japan; sie plaziert über ein Fünftel der Anzeigen in den großen Zeitungen und fast ein Drittel in den wichtigeren Zeitschriften. Die anderen drei Viertel haben etwa 3000 kleinere Firmen; die acht größten von ihnen erreichen zusammen etwa das Umsatzvolumen der Dentsu. Zum Vergleich: Die größte Werbeagentur in den Vereinigten Staaten, Young & Rubicam, hat in den USA einen Marktanteil von nur 3,46% (1986). Dentsu bekommt höhere Kommissionen als die kleineren Agenturen und kann die Zahlungsbedingungen bestimmen. Neue Zeitschriften werden eventuell aufgefordert, für eine Probezeit kostenlos Anzeigen zu bringen, bevor sie als Werbeplatz anerkannt werden; wenn sie nicht einwilligen, hat Dentsu genug Einfluß, um dafür zu sorgen, daß ihr existierendes Einkommen aus Anzeigen sinkt.[23]

Dentsu ist dank ihrer jinmyaku unschlagbar geworden. Ihre Einstellungspolitik war immer darauf gezielt, ihr Reservoir an Söhnen und anderen Verwandten der höchsten Verwalter und Spitzenmanager aus Fernsehen und Verlagen sowie von besonderen Kunden und professionellen Hinterbühnen-Erpressern zu halten und zu erweitern. Ihr System zur Einstufung der Angestellten spiegelt das Ausmaß, in dem sie diesen Rekruten zutraut, informelle Beziehungen zu Kunden, Regierungsbehörden, Sendern und Verlagen zu fördern.[24] Ein Dentsu-Manager soll dies als »Geiselnahme« zur Aufrechterhaltung günstiger Beziehungen mit Großkunden bezeichnet haben.[25]

In der anderen Richtung liefert Dentsu Präsidenten und leitende Angestellte für Zeitungen, nationale und regionale Fernsehsender[26] und andere Firmen, die mit Massenmedien zu tun haben, sowie für ihre eigenen Zulieferer. Ein Landeplatz für Dentsu-Personal ist die Video Research Company, die Umfrageagentur, die die

Beliebtheit von Fernsehsendungen ermittelt. Sie wurde 1962 von Dentsu gegründet, zwei Jahre, nachdem die amerikanische Firma Nielsen das Programm zur Einstufung von Fernsehprogrammen in Japan (dem zweitgrößten Fernsehmarkt der Welt) einführte. Man kann sich auf sie berufen, um Programme loszuwerden, die bei den Verwaltern unbeliebt sind. Ein Programm namens Urteil, das sich mit kontroversen Themen befaßte (den burakumin, Zensur der Schulbücher durch das Erziehungsministerium und Problemen des Steuersystems), wurde zum Beispiel nicht mehr gesendet, angeblich wegen niedriger Zuschauerzahlen.[27]

Werbeagenturen in anderen Ländern sind Vermittler. In Japan beschließt Dentsu oft selbst, wie und wo Firmen zu werben haben. In den USA, dem einzigen anderen Land, wo kommerzielles Fernsehen eine große Industrie ist, ermittelt eine unabhängige Agentur, wie erfolgreich die Programme kommerziell sind; in Japan bleibt diese Funktion in den Händen der Dentsu.

Dentsu ist in der Lage, große Firmen einzuschüchtern, denn sie kann Firmenskandale bekannt machen und sie wieder unter den Teppich kehren. Außerdem wagen die Firmen es kaum, die Agentur zu wechseln, denn es gibt Gerüchte, daß Dentsu Unregelmäßigkeiten in ihren Geschäften den Behörden meldet.[28]

Dentsu hilft großen Firmen, sich vor Einblicken der Verbraucher abzuschirmen. Ein Dentsu-Manager prahlte einmal in einer Rede, die Zeitung *Yomiuri* habe sich, nachdem sie den Verbraucher-Aktivisten Ralph Nader nach Japan eingeladen hatte, eine Warnung der Dentsu zu Herzen genommen, einen geplanten zweiseitigen Sonderbericht aufgesplittert und die Fragmente im Ton gedämpft. Etwa zur gleichen Zeit brachte die Zeitung *Mainichi*, ebenfalls auf Anweisung der Dentsu, eine »gemäßigte« Story über die Verbraucherbewegung.[29] Dentsu kann enormen Druck auf die Medien ausüben, Zwischenfälle nicht zu erwähnen oder herunterzuspielen, die das Prestige ihrer Kunden schädigen könnten. Ein berühmter Fall ist die Nachrichtenkontrolle der Dentsu über die Arsenverseuchung des Milchpulvers von Morinaga Milk Industry 1955. Ein weiterer ist die Zensur, die Dentsu 1964/64 bei Nachrichten über Todesfälle durch ein Erkältungsmedikament von Taisyo Pharmaceutical ausübte. Ein Reporter der Kyodo-Nachrichtenagentur erinnert sich: »Jedesmal, wenn uns die Nachricht von einem durch dieses Medikament verursachten Todesfall erreichte, übten Firmen wie Dentsu Druck auf uns aus, entweder gar nicht zu berichten, oder den Namen des Medikaments nicht zu nennen. Manchmal riefen sie uns an; manchmal besuchte uns auch ein Angestellter.«[30]

Wochenzeitschriften üben ein gewisses Maß der Selbstzensur über Artikel aus, die großen Dentsu-Kunden schaden könnten. Sie können möglicherweise auch vor der Veröffentlichung Druck erwarten, denn der Inhalt einer kommenden Ausgabe ist der Dentsu gewöhnlich bekannt.[31] Dentsu bekommt zusätzlichen Einfluß, weil sie einen großen Block vom Anzeigenraum der Zeitschrift kauft, ihr so ein regelmäßiges Einkommen sichert und sie davon befreit, selbst Anzeigenkunden zu suchen.[32] Ihr Erfolg im Geschäft der Zensur kommt nicht nur aus ihrer finanziellen Macht, sondern auch daher, daß sie einst mit der monopolistischen Nachrichtenagentur Domei Tsushinsha gekoppelt war, die von 1936 bis 1945 Regierungspropaganda verbreitete, und von ihren sehr engen Beziehungen zu Japans beiden großen Nachrichtenagenturen, Kyodo Tsushin und Jiji Press — die beide ebenfalls von der Domei Tsushinsha der Kriegszeit abstammen.[33] Diese Verbindungen werden durch gegenseitige Aktienbeteiligung verstärkt.[34] Dentsu wird über die Nachrichten, die Kyodo handelt, auf dem laufenden gehalten, und kann besonders bei Lokalzeitungen unverzüglich zugunsten ihrer Kunden einschreiten.[35]

Die Stimmen der Verwalter werden übertragen

Eine weitere Hauptfunktion dieser Medieninstitution ist die Stützung »traditioneller Werte« mit Hilfe von »Meinungsumfragen« sowie Öffentlichkeitsarbeit für Bürokraten und LDP. Sie sammelt Informationen für das Amt des Premierministers und die LDP und hilft, durch tendenziöse Meinungsumfragen »öffentliche Meinung« zu bilden. Sie ist für die Feinheiten der LDP-Wahlkämpfe verantwortlich. Sie besorgt die Propaganda in strittigen Fragen wie der Sicherheit von Atomkraftwerken und bei Projekten der verschiedenen Ministerien. Sie hat die politischen Manöver koordiniert, um Ende der 1970er Jahre eine Reihe von Bürgermeistern

und Präfekturgouverneuren der Opposition zu stürzen, und sie hat Kampagnen gegen politisch wichtige lokale Verbraucher- und Umweltbewegungen geführt.
Diese Arbeit für Bürokraten und LDP wird vor allem vom »neunten Büro« der Dentsu erledigt, das Abteilungen entsprechend den Ministerien für Bau, Verkehr, Landwirtschaft, Post und Telekommunikation, Erziehung und Finanzen sowie dem Amt des Premierministers hat. Offiziell privatisierte, tatsächlich aber fast unveränderte staatliche Firmen wie NTT und die Japanische Eisenbahn werden ebenfalls von diesem Büro behandelt. Das neunte Büro bekommt über ein Drittel der PR-Mittel des Premierministeramtes und runde 40% der anderen Ministerien.[36] Außerdem hat Dentsu fast die ausschließliche Verfügung über die PR-Mittel der LDP.
Ein Grund, warum LDP und Dentsu derart herzliche Beziehungen unterhalten, ist die Tatsache, daß Dentsu aufgrund ihrer oligopolistischen Macht so hohe Kommissionen von Anzeigenkunden verlangen kann, daß die LDP — die immer knapp an »Spendengeldern« ist — weder viel noch pünktlich zahlen muß. Das neunte Büro wurde kurz nach der Bildung des Tanaka-Kabinetts 1972 gegründet. Ein Jahr später veröffentlichte Dentsu einen denkwürdigen Bericht, Gedanken zur Öffentlichkeitsarbeit der LDP, mit der vielzitierten Behauptung, die LDP unterhielte zwar über das System der Reporterclubs recht vorteilhafte Beziehungen zu Reportern von Tagespresse, Fernsehen und Hörfunk, doch ihre Beziehungen zu wichtigen Wochenzeitschriften, die nicht von den Zeitungsverlagen veröffentlicht werden, seien noch nicht ausreichend auf »festen Regeln« gegründet.

Die Propagandisten des Systems

Japans zweitgrößte »Werbeagentur« Hakuhodo (mit rund 40% vom Umsatzvolumen der Dentsu), ist ebenfalls gut eingeführt bei den Verwaltern, besonders denen der Finanzwelt. Dies ist verständlich, denn zwei aufeinanderfolgende Präsidenten der Firma und etliche andere Manager waren amakudari vom Finanzministerium.[37]

Der interessanteste Propagandist für die Verwalter aber ist die sehr aktive Tokyu-Agentur. Während Dentsu normalerweise Anweisungen über die Bürokraten bekommt, rief Nakasone, als er Premierminister war, direkt die Tokyu-Agentur an, um Anweisungen zu geben. Die Verbindung ist eng, weil Goto Noburu, der große Boß der Tokyu-Gruppe und bis 1987 Präsident der japanischen Handelskammer, seinen früheren Todai-Kameraden Nakasone Kakuei an der Spitze seiner jinmyaku hat.[38]

Einer der größten Aufträge der Tokyu-Agentur war die Feier zum umstrittenen Nationalen Gründungstag, den Nakasone als Teil seines Programms zur Ausräumung von Nachkriegs-Tabus propagierte. Noch größeren Umfang hatte die Koordination eines landesweiten Propagandavorstoßes für Nakasones Programm der Verwaltungsreform.[39] Die Agentur formierte eine Lobby, rekrutierte dazu Hausfrauenverbände und organisierte Märsche und Demonstrationen vor dem Parlamentsgebäude. Einmal gelang es ihr im März 1983, 15 000 »Demonstranten« zu mobilisieren. Die Tokyu-Agentur verlor Geld bei diesen Großaufträgen, aber die Beziehungen, die sie dadurch stärkte, haben sie zur »Werbeagentur« mit der schnellsten Wachstumsrate gemacht.

Die Rolle der großen »Werbeagenturen« als Diener des Systems illustriert wunderbar, wie unmöglich es ist, den privaten und den öffentlichen Sektor in Japan zu trennen. Wenn die »politischen Plattformen«, die man von LDP-Regierungen erwartet, gewöhnlich wie Werbung klingen, dann deshalb, weil die Slogans, die sie statt politischer Ideen bringen, in der einen oder anderen der oben genannten Agenturen fabriziert worden sind.

Die Fragen, die gewöhnlich gestellt werden, um zu bestimmen, ob es Absprachen zwischen Wirtschaft und Regierung gibt, werden irrelevant, wenn sie die Fälle Dentsu, Hakuhodo und Tokyu-Agentur betreffen. Es ist undenkbar, daß sie untätig danebenstünden, sollten politisch engagierte Gruppen je versuchen, das System zu untergraben, von dem sie abhängen.

7

Kindermädchen des Volkes

In seinem »Kampfgeist«, seinem Zwang zum Zusammensein, seiner Bewußtheit der Rangordnung innerhalb der Firma und besonders in seinem Besitzanspruch auf den Arbeitnehmer als »Familienmitglied«, der dessen Entwicklung als unabhängiges Individuum behindert, erinnert das »Leben des Salaryman« deutlich an die militärische Tradition. Tatsächlich ist das Leben der Japaner in den meisten Bereichen streng geregelt. Es ist ironisch, daß das einzige Land der Welt, dessen Verfassung Krieg verbietet, dessen offizielle Sprecher ernsthaft behaupten, es könne die Welt Friedensliebe lehren und das formell den Einsatz militärischer Stärke verurteilt, gleichgültig, wann, wo und von wem, so oft an eine militärische Organisation erinnert. Die Herden von Gymnasiasten in schwarzen Uniformen, die wie die der Preußen zur Jahrhundertwende geschnitten sind, sind nur die Oberfläche. Die Betonung kollektiven Sports — die Drills, die weit über den Punkt hinaus fortgesetzt werden, an dem die Geschicklichkeit noch verbessert wird —, die gesellschaftliche Zustimmung zum gamburu (nicht aufgeben, an etwas über das vernünftige Maß hinaus festhalten) —, die sentimentale Vorliebe für die »Reinheit« zielbewußten jugendlichen Strebens —, die spartanische Disziplin im Judo-, Karate-, Kendo- und Aikido-Training: All dies repräsentiert eine militarisierte Auffassung von gesellschaftlicher Ordnung. Selbstbeherrschung und Durchhaltevermögen, die die Japaner zusammen mit der Treue heilighalten lernen, gehören zu den wichtigsten Tugenden, die Soldaten entwickeln müssen.

Dies ist nicht überraschend, wenn man bedenkt, daß Japan lange in seiner Geschichte von Soldaten beherrscht wurde. Viele Jahrhunderte lang war das Militär wichtigstes Vorbild für das richtige Verhalten. Das Tokugawa-Shogunat war ein Kriegerregime, das etwas Ähnliches wie ein Kriegsrecht aufrechterhielt. Mit der Zeit entwickelte es sich zu einer bürokratischen Regierung mit Parallelen zur Sowjetunion nach Stalin, komplett mit Ideologie und privilegierter Funktionärskaste. Doch ihre Ideale von gesellschaftlicher Disziplin blieben die der Baracken und des Schlachtfeldes.

KRÄFTE DES WOHLWOLLENS

Außerhalb der Städte scheint das Leben im Japan der Tokugawa gewöhnlichen Menschen wenig regelmäßige Freuden geboten zu haben. Die meisten Hausgesetze der feudalen Herrschaftsgebiete waren tyrannisch. Einige Daimyos herrschten außerordentlich hart und waren fremdenfeindlich; sie beaufsichtigten jede Handlung ihrer Untertanen und verboten Kontakt mit Bewohnern anderer Domänen. Dennoch gab es ein vom Konfuzianismus abgeleitetes Ideal, nach dem Wohlwollen jedem anstand, der Macht über andere hatte. Obwohl kein Herr dadurch gebunden war, boten weithin gepriesene historische Beispiele wohlwollender Machthaber einen gewissen Anreiz für Daimyos und Samurai, Milde zu üben, wenn sie es sich leisten konnten. Auch war man der Auffassung, daß eine wohlwollende Regierung die Produktivität der Bauern förderte, und damit die wirtschaftliche Basis des politischen Systems.[1]

Nach der Meiji-Restauration erhielt die Pose des Wohlwollens einen eindeutigen politischen Zweck. Die meisten wichtigen Figuren der Meiji-Oligarchie akzeptierten die Notwendigkeit, den Wünschen der Öffentlichkeit gelegentlich entgegenzukommen. Selbst Yamagata Aritomo, Erzgegner der aufkommenden politischen Parteien, der einen Großteil der Bürokratie und das Militär gestaltete, verstand, die Parteien nur zu knebeln, würde nicht »die Faktoren eliminieren, die das Volk empfänglich für (ihre) Sirenenstimme gemacht haben«.[2] Das Erziehungsministerium, kalkulierte Yamagata, konnte die soziale Kontrolle ausüben, nicht aber, bevor lokale Regierungen gebildet waren. Die Meiji-Führungselite war flexibel und pragmatisch in ihrer Politik; wenn es in ihren Plan paßte, die »väterliche« Seite des »paternalistischen Autoritarismus«[3] zu präsentieren, milderte sie geschickt die Unterdrückung.

Diese Strategie funktionierte. Die größte Oppositionskampagne — die Bewegung Freiheit und Rechte für das Volk, die sich auf ein kaiserliches Versprechen der Einberufung von Versammlungen und offenen politischen Diskussion berief[4] — verlor ihre Zugkraft und sollte künftig nur als Quelle der Inspiration für gleichermaßen wirkungslose Oppositionsbewegungen in späteren Jahrzehnten weiterleben. Die Meiji-Oligarchie verstand ebenso wie spätere politische Regierungen, daß, wo immer möglich, die Macht der Propaganda statt direkter Unterdrückung angewandt werden sollte. Die Bürokraten vermieden lieber Frontalangriffe gegen Organisationen, die Quellen politischer Herausforderung waren oder werden konnten. Statt dessen kastrierten sie sie, im typischen Fall durch »Führung« und offizielle Hilfe. So wurden zu Beginn des zwanzigsten Jahrhunderts eilig Organisationen für die Besserstellung unzufriedener Arbeiter und anderer offensichtlich benachteiligter Gruppen gegründet. In den 1920er Jahren förderten die mit Arbeitspolitik betrauten Naimusho-Bürokraten die Gesetzgebung zur Fabrikarbeit und Arbeiter-Krankenversicherung, die die Wirkung der Ausbeutung durch die Betriebe ein wenig milderten.[5] Mit diesem »Wohlwollen« ging natürlich die Unterdrückung »gefährlicher Gedanken« einher, doch selbst hier wurde, wie wir sehen werden, viel Milde geübt.

Diejenigen, die heute nackte Gewalt im Namen des Staates ausüben dürfen, die Polizei und die Staatsanwaltschaft (zusammen mit den Steuereintreibern die spürbarsten Erinnerungen, daß etwas wie ein Staat existiert), haben sich die Gewohnheit der Milde zu einer Art zweiter Natur gemacht. Allerdings ist daran eine Bedingung geknüpft: Der Begünstigte muß seinerseits die Güte der etablierten Ordnung anerkennen; politische Ketzerei provoziert harte Maßnahmen.

Kindermädchen, Überwacher und Missionare

Seit ihrer Gründung 1870 war es selbstverständlich, daß die japanische Polizei, anders als ihre schwertschwingenden Samurai-Vorgänger, die Bevölkerung nicht einfach durch Angst zur Unterwerfung bringen konnte. Kawaji Toshiyoshi, der erste Chef der Tokioter Stadtpolizei und Architekt des modernen japanischen Polizeisystems, faßte es treffend mit der Aussage zusammen, die Regierung sollte als Elternteil gesehen werden, das Volk als die Kinder und die Polizisten als Kindermädchen.[6]

Diese Sichtweise war nicht so weit hergeholt, wie sie vielleicht klingt. Kawaji hatte die Pariser Polizei in Aktion gesehen, als er 1872 als Mitglied einer der vielen Meiji-Studienkommissionen nach Europa kam; er hielt sich eng an dieses französische Modell und erweiterte es. Die Pariser Polizei — in jenen Tagen international die angesehenste — übernahm alle anfallenden Aufgaben, von der Durchsetzung von Gesundheitsvorschriften bis zur Lizenzerteilung an Prostituierte und zur Überwachung einer breiten Palette kaufmännischer Aktivitäten.[7] Die Bedeutung der Polizei in der öffentlichen Verwaltung der Meiji-Ära ist an den Einstellungszahlen von 1880 zu ermessen, als die Gesamtzahl der Beamten in der Präfektur und Stadt Tokio nur 912 betrug, die der Polizeibeamten dagegen 4400. Erst im zweiten Jahrzehnt unseres Jahrhunderts glichen sich die Zahlen an.[8] Die japanische Polizei kontrollierte Gesundheitsvorschriften und konnte für eine große Vielfalt geschäftlicher Betätigung Lizenzen und Genehmigungen erteilen. Sie überwachte die Verlagswelt, die Theater und politische Versammlungen.

Eine von Kawajis wichtigsten Empfehlungen war, die Männer, die für diese weitreichende Überwachung der Gesellschaft verantwortlich seien, sollten einem eigenen Ministerium unterstellt werden. Das 1873 gegründete Naimusho sollte die mächtigste Institution der Verwalter bleiben, bis es schließlich nach dem Krieg in die Ministerien für Soziales, Arbeit und Bau, ein neues Innenministerium, das die lokale Regierung kontrollierte, und eine Behörde der Staatspolizei aufgeteilt wurde. Noch heute sehen diese Organe des Beamtentums ihre Rolle zum Teil als Erbe ihres mächtigen Vorgängers.[9]

Eine wichtige Funktion der Polizei war von der Jahrhundertwende an die Überwachung der potentiell explosiven neuen Beziehungen zwischen den frühen Unternehmern und den Gruppen von Arbeitern, die sie in Fabriken oder auf Baustellen beschäftigten. Das mit der Wohnung kombinierte Büro (chuzaisho) der Landpolizisten lag oft auf Fabrikgelände und wurde von einem Unternehmer unterhalten. Die letzteren zahlten manchmal sogar den Sold dieser Polizisten, die dadurch Fabrikwächter wurden und unruhige Arbeiter abschreckten.[10]

Bis 1945 war die japanische Polizei natürlich auch für die Unterdrückung politischer Ketzerei zuständig. Dies wurde durch ein äußerst gut entwickeltes Netz der Informationsbeschaffung erleichtert, mit Spionen überall in der Zivilbevölkerung. Alle Japaner wurden regelmäßig im Rahmen eines Programms von Hausbesuchen überprüft. Die Polizei besuchte wichtige Familien und Landbesitzer einmal jährlich, Leute ohne Eigentum zweimal jährlich und Arbeitslose oder verdächtige Bürger dreimal. Doch obwohl sie massiv gegen alles vorging, das die etablierte Ordnung stören konnte, verstand die Polizei, daß ein ruhiges Japan am besten durch Milde und Entgegenkommen zu erreichen war. Selbst nachdem die gefürchtete Tokko (Spezielle Höhere Polizei — später bekannt als »Gedankenpolizei«) durch das Gesetz zur Aufrechterhaltung des Friedens 1925 große Macht gewann, wurden Leute mit »falschen Gedanken« nicht hart angefaßt, wenn sie Reue zeigten. Wenn der Beschuldigte seiner Meinung abschwor, wurde die Anklage fallengelassen, und oft bekam er Hilfe bei der Arbeitssuche, damit er reibungslos wieder in die Gemeinschaft integriert wurde.[11] Zu dem gängigen Verfahren hierfür, aktiv gefördert vom Justizministerium und bekannt als tenko (am besten übersetzt als »Abtrünnigkeit«), gehörte die »Bekehrung« des Verdächtigen zum Glauben an das Wohlwollen der »Staatsfamilie« unter dem Kaiser.

Der freundliche Nachbarschafts-Polizeistaat

Die Auflösung des Naimusho durch die Besatzungsbehörden nach dem Zweiten Weltkrieg brachte große Veränderungen im Verhalten der Polizei mit sich. Heute ist sie selten anmaßend gegenüber Einzelpersonen (im Unterschied zu ihren Aufforderungen an die allgemeine Öffentlichkeit über Megaphone und Lautsprecher); sie verschmilzt generell auf ihren Streifen mit dem Hintergrund und pflegt ein freundliches, hilfsbereites Auftreten.

Jedes Stadtviertel hat sein koban oder Polizeihäuschen — 1888 auf Empfehlung eines Berliner Polizeihauptmanns eingeführt —,[12] und das flache Land ist übersät mit den chuzaisho, wo die Polizisten mit ihren Familien wohnen. Das koban ist eine Quelle der Information in vielen Dingen, von unauffindbaren Adressen bis zur Behandlung eines kranken Haustiers. Alle Einwohner erhalten noch zweimal jährlich einen Hausbesuch von im koban stationierten Polizisten, die diese Gelegenheit nutzen, um Klatsch über die Nachbarschaft aufzuschnappen und nach etwaigem »ungewöhnlichen Verhalten« zu fragen. Viele Ausländer in Tokio sind von diesen Runden ausgeschlossen, aber ich bekam zum Beispiel innerhalb eines Monats, nachdem ich mich auf dem Land niedergelassen hatte, um an diesem Buch zu arbeiten, Besuch vom Polizisten des chuzaisho in einem nahen Dorf.

Die subtile gesellschaftliche Kontrolle wird sehr erleichtert durch die Wohnungs- und Familienregister, mit der die Polizei die Bewegungen der meisten Menschen mühelos verfolgen kann, und durch die Beobachtungen aufmerksamer Nachbarn. Die begrenzten Möglichkeiten der Japaner zum Stellenwechsel helfen sehr dabei, die Gesellschaft unter Beobachtung zu halten. In Wohngegenden werden Neulinge obskurer Herkunft von vertrauten Bekannten der Polizei unter die Lupe genommen. Scheint in einem bestimmten Haushalt irgend etwas Verdächtiges vorzugehen, kommt vielleicht eher ein Polizist zu Besuch, als die zweimal jährliche Routine erfordert. Eine Anzahl von Erpressungsfällen sind so aufgedeckt worden, durch Tips von Nachbarn, die bemerkten, daß in rascher Folge Kühlschränke, Fernseher, Autos und dergleichen in einem Haus geliefert wurden.[13]

Die Polizei führt gern Buch über geringfügige Verstöße, besonders bei Leuten, die in der Gemeinschaft nicht gut integriert sind. Dies gibt ihnen einen Vorwand, die Betroffenen jederzeit zur Befragung vorzuladen. Eine kuriose persönliche Erfahrung mag dies illustrieren. Ich wurde einmal aus keinem mir erfindlichen Grund auf eine Polizeiwache zitiert. Auf mich wartete die Kopie einer Entschuldigung, die ich zwei Jahre zuvor geschrieben hatte, weil ich meine Wiedereinreise nach Japan mit einem Tag Verspätung in dem Tokioter Bezirk gemeldet hatte, wo ich wohnte. Da das letzte Datum für die Meldung auf einen allgemeinen Feiertag gefallen war und da meine schriftliche Erklärung und Entschuldigung mit der für solche Anlässe vorgeschriebenen Zerknirschung verfaßt waren, hatte ich nicht erwartet, noch einmal davon zu hören. Während die freundlichen Polizisten Abdrücke von all meinen Fingern und beiden ganzen Händen machten und Dutzende irrelevanter Fragen stellten, wurde jedoch klar, daß sie mich wegen einer ganz anderen Sache sehen wollten — höchstwahrscheinlich war es ein Fall, in den ein Bekannter verwickelt war und der zufällig gelöst wurde, bevor ich in der Wache eintraf.[14]

Die Öffentlichkeit bewundert Polizisten nicht ungeteilt. In gewissem Maß sind sie noch gefürchtet. Doch besonders auf dem Land bringen die Menschen ihnen Geschenke, laden sie zum Essen und zu Saufpartien ein. In den Städten kann sich die Polizei auf eine große Zahl begeisterter Informanten stützen: Leuten, die das Leben auf der Straße überwachen, während sie aus winzigen Läden heraus Zigaretten verkaufen, oder geachtete Anwohner wie Ärzte und Zahnärzte, die als Bewährungshelfer fungieren können. Zusätzlich gibt es Tausende ehrenamtlicher Gruppen zur Verhütung von Verbrechen, basierend auf Nachbarschaftsorganisationen und durch Verbände zusammengefaßt.

Einmal verbrachte ich einen Nachmittag mit einer kleinen Gruppe von Hausfrauen mittleren Alters, die die Straßen von Tokios großen Vergnügungsvierteln patrouillierten. Mit ihren geübten Augen sahen sie Teenager aus den Vorstädten sofort; sie gingen auf sie zu und fragten sie aus. Die Gespräche endeten gewöhnlich mit der Aufforderung, mit dem nächsten Pendlerzug heimzufahren und die Fallen und Versuchungen zu meiden, die unschuldige Jugendliche in der Großstadt erwarten. Begegnungen, die in vielen westlichen Ländern zumindest zu Beschimpfungen geführt hätten, bewirkten nur hängende Köpfe und gestammelten Dank für den Rat der Verbrechensverhüterinnen.

Die Funktion des Kindermädchens für alle Bürger ist der heutigen Polizei noch immer lieb und teuer:

> *Die Polizisten scheinen in ihrer Vorgehensweise tatsächlich die Rolle von Sozialarbeitern oder Geistlichen zu spielen. Sie erforschen den persönlichen Hintergrund des Verdächtigen und versuchen, herauszufinden, warum er auf Abwege geriet. Sie über-*

zeugen den Verdächtigen, daß er im wesentlichen ein guter Mensch ist, aber einen Fehler gemacht hat. Wenn sie ihn im Verhör anschreien, sind sie nicht deshalb zornig, weil sie ihn hassen, sondern weil er ein guter Mensch ist, der Unrecht getan hat und es nicht zugibt.[15]

Man muß kein Verbrecher sein, um solche Fürsorge zu erwecken. Man entdeckt sie in dem mahnenden Ton der Anweisungen, die plötzlich aus dem Lautsprecher auf einem Polizeihäuschen oder Streifenwagen kommen. In den Mietshausvierteln einiger kleinerer Städte versucht die Polizei eventuell, den Menschen das Gefühl der Zugehörigkeit zur Gemeinschaft zu geben, indem sie ihnen über Lautsprecher um 7 Uhr früh guten Morgen wünscht und Musik für Freiübungen, erbauliche Ansprachen und Ermahnungen zur Vorsicht in allen möglichen Dingen liefert.

Nörgelnde und belehrende Kindermädchen

Die Öffentlichkeit ihrerseits neigt dazu, Polizeianordnungen zu folgen, wie unnötig und anmaßend sie auch sein mögen. Fußgänger warten gewöhnlich an ganz überflüssigen Ampeln in engen Straßen, die mit einem oder zwei Schritten zu überqueren wären, oder selbst wenn keine Fahrzeuge passieren können, weil die Straße blockiert ist.

Ein gutes Beispiel für die Duldung polizeilicher Einmischung kann man jedes Jahr zur Zeit der Kirschblüte in Tokios Ueno-Park beobachten, der eine große Zahl von Ausflüglergruppen anzieht. Es sind hauptsächlich Büroangestellte, die auf Matten unter den Blüten sitzen, picknicken, trinken und im Gleichklang in die Hände klatschen, wie das bei Bürofesten der Brauch ist. Doch auch die Polizei hat große Gebiete für sich abgesteckt und setzt ihre Megaphone großzügig für Mahnungen und Warnungen ein. Diese halten bis etwa 20 Uhr 30 an; dann, wenn das Feiern richtig im Schwung ist, beginnt die Polizei, zu rufen, daß es Zeit zum Heimgehen ist. Erstaunlicherweise ist der Park innerhalb von dreißig Minuten oder weniger fast ganz leer. Fast jeder gehorcht, obwohl die Polizei willkürliche Regeln macht; tatsächlich ist der Park rund um die Uhr offen.

Ein weiteres Beispiel für diese Kombination aus polizeilicher Einmischung und fast blindem Gehorsam der Öffentlichkeit gibt es regelmäßig auf überfüllten Hauptstraßen, wenn dort der Schnee zu Matsch geworden ist. Beleuchtete Schilder an der Straße und Streifenwagen befehlen den Fahrern, Schneeketten anzulegen, woraufhin Hunderte und Aberhunderte von Menschen anhalten und herumfummeln, oft im Dunkeln, um dem Befehl zu folgen — nur um dabei ihre Ketten zu ruinieren und ihre Reifen zu beschädigen, ganz zu schweigen von der Straße.

Die Japaner werden besonders in den Städten so behandelt, als wären sie Untertanen statt Bürger. Sie leben in einer Umgebung des Zuredens und Ermahnens. Ständig werden sie vor Gefahren gewarnt, an die richtige Art erinnert, Dinge zu tun, sanft gescholten. Kawajis Kindermädchen des Volkes sind ständige Lehrer geblieben. Die Lautsprecher auf Streifenwagen und auf größeren Polizeiwachen erinnern an eine besorgte Mutter; immer ist etwas abunai, gefährlich. Der Anflug von Bekümmertheit im Ton betont die Ähnlichkeit noch mehr; den Passanten auf der Straße wird das Gefühl vermittelt, sie seien potentiell unartige Kinder.

Auf den Bahnhöfen, durch die fast jeder pendelnde Salaryman täglich kommt, nehmen die unablässigen Ansagen mit meist überflüssigen Informationen die Qualität einer akustischen Peitsche an, die die Pendler antreibt, als würden sie sonst die Gänge und Bahnsteige verstopfen. Zusammen mit den allgegenwärtigen Ermahnungen der Polizei bildet dies die tägliche Manifestation der Autorität außerhalb des Arbeitsplatzes. Sie dringt nur über das Ohr ein; niemand wird am Kragen gepackt, keinem wird mit der Taschenlampe ins Gesicht geleuchtet. Doch sanft, ganz sanft wird man daran erinnert, daß Autorität in der Welt gegenwärtig ist.

Für Autofahrer gibt es andere, besondere Erinnerungen. In einigen Präfekturen kann man noch immer fast lebensgroße Beton- oder Plastikpolizisten finden, gewandet in voller, wenn auch vom Wetter mitgenommener, Prachtuniform. In manchen Gegenden sind diese durch große, auf Vinylplanen gedruckte Bildern von Polizisten ersetzt worden, oder durch stark stilisierte Strukturen mit fluoreszierender Farbe, die im Scheinwerferlicht die weiße Schärpe und den roten Nachtstock der Verkehrspolizei andeuten.

Ein Fachmann für interkulturelle Vergleiche von Polizeimethoden ist zu dem Schluß gekommen, daß Japan ein Paradies für Uniformierte ist, weil die japanische Gesellschaft sich selbst Polizei ist.[16] Man möchte hinzufügen, es ist auch ein Paradies für die, die von der Polizei geschnappt werden, denn wenige davon werden tatsächlich bestraft. In der Behandlung von Gesetzesbrechern zeigt sich die Kindermädchen-Funktion deutlich. Gelegentlich ist die Polizei streng, um ein Exempel zu statuieren, doch generell haben Leute, die Verstöße begehen, eine sehr gute Chance, daß man sie nach einer obligaten Strafpredigt laufen läßt, wenn sie sich genügend entschuldigen und Besserung geloben.[17]

Selbst wenn die Polizei schweren Verstößen nachgehen muß, hat der Staatsanwalt oder Prokurator, wie er in Japan heißt, fast unbegrenzte Macht, den Schuldigen laufenzulassen. Der Kodex für Strafverfahren erlaubt, mit Rücksicht auf Charakter, Alter und Umstände des Beschuldigten sowie auf Ereignisse nach der Straftat die Anklage einzustellen. Dies ermöglicht es dem Staatsanwalt, als »Interpret der öffentlichen Moral« zu handeln, der »entscheidet, an wem ein Beispiel statuiert wird, wer noch eine Chance bekommt und was im öffentlichen Interesse das Beste ist«.[18] In den letzten Jahrzehnten wurde knapp die Hälfte der Anklagen in strafrechtlich schwerwiegenden Fällen aus Gründen fallengelassen, die nichts mit Beweismangel zu tun hatten. Ältere Menschen und nicht Vorbestrafte werden meist mit großer Milde behandelt. Dies ist natürlich andernorts nicht ungewöhnlich, doch der japanische Staatsanwalt hat erheblich mehr Spielraum als sein westlicher Kollege.

Selbst wenn Verdächtige vor Gericht gestellt und verurteilt werden, bekommen sie oft keine Gefängnisstrafen. 1986 bekamen nur 3,2% aller Angeklagten, einschließlich Verkehrsdelikten, Freiheitsstrafen, und 57,4% davon wurden zur Bewährung ausgesetzt.[19] Freiheitsstrafen von zwei bis drei Jahren auf Bewährung sind bei Vergewaltigern recht üblich. So hat dieses Land von 120 Millionen Einwohnern nur etwa 50000 hinter Gittern.[20] Ein Grund sind die geringen Mittel für Strafanstalten, da das Justizministerium in Verhandlungen mit dem Finanzministerium einen notorisch

schlechten Stand hat. Doch das ist nicht alles. Der enorme Entscheidungsspielraum der japanischen Ordnungskräfte erlaubt es ihnen, statt der Bestrafung des Verstoßes oder Verbrechens die »Bekehrung« des Schuldigen zur Seite der Gesellschaft in den Vordergrund zu stellen.
In praktisch allen Fällen ist der wichtigste Faktor für die Entscheidung des Staatsanwalts das Ausmaß an Reue, das der Verdächtige zur Schau stellt. Polizei und Staatsanwälte lieben Entschuldigungen. Nicht die einfache Art, die man einmal ausspricht — selbst im normalen japanischen Umgang reicht sie selten aus. Von Verdächtigen wird ein anhaltender Strom der Entschuldigung erwartet, dessen Intensität und Masse das Maß ihrer »Aufrichtigkeit« anzeigen muß. Einige Verdächtigte fallen durchaus auch auf die Knie. So strafen japanische Gesetzeshüter nicht entsprechend der Tat, sondern entsprechend dem Verhalten des Beschuldigten nach der Tat. Wir dürfen dies nicht als »Mitleid« mißverstehen. Die bürokratischen Organisationen Japans sind nicht von solcher Gemütsart. Die Entscheidung, was mit Verdächtigen geschieht, wird von einer symbolischen Einschätzung bestimmt, ob sie noch in die Gesellschaft passen. Und das vorrangige Kriterium dafür ist, inwieweit jeder Verdächtige das vorgeschriebene Erlösungsritual vollkommen versteht und bereit ist, es durchzumachen. Der unausgesprochene Gedanke dahinter ist, daß willige Bürger besser sind als teure Häftlinge, die im Gefängnis vielleicht nur lernen, schlimmere Verbrecher zu werden.

Gestehe!

Japaner können auf eine allgemeine Weise reumütig sein. Sie wirken manchmal so, als glaubten sie, ihre bloße Gegenwart sei anderen lästig. Allgemeine Entschuldigungen demonstrieren »Aufrichtigkeit«. Die wirklich handfesten Entschuldigungen jedoch, die die Kindermädchen des Volkes erwarten, müssen direkt mit dem Verstoß oder Verbrechen zu tun haben. Deshalb ist es eine Hauptaufgabe der Polizei, den Beschuldigten zum Geständnis zu bringen. In diesem Zusammenhang sind die Rechte des einzelnen so gut wie bedeutungslos. Polizei und Staatsanwälte legen enormen

Wert auf das Schuldbekenntnis, ohne Rücksicht auf die verfassungsmäßige Garantie, daß Bürger nicht gegen sich selbst aussagen müssen. Die Beichte gilt noch immer als der notwendige erste Schritt, um in die normale Gesellschaft zurückzukehren.

Der Hunger der japanischen Gesetzeshüter nach Geständnissen hat zu Exzessen geführt, die 1983 in den seriösen Monatszeitschriften erhebliche Aufmerksamkeit erregten. Ein Ausschuß aus den drei Juristenverbänden in Tokio deckte ein Muster erzwungener Geständnisse und falscher Urteile auf, das in einem Treffen fälschlich Beschuldigter im Mai 1983 und durch die privaten Aussagen juristischer Fachleute bestätigt wurde.[21] Dreißig Fälle offiziell anerkannter falscher Geständnisse wurden untersucht; dies führte zu der Schlußfolgerung, daß es üblich ist, einen Verdächtigen ohne Rücksicht auf seine Rechte zu bedrängen und daß de facto in japanischen Polizeigefängnissen gelegentlich gefoltert wird.[22] Als Menda Sakae, ein Verurteilter, der dreißig Jahre lang auf seine Hinrichtung gewartet hatte, nach einer Wiederaufnahme seines Falles im Juli 1983 vom Obersten Gerichtshof für nicht schuldig befunden wurde, und als zwei weitere verurteilte Mörder kurz danach für unschuldig befunden und freigelassen wurden, wurde die Öffentlichkeit weiter auf die Möglichkeit systematischer Ungerechtigkeit aufmerksam.

Selbst ohne viel offenen Zwang ist die Polizei bei der Erpressung von Geständnissen im Vorteil. Nur ein kleiner Teil der Verdächtigen wird tatsächlich inhaftiert, doch wenn die Polizei will, kann sie einen Verdächtigen mit Haftbefehl bis zu dreiundzwanzig Tagen festhalten, ohne daß er einen Anwalt oder Haftrichter zu sehen bekommt.[23] Um dies zu ermöglichen, wurde das in der Besatzungszeit verabschiedete Gesetz außer Kraft gesetzt.[24]

Ein weiterer Vorteil für die Polizei ist, daß die japanische Gesellschaft Entschuldigungen von Herzen gern hat, wo ein nichtjapanischer Beobachter sie für absolut unnötig halten würde. So bittet ein Japaner manchmal um Verzeihung für ein imaginäres Vergehen, einfach, um »aufrichtig« zu wirken. Von der Polizei aufgegriffen zu werden, ist ohnehin beschämend, und es ist tröstlich, ein überwältigendes Gefühl der Schande in ein Schuldbekenntnis umzuwandeln, denn Schuld ist leichter zu bewältigen; anders als Schande kann sie abgebüßt werden.[25] Die Verdächtigten sind von allen außer den sie Verhörenden abgeschnitten, und nichts erinnert sie daran, daß sie auch in Polizeigewahrsam Rechte haben; so werden sie psychologisch Wachs in den Händen der Polizei. Viele gestehen Verbrechen, die sie nicht begangen haben — ein noch verlockenderer Weg, wenn man ihnen sagt, daraufhin werde die Anklage fallengelassen, wenn sie sich aber sperrten, würden sie aufgrund noch schlimmerer Beschuldigungen im Gefängnis landen.

Wenn Verdächtige sich sperren und die Polizei beschlossen hat, daß ein Geständnis absolut sein muß, können subtile Formen der Erpressung ins Spiel gebracht werden. Vielversprechend ist die Drohung, daß die Familie des Betroffenen in die Sache hineingezogen wird. In etlichen erwiesenen Fällen wurde relativ schlichten Gemütern erzählt, ihre Väter und Mütter würden auch noch verhaftet, wenn sie kein Geständnis ablegten. Um sich die Stärke dieser Drohung vorzustellen, muß man sich klarmachen, daß die bloße Aussicht, die Familie werde von den Ermittlungen der Polizei erfahren, in sich Entsetzen bewirkt. Ein vager Glaube an Kollektivschuld ist von Jahrhunderten der Militärregierung übriggeblieben, so daß selbst heute die Familie eines mutmaßlichen Straftäters möglicherweise von der Gemeinschaft geschnitten wird.

Für solche, die besonders ungern gestehen, gibt es tagelang hintereinander Verhöre vom Morgengrauen bis Mitternacht. In völliger Mißachtung der Absicht der Nachkriegsgesetze werden 90% der Verhafteten in eins der 1236 Polizeigefängnisse zurückgebracht, nachdem die Polizei ihren Fall an die Staatsanwaltschaft weitergeleitet hat. Ein Polizeigesetz von 1908 erlaubt, daß diese Polizeigefängnisse zeitweilig benutzt wurden, wenn in den Gefängnissen des Justizministeriums nicht genug Platz ist — von diesen gibt es heute nur 153, und die Justizbürokraten drängen auf Gesetze, die diese Praxis voll rechtfertigen würden.[26] Beschuldigte, die nach Meinung der Staatsanwaltschaft nicht länger befragt werden müssen, werden direkt zum Gefängnis des Ministeriums gebracht, was darauf schließen läßt, daß der Gebrauch des »Ersatzgefängnisses« vor allem zur Erpressung von Geständnissen dient.[27]

Die oben erwähnte Untersuchung durch Tokioter Juristen offenbarte 1983, daß die Gefangenen in den als Ersatzgefängnis genutzten Polizeizellen rund um die Uhr unter Beobachtung stehen, entweder direkt oder über Hausfernsehen. Sie sind gezwungen, unter grellem, fluoreszierendem Licht zu schlafen, und dürfen sich die Decke nicht über das Gesicht ziehen.[28] Viele Verdächtige sind durch diese Bedingungen so geschockt, daß ihre Körperfunktionen in Mitleidenschaft gezogen sind, so daß sie große Schwierigkeiten haben, zu essen oder zu schlafen. Die Verpflegung ist minimal und von elender Qualität. Die Ermittler gebrauchen den Ausdruck »Geständnis für eine Schale domburi« — Fleisch oder Gemüse mit Reis —, die die Verdächtigen als Belohnung für ein Geständnis bestellen (und selbst bezahlen) dürfen. In einigen Fällen werden die Beschuldigten gezwungen, den ganzen Tag in einer Stellung auf dem Betonboden zu sitzen, und dürfen nicht herumgehen, aufstehen oder sich auch nur an die Wand lehnen.

In 21 der 30 untersuchten Fälle wurden die Beschuldigten krank.[29] Einige wurden sogar zu schwach, um Treppen zu steigen. Hier ist eine wichtige Waffe für die Verhörenden, denn viele Betroffene beginnen zu fürchten, daß sie nicht lebendig nach Hause kommen, wenn sie nicht gestehen. Oft verlieren sie auch die Orientierung und das Zeitgefühl, da sie weder Uhren noch Fenster haben. In den winzigen Verhörzimmern werden die Schreibtische den Verdächtigen manchmal hart gegen die Brust gestoßen und so als Folterwerkzeug eingesetzt. In 25 der 30 Fälle wurden die Beschuldigten von mehreren Polizisten pausenlos angeschrien; 20 sagten, es sei körperliche Gewalt gegen sie angewandt worden; 23 wurden gezwungen, weiter Fragen zu beantworten, obwohl sie vor Erschöpfung halb schliefen; ein Verdächtiger wurde 327 Tage lang verhört.[30] In 23 der untersuchten Fälle »gestanden« die Beschuldigten, um von den langen Verhören erlöst zu werden, bei denen es weder Essen noch Wasser gibt. Erlaubnis, zur Toilette zu gehen, gab es nur, wenn man gestand.

Es gibt keine verläßliche Methode, um festzustellen, ob derartige Exzesse selten sind oder nicht. Die Behörden haben kein Interesse an formalen Untersuchungen. Was aus den Berichten der Opfer sehr klar hervorgeht, sind die großen Mängel in der Stellung und Haltung der Verteidigungsanwälte. In vielen Fällen ist ihre Teilnahme am Prozeß praktisch bedeutungslos. Einige Anwälte rieten ihren Mandanten tatsächlich, zu grinsen und es zu ertragen. Strafverteidiger klagen regelmäßig, daß die Polizei systematisch die Anwaltsbesuche sabotiert, auf die die Beschuldigten ein Recht haben.[31] 1981 versandte der Menschenrechtsausschuß des Juristen-Dachverbandes Nichibenren an alle japanischen Anwälte einen Fragebogen; die Antworten ließen erkennen, daß Fehlurteile aufgrund falscher Geständnisse, anders als gemeinhin angenommen, nicht nur eine Erscheinung der chaotischen Nachkriegsjahre waren, sondern zugenommen haben.[32] Erzwungene Geständnisse waren nach Einschätzung der Anwälte verantwortlich für 60% aller Fehlurteile.

Zwei Dinge sind eindeutig. Erstens: Es gibt keine institutionellen Garantien gegen weitere derartige Exzesse. Zweitens: Gleichgültig, auf welche Weise dem Verdächtigen ein Geständnis abgepreßt wird — es bleibt, unter Verletzung garantierter Verfassungsrechte, ein wichtiges, wenn nicht das wichtigste Ziel von Polizei und Staatsanwaltschaft, es zu bekommen.

Damit nicht der Eindruck entsteht, die Kindermädchen des Volkes seien eine Ansammlung von Ungeheuern, muß ich betonen, daß das Verhalten der Polizeiwachtmeister in den örtlichen koban im großen und ganzen vorbildlich ist. Ihre allgemeine Hilfsbereitschaft, ihre Bereitschaft, zuzuhören, wenn Anwohner sich aussprechen, und ihr freundliches Bemühen, bei Streitigkeiten zu vermitteln, sind um so bemerkenswerter, wenn man bedenkt, wie ermüdend ihre Schichten von 18—20 Stunden sind. Die hierarchische Trennung zwischen Karriere-Polizeioffizieren und gewöhnlichen Polizisten ist außerordentlich groß, selbst für eine japanische Institution.[33] Und Druck von oben macht sich über ein System zur Einstufung der Effizienz bemerkbar, unter dem in vielen Landesteilen von der Polizei auf der Straße erwartet wird, feste Quoten an gemeldeten Ordnungswidrigkeiten, Verkehrsdelikten usw. zu erbringen.[34]

Exkommunikation

In der üblichen Beziehung zwischen Polizei und Verdächtigem öffnet das Geständnis und die darauffolgende, wortreiche Entschuldigung die Schleusen zum Wohlwollen des Systems. Sobald die Verdächtigen »gewonnen« sind, werden sie freundlich behandelt. Ausländische Forscher waren überrascht von der jovialen Vertraulichkeit zwischen Polizisten und kooperativen Verdächtigen, die sie an Handschellen oder mit einem Strick um die Taille gefesselt hielten. Nur den zum Tode Verurteilten wird das Wohlwollen der Gesellschaft entzogen. Viel Geheimhaltung umgibt die Todesstrafe, und sie hat keine Diskussionen wie im Westen ausgelöst. Ein Treffen, das zweihundert Intellektuelle, Künstler und Entertainer 1981 abhielten, scheiterte in dem Versuch, eine landesweite Kampagne gegen die Todesstrafe zu lancieren. Die Strafe ist in einer Gruppe von Juristen umstritten, weil sie nach ihrer Auffassung viel zu willkürlich ist. Das Justizministerium tut, was es kann, um alles, was mit der Todesstrafe zu tun hat, aus den Zeitungen herauszuhalten. Einem Untersuchungsteam von Amnesty International gelang es nicht, festzustellen, ob im Jahr vor seinem Besuch Hinrichtungen stattgefunden hatten. Sehr wenige Japaner haben irgendeine Vorstellung von der Zahl der Hinrichtungen seit dem Krieg; die meisten schätzen sie auf ein paar Dutzend; die tatsächliche Zahl war 1987 570. Die Familie des Verurteilten wird in den meisten Fällen erst benachrichtigt, wenn das Urteil schon vollstreckt ist. Es wird dem Wärter überlassen, ob er dem Verurteilten sagt, wann er zum Galgen geführt werden wird. So leben viele Todeskandidaten, die nicht in der Berufung sind, in ständiger Angst, daß der nächste Morgen vielleicht ihr letzter ist.[35] Solche Häftlinge bekommen schlecht zu essen und dürfen nicht rauchen. So ziemlich die einzigen Menschen, die sich regelmäßig um sie kümmern, sind christliche Missionare.[36] Die Todeszelle ist tatsächlich einer der wenigen Bereiche der japanischen Gesellschaft, wo diese Missionare echte Bekehrungen verzeichnen.

Jahrhunderte von Wohltaten

Die Theorie vom Wohlwollen der Gesetzeshüter paßt zu einer Sicht von Machtbeziehungen, die von japanischen Machthabern spätestens ab 1870 sorgfältig gefördert worden ist. Heute sollen Japaner glauben, ihre Vorgesetzten hätten auf der persönlichen Ebene ihr Bestes im Sinn, und auf der gesellschaftlichen Ebene ließen sich LDP und Bürokraten von genau der gleichen Einstellung leiten. Immerwährende Dankbarkeit der Untertanen gegenüber der

Obrigkeit war nach der bedingungslosen Treue immer das wichtigste Gebot im soziopolitischen Leben Japans, und sie gehört zum offiziell geförderten Glauben an die letztliche Güte und Tugend der existierenden Ordnung.

In Japan galt Wohlwollen traditionell nicht als Bedingung der Herrschaft wie in China, sondern als etwas Zusätzliches, das dem Volk durch die Güte des Herrschers zuteil wurde. Untergebene erhielten Privilegien oder Güter, weil sie humane Vorgesetzte hatten, nicht weil sie ein Recht auf irgend etwas hatten. Während von chinesischen Kaisern erwartet wurde, daß sie wohlwollend waren und das Recht aufrechterhielten, um das »Mandat des Himmels« zu behalten, brauchten ihre japanischen Kollegen als direkte Abkömmlinge der Sonnengöttin keine himmlische Billigung; es wurde angenommen, daß sie selbst dauernd im Besitz des Wohlwollens seien. Es gibt keine deutlichen Anzeichen dafür, daß dieser Anspruch auf total selbstloses Wohlwollen jemals weithin geglaubt worden wäre.

Japans Wiedereintritt in die internationale Welt Mitte des neunzehnten Jahrhunderts untergrub diese Ideologie nicht. Der mit der Meiji-Verfassung am engsten verbundene Oligarch, Ito Hirobumi, stellte das in seinen späteren Jahren fest: »Es war nicht das Volk, das der Krone wie in anderen Ländern Verfassungsprivilegien abrang, sondern das neue Regime sollte ihnen als freiwilliges Geschenk zuteil werden.«[37] Das unermeßliche Wohlwollen des Kaisers war sehr wichtig in der Ideologie von der »Staatsfamilie« und vom »nationalen Wesen« (vgl. Kapitel 10), die von kurz vor der Jahrhundertwende bis 1945 im Schwange war. Nitobe Inazo, einer der ersten, die dem Westen Japan erklärten, schrieb, Japan habe nie »die Despoten der abendländischen Geschichte« gehabt und behauptete (wobei er den Mord an mindestens einem Kaiser und viele Mordversuche vergaß), die japanischen Annalen seien »nie von einem solchen Schandfleck wie dem Tod Charles' I. oder Louis' XVI. verunreinigt worden«.[38] Anders als die Untertanen anderer Monarchen sollen die Japaner ihre Kaiser per definitionem geliebt haben. Ein Japaner, der 1910 an der London School of Economics mit einer Dissertation über Japans politische Entwicklung promovierte, erklärte den Zusammenhang des japanischen Kaiserkults:

(Es ist) fast eine Unmöglichkeit für einen vernünftigen Japaner, anzuprangern, was mit den angenehmsten Ideen seines Heimatlandes verbunden ist, mit dem Frieden, der Ruhe, dem Glück und dem Wohlstand, die seine Väter genossen und die er selbst noch genießt, und die er stets als Grundlage der Stabilität, Würde, Einigkeit und Stärke des Landes erkennt.[39]

Die Lehren des japanischen Buddhismus unterstützten die einheimischen und importierten konfuzianischen Vorstellungen von den Pflichten gegenüber dem Herrn als Gegenleistung für seine Wohltaten, indem sie sie in einen metaphysischen Kontext stellten. Wie ein anderer früher Kommentator der japanischen Kultur einem europäischen Publikum erläuterte:

Das Universum selbst ist die Manifestation von Güte oder Gnade oder Wohlwollen. Die Sonne scheint. Der Regen befruchtet die Felder. Die Blumen blühen. Wir Menschen werden mit der großen Gnade des Universums beschenkt. Wir wurden von Eltern geboren. Wir leben in dem Land. Wir werden durch die Lehre gebildet, die von verschiedenen weisen und klugen Männern offenbart wurde. Amerikaner tragen Seidengewänder, die in Japan hergestellt sind. Die Eisenbahn, die in England erfunden wurde, wird jetzt auf der ganzen Welt benutzt. Wir leben in einem Haus, das von Zimmerleuten gebaut wurde. Wir können alles ohne besondere Arbeit kaufen, dank der Arbeit von Herstellern und Händlern. Ist deshalb nicht alles auf der Welt wirklich ein Ausdruck des Wohlwollens?[40]

Dieses in sich bewundernswerte ethische Gefühl war leicht politisch nutzbar zu machen.

In ihrer klassischen Studie fundamentaler japanischer Motivationen sprach die Anthropologin Ruth Benedict von den Japanern als »Schuldner der Zeiten und der Welt«.[41] Bis 1945 wurde japanischen Kindern beigebracht, daß sie Dankbarkeit für alles schuldig seien, was Ahnen, Lehrer und Vorgesetzte je getan hatten, um die Welt bewohnbar zu machen. Diese Last, die alle Japaner noch in gewissem Ausmaß tragen und die einst die größten persönlichen Opfer rechtfertigte, wird als on bezeichnet. Sie unterscheidet sich

dadurch von den normalen gesellschaftlichen Verpflichtungen oder giri, daß völlige Rückzahlung niemals möglich ist. Im Zusammenhang mit Machtbeziehungen rechtfertigt eine on-Verpflichtung die dauernde Unterwerfung des »Begünstigten« unter seinen wohlwollenden Vorgesetzten.
Zwar wird das System nicht mehr als Quelle aller Segnungen im Leben dargestellt wie vor dem Krieg die »Staatsfamilie« unter dem Kaiser, doch wird immer noch implizit erwartet, daß die Japaner seine Gutartigkeit für selbstverständlich halten. In der tatsächlichen Praxis können Japaner recht zynisch über das angebliche Wohlwollen ihrer Vorgesetzten sein. Ein politischer Vertreter, den die Wähler nach Tokio ins Parlament geschickt haben, wird danach beurteilt, ob er die Brücke, Straße oder andere Vorteile liefern kann, die er dem Wahlkreis versprochen hat. Dorfbewohner haben sich jahrhundertelang selbst geholfen, so gut sie konnten, und dabei haben sie ein starkes Gefühl für ihr Recht auf gewisse übliche Annehmlichkeiten entwickelt.[42] Wer saketrinkenden Gehaltsempfängern einmal lauscht, wird darin bestätigt, daß eine ihrer liebsten Freizeitbeschäftigungen das Schimpfen über ihre Vorgesetzten ist. Dieser Zynismus hat allerdings nicht die Gewohnheit untergraben, sich angeblichen Wohltätern gegenüber wortreich zu entschuldigen und zu bedanken. Und die wohlwollenden Motive des Beamtenapparats und der großen Firmen werden von den Führern jener Institutionen selbst vorausgesetzt.

Eine sichere Gesellschaft

Die Kindermädchen des Volkes und das Volk, das sich selbst Polizei ist, haben es vermocht, ihre Gesellschaft, so industrialisiert, verstädtert und überfüllt sie ist, sicherer zu machen als in den meisten anderen Perioden japanischer Geschichte, und sicherer als die meisten anderen Länder heute. Man braucht nicht zu fürchten, in den kleinen Seitenstraßen Tokios überfallen oder gar ermordet zu werden. Man kann in den meisten Straßen nachts ohne Angst gehen. Japan wird von der ganzen Welt nicht nur um seinen erfolgreichen Handel, sondern auch um seine niedrige Verbrechensrate beneidet. 1984 kamen auf 100000 Einwohner nur 1,47 Morde, verglichen mit

7,92 in den USA, 3,24 in Großbritannien und 4,51 in der Bundesrepublik Deutschland.[43] Einbruch und Bagatelldiebstahl sind recht häufig, doch die Statistik bei Raubüberfällen ist noch einseitiger im Vergleich mit dem Westen: 1,82 Fälle auf 100 000 Einwohner in Japan, 205,38 Fälle in den USA, 50,02 Fälle in Großbritannien und 45,77 Fälle in der Bundesrepublik.[44]
Neben den Netzen von Polizeiinformanten und den in der Verbrechensverhütung engagierten Normalbürgern muß auch die symbiotische Beziehung zwischen japanischer Polizei und organisiertem Verbrechen diese große Diskrepanz mit erklären. Es hilft auch, daß Normalbürger keine Handfeuerwaffen bekommen können, daß deren Einfuhr nach Japan streng kontrolliert wird und daß es keine Drogenkriminalität gibt. Heroinsucht ist selten, und die Maßnahmen gegen Handel und Konsum von Heroin sind gnadenlos. Es gibt kein Mitleid mit dem Leiden des Süchtigen, keinen Entzug mit Ersatzstoffen; wenn die Süchtigen geschnappt werden, heißt das für sie »cold turkey« (Entzug auf die harte Tour). Die Gewöhnung von Hausfrauen, Büroangestellten und Teenagern an »Speed« (aufputschende Meta-amphetamine) ist ein Problem, hat aber nicht zu einer Kleptomaniewelle geführt. Marihuana wird als gefährliche, harte Droge behandelt, und wer im Verdacht steht, es zu rauchen — vor allem diejenigen, die mit der westlichen Jugendkultur in Berührung gekommen sind, namentlich in der Unterhaltungsindustrie —, hat Razzien vor Morgengrauen in seiner Wohnung zu erwarten. Wer erwischt wird, wandert ins Gefängnis, und Ausländer können abgeschoben werden.

DIE UNGESCHÜTZTEN

Das System schützt und berücksichtigt die Bedürfnisse breiter Bevölkerungsschichten von der Spitze bis fast ganz unten recht gut. Es ist zweifellos anderen wichtigen Produkten der angewandten Sozialwissenschaft, den auf Nazismus und Leninismus beruhenden totalitären Systemen des zwanzigsten Jahrhunderts, weit überlegen.

Bleibt die Frage, ob ein Arrangement, das gut für die Mehrheit ist, Minderheiten angemessenen Schutz bietet. Und hier muß man zu dem Schluß kommen, daß das System mit seinem Wohlwollen selektiv umgeht. Die eines Verbrechens Beschuldigten sind nicht gut geschützt, wie wir gesehen haben. Das gleiche gilt für ethnische Minderheiten wie Koreaner oder gesellschaftliche Minderheiten wie die einst offiziell verfemten burakumin. Diese Minderheiten werden in Bildung und Arbeit systematisch und durchgehend diskriminiert, nicht zuletzt von angeblich so vorbildlichen Institutionen wie der Polizei und den staatlichen Schulen. Offizielle Familienregister und private Auskunfteien ermöglichen es Arbeitgebern und Eltern heiratsfähiger junger Leute, Angehörige von Minderheiten auszusortieren. Auch Gesetzeshüter lassen den Minderheiten wenig Wohlwollen zuteil werden, sondern behandeln sie als getrennte, problematische Gemeinschaften.[45]

Unfreiwillige Nonkonformisten

Ein näherer Blick auf die Behandlung Geisteskranker zeigt die harte Haltung der japanischen Gesellschaft sogar gegenüber ihren unfreiwilligen Nonkonformisten. Natürlich ist es in jedem Land recht wahrscheinlich, daß Menschen, die nach Ansicht der Gesellschaft verrückt sind, eingesperrt werden, in den schlimmsten Fällen vielleicht gegen ihren Willen. Doch ein politisches System mit einer Verfassung sollte Sicherheiten in Form von Maßstäben bieten, um zu beurteilen, wer gefährlich ist und wer nicht, und für die Sicherheit und persönliche Würde von Anstaltsinsassen bürgen.

Im Juli 1985 kritisierte der Internationale Juristenausschuß streng die Art, in der japanische Geisteskranke behandelt werden. Er stellte fest, daß sie die japanische Verfassung ebenso verletzt wie das Abkommen für bürgerliche und politische Rechte, das Japan ratifiziert hat. Die Organisation entdeckte eine außerordentlich hohe Todesrate bei den Insassen und ermittelte, daß die Anstalten völlig überbelegt sind, daß unnötig Gewalt angewendet wird, daß die Patienten ausgebeutet, schlecht ernährt und unter elenden Bedingungen zu leben gezwungen werden. Sie kam weiter zu dem Schluß, daß viele Patienten ohne guten Grund eingesperrt waren. Im Jahr zuvor hatte die Internationale Liga für Menschenrechte mit Sitz in New York behauptet, in Japan sei eine abnorm hohe Zahl geistig Zurückgebliebener eingesperrt. Sie stellte zudem fest, daß normale japanische Praktiken der Behandlung Geisteskranker eine Verletzung der Menschenrechte darstellen.

Rund 340000 Menschen leben zur Zeit in japanischen Nervenheilanstalten, von denen 87% in Privatbesitz sind. Vier Fünftel der Insassen dieser Anstalten sind ohne eigene Zustimmung eingesperrt, verglichen mit nur einem Zwanzigstel in Großbritannien. Zwei Drittel von ihnen sind hinter Schloß und Riegel, in der Mehrzahl der Fälle ohne jede Möglichkeit, mit der Außenwelt in Kontakt zu treten. Schätzungsweise 200000 Insassen sind viel länger eingesperrt, als gerechtfertigt ist. Nach dem japanischen Recht hat jeder, der für eine als geisteskrank geltende Person verantwortlich ist, das letzte Wort, ob diese Person in eine Nervenheilanstalt eingeliefert wird oder nicht, und die Anstalt wiederum kann bestimmen, wie lange sie bleiben muß.

Körperlich oder geistig behinderte Japaner sind traditionell von ihren Verwandten vor der Gesellschaft versteckt worden, denn viele empfinden solche Behinderungen als Schande. In den letzten Jahren ist die Zahl der geistig Zurückgebliebenen gestiegen, die in Anstalten gebracht wurden, statt in Hinterzimmern gehalten zu werden. Medizinische Mitarbeiter in einem Querschnitt dieser Anstalten, die willens waren, bei einer Untersuchung zu kooperieren, sagten den Forschern, daß rund 70% aller Patienten daheim behandelt werden könnten, wenn die Diskriminierung nicht wäre. Außer den wirklich Geisteskranken und geistig Zurückgebliebenen gibt es zahlreiche Fälle, in denen Eltern aufgrund einer Kombination aus Senilität und sprichwörtlichen Streitereien mit Schwiegertöchtern in eine psychiatrische Anstalt eingeliefert werden. Manchmal wird das Einsperren auch für eine angemessene Lösung im Umgang mit unkontrollierbaren Jugendlichen gehalten.

Mit überbelegten privaten Nervenheilanstalten lassen sich große Gewinne machen. Das nationale System der Krankenversicherung ermöglicht viele unsaubere Geschäfte, und die laufenden Kosten bei nur einem Arzt für 68 Patienten — verglichen mit 1 zu 14,3 in normalen Krankenhäusern — sind gering.

1984 lenkten neunzehn verdächtige Todesfälle in einer Nervenheilanstalt die Aufmerksamkeit der Presse auf dieses Thema; das führte zu einer Reihe von Enthüllungen in verschiedenen Teilen des Landes über gewaltsames Einsperren, Mißhandlungen und Todesfälle. Dennoch sieht der Generalsekretär der japanischen Stiftung für Psychiatrie und Menschenrechte, Totsuka Etsuro, wenig Hoffnung, daß die Bürokratie wirksam eingreift. Von Gesetzesänderungen, die 1987 anstanden, wurde nur kosmetische Wirkung erwartet. Die Reaktion des Ministeriums für Gesundheit und Soziales auf die Behauptungen aus Genf und New York war, Japan habe seine eigene Kultur, in einigen Bereichen von der des Westens verschieden, und deshalb habe Japan das Recht, auf seine eigene Weise mit Geisteskranken zu verfahren.

Feinde des Systems

Eine Art Nonkonformist, gegen die das japanische System konsistent und heftig reagiert hat, ist der Linke. Ich habe den Krieg zwischen der marxistisch inspirierten Lehrergewerkschaft und dem Erziehungsministerium schon dargestellt und auf die blutigen Köpfe vieler Nachkriegs-Arbeiterführer hingewiesen; es ist aber auch kein Geheimnis, daß Polizei und Staatsanwaltschaft Beteiligte an jedem Konflikt, der als ideologisch motiviert gilt, sehr stark diskriminieren. »Ideologie, nicht Einkommen, strukturiert den Machtmißbrauch.«[46] Gewöhnliche Schlägereien werden von der Polizei meist gutmütig behandelt und dann vergessen. Aber Schlägereien, an denen Arbeiter am Arbeitsplatz beteiligt sind, werden streng und regelmäßig verfolgt.[47] Der Oberste Gerichtshof bestärkt die Gesetzeshüter in diesem Vorurteil und urteilt in den meisten Fällen zu Lasten der Arbeiter, wobei manchmal sogar Urteile niederer Gerichte aufgehoben werden.[48]
Japaner, die mit dem Funktionieren des Systems nicht zufrieden sind und dies in politische Aktion umsetzen, werden als subversiv und als potentielle Bombenwerfer betrachtet. Radikale Studenten werden von Polizei und Staatsanwaltschaft wesentlich härter angefaßt als die meisten anderen, die ihnen vorgeführt werden. Die Reaktion der Polizei auf Linksextreme kommt »beinahe aus den Eingeweiden«.[49] Wie ein amerikanischer Forscher zusammenfaßt:

»Die Polizei scheint galvanisiert, wenn sie über Kommunisten oder linke Gewerkschaften diskutiert, und Polizisten haben mir oft gesagt, daß sie sie für eine Bedrohung der japanischen Gesellschaft und der Polizei halten.«[50] Bewerber für den Polizeidienst, die linke Tendenzen offenbaren, gelten als ungeeignet zur Polizeiarbeit und werden aussortiert.[51] Ein Autor, der zehn Jahre lang Polizist in der Präfektur Hogyo war, schreibt, daß höhere Polizeioffiziere automatisch »Aka!« (»Roter« oder »Kommunist«) antworten, wenn irgend jemand, nicht nur ein Außenstehender, sondern auch ein Polizist, die Methoden und Prioritäten der Polizei hinterfragt.[52]

Es wird auch als Aspekt der japanischen Wirklichkeit hingenommen, daß die Polizei linksextreme Aktivistengruppen unnachgiebig verfolgt, rechtsextremen Aktivistengruppen aber erlaubt, ins Kraut zu schießen. Im Ginza-Viertel mitten in Tokio, einem der belebtesten Plätze der Welt, findet man Tag um Tag, Jahr um Jahr einen Lautsprecherlastwagen mit Flaggen und Bannern, der an einer strategischen Stelle parkt. Er gehört dem berühmten, ultranationalistischen Agitator der Vorkriegszeit, Akao Bin (er pflegte sich den »Hitler Japans« zu nennen), der sich an genau derselben Stelle heiser brüllte, als ich 1962 zum erstenmal dort vorbeikam. Im Namen der Redefreiheit darf er die Menschenmengen mit ohrenbetäubenden Ermahnungen gegen linke Anliegen und den Weltkommunismus vollschreien. Die Einkaufenden ignorieren diesen senilen alten Rechtsextremisten; doch es ist undenkbar, daß die Polizei einem linksextremen Aktivisten eine gleiche Chance einräumen würde, Passanten Jahr um Jahr seine Meinungen einzuhämmern.

Rechtsextreme haben viel Freiheit, mit plärrenden Lautsprechern durch den Verkehr zu fahren und an belebten Straßenkreuzungen ohrenbetäubende Reden zu halten. Sie dürfen tatsächlich Zusammenkünfte stören und sabotieren, die von der Sozialistischen Partei veranstaltet werden; die Polizei drückt ein Auge zu. Und wie wir sahen, haben die Drohungen der Rechten es für die Lehrergewerkschaft schwierig gemacht, Orte für ihre Versammlungen zu finden.

Verstärkt wird der Zorn der Polizisten und Staatsanwälte in der Konfrontation mit linken Aktivisten durch deren Weigerung, ihrem Glauben abzuschwören. Der Polizei kommen ihre etwaigen

Verbrechen weniger schlimm vor als ihre »falschen Einstellungen«. Daß sie sich nicht entschuldigen, macht sie in den Augen der Gesetzeshüter nicht »ganz japanisch«. Extremisten, die eingesperrt werden — manchmal nur, weil man ihnen einen Vorsatz, die Vorbereitung eines Verbrechens oder einer Verschwörung vorwirft —, werden viel schlimmer behandelt als normale Gefängnisinsassen, denen Verbrechen nachgewiesen sind. Es wird erwartet, daß sie bessere Behandlung dadurch erkaufen, daß sie ihrer ideologischen Überzeugung abschwören. Dies erinnert an das tenko der Vorkriegszeit, bei dem überzeugte Marxisten und Intellektuelle ihre »falschen Gedanken« widerriefen und die Tugenden der kaiserlichen Ordnung anerkannten. Heute wird der Druck nur auf erwiesene Extremisten ausgeübt, doch das ändert nichts an der Tatsache, daß die Forderungen, abzuschwören, ein Verstoß gegen die Verfassung sind.

Die allgemeine Milde von Polizei und Justiz hat, wie man sich vorstellen kann, eine Heerschar dankbarer Verdächtiger und Verurteilter in Japan geschaffen. Andererseits kann man sich unschwer vorstellen, wie leicht politisch engagierte Jugendliche durch ihr diskriminierendes Vorgehen radikalisiert werden können, weil es »beweist«, daß die Gesellschaft nur durch gewaltsame Revolution gebessert werden kann. Aktivistische Studenten sehen im Grunde nur zwei Möglichkeiten: das politische Engagement aufzugeben oder sich den Radikalen anzuschließen und sich auf gesetzwidrige Aktivitäten zu verlegen. So haben die Machthaber direkt dazu beigetragen, daß es in Japan Extremisten gibt.

Die stärkste Komponente des Systems

Um die Art Mißbräuche zu verhindern, für die tenko kennzeichnend war, lösten die amerikanischen Besatzungsbehörden das Naimusho auf und dezentralisierten die Polizei, indem sie sie Ausschüssen für Öffentliche Sicherheit auf Präfekturebene unterstellte. Bald wurde allerdings klar, daß das letztgenannte Arrangement keine Zukunft hatte. In den 1950er Jahren schlichen sich einflußreiche Bürokraten aus dem aufgelösten Ministerium in für die soziale Kontrolle entscheidende Positionen der Politik und Bürokratie ein. Die angebliche Bedrohung von links, die in der Arbeiterbewegung gesehen wurde, half ihnen, ihre Macht auszudehnen. »Als Politiker verhielten sie sich weiter wie Beamte des (Naimusho) in ihrer Verteidigung der existierenden Ordnung gegen die linke Gefahr. Kein Thema beschäftigte die Ex-Bürokraten in der ersten Hälfte der 1950er Jahre mehr als die Rezentralisierung der japanischen Polizeikräfte.«[53] In vorderster Linie dieser erfolgreichen Kampagne focht der frühere Naimusho-Beamte Nadao Hirokichi, der im Kapitel 3 in seiner späteren Rolle als Nikkyosos gefürchtetster Feind in Erscheinung getreten ist. Spitzenpositionen im Nationalen Ausschuß für Öffentliche Sicherheit, in der Behörde der Staatspolizei und den Ministerien für Inneres, Arbeit, Soziales und Erziehung waren nie lange genug in »neutraler« oder »gemäßigter« Hand, um der linken Opposition eine Chance zu geben, Einfluß auf Änderungen der Sozialpolitik zu nehmen.

Das Polizeigesetz von 1954 verursachte einen Aufschrei bei den Intellektuellen und der Linken; sie verglichen es (unangemessenerweise) mit dem Gesetz zur Wahrung des Friedens von 1925, in dessen Namen das Naimusho Massen von Japanern wegen »gefährlicher Gedanken« eingesperrt hatte. Das Gesetz von 1954 war tatsächlich weniger, als die Bürokraten der sozialen Kontrolle erhofft hatten, aber ausreichend, um vieles auszumerzen, was sie als »Auswüchse« der Besatzungsreformen ansahen. Schon in Kraft waren besondere Sicherheitsvorschriften, die 1948 zuerst in der Präfektur Fukuri nach einem Erdbeben erlassen und dann von Kobe, Osaka und Tokio kopiert worden waren; sie regulierten und beschränkten Demonstrationen. Der Oberste Gerichtshof hat es in drei getrennten Verfahren abgelehnt, diese Vorschriften für verfassungswidrig zu erklären, und erklärte 1960, Demonstranten seien im wesentlichen »Aufrührer«. Die Aufrechterhaltung der öffentlichen Ordnung ist absolute Priorität dieses Gerichts, und das spiegelt sich in strengen Urteilen gegen solche, die diese Ordnung zu stören drohen.[54] Das Gericht hat zwei Fälle von Verstößen gegen die Sicherheitsvorschriften an das Hohe Gericht von Tokio zur Neuverhandlung zurückgegeben, nachdem dieses die Angeklagten freigesprochen hatte.[55]

Beim großen »ampo-Kampf« von 1960 opponierten viele linke Gruppen gemeinsam gegen Premierminister Kishis Verfahren in der Erweiterung des Sicherheitsvertrages mit Amerika; er wurde zur Hochwassermarke der japanischen Anti-Establishment-Bewegung und lieferte den Behörden einen moralischen Vorwand, die Machtbefugnisse der Polizei zu erweitern. Am auffälligsten ist dabei die Zurschaustellung der Macht durch die Aufstandspolizei kidotai. In ihrem Gefühl einer Mission, die Sicherheit des Landes zu bewahren, sind diese stramm trainierten Truppen die engsten Nachfolger der Elitekräfte in der Kaiserlichen Armee. Das Gefühl, einer gesonderten Gemeinschaft anzugehören, das bei der allgemeinen Polizei stark genug ist,[56] neigt dazu, hier besonders intensiv zu werden, ebenso wie die gegenseitige Treue zwischen Kommandanten und Mannschaften.

In der gleichen organisatorischen Kategorie wie die kidotai ist die Sicherheitspolizei, die Informationen über potentielle Unruhestifter sammelt — auch über linke Gewerkschafter und Mitglieder der Kommunistischen Partei. Die Sicherheitspolizei beteuert, sie benutze keine Abhörgeräte (die die Verfassung verbietet); informierte Beobachter sind allerdings vom Gegenteil überzeugt.[57] Dieser Verdacht bestätigte sich, als durchsickerte, was Arbeiter von Nippon Telegraph and Telephone im November 1986 herausgefunden hatten: das Telefon des Leiters der internationalen Abteilung der Kommunistischen Partei war mit einem Abhörkabel verbunden worden. Das Kabel führte zu einer Wohnung, die der Sohn eines Polizisten gemietet hatte; der Mietvertrag war von einem früheren Polizisten der Abteilung für öffentliche Sicherheit gegengezeichnet. Es waren schon viele Male zuvor Telefone von JCP-Funktionären angezapft worden, doch die Partei hatte nie genug Beweise gehabt, um den Staatsanwalt zufriedenzustellen. Auch dieser Fall wurde eingestellt, als sich Führungsspitzen der Polizei bei der Staatsanwaltschaft entschuldigten und als der Staatsanwalt akzeptierte, daß die für den Lauschangriff verantwortlichen Polizisten nur die Befehle ihrer Vorgesetzten ausgeführt hatten. So ist das Abhören zwar verfassungswidrig, aber höhere Chargen der Polizei können es sich erlauben.

In den 1970er und 80er Jahren haben Ereignisse, die Japans internationalen Ruf betreffen — Besuche von US-Präsidenten, von der englischen Königin und dem Präsidenten Südkoreas sowie zwei Gipfelkonferenzen —, die kidotai und die Sicherheitspolizei in die

Lage versetzt, ihre routinemäßigen Befugnisse ohne Widerstand von der Öffentlichkeit oder den Medien weiter auszubauen. Terrorismus von Japanern im Ausland und primitive, selbstgebastelte Raketen, die unauffindbare Extremisten im Inland abschossen, haben weiter zur Schaffung eines Klimas beigetragen, das eine Stärkung der Polizei zuläßt. Die kidotai ihrerseits waren schon lange Meister der taktischen Zurückhaltung, besonders darauf bedacht, nicht durch die Schaffung von Märtyrern die öffentliche Meinung gegen sich aufzubringen.

Eine Reihe von Staatsbesuchen und Gipfeltreffen hat die Polizei ermutigt, ihre eigenen Rekorde im Geldausgeben für Ausrüstung zu brechen und sich noch mehr in das Leben der Normalbürger einzumischen. Als Südkoreas Präsident 1984 zu Besuch kam, hielt die Polizei einen Monat vor dem Ereignis Autos auf Tokios hochgelegenen Autobahnen zu »Übungsdurchsuchungen« an; ausländische Diplomaten, die das Außenministerium aufsuchten, wurden von Wachen angehalten und ausgefragt. Selbst diese Sicherheitsmaßnahmen wurden durch die zum Tokioter Gipfel 1986 in den Schatten gestellt. Etwa 50000 Gebäude und kleine Wohnungen wurden überprüft oder durchsucht. Rund 900 linke Aktivisten wurden aus keinem erfindlichen Grund verhaftet. Die Kanalisation wurde jeden Tag durchsucht und versiegelt. Während des Gipfeltreffens war ein Großteil der Innenstadt von Tokio in einem Radius von 1,5 bis 2 Kilometern um den Tagungsort und die Unterkünfte von einem cordon sanitaire abgeriegelt, der nur ein paar Fahrzeuge und Personen mit speziellen Pässen für den Gipfel durchließ. Dreißigtausend Polizisten waren zur Bewachung der Gipfelteilnehmer mobilisiert, und in der ganzen Stadt wurden Autos zur Durchsuchung angehalten. Die kidotai hatte Gelegenheit, neue Ausrüstung im Wert von 40 Millionen Dollar auszuprobieren — hinzu kamen die Kosten der Sicherheitsmaßnahmen selbst, schätzungsweise 17 Millionen Dollar.[58]

Einer der wichtigsten Aspekte der Kindermädchen des Volkes ist, daß sie von niemandem regiert werden als sich selbst. Dies gibt ihnen eine Sonderstellung unter den Komponenten des Systems. Theoretisch üben regionale Ausschüsse für Öffentliche Sicherheit noch Kontrolle aus; doch abgesehen von der Tatsache, daß sie meist aus Konservativen der alten Garde mit rechtsextremer Vergangenheit bestehen,[59] ist die Polizei ohnehin hochzentralisiert. Eine Viertelmillion Polizisten und ihre Bürokräfte werden von nur 450 Karrierebürokraten kontrolliert. Die Spitze besteht, wie bei allen Komponenten im Hauptstrom des Systems, seit den 1880er Jahren aus Juristen von der Universität Tokio. Wenn diese Verwalter glauben, daß die Situation es erfordert, demonstrieren sie ihre Unabhängigkeit. Als zum Beispiel Tagawa Seiichi, der Innenminister und Vorsitzende des Nationalen Ausschusses für Öffentliche Sicherheit, 1984 nach einem Polizeiskandal eine offizielle Rede vor Polizisten der Region Kansai halten wollte, lehnte die Behörde der Staatspolizei seine Bitte rundweg ab, mit der Entschuldigung, sie ließe sich nicht mit der üblichen Praxis der betroffenen Polizisten vereinbaren.

Die Besetzung der wichtigen Posten des Leiters der Staatspolizei (National Police Agency, NPA) und der Tokioter Stadtpolizei (Metropolitan Police Department, MPD) obliegt dem scheidenden Chef der NPA. Die Ernennung des MPD-Generalsuperintendenten muß vom Premierminister bestätigt werden, doch die NPA »ist formal absolut unabhängig von allen anderen Bürokratien und Teilen der Regierung«.[60]

Außer der angeblich in der Presse reflektierten öffentlichen Meinung gibt es keine Kontrolle der Polizei, und die Presse hat es nicht vermocht, die jüngste Ausdehnung ihrer Macht zu bremsen. Die Polizei unterhält über die kisha-Clubs, die den größten Polizeiwachen angeschlossen sind, freundliche Beziehungen zur Presse. Die Reporter werden gut versorgt, manchmal zahlt die Polizei ihnen die Presseeinrichtungen, und generell geben sie die Nachrichten so weiter, wie sie von den eigens dafür abgestellten Polizeibeamten gedeutet und verabreicht werden.[61]

Bezeichnenderweise kann eine Zeitung wie *Asahi Shimbun*, die normalerweise ihre Leitartikler-Brauen über autoritäre Praktiken runzelt, die Polizei nicht für übereifrige Bemühungen tadeln (etwa die »Übungsdurchsuchungen« von Autos), denn das könnte sie angesichts einer angeblichen Bedrohung Japans durch Extremisten unverantwortlich aussehen lassen.

Vor dem Krieg hatte die Polizei Machtrivalen in Gestalt anderer Behörden innerhalb ihres eigenen Naimusho sowie der mächtigen Armee und Marine. Heute macht ihr keine andere Komponente des Systems den Rang streitig. Die Kräfte der Selbstverteidigung, Japans schönfärberisch benanntes Militär, sind unter den gegenwärtigen Umständen keine Konkurrenz. Tatsächlich sind viele »zivile« Beschäftigte der Nationalen Selbstverteidigungsbehörde, die den Status eines Ministeriums hat, frühere Polizisten.

Gemessen an dem, was sie in Notsituationen tun kann, ist die Polizei die stärkste Komponente des japanischen Systems. Sie hat die Mittel, einen erfolgreichen Staatsstreich durchzuführen, wenn eine ehrgeizige Clique je Kontrolle über sie gewinnen sollte. In mancherlei Hinsicht erweckt ihre Effizienz Vertrauen; in anderer Hinsicht gibt ihre Ambivalenz gegenüber demokratischen Prinzipien und dem Begriff Recht Anlaß zur Sorge. Unter normalen Umständen garantiert die Polizei ein sicheres System, aber kein gesetzestreues.

8

Das Gesetz wird kontrolliert

Das System ist wohl nicht der Große Bruder, aber die Japaner sollen akzeptieren, daß seine Liebe die Gegenleistung für sozialen Gehorsam ist. Dies bedeutet unter anderem, das politische System nicht zu hinterfragen — wenigstens nicht dauernd und systematisch. Sie sollen glauben, nicht, daß sie selbst Bürger mit Rechten sind, sondern daß die Verwalter ein großes Herz haben. Einfach gesagt: Während Macht im Westen durch die Illusion von Prinzipien maskiert ist, ist sie in Japan durch die Illusion des Wohlwollens maskiert. In der westlichen Tradition wird die intellektuelle Durchdringung des soziopolitischen Milieus erlaubt und manchmal gefördert; die japanische Tradition verlangt emotionales Vertrauen.

Japaner werden dazu erzogen, die ungleiche Bindung an Höherstehende als natürlich hinzunehmen, und viele entwickeln ein psychologisches Bedürfnis danach. Dies ist durch vom Konfuzianismus abgeleitete Theorien voll gerechtfertigt, doch in China hat eine philosophische Tradition versucht, eine rationale Rechtfertigung für die Ungleichheit zu finden. Der chinesische Konfuzianismus zielte auf eine Lösung des Grundkonflikts zwischen der Notwendigkeit einer hierarchischen Gesellschaft (abgeleitet von historischer Erfahrung) und der Notwendigkeit, die einer so ungleichen Ordnung innewohnenden Ungerechtigkeiten zu mildern. Auch in Indien war die Beziehung zwischen Machtausübung und Unterwerfung ein intellektuelles Problem, das durch religiöse Sanktion gelöst wurde. In Japan wurde die ungleiche Beziehung akzeptabel, indem man sich weder auf Religion noch auf irgendeine rationale Theorie der Staatsführung berief, sondern auf einen Anspruch auf inhärentes Wohlwollen.

Der härteste Kontrast ist die Art, wie die japanische und die westliche intellektuelle Tradition mit der Tatsache der Ungleichheit und der Pflicht zum Gehorsam umgehen. Um diesen entscheidenden Unterschied besser zu verstehen, ist es notwendig, die intellektuellen Grundlagen der soziopolitischen Welt Japans offenzulegen, und es gibt keinen besseren Ort, dies anzugehen, als das elementare religiöse und rechtliche Denken. Religion und auch Recht betreffen letzte Glaubensinhalte, und so sind sie fast immer in ihrer frühen Entwicklung eng verbunden. Im Hinblick auf beide stehen Japan und die westlichen Länder an entgegengesetzten Extremen, wenn man sie im kollektiven Zusammenhang der menschlichen Kultur betrachtet. Es kann daher sehr aufschlußreich sein, die beiden Traditionen nebeneinanderzustellen. Wie wir sehen werden, wurden Machthaber im Westen zunehmend an Gesetze gebunden, die nicht mehr in ihrer Gewalt waren; in Japan dagegen wurden die Machthaber zumindest bis zum Ende der Tokugawa-Periode als letztgültige Verkörperung von Wahrheit und Tugend dargestellt.

MACHTHABER UNTER UND ÜBER DEM GESETZ

Auf der europäischen Seite geht die Idee von der berechtigten Spannung zwischen einzelnen und ihren politischen Herrschern wenigstens auf die Zeit zurück, als Sokrates gezwungen wurde, Gift zu trinken, weil er mit seiner Behauptung, der einzelne menschliche Verstand stehe über der Gesellschaft, die Jugend Athens »verdorben« habe.

Sokrates' berühmtester Schüler, Platon, verstand, daß der menschliche Impuls des Machtstrebens viel Böses verursacht. Das edelste Ziel des Stadtstaates (der polis), war für ihn, rohe Macht zu zügeln.[1] Diese Idee blieb nach dem Niedergang des Römischen Reiches erhalten, während das politische Leben in Europa nicht weniger chaotisch oder unmoralisch war als in den ständigen Bürgerkriegen des mittelalterlichen Japan.

Selbst vor Karl dem Großen, als brutale Emporkömmlinge und Thronräuber ohne viel Rücksicht auf Menschenleben herrschten, lebte zumindest noch eine vage Vorstellung von einer Wirklichkeit jenseits von Machtdurst und Willkür örtlicher Herren. Die europäischen Klöster des frühen Mittelalters hielten philosophische Konstrukte des Mittelmeerraumes lebendig, die die Möglichkeit des Widerstandes gegen politische Arrangements implizierten und eine schwache Erinnerung an transzendente Glaubensinhalte boten. Die Gesetze des Römischen Reiches — die in Europa länger Ordnung gehalten hatten als jedes Reich, das danach kam — waren eine Erinnerung, die noch blieb.

Im alten Japan machten die Yamato-Häuptlinge Macht zu einem Recht (und damit Gehorsam zur Pflicht), indem sie sie von kami bestätigen ließen, den Shinto-Geistern ihrer Ahnen und der Natur. Die Grundmethode ist in vielen Teilen der Welt bekannt. Als sie im vierten Jahrhundert genug Territorium erobert hatten, um den Begriff »Königreich« zu beanspruchen, dehnten sie ihre Macht durch ein Netz wirklicher und künstlicher Verwandtschaftsbeziehungen aus und gründeten einen Shinto-Schrein für die Ahnengottheit der Herrscherfamilie, zu dem all ihre Untertanen pilgern konnten.[2] Von nun an trugen die Kaiser den Titel »Einer mit der göttlichen Vollmacht, die Welt zusammenzuhalten«.[3] Rituelle Reinigung war bezeichnenderweise notwendig, wenn man Verbrechen oder andere Dinge vor den Göttern verbergen wollte.[4] So war das Recht in Japan wie in so vielen anderen Ländern völlig mit der einheimischen Religion verflochten. Vom fünften Jahrhundert an kam der frühe Konfuzianismus zu dieser Shinto-Tradition hinzu; seine Gebote heiligten eine streng hierarchische Ordnung und vermischten sich mit den einheimischen Praktiken zu einer Rechtfertigung der politischen Organisation. Während Japan mit dieser großen weltlichen Quelle der Moral, die über Korea ins Land kam, vertrauter wurde, entwickelte es sein eigenes, einfaches Strafrecht.

Als Mitte des sechsten Jahrhunderts der Buddhismus aus Korea kam, stürzte sich der japanische Adel auf seine Lehren als Mittel, um den Gehorsam des Volkes zu fördern. Shotoku Taishi, Japans erster »Gesetzgeber«, räumte der neuen Religion in seiner »Verfassung« Vorrang ein. Dieses von chinesischen Vorbildern inspirierte Dokument, das noch heute in Grundschulen als Markstein japanischer Geschichte herausgestellt wird, besteht aus einer Sammlung von Platitüden über gute Beziehungen zwischen Herrschern und Untertanen. Es erlegte dem Handeln des Herrschers keinerlei rechtliche Schranken auf. Weder der Konfuzianismus noch der Buddhismus brachten irgendwelche Normen, die die Machtausübung in Japan gezügelt hätten.

In der frühen westlichen Geschichte hing die Berechtigung von Moral und Verhalten von übergeordneten Prinzipien jenseits der unmittelbaren sozialen Realität ab. Die Abstraktionen, auf die sich mittelalterliche Priester und Renaissancedenker beriefen, galten gerade deshalb für wahr, weil sie weltliche Belange transzendierten. So gab es eine feste Vorstellung von bleibenden Einschränkungen weltlicher Macht. Dagegen blieben der konfuzianische Gelehrte und der buddhistische Mönch in Japan völlig abhängig von weltlichen Herrschern, auch wenn sie sich mit höheren, abstrakten Ebenen der Wirklichkeit befaßten. Krieger und gewöhnliche Untertanen durften ihren Lehren nur folgen, soweit diese in die politischen Prioritäten des Tages paßten. Anders als westliche Könige und Herren konnte niemand die japanischen Machthaber für ihre Taten zur Rechenschaft zwingen. Sie wurden nie an Maßstäben gemessen, die sie nicht selbst aufgestellt hatten.

Die offiziell geförderte Verbreitung des Buddhismus brachte Risiken mit sich, weil einige seiner Lehren dem einzelnen aufgaben, dem Weg zu folgen, den ihm ein inneres Licht statt äußerer Führung zeigte. Gleichzeitig kompensierte er diesen idealistischen Zug jedoch, indem er den Geist der Entsagung predigte. Wie ein japanischer Fachmann bemerkt, hat der japanische Buddhismus keine unabhängige Ethik entwickelt, »und die wichtige Fähigkeit des Buddhismus, Menschen von Gemeinschaftsdruck und Traditionen zu befreien, ging fast gänzlich verloren«.[5]

Shotoku Taishi und die meisten seiner Nachfolger ließen sich von der Unvereinbarkeit von Shintoismus, Konfuzianismus und Buddhismus nicht stören, solange diese Religionen ihren politischen Zwecken dienten. Dies zeigte sich deutlich an einem religiösen Fest, das etwa eineinhalb Jahrhunderte nach der Einführung des Buddhismus stattfand: Fünftausend buddhistische Mönche sangen Sutren, um zu feiern, daß ein Shinto-Gott, der kürzlich in einem neugebauten Schrein im Palast etabliert worden war, einen hohen weltlichen Rang erhalten hatte.[6] Die Verschmelzung der beiden Religionen war eindeutig eine offizielle Politik, die ihre gemeinsame Unterstützung der existierenden weltlichen Herrschaft verstärken sollte. In den meisten darauffolgenden Jahrhunderten haben sie mehr oder minder freundschaftlich koexistiert. Kami bekamen Schreine in der Nähe einiger buddhistischer Tempel und wurden deren (shintoistische) Schutzgötter, und Shinto-Gottheiten erschienen ebenso leicht als Boddhisatvas, wie griechische Götter in der römischen Mythologie auftauchen.

Eine unverzichtbare Bedingung für die Entwicklung von Gesetzen, die die Macht der Herrscher zügeln — im Unterschied zu Gesetzen, die benutzt werden, um das Handeln der Beherrschten zu kontrollieren und zu zügeln —, ist der Begriff der legitimen Opposition. Und diese Vorstellung von berechtigtem Widerstand gegen den Herrscher ist der japanischen Tradition fremd.

Die Art, wie Höhergestellte mit Untergebenen umgingen, war in gewissem Maß von dem ritsu-ryo-Rechtssystem geregelt, das auf Japans ersten Gesetzbüchern basierte: dem 701 n. Chr. formulierten Taiho-Kodex und seinem Nachfolger, dem siebzehn Jahre später geschriebenen Yoro-Kodex. Beide waren von den rechtlichen Schriften T'ang-Chinas inspiriert.[7] Ritsu bedeutete die Züchtigung von Übeltätern und war praktisch so belassen, wie die Chinesen es geschrieben hatten, außer der Abstufung der Strafen (einer Auswahl von fünf Stufen: Peitschenhiebe, Prügel, Zwangsarbeit, Verbannung und Tod). Ryo, eine Sammlung von Verwaltungsgesetzen, wurde an japanische Bedürfnisse angepaßt und um einige neue Vorschriften erweitert. Wenn Praktiken dem ryo widersprachen, wurden sie unter der Bezeichnung »heutige Praxis« beibehalten.[8] Dies ist ein frühes Beispiel der hartnäckigen japanischen Gewohnheit, ausländische Systeme nur teilweise zu assimilieren und die Diskrepanzen mit Euphemismen zuzukleistern. Zu den vielen Beispielen des modernen Japan gehört ein Anti-Monopol-Gesetz, das zum 1945 eingeführten System des »freien Marktes« gehört und in brüderlicher Harmonie mit Kartellen aller Art existiert.[9]

Als die politische Macht in Japan ganz an die bushi, die Kriegerkaste, gefallen war — das war ganz definitiv in der sogenannten Kamakura-Periode (1185—1333) der Fall —, gab es nicht weniger als drei Rechtssysteme. Eines galt für den Kaiserhof, das zweite für die Eigentümer der Lehen (shoen), die zum frühen japanischen Feudalismus gehörten, und das dritte für das Shogunat, die offizielle Militärregierung. Gesetz bedeutete hier jedoch jedes Edikt, das die Herrscher zu erlassen beliebten: Die Edikte waren generell willkürlich und ohne Bezug auf irgendeinen übergeordneten Begriff von Gerechtigkeit. Als dann gegen Ende des 15. Jahrhunderts die Daimyos aufkamen (die Barone des späteren japanischen Feudalismus), hing Recht und Unrecht völlig vom jeweiligen Ort ab, und viele Domänen hatten gar kein formales Recht.

Trennung von Kirche und Staat in Europa

Machthaber sind eher bereit, zu glauben, daß sie Gesetzen unterstehen, wenn sie sich einer höheren oder gleichrangigen Macht bewußt sind, der sie entgegenkommen müssen. Diese kann die Gestalt eines Gottmenschen, einer abstrakten Gerechtigkeitsidee oder des Staates annehmen.

Ein wichtiger Faktor in den frühen Phasen des europäischen Rechtsdenkens war der Begriff der Trennung von Kirche und Staat. Ende des fünften Jahrhunderts hatte Papst Gelasius I. eine Anzahl älterer Ideen über zwei nebeneinander existierende Ordnungen menschlicher Belange, eine unter priesterlicher und eine von weltlicher Autorität, neu definiert. Der Gedanke, daß der Staat eine Gerechtigkeit jenseits von willkürlicher feudaler Macht aufrechterhalten könne, lebte in Europa weiter als Teil der vagen Erinnerung an das Römische Reich. Später unterstützten die Universitäten die Mönche bei der Aufrechterhaltung einer intellektuellen Tradition von Theorien und moralischen Geboten, die fraglos als gültig in einem letzten Sinn akzeptiert wurden, als anwendbar zu allen Zeiten, auf alle Menschen und unter allen Umständen. Diese Theorien waren untrennbar mit dem Begriff des Rechtes verwoben.

1159, ein Vierteljahrhundert vor der Etablierung des japanischen

Shogunats, stellte das erste große europäische Werk über politische Theorie seit römischen Zeiten ausdrücklich fest, der König unterstehe dem Gesetz und letztlich Gott.[10] Im Policraticus oder Buch des Staatsmanns schreibt Johannes von Salisbury: »Untergebene sollen ihren Herren anhangen, und alle Glieder sollen dem Haupt untergeben sein; doch immer unter der Bedingung, daß die Religion intakt bleibt.«[11]

Salisbury behauptet, selbst der Mord an einem Herrscher sei erforderlich, wenn dieser die Gerechtigkeit zu offensichtlich mit Füßen trete. Das war Theorie; die vielen europäischen Herrscher, die getötet wurden, fielen tatsächlich zumeist der Machtgier ihrer Feinde zum Opfer. Auch in Japan liefen Kaiser einige Gefahr, getötet zu werden. Eine Geschichte aus dem dreizehnten Jahrhundert, geschrieben von einem hochrangigen buddhistischen Priester, berichtet von mehreren Morden und versuchten Morden.[12] Kaiserliche Kronprinzen wurden gewöhnlich außerhalb des elterlichen Palastes erzogen, weil ihr Leben durch Komplotte von Angehörigen des Hofes in Gefahr war. Eine theoretische Rechtfertigung für den Mord am Abkömmling der Götter war jedoch in der gesamten japanischen Geschichte undenkbar.

Im Europa des dreizehnten Jahrhunderts erklärte einer der größten mittelalterlichen Politologen, Thomas von Aquin, daß der Staat für die Bürger existiere, und sein Werk stellt eine der machtvollsten Mahnungen an Könige dar, daß sie unter dem »Gesetz Christi« stehen. Das spätmittelalterliche europäische Denken entwickelte die Idee, daß die Erhaltung der Gerechtigkeit erste und wichtigste Aufgabe des Staates sei. »Die platonische Idee des Rechtsstaates erwies sich als reale und aktive Macht: eine große Energie, die nicht nur das Denken der Menschen beeinflußte, sondern ein mächtiger Impuls für menschliches Handeln wurde.«[13]

Die christliche Autorität wurde eine machtvolle Legitimationsquelle, weil weltliche Herrscher ihre Bestätigung haben wollten. Karl der Große wollte unbedingt, daß das Volk glaubte, er sei von Gott gekrönt. Vom elften bis zum vierzehnten Jahrhundert hatten dann die Adligen von Rom und die Kaiser des Heiligen Römischen Reiches wohl wenig Ehrfurcht vor dem Papst und waren sich nie zu schade, seinen Segen für ihre eigenen politischen Zwecke zu nutzen, doch sie brauchten die Bestätigung der Kirche und mußten sich vorsehen, nicht als Ketzer gebrandmarkt zu werden. Die politischen Schriften dieser Jahrhunderte befaßten sich ausgiebig mit der Machtverteilung und den Spannungen zwischen Kirche und Staat.[14]

Es trifft zu, daß intellektuelle Konstrukte oft wenig mit der Wirklichkeit zu tun haben, die sie angeblich spiegeln; und es gibt Sichtweisen der Geschichte, die die praktische Macht der Ideen schmälern, Prinzipien als Illusionen sehen und nur die zynische Manipulation der untergebenen Bevölkerung durch die Mächtigen zugeben. Diese Sichtweise ist jedoch Aspekten der europäischen Geschichte gegenüber blind, die bei jedem Vergleich mit der japanischen Geschichte zu beachten sind. Die westliche Theorie ist oft stark in der politischen Realität gespiegelt worden. Heinrich IV. kniete im Schnee vor dem päpstlichen Palast in Canossa — eine offenkundige Demütigung, die nicht vergessen worden ist. Friedrich II. mag den Kirchenstaat bekämpft haben wie einen gewöhnlichen Staat, aber selbst er konnte die Autorität des Papstes nie öffentlich in Zweifel ziehen.

Gleichheit vor einem allgemeingültigen Gesetz

Die Beteiligung des Volkes an der Regierung, die die germanischen Stämme Nordeuropas praktizierten, brachte frühe Vorstellungen von politischer Gleichheit mit sich, die mit den systematischen mittelalterlichen Theorien von der Herrschaft des Gesetzes verschmolzen. Die Stoiker, die im mittelalterlichen Europa durch die Schriften Ciceros bekannt waren, hatten argumentiert, alle Menschen seien grundsätzlich gleich, und unter ihrem Einfluß begannen mittelalterliche Gelehrte, das Recht als eine noch universellere Größe zu sehen, als Platon gemeint hatte.

Die »absoluten« Monarchen Europas organisierten zwar komplexere Strukturen nationaler Macht, konnten aber diese Tradition nicht ausmerzen. Das Gottesgnadentum, das sie beanspruchten, war noch immer eine Sanktion; es machte sie Gott gegenüber verantwortlich. Das Gewicht der religiösen und politischen Tradition bedeutete tatsächlich, daß keine politische Macht noch als absolut gelten konnte. Die Machthaber unterwarfen sich der Autorität von

Prinzipien in Form von Gesetzen, und diese waren »unwiderruflich und unverletzlich, weil sie die göttliche Ordnung selbst ausdrücken, den Willen des höchsten Gesetzgebers«.[15]
Die Idee, daß Macht moralischen Zielen unterworfen sein muß, führt schließlich in der europäischen Geschichte zu Vorstellungen von der Souveränität des Volkes.[16] In der Renaissance und Reformation, als politische und religiöse Konflikte die Universitäten fast zerrissen[17] und der Mensch nicht mehr im Zentrum eines von Gott gelenkten Universums stand, hatten neue Deutungen der Stoiker Einfluß über europäische Denker gewonnen: Nun brauchten sie kein christliches Dogma mehr, um den Gedanken eines allgemeingültigen Gesetzes und allgemeingültigen Moralisch-Guten zu stützen. Hugo Grotius, der holländische Rechtsgelehrte und Gründer des Völkerrechts, behauptete, selbst der Wille des Allmächtigen könne weder die Prinzipien der Moral noch die vom Naturrecht garantierten Grundrechte ändern.
Der Rechtsgedanke in der heutigen Welt basiert letztlich auf diesem Argument. Es gab dem Staat eine Rechtsgrundlage durch den Begriff des Staatsvertrages. Es führte direkt zur Moralphilosophie von Immanuel Kant, John Locke, Montesquieu und Spinoza, lieferte mit der Existenz von »Naturrechten« die rationale Grundlage für den Liberalismus und für zeitgenössische Ideen wie Völkerrecht, Menschenrechte und die Idee der »Gerechtigkeit« allgemein.
In der japanischen Geschichte findet man dagegen nur die Stärkung einer Ideologie, in der die Herrscher als Verkörperung der Moral fungieren. Die neokonfuzianische Lehre, die vom siebzehnten Jahrhundert an im Schwange war, bot im wesentlichen kaum mehr als eine ausgefeilt gelehrte Rechtfertigung der in sich ethischen Fehlerlosigkeit der Militärdiktatur. Hierauf werden wir ausführlich in Kapitel 11 zurückkommen.

In der Mitte des neunzehnten Jahrhunderts, etwa als Japan gezwungen wurde, Ausländern seine Häfen zu öffnen, waren japanische Gesetze im Grunde ein Mittel, um einen strengen und detaillierten, von der Regierung diktierten Kodex sozialer Verhaltensweisen und Beziehungen durchzusetzen. So sorgten die Praktiken der japanischen Rechtspflege (darunter die Folter, die ausgiebig angewandt wurde, um die Geständnisse zu erpressen, die für einen Schuldspruch Voraussetzung waren) anfänglich für allerhand Reibung mit Abendländern. Sie waren auch der Grund, warum die euro-amerikanischen Mächte in den Verträgen von 1858 und späteren Jahren auf Exterritorialität für ihre Untertanen bestanden.
Der Hauptanreiz für die Meiji-Oligarchie, in ihr überfülltes Pensum, um zum Westen aufzuholen, auch eine Verfassung und Gesetze aufzunehmen, war die Weigerung der Ausländer, sich in den Vertragshäfen der japanischen Rechtshoheit zu unterstellen. Eine fast unverhüllte westliche Verachtung der japanischen Rechtspflege verschlimmerte das Gefühl der Minderwertigkeit und Schwäche bei der neuen Führung. Deshalb arbeitete der Meiji-Beamtenapparat hart, um die westlichen Mächte zu überzeugen, daß moderne Gesetze eingeführt wurden. Als Außenminister Aoki Shuzo 1890 neue Verträge präsentierte, die die Extraterritorialität abschafften, informierte er den Westen, seine Regierung arbeite seit fast sechs Jahren darauf hin, verläßliche Richter heranzuziehen, und erklärte, wenn die Verträge in weiteren sechs Jahren in Kraft träten, würde sich kein Ausländer sorgen müssen, von Unfähigen gerichtet zu werden.[18]
Die Führer der Restauration hatten ein wirres Arrangement improvisiert, basierend auf Ideen des archaischen Yoro-Kodex, der vor damals 1150 Jahren eingeführt, aber offiziell nie von den Vorschriften des Shogunats abgelöst worden war. Zur Modernisierung der japanischen Rechtspflege wurde als erstes beschlossen, den französische Code Civil und alle anderen napoleonischen Gesetze zu übersetzen. Mitsukuri Rinsho, ein in westliche Ideen verliebter, dreiundzwanzigjähriger Beamter, wurde ein Jahr nach der Machtübernahme der Meiji-Oligarchie mit dieser riesigen Aufgabe betraut. Ein bekannter japanischer Rechtswissenschaftler vergleicht

ihn mit einem Architekten, der sich zuerst seine Ziegel selbst machen mußte,[19] denn er mußte Ausdrücke für Begriffe erfinden, die dem japanischen Denken vollkommen fremd waren, ohne ein Lexikon, einen Gesetzeskommentar oder einen ausländischen Juristen hinzuziehen zu können. Dieser eifrige Mann brauchte weniger als fünf Jahre dazu.

Der französische Regierungsberater Emile Gustave Boissonade de Fontarabie entwarf Japans erstes modernes Strafgesetz, das 1880 in Kraft trat. Sein eigenes Gefühl von der Dringlichkeit dieses Projekts ist an seinem Protest gegen die Folter erkennbar; daß sie weiterhin angewendet wurde, hörte er an den Schreien in dem Gebäudekomplex, wo sein Büro lag. In der Folge entwickelte sich eine Rivalität zwischen Befürwortern einer Übernahme des französischen bzw. des englischen Rechts; am Ende erwiesen sich jedoch das preußische Modell und deutsche Prinzipien der Rechtsstaatlichkeit als attraktiver für eine Regierung, die inzwischen ihre Stellung gefestigt hatte; und der Einfluß des deutschen Rechtsberaters Hermann Roesler ließ den Boissonades verblassen. Als dann 1898 Japans erstes Bürgerliches Gesetzbuch in Kraft trat, hatte der deutsche Einfluß das frühere Liebäugeln mit dem liberaleren englischen und französischen Gesetz eindeutig verdrängt.

Der ungeschützte Bürger

An dieser Stelle sollte sehr klar sein, daß nichts in der Geschichte Japans seine Normalbürger zu dem Gedanken ermutigt, das Gesetz sei zu ihrem Schutz da. Das traditionelle japanische Gesetz hat sich nie zu einem System gefügt, das auf rationalen, philosophischen Prinzipien der Gerechtigkeit beruhte, sondern bestand aus wenig mehr als Aufzählungen von Befehlen, die die Untertanen blind zu befolgen hatten. In der Praxis waren die Folgen unterschiedlich. Es gab anscheinend erheblichen Raum für Milde in der Heian-Periode. In der Muromachi-Periode dagegen (1333—1568) wurde Grausamkeit sehr verbreitet; sie verschwand dann erst nach der Öffnung des Landes. In den zweieinhalb Jahrhunderten der Tokugawa-Herrschaft wurde das Gesetz je nach der gesellschaftlichen Stellung angewandt; Stadtbürger und Bauern konnten von einem Samurai auf der Stelle niedergemetzelt werden, wenn er sie unhöflich oder in anderer Weise ihrer Stellung im Leben nicht eingedenk fand — oder, einigen Quellen zufolge, nur um ein neues Schwert auszuprobieren.

Die Meiji-Reformen brachten eine große Erleichterung und viele Freiheiten im Vergleich mit den Zeiten des Shogunats, selbst wenn es am Geist hinter den Buchstaben der importierten Gesetze weithin fehlte. Die Verkündung der Meiji-Verfassung 1889 wurde von Feuerwerken, Festen und Lobeshymnen in der Presse begleitet. Doch weder dieses »Geschenk des Kaisers« noch die anderen westlich inspirierten Gesetze gaben den Japanern schließlich ein Gefühl des Schutzes vor willkürlicher Macht. Der Verfassung waren 1888 Debatten über die »Rechte« und »Pflichten« des Volkes vorausgegangen. Am Ende bekam das Volk endlich Rechte und Freiheiten, aber nur unter der Bedingung, daß es nie die Gesellschaftsordnung stören oder Gesetze brechen würde, die ebendiese Rechte und Freiheiten einschränkten.[20]

Als die japanischen Machthaber mit einigen der logischen Konsequenzen ihrer eigenen Importe konfrontiert wurden, reagierten sie rasch, um sicherzustellen, daß die Bevölkerung und ihre Intellektuellen nicht die »falschen Gedanken« hegten. Yamagata Arimoto wetterte gegen das Vertrauen auf die Gesetze zur Sicherung der Gesellschaft und unterstellte, dies sei die Ursache vieler sozialer Probleme. Doch gleichzeitig hatte Yamagata selbst keine Skrupel, das Gesetz eifrig zu gebrauchen — als »Bollwerk gegen die Politik«, d. h. gegen die demokratische, parlamentarische, kontroverse Parteipolitik. Das Gesetz wurde bald zu einem wichtigen Werkzeug der Verwalter umgebogen.

Nach der Jahrhundertwende faßte der Wirtschaftswissenschaftler Kawakami Hajime, der die marxistische Theorie in Japan einführte, das Gesamtresultat zusammen:

Einzelpersonen gelten nicht als an und für sich existierende, autonome Wesen, sondern nur der Staat. In Japan ist die staatliche Souveränität eine Gabe des Himmels, individuelle Rechte hingegen werden vom Staat vergeben. Der Staat räumt beschränkte individuelle Rechte ein, soweit sie den Zielen des Staates nützen. So sind individuelle Rechte stets Werkzeuge des

Staates, die nicht für die Ziele des einzelnen benutzt werden sollen. Während im Westen die Rechte des einzelnen als Gaben des Himmels und somit unveräußerlich gelten, ... ist die Achtung der individuellen Rechte und der Identität des einzelnen im Westen den Japanern unverständlich, ebenso wie die japanische Achtung der staatlichen Souveränität und des Staates Abendländern unverständlich ist.[22]

Ein paar Japaner waren aber so störrisch, sich am westlichen Rechtsgedanken zu orientieren. 1937, kurz nach dem Ausbruch des Krieges mit China, behauptete ein Gelehrter, die Gerechtigkeit sei

ein objektiver Geist, der die Realität des Staates transzendiert und gleichzeitig die Grundlage für dessen Existenz liefert. Mit anderen Worten, Gerechtigkeit ist nicht ein vom Staat geschaffenes Prinzip, sondern das grundlegende Prinzip, das zur Entstehung des Staates führt. Der Staat definiert die Gerechtigkeit nicht; vielmehr beherrscht Gerechtigkeit den Staat.[23]

Die Ausgabe der Zeitschrift, in der diese Worte erschienen, wurde sofort verboten.

Andere Erfahrungen der ersten viereinhalb Jahrzehnte dieses Jahrhunderts — die verhaßten Gesetze zur Bewahrung des Friedens von 1925 und 1928, die »Gedankenpolizei«, die voreingenommenen Richter, Polizisten und Staatsanwälte — taten nichts dazu, das japanische Volk mit dem Gedanken politischer Rechte vertraut zu machen. Solche Vorstellungen mußten bis zum Programm der »Demokratisierung« Japans nach seiner Niederlage 1945 warten. Dann wurde eine erhebliche Anstrengung unternommen, den Normalbürgern zu einem Verständnis ihrer Rechte zu verhelfen. Doch war das die große Wasserscheide in der japanischen Rechtsgeschichte, für die man es hält?

Es kann keinen Zweifel daran geben, daß sich vieles durch das Eingreifen der US-Besatzung geändert hat. Wenige Japaner fürchten sich heute, ihre Meinung zu sagen. Und es gibt eine recht verbreitete Auffassung, daß die Regierung zumindest verpflichtet ist, Wohlwollen zu zeigen. Wohlwollen ist nicht länger etwas, das der Kaiser der Nation freiwillig zuteil werden läßt.

Trotzdem ist die allgemeine Vorstellung von Gesetz noch ähnlich wie vor 1945. Im großen und ganzen denken die Japaner sich das Gesetz noch immer als Zwangsmittel, das die Regierung benutzt, um ihren Willen durchzusetzen. Japanischen Beamten steht es frei, zwischen den Gesetzen zu wählen und sie zur Förderung ihrer eigenen Zwecke zu gebrauchen. Wenn Gesetz und bürokratisches Vorgehen in Konflikt zu stehen scheinen, paßt der Beamtenapparat das Gesetz durch eine neue »Auslegung« seinem Vorgehen an.[24] Die Formulierung vieler Gesetze ist absichtlich vage gelassen worden, um dies leichter zu machen. Ein japanischer Wissenschaftler vergleicht viele Gesetze, die im Parlament verabschiedet werden, mit Verträgen, die ungelesen unterschrieben werden.[25] LDP-Abgeordnete sind an Gesetzen interessiert, die ihnen die versprochenen Wahlgeschenke ermöglichen; sie sehen es nicht als ihre Aufgabe, Gesetzesvorlagen zu analysieren, um festzustellen, ob sie die soziale Gerechtigkeit fördern oder schädigen. Ein Erziehungsminister bemerkte 1958 zu einem Gesetz im Zusammenhang mit Effizienz-Einstufungen bei Lehrern: »Jedem steht es frei, Gesetze nach seinem Belieben zu deuten, doch was dies Gesetz angeht, will ich, daß Sie den Willen des Erziehungsminister achten.«[26] Es war nicht als Scherz gemeint.

Die Professoren der juristischen Fakultät der Universität Tokio, wo exklusiv Spitzenverwalter herangezüchtet werden, scheinen das Gesetz im wesentlichen als Hilfe für die Verwaltung zu sehen. Noch immer akzeptieren sie blind die jahrhundertealte Prämisse, daß die Regierung automatisch dem Volk übergeordnet ist, und glauben, daß »das Volk von Natur aus den politischen Bereich nicht verstehen kann und deshalb die Politik der Verwaltung nicht kritisieren sollte«.[27] Von der anderen Seite her hält die Bevölkerung Gesetze für legitim, nur weil sie von einer Klasse Menschen erlassen sind, die schon immer dazu berechtigt war — nicht, weil sie einem allgemeinen Gerechtigkeitsgefühl entsprächen. In seiner Anwendung auf den Normalbürger ist Gesetz noch immer »gleichbedeutend mit Strafandrohung oder Strafe«.[28]

Natürlich unterschreibt Japan formell internationale Vorstellungen von Gerechtigkeit. Seine politischen Gewohnheiten haben jedoch verhindert, daß diese eine wirklich lebendige Kraft wurden. Menschenrechte, demokratische Freiheit und eine neue Idee, das »Recht auf Frieden«, werden laut verkündet, bleiben aber als Ideen vage und undefiniert. Keine von ihnen hat genügend überzeugt oder ist von genügend politischem Willen begleitet gewesen, um explizite Theorien zu nähren, die auf konkrete politische Programme anwendbar wären.

Vorkämpfer benachteiligter Gruppen mögen Argumente über »Rechte« schwingen, doch meine Erfahrung mit derlei Kampagnen legt nahe, daß jeder Erfolg, den sie erringen, auf Einschüchterungstaktik oder anderen Arten des Drucks beruht, nicht auf einem allgemeinen Verständnis von Gerechtigkeit. Traditionelle Einstellungen, verstärkt durch zeitgenössische Praxis, verhindern die Etablierung eines eindeutigen Rechtsbegriffes. Das Wort kenri wurde eingeführt, um diese Idee zu vermitteln, und eines seiner beiden Schriftzeichen hat die Nebenbedeutung der Unparteilichkeit. Doch ein bekannter japanischer Rechtsgelehrter kommentiert: »Zur Zeit ignoriert fast jeder den Sinn der Unparteilichkeit, den das Wort impliziert. Für den Durchschnittsjapaner bezeichnet dies Wort etwas, das mit Egoismus zu tun hat.«[29]

Das Fehlen eines Rechtsbewußtseins hat viele unübersehbare Folgen. Eine, die von Ausländern oft beklagt wird, ist der Mangel an Zivilcourage bei Japanern. Eine andere ist das manifeste Hindernis, das sie für eine echte Internationalisierung darstellt. Weder die japanische Erziehung noch irgendein anderes Element des Systems lehrt die Menschen, daß es richtig ist, für eine gute Sache den Kopf hinzuhalten. Diese Einstellung spiegelt sich deutlich in der Unterwerfungsethik des Salaryman; in Kapitel 10 werden wir sehen, wie sie durch eine machtvolle Ideologie des »Japanertums« noch verstärkt wird.

Die Unterscheidungen, die ich bisher gemacht habe, sind oft mit einer allzu leichten Trennung zwischen »westlichem Individualismus« und einer angeblich asiatischen Bereitschaft erklärt worden, individuelle Interessen für die Gemeinschaft zu opfern. Diese Perspektive ist freilich nicht ausreichend. In puncto Rechtsbewußtsein, Gefühl für politische Rechte und Zivilcourage weichen die Einstellungen in asiatischen Ländern wie Südkorea und den Philippinen weit von denen Japans ab.

Es gab eine kurze Phase Anfang der 1970er Jahre, als vier große Gerichtsverfahren, von linken Rechtsanwälten für Opfer der Umweltverseuchung angestrengt, eine Entwicklung von revolutionärem Ausmaß ahnen ließen.[30] Der Erfolg dieser Klagen und die intensive Publizität, die sie begleitete, machte einer großen Zahl japanischer Normalbürger zum erstenmal klar, daß man Beschwerden vor Gericht artikulieren konnte. Plötzlich schien es, als hätte jede Gruppe oder Person, auch ohne enge Bindungen an starke Elemente im System, Zugang zu einem Forum, von dem aus wichtige gesellschaftliche Entscheidungen beeinflußt werden konnten.[31]

Die betroffenen Beamten reagierten unverzüglich. In dem überaus deutlichen Gefühl, daß die Verwalter in einem Bereich der Gesellschaft die Kontrolle verloren und daß die Tendenz auf andere Bereiche übergreifen könnte, handelten sie entschlossen, um sicherzustellen, daß ein erfolgreicher Rechtsstreit solchen Ausmaßes nur einmal vorkommen konnte. Rasch wurden Gesetze und Verwaltungsvorschriften erlassen, um die Initiative aus der Hand der Richter zu nehmen und wieder den Bürokraten zu geben. Linke Rechtsanwälte hatten die Umweltopfer dazu überredet, vor Gericht zu gehen; also wurde eine Kampagne gegen von links beeinflußte Juristenverbände und Richter intensiviert. Die Richter wurden, wie wir später sehen werden, indirekt, aber wirksam unter Druck gesetzt, ihre Begeisterung für die Rechte der Umweltopfer im Zaum zu halten. In den kleineren Verfahren, die folgten, hatten die Kläger eindeutig viel weniger Erfolgschancen als die siegreichen Wegbereiter.

DIE BEDROHUNG DES SYSTEMS DURCH DAS RECHT WIRD ENTSCHÄRFT

Wenn westliche Demokratien sich so wenig wie Japan auf das Recht stützten, würden sie von unaufhörlichen Aufständen erschüttert und erlebten wahrscheinlich den Zusammenbruch ihrer Autoritätsstruktur. Würde dagegen Japan das Recht benutzen, wie es in den westlichen Demokratien und angeblich auch unter der japanischen Verfassung benutzt wird, so würde Japans gegenwärtige Autoritätsstruktur zusammenbrechen.

Die Verfassung, ein Erbe der Besatzung, könnte nicht demokratischer sein. Sie enthält mehr explizite Sicherungen zum Schutz des Bürgers als die Westeuropas und der USA. Nur spiegelt sie in keiner Weise Japans politische Prioritäten. Ihre Trennung zwischen Gesetz und Verwaltung, die die Rechtsprechung unabhängig vom Rest der Regierung macht, ist gegen die Praxis der gesamten japanischen Geschichte. Wäre die Möglichkeit der rechtlichen Herausforderung der Machthaber genutzt worden, so hätte sie eine Periode von mindestens fünfzehn Jahrhunderten beendet, in denen die Machthaber dafür sorgten, daß ihre Untertanen nicht durch Berufung auf transzendente Wahrheiten die Oberhand gewannen. Doch es hat nicht sollen sein.

Eine wirklich unabhängige, nicht politisierte Rechtsprechung, wie die Nachkriegsregeln sie vorsahen, und eine Bevölkerung, die nach und nach mit den Möglichkeiten des Rechtsstreites vertraut geworden wäre, hätten die Konsolidierung des Nachkriegssystems in seiner heutigen Form eingeschränkt. Konsequente und unparteiische Anwendung der Kartellgesetze wie die Einhaltung der Wahlgesetze hätten sie eingeschränkt, ebenso wie eine konsequente gerichtliche Prüfung der korrupten Beziehung zwischen Großfirmen und LDP sowie der vielfältigen anderen inoffiziellen Beziehungen und Praktiken, die das System stützen. Eine in der Taktik des Rechtsstreits geübte Bevölkerung könnte gegen zahlreiche außergesetzliche Verwaltungsmaßnahmen klagen, die heute viele Arten von Aktivität behindern. Die praktische Möglichkeit, daß Unternehmer gegen Bürokraten klagen, hätte viele Verwaltungsziele des Systems untergraben. Und ganz allgemein könnte das System, angetrieben, wie es ist, von Myriaden jinmyaku, die politische Bestandsaufnahme

nicht überleben, die eine konsequente Anwendung des Rechtsstreits ermöglicht.
Bislang ist dem System eine derartige Verlegenheit erspart geblieben, teils aufgrund von Umständen, die die Beamten billigen, wenn nicht gar fördern, teils aber auch aufgrund bewußter, eindeutiger Absicht der Bürokratie. Heute halten institutionelle Arrangements, ganz abgesehen von aus autoritäreren Zeiten ererbten, gängigen Einstellungen, die Japaner weitgehend davon ab, vor Gericht zu gehen. Eine genaue Untersuchung geläufiger Praktiken zwingt sogar zu dem Schluß, daß das Gesetz mit Absicht so weit wie möglich aus dem System herausgehalten wird.

Richterschaft und Anwaltschaft werden klein gehalten und manipuliert

Die Rolle des Gesetzes im System wird äußerst wirksam minimiert, indem man die Zahlen von Anwälten und Richtern sehr klein hält. Japan hat nicht genug praktizierende Juristen, um auch nur einen Bruchteil der Fälle zu behandeln, die in westlichen Ländern anfallen, ganz zu schweigen von den USA.
Vor Gericht sein Recht einzuklagen, ist daher eine Möglichkeit, zu deren Nutzung ein Japaner nie ermutigt wird. Die Zahl der Zivilklagen pro Kopf, die vor Gericht kommen, beträgt zwischen einem Zwanzigstel und einem Zehntel der Zahl in Ländern mit Gewohnheitsrecht.[32] Praktisch alle zivilen Konflikte werden durch Vergleich beigelegt, entweder außergerichtlich oder vor dem Urteil. Diese Sitte geht mindestens auf die Tokugawa-Periode zurück, als die Behörden die Menschen zwangen, ihre Differenzen gütlich zu regeln. Ein außergerichtlicher Vergleich stellt viele heutige Japaner zufrieden, doch auch wer das weniger willkürliche Urteil eines Gerichtes vorziehen würde, hat kaum eine andere Wahl.
Die gängige Erklärung für die Langlebigkeit dieser Methode ist, daß sie mit einem alten, tiefverwurzelten kulturellen Streben nach Wahrung der Harmonie übereinstimmt. Ein Rechtsstreit endet mit Gewinner und Verlierer und wirkt diesem Ideal entgegen. Selbst Anwälte und Richter, die die zeitgenössische japanische Justiz sehr kritisch sehen, lassen sich von derlei kulturalistischen Deutungen

dieses für eine fortgeschrittene Industriegesellschaft außergewöhnlichen Phänomens meist überzeugen.[33]
Doch es gibt gute Gründe, die kulturalistische Erklärung abzulehnen, und statt dessen die heutige Justizpraxis als politisches Erbe aus den Zeiten zu sehen, als die Japaner zur gütlichen Einigung gezwungen waren. Das System zieht gütliche Einigung vor und sorgt dafür, daß sie weiterhin Vorrang vor dem Rechtsstreit hat. Beziehungen zwischen japanischen Gruppen — im Unterschied zu den internen Beziehungen ihrer Mitglieder — sind oft alles andere als harmonisch, und es ist nicht leicht zu sehen, warum eine Einzelperson sich Sorgen machen sollte, die »Harmonie« mit einer anderen Person zu stören, die nicht zum gleichen Gesellschaftskreis gehört und kein Nachbar ist.[34] In Zeiten, als die Japaner die Möglichkeit hatten, einander vor den Magistrat zu schleppen, wie in der Kamakura-Periode, scheinen sie sich durchaus nicht davor gescheut zu haben.[35] Entsprechend scheint die japanische Kultur auch nach der Einführung des modernen Rechtssystems in der Meiji-Periode kein so großes Hindernis für Prozesse gewesen zu sein, wie man heute sagt. Eine weitere Tatsache, die eher auf eine politische Vorliebe seitens des Systems hindeutet, ist, wie allgemein bemerkt wurde, daß japanische Vergleichsverfahren fast immer der mächtigeren Partei den Vorzug geben — und so zur Erhaltung des Status quo beitragen. Eine Vielzahl von Klagen, die bis zu ihrem logischen oder gerechten Abschluß verfolgt würden, könnten das System sehr wohl zerbrechen.
Richterschaft und Anwaltschaft werden durch strenge Zulassungskontrollen für juristische Berufe auf einem künstlichen Mindestmaß gehalten. Das Justizministerium ist Torhüter des Juristischen Ausbildungs- und Forschungsinstituts (Legal Training and Research Institute, LTRI), das jeder durchlaufen muß, der Richter, Staatsanwalt oder Rechtsanwalt werden will. Dieses Institut bietet zwei Jahre nicht besonders harter Ausbildung, und jeder, der als politisch zuverlässig gilt, bekommt den Abschluß fast automatisch. Doch die jährliche Zulassungsrate ist mit rund 2% extrem niedrig; 1985 bestanden 486 von 23 855 Kandidaten die Aufnahmeprüfung. 1986 waren 80 der erfolgreichen Kandidaten zum fünften mal in der Prüfung. Die offiziöse Rechtfertigung für diesen Stand der Dinge ist der kleine Anteil der Haushaltsmittel, der an die Justiz geht.[36]
Die weitverbreitete Idee, Japaner wären nicht gern als Juristen tätig,

ist reiner Mythos. Wie ein Fachmann darlegt, war die Zahl der Japaner, die die Juristenprüfung ablegten, im Verhältnis zur Gesamtbevölkerung etwas höher als die Zahl der Amerikaner, die eine Anwaltsprüfung ablegten. Und da in jenem Jahr 74% in den USA bestanden, verglichen mit 1,7% in Japan, muß der Wunsch, Rechtsanwalt zu werden, in Japan tatsächlich viel stärker sein.[37]

Die Anzahl der Richter hat sich seit 1890 nicht einmal verdoppelt, während die Bevölkerung sich mehr als verdreifacht hat.[38] Die Nachfrage nach mehr Rechtspflegern existiert offensichtlich. Japanische Gerichte sind so überlastet, daß selbst der einfachste Fall im Amtsgericht zwei bis drei Jahre braucht. Ein größerer Fall kann zehn Jahre dauern, wenn es Berufungen gibt. Endgültige Entscheide, die ein Vierteljahrhundert, nachdem Kläger oder Beklagter zum erstenmal vor dem Richter standen, gefällt werden, sind keine Seltenheit.

Auch einen Anwalt zu finden, ist keine leichte Sache, und ihre Knappheit macht sie teuer. 1986 waren nur 13 161 Anwälte zugelassen.[39] Dies bedeutet, daß Japan einen Anwalt auf 9 294 Menschen hatte, verglichen mit einem auf 360 in den USA, 872 in Großbritannien und 1 486 in der Bundesrepublik.[40]

Selbst nach Beginn des Gerichtsverfahrens ist der Kläger noch unter starkem Druck, zum Vergleichsverfahren zu wechseln. Der Richter plädiert fast immer weiterhin für eine außergerichtliche Einigung, weil das Geld und Zeit spare. Wenn Kläger auf einer klaren Entscheidung beharren, gibt man ihnen eventuell zu verstehen, daß diese wegen ihres Starrsinns wahrscheinlich gegen sie gehen wird. Die Richter selbst glauben oft, der Entschluß, einen Fall bis zum Ende des Gerichtsverfahrens zu verfolgen, zeuge von einer moralisch minderwertigen Haltung.[41] Unter solchen Umständen ist es nicht schwer, zu verstehen, warum sehr wenige Japaner klagen und bis zum Schluß durchhalten. Beschließt ein Japaner doch, vor Gericht zu ziehen, so nimmt sein Mißtrauen gegenüber dem rechtlichen Prozeß meist zu. Eine Meinungsumfrage des japanischen Juristen-Dachverbandes Nichibenren offenbarte, daß Menschen mit Gerichtserfahrung der Ansicht waren, daß Richter »die Realität der Gesellschaft nicht kennen«, und daß sie im Prozeß nicht genügend Gelegenheit hatten, ihren Fall darzulegen.[42]

Angesichts der ungeheuren Macht des Systems, dem japanischen Bürger praktisch jede Möglichkeit des Rechtsstreits zu nehmen, sollte es nicht überraschen, daß die Klage eines Privatbürgers gegen die Regierung so gut wie undenkbar ist. Der Oberste Gerichtshof weigert sich, die Möglichkeiten der Prüfung zu nutzen, die die Nachkriegsverfassung ihm gegeben hat, um die Demokratie zu sichern.[43] In Kombination mit den weitreichenden formellen Befugnissen der Regierungsbehörden bei der Verfolgung breiter Gesellschaftspolitik hatte dies die Wirkung, die bürokratische Aktivität fast völlig gegen eine gerichtliche Prüfung zu isolieren.[44] Wenn Aktivisten darauf bestehen, Verwaltungsentscheidungen mit Gerichtsverfahren zu begegnen, sehen die Beamten dies als »radikale«, fast gewaltsame Handlung, die die nationale Politik behindert.[45]

Die Bürokraten haben ausgiebig Gelegenheit, die Richterschaft über die Aufnahmeprüfungen und die Ausbildung im staatlichen LTRI zu manipulieren. Die Auszubildenden werden genau beobachtet. Wer als geeignet gilt, Staatsanwalt zu werden, erhält eine besondere Ausbildung, die vor den anderen Auszubildenden, die Rechtsanwälte und Richter werden sollen, geheimgehalten wird. Sie werden von hochrangigen Staatsanwälten nach Hause eingeladen und automatisch an das jinmyaku-Netz der Älteren angehängt.[46] Eine Folge hiervon ist eine durchgehend hierarchisierte Staatsanwaltschaft, die von oben leicht zu kontrollieren bleibt.

Künftige Richter werden ebenfalls genau auf ihre politischen Neigungen hin durchleuchtet, und Auszubildende, die Sympathien mit aktuellen liberalen Anliegen zeigen, werden sorgsam ausgesiebt. Was die Rechtsanwälte betrifft, so erzieht das LTRI sie nicht zu großem Selbstvertrauen. Eine Autorität bemerkt:

> *Japanische Rechtsanwälte zeigen vor den Richtern kein Gefühl der Unabhängigkeit, das ihrer Aufgabe würdig wäre. Der japanische Anwalt lebt in einer Umgebung, wo jeder meint, die Regierung sei gut, und wo man private Initiative verachtet. Deshalb ist er im Gericht von einem Minderwertigkeitsgefühl besessen. Einige Anwälte sprechen den Richter mit großer Ehrerbietung an, als bäten sie um ein günstiges Urteil, und außerhalb des Gerichtes legen sie ein schlecht begründetes Mißtrauen gegen die Richter an den Tag.*[47]

Tatsächlich scheint es für Mißtrauen gute Gründe zu geben.

Anerzogenes Hinnehmen der Welt, wie sie ist, macht die Japaner relativ fügsam in den Händen der Justizbehörden. Die Richter selbst scheinen fast ebenso fügsam und haben zugelassen, daß ihre Autorität ihnen entglitt. Nach dem Krieg sind die Richter theoretisch unabhängig von der Kontrolle der Verwaltung und können nur durch ihre Kollegen beurteilt werden. Die Trennlinie zwischen Richterstand und Verwaltung, die die Besatzungsbehörden so sorgsam zogen, wurde jedoch ebenso sorgsam entfernt, sobald die Besatzung vorbei war. Seit damals hat die Bürokratie die Richter langsam vereinnahmt. Deren Angst vor der bürokratischen Meinung ist im Zusammenhang mit dem Verbleiben oder dem Aufstieg im Amt fast so übermächtig wie vor dem Krieg.

Angelpunkt der bürokratischen Kontrolle ist eine Institution, die zu einem ganz anderen Zweck gegründet wurde: das Generalsekretariat des Obersten Gerichtshofes. Im Nachkriegs-Arrangement sollten alle Gerichte autonom sein. Um dies zu garantieren, gab man den Richtern Macht, in allen ihre Gerichte betreffenden Dingen selbst zu entscheiden, und damit diese Autonomie erhalten bliebe, bekam jedes Gericht sein eigenes Sekretariat. Das Generalsekretariat des Obersten Gerichtes sollte eine ähnliche Aufgabe erfüllen;[48] die Gerichtsverwaltung auf höchster Ebene wurde in die Hände der Richterkonferenz des Obersten Gerichtshofes gelegt. Die Autorität dieses Gremiums ist jedoch immer mehr Formsache geworden, und die tatsächliche Macht ist auf das Generalsekretariat übergegangen.[49]

Auf den unteren Ebenen wurden die Richter ermutigt, die unterschiedlichsten Belange der Gerichtsverwaltung dem »Direktor« des Gerichts zu überlassen — dies würde es ihnen ermöglichen, sich ganz auf die Verfahren zu konzentrieren.[50] 1955 revidierte der Oberste Gerichtshof die Vorschriften für untere Gerichte in dem Bemühen, die Justizverwaltung des ganzen Landes zu vereinheitlichen. In der Folge wurde die Verwaltung jedes Gerichts letztlich seinem »Direktor« und neu eingerichteten ständigen Ausschüssen übertragen, die wiederum vom Generalsekretariat des Obersten Gerichtes kontrolliert wurden. Diese Gruppe von Bürokraten überwacht nun die gesamte japanische Justiz. Die Bürokraten und nicht die praktizierenden Richter kontrollieren Ernennungen, Beförderungen, Gehälter und Entlassungen. Das Generalsekretariat des Obersten Gerichtshofs kann alle Arten von Information und Dokumenten monopolisieren, die die unteren Gerichte betreffen, und es hat seinen Zugriff auf die Justiz durch seine eigenen Vorschriften und selektiven Ernennungen stetig erweitert.[51] Außerdem hat es das LTRI praktisch völlig unter Kontrolle.

Diese wichtige Machtverschiebung wurde ohne große Schwierigkeiten erreicht. Die Richter des höchsten Tribunals waren den Bürokraten nicht gewachsen. Zwei Drittel der fünfzehn Richter am Obersten Gericht sind keine Karriererichter, sondern zumeist amakudari-Bürokraten aus verschiedenen Ministerien; sie sind relativ kurz im Amt und bleiben recht ahnungslos in Dingen der Justizverwaltung.[52] Viele der unter der alten Verfassung ausgebildeten Karriererichter kamen nach dem Krieg an ihre Posten zurück, ohne ihre Ideen zu ändern.[53] In der Zeit direkt nach der Besatzung waren die meisten prominenten Mitglieder des Generalsekretariats des Obersten Gerichts ihrerseits in der Wolle gefärbte Bürokraten aus dem Vorkriegs-Justizministerium. Sie hatten in den Jahren direkt nach dem Krieg Strukturveränderungen bekämpft, waren aber von einer Kombination aus Besatzungsbehörden und demokratisch gesonnenen Richtern des Vorkriegs-Daishinin (Obersten Gerichtshofes) überstimmt worden.[54] Einige Jahre lang gab es beträchtliche Reibungen zwischen reformwilligen und traditionalistischen Gruppen, doch 1950, als der antilinke »Falke« Tanaka Kotaro höchster Richter des Obersten Gerichtshofes wurde, nahm die Nachkriegsjustiz schon ihre heutige Form an. 1954 konnte ein Mensch wie Ikeda Katsu, eng verstrickt in die Maßnahmen und Urteile der »Gedankenkontrolle« vor dem Krieg, Richter des Obersten Gerichtshofes werden; er hielt sich zehn Jahre auf diesem Posten. Ishida Kazuto, ein weiterer Vorkriegsjurist, der sich in den späten 30er und frühen 40er Jahren bei der Verfolgung von »Gedankenverbrechen« hervorgetan hatte, wurde 1969 oberster Richter.[55]

Das Generalsekretariat des Obersten Gerichtshofes repräsentiert den sogenannten »Elitekurs« der Justizbürokratie. Ein typischer Justizbürokrat beginnt als Beisitzer in einem der sechs Büros des Sekretariats. Er ist fast immer ein Jurist der Universität Tokio oder

Kioto; im idealen Fall hat er noch als Student die Aufnahmeprüfung zum LTRI bestanden. Neben seiner gakubatsu (Schulclique) hat er oft noch keibatsu-Verbindungen,[56] etwa durch die Ehe mit der Tochter eines Spitzenbeamten im Sekretariat oder in der Staatsanwaltschaft. Mit solchen Vorteilen ist der Karrieremann im Generalsekretariat in einer privilegierten Ausgangsposition, um die Gipfel der japanischen Justiz zu erklimmen.[57]

Die Beamten des Vorkriegs-Justizministeriums sind nach und nach durch diese Elite abgelöst worden, deren Mitglieder meist zu Verwaltungschefs von Bezirksgerichten oder Direktoren der Hohen Gerichtshöfe ernannt werden. Die Karriererichter, die ein Drittel des Obersten Gerichtshofes ausmachen, kommen aus ihren Reihen. Auf diese Weise ist die japanische Justiz allmählich zum Vorkriegssystem zurückgekehrt, in dem eine privilegierte Gruppe von Justizbürokraten praktizierende Richter kontrollierte. Als die fehlende Gerichtserfahrung dieser Gruppe kritisiert wurde, wurden Anpassungen vorgenommen, so daß sie die höheren Positionen nicht länger monopolisiert. Trotzdem überwiegt Erfahrung im Sekretariat bei Ernennungen zum Obersten Gerichtshof die praktische Erfahrung als Richter noch bei weitem.[58]

Der Oberste Gerichtshof hat sich den Ruf erworben, Urteile unterer Gerichte gegen die Regierung aufzuheben. Er hat auch Urteile aufgehoben, die die polizeiliche Kontrolle linker Demonstrationen beschränkten und öffentlichen Bediensteten wie Eisenbahnern und Postlern das Streikrecht garantierten. Trotz strenger Geheimhaltung blieb nicht verborgen, daß der Oberste Gerichtshof unteren Gerichten manchmal vorgibt, wie sie entscheiden sollen, etwa in den Bereichen Arbeit und Medizin. 1987 zitierte der Oberste Gerichtshof die Richter in gut vierzig Fällen, die mit Überschwemmungen in verschiedenen Landesteilen zu tun hatten, zu sich und sagte ihnen, wie er in einem anhängigen Verfahren über die staatliche Verantwortung für Flußregulierung entscheiden würde.[59]

In gewöhnlichen Strafsachen hat der Oberste Gerichtshof Achtung vor den Menschenrechten demonstriert; in Fällen hingegen, die die Verwaltung oder politische Auseinandersetzung betreffen, hat er den Ruf, extrem passiv zu sein.[60]

Kampf dem Seihokyo

Japans höchste Richter haben nichts getan, um zu verhindern, daß die Verwalter weiterhin liberal gesonnene Richter in unwichtige Bereiche versetzen und sie bei Beförderungen und Gehalt benachteiligen. Das Generalsekretariat des Obersten Gerichts hat eingeräumt, daß es diese Art Diskriminierung praktiziert, behauptet allerdings, die Gründe hierfür könnten nicht offengelegt werden.[61]
Die Wirkung wurde in einer Reihe von Auseinandersetzungen sehr offenbar, die den Verband junger Juristen (oder jungen Juristenverband) Seihokyo betrafen. Er wurde 1954 von 107 Rechtswissenschaftlern und 157 Anwälten gegründet, um die Verfassung in einer Zeit zu schützen, als ihre Änderung ein politisches Thema geworden war. (Einige Teile der herrschenden Elite wünschen sich brennend eine Verfassungsänderung;[62] andere Gruppen, die nicht willens sind, jemandem an der Spitze diese Frage anzuvertrauen, sind ebenso brennend dagegen.)

Einmal zählte der Seihokyo 230 Richter zu seinen Mitgliedern[63] und trug dazu bei, auf die oben besprochenen, wichtigen Umweltfälle aufmerksam zu machen. 1969 kanzelte der Direktor eines Amtsgerichtes in Hokkaido einen dortigen Richter, der als Seihokyo-Mitglied galt, wegen seiner Behandlung eines Falles ab, bei dem die Verfassungsgemäßheit der Selbstverteidigungskräfte geprüft wurde. Kein Verwalter hatte sich je so offen in die angeblich unabhängige Rechtsprechung eingemischt, und sein Handeln wurde als Warnung an die Juristenorganisation gesehen. Eine zweite Warnung kam in Form der Weigerung, einen Bezirksrichter im Amt zu bestätigen — zum erstenmal betraf dies einen Richter, der in keinen Skandal verwickelt war.[64]. Obwohl die Entlassung gegen Verfassungsgarantien verstieß, wurde keine Erklärung gegeben, und man glaubt allgemein, daß sie andere Seihokyo-Richter einschüchtern sollte. 1971 meinte der Chef des Generalsekretariats, »ein Richter sollte keiner Gruppe mit politischer Färbung beitreten«, und danach wurden etliche weitere Warnungen abgegeben, die es immer sorgsam vermieden, direkt auf die Seihokyo Bezug zu nehmen.[65]

In den späten 1960er Jahren kritisierte eine Reihe von Zeitschriften angeblich »befangene Urteile« aufgrund des Einflusses des Seiho-

kyo, doch die Argumente waren einander so ähnlich, daß der Verdacht aufkam, sie hätten eine gemeinsame Quelle. Die Artikel protestierten dagegen, daß der Staatsanwaltschaft so oft nicht stattgegeben wurde, wenn sie aktivistische Studenten aufgrund außerrechtlicher Sicherheitsvorschriften inhaftieren wollte. Eine Zeitschrift nannte den Seihokyo »prokommunistisch« (ein Teil seiner Mitglieder kann mit Recht so bezeichnet werden), und brachte eine Serie von Artikeln über kommunistische Einflüsse in den Gerichten, die vom Obersten Gerichtshof an Gerichte im ganzen Land verteilt wurden.[66] Diese offiziell gebilligten Zeitschriftenartikel waren sich mit inoffiziellen Aussagen konservativer Juristen darin einig, Seihokyo als »revolutionäre« Gruppe zu bezeichnen. Daraufhin wunderte sich ein Fachmann, daß noch keine Revolution in Japan ausgebrochen sei, obwohl die Mitgliedschaft des Seihokyo einige der bekanntesten Todai-Wissenschaftler, einschließlich des Universitätspräsidenten selbst, plus die Hälfte aller erfolgreichen Kandidaten in der nationalen Anwaltsprüfung und sogar mehrere Parlamentarier umfaßte.[67]
Als der Vorsitzende des Nationalen Ausschusses für Öffentliche Sicherheit dann 1968 meinte, die Gerichte sollten mehr mit der Polizei kooperieren, schalteten sich auch Kabinettsminister ein. Im März 1969 kommentierte Justizminister Saigo Kichinosuke in einer Kabinettssitzung: »Wir können die Gerichte nicht antasten, aber irgendeine Art Bremse sollte gezogen werden.«[68] Dies war die Zeit, als radikale Studentenaktionen, etwa die Besetzung von Universitätsgebäuden, der herrschenden Elite gehörig Angst einjagte.
Dann wurden Beisitzer im Generalsekretariat (und daher gut in der Spur des »Elitekurses«) beraten, ihre Mitgliedschaft im Seihokyo aufzugeben. Zehn Beisitzer fügten sich. Ähnliche Ratschläge wurden in allen Bezirksgerichten Japans erteilt. Im April 1970 warnte der Direktor des Generalsekretariats, Kishi Seiichi, vor der Mitgliedschaft im Seihokyo, ohne ihn beim Namen zu nennen.[69] Rechtsgerichtete Gruppen schlossen sich der Kampagne an und forderten, der parlamentarische Ausschuß für Amtsmißbrauch solle Richter absetzen, die Seihokyo-Mitglieder waren.
Die Art, in der hier vorgegangen wurde, um mit einer Organisation fertigzuwerden, die als Gefahr für die Verwalter des japanischen

Gerichtssystems galt, war recht typisch. Keine offizielle Anhörung fand statt. Es wurde allgemein vermieden, die fragliche Organisation beim Namen zu nennen, und keine ausdrücklichen Direktiven gegen die Mitgliedschaft wurden erlassen, weil dies dem Prinzip der Meinungsfreiheit zu kraß widersprochen hätte. Doch mit Hilfe eines Teils der Medien wurde ein »Meinungsklima« geschaffen, in dem es äußerst schwierig wurde, Mitglied des Seihokyo zu bleiben, ohne das Gefühl des Unrechts zu bekommen. Ganz abgesehen davon bedeutet die Mitgliedschaft im Seihokyo das Risiko einer Benachteiligung bei Gehalt, Gehaltserhöhungen und Beförderungschancen.

Verängstigte Richter

Vor dem Krieg war der Hauptfehler in der Unabhängigkeit des Gerichtssystems, daß es unter der Kontrolle zentraler Verwalter stand, die widerstrebende Richter in vielerlei Weise unter Druck setzen konnten, etwa indem sie sie auf weniger erstrebenswerte Posten hinuntersetzten.[70] Heute stimmen die von Entwicklungen in der japanischen Justiz Betroffenen darin überein, daß die Unparteilichkeit der Richter durch die Sorge um Beförderungen und Versetzungen, die alle drei Jahre anstehen, untergraben wird. Sie werden nach einem geheimen System eingestuft, das in den 70er Jahren eingeführt wurde und die Anzahl der Fälle berücksichtigt, die sie in einer bestimmten Zeit bewältigen; dies schließt Fälle ein, die zugunsten eines Vergleichsverfahrens eingestellt wurden.

Richter, denen bewußt ist, daß der Verwaltungschef ihres Gerichtes ihre Leistung nach der Geschwindigkeit einstuft, mit der sie ihren Schreibtisch abarbeiten, sind nicht geneigt, sich Zeit zu nehmen, um die Argumente von Klägern zu bedenken, die sie vielleicht schon dadurch verärgert haben, daß sie ihren Rat zum außergerichtlichen Vergleich nicht befolgt haben.[71] Auch werden sie nicht viel Geduld mit Erklärungen haben, die über ihre eigene gesellschaftliche Erfahrung hinausgehen; die meisten Richter sind zum Beispiel ahnungslos über die Erpressungstechniken von Gangstern; in Verfahren um Unfälle in der Industrie haben sie erfahrungsgemäß impliziert, daß die Kläger die Risiken kannten, die sie eingingen, als sie beschlossen, an einem gefährlichen Platz zu arbeiten. Ortstermine werden selten anberaumt, denn es ist bekannt, daß die Verwaltung über sie die Brauen runzelt und daß sie deshalb den Aufstiegschancen des Richters schaden.[72]

Ein früherer Richter des Hohen Gerichtshofes behauptet, die Atmosphäre in den Gerichten sei so, daß wenige Richter, die es sich mit den Bürokraten nicht verderben wollen, sich erlauben können, nur ihrem Gewissen zu folgen.[73] Bürokratische Maßstäbe werden im ganzen System angelegt. Richter, die diesen Maßstäben gerecht werden, haben gute Chancen, auf Verwaltungsposten befördert zu werden und dann in der Hierarchie aufzusteigen. Diejenigen, die hauptsächlich auf ihr Gewissen hören, wenn sie Verfahren leiten, werden allgemein nicht befördert.[74] So ist Japans Rechtssystem hochgradig politisiert. Bei Unterhauswahlen bekommen die japanischen Wähler auch die ungewöhnliche Gelegenheit, ihre Mißbilligung kürzlich ernannter Richter im Obersten Gerichtshof auszudrücken, wenn sie wollen. Es ist nicht überraschend, daß nicht einer von ihnen je auf diese Weise abgewählt wurde, denn die meisten Wähler wissen nicht, wen oder was sie befürworten. Dieses fragwürdige Beispiel »direkter Demokratie« ist in Japan eine rein ritualistische Zugabe, die einen total irreführenden Eindruck vom Funktionieren des Systems und vom Charakter der Justiz fördert.

DER STAATSANWALT ALS RICHTER

Auch in Strafsachen bieten die Gerichte nicht den Schutz, den sie bieten sollen. Die im vorigen Kapitel beschriebene idyllische Milde der japanischen Gesetzeshüter hat eine Schattenseite, die dunkler ist als die bloße Intoleranz mit linkem Aktivismus. Das Schicksal japanischer Verdächtiger wird, außer in extrem seltenen Fällen, gar nicht in ihrem »Prozeß« entschieden. Der wirkliche Prozeß besteht aus der Untersuchung plus Beurteilung ihres Charakters, die die Staatsanwaltschaft vornimmt. Und passend zu der großen Bedeutung sichtbarer Zerknirschung, die wir im vorigen Kapitel sahen, ist die Haltung der Verdächtigen gegenüber Vertretern des Systems oft wichtiger als ihre Schuld.

Wie wir sahen, haben Staatsanwälte fast unbegrenzte Befugnis in ihrer Entscheidung, ob sie Anklage erheben oder nicht. Natürlich ist es unwahrscheinlich, daß sie einen Fall vor Gericht bringen, wenn sie nicht glauben, genügend Beweise zu haben, um ihn zu gewinnen. Doch wie sie sich auch entscheiden — sie können nach ihren eigenen Regeln oder denen ihrer Vorgesetzten vorgehen, ohne Rücksicht auf die Beweise oder ihre persönliche Ansicht über die Schuld des Verdächtigen.

Unfehlbare Hüter des Systems

Es ist schwierig, sich mit einem System der Rechtsprechung anzulegen, das die Leute so weit wie möglich aus den Gefängnissen heraushält und trotzdem viel weniger Gewaltverbrechen hat als andere Industrieländer. Diese bewundernswerte Leistung muß gesehen werden. Außerdem versuchen japanische Staatsanwälte, nach der Deutung von Fairneß, die in der Gemeinschaft der Justiz und Bürokratie vorherrscht, skrupulös fair zu sein. Ihr Bewußtsein der Verpflichtung, die Würde ihres Amtes zu wahren, ist unbezweifelbar.

Das Problem mit dem japanischen Staatsanwalt ist: Hat er einmal beschlossen, Anklage zu erheben, akzeptiert er nicht, im Unrecht zu sein. Wie ein japanischer Fachmann es ausdrückt: »Staatsanwälte wollen Gott sein.«[75] Es ist für sie viel schlimmer als für ihre westlichen Kollegen, einen Fall zu verlieren. Ihre eigene Autorität steht auf dem Spiel, und damit die des gesamten bürokratischen Apparats. Sie brauchen keine große Angst zu haben. Die Chancen stehen 99,8% für sie, wenn sie einen Fall vor Gericht bringen.[76] Von 63 204 erstmals Angeklagten wurden 1986 nur 67 freigesprochen.

Demnach ist ein Staatsanwalt praktisch Richter. Doch wie wir sehen, ist Gerechtigkeit mit verbundenen Augen eine den Staatsanwälten fremde Vorstellung, und sie sind durchaus bereit, die Waagschale aus gesellschaftlichen Erwägungen zu senken oder zu heben. Bei aller Humanität und allem Augenmaß bleiben Staatsanwälte doch Menschen mit menschlichen Fehlern. Außerdem sind sie dem System verpflichtet und müssen deshalb, bewußt oder un-

bewußt, ideologisch Motivierte diskriminieren. Der unglaublich hohe Anteil von Schuldsprüchen wird gewöhnlich von Japans Justizbehörden als Ergebnis der außerordentlich guten Arbeit von Polizei und Staatsanwaltschaft erklärt. Tatsächlich kommt er jedoch einer offiziellen Absegnung der staatsanwaltlichen Unfehlbarkeit gleich. Daß sie menschliche Gefühle haben können, wird nicht anerkannt, denn das würde die Theorie der wohlwollenden Gesellschaftsordnung untergraben, die sie repräsentieren. So ist die Lage nicht anders als vor dem Krieg, als die Richter praktisch jeden schuldig sprachen, den die Staatsanwälte ihnen vorführten.[77] Wirksame institutionelle Garantien, daß die Staatsanwaltschaft das öffentliche Interesse vertritt, gibt es nicht. Ein offizieller Untersuchungsausschuß aus gewöhnlichen Bürgern wird vom Büro der Staatsanwaltschaft kontrolliert, und seine Befunde können (wie zum Beispiel in Verfahren um politische Skandale) ungestraft ignoriert werden.[78]
Die Übermacht der japanischen Staatsanwaltschaft stammt aus den 1920er Jahren, als sie die Justiz so weit unter ihre Kontrolle bekam, daß die Richter fast als ihre Diener gelten konnten. Bei Gerichtsverhandlungen saßen die Staatsanwälte mit den Richtern auf dem Podest. In den 30er Jahren spielte ihr Büro eine Hauptrolle dabei, die Ideologie vom »nationalen Wesen« hochzuhalten und die zu bekämpfen, die sie ihrer Auffassung nach gefährdeten, einschließlich der Politiker. Die nach Yamagata Arimoto möglicherweise zweitwichtigste Gestalt in der Geschichte der sozialen Kontrolle in Japan war der Staatsanwalt Hiranuma Kiichiro. Er glaubte fanatisch an die moralische Überlegenheit der Beamten, die den »kaiserlichen Willen« ausführten, und war als »Dekan« der nationalistischen Rechten bekannt.[79] Hiranuma bekämpfte die ausländischen Ketzereien: Marxismus, Liberalismus und Demokratie; und zusammen mit seiner Clique beherrschte er das Justizministerium bis zum Ende des Krieges. Er blieb als erster neun Jahre lang im Amt des Generalstaatsanwalts und wurde danach Justizminister, Vorsitzender des Geheimen Rates und Premierminister (für acht Monate 1939), dann Innenminister und Kriegsverbrecher der Kategorie »A«; er starb 1952 im Gefängnis.[80] Selbst nach dem Krieg trug der Einfluß seiner Gefolgsleute dazu bei, trotz der Verfassungsreform jeden echten Wachwechsel in der Justiz zu verhindern.

Hiranuma war der Inbegriff des politisierten japanischen Staatsanwalts. Er manipulierte die Parteien, die er verachtete; er überführte die Politiker der Bestechlichkeit, drängte sie aus dem Amt und benutzte sie gleichzeitig, um seine eigene politische Karriere zu fördern. Ein Nachkriegs-Imitator des manipulierenden Hiranuma war Baba Yoshitsugu; er verpflichtete sich einen Führer der LDP, Kono Ichiro, und das verschaffte ihm viel politische Macht in den Jahren vor seiner Ernennung zum Generalstaatsanwalt.[81]
Auch heute sind die Staatsanwälte in der Praxis die stärkste Macht in der Justizbürokratie. Ihr Büro ist theoretisch eine untergeordnete Behörde innerhalb des Justizministeriums, doch die Positionen über dem Abteilungsleiter sind in diesem Ministerium fest in der Hand der Staatsanwälte und einiger Richter. Der Staatssekretär — de facto der Leiter des Ministeriums — ist immer ein Staatsanwalt[82] und außerdem immer mehreren Vorgesetzten in der Hackordnung der Staatsanwaltschaft untergeben.
Es gibt Anlaß, regelmäßige Fehlurteile aufgrund der fast unanfechtbaren Stellung des Staatsanwalts zu vermuten, denn offenem Widerspruch zu begegnen, bedeutet in Japan Gesichtsverlust. Wie ein prominenter japanischer Rechtsgelehrter anmerkt, sind die Aktivitäten des Staatsanwalts nicht von dem Prinzip in dubio pro reo (im Zweifel für den Angeklagten) bestimmt.[83] Die Staatsanwälte können sich darauf verlassen, daß auch die Richter nicht wollen, daß sie ihr Gesicht verlieren; es ist üblich, daß Verteidiger nicht nur den Staatsanwalt, sondern auch den Richter als ihren Gegner vor Gericht sehen. Überdies haben die Richter wichtige Gründe dafür, den Staatsanwälten zu folgen, denn ihr eigenes Prestige leidet, wenn ihr Urteil in der Berufung aufgehoben wird.[84]
Im extrem seltenen Fall eines Freispruchs vergessen japanische Staatsanwälte alle Impulse der Milde; sie gehen durch alle Instanzen und kämpfen verbissen, um die »Würde des Amtes« wiederzugewinnen. Damit hängt der Ausdruck »Würde des feststehenden Urteils« zusammen, mit dem die Staatsanwaltschaft sich lange gegen die Wiederaufnahme von Verfahren gesperrt hat.[85]
Indizien, die zum Schuldspruch führen, sind oft recht dünn, und wir haben zuvor gesehen, wie sehr der Erfolg japanischer Staatsanwälte von Geständnissen abhängt. Wie einer der scharfsinnigsten Politologen, die über Japan schreiben, es ausdrückt:

Japanische Polizisten, Staatsanwälte und Richter sehen im Geständnis den »König der Beweise« (shoko no o). Er ist das entscheidende Beweismittel, das jeder Staatsanwalt sucht, bevor er einen Fall vor Gericht bringt, und das eine, wichtigste Element, das bestimmt, wie seine Bemühungen wahrscheinlich von den meisten japanischen Richtern aufgenommen werden, wenn es zum Verfahren kommt. Verglichen mit einem guten Geständnis sind Indizien eindeutig zweitrangig; und angesichts dieser Vorliebe für Geständnisse bei Staatsanwälten und Richtern ist es kein Wunder, daß japanische Polizisten viel mehr darauf eingestellt sind, sie zu bekommen, als Fälle »objektiv« darzustellen.[86]

Bis die Besatzungsbehörden versuchten, die japanischen Praktiken zu ändern, waren Geständnisse — oft mit Tricks oder Folter erpreßt — Grundlage fast aller Erfolge der Staatsanwaltschaft. Seit dem Ende der Besatzung überwiegen wieder Schuldsprüche aufgrund von Geständnissen; sie machen 65—75% aller Schuldsprüche aus. Wie wir in Kapitel 7 sahen, verstößt dies gegen die Verfassung, die fordert, daß niemand verurteilt oder bestraft wird, wenn der einzige Beweis gegen ihn sein eigenes Geständnis ist (Artikel 38). Viele Angeklagte haben außerdem schon Geständnisse widerrufen, die daraufhin als Indizien verwandt wurden. Die Einstellung des Richters ist in diesem Zusammenhang sehr wichtig. Selten einmal verwahrt ein Richter sich gegen die Methoden des Staatsanwalts. Am 16. Dezember 1987 befand zum Beispiel der Tokioter Bezirksrichter Sorimachi Hiroshi einen Beklagten für nicht schuldig des Einbruchs und der versuchten Vergewaltigung und kritisierte offen die erbarmungslosen Bemühungen der Staatsanwaltschaft, ein Geständnis zu erpressen. Meine eigenen Interviews mit Richtern und Anwälten weisen darauf hin, daß der Bruchteil eines Prozents von Fällen, die die Staatsanwaltschaft verliert, diejenigen sind, in denen die wenigen liberalen Richter widerrufene Geständnisse nicht als Beweismittel zulassen mochten.

Der Staatsanwalt muß die ethische Vollkommenheit des Systems verkörpern, und es wird oft bemerkt, daß die Staatsanwälte ein vorbildliches Leben führen, während in allen anderen Regierungsbehörden Fälle von Bestechung und schweren Verstößen zu finden sind. Dieses Image wird zum Teil durch die große Heimlichkeit aufrechterhalten, mit der sich alle Justizbürokraten umgeben. Wegen dieser Heimlichkeit finden es Wissenschaftler, die diese Beamten und ihre berühmtesten Fälle erforschen, schwierig, die simpelsten Einzelheiten zu verifizieren. Richter und Staatsanwälte zensieren gegenseitig Memoiren und Fallgeschichten;[87] ihre vorrangige Sorge ist die um die »Würde des Amtes«. Es gibt nur einen großen Riß in ihrer Rüstung, den sie nicht zudecken können: ihren Umgang mit Politikern und Bürokraten, die in einen Skandal verwickelt sind.

Die einzelnen Staatsanwälte arbeiten theoretisch unabhängig; in der Praxis aber wird von ihnen erwartet, daß sie Vorberichte für ihre Vorgesetzten bis hinauf zum Justizminister schreiben und ihre Zustimmung abwarten, bevor sie gegen einflußreiche Beamte, Minister, Abgeordnete oder lokale Regierungschefs vorgehen. Dieses umstrittene System der Verantwortung innerhalb der Staatsanwaltschaft mit shobun seikun (Bitte um Handlungsanweisungen) hat zur Niederschlagung vieler politischer Bestechungsfälle geführt.[88] Selbst wenn solche Bestechungsfälle nicht niedergeschlagen werden, kommen die betroffenen Politiker meist ungeschoren davon, und zu Politikern gewordene Bürokraten brauchen überhaupt nicht zu fürchten, öffentlich belastet zu werden.[89]

Vor dem großen Lockheed-Bestechungsskandal hatte die Staatsanwaltschaft sieben Jahre lang nichts gegen die grassierende strukturelle Korruption der Politiker getan. Der davorliegende große Fall, der Nittsu-Bestechungsskandal von 1968, hatte die Staatsanwälte erheblich demoralisiert, denn danach wurden die meisten Staatsanwälte, die an der Sonderuntersuchung im Büro des Tokioter Bezirksanwalts beteiligt gewesen waren, an abgelegene Orte versetzt.[90] Der Lockheed-Fall konnte erst richtig in Angriff genommen werden, als der damalige Premierminister Miki Takeo durchblicken ließ, daß er Tanaka Kakuei nicht decken würde.

Obwohl die Details des Skandals zuerst im Ausland, in den Ermittlungen des Unterausschusses unter US-Senator Frank Church, ans Licht kamen, sah die Staatsanwaltschaft Lockheed als eine Chance, um etwas von dem Prestige zurückzugewinnen, das sie in den Umwälzungen der japanischen Politik eingebüßt hatte. Doch gleichzeitig teilten die Staatsanwälte mit einigen prominenten Figuren der LDP die Auffassung, daß Tanaka Kakuei auch eine »Gefahr für Japans Demokratie« sei — d. h., wie wir in Kapitel 5 sahen, daß er seinen Rivalen zu mächtig wurde.

Da LDP-Politiker einander oft an die Gurgel gehen, unterliegen die Staatsanwälte subtil wechselndem und oft widersprüchlichem Druck. Manchmal schlagen einflußreiche LDP-Gruppen ganz offen zurück: Zum Beispiel wurde einmal im LDP-Forschungsrat für Politik und Wirtschaft ein Sonderausschuß eingesetzt, der die Fairneß der Justiz untersuchen sollte; sein Vorsitzender war selbst in einen großen Skandal verwickelt gewesen.[91] Dieser Ausschuß konzentrierte sich vornehmlich auf den Umgang der Justiz mit dem Lockheed-Skandal.

Die Staatsanwälte rechtfertigen ihr hochgradig selektives Vorgehen gegen Korruption in der Politik mit der unterschiedlich ausgiebigen Behandlung bestimmter Fälle in den Massenmedien. So forderte die öffentliche Meinung Tanakas Verhaftung; also wurden die Staatsanwälte aktiv, um »das gegenwärtige Establishment zu erhalten« — und ihr eigenes Prestige. Bei dem darauffolgenden Douglas-Grumman-Bestechungsskandal hingegen war die Pressereaktion nicht heftig genug, um sie dazu zu bringen, die beteiligten Politiker zu verfolgen.[92] Die »öffentliche Meinung«, wie die fünf großen, überregionalen Tageszeitungen sie deuten, ist somit von großem Gewicht für japanische Staatsanwälte. Sind sie ihrerseits besorgt, ein Fall, den sie verfolgen wollen, könnte von der Politik behindert werden, so lassen sie durchsickern, daß sie ermitteln, zusammen mit dem Mindestmaß an Information, das die Zeitungen brauchen, um den kommenden Skandal auf der ersten Seite zu enthüllen.[93]

Viele Richter sorgen sich ebenfalls um die Medienreaktion auf ihre Urteile; sie gilt immer als »öffentliche Meinung«. Auch Rechtsanwälte akzeptieren generell die öffentliche Meinung als wichtige sanktionierende Kraft, die sich in Gerichtsurteilen spiegeln muß.

So loben selbst der Seihokyo und andere Kritiker des japanischen Rechtssystems die Zähigkeit, mit der die Staatsanwaltschaft Tanaka Kakueis Fall verfolgte. Sie übersehen das politische Vorurteil, das hier mitspielt (deutlich illustriert durch die Aussage des früheren Vorsitzenden Richters am Obersten Gerichtshof, Okahara Masao, daß Tanaka diesen Fall weder im Hohen noch im Obersten Gerichtshof gewinnen würde), und scheinen nicht zu bemerken, daß die Methoden, mit der der eingebildeten Gefährdung des Systems durch Tanaka begegnet wird, auch gegen die eingebildete Gefährdung etwa durch die Verbraucherbewegung angewandt werden können. Tatsächlich gab es im November 1971 einen Fall, der eindeutig den Ruf der Verbraucherbewegung schädigen sollte. Ein Vertreter der japanischen Verbrauchergewerkschaft, der behauptet hatte, ein Honda-Auto habe Mängel, wurde statt dessen angeklagt, den Hersteller bedroht zu haben.[94]

Alternativer Schutz

Die gesellschaftlich sanktionierende Rolle der japanischen Presse muß im Zusammenhang mit den praktischen Mängeln des japanischen Rechtssystems gesehen werden. »Obwohl andere Justizsysteme einige Grenzen des japanischen Rechts ebenfalls haben, versagt keines so umfassend darin, effektive Sanktionen oder Abhilfen für die Verletzung von Rechtsnormen zu liefern«, schreibt ein amerikanischer Kenner des Themas.[95] Die Machthaber können nicht viel tun, um dem Gesetz Geltung zu verschaffen, außer Menschen bei Straffällen einzusperren. Die japanischen Gerichte können niemanden wegen Mißachtung verurteilen. Beschlagnahme des Eigentums ist eine letzte Möglichkeit, doch der Schuldige kann ihr auf vielerlei Weise entgehen.[96] Strafen für Verstöße gegen Rechtsvorschriften werden fast nie verhängt, wenn der Schuldige ein Konzern oder eine andere große Organisation des Hauptstroms ist. Was japanische Organisationen und ihre Meister davon abhält, allzusehr zu sündigen, ist, wie schon ausgeführt, der Schaden für ihren Ruf, wenn sie das Pech haben, als das »eine Beispiel, um hundert zu warnen«, ausgesucht zu werden.

Ende 1986 wurde angekündigt, das Justizministerium würde in naher Zukunft 149 der 575 Schnellgerichte schließen.[97] Die Schnellgerichte wurden nach dem Krieg eingeführt, um gewöhnlichen Leuten einen einfacheren Zugang zu Gerichtsverfahren zu geben. Neben Verstößen wie Verkehrsdelikten und Bagatelldiebstahl übernehmen sie Privatklagen mit einem Streitwert unter 900 000 Yen. Für die Beamten ist die Schließung der Gerichte durch ihre minimale Nutzung gerechtfertigt. Die Dorfbewohner der betroffenen Gebiete sorgen sich jedoch, daß dadurch ein Zustrom von »professionellen Vermittlern«, etwa von Gangstern, bewirkt wird. Wo es unzureichenden rechtlichen Schutz gibt, braucht man mächtige Freunde. Und angesichts eines Systems, das so sehr auf willkürliche Prozesse baut, brauchen die kleinen Leute persönliche Beziehungen, um sich zu verteidigen. Dies ist eine Erklärung für die Rolle, die der örtliche »Boß«, der Parlamentarier, der Gangster und andere Erpresser in der japanischen Gesellschaft spielen. Es erklärt die übermächtige Bedeutung von jinmyaku — Beziehungen sind für die Sicherheit ebenso entscheidend wie für den Erfolg. Es ist auch ein Grund, warum die Japaner es nicht riskieren können, sich durch einen individualistischen Standpunkt von ihrer gesellschaftlichen Umgebung zu entfremden.

Die Japaner wissen, daß ihre Landsleute fehlbar sind, auch die, die ihre Gesellschaft kontrollieren und über sie zu Gericht sitzen. Wie in Kapitel 7 beschrieben wurde, sehen sie das angebliche Wohlwollen oft recht zynisch; wenn sie Ausländern die traditionellen Ideen erklären, auf denen das System und seine rechtlichen Prozesse beruhen, sagen sie manchmal, die meisten »typischen Japaner« akzeptierten diese als die bestmöglichen — und schließen sich damit implizit aus.

Menda Sakae, der 33 Jahre im Gefängnis verbrachte, 31 davon in der Todeszelle, bevor ein neues Verfahren ihn für unschuldig befand, fragte mich in einem Interview, ob ich glaubte, in Japan gebe es Gerechtigkeit; er implizierte damit, daß er es nicht glaubte. Man könnte einwenden, gerade die Tatsache, daß er schließlich freigesprochen wurde, beweise, daß er unrecht hatte. Aber abgesehen von dem Argument, daß dreiunddreißig Jahre verspätete Gerechtigkeit verweigerte Gerechtigkeit ist, war eine harte Kampagne von Sympathisanten außerhalb der Justiz notwendig, um die Wiederaufnahme des Verfahrens zu erreichen. Ende der 1980er Jahre kämpften Menschenrechts-Aktivisten in rund zwei Dutzend ähnlichen Fällen, weil sie wußten, daß solche Fälle in Japan nicht den rechtlichen Prozessen überlassen werden können. Im Oktober 1987, nach dreiunddreißig Jahren in der Todeszelle und starkem Druck sympathisierender Gruppen, bekam Akahori Masao, dem unter Folter ein Geständnis abgepreßt worden war, ein neues Verfahren, und das bedeutet in Japan, daß die Justiz seine Unschuld bereits beschlossen hatte. Doch das Urteil, das ihm schließlich die Freiheit gab, wurde erst nach einem weiteren Jahr erwartet. Milovan Djilas hat gesagt, das gerechteste Land sei das Land, das sich seiner Ungerechtigkeiten am bewußtesten sei. Mit diesem Maßstab gemessen, schneidet das japanische System nicht sehr gut ab.

9

Wirklichkeits-Management

Die Diskrepanz zwischen Theorie und Praxis, zwischen den Aussagen der Menschen, wie sie ihr Leben organisiert haben, und ihrer tatsächlichen Lebensweise, gehört zur menschlichen Tradition. Japan ragt aus dieser allgegenwärtigen Erfahrung heraus, nicht nur weil die Diskrepanz dort manchmal so ungeheuer ist, sondern auch, weil sie niemanden zu stören scheint.

Eine gewisse Diskrepanz zwischen formaler und tatsächlicher Wirklichkeit gibt es überall, doch der quantitative Unterschied zwischen Japan und dem Westen ist groß genug, um einen qualitativen Unterschied zu ergeben. Nicht nur, daß die Dinge in Japan fast nie sind, was sie zu sein scheinen: Die Kluft zwischen formaler und tatsächlicher Wirklichkeit ist zur Institution geworden, weil sie für die japanische Art der Machtausübung wesentlich ist. Wirklichkeit darf auf viel deutlicher getrennten Ebenen existieren, als die übliche Dichotomie von Theorie und Praxis oder Schein und Sein nahelegt. Wäre es anders, würde das System mit seiner Abhängigkeit von informellen Beziehungen zu Bruch gehen.

POLITISCHER NUTZEN DES WIDERSPRUCHS

Das völlig fehlende Bedürfnis, die Realität mit der Theorie zu versöhnen, ist ein offensichtlicher Vorteil für die Verwalter, denen es um die Milderung politischer und gesellschaftlicher Spannungen geht. Durch geschicktes Verschieben des Bezugsrahmens, das in Debatten japanischen Stils möglich ist, lassen sich Konflikte entschärfen oder lösen. Dies läßt auch Raum zum Manövrieren, den japanische Bürokraten und Politiker brauchen, um ihre Aktivitäten zu rechtfertigen oder zu kaschieren. Soweit die Kluft zwischen offizieller und tatsächlicher Wirklichkeit zur Institution geworden ist — selbstverständlich hingenommen und für alle möglichen Zwecke benutzt —, bleiben die tatsächlichen Praktiken weitgehend ungeprüft und daher ungefährdet.

Japans formale Rechtsstruktur bietet den Bürokraten eine Vielfalt von Verwaltungsgesetzen, die ihr Handeln mit Vorschriften aller Art rechtfertigen helfen; dabei sind sie gleichzeitig frei, sich außerhalb dieser Struktur zu bewegen, ungestört durch Berufung des Volkes auf das Gesetz. Das System ist stark und allgegenwärtig, weil es potentiell zerstörerischer Kontrolle nicht unterliegt. Die institutionalisierte Kluft zwischen offizieller und tatsächlicher Wirklichkeit bietet den Inhabern höherer Stellungen das ideale Mittel, die Schwachen zu beherrschen.

Ein Denkmal der Kluft zwischen offizieller und tatsächlicher Realität im modernen Japan war die Meiji-Verfassung. Die in diesem Dokument aufgeführten Bürgerrechte waren bedeutungslos, weil andere geltende Gesetze ihre Durchsetzung unmöglich machten. Es war eine der ersten großen Pseudo-Verfassungen, wie sie heute vor allem im Kommunismus zu finden sind. Die gegenwärtige Verfassung steht zwar nicht in so krassem Gegensatz zur wirklichen Praxis wie ihre Vorgängerin, doch auch sie bietet nicht die Garantien, die sie theoretisch umfaßt. Als Relikt der US-Besatzungszeit nahm sie grundsätzliche Veränderungen im gemeinschaftlichen japanischen Denken vorweg, die nicht eintraten oder von den verbliebenen bürokratischen Institutionen verhindert wurden.[1]

Eine gewaltige Diskrepanz zwischen Theorie und Praxis kennzeichnet weitgehend die Politik der meisten modernen Staaten. In einer Demokratie gibt es jedoch gewöhnlich Bürger, die die Diskrepanz zwischen Theorie und Praxis in Gesellschaft und Politik beklagen, und eine erhebliche Zahl von ihnen versucht, etwas dagegen zu tun — etwa für benachteiligte Minderheiten einzutreten. Dabei berufen sie sich auf allgemein anerkannte Prinzipien, und die Beamten verstehen sie ebenso wie Politiker und Nachbarn. In den westlichen Demokratien können die Symbole der Demokratie autoritäre Praktiken maskieren, aber nur bis zu einem gewissen Punkt. Ein solcher Punkt ist die Möglichkeit, »die Strolche rauszuwerfen«, ein anderer die Berufung auf das Gesetz. Wie der Generalsekretär der Liga zur Verfassungsänderung sagt: »Europäer und Amerikaner fühlen sich leicht unwohl, wenn sie eine große Diskrepanz zwischen Gesetz und tatsächlicher Situation sehen. Daher werden sie immer ermutigt, ihre Gesetze und Verfassungen zu ändern und der neuen Situation anzupassen. In Japan werden sie hingegen nicht gedrängt, diese Diskrepanzen zu beseitigen.«[2]

In Japan wird die Verfassung, die nicht umsetzbar ist, heute weithin als Problem empfunden. Andererseits ist sie denen recht, die fürchten, jede Art Änderung könnte zur Wiedereinführung nicht wünschbarer Vorkriegsregelungen führen, und den Machthabern ist es recht, gesetzliche Arrangements zu haben, die nicht zur Realität passen, weil dies ihnen hilft, die informellen politischen Arrangements aufrechtzuerhalten, die das System stützen. Offene Kritik und öffentliche Debatte wenden sich notwendigerweise an die offizielle »Wirklichkeit«, und viel politische Kritik besteht aus Lippenbekenntnissen zu Idealen, die kaum jemand ernst nimmt — was wiederum die tatsächlichen Machtbeziehungen sicher und unbehelligt läßt.

So halten sich die Industriekapitäne theoretisch an die klassischen Praktiken des freien Marktes und sind gegen bürokratische Einmischung. Offiziell sind die politischen Vorlieben der Öffentlichkeit durch Politiker vertreten, die sie ins Parlament gewählt hat. Dieser offiziellen Realität zufolge gibt es ein Kartellgesetz und einen Ausschuß für fairen Handel, um Monopole zu verhindern, und eine Justiz, die die demokratischen und individuellen Rechte wahrt. Gewerkschaften sorgen dafür, daß die Belange der Arbeiter angemessen Gehör finden, und zahlreiche andere Institutionen schützen das »demokratische System des freien Marktes« vor seinen Feinden. Verschleiert wird dabei das Fehlen jeder unabhängigen Rechtsprechung, jeder Gewerkschaft, die vor allem die Interessen der Arbeiter verträte, und jeder effektiven Sicherung gegen Marktabsprachen von Wirtschaft und Bürokratie. Ohne die institutionalisierte Abweichung der offiziellen von der tatsächlichen Wirklichkeit hätte es nach dem Krieg kein »Wirtschaftswunder« gegeben.

Geistige Lähmung angesichts von Widersprüchen — die Unfähigkeit, Widersprüche auch nur wahrzunehmen — ermöglicht den Privilegierten ungehinderte Machtausübung über die Nichtprivilegierten. Die Mechanik der Unterwerfung und Herrschaft in der typischen japanischen Umgebung ist eng verknüpft mit der Möglichkeit, unvernünftig zu sein und dabei vernünftig zu scheinen. Dies erreicht seinen höchsten Ausdruck in der Art, wie der Zen-Meister seinen Schüler durch unverständliche Antworten frustriert, bis der Schüler jeden intellektuellen Widerstand aufgibt und sich der rein willkürlichen Autorität des Meisters unterwirft.

Eine Farce konkurrierender Wirklichkeiten

Das Management von »Wahrheit« in Japan erfordert nicht nur zwei, sondern drei oder vier Ebenen der Realität, zwischen denen sich hochgestellte Teilhaber des Systems auf ihre Ziele zulavieren. Ein spektakuläres Beispiel hierfür ist eine politische Scheinauseinandersetzung, die auch dazu dienen wird, einige der in Kapitel 5 beschriebenen, entscheidenden Beziehungen der jüngsten politischen Geschichte weiter zu erhellen.

Im Oktober und November 1983 machte Japan eine »politische Krise« durch. Sie begann mit dem Urteil des Bezirksgerichts Tokio, das den politischen Boß Tanaka Kakuei im Zusammenhang mit dem Lockheed-Bestechungsskandal für schuldig befand, und gipfelte in einem 47tägigen Oppositionsboykott im Parlament und einem Mißtrauensvotum gegen Premierminister Nakasone.

Tanaka ging in die Berufung und beließ es dabei. Die Regeln sagen nichts über das Niederlegen des Parlamentsmandates unter solchen Umständen, doch die Opposition schrie Zeter und Mordio, weil Tanaka diese symbolische Geste unterließ. Sie verlangte, einen noch nie dagewesenen Antrag auf seine Entlassung zu debattieren; als Tanaka das ablehnte, verließen die Minderheitsparteien das Parlament und legten es damit lahm.

Tanaka, daran sollte erinnert werden, war nicht Mitglied in Nakasones Partei. Er war sieben Jahre zuvor aus der LDP ausgetreten, weil die Spitzenmanager der LDP zu dem Schluß gekommen waren, es würde nicht gut aussehen, einen der Bestechlichkeit Angeklagten in ihren Reihen zu haben. Korrupt sein ist eine Sache — vom Staatsanwalt an die Schulter getippt zu werden, ist eine andere. Trotzdem hatte Tanaka, wie wir sahen, mehr Macht über die

LDP als je zuvor eines ihrer echten Mitglieder, und er hatte drei Premierminister bestimmt. Nakasone, der Tanaka seine Position verdankte, fand sich in einer Zwangslage. Parlamentsboykotts untergraben das Ansehen japanischer Premierminister, denn eine ungebärdige Opposition in Schach zu halten, ist eine ihrer wenigen Möglichkeiten, Führungsstärke zu zeigen. Außerdem brauchte Nakasone dringend die Verabschiedung einiger Gesetze. Doch selbst abgesehen von seinem Gefühl der Verpflichtung gegenüber Tanaka wollte er Premierminister bleiben und wußte, daß seine Chancen selbst bis zum Jahresende fast gleich Null wären, wenn Tanaka beschloß, ihm die Unterstützung zu entziehen. Also konnte er die parlamentarische Krise nicht beenden, indem er der Opposition einfach nachgab.

Die mit Spannung erwartete Lösung kam endlich, als die widerspenstigen Minderheitsparteien einem Kompromiß zustimmten. Sie würden einen Mißtrauensantrag gegen den Premierminister einbringen — das ist eine Art, darzutun, daß auch sie Macht haben. Nakasone »akzeptierte« diesen Oppositionsplan eines Mißtrauensvotums gegen ihn, und dafür versprach die Opposition, keinen rituellen Widerstand gegen die zu verabschiedenden Gesetze zu leisten. Es machte nichts aus, daß die Oppositionsabgeordneten an den Sitzungen nicht teilnahmen, in denen über die Gesetze abgestimmt wurde, denn sie boykottierten nicht mehr offiziell. Ihre Stimmen hätten ohnehin keinen Unterschied gemacht; es kam darauf an, daß sie ihren Boykott offiziell beendet hatten. Es gab keine Regeln, die der LDP verboten hätten, trotz Boykott abzustimmen. In diesem Fall hätten allerdings die Minderheitsparteien ein Geschrei über die »Diktatur der Mehrheit« erhoben, das eine unerwünschte Wirkung auf die öffentliche Meinung gehabt hätte — oder darauf, was die Presse ihren Lesern als öffentliche Meinung vorgab (eine weitere Unterschicht der Realität).

Dieser kurze Ausflug durch Japans politisches Wunderland zeigt zunächst, daß die formalen Regeln der parlamentarischen Demokratie überhaupt keine Bedeutung haben. Wären sie befolgt worden, so hätte es keine Krise gegeben; es hätte keinen Konflikt über Tanakas Verbleib im Parlament geben können, und die LDP-Mehrheit hätte jederzeit so vielen Gesetzen zustimmen können, wie es ihr beliebte. Dies aber war nur der Anfang der Farce konkurrierender »Wirklichkeiten«.

Der Kompromiß zwischen Opposition und Nakasone war die offizielle Realität, wie die Medien sie darstellten. Die Pressekommentatoren zeigten Nakasone fast einstimmig als zögerlich zustimmend. Dieser Version der Realität zufolge paßten die Wahlen, die dem Mißtrauensvotum und der Auflösung des Unterhauses folgten, dem Premierminister nicht in seine Pläne. Diese gemeinhin akzeptierte Deutung widersprach allerdings zahlreichen durchgesickerten Informationen — die früher in den gleichen Zeitungen erschienen, nun aber offenbar vergessen waren —, daß im großen Stil Vorbereitungen für Wahlen im Zusammenhang mit einer vorzeitigen Auflösung des Parlaments getroffen wurden.
So hatten die Dirigenten des Journalistenchors Nakasone einen großen Gefallen getan. Sein größtes Problem war gewesen, in der Öffentlichkeit den Eindruck zu erwecken, er distanziere sich von Tanaka, ohne daß Tanaka den gleichen Eindruck bekam. Außerdem hatte er gezeigt, wie »demokratisch« er war, indem er der Opposition nachgab. Und obendrein fand er sich mit den vorgezogenen Wahlen gesegnet, die er ohnehin geplant hatte. Um es zusammenzufassen: Unterhalb der äußeren politischen Formen gibt es eine halboffizielle Wirklichkeit des erwarteten rituellen Verhaltens. Unter dieser wiederum liegt die echte Wirklichkeit der Machtbeziehungen. Diese Realität wiederum wird weiter verzerrt von Reportern, die es lieben, tatsächliche (und angeblich nicht erkannte) Motive zu »enthüllen«. Dabei entstellt die Presse unbeabsichtigt diese Motive, denn auch sie wird am Ende oft manipuliert.

Wirklichkeit, wie Politiker sie schaffen

Eine der aufschlußreichsten Episoden der jüngsten politischen Geschichte Japans, bei der die Presse mithalf, eine von LDP-Bossen geschaffene, offizielle Wirklichkeit zu verbreiten, war die Verdrängung des Premierministers Miki Takeo Ende 1976. Laut offizieller Version trat Miki zurück, um für die gerade erlittenen Wahlverluste der LDP »die Verantwortung zu übernehmen«. Das klang vernünftig, denn von japanischen Premiers wird erwartet, daß sie symbolisch die Verantwortung für Fehlschläge übernehmen, mit denen sie nichts zu tun haben, ebenso, wie sie sich im Ruhm von Leistungen sonnen, die andere erbracht haben.

Diesmal war daran jedoch nichts vernünftig. Wohl hatte der Lockheed-Skandal in jenem Jahr der LDP mehr geschadet als jeder andere Skandal nach dem Krieg, doch Miki als Premierminister hatte mehr als alles andere zur Schadensbegrenzung beigetragen. Einen Großteil des Jahres über hatte die Presse die LDP zur öffentlichen Nabelschau in Sachen »Ethik« gedrängt und hatte Miki (»Mr. Clean — Herrn Saubermann«) applaudiert, weil er dies ernst nahm. Es gab breite Übereinstimmung, daß die LDP viel schwerere Wahlverluste erlitten hätte, wenn Miki nicht im Vorjahr die Galionsfigur gewesen wäre.

Der wahre Grund, warum Miki zurücktreten mußte, war ein ganz anderer. Seit Tanakas Verhaftung, die Miki nicht zu verhindern versucht hatte, waren innerhalb der LDP schwere Geschütze gegen ihn aufgefahren worden. Shiina Etsusaburo, der Königsmacher, der für Mikis Wahl zum Premier verantwortlich war, warf ihm implizit unjapanisches Verhalten vor, als er sagte: »Miki hat keine Ahnung von den Gefühlen anderer Leute.« In ihrer Angst, Mikis »Reformeifer« könne ihn zu weiteren »Exzessen« treiben, gründeten führende LDP-Figuren einen »Rat zur Förderung der Parteisolidarität« (Kyoto-kyo), um für seine Absetzung zu arbeiten. Unter ihrer Schirmherrschaft wurden Ohira Masayoshi und Fukuda Takeo dazu bewegt, die Rivalität zu begraben, die von vornherein der einzige Grund für Mikis Wahl gewesen war. Sie wurden über die Reihenfolge handelseinig, in der sie Premierminister werden würden; danach hätte es fast die sichere Spaltung der LDP bedeutet, wenn Miki im Amt geblieben wäre. Da er nicht willens war, die Verantwortung zu tragen, ließ er die Chance zur Wiedereinführung eines Zweiparteiensystems ungenutzt und zog sich zurück, nachdem eine Formel zur Änderung der innerparteilichen Wahlgesetze akzeptiert war und er somit nicht das Gesicht verlor. Nach etwa neun Monaten, in der die Presse Miki zugejubelt und ihn ermutigt hatte, die japanische Politik zu säubern, spielte sie die Hauptrolle bei der Schaffung der Realität, in der Miki zurücktrat, um die Verantwortung für die Wahlniederlage zu übernehmen.

In der Einförmigkeit ihrer Deutung von Ereignissen hat die japanische Presse eine Macht, »Wirklichkeiten« maßzuschneidern, die einen Vergleich mit der kontrollierten Presse in kommunistischen Ländern nahelegen würde, wenn die letztere nicht viel weniger erfolgreich darin wäre, ausländische Beobachter zu überzeugen.

Die japanische Presse ist die Hauptquelle der Information und Desinformation über Japan. Sie hat mehr Einfluß auf die Depeschen in Tokio stationierter Auslandskorrespondenten als die örtliche Presse in anderen großen Hauptstädten. Nur der Spezialist in einem recht begrenzten Gebiet kann es sich leisten, nur nichtjournalistischen Quellen zu trauen; der Generalist muß über etliche, relativ unzugängliche Bereiche, in denen er unmöglich genug Wissen aus erster Hand haben kann, gleichgültig, wie gut er Japanisch spricht oder wie hart seine Assistenten arbeiten, eine Menge Information den japanischen Medien entnehmen. Dasselbe gilt selbst für die am besten ausgestatteten Botschaften und ausländischen Firmen.

Ausländische Journalisten, Diplomaten und Geschäftsleute neigen dazu, der Information in japanischen Zeitungen gerade wegen ihrer Einheitlichkeit zu trauen. Nichts ist wirksamer als ein Eindruck der Einstimmigkeit in politischen Belangen, ein Eindruck von »Volkes Stimme«, um den Leser zu überzeugen, man stelle die Wirklichkeit dar. Die Außenwelt erhält ihr Japan-Bild im Grunde durch einen einzigen Filter, und weil die japanische Presse nicht mit dem gebührenden Argwohn gelesen wird, ist dieses Bild oft irreführend.

Ein Beispiel ist die Berichterstattung über die Wahlen vom Dezember 1983 nach dem Mißtrauensvotum und der Auflösung des Unterhauses, die die oben beschriebene »Krise« beendete. In ihren Leitartikeln und vielen Berichten schrieb die japanische Presse den Verlust von 36 LDP-Sitzen der allgemeinen Unzufriedenheit mit der »politischen Ethik« der Regierung zu. Die entsprechenden Leitartikel in großen Zeitungen der ganzen übrigen Welt waren vielleicht nicht so hart, doch die meisten bezogen sich auf eine »Tanaka-Last«, die Nakasone tragen mußte, oder brachten Platitüden über die öffentliche Reaktion auf Korruption in der herrschenden

Partei. Tatsächlich hatte weder die »politische Ethik« noch Nakasones Politik eine nennenswerte Wirkung auf die Zustimmung der Wähler zur LDP. Diese hatte 2% Stimmenanteil verloren, doch das entsprach der ungewöhnlich schwachen Wahlbeteiligung (die der LDP immer schadet) aufgrund des Wetters. Die Ironie, die die japanische Presse unerklärt ließ, war, daß die Kandidaten, die mit Tanakas Kritikern verbunden waren, weit schlechter abgeschnitten hatten als die, die mit Tanaka verbunden waren.

Wenn die Presse die Unterhauswahlen einstimmig als »strenges Urteil über Nakasones zögerliche Haltung zur Wiederherstellung der politischen Ethik unter seinen Parteimitgliedern« bezeichnet, beschreibt sie eine Wirklichkeit, die verabredet ist. Ein paar Artikel in seriösen Monatszeitschriften machen den schwachen Versuch, Ursache und Wirkung in einen logischen Zusammenhang zu bringen, doch wenn sie erscheinen, steht die Realität nicht länger zur Debatte.

Nakasone wäre ausgepfiffen worden, wenn er versucht hätte, mit konkreten Zahlen zu erklären, daß die Schlußfolgerung der Medien falsch war. Dafür war die künstliche Wirklichkeit zu fest etabliert. Die LDP, die auch formell die von der Presse geförderte Wirklichkeit unterschreiben muß, rächte sich an den jubilierenden Minderheitsparteien, indem sie ihren x-ten (fadenscheinigen) Plan zur »Etablierung der politischen Ethik« vorlegte. Inmitten dieses ganzen Wirklichkeits-Managements ist vorgetäuschte Zerknirschung die ideale Methode, um dem Wähler den Eindruck der »Aufrichtigkeit« zu vermitteln.

Die Rolle der Presse im Wirklichkeits-Management mag zum Nachteil bestimmter Gruppen in der Verwaltung gehen, doch sie ist immer zum Vorteil anderer Gruppen: in der obigen Episode zum Vorteil der vielen Tanaka- und Nakasone-Gegner in der LDP.

Bei Zeitungsredakteuren ist Ehrfurcht vor der künstlichen Realität, die das System stützt, eine Gewohnheit. In den letzten Monaten des Jahres 1987 wurde es ein peinliches Problem, daß die Landpreise, durch spekulierende Konzerne verursacht, steil anzogen und daß mit Gangstern verbündete jiageya durch Terror Mieter zum Ausziehen und Hauseigentümer zum Verkaufen brachten. Die Regierung wurde, auch in der Presse, für ihr Nichtstun getadelt. Im Januar 1988 verschwand das Problem jedoch aus den Zeitungen; statt dessen erschienen Berichte darüber, daß die Regierung plane, die Hauptstadt zu verlegen und dabei das Problem der Bodenpreise zu mildern. Etwa alle zehn bis fünfzehn Jahre werden Pläne, eine Anzahl Regierungsbehörden und Universitäten aus Tokio heraus zu verlegen (oder eine neue Hauptstadt am Fuß des Fujiyama zu bauen), in der Presse ausgelüftet, und auch 1988 hatte keine Menschenseele in der Regierung die Absicht, sie durchzuführen. Doch die Presse half dabei, in der Öffentlichkeit die Illusion zu nähren, es würde etwas getan, anstatt das ursprüngliche und sehr dringende Problem der Bodenpreise weiter zu verfolgen.

Es gibt zahlreiche weitere Beispiele, in denen die Medien den Verwaltern helfen, die Illusion aufrechtzuerhalten, sie hüteten die öffentlichen Interessen. Etwa ihre Reaktion, als im Januar 1988 das Büro der Bezirksanwaltschaft Osaka entschied, daß eine »politische Spende« Schmiergeld war. Das Opfer seines selektiven Urteils war ein Abgeordneter des Oberhauses, Tashiro Fujiro, von der Komeito (einer Partei mit »sauberem« Image); er wurde angeklagt, für offizielle Vergünstigungen zehn Millionen Yen angenommen zu haben. Für LDP-Schwergewichte mit Beziehungen zur Baubranche sind zehn Millionen Yen nichts als ein Trinkgeld. Die Sünde des Komeito-Mitgliedes war, daß er das Geld vom Verband privater Kies- und Steinschifferkooperativen für eine Empfehlung an das Verkehrsministerium genommen hatte, gewisse Maßnahmen, die Mitglieder dieses Verbandes diskriminierten, teilweise zu revidieren. Hier ist daran zu erinnern, daß ein solcher Verband nicht gegen ein Ministerium klagen kann, daß es akzeptierte Aufgabe des japanischen Politikers ist, in derlei Fällen zu vermitteln, und daß ein Mitglied einer Minderheitspartei mit guten Verbindungen das tun kann, wenn sich kein LDP-Mitglied findet. Wie dem auch sei, der Oberhaus-Abgeordnete legte sein Mandat nieder, beteuerte glühend seine Unschuld und betonte, das Geld sei eine politische Spende gewesen; zudem entschuldigte er sich aufwendig dafür, seine »ethische Verantwortung« nicht erfüllt zu haben. Hätte er das nicht getan, so hätten die Zeitungen die volle Gewalt ihrer Entrüstung auf ihn losgelassen. Die naheliegende Frage, warum der Bezirksanwalt es plötzlich für richtig hielt, die Laufbahn eines Oppositionsabgeordneten zu zerstören, brachte die journalistischen Instinkte nicht in Wallung. Statt dessen brachte die Presse die üblichen Predigten darüber, daß die Politiker in sich gehen sollten. Leitartikel, die erklären, derlei könne in Japan nicht geduldet werden, betrügen bewußt die Öffentlichkeit. Es wird nicht nur geduldet, sondern zahllose Transaktionen derselben Art, bei denen es um das zehnfache oder hundertfache Geld geht, bilden die tatsächliche Wirklichkeit, auf der, wie wir in Kapitel 5 sahen, Japans gesamtes politisches System beruht.

Der Grad der Transparenz bei der Manipulation von Wirklichkeit ist unterschiedlich. Als die Nachricht um die Welt ging, daß Premierminister Suzuki Zenko den drastischen Schritt getan hatte, ein neues Kabinett zu bilden, »um besser mit internationalen Handelsproblemen fertigzuwerden«, sah jeder auch nur halbwegs Erfahrene sofort, daß das Unsinn war. Kabinettsumbildungen sind Routinesache; sie finden etwa einmal jährlich statt, um LDP-Parlamentarier mit den ersehnten Ministerposten zu belohnen. Die von Suzuki erwählte neue Ministerrunde hatte keinerlei Absicht, in internationalen Belangen anders zu handeln als die vorige; für den unwahrscheinlichen Fall, daß ein einzelner Minister solche Absichten hatte, hätte er sie nie ausführen können.

Die häufigen LDP-internen Diskussionen über die Notwendigkeit, die habatsu (die Cliquen, deren Koalition die LDP ist) aufzulösen, sind ein weiteres Beispiel. Weil die habatsu als wichtige Ursache politischer Korruption gelten, sind viele Pläne verkündet worden, um sie abzuschaffen. In den späten 1970er Jahren gaben einige Cliquen tatsächlich ihre Auflösung bekannt, und die Zeitungen druckten Fotos von habatsu-Büros, die geräumt wurden. Ein erfahrener Beobachter wüßte freilich, daß die Entfernung der habatsu aus der LDP der Entfernung des Skeletts aus einem lebenden Körper gleichkäme.

In vielen Bereichen hat das Wirklichkeits-Management jedoch eine genaue Analyse schwierig oder unmöglich gemacht, mit dem Ergebnis, daß ein Großteil der gängigen Geschichte unzuverlässig ist. Selbst gut informierte japanische Journalisten (die generell sehr spezialisiert sind) neigen dazu, ihr privilegiertes Wissen um Ereignisse zugunsten einer offiziell gebilligten Wirklichkeit zu unterdrücken. Es gibt viele politische und diplomatische Ereignisse, selbst in jüngster Vergangenheit, deren wahre Tatsachen nie allgemein bekannt werden, obwohl sie etlichen japanischen Beobachtern außerhalb der diplomatischen und politischen Zirkel, die sie geheimhalten wollen, zugänglich sind.

Gesellschaftlich sanktionierter Betrug

In einer Welt konkurrierender Wirklichkeiten ist der Schein das Wichtigste. Politiker, die durch Skandale oder Verdächtigungen belastet sind, benutzen die Wahlkämpfe, um ihren Status zu »reinigen«; dieser Prozeß wird nach der Shinto-Reinigungszeremonie misogi genannt. Sie benutzen dieses Wort in ihren Reden, und selbst wenn sie behauptet haben, sie seien unschuldig, sprechen sie davon, sie hätten eine Zeit des misogi hinter sich. In Japan kann man die Verantwortung dafür übernehmen, einen Verdacht erweckt zu haben.

Der Begriff »Imagekorrektur« (tadashii imeeji) wird gewohnheitsmäßig für verschiedene Arten der Reinwaschung verwendet. Ein oft gebrauchter Ausdruck, »Anpassung der Ansichten«, bedeutet eine Einigung über die Natur der fraglichen Sache. Er deutet darauf hin, daß »Wirklichkeit« als verhandelbar gilt. Und viele der »Erklärungen« zur »wirklichen Situation«, die japanische Vertreter bei internationalen Konferenzen, in Publikationen des Hauptstroms und in einer Vielfalt subventionierter Hochglanzmagazine so gern abgeben, muß in diesem Zusammenhang gesehen werden. Die Machthaber sind äußerst erpicht darauf, daß jeder »versteht«, worauf man sich geeinigt hat.

Recht oft beschließen rivalisierende Teile der japanischen Elite, daß sie sich aus praktischen Gründen auf eine willkürliche Deutung einer anstehenden Situation einigen müssen; dies wird dann die offizielle Wirklichkeit, an die sich alle halten. Diese abgesprochene Realität — die nicht mit einem Konsens verwechselt werden darf — ist sehr wichtig, da eindeutige politische Führung und klare Befehlslinien fehlen. Sie hilft das Chaos verhindern, das man als Ergebnis solcher Schwächen der Politik erwarten würde. Der Zusammenhalt der Verwalter ist zum Teil Ergebnis einer gemeinsa-

men, implizit vereinbarten und willkürlichen Sicht der Wirklichkeit. Ihr gemeinsamer Bildungshintergrund und ihre persönlichen Querverbindungen geben ihnen einen ähnlichen oder gleichen Bezugsrahmen, der nur minimal durch individuelle Einschätzungen einer Situation beeinflußt wird und ganz getrennt von persönlichen Weltanschauungen existiert.
In ihrem Alltagsleben helfen die Japaner einander sehr bei der Minimierung von Verlegenheiten; oft machen sie ganz deutlich, daß das, was sie gerade gesagt haben, sich nicht unbedingt auf die tatsächliche Wirklichkeit bezieht. Man braucht nur das Signal wahrzunehmen. Auch von Ausländern wird dies erwartet, denn manchmal sind die Entschuldigungen oder »Erklärungen« in internationalen Belangen zu primitiv, um ernst genommen zu werden. Um die Sache noch zu erleichtern, haben die Japaner hier eine spezielle Terminologie: tatemae — die Art, wie Dinge dargestellt werden, scheinbare Motive, offizielle Wahrheit, die Fassade, so tun als ob, die Dinge, wie sie sein sollen (oft von Japanern fälschlich mit »Prinzip« übersetzt); und honne — echte Motive, beobachtete Wirklichkeit, die Wahrheit, die man weiß oder spürt.
Diese Dichotomie honne — tatemae wird ständig bemüht und gilt gewöhnlich als ethisch neutraler, wenn nicht gar positiver Aspekt der japanischen Gesellschaft. Sie liefert aber auch einen Bezugsrahmen, in dem viele Formen des Betrugs gesellschaftlich sanktioniert werden.[3] Die Japaner können in einem Maße ehrlich über ihre Unehrlichkeit sein, die Abendländern nie möglich wäre. Sie dürfen Ehrlichkeit vortäuschen, ohne der Unehrlichkeit gescholten zu werden. Um es mit den Worten einer anthropologisch versierten Beobachterin auszudrücken: »Wahrheit und Moral sind ... spezifisch für die jeweilige Interaktion ... Die Japaner neigen dazu, offensichtliche Widersprüche als komplementäre Facetten derselben Wahrheit zu akzeptieren. Sie bestehen selten auf Folgerichtigkeit und bezeichnen streng logische Menschen gern als rikutsuppoi, d. h. ›Vernunftfreaks‹.«[4]

Aufgrund ihrer eigenen, institutionalisierten Kluft zwischen wahren und vorgegebenen Motiven mißtrauen Japaner meist den Motiven der Ausländer und des Auslands. Sie suchen ständig nach einem verborgenen honne hinter jeder ausländischen Analyse japanischer Umstände oder bilateraler Beziehungen. Die Dichotomie tatemae — honne hilft die vor und im Zweiten Weltkrieg oft gehörte Behauptung zu erklären, daß Japans wahre Absichten in Asien nie verstanden wurden, während die eigentlichen Motive des Westens viel heimtückischer waren, als er glauben machte.
Nachdem ich in einem Zeitungsartikel falsche Vorstellungen zusammengefaßt hatte, die in Japan wie im Westen zur Ausweitung eines Konflikts führten, benutzte einmal ein hoher japanischer Beamter die Kyodo-Nachrichtenagentur, um seinen Glauben zu publizieren, der Artikel sei im Zusammenhang eines angeblichen Versuches der Europäischen Gemeinschaft zu sehen, Japan zu diskreditieren. Entsprechend führte ein Artikel von mir in einer US-Publikation, der analysierte, wie das Fehlen einer schlüssigen japanischen Politik in Washington wirkte, und einige Merkmale des Systems aufzählte, zu diskreten Nachforschungen über die Möglichkeit, daß ich mit gewissen US-Interessen konspiriert hätte. Meine Sünde war, daß ich japanischen Beamten nach vielen Jahren freundlicher Beziehungen nicht geholfen hatte, ihr tatemae gegenüber der Welt aufrechtzuerhalten. Das honne ist streng privat; beim Sake darf man darüber diskutieren und scherzen.

VIELGESCHMÄHTE LOGIK

In jeder Diskussion über politische und soziale Umstände ist es die Logik, die für feste Bezugspunkte und Schlüssigkeit sorgt. Ihre Regeln werden nicht spontan erfunden und auch nicht in einer monatlichen Diskussion ermittelt. Sie werden gewiß nicht von Politikern diktiert. Und sie existieren weiter, wenn wir nicht auf sie schauen. Dies scheint vielleicht selbstverständlich, doch in Japan trifft man auf intelligente Menschen, die behaupten, »Logik« sei etwas, das im Abendland erfunden wurde, damit Abendländer Diskussionen gewinnen. Tatsächlich ist die Meinung weitverbreitet, daß Japaner heute ebensogut ohne Logik auskommen, wie sie das angeblich seit Jahrhunderten getan haben. Das ist natürlich nicht wahr. Japanische Ingenieure und Naturwissenschaftler sind ebenso vertraut mit logischem Denken wie ihre Kollegen irgendwo sonst, und einige haben Nobelpreise dafür bekommen.

Trotzdem sind die Japaner, zumindest was gesellschaftliche und politische Belange angeht, nicht von einem übermächtigen Drang getrieben, Paradoxes wahrzunehmen und Widersprüche zu lösen. Weder die drei wichtigsten geistigen Systeme Japans (Shintoismus, Buddhismus, Konfuzianismus) noch das wissenschaftliche Denken haben den Japanern Mittel gegeben, um ihre Umgebung in den Griff zu bekommen. Die Leistungen der Tokugawa-Mathematik waren bedeutend und führten gegen Ende des siebzehnten Jahrhunderts bis zur Erfindung der höheren Analysis, doch sie nahm einen ähnlichen Platz ein wie das Schachspiel; sie wurde wie ein Spiel behandelt, das unmöglich Folgen für die Natur des Universums oder die japanische Gesellschaft haben konnte. Der modernen wissenschaftliche Theorie ist es wenig besser ergangen. Ihre »Wirklichkeit« bleibt von der gesellschaftlichen Wirklichkeit getrennt. Abstraktes Denken wird eher als Selbstzweck praktiziert und bestimmt nicht die Natur menschlicher Interaktionen; auch die Sozialforschung bleibt Selbstzweck, völlig getrennt von irgendwelchen Bezugspunkten in der Erfahrung.

Die Schulen verstärken diese Haltung. Eine Autorität folgert aus einem Vergleich japanischer und westlicher Bildung: »Schulung in der Logik ist so alt wie die westliche Kultur selbst. Die japanische Tradition hingegen ... hat lange Zeit Auswendiglernen und Einschüchterung betont. Die eine Vorgehensweise trägt zur Verinnerlichung eines moralischen und intellektuellen Bezugsrahmens bei, die andere zur Anpassung an die Umgebung.«[5]

Inseln in einem intellektuellen Vakuum

Durch die Jahrhunderte haben die politischen Arrangements dem japanischen Volk eine ungreifbare, aber sehr wichtige kulturelle Leistung vorenthalten: eine Welt des freien Gedankenaustauschs. Ich kenne Japaner, die sehr klar denken und intellektuelle Entdeckungen machen, und es muß in der Geschichte viele gegeben haben, die dem menschlichen Bedürfnis nach philosophischer Spekulation nachgingen. Doch entscheidend ist, daß jeder seine eigene geistige Welt schaffen mußte. Es gab keine große Tradition, um all diese Spekulation zusammenzuhalten und als Bezugsrahmen zu dienen; keine bestehende philosophische Spekulation, die angegriffen oder erweitert werden konnte. Ohne eine logisch geordnete Hierarchie von Abstraktionen, der Frucht langen intellektuellen Strebens, die Wirklichkeit zu erfassen, werden Tragweite, Gewicht, Proportionen und Verhältnis konkurrierender Beweise nur zufällig wahrgenommen.

In Japan existieren gelehrte Debatten oft in einem intellektuellen Vakuum, als winzige, in sich geschlossene Denkwelten. Den Akademikern, die sie führen, ist es obendrein so zuwider, wenn man ihnen widerspricht, daß sie ihre Behauptungen in einem Maße vernebeln, die eine Widerlegung nahezu unmöglich macht. Von Intellektuellen wird selten verlangt, ihre Hypothesen zu beweisen oder zu widerlegen, und folglich sind sie selbst nicht sehr gut in puncto kritischer Würdigung. Maruyama Masao hat bemerkt, daß japanische Intellektuelle in rascher Folge neue Ideen aus Japan oder dem Ausland übernehmen: »Neue Ideen gleich welcher Herkunft setzen sich bei den Intellektuellen extrem schnell durch«; sie machen keine bewußte Anstrengung, die neuen Ideen gegen ihre bestehenden Überzeugungen zu prüfen.[6] Radikalisierte Studenten illustrieren diese Tendenz sehr gut. Sie durchlaufen geistige und geistliche Prozesse, die mit Bekehrungserfahrungen in anderen Teilen der Welt vergleichbar sind. Doch sie neigen zur Wiederholung solcher Erfahrungen, und am Ende scheint wenig oder gar nichts hängenzubleiben. Bleibendes intellektuelles Engagement ist äußerst selten; es wird nicht nur nicht belohnt, sondern gerät oft in Konflikt mit soziopolitischen Forderungen der unmittelbaren Umgebung. Viele Abendländer hatten fruchtbare Gespräche mit Japa-

nern, nur um später festzustellen, daß die erarbeiteten Schlußfolgerungen offenbar völlig vergessen waren.
In japanischen Gymnasien werden einander widersprechende japanische und westliche Ideen nebeneinander behandelt, ohne jeden Versuch, dem Schüler aus der Verwirrung zu helfen. Schulbücher über politische und historische Themen legen niemals nahe, daß es gute und weniger gute Systeme der Regierung gibt.

> *Leidenschaften sind nicht da. Urteile fehlen. Die Schüler werden nicht mit der Einzigartigkeit, Tragweite oder Gegensätzlichkeit historischer Kräfte bekanntgemacht, nur mit einer Aufzählung ihrer Etiketten. Totalitarismus, Kapitalismus, Kommunismus und eine Heerschar anderer »Ismen«, einschließlich Freiheit und Demokratie (die auf Japanisch beide »Ismen« sind), werden aufgeführt, aber nicht in konkreten Einzelheiten untersucht.*[7]

Zurück bleibt der Eindruck, daß die »Ismen« austauschbar sind, und daß alle mit gleichem Recht unsere Achtung beanspruchen können.
Die Armut der intellektuellen Tradition Japans spiegelt sich in der japanischen Universität, einer Institution ohne Enthusiasmus. Das vielleicht auffälligste Merkmal japanischer Studenten ist ihre allgemeine Apathie. Das sollte niemanden überraschen. Meine eigene Lehrerfahrung, unter anderem an der Waseda-Universität, legt nahe, daß Studenten den Reiz intellektueller Betätigung, wenn überhaupt, dann allein entdecken. Anregende Lehrer sind selten. Ebenso wie im Gymnasium ist Bildung im Sinne der Förderung und Ausweitung von Geisteskräften fast inexistent. Wenn einige japanische Universitätsprofessoren als intellektuelle Führer fungieren, dann aus Herzensgüte, und nicht, weil es von ihnen erwartet wird. Viele der begabteren Studenten erleben Phasen des extremen Nihilismus.

Eine geistige Tradition, die letztlich nicht von Machtverhältnissen abhängt, wie die des Westens, ermöglicht nicht nur ein gewisses Maß intellektueller Kontrolle über politische Belange, sondern auch den Zusammenhang gegenüber neuen Ideen. »'Tis all in pieces, all coherence gone« (Alles ist in Stücken, aller Zusammenhang fort), klagte John Donne, als die mittelalterlichen Theorien vom Funktionieren des Universums den häretischen Hypothesen eines Kopernikus oder Galilei nicht länger standhalten konnten; doch er unterschätzte die Kraft der griechischen Tradition logischen Denkens, ohne die er selbst von vornherein nicht um den Zusammenhang gefürchtet hätte. Das japanische Geistesleben, das ständig mit sehr viel Neuem konfrontiert ist, hat kein solches Erbe.

Obwohl eine eindeutige Ordnung die gesellschaftlichen Beziehungen beherrscht, koexistieren die einzelnen Dinge und Ideen in einem Fest der Widersprüchlichkeit, das den Außenseiter ebenso verblüfft wie amüsiert. Besuchern wird in Japan fast sofort klar, daß sie unter hemmungslose Sammler von Ideen, Methoden und Maschen geraten sind. Ich kenne Cafés und andere Gebäude in einer Mischung aus sieben oder neun verschiedenen Architekturstilen. Es gibt Mandolinenclubs in Universitäten. Noch ein weiteres Beispiel unter tausenden: Die Japaner haben Jodelgesellschaften, die Konzerte geben (zu denen der Schweizer Kulturattaché geladen wird); die Jodler reihen sich dabei in Schweizer Tracht auf der Bühne auf. Auch Ideen werden en masse importiert. Buchhandlungen sind vollgestopft mit Übersetzungen englischer, deutscher und französischer Werke. Die Übersetzungen geben den Geist und Zweck des Originals oft nicht wieder, doch etwas von ihren neuen Ideen sickert zweifellos durch.

Kein anderes Volk mußte vielleicht in seiner Geschichte eine solche Flut neuer Ideen aufnehmen wie die Japaner in der zweiten Hälfte des 19. Jahrhunderts, nach der Meiji-Restauration. Eine Fülle von Zeitschriften und Studienclubs sorgte für ihre Verbreitung in einer Nation, die von Grund auf erneuert wurde. Doch die Ideen, die die Mitglieder der früheren Kriegerelite und die neue Klasse gebildeter Normalbürger im Sturm nahmen, waren generell aus dem Zusammenhang gerissen, in den sie gehörten. Die Intellektuellen, die sie einführten, trafen ihre Auswahl oft zu einem praktischen Zweck. Die Außenwelt war ein Basar geworden, wo man sich die Religion, Moral, Kunst und Politikform aussuchen konnte, die man als Werkzeuge zur Modernisierung und Stärkung des Landes und zum Einholen der anderen Staaten brauchte.

Japans einziger international angesehener Philosoph, Nishida Kitaro, erinnerte sich, wie sein in Deutschland ausgebildeter Lehrer Raphael Koeber in Vorlesungen der Kaiserlichen Universität Tokio 1914 gegen die halbgaren Theorien japanischer Intellektueller wetterte. Wie Koeber es ausdrückte: »Diese Gelehrten importieren nur die Blüten, die die Leute erstaunen, ohne zu versuchen, die Wurzeln einzupflanzen. Deshalb haben wir Leute, die sehr bewundert werden, weil sie die Blüten bringen, doch wir können die Pflanzen nicht finden, die sie hervorbringen sollten.«[8]

Die bunte Mischung von Übersetzungen aus dem Französischen, Deutschen und Englischen, der Tumult der Meinungen, die die geöffneten Schleusentore eingelassen hatten, brachte keine allgemein überzeugende, auf schlüssigen Ideen beruhende Weltsicht hervor. Die ernsthafteren Denker, die begonnen hatten, die Gültigkeit ihrer traditionellen Bildung zu hinterfragen, reagierten oft so heftig, daß sie manchmal ihren intellektuellen Halt ganz verloren. Eine seltene Ausnahme war der liberale Gelehrte Yoshino Sakuzo (1878—1933), der eine übergreifende Sicht der Gesellschaft erreichte und unabhängige, realistische Gedanken über die Richtung hatte, in der das politische System Japans entwickelt werden sollte.

Die japanischen Intellektuellen nahmen die Gewohnheit an, endlos über nebensächliche Fragen der Kategorisierung zu streiten. Fragen wie die, ob der chinesisch-japanische Krieg »nationalistisch« oder »imperialistisch« war, können noch immer einige von ihnen erregen. Vor und nach dem Zweiten Weltkrieg waren die japanischen Marxisten durch eine Kontroverse darüber gespalten, ob das japanische System noch »feudal« sei oder nicht — denn wenn es das wäre, müßte man noch schnell die Phase der Bourgeoisie durchmachen, bevor eine sozialistische Revolution stattfinden könnte. Diese großartige Streitfrage trennte einen erheblichen Teil der akademischen Welt in die koza und die rono, wobei die letzteren glaubten, der Kapitalismus habe schon genug Arbeiterklasse geschaffen, um eine Machtergreifung des Proletariats zu ermöglichen.[9] Oft wurde eine westliche Idee benutzt, um eine andere zu kritisieren, ohne daß eine von beiden in Bezug zur japanischen Erfahrung gebracht wurde. In der Praxis hat das Verschlingen westlicher Bildung von der Meiji-Periode bis zum Aufkommen des Nationalismus in den 1930er Jahren den Japanern ein Mischmasch unverbundener, unverdauter Wissensbrocken beschert.

Unterscheidungen vermeiden

Einige japanische Intellektuelle der Nachkriegszeit, etwa den Politologen Maruyama Masao und seine Anhänger, scheint die ständige Weigerung zu stören, allgemeingültige Prinzipien anzuwenden, nach denen der politische Prozeß und die Ziele des einzelnen beurteilt werden können; sie bezeichnen das Fehlen solcher Prinzipien als Ursache vieler Mängel im Leben Japans. Eher nationalistisch gesonnene Japaner können dagegen die »Flexibilität« des japanischen Denkens für eine Tugend halten. Premierminister Nakasone schien stolz darauf zu sein, als er in einem Interview im staatlichen Fernsehen im August 1984 implizierte, es habe den Japanern große Vorteile vor dem Westen verschafft. Er nutzte die Gelegenheit, um zu erklären, Japaner seien polytheistisch, weil sie als Individuen gleichzeitig an den Buddhismus, den Shintoismus und das Christentum glaubten — das mache das japanische Denken toleranter als das der »monotheistischen Abendländer«. Es kam ihm eindeutig nicht in den Sinn, daß der gleichzeitige Glaube an letztlich unvereinbare Religionen praktisch bedeutet, an keine von ihnen zu glauben.
Solche Beispiele fördern in der Öffentlichkeit nicht das Verständnis dafür, daß man nicht alles gleichzeitig haben kann. Edward Seidensticker bemerkt:

> *Das Denken der Studenten zeigt, wenn man um Erklärungen bittet, ... einen Eklektizismus, der es als Denken tatsächlich nichtig macht. Eine Forscherin fragte eine ausgewählte Gruppe von Studenten, von welchen Ideologien sie sich beeinflußt fühlten. Sie bot folgende Auswahl an: »Marxismus ... Liberalismus ... Humanismus ... Pragmatismus ... Anarchismus ... Nihilismus ... Existentialismus ... Nationalismus ... Idealis-*

mus ... Hedonismus ... ohne Ideologie ... andere«. Etwa die Hälfte der 47 Studenten, die sich als Aktivisten bezeichneten, begnügten sich mit Marxismus allein. Drei wählten Liberalismus und einer Humanismus, und alle übrigen bezeichneten sich als Anhänger vielfacher und oft unvereinbarer Ideologien. Zwei der Befragten kreuzten zehn verschiedene Möglichkeiten an, und einer kreuzte alles auf der Liste außer »andere« an. Dies hätte vielleicht in anderen politischen Kulturen ein Element des Komischen, aber nicht in Japan. Nirgends ruhen unvereinbare Ideologien friedlicher Seite an Seite als im Kopf eines Japaners, und die Gesamtwirkung ist natürlich ein krasser Anti-Intellektualismus.[10]

Das Vermeiden von Unterscheidungen und Gegensätzen, die in den religiösen und philosophischen Traditionen Mesopotamiens, Persiens, Indiens, des Westens und Chinas als wesentlich gelten, wird von den Japanern als Wesen des Japanertums gepriesen. Die Weigerung, Gut von Böse zu unterscheiden, wurde zum Beispiel schon im 18. Jahrhundert von einem der größten klassischen Gelehrten Japans, Motoori Norinaga, idealisiert. Er setzte den einheimischen Shinto (Weg der Götter, d. Ü.) so gegen die ausländischen Religionen ab: »Der Weg der Götter enthält kein einziges Argument, das die Dinge lästigerweise in Begriffen von Gut oder Böse, Richtig und Falsch wertet wie der konfuzianische und der buddhistische Weg. Er ist üppig, großherzig und verfeinert.«[11] Dieses angebliche Fehlen jeder grundlegenden Dualität im traditionellen japanischen Denken wird selbst heute gepriesen. Zeitgenössische Theoretiker des Volkscharakters verkünden stolz, die Japaner zögen es vor, mit intellektueller Uneindeutigkeit zu leben.[12] Der bekannte Einführer des Zen im Westen, Suzuki Daisetz — der ein Vermögen mit an die vierzig Büchern auf Englisch gemacht hat, in denen er Wahrheiten erklärt, die »nicht in Worten zu fassen sind« —, wurde es nie müde, die Mängel der westlichen »dualistischen Logik« aufzuzeigen. Tatsächlich war es die historische Funktion des Zen, der in der Kriegerkaste blühte, den Widerstand des einzelnen gegen den geforderten blinden Gehorsam zu überwinden; dies ist aus der üblichen Zen-Symbolik von der »Zerstörung« oder »Auslöschung« des Denkens ersichtlich.[13]

Die Manipulierbarkeit, Relativität und Verhandelbarkeit der Wahrheit in Japan — die angebliche Überflüssigkeit der Logik — das Fehlen einer starken intellektuellen Tradition — die Unterwerfung unter die Verwalter des Gesetzes — die Hinnahme, ja Verherrlichung der Amoral: All dies ist natürlich kausal verknüpft. Es verstärkt das, was ich als wesentlichen Faktor japanischer Machtausübung bezeichnet habe: Das Fehlen einer Tradition, sich auf transzendente Wahrheiten oder allgemeingültige Werte zu berufen.[14] Alle anderen heutigen Kulturen haben Religionen und Denksysteme entwickelt, die eine Wahrheit jenseits der soziopolitischen Belange anerkennen. Hier hat weder der Shintoismus noch der Buddhismus geholfen.

Bei der Untersuchung des kulturellen Hintergrundes der politischen Tradition in Japan ist es hilfreich, einen Vergleich mit dem intellektuellen und religiösen Leben in China anzustellen. Dort war die dominierende Kraft der Konfuzianismus, eine Ersatzreligion, die in der gesellschaftlichen Erfahrung wurzelt und daher sehr nützlich für japanische Machthaber war. Die konfuzianische Ethik beruht auf einem sehr feinen Verständnis des menschlichen Charakters und der gesellschaftlichen Dynamik; die Metaphysik spielte darin keine Rolle. Der chinesische Begriff des Himmels (T'ien) ist etwas ganz anderes als die westliche (ursprünglich mesopotamische) Vorstellung eines Universums, das von einer göttlichen Macht geschaffen und dann kontrolliert wird. Der chinesische Himmel wurde natürlich als allem Irdischen weit überlegen gesehen, nicht aber als Schöpfer des Universums und nicht in einer konkreten, visualisierten Form.[15] Auch galt er nicht als wichtige Quelle gesellschaftlichen Wissens. Der konfuzianische Verhaltenskodex konnte in seiner Orientierung kaum diesseitiger sein. Bezeichnenderweise galten die Prinzipien, die er entwickelte, als allgemeingültig und unter allen Umständen anwendbar.

Dies befähigte das chinesische Denken zur Vorstellung einer moralischen Ordnung, die von der gesellschaftlichen Ordnung getrennt war. Sie beruhte zwar nicht auf irgendeinem Glauben an ein übernatürliches Wesen und war nicht von metaphysischer Spekulation gestützt, doch sie transzendierte die zeitliche Autorität und unmittelbare soziale Belange. In dieser Hinsicht ähnelt der chinesische Konfuzianismus doch den transzendenten Traditionen von Christentum, Judentum, Islam, Hinduismus und Buddhismus.

Sosehr die Japaner den Chinesen in anderen Dingen nacheiferten, und sosehr japanische Machthaber sich gehorsame Untertanen wünschten — sie waren nicht daran interessiert, moralische Bürger zu produzieren, indem sie übergeordnete, abstrakte Prinzipien anriefen. Den Chinesen einen Schritt weiter zu folgen, von gesellschaftlich erwünschtem Verhalten eine Moral abzuleiten und dadurch die Idee des individuellen Gewissens in potentieller Opposition gegen gesellschaftliche Praktiken zu entwickeln, war völlig undenkbar. Der einzelne Chinese kann von einer Tradition zehren, die ihn lehrt, sein moralisches Urteil nicht der Gesellschaft zu unterwerfen. Wie Konfuzius selbst gesagt haben soll: »Der moralische Mensch darf keine Nummer sein, sondern ein mitarbeitendes Glied der Gesellschaft. Wo die konventionellen Praktiken ihm unmoralisch oder schädlich erscheinen, wird er ihnen nicht nur nicht folgen, sondern er wird versuchen, andere zur Änderung der Konvention zu bewegen.«[16]

Konfuzius lehnte absolute Treue zu einem Herrn zugunsten der Treue zum Prinzip, zum Weg ab.[17] Das Ergebnis war »eine edle Gemeinschaft von Märtyrern, die ihr Leben zur Verteidigung des Weges gegeben haben.«[18] Diese Tradition hat den Chinesen zumindest die Freiheit gegeben, über die Legitimität von Herrschern zu spekulieren, besonders wenn Kometen, Erdbeben, Überschwemmungen oder Seuchen wenig Zweifel am Zorn des Himmels ließen. Die Revolutionen und gewaltsamen Thronübernahmen, mit denen die chinesische Geschichte gesäumt ist, waren immer durch die Berufung auf das Mandat des Himmels gerechtfertigt. Selbst für die große Masse des Volkes war der Begriff einer moralischen Ordnung jenseits der politischen oder wirtschaftlichen Nützlichkeit etwas, auf das sie sich (wenigstens im Prinzip) berufen konnte, um sich von der totalen Willkür der Macht zu befreien.

Der Platz, den die Chinesen abstrakten Prinzipien gegeben, die Macht, die sie der Ideologie eingeräumt haben, könnten kaum besser illustriert werden als durch durch die gesellschaftlichen Umwälzungen — den Großen Sprung nach Vorn und die Kulturrevolution —, die sie in jüngster Zeit erlebt haben. Sie gehören zu den schrecklichsten der Weltgeschichte, und sie wurden alle mit der Berufung auf eine angebliche historische »Wahrheit« gerechtfertigt, die über der Gesellschaft stand.

Ideologische Chamäleons

Ein Grund, warum Japan der Anschluß an die moderne Industriewelt im Vergleich zu China und anderen asiatischen Ländern relativ leicht fiel, war gerade das Fehlen irgendwelcher wichtiger, auf transzendentem Glauben beruhender Gebote, die den im Umgang mit materiellen Veränderungen nötigen Wandel in der Mentalität blockieren konnten. Es gab weder intellektuelle noch moralische Opposition, die stark genug war, um den Einfluß der vielen neuen Auffassungen aufzuhalten, die das Land zur Modernisierung brauchte.[19]

Ungehindert von irgendeiner Tradition, die ihnen auferlegte, »sich selbst treu zu sein«, können Japaner eine Sache »glauben« und eine ganz andere tun. Es fiel ihnen relativ leicht, politische Institutionen und Ideale des Westens zu übernehmen, denn sie behielten die moralische Möglichkeit, diese fremden Begriffe und Werte als Werkzeuge für neue, Japans eigene Zwecke zu gebrauchen.

Die Fähigkeit, sich gewandelten sozialen Bedingungen geistig rasch anzupassen, macht verblüffende, chamäleonartige Verhaltensänderungen möglich, wenn Japaner sich in ganz anderen als ihren gewohnten Bedingungen befinden. In ihrer klassischen Studie des japanischen Verhaltens bemerkt Ruth Benedict, der dramatischste Unterschied zwischen westlichen und japanischen Soldaten sei das Ausmaß gewesen, in dem die Japaner als Kriegsgefangene mit den Alliierten kooperierten. »Sie waren besser als vorbildliche Gefangene. Alte Armeehasen und eingefleischte Ultranationalisten lokalisierten Munitionsdepots, erklärten ausführlich die Verteilung japanischer Truppen, schrieben unsere Propaganda und flogen mit unseren Bomberpiloten, um sie zu militärischen Zielen zu dirigieren.«[20]

Ein früherer japanischer Kriegsgefangener in sibirischen Lagern schreibt, die Deutschen, Italiener, Koreaner und Chinesen dort hätten keine so »elende Kapitulation« gegenüber den Sowjets an den Tag gelegt wie seine Landsleute. Er spricht von dem Mangel an Courage und Rückgrat der japanischen Gefangenen, die rote Fahnen schwenkten, Japan zum feindlichen Land erklärten und Hochrufe auf Stalin brüllten. Er vergleicht dies mit dem opportunistischen Verhalten japanischer Intellektueller, die zuerst so taten, als glaubten sie an den Mythos vom Kaiser als lebendem Gott, dann »Demokratie« sangen, als sie sich vor den amerikanischen Besatzungsbehörden verbeugten und schließlich »begannen, die Sowjetunion als Bollwerk des Weltfriedens zu preisen, als sie sich von ihr bedroht fühlten.«[21]

In einer ganz anderen Umgebung, weit entfernt von der Grausamkeit, Härte und ständigen Angst der sibirischen Lager, konnte man japanische Firmenvertreter sehen, die bei Besuchen in China während der Kulturrevolution die Mao-Bibel schwenkten und dazu passende Parolen von sich gaben. Ein Umschwung in der Haltung gegenüber Arabern von verachtungsvoller Indifferenz zu kriecherischer Freundlichkeit folgte unmittelbar auf die Ölkrise. Filme, die arabische Länder in ein schlechtes Licht rücken, werden in Japan unter keinen Umständen gezeigt. Ein Anruf eines Repräsentanten des Mittleren Ostens bei der angesehensten großen Tageszeitung Asahi Shimbun reicht aus, um dafür zu sorgen, daß eine Karikatur zurückgezogen wird, die ihm nicht gefällt.[22]

Das vielleicht beste Beispiel für die Leichtigkeit, mit der japanische Intellektuelle die politische Färbung ihrer Umwelt annehmen, ist die Beziehung der meisten japanischen Medien zur chinesischen Regierung. Alle großen japanischen Zeitungen außer der Sankei Shimbun haben zugestimmt, nur positive Artikel über China, Mao Tse-tung und die Kulturrevolution zu veröffentlichen und gute bilaterale Beziehungen zu fördern. Dafür bekamen sie die Garantie, daß ihre Korrespondenten nicht aus Peking ausgewiesen werden. Sie haben dies nie ihren Lesern gesagt, und viele Jahre lang hatte die japanische Öffentlichkeit keine Ahnung, was in diesem großen Nachbarland tatsächlich geschah.

Um zusammenzufassen, was in der politischen Kultur Japans am wichtigsten ist: Die Japaner sind nie zu dem Gedanken ermutigt worden, daß die Kraft einer Idee es mit der physischen Kraft einer Regierung aufnehmen könnte. Der Schlüssel zum Verständnis japanischer Machtbeziehungen ist, daß sie nicht von transzendenten Vorstellungen reguliert sind. Die Öffentlichkeit hat kein intellektuelles Mittel, um ein schlüssiges Urteil über die politischen Aspekte des Lebens zu bilden. Die schwächeren, ideologisch inspirierten Gruppen oder Einzelpersonen haben keinerlei Einfluß auf den Status quo, abgesehen von dem wenigen materiellen Druck, den sie manchmal ausüben können. Kurz — Japans politische Praxis läuft auf das Recht des Stärkeren hinaus, verbrämt durch Versicherungen und Zeichen des »Wohlwollens«.

10

Macht im Gewand der Kultur

Der Zusammenhalt des Systems, sein Erfolg im Einwickeln des Volkes, Einkapseln lästiger Kritiker und Neutralisieren potentiell gefährlicher Oppositionsgruppen muß jeden verwundern, dem klar geworden ist, daß Japan kein Machtzentrum hat. Man würde nicht denken, daß ein Land ohne politisches Zentrum all seine Bürger nach einer einzigen Pfeife tanzen lassen könnte. Das tut es auch nicht. Warum machen dann aber all die Pfeifen, nach denen die Japaner tanzen, dieselbe Musik?

Die Antwort liegt zum Teil in der aktiven Unterdrückung der persönlichen Neigungen der Japaner, in fast allen gesellschaftlichen Bereichen und auf allen Ebenen, durch ein Programm der Charakterbildung, das berechenbares und diszipliniertes Verhalten sichern hilft. Selbst bei ihrer Freizeitgestaltung erscheint die Mehrheit der Japaner einer körperlosen, aber machtvollen Stimme zu gehorchen, die ihnen sagt, wohin sie gehen und was sie tun sollen. Diejenigen, die für die Regelung des menschlichen Verkehrs verantwortlich sind, finden ihn gewöhnlich sehr schön durchorganisiert. Wenige Japaner in Machtpositionen werden je vom Unerwarteten in Verlegenheit gebracht.

DIE IDEOLOGIE DES JAPANERTUMS

Für die meisten Japaner, die über diese Dinge nachdenken, kommen die koordinierenden und vorwärtstreibenden Kräfte ihrer Gesellschaft aus der »japanischen Kultur«. Viele geben an, daß sie leicht mit anderen zusammenarbeiten, ihre Individualität verschmelzen, sich total ihrer Firma weihen und mit der Autorität kooperieren, weil Harmonie und Loyalität ihre höchsten kulturellen Werte seien. Im gleichen Geist erklären sie, daß sie einander nicht mit gerichtlichen Klagen aufregen, weil ihre Kultur Rechtsstreit und andere Arten der Auseinandersetzung nicht gern sieht.

Es ist schwierig, diese Behauptungen anzugreifen, denn oberflächlich betrachtet erscheinen sie unschuldig genug. Schließlich umfaßt Kultur in ihrer weitesten Definition alles, was einen normativen Effekt auf das persönliche Verhalten hat und von Generation zu Generation weitergegeben wird.[1] In jeder Gesellschaft sichert die Kultur den Zusammenhalt gemeinschaftlichen Handelns und die Übereinstimmung über gemeinschaftliche Ziele. Sie ist als »Totalität menschlicher Produkte« definiert worden,[2] und als solche schließt sie Ideologien und Machtverhältnisse aller Arten ein.

Wenn aber »Kultur« Japan erklären soll, werden Aussagen wie »wir tun dies, weil es unsere Kultur ist« (d. h., wir tun dies, weil wir dies tun) nicht als Tautologie empfunden, sondern als gültige Begründung, alle möglichen Praktiken zu akzeptieren, deren politische Natur nicht mehr bewußt ist. So wird die Kultur zur Entschuldigung für systematische Ausbeutung, für Rechtsbeugung, für unsaubere Geschäfte und andere Formen unkontrollierter Machtausübung. Auf der internationalen Ebene wird Kultur zur Entschuldigung für die Nichteinhaltung von Abkommen und Verantwortungen und für Untätigkeit trotz des Drucks der Handelspartner. Eine breite Vielfalt politischer Aspekte des japanischen Lebens werden nie hinterfragt, weil sie von vornherein als »kulturell bestimmt« gerechtfertigt sind.

»Kultur« als Ideologie

Der Anspruch, mit dem die japanische Kultur ständig zitiert wird, sollte auf ihre ideologische Funktion aufmerksam machen. Tatsächlich macht die »Kultur« Überstunden, um die Motive jedes Japaners in jeder Situation zu erklären. Die Implikation ist manchmal beinahe, daß japanische Personen keine anderen Motive haben als die, die ihnen die Kultur eingepflanzt hat, als wären sie alle Sklaven eines nationalen, autonomen Nervensystems.

In der vorherrschenden, offiziell geförderten Sichtweise opfern die

Japaner sich und ihr Familienleben nicht deshalb ihrer Firma, weil diese dadurch mit minimalen Kosten expandieren kann, sondern weil sie kulturell geneigt sind, sich für die Gruppe zu opfern. Sie unterwerfen sich der Schlichtung bei Auseinandersetzungen, weil Gerichte und Anwälte ihnen kulturell unangenehm sind, nicht, weil das Justizministerium die Zahl der Richter und Anwälte auf einen Bruchteil dessen beschränkt, was das Funktionieren eines modernen Rechtssystems erfordert. Armeelager-Zustände in Firmenwohnheimen folgen angeblich aus der japanischen Kulturtradition, die Jungen im Auge zu behalten. Japanische Interessengruppen lassen sich von der Bürokratie neutralisieren, nicht, weil die Politiker sie ausnutzen, nicht, weil jeder rechtliche Mechanismus fehlt, um ihre Beschwerden einzuklagen, und weil sie daher äußerst abhängig von bürokratischem Wohlwollen sind, sondern weil sie alle von den kulturellen Normen der »Harmonie« durchdrungen sind.

Die Erklärung anhand der Kultur findet sich überall, wo man Erhellung sucht. Sie hat sogar die Mehrheit ausländischer Wissenschaftler fest im Griff, die Japans soziale, wirtschaftliche und politische Aspekte untersuchen. In ihrem Kontext werden die grundlegenden Faktoren des soziopolitischen Lebens in Japan implizit außerhalb der Prüfung und Kritik gesetzt, die ein politisches System verdient. Und wenn »Kultur« in die Diskussion gebracht wird, wird erwartet, daß alle Gegenargumente schweigen, denn dann haben wir es mit einer unwandelbaren Gegebenheit zu tun. Die japanische Kultur wird von japanischen Sprechern behandelt, als wäre alles, was unter sie fällt, automatisch über jeden Tadel erhaben. Die Harmonie, der firmeneigene Gewerkschaften sich verschreiben, die Treue zu Arbeitgebern, die Männer von ihren Familien fernhalten und die vernetzten Beziehungen des Verteilungssystems, die Ausländer vom Markt fernhalten, sind sakrosankte kulturelle Errungenschaften. Man bekommt das Gefühl, daß für kritische, nicht bewundernde oder auf andere Art negative Kommentare absolut kein Raum ist. In den späten 1980er Jahren ist es sogar recht wahrscheinlich, daß Kommentare wie diese von offiziellen Sprechern und der Presse als »Japan-Schelte« bezeichnet werden.

Japanische Beamte, Kommentatoren und Geschäftsleute berufen sich routinemäßig auf »kulturelle« Gründe dafür, daß sie nicht tun, was Ausländer von ihnen erwarten. Die Japaner »plädieren bei Handelsstreitigkeiten mit kulturellen Gründen um Verständnis für ihre Seite: mit der traditionellen gesellschaftlichen Harmonie, der langen Geschichte der Isolierung oder heiklen Empfindlichkeiten in Japan ... niemals, weil es einheimische Firmen zu unwillkommener Konkurrenz gegen Ausländer zwingen würde«.[3] Morita Akio von der Sony Corporation behauptet, Gegenseitigkeit im Handel »würde bedeuten, Gesetze zu ändern und ausländische Systeme zu übernehmen, die vielleicht nicht zu unserer Kultur passen«.[4]

»Kulturelle Unterschiede« sind auch eine beliebte Erklärung, wenn eine japanische Firma versucht, sich aus einem Vertrag herauszumogeln. Ein berühmtes Beispiel hierfür waren die Zuckerverhandlungen mit Canberra Ende der 1970er Jahre, nachdem die Weltmarktpreise gefallen waren. Die Australier wurden beschuldigt, sie zwängen die »an Verträge nicht gewöhnten« Japaner, sich an die Regeln einer fremden Kultur zu halten.

Abendländer, besonders Amerikaner, sind für solche Argumente recht zugänglich gewesen. Mitte der 80er Jahre lautete die übliche Retourkutsche auf amerikanische Kritik am relativ geschlossenen japanischen Markt, Ausländer versuchten, die japanische Kultur zu ändern; einige Kritiker ließen sich durch diese Anschuldigung für eine Weile zum Schweigen bringen, weil sie fürchteten, ihre Forderungen könnten wirklich eine Art Sakrileg sein. Der Trick mit der »kulturellen Verteidigung« ist wirksam, weil Abendländer oft fürchten, als ethnozentrisch zu gelten, was in vieler Augen nur einen Schritt vom Rassismus entfernt ist.

Regierungsbeamte demonstrieren eine große Überzeugung, daß all ihr Handeln und alles, für das Japan international verantwortlich gemacht wird, mit der japanischen Kultur erklärt werden kann und daher entschuldigt werden muß. Wenn die Kritik des Auslands zunimmt, weisen Beamte und Presse nicht etwa diese Kritik zurück, sondern sprechen eher von der Notwendigkeit, mehr zu tun, um die japanische Seite zu erklären. Die Aufgabe, Japan der Welt zu erklären, hat eine enorme Subindustrie von Schriften und Veröffentlichungen hervorgebracht. Regierungsbehörden und private, von den großen Wirtschaftsverbänden finanzierte Institutionen beteiligen sich aktiv an der internationalen Verbreitung von Propaganda. Ein breiter, stetiger Strom von Hochglanzpublikationen — veröffentlicht von verschiedenen Ministerien, dem Japan Keizai Koho Centre (an den Keidanren angeschlossen) und anderen halböffentlichen und privaten Körperschaften — versucht, Ausländer, besonders Japans erzürnte Handelspartner, vom kulturellen Ursprung und deshalb unwandelbaren Status der japanischen Praktiken zu überzeugen, die im Ausland kritisiert werden. Den Erklärern helfen ausländische Apologeten, darunter viele Wissenschaftler und Diplomaten, die das Kulturargument akzeptieren.

Manchmal gibt es Anzeichen einer Erkenntnis, daß diese Bemühungen propagandistischer Natur sind. Nachdem ich für die US-Zeitschrift *Foreign Affairs* einen Artikel über das Fehlen dominierender Kräfte des freien Marktes und einer zentralen Führung in Japan geschrieben hatte, berichtete ein japanisches Konsulat dem Außenministerium in Tokio, meine Bemühung könne durchaus 50% dessen zunichte gemacht haben, was japanische Gelder und Energien in einer kürzlichen PR-Kampagne erreicht hatten.[5]

Ideologie sichert Unterwerfung

Das außerordentliche Maß an Reglementierung und Konformismus unter den normalen Japanern wird durch systematisch anerzogene Unterwürfigkeit aufrechterhalten. Die Charakterbildung, bei der Loyalität durch Unterwerfung gefördert wird, beherrscht die japanischen Erziehungsmethoden und offenbart sich in vielen Bereichen des Erwachsenenlebens. Das Programm bezieht seine Vitalität aus einer Ideologie, die generell nicht als das erkannt wird, was sie ist: eine Ideologie, verkleidet in die ehrwürdigen Gewänder »kultureller Analyse«. Japanern jeder Generation wird gesagt, sie sollten den Diktaten der Gruppe gehorchen, weil sie Japaner und daher mit einem besonderen Charakterzug ausgestattet seien, der es ihnen zum Bedürfnis mache, der Gruppe gehorsam zu sein. Japanische Denkprozesse gelten im Gegensatz zu den westlichen als nicht rational, nicht logisch, situativ, emotional und sozial abhängig; und dies wird nicht als Mangel dargestellt, sondern als Zeichen der Überlegenheit. Diese Kultur der Unterwürfigkeit — der Kern dessen, was Japaner gewöhnlich »typisch japanische Kultur« nennen — ist ein alles durchdringender, machtvoller Glaube, der das Gemeinschaftsgefühl nährt und politische Arrangements stützt und rechtfertigt.

Nicht jedes Ideen- oder Glaubenssystem ist eine Ideologie. Eine Ideologie zielt ja darauf ab, das Nachdenken überflüssig zu machen. Sie verbannt das Abenteuer der Ideen; sie ist ein Ersatz für Erklärungen. Als solcher schmälert sie unser Wissen und damit unsere Wahrnehmung der soziopolitischen Wirklichkeit; deshalb kann sie benutzt werden, um existierende Machtbeziehungen zu verbrämen, und denen dienen, die die wahre politische Situation verschleiern wollen, um sie aufrechtzuerhalten.

Die Ideologie vom Japanertum ist natürlich anders als Ideologien, die politische Energien vor den Karren einer utopischen Zukunft zu spannen suchen. Ihr Ziel ist es vielmehr, das existierende soziopolitische Japan völlig akzeptabel und immun gegen jeden Versuch drastischer Veränderung zu machen. Im Unterschied zu westlichen Ideologien ist sie nicht etwas, das die unmittelbaren Forderungen der Gesellschaft übersteigt, und daher kann sich der einzelne nicht auf sie berufen, um Gedanken oder Taten zu rechtfertigen, die den Erwartungen der Gesellschaft zuwiderlaufen.

Es gibt zwar eine Flut von Büchern, die die Ideologie des Japanertums aktiv erhalten, doch nicht ein Werk, das als ihre Heilige Schrift gelten könnte, und natürlich keine zentrale Institution, die über die Reine Lehre wacht. Die Interessen, denen die japanische Ideologie dient, sind nicht leicht zu identifizieren, denn sie werden nicht von einer einzelnen Gruppe von Machthabern vertreten. Dies ist ein weiterer Grund, aus dem diese Ideologie allgemein nicht als solche erkannt wird, denn die Verbreitung von Ideologien erfordert der üblichen Vorstellung nach zuerst eine einigermaßen starke Führung.

Ideologische Propaganda muß allerdings nicht von einer einzelnen, verschworenen Quelle kommen. Eine Konstellation von Kräften, die alle nur ihre eigenen Interessen im Auge haben, kann ein schlüssiges, selbständiges Weltbild präsentieren. Bei allen Rivalitäten und Interessenkonflikten sind die japanischen Gruppen, die ihre je eigenen Reviere zumindest teilweise durch »konspirative« Methoden kontrollieren, doch in dem Bestreben zusammengespannt, das System zu erhalten. So billigen und verbreiten sie alle dasselbe Paket einander verstärkender Darstellungen der soziopolitischen Wirklichkeit.

Das System ist eine Quelle der Propaganda, und dennoch folgt daraus nicht unbedingt, daß alle, die an der Verbreitung dieser Propaganda beteiligt sind, wissen, was sie tun. Im Gegenteil, die japanische Ideologie ist zum Teil wegen der Aufrichtigkeit, mit der sie dargeboten wird, so verführerisch. Und so interessant es auch ist, zu spekulieren, ob den meisten japanischen Machthabern bewußt ist, welche Täuschung ihre Propaganda bewirkt — die Antwort ist unwichtig für die Analyse japanischer Machtbeziehungen, denn die Wirkung bleibt die gleiche.

Die ideologische Funktion des Kulturarguments wird überdeutlich, wenn man die Herkunft der Ideen nachzeichnet, die ihre wichtigsten Bestandteile ausmachen, denn sie gehörten einmal zu einer eindeutigen Ideologie japanischer Überlegenheit.

Vier Jahrhunderte Propaganda

Viele Argumente, mit denen heute die Ausübung außerrechtlicher Macht gerechtfertigt wird, wurden vor vier Jahrhunderten zum erstenmal gehört. Sie vereinigten und modifizierten verschiedene Stränge älterer ethischer und metaphysischer Theorien, um die politische Beruhigung nach mehreren Jahrhunderten des Bürgerkrieges zu untermauern. Mit der Konsolidierung der Tokugawa-Macht verloren japanische Denkschulen jede politische Unabhängigkeit; ihre Lehren über den Sinn des Lebens und das rechte Verhalten wurden zu einer einzigen Orthodoxie verschmolzen, und die »Irrlehren« einiger zuvor einflußreicher buddhistischer Sekten und der Christen wurden unterdrückt.

Die für das Shogunat akzeptablen Denkschulen sind wohl besser als geistliche oder geistige »Bewegungen« innerhalb der Orthodoxie zu beschreiben. Einige von ihnen entwickelten allmählich ihre eigenen Irrlehren, und dies trug zum Glaubwürdigkeitsverlust der

Tokugawa-Herrschaft im frühen 19. Jahrhundert bei. Doch trotz ihrer Vielfalt bildeten sie für gut zweihundert Jahre das intellektuelle Grundgestein eines stagnierenden politischen Systems; und dies ist von fast unabsehbarer Tragweite.
Nach einem Zwischenspiel, verursacht durch die Umwälzung bei Japans erneuter Öffnung zum Westen und durch die revolutionären Veränderungen unter der frühen Meiji-Führung, mußte der relativ freie politische Gedankenaustausch wieder einer von der Regierung geförderten Ideologie weichen. »Traditionelle kulturelle Werte« lebten nicht einfach fort, wie kulturelle Werte das gewöhnlich tun, ohne Hilfe von Ministerien und Bürokraten; sie wurden »wiederbelebt«. Die offizielle, in der Meiji-Zeit konstruierte Staatsideologie, die der herrschenden Elite bis 1945 diente, bestand aus Bruchstücken der scholastischen Verteidigung der Tokugawa-Herrschaft mit einer neuen, gewichtigen Betonung der einzigartigen Überlegenheit der politischen Kultur Japans.
Nach einer weiteren Pause, verursacht durch die Niederlage im Krieg gegen die USA, durch die Bemühungen der angewandten Sozialwissenschaft unter General MacArthur und die Begeisterung der Bevölkerung für eine rechtlich verfaßte, parlamentarische Demokratie, werden nun Stücke der alten Einzigartigkeits-Ideologie benutzt, um die verschiedenen Aspekte der kulturalistischen Erklärung zu verknüpfen und die politische Disziplin im heutigen Japan zu rechtfertigen. Doch vor einer weiteren Prüfung der zeitgenössischen Phase müssen wir die Ideen genauer betrachten, die den Tokugawa- und Meiji-Japanern anerzogen wurden, denn ohne eine gewisse Kenntnis dieses historischen Hintergrundes bleiben die intellektuellen Behauptungen heutiger Japaner über ihre Psychologie und Gesellschaft weitgehend unverständlich.

Bushido und Zen

Das übergeordnete Anliegen der Tokugawa-Machthaber war die Erhaltung einer Ordnung ohne jede gesellschaftliche Mobilität. Alle ihre Untertanen hatten einen festen Platz in den formal vorgeschriebenen Kasten, und obwohl sich die Machtbeziehungen unter ihnen im natürlichen Lauf der Dinge änderten, wurde theoretisch

nicht anerkannt, daß solche Veränderungen möglich waren. Vor dem Hintergrund der Hauptsorge des Shogunats waren alle Forderungen nach Gehorsam und Unterwerfung als gute Erziehung willkommen, gleichgültig, woher sie kamen.
Die Machthaber konnten aus einem reichen Erbe schöpfen, um eine großartige Ethik der Unterwerfung zu destillieren. Rund ein halbes Jahrtausend lang war Japan vor der Tokugawa-Konsolidierung immer wieder ein Schlachtfeld gewesen. Dieser fast pausenlose Bürgerkrieg förderte natürlich einen Verhaltenskodex, dessen Hauptmerkmal blinder Gehorsam gegen führende Kämpfer war. Vor 1600 hatte Japans Kriegerregierung eine Ethik entwickelt, die später unter dem Begriff bushido, »der Weg des Kriegers«, zusammengefaßt wurde. Sie umfaßte die Bereitschaft, bis zum Tod zu kämpfen und sich auf Geheiß seines Herrn oder des Shogunats selbst zu töten.[6]
Unter den vielen japanischen Versionen religiös-philosophischer Importe aus China war der Zen-Buddhismus besonders nützlich als weitere Stütze der Unterwerfungsethik. Er ist völlig amoralisch und idealisiert eine anti-intellektuelle Lebenshaltung, die angeblich zu höherer Wahrnehmung führt. Die Tokugawa-Machthaber mögen es nicht gewußt haben, doch der erste große Propagandist der aufkommenden Tokugawa-Ideologie war der Samurai und Zen-Mönch Suzuki Shosan (1579—1655).[7] Über eine Tempelkette und als privater Berater niederer Samurai verbreitete er die Vorstellung, seinen Verstand zu gebrauchen, um Urteile zu erreichen, sei die Wurzel allen Übels, und ganz besonders die Wurzel politischer Subversion.[8] Sein Einfluß war auf der Ebene spürbar, wo der neue Regierungsapparat das Leben der Untertanen berührte. Daß Suzuki Shosan keine Achtung vor dem Individuum gehabt hat, ist sehr milde ausgedrückt. Für ihn ist der Körper nichts als »ein Sack von Phlegma, Tränen, Urin und Exkrement«, der einem ohnehin nicht selbst gehört, sondern dem Herrn, dessen Großmut man sein Leben verdankt.[9] Was der Körper auch enthält, die Idee, er enthalte ein individuelles Selbst, ist unsinnig.[10]
Die Glorifizierung der »Tod im Leben«-Einstellung behielt ihren Einfluß auf die Ideologie des Japanertums bis mindestens 1945. Bushido-Gebote waren zu einer Etikette für den nichtkämpfenden Samurai verarbeitet worden. Diese Etikette ist in dem berühmten

Hagakure zusammengefaßt, das 1716 geschrieben wurde und in seinen ersten Absätzen sagt: »Der Weg des Samurai ist im Tod zu finden.«[11] Das Werk ist gleichzeitig fade und extremistisch. Zahlreiche kommentierende Schriften für den einfachen Mann haben verschiedene Geschichten und Aphorismen daraus als Teil der Ideologie des Japanertums in seinen mehr simplizistischen Formen unsterblich gemacht. 1970 wurde der Nation eine Live-Demonstration der Bushido-Praxis beschert, als der Schriftsteller Mishima Yukio (dessen früheres Liebäugeln mit der Kriegeretikette nicht ganz ernst genommen worden war) sich die Gedärme herausriß, nachdem er die Truppen der japanischen Selbstverteidigung aufgefordert hatte, sich in einer Rebellion zu erheben und den Kaiser wieder einzusetzen.

Zwar werden explizite Theorien von der Person als wertloser Größe, nur zum totalen Dienst am Herrn geeignet, nicht länger allgemein geglaubt, doch der japanische Idealismus zehrt noch immer von an Zen und Bushido inspirierten Bildern. Filme und Fernsehserien über Samurai- und yakuza-Themen nehmen sie meist recht ernst. Obwohl der Verhaltenskodex in diesen Aufführungen den heutigen Japanern extrem vorkommt, ist die Botschaft impliziert, daß die Zuschauer heute etwas von der Hingabe, Loyalität und Bereitschaft zum Selbstopfer lernen können, die die romantisierten Figuren aus der Vergangenheit zeigen. Das große Epos Chushingura wird wieder und wieder im Fernsehen, auf der Bühne, im Kino und in zahllosen Comicbüchern gebracht: Es verherrlicht die historische Vendetta von siebenundvierzig Gefolgsleuten gegen einen Shogunatsbeamten im 18. Jahrhundert, der ihren Herrn gedemütigt hatte, indem er ihn in einer Frage der Etikette falsch informierte. Diese historische Saga mit ihren vielen Nebenhandlungen, in denen Ehefrauen und Töchter in die Prostitution verkauft und Verwandte ermordet werden, um das künftige Opfer in Sicherheit zu wiegen, beschreibt Arthur Koestler äußerst treffend als »nach allen westlichen Maßstäben eine Geschichte schieren Schwachsinns«.[12]

Die Samurai und yakuza, und übrigens auch die heroischen Soldaten in Filmen über den Pazifischen Krieg, die für dieselbe Art extremistischer Hingabe stehen, gelten in der populären japanischen Vorstellung als »echte Männer«. Der ideale Mann ist schweigsam

und intellektfeindlich. Wie eine Zeitung leitartikelte: »Die Japaner trauen gesprächigen und beredten Menschen nicht ... (sondern) achten eher Menschen, die nicht gut sprechen. Eine wachsende Zahl Japaner beginnt, zu denken, daß ... das Sprichwort ›Redegewandtheit ist ein Zeichen der Unehrlichkeit‹ genau auf Premierminister Nakasone zutrifft.«[13]
All dies, weil Nakasone deutlicher als seine Kollegen gesagt hatte, was er unter für Japan wünschenswerter Politik verstand.

Die »Aufrichtigkeit« des reinen japanischen Geistes

Zentral im Bündel der Vorstellungen, die das Bild vom japanischen Geist inspirieren, ist das Ideal der Makoto, das gewöhnlich mit »Aufrichtigkeit« übersetzt wird. Die Kriterien für diese »Aufrichtigkeit« sind freilich etwas ungewöhnlich. Wie in westlichen Sprachen impliziert es, daß die Fassade, die man der Welt präsentiert, dem inneren Leben entspricht. Makoto haben zwingt aber dazu, so zu denken und zu fühlen, wie die gesellschaftliche Umgebung es erwartet, und nicht, seine natürlichen Gefühle zu zeigen. Im Idealfall bedeutet sie, daß man sein Gewissen seinem Verhalten anpaßt, indem man das sich windende innere Selbst weiter nach unten verdrängt. Diese anerzogene Haltung, sich dem Publikum anzupassen, hat im japanischen Alltagsleben zweifellos einen angenehmen, beruhigenden Effekt auf die menschliche Umgebung.
Makoto steht jedoch in Konflikt mit dem westlichen Begriff der »Echtheit«, und auf einer tieferen Ebene ist sie eine hochpolitische Vorstellung. Sie fördert oft sozial erzwungene Heuchelei, denn es ist unangenehm, das Selbst zu sehr zu unterdrücken. Ihre Verbindung mit der Idee des fatalistischen Hinnehmens der soziopolitischen Umgebung ist offensichtlich. Um als makoto zu gelten, muß der einzelne seine Individualität so weit auslöschen, wie nötig, um sich den soziopolitischen Forderungen anzupassen. Diese Konnotation von makoto weist auf ein pragmatisches Wissen um die Tatsache hin, daß viele, wenn nicht die meisten Japaner in den Jahrhunderten strenger gesellschaftlicher Disziplin nicht wirklich geglaubt haben, der letzte Sinn des Lebens liege darin, sich für andere zu opfern. Man mußte so tun, um zu überleben, damals wie

heute. Das berühmte Hagakure meint zum Beispiel, wenn der weise Samurai die Sinnlosigkeit der anspruchsvollen Etikette entdecke, solle er sich hüten, dies der Jugend anzudeuten.
Der japanische Geist — manifestiert in Unterwerfung, in makoto, in Standhaftigkeit, in Opfer — ist vor allem ein »reiner« Geist. Diese Tradition verdankt vieles einer anderen Bewegung der Tokugawa-Zeit, der Kokugaku oder »nationalen Bildung«, die ihre geistige Nahrung aus altjapanischen Schriften bezog. Bis in die ersten Jahrzehnte des 18. Jahrhunderts idealisierten Kokugaku-Anhänger eine imaginäre prähistorische Epoche, in der ein Kaiser, gerade von der Sonnengöttin auf der Inselgruppe abgesetzt, einer reinen und unschuldigen, großen Familie glücklicher Japaner vorstand. Diese Gelehrten führten als erste die moderne Vorstellung einer japanischen Überlegenheit ein, die auf die ursprüngliche Unschuld und Reinheit der Rasse zurückzuführen war. Anders als die Chinesen brauchten die frühen Japaner keine Gesetze, weil sie von Natur aus gut und rücksichtsvoll waren. Wie der Nativist Kamo Mabuchi (1697—1769) es ausdrückte:

> *In der alten Zeit, als das Gemüt des Menschen geradlinig war, war ein kompliziertes Moralsystem unnötig. Natürlich kam gelegentlich eine böse Tat vor, doch die Geradlinigkeit des menschlichen Gemüts verhinderte, daß das Böse verheimlicht wurde und zunahm. So daß es in jenen Tagen unnötig war, eine Lehre von Gut und Böse zu haben.*[14]

Motoori Norinaga (1730—1801), die überragende Gestalt der Kokugaku-Bewegung, schrieb ebenfalls, Japan unterscheide sich von China, weil es moralische Vorzüglichkeit besitze. Die chinesischen Herrscher hätten die Idee vom Mandat des Himmels erfunden, um ihre Perfidie zu rechtfertigen und sich vor Aufständen zu schützen, während die Japaner von Natur aus moralisch und überlegen seien, weil sie keine moralischen Normen aussprechen mußte.[15]
Obwohl die Kokugaku-Bewegung sich hauptsächlich mit linguistischen und textuellen Auslegungen klassischer japanischer Literatur befaßte, hatte sie einen entscheidenden Einfluß auf die politische Ideologie der dann folgenden Meiji-Zeit und das nationalistische Denken im zwanzigsten Jahrhundert.

Dieses »reine« Japan, unbesudelt von chinesischen Kultureinflüssen, wurde als Yamato bezeichnet, nach dem Königreich, das die meisten japanischen Königreiche in den frühen Jahrhunderten des ersten Jahrtausends erobert und assimiliert hatte. Die wahren Japaner sah man im Besitz einer Yamatogokoro, einer Yamato-Seele oder eines Yamato-Geistes, mit Empfindungen, die denen jedes anderen Volkes überlegen waren. Der spätere Kokugaku-Gelehrte Hirata Atsutane (1776—1843), dessen fremdenfeindliche Lehren sehr einflußreich wurden, nachdem Japan seine Abschottung aufgeben mußte, predigte, es sei absolut wesentlich, die eigene Yamatogokoro zu reinigen. »Ein echt japanisches Herz und eine echt japanische Seele war die einzig gültige Grundlage, um Wahrheit und Irrtum zu unterscheiden.«[16]

Geistiges Training

In den 1970er und 80er Jahren begannen sich viele Firmen um einen nachlassenden Geist bei ihren Angestellten zu sorgen, und einige haben sie ermutigt, sich einer Disziplin namens Seishin-Training zu unterziehen. Seishin bedeutet »Geist«, doch in diesem Zusammenhang ist es eng mit der Idee des »reinen japanischen Geistes« verknüpft, und wer mehr davon hat, ist angeblich hingegebener, standhafter und kann besser Härten ertragen.

Ein solches Training besteht gewöhnlich aus Übungen, die durch geistige und körperliche Erschöpfung zum Zusammenbruch jedes Widerstands gegen Befehle führen. Einen ganzen Tag und eine Nacht lang pausenlos kniend singen, wobei Aufseher mit der Peitsche umhergehen und warten, den weniger eifrigen Schüler auf den Rücken zu schlagen, reicht dafür aus. Auch Marathonlaufen ist beliebt. Die meisten betroffenen Firmen halten sich allerdings an einfachere Meditation im Zen-Stil (inklusive gelegentlicher Hiebe auf den Rücken) oder militärische Drills in der Art, die Salaryman-Rekruten im Firmenheim in den Bergen bekommen. Wie auch immer, die Leistung des erfolgreichen seishin-Schülers ist die Fähigkeit, geistig ruhig zu bleiben, während er sich bedingungslos der Autorität unterwirft.

Der Salaryman hat gute Gründe, solches Training ernst zu nehmen. Beurteilungen der persönlichen Qualitäten von Angestellten zum Zweck der Beförderung werden oft »im Rahmen einer seishin-Orientierung«[17] erstellt. Je höher man im Leben japanischer Organisationen aufsteigt, um so mehr wird auf derlei geachtet, »besonders bei Laufbahnen in Richtung auf Führungspositionen, die gemeinhin als ›Elitekurs‹ beschrieben werden«.[18] Viele japanische Konzerne haben eine Elite-Subkultur, die sehr empfänglich ist für diese besondere Betonung des »Geistes«, der mit seinen Anklängen an die Vergangenheit den Salaryman — und vor allem den ehrgeizigen — treibt, sich an seine Maßstäbe zu halten und sie nach unten zu verbreiten.

ORTHODOXIEN ALS BEDINGUNG DER JAPANISCHEN ORDNUNG

Für Menschen, die in einer Umgebung freien Gedankenaustauschs aufgewachsen sind, sind die schweren Einschränkungen, die eine Ideologie dem Gebrauch des menschlichen Verstandes auferlegt, nicht unmittelbar einsichtig. Die freie Entscheidung für eine Ideologie unter einer Vielfalt philosophischer Spekulationen über das Menschsein trennen Welten von der Indoktrinierung mit einer Ideologie in einer soziopolitischen Umgebung, die konkurrierenden Ideen und Überzeugungen feindlich gegenübersteht.

Seit den letzten vier Jahrhunderten leben die Japaner ständig mit Orthodoxien. Und beherrschende Orthodoxien sind heute wie früher nötig für die Art, in der Macht in Japan ausgeübt wird. In den 1980er Jahren ist die Lage natürlich viel entspannter als in der Vorkriegszeit mit ihrer direkten »Gedankenkontrolle«. Doch wir haben gesehen — um nur zwei Beispiele zu nennen —, daß Polizei, Staatsanwaltschaft und Gerichte keine Geduld mit ideologischer Heterodoxie haben, und daß die japanische Presse nicht einmal ansatzweise die ungeschriebenen Glaubenssätze hinterfragt, auf denen das System beruht.

Ohne die durchgehende Unterdrückung von Ideen, die zu einer Tradition kritischer politischer Theorie hätten führen können — wie sie es in anderen Ländern taten —, hätte das japanische System nicht bis heute überlebt. Wäre die japanische Kultur sich selbst überlassen worden, so hätte sie transzendente Werte entwickelt wie alle großen Kulturen. Sie tat es nicht, weil politische Macht bewußt eingesetzt wurde, um Ideen zu unterdrücken, die eine Umwandlung des Systems in einen Staat erfordert hätten.

Die Unterdrückung gefährlicher Gedanken in der Tokugawa-Zeit

Bis weit ins 19. Jahrhundert war es japanischen Normalbürgern oder Samurai praktisch unmöglich, ein zusammenhängendes kritisches Denken zu entwickeln, das dem widersprach, was sie nach dem Willen des Shogunats glauben sollten. Selbst als Japans Isolierung sicherstellte, daß die Normalbevölkerung nicht wissen konnte, wie andere Völker regiert wurden, gab es trotzdem noch so viele vom Ausland und Inland inspirierte Zweifel, daß das Kriegerregime sich schwertat, niedere Adlige, ihre intelligenteren Vasallen und eine Klasse von Gebildeten davon zu überzeugen, daß die Regierungsstruktur, an deren Spitze es stand, nicht verbessert werden konnte. Immerhin hatte es das frühe chinesische Modell der Staatskunst gegeben, und in den Jahrhunderten des Bürgerkrieges hatten einige einheimische buddhistische Sekten die intellektuelle Wüste mit Lehren bereichert, die vielleicht zu einer begrifflichen Grundlage für Angriffe auf die zeitgenössischen Machthaber hätten werden können. Dann gab es die verjagten portugiesischen Missionare; ihr Erbe hätte hoffnungsvolle Politik-Theoretiker mit Ideen über alternative Regierungsformen inspirieren können. Und die Holländer wurden zwar auf einer künstlichen Insel vor Nagasaki sorgsam in politischer Quarantäne gehalten, aber sie waren lebende Exemplare aus einer Gesellschaft mit sehr unjapanischen Merkmalen.

Als eine neue Gelehrtenklasse den buddhistischen Priestern der Vor-Tokugawa-Zeit die intellektuelle Führung abnahm, und als Bildung bei den Samurai gefördert wurde, um diese subventionierte Klasse der Untätigen von Einmischungen in die Politik abzuhalten, reiften die Bedingungen für eine Wucherung potentiell subversiver Ideen bei der Elite. Das Kriegerregime formulierte oder forderte keine Ideologie gegen die Subversion, machte jedoch klar, was gesagt werden durfte und was nicht, und diese Regeln setzte es durch. So gab es kein ketzerisches Denken, und »die, die anders sprachen und handelten, wurden in den Untergrund getrieben«.[19]

Gespräche über Regierungsangelegenheiten waren schlicht verboten. Kritik an allem, was die Machtbeziehungen betraf, wurde als Verrat behandelt. In den zweieinhalb Jahrhunderten seiner Existenz zeigte das Tokugawa-Regime zwar abwechselnde Zyklen von Strenge und Nachlässigkeit, doch es behielt immer ein völliges Monopol auf Moralvorschriften, auch in bezug auf so »gefährliche Erscheinungen« wie Samurai, die sich mit Normalbürgern abgaben oder über Tagesereignisse sprachen. Seine Beamten betrieben ein ausgeklügeltes Zensursystem und überprüften sogar Trivialliteratur und Bilder. »Da alles ›Neue‹ eine Gefahr für die Klassenstruktur darstellte, war die Regierung besonders begierig darauf, Bücher und Flugblätter zu unterdrücken, die neue Gedankenströmungen oder irgend etwas Ungewöhnliches erwähnten.«[20] Vor diesem Hintergrund der Unterdrückung blühten einige neokonfuzianische Bewegungen.

Neokonfuzianische Orthodoxie

Der Neokonfuzianismus, insbesondere der der Chu-Hsi-Schule, konnte zum Hauptstrom der Tokugawa-Orthodoxie werden, weil er eine Weltsicht bot, die der Traum jedes bürokratisch-autoritären Regimes wäre. Ihm zufolge entsprachen sowohl die gesellschaftliche als auch die natürliche Ordnung unwandelbaren Naturprinzipien. So wurden Fragen, warum die Machthaber die Macht haben, und warum alle, die ihnen unterstehen, »auf ihrem angestammten Platz« bleiben sollen, einfach vom rationalen Diskurs ausgeschlossen.

Wie wir in Kapitel 6 sahen, hat der japanische Neokonfuzianismus Theorien entwickelt, die die Prioritäten des chinesischen Konfuzianismus auf den Kopf stellten, indem sie statt der kindlichen Pietät die Loyalität zum Herrscher zum übergeordneten moralischen Gebot machten. Yoshikawa Koretaru hat es zusammengefaßt: »Man darf seine Eltern um des Herrschers willen verlassen, doch aus keinem Grund darf man den Herrscher um der Eltern willen verlassen.«[21] Später schuf die Meiji-Oligarchie den Mythos vom Kaiser als wohlwollendem Vater aller Japaner. Yamazaki Ansai, ein Schüler des Yoshikawa Koretaru und sehr einflußreicher Denker der frühen Tokugawa-Zeit, meinte, man sollte Herrschern mit blinder Loyalität dienen, ob sie nun tugendhaft oder lasterhaft seien. In einer Kombination von Neokonfuzianismus und Shintoismus sah Yamazaki die existierenden politischen und gesellschaftlichen Strukturen als metaphysisch gesegnet. Für ihn konnte politischer Wandel nie legitim sein und war schlicht undenkbar.[22]

In der späteren Tokugawa-Periode wurde die Familie Hayashi mit ihrer Akademie zum offiziellen Bannerträger der neokonfuzianischen Auslegung von Gesetzen der Natur und menschlichen Gesellschaft, die bis dahin genau auf die Machtbeziehungen unter dem Regime zugeschnitten waren.[23] Das Geistesleben war allerdings nicht vollkommen berechenbar. Gelegentlich konnten die Tokugawa-»Schulmänner« ihren Geist schulen, indem sie lebhafte Dispute ihrer Kollegen verfolgten. Der wichtigste politische Denker der Periode, Ogyu Sorai (1666—1728), rüttelte sie auf, als er die Ideen früherer Befürworter einer Rückkehr zum älteren Konfuzianismus aufgriff und eine schlüssige Theorie von der Unwandelbarkeit etablierter politischer Institutionen durch allen historischen Wandel vorlegte. Für Sorai hatten die weisen Könige des alten China diese Institutionen als Instrumente des konfuzianischen Weges geschaffen; sie hatten ein moralisches Prinzip, das sich in Regierungsstrukturen verkörperte und jeden Wandel überlebte, den sie durchmachen mochten.[24]

Das Tokugawa-Denken war nicht immun gegen Wandel und umfaßte einander widersprechende intellektuelle Strömungen; dennoch blieb seine politische Stoßrichtung dieselbe, je mehr es sich wandelte. Die am Geistesleben der Tokugawa Beteiligten hielten eine Orthodoxie hoch, nicht in dem Sinn, daß sie alle das gleiche sagten, sondern in dem, was sie nicht sagten. Ihre Debatten erkannten nie die Möglichkeit des Andersdenkens in grundlegenden soziopolitischen Fragen an. Sie schlossen gemeinsam die Möglichkeit der Heterodoxie aus. In ihrem Weltbild existierte die moralische Autonomie der Einzelperson nicht; dies war der Kern der Ideologie. Das Regime sah seinerseits die Notwendigkeit einer gewissen ideologischen Flexibilität ein. Von der Mitte des 18. Jahrhunderts an war es die intellektuelle Mode in Regierung und vielen Schulen der Domänen, die Anpassung der Ideologie zur Aufrechterhaltung der Autorität im Wandel der Geschichte zu befürworten.[25]

Die Lehrer der Wang-Yangming(Oyomei)-Schule, die bei der Bestimmung des moralisch Gesunden die Intuition betonte, waren fast bis zum Ende des Shogunats ähnlich zuverlässig in dessen Unterstützung.[26] Was die Kokugaku-Bewegung angeht, so ging Mabuchi von der Prämisse aus, daß die zeitliche Ordnung heilig sei, da sie letztlich von der unverletzlichen Institution des Kaisertums beherrscht werde. Motoori Norinaga unterstützte das politische Arrangement der Tokugawa-Zeit weiter, indem er es als völlig mit den Zielen der Sonnengöttin übereinstimmend darstellte. Er fand es nicht nur schmählich, je den Charakter des Herrschers zu beurteilen, sondern predigte auch bedingungslose Unterwerfung unter Höherrangige.[27]

Die Sprecher formal tolerierten Tokugawa-Denkens verkündeten alle die Auffassung, daß die Ordnung, die durchgesetzt worden war, unwandelbar sei, in Harmonie mit der Natur und in Übereinstimmung mit dem Willen einer Heerschar von Göttern. Selbst untereinander strebten sie nach mehr »Reinheit« und größerer »Loyalität«, gerade so, wie Japans Superpatrioten in den 1920er Jahren und bei Kriegsende gegen die Behörden und den Rest der Bevölkerung versuchten, einander in Demonstrationen der Liebe zum Kaiser zu übertreffen.

Die zeitgenössische populäre Kultur zeigt, daß die Forderungen nach totaler Unterwerfung vielen Menschen vor drei Jahrhunderten gegen den Strich gingen. Drama und Fiktion waren besessen vom Konflikt zwischen giri, der Pflicht, die die Vorschriften einer strengen Gesellschaft vorschreiben, und ninjo, natürlichen menschlichen Gefühlen — in diesem Zusammenhang besonders den Gefühlen von Menschen, die einen Verwandten töten oder eine Geliebte im Stich lassen mußten. Die Dichotomie giri-ninjo wird noch heute gebraucht, und viele Japaner glauben, daß ninjo einzigartige japanische Gefühle sind, die Ausländer nicht verstehen können. Theater und Literatur der Tokugawa-Periode waren voller Symbole zu diesem Thema. Das heutige Kabuki wäre ohne es praktisch

nichts, und auch die Konsumenten von Film, Fernsehen und Comics können nicht genug davon bekommen. In der Geschichte siegte am Ende immer giri über ninjo. Inzwischen hat freilich die dramatische Behandlung des Dilemmas die Symbole geliefert, die nötig sind, um die menschliche Zwangslage zu begreifen.
Im heutigen Japan ist die Tradition der politischen Theorie zu schwach, um das hartnäckige neokonfuzianische Gefühl zu eliminieren, die soziopolitische Hierarchie entspreche einer natürlichen Ordnung. Sehr wenige Japaner hinterfragen die Übermacht der Bürokraten, die nicht die geringste logische Grundlage hat. Die politischen Arrangements der Tokugawa-Zeit wurden als vollkommen dargestellt, weil sie der »Ordnung in den mannigfachen natürlichen Erscheinungen des Himmels und der Erde« entsprächen.[28] Heute erforschen das Büro des Premierministers und andere Regierungsbehörden endlos gesellschaftliche Praktiken, Einstellungen und Meinungen, nicht, um zu wissen, was vor sich geht, sondern um ihre Befunde in ein Modell rechten japanischen Verhaltens zu übertragen. An Regierungsbehörden angeschlossene Forschungsgruppen veröffentlichen Berichte, die eine ideale japanische Identität umreißen. Der Öffentlichkeit wird regelmäßig in Form eines Meinungsreports bestätigt, daß 90% von ihr zur Mittelklasse gehören. Japanischen Frauen wird gesagt, daß sie ihre Arbeit nach der Heirat aufgeben und daheim bleiben sollen, bis sie mindestens ein Kind großgezogen haben.

Die Konstruktion einer nationalen Identität

Die Moralvorschriften, die die Menschen in der Tokugawa-Zeit an ihren Stand ketteten, hatten religiöse Eigenschaften; die verschiedenen ideologischen Stränge waren jedoch noch nicht zu einem großen Glauben verflochten, der präzise zusammengefaßt werden konnte. Erst nachdem Japan aus seiner Isolation herausgekommen war, wurden ideologische Bruchstücke, alte Mythologie und neue patriotische Gefühle zu einem allumfassenden japanischen Glauben vermengt, in dessen Namen Millionen ihr Leben gaben und noch mehr Millionen anderer Asiaten das ihre genommen wurde. Die Meiji-Oligarchie schuf den neuen Glauben ganz bewußt für politische Zwecke, um einen Staat zu formen, der die Treue der Normalbürger wie der gerade abgeschafften Samurai-Kaste an sich binden konnte.

Viele Autoren sind zu dem Schluß gekommen, daß kein anderes Volk in einem großen Land in nur zwanzig Jahren mehr Veränderungen durchlebte als die Japaner der frühen Meiji-Periode. B. H. Chamberlain, ein Augenzeuge der Zeit, eröffnet sein berühmtes Buch *Things Japanese* mit der Bemerkung, das Erleben dieser Ereignisse »gibt einem das Gefühl, übernatürlich alt zu sein; denn hier ist man in der modernen Zeit mit all dem Reden über Fahrräder und Bazillen und ›Einflußsphären‹, und dennoch kann man selbst sich genau an das Mittelalter erinnern«.[29] Was als Staatsstreich begann, wuchs sich zu einem folgenreichen politischen Übergang aus. Sowohl die Machthaber als auch die politischen Strukturen waren neu. Der revolutionärste Wandel folgte wohl auf die Schaffung eines nationalen Militärs: Nach Jahrhunderten, in denen sie bei Todesstrafe keine Waffen besitzen durften, wurden körperlich geeignete Männer, die nicht der Samurai-Kaste angehörten, zu Kämpfern ausgebildet. Zum erstenmal wurden japanische Normalbürger ganz spürbar in die Ziele des Staates einbezogen.

Gerade als die allgemeine Öffentlichkeit zum politischen Faktor wurde, machte der Import ausländischer Ideen den Japanern bewußt, daß Regierung etwas sei, was man prüfen konnte. Die Beispiele ausländischer Regierungssysteme führte zu drängenden Fragen über die eigene Regierung. Es galt, neugierige japanische Köpfe gegen die potentiell subversiven ausländischen Ideen von Individualismus, Liberalismus und Demokratie zu impfen. Die Machtausübung in Japan mußte auf Weisen erklärt und gerechtfertigt werden, die noch nie nötig gewesen waren, und neue Methoden der Kontrolle mußten eingeführt werden.

Dies umfaßte unter anderem die Artikulierung einer nationalen Identität. Ein Bewußtsein gemeinsamer nationaler Ziele war nicht wie in Europa durch periodische Kriege gegen das Ausland »natürlich« gewachsen. Zwischen 1600 und 1850 war Frankreich insgesamt 115 Jahre im Krieg gewesen, Großbritannien 125, Rußland 124, Spanien 160 und Österreich 129.[30] In der gleichen Zeit hatte Japan nur einmal auf ein amerikanisches Schiff geschossen, das sich trotz des Banns seiner Küste näherte.[31] Es war offensichtlich nötig, neue nationalistische Überzeugungen heraufzubeschwören, die Japan gegen die vorwärtsdrängenden westlichen Mächte stärkten und gleichzeitig die Herrschaft der neuen Oligarchie rechtfertigten.

Die Männer des Meiji waren zu dem Schluß gekommen, die Quelle der in ihren Augen überwältigenden Macht des Westens liege gerade in den universalistischen und transzendenten Gedanken- und Glaubenssystemen, die Japan fehlten: den westlichen Rechtssystemen, der US-Verfassung und besonders der christlichen Religion. Der Eindruck war weit verbreitet, daß die westlichen Mächte den christlichen Glauben eigens angenommen hatten, um die Welt zu erobern. Kurz vor der Meiji-Restauration hatte schon ein Gelehrter erklärt, das Christentum sei »ein Trick, den europäische Herrscher anwandten, um ihre Völker gefügig und leicht lenkbar« zu machen«.[32]

Seit dem ersten Anfang der Meiji-Periode wurde die Religion eine öffentliche Angelegenheit. Die Oligarchen ließen keinen Zweifel daran, daß sie sie durchaus für ihre Sache hielten. Eine wichtige Gestalt unter ihnen, Ito Hirobumi, kam zu dem Schluß, man müsse einen Ersatz finden, weil die japanische Religion schwach sei.[33] Die Verbindungen zwischen Regierung und Religion waren Thema einer heißen Auseinandersetzung Anfang der 1870er Jahre; Nishi Amane, ein wichtiger Denker der sogenannten Meiji-Aufklärung, behandelte sie in einer Serie von Zeitschriftenartikeln. Er sprach sich für Toleranz aus, warnte aber, die Religion solle sich nicht in Interessen des Staates einmischen. Er drängte die Regierung sehr, sich nicht auf die Religion zu stützen: »Wie kann irgendein Regime der Zerstörung und dem Untergang entgehen, wenn ... es sich auf etwas stützt, dessen Falschheit es verbirgt?«[34] Er kritisierte Schachzüge der neuen Machthaber zur Durchsetzung einer Staatsreligion. Indessen schuf die Regierung eine Shinto-Behörde, organisierte ein nationales Schreinesystem und sandte Missionare aus, um zur Unterminierung des buddhistischen Einflusses buddhistische Priester einzubinden. Doch diese frühe Bewegung zur Gründung einer Staatsreligion verlief im Sande, weil die Priester zögerten, den neuen, nationalistischen Glauben zu unterstützen und zu verbreiten, und weil die ganze Kampagne Japan in den Augen des Westens schlecht aussehen ließ.[35]

Die Lösung, die eine andere Leuchte der Meiji-Aufklärung, Nakamura Masanao, vorschlug (berühmt als Übersetzer von John Stuart Mills' *On Liberty*), war, der Kaiser solle ein Beispiel setzen und sich als Christ taufen lassen.[36] Kaiser Mutsuhito, posthum Meiji genannt, nahm diesen Rat nicht an; allerdings wurde er nachher dazu bewegt, eine andere Art Beispiel zu setzen, indem er Milch und Rindfleisch in seinen Speiseplan aufnahm. Man glaubte, da diese Produkte von einem großen, robusten Tier kommen, würden sie die Japaner so groß und robust machen wie die Abendländer, die seit Jahrhunderten Rindfleisch aßen und Milch tranken.[37]
Das Christentum erwies sich nicht als die Antwort, doch die Meiji-Oligarchie machte tatsächlich den Kaiser zum Schlüssel einer quasireligiösen Lösung. Unter Berufung auf ein imaginäres japanisches Altertum für ihre Formel versuchten die neuen Machthaber, sich durch einen von ihnen selbst geschaffenen göttlichen Kaiser zu legitimieren.

Nationales Wesen und kaiserlicher Segen

In ihrem Bestreben, den japanischen Bürger davon zu überzeugen, daß der Kaiser eine einzigartige Segnung war, konnten die Meiji-Machthaber aus einer reichen Tradition schöpfen. Japans erstes deutendes Geschichtswerk, das Gukansho (1219 von einem politisch aktiven, buddhistischen Mönch geschrieben), bestätigte, das Wesen Japans liege in der Einzigartigkeit seiner heiligen kaiserlichen Linie. Während China seine Kaiser wählte, war die alleinige japanische Linie von der Sonnengöttin geschaffen worden; sie hatte auch das spezifische Arrangement hinterlassen, nach dem Kaiser regierten — auf Weisen, die verschieden, aber den Phasen der Geschichte angemessen waren.[38]
Rund ein Jahrhundert später, als es dem Gukansho zum Trotz zwei rivalisierende Kaiser gab, schrieb der gebildetste Beteiligte an der Politik dieses Schismas, Kitabatake Chikafusa, ein gelehrtes Traktat zur Unterstützung des Kaisers seiner Wahl. In seinem berühmten Werk über die göttliche Natur der kaiserlichen Linie spielte die einzigartige Beziehung zwischen Thron und Volk eine große Rolle. Um dieses Phänomen zu beschreiben, benutzte Chikafusa den al-

ten, vom Chinesischen abgeleiteten Ausdruck kokutai, der im japanischen Zusammenhang gewöhnlich als »nationales Wesen« übersetzt wird. Dieser Ausdruck wurde mit der Zeit zum Kernstück der Yamato-Ideologie, mit der die Japaner bis 1945 indoktriniert wurden.

Wie wir gerade sahen, fanden einige Denker des 17. und 18. Jahrhunderts ebenfalls den Beweis japanischer Überlegenheit in der Heiligkeit der ungebrochenen kaiserlichen Linie. Yamaga Soko, ein wichtiger Theoretiker des Kaisertums im 17. Jahrhundert, behauptete, Japan und nicht China sei das wahre Reich der Mitte, und der Shintoismus habe die Entwicklung des Konfuzianismus geleitet. Seine Argumente waren um den Begriff des kokutai angeordnet.

Dieser Begriff wurde 1825 wieder von Aizawa Seishisai, dem Sammler der Shinron oder Neuen Thesen, unters Volk gebracht. Seine Behauptungen sollten ein Hauptbestandteil der von der Meiji-Oligarchie konstruierten künstlichen Religion werden. Ironischerweise war es die Macht des Westens, die Aizawa inspirierte; er glaubte, westliche Herrscher hätten ein besseres kokutai erreicht als das Tokugawa-Regime.[39]

Die Machthaber, die die Ideen der Meiji-Intelligenz mit bestimmten, stürzten sich begeistert auf das kokutai. In Zensuranweisungen an die Presse von 1873 war kokutai schon als Gegenstand aufgeführt, der nicht kritisiert werden durfte.[40]

Es dauerte etwa zwanzig Jahre, bis die verschiedenen Stränge der Yamato-Propaganda zu einer einheitlichen Staatsmythologie verwoben waren. Sie wurde durch zwei mächtige Einrichtungen im Volk verbreitet, die ebenfalls von der Oligarchie geschaffen waren: der Wehrdienstpflicht und dem staatlichen Schulsystem.

Von 1880 an begannen japanische Geschichtsbücher für Schulen nicht mit der Steinzeit, sondern mit den Göttern, von denen der Kaiser direkt abstammte. Die Indoktrinierung, die die Nation ein halbes Jahrhundert durchmachen sollte, war ansatzweise in dem kaiserlichen Erlaß für Soldaten und Seeleute von 1882 erkennbar. Doch der kaiserliche Erlaß zur Bildung, der acht Jahre später erschien, war die erste offizielle Verlautbarung, die als Grundlage für Entscheidungen diente, was echt japanisch war und was nicht. Er befahl zur größeren Ehre des Kaisers die Kultivierung von Loyalität, kindlicher Pietät und zwölf weiteren Tugenden. Diese Ideen fanden Eingang in alle Schulbücher für das shushin (moralische Training), die erste Stunde des Tages in allen Schulen. Schon 1892 lernten Grundschüler Zeilen auswendig, in denen sie gelobten, ihr Leben freudig für den Kaiser zu opfern.[41] Das japanische Erziehungsministerium faßte es für den Rest der Welt zusammen:

> *Als direkter Abkömmling der himmlischen Gottheiten hat der Kaiser unerschütterlich durch alle Generationen an seinem hohen Platz gestanden (in der Beziehung zu seinen Untertanen) wie Vater und Kind statt wie Herr und Knecht. Die kaiserliche Familie war das Elternhaus; die Untertanen waren wie Verwandte.*[42]

Vor dem Eindringen westlicher Ideen konnten Befürworter einer Shinto-Erneuerung über wenig außer der Heiligkeit des Kaisers sprechen, ohne auf den Konfuzianismus zurückzukommen. Zwar hätten sie eine »Rückkehr« zur reinen japanischen Unschuld vorgezogen, die existiert hatte, noch bevor die einheimische Religion vom chinesischen Denken besudelt wurde, doch der Shintoismus hatte keine heiligen Texte, Lehren, moralischen Normen oder philosophischen Abhandlungen hervorgebracht und konnte wenig mehr bieten als die Idee einer ungebrochenen Linie von Kaisern. Die Argumente um die kokutai-Ideologie mußten ebenfalls wohl oder übel auf konfuzianische Vorstellungen von Familie zurückgreifen, erweiterten diese aber auf das ganze, zentral regierte Japan und bezogen preußische Organismus-Theorien ein, die einen starken Staat unterstützten.

Die Lektionen, die die »Staatsfamilie« priesen, gingen mit Warnungen einher, daß der nationale Geist von gefährlichem und unjapanischem westlichen Denken bedroht werden könne. Eifrige Meiji-Studenten wurden einer breiten Palette westlicher Ideen ausgesetzt, darunter dem britischen Liberalismus, Rousseaus Souveränität des Volkes, dem anglo-amerikanischen Empirismus, Utilitarismus und Sozialdarwinismus. Hegelianische Staatsideen fanden japanische Interpreten, sogar vor der Einführung von Marxismus und Anarchismus. Doch westliche Systeme moralischen oder politischen Denkens mit einem begrifflichen Rahmen, der alle menschliche Erfahrung einschließen konnte, wurden zunehmend argwöhnisch betrachtet.

Bei Beginn unseres Jahrhunderts hatte die Yamato-Mythologie genügend Konsistenz, um als Ersatzreligion zu dienen. Während es in den 1880er Jahren möglich gewesen war, zu glauben, daß alle Länder in irgendeiner Form kokutai hatten, war dies nach der Jahrhundertwende ein japanisches Monopol.[43] Am Anfang wurde kokutai mit »national polity« ins Englische übersetzt; später hingegen wurde es meist als ein Begriff beschrieben, der in keiner fremden Sprache wiederzugeben sei, weil er von einzigartig japanischem Sinn durchdrungen sei. Ein japanischer Historiker faßt die politische Entwicklung der Meiji-Zeit zusammen:

> *Ein Wandel hatte sich vollzogen von (der Zeit, als) der Staat beobachtet, studiert und kritisiert worden war... durch Gesetz, Mythos und die Wiederbelebung einer alten Ethik mußte der Staat verehrt werden; er war zu etwas geworden, dem man untertänig zu gehorchen hatte. Man erklärte den Staat nicht mehr, man glaubte an ihn!*[44]

Daß anscheinend viele an ihn glaubten, ist einer Dissertation zu entnehmen, mit der George Etsujiro Uyehara 1910 an der London School of Economics einen Doktortitel erwarb. Die Japaner, erläuterte Uyehara, hätten seit dem ersten (mythologischen) Kaiser Jimmu unter ein und derselben Regierung gelebt und ihre ethnische Einheit stets gewissenhaft bewahrt.[45] Für ihn bewies die Tatsache, daß alle Japaner sich gleich benehmen und gleich fühlen, daß Japan eine einzige große Familie sei. Eine »starke Zuneigung zum Land bewegt ihr ganzes Nervensystem«. Das kaiserliche System »dringt durch bis in ihr Fleisch und ihre Knochen«. Vom Kaiser »geht alles aus; in ihm hat alles Bestand; es gibt nichts auf Japans Erde, das unabhängig von ihm existiert. Er ist alleiniger Besitzer des Reiches, der Urheber von Gesetz, Gerechtigkeit, Vorrecht und Ehre, das Symbol der Einheit der japanischen Nation.« Es fiel dem LSE-Doktoranden auf, daß der Kaiser nicht sehr den Eindruck machte, Japan zu regieren, doch dies war kein Problem, denn »der Souverän Japans hat es nicht nötig, zu versuchen, seine persönliche Größe zu zeigen«.

Die Ideologie von der »Staatsfamilie« wurde, zusammen mit militärischen Werten und militärisch orientierter gesellschaftlicher Organisation, durch die große neue Armee von Wehrdienstpflichtigen im ganzen Land wirksam verbreitet. Sie und das Schulsystem bewirkten eine rasche »Samuraisierung« des Landes: eine Verbreitung der Ideale von Disziplin und extremistischer »Loyalität«, die die Erziehung der Samurai vor allem gekennzeichnet hatten.
In den ersten Jahrzehnten des 20. Jahrhunderts infiltrierte die Armee zunehmend das flache Land. Sie unterwanderte Dorfräte, nutzte die Bindung der Bevölkerung an ihre kleine Gemeinschaft aus und kombinierte ihre eigenen Prioritäten mit denen der natürlichen dörflichen Gebräuche. 1910 wurde der Kaiserliche Reservistenverband gegründet. 1915 folgte der Großjapanische Jugendverband, gefördert von der militärischen Elite, dem Naimusho und dem Erziehungsministerium. 1926 gründeten Militär und Erziehungsbürokraten militärische Ausbildungszentren für die Jugend. National organisierte Frauen-Verteidigungsorganisationen vervollständigten die Anstrengung. Durch diese vier Organisationen, die 1935 zwischen elf und zwölf Millionen Mitglieder hatten,[46] installierte die Armee einen riesigen Indoktrinationsapparat. So hatten die Organisatoren der »Staatsfamilie« zu Beginn des Krieges in China erhebliche Kontrolle darüber gewonnen, was im Denken und Fühlen der Japaner zwischen 6 und 40 vor sich ging: über die Schulen bis 14 Jahre, über die Jugendverbände zwischen 14 und 20, über Militärdienst und Reservistenverbände ab 20.

Erbe der Vorkriegs-»Kultur«

Würde ein japanischer Beamter oder Intellektueller heute beginnen, vom »himmlischen Ziel«, vom »kaiserlichen« oder »moralischen Weg« zu sprechen, so würden die meisten seiner Landsleute glauben, er sei nicht ganz bei Trost. Zwar glaubt eine Minderheit nicht daran, daß Japan 1945 bedingungslos kapituliert hat (weil das Kaisertum intakt blieb), doch die Atombomben vom August 1945 bewiesen, daß das einzigartige und göttlich eingesetzte kokutai das Land im Krieg schließlich nicht retten konnte. Zum erstenmal in der Geschichte trafen fremde Eroberer ein und straften die Vorstellung von überlegener Tapferkeit aufgrund ethnischer Einheit und einer ungebrochenen Linie von Kaisern Lügen. Am Neujahrstag 1946 wurden die Japaner in ihren Morgenzeitungen von einer kaiserlichen Verlautbarung in Kenntnis gesetzt, die ihnen versicherte: »Die Bande zwischen Uns und Unserem Volke ... beruhen nicht auf der falschen Vorstellung, daß der Kaiser göttlich ist und daß die Japaner anderen Rassen überlegen und zur Beherrschung der Welt bestimmt sind.« Trotzdem konnte eine Broschüre zur Erläuterung der neuen Verfassung, die das japanische Kabinett im November 1946 veröffentlichte, behaupten, kokutai, nun in der Bedeutung von »grundlegender Charakter der Nation«, sei die Basis für Japans Existenz, und sein Wesen sei die Anbetung des Kaisers durch das Volk als die die Nation einende Kraft.[47] Der japanische Begriff der Nation impliziert automatisch, daß sie ewig währen wird. In dieser Hinsicht sind die in kokutai ausgedrückten Ideen noch immer Grundelement des zeitgenössischen Denkens.

Versucht man herauszufinden, wieviel von der Tokugawa- und Meiji-Ideologie im heutigen Japan weiterlebt, so ist man auf schwankenderem Boden. Ein Grund dafür ist, daß die Japaner sich mit vagen Bedeutungen begnügen, ein anderer die große Ambivalenz der Japaner gegenüber ihren traditionellen Idealen und dem Problem ihrer Identität. Einerseits wirken viele der gängigen Begriffe der Propaganda aus dem frühen 20. Jahrhundert heute absurd anachronistisch. Andererseits predigen populäre Bücher über psychologische und soziologische Themen noch immer politische Unterwerfung des einzelnen, indem sie dies als die japanische Art »analysieren«; Konzerne behaupten, große, wohlwollende Familien zu sein, und der Glaube an rassische Einzigartigkeit und Überlegenheit ist recht weit verbreitet.

Die Ethik der Unterwerfung und die Mythologie der Kriegszeit erscheinen immer wieder in der populären Unterhaltung.[48] Viel Propaganda der Vorkriegszeit ist ins heutige Japan durchgesickert. Ende der 1980er Jahre scheint sie das Potential zu haben, die Nation als Resultat eines kollektiven Anfalls von Selbstmitleid und Selbstzweifel, ausgelöst etwa durch internationale Sanktionen gegen den japanischen Handel, mit den alten Bildern zu überschwemmen.

DAS JAPANISCHE GEFÜHL DER EINZIGARTIGKEIT UND ÜBERLEGENHEIT

Japaner werden von ihren Lehrern, Zeitungen und Fernsehprogrammen ständig an die Einzigartigkeit ihrer Kultur und die Besonderheit ihrer Überzeugungen, Sitten und Lebensauffassung erinnert. Diese Ideen werden von zahlreichen verschleierten Hinweisen in Regierungspublikationen verstärkt und von einer eigens diesem Thema gewidmeten Literatur eingehämmert. Diese heißt nihonjinron (Theoretisieren über die Japaner) und betont nicht nur die Vorstellung, Japaner seien unvergleichbar anders, sondern behauptet oft auch, die japanische Seinsweise sei dem vorzuziehen, weil überlegen, was der Rest der Welt zu bieten hat.[49] Obwohl nihonjinron-Literatur manchmal in sehr weit hergeholten Hypothesen daherkommt, drückt sie doch aus, was weithin geglaubt wird. Japanische Leser mögen ablehnen, was sie für Übertreibungen halten, und trotzdem in ihren Kernideen von der Einzigartigkeit ihrer Gesellschaft bestärkt werden. Die unter dem Etikett nihonjinron vermarkteten Theorien mögen einander in ihren Teilen widersprechen, und trotzdem wiederholen sie alle die gängigen Themen des Gegensatzes zwischen japanischem und westlichem Denken und Handeln.

Warm, feucht und unlogisch

Insgesamt räumt nihonjinron-Literatur ein, daß die Japaner nicht an allgemeingültige Werte glauben und »nicht logisch« sind. Sie stellt diese Züge als Vorzüge dar, die den Japanern angeblich einen engeren Kontakt zum Hier und Jetzt konkreter Umstände verschafft und sie liebevoller gegenüber anderen Menschen macht. Westliche Verhaltensweisen und Manieren, heißt es, sind »trocken« oder »hart«, japanische »feucht« und »weich«. Anders als Abendländer — und übrigens auch die Chinesen —, die einzeln und unverbunden sind wie Sandkörner, hängen die Japaner infolge ihrer »Feuchtigkeit« und »Weichheit« zusammen wie klebriger Reis. Ähnlich hält man das westliche Denken für »kalt«, »trocken« und »intolerant«, das japanische hingegen für »warm«,

»feucht« und deshalb humaner. Nihonjinron-Theoretiker glauben, Japaner seien extrem sensibel für die Bedürfnisse der anderen und hätten eine besondere Gabe für wortlose Kommunikation. Alle betonen den Vorrang der Gruppe vor dem Individuum und implizieren, daß Japaner ihr eigenes Ich lieber im Gemeinschaftsleben aufgehen lassen.

Nakasone Yasuhiro, einer der stärksten japanischen Premierminister nach dem Krieg, ist ein frommer Anhänger der nihonjinron-Theorien. Er glaubt an ein speziell japanisches Mitgefühl, das von einer »Monsunkultur« kommt (im Sommer ist Japan sehr feucht, warm und klebrig). Für ihn muß die christliche Liebe von derselben asiatischen Monsunkultur abgeleitet sein, die auch den Buddhismus hervorgebracht hat. Aus dem Wüstenklima des Mittleren Ostens kann sie nicht gekommen sein — dies hat die jüdisch-christlichen Werte »Auge um Auge, Zahn um Zahn« hervorgebracht. In einer Rede 1986 war Nakasone nicht sparsam mit Worten über Japans internationale Mission, sein Monsun-inspiriertes Mitgefühl im Rest der Welt zu verbreiten.[50] Er implizierte auch, Verträge seien ein Produkt der mitleidlosen Wüstenkultur.

Diese Art »Analyse« kommt direkt von dem nationalistischen Moralphilosophen Watsuji Tetsuro (1889—1960), der ein großer Apologet für Japans Eroberungen war und glaubte, sie seien Teil eines Schicksals, das Japan durch den Druck der Weltgeschichte auferlegt sei. Sein berühmtes Vorkriegswerk *Climate and Culture* hat so manchen nihonjinron-Praktiker inspiriert.[51] Neben den Kulturen vom Typ »Monsun« und »Wüste« postulierte Watsuji auch einen Typ »Wiese«, den er vor allem in Europa fand. Die meisten Abendländer sind ein Mischprodukt aus Wiese und Wüste, was bedeutet, daß sie zu sanfter Liebe wie auch zu trockenem, abstraktem, vertragsmäßigem Denken fähig sind. Laut Watsuji hat Japan eine ganz besondere Version der Monsunkultur, die Menschen »voll emotionaler Vitalität und Empfindsamkeit« hervorbringt. All dies fördert angeblich intime, familiäre Beziehungen unter Japanern.[52]

Japanische Normalbürger sind nie ermutigt worden, diese Art Schriften mit einem Körnchen Salz zu nehmen. Sehr wenige seriöse Schriften von Japanern über Belange ihrer Gesellschaft sind ganz frei von nihonjinron-Einflüssen. Auch in Analysen von ausländischen Autoren hat sich ein erstaunliches Maß nihonjinron eingeschlichen. Die Möglichkeit von Zwang oder Indoktrinierung als formenden Faktoren japanischen Verhaltens wird in dieser nihonjinron-Bilderwelt nicht in Betracht gezogen. Und darin liegt ihre propagandistische Kraft. In der nihonjinron-Perspektive beschränken die Japaner ihr Handeln, nehmen keine »Rechte« in Anspruch und gehorchen immer denen, die über ihnen stehen — nicht, weil sie keine andere Wahl haben, sondern weil das ihre Natur ist. Japaner werden dargestellt, als würden sie mit einer speziellen Eigenschaft des Gehirns geboren, aufgrund derer sie ihr individuelles Selbst unterdrücken wollen.

Es ist verblüffend, wie selbstverständlich die Japaner anzunehmen scheinen, daß sie physisch »eine Rasse für sich« sind. Ich habe Beamte ausländischen Geschäftsleuten erklären hören, von ausländischen Firmen hergestellte Medikamente müßten besonderen Tests unterzogen werden, bevor sie in Japan zugelassen würden, weil japanische Körper anders gebaut seien.[53] Iwamochi Shizuma, der frühere Vorsitzende des Verbandes der landwirtschaftlichen Kooperativen, erläuterte einmal einem Publikum von Auslandskorrespondenten: »Jedermann weiß, daß japanische Därme etwa einen Meter länger sind als die von Ausländern« — und deshalb sollten wir alle verstehen, daß amerikanisches Rindfleisch nicht zur Verdauung durch Japaner geeignet sei. Als Hata Tsutomu, der Vorsitzende des LDP-Forschungsrates für Landwirtschaftspolitik, 1987 Washington besuchte, sprach er ebenfalls von einem längeren japanischen Verdauungstrakt, der nur schwer mit rotem Fleisch fertigwerde.[54]

Der große »wissenschaftliche Beweis« japanischer Einzigartigkeit galt mit Dr. Tsunoda Tadanobu als gekommen; er entdeckte, daß japanische Gehirne sich wesentlich von westlichen Gehirnen unterscheiden, oder überhaupt von den Gehirnen der meisten anderen Menschen auf der Welt. Diesem Forscher zufolge hören Japaner Insekten, Tempelglocken, Summen und Schnarchen mit der linken Hirnhälfte, die Abendländer hingegen mit der rechten.

Dr. Tsunoda impliziert, daß das japanische Denken anders als das anderer Menschen ist, weil sie ihre beiden Hirnhälften anders benutzen. Mein Eindruck ist nach dem Bericht einer seiner ausländischen Versuchspersonen, daß Autosuggestion dabei eine wichtige Rolle spielt. In Japan verkauft sich das Buch allerdings gut, und seine Ansichten haben so viel offizielle Zustimmung gefunden, daß sie im Ausland von der halbstaatlichen Japan Foundation eingeführt wurden.[55]

Eine beliebte Unterkategorie der nihonjinron-Theorien betrifft die japanische Sprache. Die Japaner halten sie weithin für besonders schwer erlernbar, nicht wegen ihres unsinnig komplizierten Schriftsystems, sondern weil sie einen anderen »Geist« besitzt als jede andere Sprache. Dieser Geist, kotodama genannt, war eine wichtige mythologische Zutat der Vorkriegsideologie von Japans überlegener Einzigartigkeit. Er gilt als manifest in den yamato kotoba, den angeblich reinen japanischen Wörtern, die tiefe semantische Bedeutungen jenseits der sprachlichen Anleihen aus China und dem Westen ausdrücken können.[56] Den nihonjinron-Praktikern ist der Glaube an die Einzigartigkeit der japanischen Sprache generell wichtig, denn sie erbringen gern neue Beweise für die japanische Einzigartigkeit, indem sie die feinen Nuancen und Konnotationen japanischer Worte mit ihren vermeintlich gröberen westlichen Entsprechungen vergleichen.

Inspiriert von einer Umfrage des ans Erziehungsministerium angeschlossenen Instituts für Statistische Mathematik hat Yamamoto Shichihei, ein prominenter nihonjinron-Autor, geschlossen, daß Japans Jugend zu den Werten und sozialen Einstellungen der Tokugawa-Zeit zurückkehrt. Er charakterisiert diesen Tokugawa-Typus als einen Japaner, der sich auf entspannte Weise der traditionellen Disziplin anpaßt, sie ohne Mühe oder bewußte Anstrengung akzeptiert und genießt. Für ihn ist dies die beste Art, die Gegenwart zu genießen, denn man braucht nicht zu versuchen, etwas anderes als ganz natürlich man selbst zu sein. Und er behauptet, all dies sei möglich, weil die japanische Gesellschaft auf der Grundlage einer quasi blutsverwandten Gemeinschaft funktioniere.[57] 1971 schrieb und veröffentlichte Yamamoto den ersten und einen der größten nihonjinron-Bestseller; er gab darin vor, ein Jude zu sein, der Aspekte der japanischen Einzigartigkeit bewundere.

Die nihonjinron-Schriften können als Versuche gesehen werden, die Ideologie des Japanertums gegen das Vordringen westlicher Begriffe vom Wert des einzelnen zu verteidigen, gegen das westliche

Beispiel politischer Selbstbehauptung und gegen die Drohung, die die logische Schlüssigkeit des Westens für Japans politische Kultur darstellt. Als solche sind sie mit der nativistischen Kokugaku-Reaktion der Tokugawa-Periode auf die chinesische Bildung vergleichbar. Heute wie damals ist das Bestreben offensichtlich, die eigene Überlegenheit zu beweisen. Die Kokugaku-Gelehrten stellten die Japaner als überragend moralisch im Vergleich mit den Chinesen dar, die die Moral ihrer eigenen Lehre nicht verstanden hatten. Unter Motoori Norinagas berühmtestem Jünger, Hirata Atsutane, wurden japanische Traditionen für ihren großen Einfluß auf andere Länder gepriesen. Selbst in Ländern weit westlich von Indien glaubten die Menschen, daß Himmel, Erde und Menschen von einem großen Gott geschaffen seien. »Folglich ist Japan der Urahn aller Länder, das Haupt- oder Wurzelland der Welt. Der Kaiser ist der einzig wahre Sohn des Himmels und Beherrscher der Welt, dazu bestimmt, alles innerhalb der vier Meere als Herr und Meister zu beherrschen.«[58] Heute wird Japan als das Land dargestellt, das die Ausländer lehrt, »den Weltfrieden zu lieben«; es wird der Welt als Vorbild der Stärke durch Harmonie vorgehalten. Überall in der nihonjinron-Literatur klingt die japanische Kriegssymbolik vom Willensverlust des Westens an, abgesetzt gegen die Stärke und Dynamik eines Japan, das durch kollektive harte Arbeit überlegen ist.

Die japanische Regierung hat (ermutigt durch den damaligen Premierminister Nakasone) beschlossen, ein interuniversitäres Zentrum zu finanzieren, das die Besonderheit der japanischen Kultur untersuchen wird, um seine Befunde einer Welt zu bescheren, die, wie erklärt wird, voller Mißverständnisse über Japan ist. Den Schriften einiger mit dem Projekt verbundener Wissenschaftler nach wird ein ganz neuer Umgang mit dem Begriff der Zivilisation versucht werden.[59]

Das letztliche Ziel dieses Zentrums ist anscheinend, Analysen über Japan — seine Geschichte, Gebräuche und Politik — aus dem allgemeinen internationalen Rahmen herauszuheben. Die japanische Presse hat verdienstvollerweise Bedenken gegen eine Regierungsbeteiligung an dem neuen Institut in Kioto geäußert, obwohl sie sonst nichts dagegen hat, Erklärungen zu bringen, die auf nihonjinron-Sichtweisen fußen. Die *Asahi Shimbun* bemerkte zum Beispiel, andere Länder würden den Äußerungen einer Gruppe von Professoren, die in die Fußstapfen ihrer Vorgänger aus den 1930er Jahren träten, nicht viel Aufmerksamkeit schenken, und ein Leitartikel der *Yomiuri Shimbun* erinnerte die Behörden, die Zeiten seien vorbei, als die Regierung beschließen konnte, wie ein einzelner zu leben habe.

Der Mythos der Homogenität

Eine wesentliche nihonjinron-These und ein Kernbegriff der gängigen politischen Ideologie in Japan ist die angebliche Homogenität des japanischen Volkes. Der alte Mythos von der rassischen Reinheit und gesellschaftlichen Homogenität ist in neuem Gewand wieder da. Das Land hat große regionale Unterschiede in Sitten, Einstellungen und Interessen; es hat fast drei Millionen burakumin (Nachkommen früherer Verfemter) plus fast eine Million in Japan geborener Koreaner, die Okinawaner, eine kleine Zahl Ainu und Hunderttausende von naturalisierten oder im Land geborenen Japanern, deren jüngste Vorfahren Koreaner, Chinesen oder andere Ausländer sind — die Japaner aber sollen all dies ignorieren und stolz darauf sein, daß ihr Land keine Minderheiten beherbergt und daß sie alle von der gleichen, gruppenzentrierten Ethik getrieben werden. Dem Kontext nach zu urteilen, in dem es ständig benutzt wird, ist »Homogenität« ein Codewort für Einzigartigkeit.
Das Außenministerium gratulierte der Nation im Sommer 1985 in einem »blauen Block«, einem diplomatischen Bericht, zu ihren großen wirtschaftlichen Erfolgen und schrieb diese ihrer rassischen Homogenität zu. Andere Beamte, am auffälligsten aber Nakasone, haben angedeutet, es gebe gute Gründe, dankbar dafür zu sein, daß sie keine Vertreter anderer Rassen auf ihrem Boden aufnehmen mußten. Im September 1986 erregte Nakasone in den USA und anderswo Anstoß, als er sagte, die USA seien wegen ihrer schwarzen und hispanischen Minderheiten eine weniger »intelligente« Gesellschaft.[60] Dies war nicht falsch verstanden oder aus dem Zusammenhang gerissen, wie das Außenministerium auf verärgerte Reaktionen der USA hin behauptete. Seine Worte gehörten zu einer nur für japanische Ohren bestimmten Rede, und diese wieder-

um gehörte zu seiner langfristigen Kampagne, ethnischen Stolz in der Bevölkerung zu stimulieren. Nur zwei von gut fünfzig japanischen Journalisten, die ihm zuhörten, fanden es berichtenswert, denn Nakasone hatte schon früher ähnliches geäußert, und viele Japaner teilen solche Ansichten.

In einem Regierungsbericht für die UNO-Menschenrechtskommission leugnete Japan 1980 die Existenz von Minderheiten in seiner Gesellschaft. Derlei öffentliche Verleugnung ist von großer symbolischer Bedeutung, denn die Idee der japanischen Homogenität ist für Japans Verwalter entscheidend wichtig. Wenn Ausländer die japanische Staatsbürgerschaft bekommen, werden sie gedrängt, für ihre offizielle Registrierung einen Yamato-Namen (wie die ethnische Mehrheit) anzunehmen, obwohl das gesetzlich nicht vorgeschrieben ist. Beamte des Justizministeriums sind gegen Nicht-Yamato-Namen, die in japanischen Silbenzeichen geschrieben werden, weil solche Namen »nicht zur einrassigen japanischen Gesellschaft passen«.[61]

Eine weitere Manifestation des Homogenitätsmythos ist das Bild von Japan als klassenloser Gesellschaft, mit nur geringen Unterschieden zwischen Arm und Reich. Seit 1958 führt die Regierung jedes Jahr Umfragen durch, um herauszufinden, was die Japaner von ihrem eigenen sozialen Status denken, und seit Mitte der 60er Jahre definiert sich eine wachsende Mehrheit — in den 80er Jahren bis 90% — als »Mittelklasse«. Das Ergebnis dieser Umfrage ist fast immer Anlaß für die Zeitungen, ihren Lesern wieder einmal dazu zu gratulieren, daß sie alle einer homogenen Nation angehören, auf die sie stolz sein können. Die Berichte beruhen auf subjektiven Einschätzungen; für den Begriff »Mittelklasse« wird kein Maßstab angegeben, und Einkommensunterschiede werden nicht angesprochen.

Wenn die Einkommen an der Inlandskaufkraft des Yen gemessen werden, muß eine erhebliche Zahl Japaner als relativ arm gelten. Mehrere Regierungsbeamte haben eingeräumt, daß die echte Arbeitslosenzahl etwa doppelt so hoch ist wie die offizielle Zahl, und nach manchen Berechnungen muß sie rund das Dreifache betragen. Auf der anderen Seite erfuhr Japan 1987 zu seiner großen Überraschung, daß es zweiundzwanzig Milliardäre hatte, einen mehr als die USA (deren Bevölkerung doppelt so groß ist wie die

Japans). Einer war 21 Milliarden Dollar schwer.[62] Die Wechselkurse und die horrend inflationären Bodenpreise haben diese Statistik sicher mit in die Höhe getrieben, aber die aufgeführten Personen mußten von vornherein erheblichen Reichtum besessen haben. Kurzum, es ist unvernünftig, die japanische Gesellschaft als »eine Klasse« oder »klassenlos« zu beschreiben.

Die Vorstellungen von Homogenität und spezieller japanischer Reinheit des Charakters sind oft miteinander verbunden. Dies wird selten deutlich ausgesprochen, doch Filme und Fernsehserien vermitteln es in ihrer Behandlung von Begegnungen zwischen der japanischen Kultur und der Art der Ausländer.

Die Idee vom »reinen« yamato gokoro oder yamato damashii (Seele oder Geist des Yamato-Volkes, der wahren Japaner, ein mystischer Kern, unbesudelt durch chinesische oder westliche Einflüsse) hat nach etlichen Jahrzehnten, in denen sie nach der Niederlage von 1945 außer Sichtweite gehalten wurde, ein recht dramatisches Comeback erlebt. Doch selbst wo nicht ausdrücklich von yamato gokoro die Rede ist, geht seit den 1980er Jahren die Idee der Homogenität in den Medien zunehmend mit dem Ausdruck minzoku einher, der das japanische Volk, die japanische »Rasse« bezeichnet und eine organismische, familiäre Solidarität impliziert — in manchen Zusammenhängen vergleichbar mit der Bedeutung des Wortes »Volk« unter den Nazis. Premierminister Nakasone schien einigen seiner Reden nach minzoku lieber zu benutzen als kokumin oder minshu, Ausdrücke für »Volk« ohne die rassischen Obertöne. Auch in offiziellen Publikationen und in Erklärungen des japanischen Denkens und Handelns von Bürokraten wird das Wort oft gebraucht. In Regierungsberichten finden sich Spuren von den Behauptungen, die einst im Kokutai no Hongi standen, einem Traktat, das 1937 vom Erziehungsministerium herausgegeben wurde und die wesentlichen Punkte des »nationalen Wesens« aufzählte. Diese angeblich uralten Eigenschaften haben, so heißt es, in Japan als einziger Industriemacht eine blühende Gesellschaft von großer Harmonie geschaffen, in der keine feindlichen Klassen das Gewebe der nationalen Einheit zerreißen.

Seriöse westliche Beobachter Japans schließen sich auch gern dem Argument an, das den Zusammenhalt der Gesellschaft sowie die »Übereinstimmung« und Zusammenarbeit in der Politik mit der rassischen und gesellschaftlichen Homogenität erklärt. Oft weisen sie darauf hin, daß die Rassenmischung in Japan vor mehr als tausend Jahren stattgefunden hat. Solche Logik ist attraktiv, besonders für Beobachter, die in Schmelztiegelländern wie den USA aufgewachsen sind oder aus erster Hand von jüngsten Anpassungsproblemen wissen, die der Zustrom von Gastarbeitern und Angehörigen früherer Kolonien in einigen europäischen Ländern verursacht. Trotzdem kann Japans »Homogenität« nicht erklären, was sie erklären soll, und der Begriff ist sehr irreführend, weil er darüber hinwegtäuscht, daß es in Japan tatsächlich problematische Minderheiten und eine uneingestandene, aber ganz erhebliche soziale Spannung gibt.

Es trifft zu, daß offener Widerspruch vielen Japanern äußerst unbehaglich ist. Die jahrhundertealte Methode, bei einem Konflikt beide Seiten zu tadeln, wird noch heute praktiziert. Sie hat sich als sehr wirksamer Mechanismus erwiesen, um japanische Untertanen dazu zu bringen, ständig so zu tun, als verstünden sie sich ganz prächtig. Freilich lieben die Japaner ihren Nächsten nicht mehr als andere Völker. Die Oberfläche der Gleichförmigkeit in Denken und Handeln maskiert wirksam die latenten Probleme des Zusammenhangs. Ihre Gesellschaft ist voller Konflikte, die mit dem Mythos der Homogenität zugedeckt werden müssen. Der Mythos verdeckt den endlosen Konflikt zwischen den Mitgliedern der herrschenden Elite, die mit Sicherheit nur in einem völlig einig sind: daß die gegenwärtigen Machtarrangements bleiben müssen. Er verdeckt weiterhin den chronischen, wenn auch weitgehend ritualistischen Konflikt zwischen den Verwaltern des Systems auf der einen Seite und der japanischen Linken sowie anderen Kreisen und Personen auf der anderen, die nicht mit dem System einverstanden sind.

Lebenslange Indoktrinierung

Nihonjinron ist praktisch kokutai-Ideologie ohne den militärischen Faktor. Mit Hilfe des Mythos von der Homogenität erzählen die Japaner wieder einmal sich selbst und dem Rest der Welt, daß sie alle im Grunde eine große, glückliche Familie sind.

Was für die Nation als Ganzes gilt, gilt noch mehr für einige der kleineren Einheiten, aus denen sie besteht, besonders die Großfirmen, die dem Salaryman einreden, er arbeite nicht nur für Frau und Kinder daheim, sondern für eine größere, wohlwollende Familie an seinem Arbeitsplatz. Wie wir in Kapitel 6 sahen, wurde die Analogie zwischen Firma und Familie in den ersten Jahrzehnten unseres Jahrhunderts propagiert, um Arbeiterunruhen und einer beginnenden Gewerkschaftsbewegung entgegenzutreten.[63] Und die Struktur des ie — eines Haushalts, der nicht durch Blutsverwandtschaft definiert war, sondern durch wirtschaftliche und politische Ziele — diente in der Tokugawa-Zeit als wichtiges Hilfsmittel zur sozialen Kontrolle.[64] In einem bekannten jüngeren nihonjinron-Werk wird dieses prämoderne politische Konstrukt als grundlegendes japanisches Organisationsprinzip der Nachkriegszeit präsentiert.[65] Die Theorie geht von der Annahme aus, daß das Gruppenleben mit der moralischen Unterwerfung des einzelnen Japaners unter die Gemeinschaft unausweichlich ist. Dadurch befürwortet sie, wohl unwissentlich, die permanente politische Bevormundung des erwachsenen Japaners.

Westliche Bewunderer der Einbindung des »totalen Mannes«[66] in japanische Verwaltungs- und Produktionsstrukturen scheinen nicht zu wissen, daß dies generell auf Kosten eines normalen japanischen Familienlebens geht. Ein flüchtiger Blick auf das Eheleben von nicht mehr als einem Dutzend Gehaltsempfängern sollte ausreichen, um sie hiervon zu überzeugen. Auch darf man nicht glauben, daß der Salaryman durch die Familienideologie der Firmen wirkliche Vertrautheit mit seinen Kollegen gewinnt. Im Gegenteil, die unfreiwillige Natur dieser Beziehungen bei der Arbeit schließt die Spontaneität aus, die für Vertrauensbeziehungen unverzichtbar ist.

Die Familienmetapher verschleiert die Machtausübung der Manager. Ein Fachmann für japanische Arbeitsbedingungen erinnert uns:

> *Die verschiedenen Dimensionen der japanischen Arbeitsethik beruhen letztlich auf einer grundlegenden Machtbeziehung, die keine Mißverständnisse erlaubt... Es sind ohne Zweifel vor allem die japanischen Manager, die die meisten ihrer Führungsprivilegien festhalten und die Macht nicht aus der Hand*

geben. Arbeiterbeteiligung, Arbeiterbindung, Firmentraining usw. müssen ausnahmslos in diesem Zusammenhang gesehen werden. Für die, die eine Firma demokratisieren wollen, ist dies kaum ein nachahmenswertes Ideal.[67]

Der Familienmythos wird heute begeistert von den zaikai propagiert, von Beamten und Politikern beschworen und von Wissenschaftlern unterstützt, die innerhalb des nihonjinron-Horizonts arbeiten. Doch bräuchten die meisten Japaner soviel Erinnerung und Überzeugung, wenn sie sich wirklich als Glieder einer großartigen Staatsfamilie fühlten? Ein weiterer Grund für den Schluß, daß wir es mit ideologischer Täuschung zu tun haben, ist die Tatsache, daß Japaner außerhalb der großen Städte und Japanerinnen weit weniger geneigt sind, sich mit der Phrase ware ware nihonjin (wir Japaner) zu erklären. Je weiter die Japaner von wichtigen Teilen des Systems entfernt sind, desto weniger anfällig sind sie offenbar für die Indoktrinierung mit der »Großen Familie«.
So ist die Macht in Japan auf vielen Ebenen hinter der Ideologie einer einzigartigen Kultur versteckt. Das Hauptziel dieser lebenslänglichen Indoktrinierung, der die Japaner ausgesetzt sind, ist, sie unterwürfig zu halten. Und die durch dieses politische Phänomen aufrechterhaltene Kultur verstärkt Unterwürfigkeit auf mannigfache Weise. Das Ideal, die Welt so zu nehmen, wie sie nun einmal ist, wird in populären Liedern, zahlreichen berühmten Erzählungen und so mancher Fernsehserie gefeiert. Eine von der Gesellschaft bewunderte Haltung der passiven Ergebung fördert das Akzeptieren von Forderungen des Erziehungssystems oder der Firmen, selbst wenn sie absurde Ausmaße annehmen. Ergebenheit bei Widrigkeiten, ob durch Menschen verursacht oder nicht, gilt als Zeichen der Reife.[68] Wer sich aufregt, weil er betrogen wurde, offenbart seine »Unreife« — eine Einstellung, die zu einer Menge spontaner und organisierter Betrügereien in Japan einlädt. Japanische Einzelpersonen werden jeden Tag durch viele Hinweise angehalten, ihr individuelles Ich mit den größeren gesellschaftlichen Einheiten zu verschmelzen, denen sie angehören.[69]

Die Wirkung einer Ideologie, die die intellektuellen Konstrukte bei der Erklärung der soziopolitischen Wirklichkeit beherrscht, sollte nicht nur daran gemessen werden, wie weitgehend sie intelligente Bürger verführen kann, sondern auch daran, wie weitgehend sie intelligenten Bürgern anderes Wissen vorenthält. In Japan enthält die Ideologie den Bürgern geistige Anregung vor, indem sie Ideen, die ihr grundsätzlich widersprechen, von ihnen fernhält. Wenn der Salaryman und der Fließbandarbeiterin eingeredet wird, was sie tun und wie sie es tun müssen, habe seinen Grund in irgendeiner höheren Kultur, mit der sie mystisch verbunden sind, und wenn man ihnen außerdem erzählt, dies sei die Quelle ihres Glücks, dann werden sie vielleicht weniger geneigt sein, aufsässige Gedanken zu hegen. Und noch wichtiger: Wenn die meisten Kommentare, die sie in ihren Zeitungen lesen, die Ansicht bestätigen, daß sie ein höheres Schicksal erfüllen, wenn sie ihr individuelles Leben der Firma aufopfern, so werden sie auch geistig abgestumpft.

Japaner, die sich aufgrund ihrer intellektuellen Möglichkeiten und persönlichen Vorlieben sonst vielleicht fragen würden, was das alles soll, werden systematisch mit geistigem Müll gefüttert. Dies bringt sie oft dazu, Nihilisten zu werden oder in extreme Formen des Ästhetizismus zu fliehen.

Die moderne Ideologie vom Japanertum verdankt ihren Erfolg zum Teil der allgemeinen geistigen Armut des japanischen Lebens nach dem Krieg. Da eine geistige Tradition fehlt, die die konventionellen Gewißheiten der Machtbeziehungen und des aus ihnen hervorgegangenen gesellschaftlichen Verhaltens kraftvoll analysiert, sind die Berichte über die soziopolitische Wirklichkeit in den wöchentlichen Sensationszeitschriften und den intellektuellen Monatsschriften oft von zweifelhafter Qualität. Sie bringen routinemäßig nihonjinron-Botschaften. Für seriöse japanische Kommentatoren ist es sehr schwer, ihre geistige Wachsamkeit im Angesicht der überwältigenden, übermächtigen, allgegenwärtigen Ideologie der japanischen Kultur aufrechtzuerhalten. Einige Intellektuelle mögen im Bereich ihrer eigenen Tätigkeit um den Mißbrauch der kulturellen Erklärung wissen, sie aber in anderen Bereichen nicht bemerken. Gegen das Gedröhn der Versicherungen, daß Japaner das Gruppenleben lieben, von Natur aus nicht gern streiten, nicht logisch zu denken brauchen, ad infinitum, ad nauseam, werden die paar Rufer in der Wüste nur von denen gehört, die sie hören wollen. Man wird sie selten in den Zeitungen oder im Fernsehen finden. So groß ist die Macht der heutigen japanischen Orthodoxie.

Das Maß an Reglementierung, das das System verlangt, wird mit offenbarem Gleichmut hingenommen, einfach weil die meisten Japaner nicht darauf kommen, es zu hinterfragen. Wie der großartige Kenner des japanischen Lebens und der japanischen Literatur Edward Seidensticker sagt: »Der Schlüssel zum Verständnis der japanischen Gesellschaft ist, zu verstehen, daß die Japaner nicht gelernt haben, Nein! zu sagen.«[70] Die meisten japanischen Mittelschulen und Gymnasien ermutigen nicht etwa eine fragende Haltung gegenüber gesellschaftlichen Verhältnissen, sondern runzeln die Brauen, wenn Schüler überhaupt Fragen stellen. Mit den meisten japanischen Eltern ist es das gleiche. Das verwöhnte japanische Kind mag sehr bockig sein, aber Psychospiele mit der Mutter sind kein Ersatz dafür, sich selbst objektiv in seinen Beziehungen zum gesellschaftlichen Rahmen sehen zu lernen. Natürlich haben auch die Japaner die allgemein menschliche Fähigkeit, zu dem, was sie selbst gebaut haben, »nein« zu sagen, aber junge Japaner werden von ihrer Erziehung nicht daran erinnert, daß die Gesellschaft letztlich ein Produkt menschlicher Absichten ist, keine unausweichliche Folge der Launen der Natur.

Wenn die Japaner bei diesen Chancen dennoch ihre soziopolitische Umgebung hinterfragen, werden sie ständig angehalten, damit aufzuhören. Japanische klinische Kuren für soziogene psychische Krankheiten, etwa die Morita- und die Naikan-Therapie, unterdrücken das menschliche Bedürfnis, die eigene Identität als Individuum zu finden. Die Patienten werden angeleitet, ihre Einstellung zur Außenwelt zu ändern, statt mit sich selber zurechtzukommen. Die »Heilung« beginnt, wenn sie ihr Bewußtsein von persönlichen Gedanken und Gefühlen entleeren.[71]

Japans institutionalisierte und »kulturell« sanktionierte Arrangements der Unterwerfung und der Spielraum, den die Machthaber in der Darstellung der Wirklichkeit haben, schaffen ideale Voraussetzungen für autoritäre Machtausübung. Tatsächlich kommt, wie wir angemerkt haben, die Bezeichnung »autoritäre Bürokratie«

dem japanischen Gemeinwesen wohl am nächsten. Das einzige Problem damit ist: Wenn man von autoritären Systemen spricht, erwartet man, eine Quelle aufzeigen zu können, aus der die die Gesellschaft kontrollierenden Kräfte kommen. Im Fall Japan scheinen diese Kräfte von überall her zu kommen und ständig innerhalb der Gesellschaft selbst zu entstehen. Die öffentliche Autoritätsstruktur und Gesellschaft — wobei das letztere für den Salaryman meist seine Firma bedeutet — werden im populären Denken vermengt und bilden den Kern der »japanischen Kultur«. Staat, Gesellschaft und Kultur in einer einzigen, großartigen Verbindung wirken auf die meisten Japaner ein wie eine umfassende Naturerscheinung, eine unentrinnbare Kraft. Die Japaner werden dazu gebracht, diese Kraft als tugendhaft zu sehen.

11

Das System als Religion

Da die Japaner weder Gesetz noch Religion, noch systematisches, artikuliertes intellektuelles Fragen konsequent anwenden, um ihre soziopolitischen Arrangements zu bewerten, haben sie kaum eine andere Wahl, als sie in bezug auf alltägliche »Wahrheiten« zu messen, die auf den Erfordernissen und Diktaten ihrer direkten sozialen Umgebung beruhen. Da es also nichts außerhalb des Systems gibt, das über ihm steht oder es beurteilt, kann das System sich nur selbst beurteilen. Dies bedeutet, daß es in sich tugendhaft ist, und daß Kritik an seinem Wesen unmöglich ist; seine Wächter bestätigen dies, wenn sie darauf beharren, die Ordnung, die sie vertreten, sei in sich wohlwollend. So wird das System auch zum Ersatz für Religion.

Die religiösen Eigenschaften der soziopolitischen Ordnung, die kurz vor der Jahrhundertwende konstruiert wurde und bis zu den Bomben von Hiroshima und Nagasaki bestand, wurden offen betont. Der Staatsshintoismus, eingeführt, um geistige Nahrung für das »Kaisersystem« zu liefern, fungierte als Dachorganisation für alle anderen Religionen; diese mußten alle Glaubensinhalte aufgeben, die dem Kaiserkult widersprachen.

Der Staatsshintoismus und die Theorien von der »Staatsfamilie« um den göttlichen Kaiser sind Vergangenheit, und rund drei Jahrzehnte nach der Niederlage von 1945 hörten die Japaner viel niederschmetternde Kritik über das »Kaisersystem«. Diese Kritik beruhte aber nicht auf Theorien, die tief und stark genug waren, um als alternative Quelle letzter Erklärungen und politischer Glaubensinhalte zu dienen, und kein weltliches Glaubenssystem, kein sozialistisches, humanistisches oder liberales Weltbild hat die alte Mythologie verdrängt. Die Nachkriegszeit hat nicht einmal den einfachen Willen hervorgebracht, daß Japan seiner Verfassung und seinen Gesetzen gemäß regiert werden soll. So hält die politische Kultur der Unterwerfung an, und das System ist eine praktisch unangefochtene ersatzreligiöse Kraft. Das Etikett »Japanismus«, das oft benutzt wird, um das Verhalten vor dem Krieg zu beschreiben, ist immer noch nützlich , um die Praktiken im Dienst des Systems von heute zu beschreiben. Es ist natürlich untrennbar mit der in Kapitel 10 beschriebenen Ideologie verbunden. Daß die Ideologie des Japanertums nirgendwo präzise zusammengefaßt ist und nicht in einem sauber gebundenen Band im Buchladen zu finden ist, hat nichts zu bedeuten; sie dient dem Zweck, das System zu stützen, gerade so wunderbar, wie eine Heilige Schrift es würde.

Die kommunistische Ideologie ist oft mit einer Religion verglichen und sogar als »weltliche Religion« bezeichnet worden. Ihre religiösen Merkmale sind offensichtlich; sie bietet ein geschlossenes philosophisches System, das alles »erklären« kann und kritischen Gegenargumenten begegnet, indem es sich auf die eigenen Grundprinzipien beruft. Sie hat eine Klasse von Exegeten und eine Pseudo-Priesterschaft hervorgebracht. Sie gibt denen, die sie benutzen, die große Macht religiösen Eifers für ein höheres Ziel. In mancher Hinsicht ist der Japanismus ein sogar noch wirksamerer Religionsersatz als der Kommunismus, denn er wird weniger untersucht, mehr selbstverständlich hingenommen und ist unentrinnbarer. Und er geht mit einer Reihe der äußeren Attribute organisierter Religion einher, auch der Gefahr des Fanatismus und der Angst vor Verweltlichung.

Die intensiv religiöse Qualität der japanischen Machtstruktur wird deutlich, wenn man untersucht, was mit der Konkurrenz geschehen ist.

NÜTZLICHE RELIGIONEN

Alle Religionen haben eine soziale Grundlage, lautet eine berühmte soziologische Theorie.[1] Die Ordnung der Gesellschaft muß in einer frühen Entwicklungsphase kodifiziert werden und eine geheiligte Eigenschaft bekommen, wenn sie erhalten werden soll. Politische Macht ist am überzeugendsten legitim, wenn geglaubt wird,

sie sei ein Ausläufer göttlicher Autorität oder ein Ausdruck göttlicher Verfügungen. Obwohl die höheren Religionen nicht überzeugend auf einen so elementaren Ursprung zurückverfolgt werden können, deckt die soziopolitische Entstehungstheorie Naturreligionen und Ahnenkult plausibel ab. Der Shintoismus ist eins der auffallendsten Beispiele für noch existierende derartige Religionen. Die ursprünglich japanischen Glaubensinhalte kommen von der Idee kami (göttliche Geister), die am Anfang benutzt wurde, um die Gruppe zu heiligen. Gemeinschaftliche Verehrung dieser Gottheiten bestätigte mystisch die Zugehörigkeit der einzelnen zur Gruppe und trug zur Legitimierung der frühen Yamato-Herrscher und örtlichen Häuptlinge bei. Heute ist der Schrein-Shintoismus im Grunde ein verknöchertes System traditioneller Riten, seine Zwecke im großen und ganzen vergessen; wie der »Dorfshintoismus« mit seinem Ahnenkult und der Verehrung von Bäumen, Felsen, Wasserfällen und dergleichen macht er dem System keine spirituelle Konkurrenz. Statt dessen dienen beide noch in gewissem Ausmaß zur stärkeren Verehrung der Machthaber.
Der Buddhismus wurde, wie wir schon sahen, mit dem Shintoismus und dem Konfuzianismus zu einem religiösen Mischmasch vermengt, das bis weit in die Moderne eine Hauptrolle in der Sanktionierung japanischer Machtbeziehungen gespielt hat. Zwar kann der Buddhismus dem einzelnen noch Trost in Widrigkeiten sein, doch die politische Wirkung ist, daß der einzelne mit der bestehenden gesellschaftlichen Situation versöhnt wird. Weder der Shintoismus noch der Buddhismus geben dem heutigen Japaner etwas, das politischen Prinzipien, einer Lebensauffassung oder gar moralischen Normen auch nur nahekäme.
Die meisten Japaner durchlaufen eine Shinto-Zeremonie, wenn sie heiraten, und wenn sie gestorben sind, werden buddhistische Sutren über ihnen gesungen. Shintoschreine sind Zentren gemeinschaftlicher Festivitäten, während buddhistische Tempel die Industrien des Lebens nach dem Tod betreiben — von Totenwachen, Begräbnissen und Feuerbestattungen bis zu periodischen Gottesdiensten für die Seelen der Toten. Anfang der 1980er Jahre bestätigten Steuerfahnder den Eindruck, daß der Buddhismus ein lukratives Geschäft ist. Seine traditionellen Aktivitäten waren immer mehr mit einer erheblichen Ausnutzung der Steuerbefreiung vermischt

worden, die anerkannte Religionen genießen. Einige buddhistische Tempel verdienen viel mit dem Betreiben von Parkplätzen, Paukschulen und Kindergärten oder mit dem Verkauf von Bildern, um für die Seelen abgetriebener Kinder zu beten. Auch das traditionelle Geschäft ist profitabel: Das Herunterleiern von Sutren bei einem Begräbnis bringt netto zwischen einer Viertelmillion und einer Million Yen; posthume Namensgebungen kosten ähnlich viel. Tempel, die ihre eigenen Friedhöfe haben — das bedeutet, daß eine große »Gemeinde« durch Familiengräber an sie gebunden ist —, können leicht ein Vermögen machen. Ein Tempel in Kioto, der vor drei Jahrhunderten von einem Kaiser gegründet wurde und den die Tochter des letzten Abtes geerbt hat, verwaltet Wohnungsblöcke, einen Parkplatz, ein vegetarisches Restaurant und einen Nachtclub. Buddhistische Nonnen müssen sich theoretisch den Kopf rasieren, aber Äbtissin Okada Kumien hat einen besonderen Dispens bekommen, weil eine Glatze zwischen ihren Bardamen seltsam aussehen würde. Ihre Entschuldigung für diese ungewöhnliche Ausnahme sind die steigenden Kosten für die Erhaltung eines ererbten Kulturschatzes.

Es gibt natürlich ein paar buddhistische Priester, die die Probleme des Lebens mit ihrer Gemeinde diskutieren, doch die Mehrheit hält dies nicht für ihre Hauptaufgabe. Nur die sogenannten »neuen Religionen« bieten ihren Mitgliedern Gelegenheit zu einer tieferen Bindung.

Die »neuen Religionen«

Die shinko shukyo oder »neu aufgekommenen Religionen« sind Produkt der letzten hundertfünfzig Jahre. Eine von ihnen, die hochangesehene Tenrikyo, stammt aus der späten Tokugawa-Zeit und beherrscht eine ganze Stadt (Tenri-Stadt); sie hat eine Universität, ein ethnologisches Museum, eine historische Bibliothek, Missionare und Ärzte in der Dritten Welt. Zwei andere große Gruppen mit weitgehend ländlicher Anhängerschaft, Omotokyo und Konkokyo, stammen aus der ersten Zeit der Meiji-Restauration.[2] Doch erst nach dem Krieg, nach der völligen Aufhebung offizieller Unterdrückung, begannen neue Religionen in Japan wirklich zu wuchern. Darunter waren so esoterische Beispiele wie die »Elektrizitäts-Religion« Denshinkyo, die Thomas Edison anbetete. 1951 waren 720 neue Religionen registriert, doch eine Gesetzesänderung zur Eindämmung des weitverbreiteten Steuerbetrugs hat ihre stets fluktuierende Zahl etwa halbiert.

Einige dieser neuen Religionen sind recht groß, reich und mächtig geworden. Die bekannteste, die Soka Gakkai, ist durch ihre Größe von politischer Bedeutung; sie gibt sechs Millionen Mitglieder an. Sie ist auch die erfolgreichste unter den shinko shukyo, die je im Ausland Filialen einrichteten. In den 60er Jahren sorgte sie mit ihren militanten Bekehrungsmethoden und aktiven Feindseligkeiten gegen andere, konkurrierende neue Religionen für erhebliche Unruhe innerhalb des Systems. Inzwischen ist sie allerdings zur Ruhe gekommen und mit ihren eigenen Schulen, ihrer Universität, ihrer politischen Partei und ihrem Verlagsimperium ein erfolgreicher, wenn auch noch immer ein wenig umstrittener Beteiligter des Systems geworden.

Eine andere, große neue Gruppe, die fünf Millionen Mitglieder angibt, ist die Rissho Kosei Kai. Sie hat einen kolossalen Haupttempel in Form eines Hochzeitskuchens — in Rosa, der Lieblingsfarbe ihrer Gründerin, die den göttlichen Ruf bei einem Nervenzusammenbruch in den 1930er Jahren empfing —, ein berühmtes Krankenhaus und die größte Konzerthalle des Landes. Wie die Soka Gakkai ist sie eine vom Nichiren-Buddhismus abgeleitete Laienorganisation. Mitbegründer Niwano Nikkyo, der absolutes Zentrum der Sekte ist, macht Lobby für den Friedensnobelpreis und hat selbst einen »Niwano-Friedenspreis« gestiftet, um seine Chancen zu verbessern. Die drittgrößte Nachkriegssekte ist die PL Kyodan, Außenseitern wegen des Hobbys ihres Gründers und wegen der dachhohen Fahrrampen an einigen ihrer Kirchen einst als »Golfreligion« bekannt.

Der bemerkenswerteste Aspekt der shinko shukyo ist, abgesehen von dem enormen Reichtum, den die meisten offenbar ohne Schwierigkeiten anhäufen, die absolute Schlichtheit ihrer religiösen Lehren. Man fragt sich manchmal, ob ihr Glaube irgend etwas Wesentliches beinhaltet, an das Nichtmitglieder nicht ohnehin glauben. Keine von ihnen hat irgendeine intellektuell bemerkenswerte Lehre entwickelt oder ihren Mitgliedern viel philosophische oder gar politische Leitung geboten. Zwar hat Soka Gakkai die Komeito-Partei hervorgebracht. Doch diese neue Gruppe von Parlamentariern — die sich in den 70er Jahren offiziell von ihrer Mutterorganisation distanzierte — hat die japanische Politik nicht um eine neue Alternative bereichert, gegründet auf erkennbar andere politische Prinzipien. Sie könnte ebensogut eine weitere habatsu der LDP sein.

Die Hauptfunktion der neuen Religionen in Japan ist gesellschaftlich. Sie sind Häfen für Menschen, die sich eine intensive Gruppenbindung wünschen, aber keiner Großfirma »angehören«. Unter den Anhängern der shinko shukyo finden sich viele einsame Hausfrauen, Bardamen und Arbeiter in Randberufen.

Daß der einzelne in seinem innersten Kern religiös engagiert sein könnte, ist für die meisten Japaner eine fremdartige Idee. Die Religion gilt eher als Mittel zum Zweck, das man aufgreift, weil man etwas damit erreichen kann. Einer Mutter, die sich Sorgen um ihre Tochter machte, weil sie eine »andere Frau« geworden war, seit sie einer christlichen Kirche beigetreten war, sagte eine Briefkastenkolumne in einer Zeitung einmal, sie solle herausfinden, welche persönlichen Probleme denn Ursache ihrer Bekehrung gewesen seien.[3] Eine nicht geringe Zahl von Intellektuellen in der frühen Meiji-Zeit wechselte zum Christentum, nur um es wieder aufzugeben, als die unmittelbaren Resultate sie enttäuschten.

Eine Ausnahme in der Lockerheit, mit der Japaner religiösen Sekten beitreten und sie wieder verlassen, ist die Vereinigungskirche. Diese Bewegung entstand in Korea, und ihre Anhänger sind im Westen nach dem Namen ihres Gründers als »Moonies« bekannt. Japanische Moonies sind kaum weniger fanatisch als ihre westlichen Glaubensbrüder. Sie infiltrieren Teile der politischen und akademischen Welt — unterstützt durch ihre erheblichen Mittel, mit denen sie Gefälligkeiten kaufen können, ihre Einschüchterungspraktiken und ihren glühenden Antikommunismus — und sind sehr einflußreich geworden. Die Moonies bilden eine wichtige Rückendeckung für die Elemente im System, die für größere japanische Unabhängigkeit durch Remilitarisierung sprechen.

Die Firmen trauen Angestellten nicht, die oder deren Eltern einer neuen Religion angehören. Dieser Frage wird oft nachgespürt, wenn Firmen Rekruten aussieben; religiöser Eifer drückt sich in Japan durch absolute Treue zu der Komponente aus, der man angehört, und der potentielle Konflikt zwischen Firmenloyalität und religiöser Loyalität wäre zu groß. Die älteren buddhistischen Sekten, die von ihren Anhängern wenig oder gar keine Zeit fordern, sind hier keine Bedrohung. Einige Firmen verlangen, daß ihre Angestellten am »Firmenschrein« auf dem Dach des Bürogebäudes beten, was christliche Angestellte schon in Verlegenheit gebracht hat. Ein ausdrücklicher Bezug auf die Firma als Quelle religiösen Beistands war der berühmte Selbstmordbrief, den ein Manager der Nissho Iwai, einer großen Handelsfirma, hinterließ. Bevor er von einem Haus sprang, weil er in einen Skandal verwickelt war, schrieb der Manager an alle seine Kollegen: »Die Firma ist ewig, und wir sollten uns ihrer Ewigkeit weihen.«

Über die Firma hinaus gibt das System als Ganzes religiösen Beistand. Man wird sich erinnern, daß nach einer Demonstration der Reue die meisten Gesetzesbrecher davonkommen — daß die Verwalter die Institutionen, die sie betreiben, kollektiv als Quelle des Wohlwollens verstanden wissen wollen — daß in den Extremfällen, die die ketzerischen Meinungen radikaler Häftlinge darstellen, viel Mühe darauf verwendet wird, sie zum Widerrufen zu bringen. Es gibt zwar große Redefreiheit in Japan, aber sobald ketzerische Ideen sich organisieren und mit einer Gruppe verbunden werden, werden die absorbierenden und neutralisierenden Kräfte des Systems offensichtlich sofort aktiv. Der Widerstand des einzelnen gegen die etablierten soziopolitischen Verhältnisse als moralische Möglichkeit wird einfach nicht erkannt.

Der religiöse Charakter der japanischen Gesellschaft hilft erklären, warum die intellektuelle Analyse der Gesellschaft in Japan so dürftig ist. Wo soziale Belange immer die höchsten sind und eine religiöse Bedeutung haben, ist eine Analyse der Gesellschaft einer Analyse der Gottheit ähnlich, und derartiges untergräbt immer den Glauben. Ebenso wie die in nihonjinron eingebettete Ideologie des Japanertums wird die Ersatzreligion des Japanismus nicht als das erkannt, was sie ist — und das macht das System um so heimtückischer religiös.

BUDDHISTEN, CHRISTEN, MARXISTEN UND FANATIKER

Daß in Japan keine Tradition verwurzelt ist, sich auf Wahrheiten jenseits der politischen Ordnung zu beziehen, bedeutet selbstverständlich nicht, daß Japaner unfähig wären, solche Überzeugungen und Prinzipien zu begreifen und sich auf sie zu berufen. Das japanische System hat sich nicht natürlich zur Ersatzreligion entwickelt, als Produkt eines Volkes, das aus irgendeinem nicht erklärten Grund nie an religiöser Spekulation interessiert war. Der menschliche Geist sucht unausweichlich nach einer unsichtbaren Ordnung, die das lenkt, was das geistige Auge sieht. Er tut das ohne Anleitung und oft gegen aktive Behinderung. Daß Menschen nicht bloßes Produkt ihrer Erziehung sind, beweist die japanische Erfahrung nicht weniger als jede andere.

An mehreren Stellen der Geschichte haben japanische Machthaber die Hinweise auf transzendente Werte und allgemeingültige Prinzipien ausgemerzt, die in den offiziellen japanischen Religionen vorhanden waren. Sie haben immer große Furcht vor derlei potentiellen Gefahren für ihre Selbstdarstellung als Vertreter höchster Tugend gehabt. Dessen können wir sicher sein, denn einige religiöse Gruppen haben nicht kampflos aufgegeben und mußten aktiv unterdrückt werden.

Buddhistische Erhebungen

Da war zum Beispiel Honen (1133—1212), der erste der großen buddhistischen Reformer der Kamakura-Zeit, der die Möglichkeit individueller Erlösung predigte. Der Buddhismus hatte die Auffassung des Shinto vom Leben nach dem Tod bereits verändert — statt einer graduellen Verschmelzung mit den Geistern der Ahnen lehrte er eine Wiedergeburt in verschiedenen Bereichen. Diese Idee vom Weiterleben des einzelnen hatte etwa seit dem zehnten Jahrhundert einen gewissen Einfluß auf ethische Normen, die nicht der politischen Kontrolle unterlagen, doch große Popularität gewann sie erst in der Blüte der einheimischen buddhistischen Sekten, deren Pionier Honen war. Seine Botschaft lautete, kindliches Vertrauen auf Amida Buddhas väterliche Liebe und Barmherzigkeit statt auf rituelle Handlungen würde zu einer Wiedergeburt im Reinen Land, einem buddhistischen Paradies, führen. Der Buddhismus des Establishments, dessen Zentrum die Klöster des Berges Hiei bei Kioto waren, fand Honen gefährlich genug, um drastisch gegen ihn vorzugehen. Die Mönche verbrannten alle Exemplare seines Traktats, derer sie habhaft wurden, zusammen mit den Holzblöcken, mit denen sie gedruckt worden waren. Schließlich schickten die Behörden Honen wegen seiner Beliebtheit ins Exil.

Der nächste große buddhistische Theoretiker, Shinran (1173—1262), verbrachte ebenfalls den Hauptteil seines Lebens praktisch im Exil unter gewöhnlichen Leuten, fern von Japans politischen und kulturellen Zentren. Er ging noch weiter als Honen und predigte, einfacher Glaube würde zur Erlösung führen: kein Singen von Buddhas Namen, kein Ritual, kein Zölibat — Frömmigkeit allein war der Schlüssel zur Erlösung. Während der Buddhismus in seiner importierten Form zum Werkzeug der herrschenden Elite geworden war, tat Shinran mehr als jeder andere Japaner, um den Glauben für die schlichtesten Dorfbewohner zugänglich zu machen. Die Sekte, die er gründete, Jodo Shinshu, ist noch immer die größte des Landes.

Nichiren (1222—82), der dritte Gründer der einheimischen buddhistischen Schulen, war der farbigste, politischste und daher umstrittenste religiöse Führer in der japanischen Geschichte. Es ist bezeichnend, daß er über sechs Jahrhunderte später als einzigartiges Beispiel für die Höherbewertung individueller Überzeugungen vor Staatsinteressen im Gedächtnis ist.[4] Nichiren lehrte, der Glaube an die transzendente Wahrheit des Lotus Sutra, begleitet vom Singen seines »heiligen Namens«, sei nötig, um die individuelle Seele der Japaner und dann der ganzen Nation zu erlösen. Er sagte voraus, wenn nicht alle sich bekehrten, würde es zu aller Art Unglück kommen, auch einer Invasion aus dem Ausland. Kublai Khan, der Mongolenhäuptling und Beherrscher Chinas, setzte tatsächlich 1274 und 1281 zur Invasion auf Japan an und sicherte Nichiren damit den Ruhm späterer Jahrhunderte.

Zwar rief Nichiren nie zum Sturz der herrschenden Klasse auf, doch er ermahnte den Adel, sich selbst zu reformieren und den Jodo-Buddhismus mit den älteren Sekten zu unterdrücken. Seine Angriffe auf den Lebensstil der Elite in Kamakura und die etablierten buddhistischen Sekten brachten ihm ein Todesurteil (dem er wunderbarerweise entging) und die Verbannung ein. Nach einer Einigung ungewissen Inhalts mit den Behörden zog er sich in den Bergen westlich des Fujiyama in die Einsamkeit zurück. Dort entwickelte er seine Vision einer einzigen buddhistischen Kirche, während er eine umfangreiche Korrespondenz mit Gefolgsleuten in ganz Japan unterhielt. Die universale Kirche seiner Träume würde ihre Basis in Japan haben, am Fuß des Fujiyama, und sich von dort über die ganze Welt verbreiten.[5] Es ist kein Zufall, daß Soka Gakkai, der größte Ableger der Nichiren-Sekte unter den neuen Religionen, sein Hauptquartier gerade dort hat.

Die Lehren der Gründer der großen einheimischen Sekten des japanischen Buddhismus bildeten zwar kein dauerhaftes Gefüge politischer Theorie, und aus den religiösen Herausforderungen der etablierten Autorität in ihrem Werk wurden nie erfolgreiche militärische Herausforderungen, aber sie waren trotzdem politisch bedeutend. Bei aller Einfachheit gaben ihre Lehren der Masse des Volkes ein Beispiel für eine Wahrheit, die die von der zeitlichen Autorität repräsentierte Wahrheit ausdrücklich transzendierte. Die Historiker haben verstanden, daß viele Volksaufstände zum Teil religiös inspiriert waren.

Die zahlreichen regionalen Bauernaufstände, ikki genannt, die sich seit spätestens Anfang des 14. Jahrhunderts ereigneten, manchmal mit dem Beistand unzufriedener Krieger, brachen gewöhnlich bei Anlässen wie schwerer Verschuldung eines Dorfes, der Unfähigkeit, die Steuern zu zahlen oder bei ruinierten Ernten aus. Doch der transzendentale Buddhismus hatte zweifellos zum politischen Bewußtsein und dem Gefühl der Einigkeit unter den Dorfbewohnern beigetragen. Im Jahrhundert vor der politischen Beruhigung unter den Tokugawa wurden die größten ikki-Erhebungen von Gläubigen der Shinran-Sekte Jodo Shinsho organisiert, die unter dem großen Rennyo (1415—1499), dem wichtigsten Abt des Haupttempels, aufgeblüht war. Diese von den Dörfern ausgehenden militärischen Aktionen wurden um so zahlreicher, je mehr die Kriegerführer nackte militärische Gewalt anwandten. Dies legt nahe, daß viele Bauern »die neue, ausbeuterische Natur der aufkommenden Ordnung« begriffen.[6]

Es ist nicht überraschend, daß die drei Generäle, die in dichter Folge am Ende des 16. Jahrhunderts auftraten und dem jahrhundertelangen Krieg und Blutvergießen durch die stufenweise Einung Japans ein Ende setzten, mit dem einheimischen Buddhismus keinerlei Geduld hatten. Der erste, Oda Nobunaga, trat den ikko ikki gute zehn Jahre lang mit Ingrimm entgegen. Was er von den buddhistischen Kämpfern hielt, zeigten die Ausrottungskampagnen, die oft auf siegreiche Schlachten gegen sie folgten. Einem Bericht zufolge wurden 1574 rund 20000 Sektenmitglieder lebendig verbrannt. Derselbe Nobunaga verschonte besiegte feindliche Barone und normale Krieger.[7] Diese gehörten zur normalen Machtordnung, die religiös inspirierten Kämpfer nicht.

Toyotomi Hideyoshi, der zweite der großen Einiger, setzte die Taktik ein, sich das buddhistische Establishment zu verpflichten. Er band den volkstümlichen Buddhismus ein und untergrub so die ikki, die von ihm inspiriert worden waren. Als dies erreicht war, mußte das vom populären Buddhismus gepredigte Weltbild unterdrückt bleiben.[8] Die theoretische Unterscheidung zwischen den Gesetzen Buddhas und den Gesetzen der Menschen, die sich in den vergangenen Jahrhunderten eingebürgert hatte, wurde mehr und mehr verschleiert und vergessen. Wieder einmal wurde die weltliche Autorität das Grundlegende und der Gehorsam ihr gegenüber die höchste Pflicht.[9]

Doch es gibt Anzeichen dafür, daß die Menschen, die an eine »Wahrheit« jenseits der der Behörden glaubten, nicht leicht aufgaben, trotz der Taten des dritten Einigers Tokugawa Ieyasu. Er dehnte seine Kontrolle über buddhistische Institutionen aus und reglementierte ihre Lehren und Aktivitäten.[10] Die Buddhisten widerstanden der organisierten Unterdrückung bis weit ins vierte Jahrzehnt des Tokugawa-Shogunats, das zu Beginn des 17. Jahrhunderts aufkam. Ein früher Bestseller, Kiyomizu Monogatari (Die Erzählung von Kiyomizu), 1638 veröffentlicht, identifizierte ausdrücklich die Schlupfwinkel ideologischen Eigensinns in Japan: die ikko-Gläubigen, die Anhänger des Nichiren und die Christen.[11]

Die auffälligsten Beispiele der Angst vor religiöser Konkurrenz in der Tokugawa- und der Meiji-Zeit sowie in den ersten Jahrzehnten des 20. Jahrhunderts hat die Intoleranz gegen japanische Christen geliefert.

In den letzten Jahrzehnten des 16. und den ersten des 17. Jahrhunderts bekehrten portugiesische Jesuiten und andere Missionare bis zu einer Million Menschen, darunter auch Feudalherren. Darüber, was diese Ära beendete, gehen die Meinungen auseinander. Einer Theorie zufolge sah der Shogun die Priester als Vorläufer einer Kolonialisierung durch Portugiesen oder Spanier. Wichtiger war wahrscheinlich die Angst des Tokugawa-Shogunats, die weniger loyalen Domänen könnten militärische Rückendeckung von den Ausländern erhalten. Doch das war nicht alles. Daß ein Glaube an einen fremden Herrn, der über Shogun und Kaiser stand, potentielle Macht über die politische Ordnung haben konnte, selbst wenn dieser Herr nur im Himmel war, muß für die Machthaber sehr erschreckend gewesen sein. Und die gnadenlose Christenverfolgung, die anhielt, lange nachdem das Land praktisch vom internationalen Verkehr abgeschnitten war, legt nahe, daß das Shogunat tatsächlich mehr fürchtete als nur politische Schachzüge Portugals. Als Reaktion auf die wahrgenommene Bedrohung der politischen Ordnung wurde das Land von Kontakten mit dem Westen abgeschnitten, abgesehen von einer Handvoll holländischer Händler, die die Shogunatsbeamten überzeugen konnten, daß sie nicht demselben Gott huldigten wie die Portugiesen. Nach der Vertreibung der Missionare wurden japanische Christen gefoltert, gekreuzigt und verbannt.[12] Um zu beweisen, daß sie abgeschworen hatten, mußten sie auf Kreuze trampeln und einen Eid schwören, der in dieser seltsamen Form begann und endete: »Im Namen des Vaters, des Sohnes und des Heiligen Geistes, Santa Maria und aller Engel ... Wenn ich diesen Eid breche, möge ich die Gnade Gottes auf immer verlieren und in den elenden Stand des Judas Ischariot fallen.«[13] Die Beamten, die diese Formel entwarfen, hatten die Macht der transzendentalen Religion offenbar begriffen.

1637, nachdem viele Christen massakriert oder zum Widerruf ihrer Religion gezwungen worden waren, taten sich angebliche Abtrünnige und herrenlose Samurai auf der Halbinsel Shimabura auf Kyushu unter der christlichen Flagge zusammen und rebellierten. 37 000 Männer, Frauen und Kinder marschierten los, besetzten eine örtliche Burg und hielten sie vier Monate lang gegen die Truppen des Shogunats. Dies war das letztemal vor der Meiji-Restauration, etwa 230 Jahre später, daß eine Samurai-Armee eine große Schlacht schlug.

Das Bedürfnis nach etwas, das über die vorgeschriebene »Wahrheit« hinausging, verschwand nicht so vollständig wie die verfolgten Buddhisten und Christen. Ando Shoeki, ein Denker in der ersten Hälfte des 18. Jahrhunderts, war einer, der das Shogunat als das erkannte, was es war: Willkürherrschaft, abhängig von Militärmacht und gestützt von Ideologie.[14] Es mag mehr von seiner Art gegeben haben. Andos Schriften wurden erst 1899 entdeckt und dem breiteren japanischen Publikum erst nach dem Zweiten Weltkrieg bekanntgemacht.

Das Christentum wurde erbarmungslos ausgerottet. Dem Buddhismus wurden die transzendentalen Inhalte genommen, die er entwickelt hatte, und einige seiner Sekten wurden verboten.[15] Unter der Tokugawa-Herrschaft waren die neuen Machtbeziehungen innerhalb der ideologischen Orthodoxie eingefroren. All dies war entscheidend für die Entstehung der politischen Kultur Japans, wie wir sie heute kennen. Und all dies war direkte Folge politischer Befehle.

Die Einigergeneräle verstanden die politische Tragweite der Religion; das bezeugen auch ihre Bemühungen um religiöse Neuerungen. Oda Nobunaga, Toyotomi Hideyoshi und Tokugawa Ieyasu waren nicht weniger Emporkömmlinge als die ehrgeizigen Krieger früherer Jahrhunderte. Alle drei wollten jedoch der politischen Gebundenheit entgehen, die eine Legitimierung durch den Kaiserhof bedeutete, und brauchten daher eine spirituelle Grundlage für ihre Herrschaft. Alle drei versuchten dementsprechend, das Legitimationsproblem zu lösen, indem sie sich in den göttlichen Stand erhoben und einen Kult für sich einsetzten.[16] Eines der berühmtesten japanischen Baudenkmäler, das Toshugu-Mausoleum in Nikko, zeugt von der Bedeutung, die das Tokugawa-Regime dem Kult des Ieyasu beimaß. Im ersten Jahrhundert der Tokugawa-Herrschaft konkurrierte dieser Schrein an Beliebtheit mit dem wichtigsten Shinto-Schrein in Ise, wo die Kaiser ihren Ahnen huldigten.

In den zweieinhalb Jahrhunderten Tokugawa-Polizeistaat hatte keine neue Lehre über die Beziehungen zwischen Mensch und Gesellschaft oder Universum je eine Chance, mit dem Regime um den Glauben der Japaner zu konkurrieren. Als die Konkurrenz in Form der ausländischen Bildung in der Meiji-Zeit schließlich kam, brauchten die Wächter des Machtsystems ein paar Jahrzehnte, um über ihre eigenen Lehren über die Beziehung des Menschen zur Gesellschaft zu entscheiden, und dann ergriffen sie wieder die unausweichlichen Schutzmaßnahmen.

Wieder begann es mit den Christen. In den ersten dreißig Jahren der Meiji-Zeit wurden sie Zielscheibe offizieller Einschränkungen. 1899 verbot das Erziehungsministerium den Religionsunterricht in der Schule. Sechs Jahre zuvor hatte Inoue Tetsujiro, Professor für Philosophie an der Kaiserlichen Universität Tokio, sein berühmtes Buch Conflict between Education and Religion veröffentlicht; er zog darin »den logischen Schluß, ... daß das Christentum absolut antinational ist«.[17] Ein anderer Nationalist und Journalist, Kuga Katsunan, berühmt für seine Leitartikel mit Anweisungen für die Regierung, wie sie die japanische Moral erhalten solle, plädierte dafür, das Christentum so zu assimilieren, wie einst der Buddhismus vom politischen System absorbiert worden war.[18] Das Verbot des Religionsunterrichts betraf auch buddhistische Schulen, soweit sie dem Christentum in dem Versuch nachgeeifert hatten, eine neue ethische Kraft in der Gesellschaft zu werden. Doch es waren die Christen, die »den Ideologen als metaphorische Ausländer dienten, gegen deren Fremdartigkeit die Silhouette des Patriotismus um so klarer hervortrat«.[19]

Die Christen sollten ihren Glauben an einen höchsten Gott und eine individuelle Verantwortung fallenlassen, um in die Gesellschaft zu passen, wie die Meiji-Oligarchie sie sanktionierte. Mit anderen Worten, das japanische Christentum sollte genau die Überzeugungen aufgeben, die es zum Christentum machten. Trotzdem paßten viele Gläubige sich an, wenn auch manchmal unter Protest. Einige christliche Schulen tauschten die Bibel als Quelle ihrer moralischen Unterweisung gegen den kaiserlichen Erlaß zur Erziehung aus, den Katechismus des Kaiserkultes.

Japans berühmtester Christ, Uchimura Kanzo (1861—1930), war ein typisches Beispiel für den unlösbaren Konflikt vieler Christen, die funktionierende Mitglieder der japanischen Gemeinschaft bleiben wollten — was automatisch hieß, zu akzeptieren, daß kein intellektuelles oder moralisches Gebot über die Bedürfnisse der etablierten soziopolitischen Ordnung gestellt werden durfte. Uchimuras Ausbildung in den USA hatte es ihm, wie er fand, unmöglich gemacht, in japanischen Schulen zu unterrichten. In einer berühmten Episode weigerte er sich 1891, sich vor dem kaiserlichen Siegel am Erziehungserlaß zu verneigen, gab dann aber dem Drängen seiner Kollegen nach. Sein Dilemma wird sehr deutlich in seinem berühmten kurzen Stück »Zwei Js« von 1925:

> *Ich liebe zwei Js und kein drittes; eines ist Jesus, und das andere ist Japan. Ich weiß nicht, welches ich mehr liebe, Jesus oder Japan ... Um Jesu willen kann ich keinen anderen Gott anerkennen als Seinen Vater ... und um Japans willen kann ich keinen Glauben annehmen, der im Namen von Ausländern kommt ... Mein Glaube ist nicht ein Kreis mit einem Mittelpunkt; er ist eine Ellipse mit zwei Mittelpunkten.*

Uchimura suchte ein Christentum, das rein japanisch sein konnte, unbesudelt von westlichem Einfluß — wenn je etwas viel verlangt war, dann dies. Er meinte, es gefunden zu haben, indem er die biblischen Geschichten und einige christliche ethische Lehren behielt, die Institution Kirche aber ablehnte.

Von den Kirchen, die andere japanische Christen gegründet haben, hat keine den Machthabern je viel Kopfschmerzen bereitet. In Konfliktsituationen setzten die Behörden sich durch, etwa als kurz vor dem Krieg alle Japaner am Yasukuni-Schrein beten mußten, einem Schrein des Staatsshintoismus, wo die Seelen der gefallenen Soldaten wohnen. Der Vatikan sagte den Katholiken, sie sollten die Geste als Bürgerpflicht auffassen, und die meisten protestantischen Kirchen folgten seinem Beispiel. 1941 schlossen sich mehrere protestantische Kirchen zu einer von der Regierung geförderten Vereinigten Kirche Christi in Japan zusammen. Die Anglikaner und einige andere Gruppen traten nach dem Krieg aus der Organisation aus, doch sie ist noch immer die größte protestantische Kirche im heutigen Japan. Heute machen nur die Zeugen Jehovas gelegentlich von sich reden, wenn sie Probleme mit den Schulen bekommen, wenn ihre Kinder Dinge tun, die die Sektenregeln verbieten und wenn Schulleiter sich weigern, Ausnahmen für religiöse Minderheiten zu machen.

Früher in diesem Jahrhundert wurden die japanischen Christen als Vorbild dafür hochgehalten, wie Japaner nicht sein sollten. Es half ihnen nicht, daß sie als erste die politische Linke in Japan eingeführt hatten. Unter den Gründern der Gesellschaft zum Studium des Sozialismus und ihres Ablegers, der Sozialdemokratischen Partei (die zwei Jahre nach ihrer Bildung verboten wurde), waren einige Christen, ebenso wie unter den Gründern der ersten nationalen Gewerkschaft in Japan, der Yuaikai.[20]

Sowohl Marxisten als auch Christen wurden in diesem Jahrhundert nur in Frieden gelassen, solange sie soziale Kompromisse akzeptierten, deren Grundvoraussetzung war, daß sie die wesentlichen Prinzipien ihres angenommenen Glaubens aufgaben. Zu Beginn des 20. Jahrhunderts war es in hohen Kreisen ein gängiges Gesprächsthema, wie die Regierung am besten »gefährliches Denken« unterdrücken könnte — und das bedeutete hauptsächlich Gedanken, die von der christlichen und der marxistischen Weltdeutung abgeleitet waren. 1923 kam eine kaiserliche Botschaft heraus, in der den Menschen ohne Umschweife befohlen wurde, mit solchen Gedanken aufzuhören.[21] Von den 1930er Jahren bis zum Ende des Krieges wurden widerstrebende Marxisten mit Terror oder Überredung dazu gebracht, im tenko öffentlich ihrem Glauben abzuschwören. Bei den Kommunisten war die Verfolgung am offensichtlichsten; die Kommunistische Partei ließ sich leicht als Agent einer fremden Macht darstellen, weil sie ihre Weisungen von der Komintern bekam.[22] Natürlich war die Partei illegal. Sie war von schweren Flügelkämpfen zerrissen und wurde durch Massenverhaftungen weiter geschwächt. Ihre Führer verbrachten die meisten Kriegsjahre im Gefängnis.

Die Freiheit der Meinungsäußerung nach dem Krieg hat keine drastischen Veränderungen für das Schicksal der einstigen Quellen »abnormen ausländischen Denkens« gebracht. Einige christliche Kirchen sind dick im Geschäft mit Hochzeiten — weil es schick ist, sich von einem katholischen oder protestantischen Geistlichen trauen zu lassen. Nur 1% der japanischen Bevölkerung nennt sich Christen.

Die japanischen Sozialisten und Kommunisten haben sich geweigert, ihre Theorien auf erreichbare soziopolitische Ziele zu beziehen. Die kommunistische Organisation hat die gleichen Gewohnheiten japanistischen politischen Denkens und Handelns geerbt wie die Hauptströmung des Systems. Bis in die 60er Jahre rechtfertigte die Partei ihre Beschlüsse mit dem Hinweis auf die Unfehlbarkeit der Sowjetpartei, und der Mythos kollektiver Führung verdeckt die individuelle Verantwortung.[23]

Althergebrachte marxistische Stereotypen beeinflussen eine noch große, aber schrumpfende Gruppe von Akademikern und intellektuellen Kommentatoren. Ihr Begriff des »Monopolkapitalismus« wird von einer dicken Kruste ideologischen Ballasts beschwert, der sich in einem Dreivierteljahrhundert angesammelt hat. Sie verwenden ihn mit so gedankenloser Regelmäßigkeit, daß sie nur einander und vielleicht eine Handvoll naiver Studenten überzeugen.

Trotzdem ist diese altehrwürdige japanische Version des Marxismus die einzige fest etablierte Alternative zum »Japanismus«. Sie bietet zumindest einen intellektuellen Hintergrund für die einzig echte politische Opposition, die den Anspruch des Systems auf ein Rechtschaffenheitsmonopol in Frage stellt. Es ist kein Zufall, daß die einzige große politische Organisation, die sich der »unentrinnbaren Umarmung« erwehren konnte (wenigstens bis Mitte der 80er Jahre), die Nikkyoso war, eine von doktrinären Marxisten geführte Organisation. Und die einzige konsistente Opposition gegen die Politisierung der japanischen Justiz durch die Justizbürokraten, der einzige energische Versuch, die Unabhängigkeit der Rechtsprechung zu bewahren, kam von der Seihokyo, einer weiteren Organisation, die zumindest teilweise unter dem Einfluß marxistischer Ideologen stand.

Romantischer Radikalismus

Der Unterschied zwischen Japanismus und echten Religionen ist, daß diese soziopolitische Belange transzendieren, während der Japanismus das per definitionem nicht kann, da er ja von diesen Belangen abgeleitet und total beherrscht ist. Die pausenlose Versicherung, daß die bestehenden Verhältnisse, die das Alltagsleben beherrschen, unwandelbar und von tiefstem Sinn seien, hat nicht alle Japaner zu allen Zeiten zufriedengestellt. Der Japanismus kann das menschliche Bedürfnis nach letzten Erklärungen nicht voll befriedigen.

Diese Bedürfnisse gehören zu den Japanern ebenso wie zu anderen Völkern, wie die oben gezeigten historischen Beispiele zeigen. Immer wieder äußern auch neue Generationen junger Japaner sie. Intelligente Studenten machen manchmal persönliche Krisen durch, bei denen sie in sehr rascher Folge Glaubenssysteme übernehmen und verwerfen. Das Fehlen irgendeines geistigen Ankers macht sie besonders anfällig für neue Ideologien. Da sie nicht ermutigt worden sind, in universellen Prinzipien zu denken, führt die plötzliche Entdeckung eines Glaubens, der alles zu erklären scheint, oft zu sehr intensiver Bindung.

Wenn diese Bindung kollektiv ist, ist sie noch immer von viel Reglementierung und Disziplin gekennzeichnet. Der Aktivismus japanischer Studenten in den 60er und frühen 70er Jahren war in zweierlei Hinsicht etwas ganz anderes als der in Europa und den USA. Die japanischen Radikalen beteten sklavisch Parolen nach, die von irgendeiner starr ideologischen Variante des Marxismus kamen. Gleichzeitig lieferten sie sich emotional ihren Führern aus und gehorchten jedem Befehl. Schlachten zwischen der Aufstandspolizei und radikalen Studenten erweckten oft den Eindruck, sie seien von einem Choreographen inszeniert. Die Radikalen, in identischen Helmen mit identischen Schriftzeichen und identischen kleinen Handtüchern, die sie als Masken zwischen den Helmriemen trugen (um sich vor Tränengas zu schützen), wirkten so diszipliniert wie die Aufstandspolizei mit ihren dunkelblauen Uniformen und Metallschilden; ihr Laufen in Formation hätte die Bersaglieri, das berühmte italienische Hornistencorps, in den Schatten gestellt.

Der Gegensatz zu den »Revolutionären« des Westens und der damit verbundenen Subkultur hätte kaum größer sein können. »Spontaneität« war der Imperativ der radikalen Jugendkultur im Westen; ihr Ideal war, alle Autorität abzuschaffen, die das wahre Ich einschränkte (selbst die ihrer eigenen Führer), und die die »Revolution« kanalisierte und damit schwächte.[24] Daß die japanische

Studentenbewegung jener Zeit — im Unterschied zu ihren jüngeren, stärker radikalisierten Ablegern — ihren Protest so weitgehend ritualisierte, daß die Aufstandspolizei leicht damit fertigwurde, schmälert dennoch nicht den starken Glauben vieler Studenten an Ideen, die dem System angst machten, und ihre Bereitschaft, diesen Glauben zur Schau zu stellen.

Auch in Japans repressiveren Zeiten war leidenschaftliches Handeln im Namen einer höheren Sache, das die Mißbilligung oder Verurteilung durch die Behörden nach sich zog, nicht unbekannt. Es stellt tatsächlich eine verehrte Tradition dar, die die meisten, wenn nicht alle japanischen Helden hervorgebracht hat. Um die geistige Inspiration dieser Tradition zu verstehen, müssen wir noch einmal auf jene wenigen Ahnungen von einer Wirklichkeit zurückkommen, die die angeblich vom Kriegerregime verkörperte Einheit von Humanität und Natur übersteigt. Obwohl die verschiedenen Bewegungen der offiziell geförderten Tokugawa-Bildung völlig gebändigt waren und das Regime ausnahmslos unterstützten, konnten sie nicht ganz von Visionen gesäubert werden, die über den Shogunspalast hinausgingen.

Die nativistischen Kokugaku-Gelehrten hatten zum Beispiel solche Visionen, als sie Japans glorreiche Tradition von Göttern abstammender Kaiser betonten. Und die Schriften des chinesischen Neokonfuzianismus, die den Hauptteil dessen ausmachten, was jeder Tokugawa-Student auswendig lernte, müssen den Neugierigeren hier und da einen Blick auf eine allgemeingültige Moral eröffnet haben, die die Ideologie der Shogunatsverwalter transzendierte. Mehr als ein kurzes Aufscheinen dieser Moral enthielten die japanischen Auslegungen der Philosophie der chinesischen Wang-Yangming-Schule. Nakae Toju (1608—1648), der Gründer der Yomeigaku (Yang-ming-Studien) in Japan, verkündete die Existenz eines Prinzips, das das ganze Universum durchdrang und meitoku (wahre Tugend) hieß. Wenn eine Person ihr meitoku findet, wird sie automatisch tugendhaft.[25] Bei der Verfolgung dieser Idee dachte Nakae an etwas Ähnliches wie einen einzigen, persönlichen Gott, den er als absolute Wahrheit, unendlich und das Ziel alles Seienden bezeichnete.[26] Wenn sein Denken so weit geht, ist es weder durchgängig noch schlüssig, aber er behauptete wenigstens mit Gewißheit, es gebe eine intuitive Einsicht in Gut und Böse.

Yomeigaku kam von allen japanischen Denkschulen einem Verstehen transzendenter Prinzipien am nächsten. Der herrenlose Samurai Kumazawa Banzan (1619—1691) wandte Nakaes Lehre auf ein Reformprogramm in der Domäne Okayama an und gab damit sozial engagierten Japanern späterer Zeiten ein Beispiel. Das Motto seiner Schule war »Handle nach dem Gewissen«.[27] Solche Yomeigaku-Ideen drangen zu den Samurai durch und gaben den leidenschaftlichen Taten, zu denen sie sich unter besonderen Umständen verpflichtet fühlten, eine vage Legitimation.
Anfang des 19. Jahrhunderts wurden diese Ideen zur Grundlage der Rebellion. Der berühmteste Rebell dieser Zeit, Oshio Heihachiro (1792—1837), setzte Yomeigaku-Gedanken in eindeutigen politischen Aktivismus um.[28] Für ihn war das Wesen aller Dinge, lebend oder tot, gleichzeitig etwas universell Absolutes und eine schöpferische Kraft; es war ein absoluter Geist, der auch moralisch richtig war. Daraus schloß er, es sei ein unwandelbares Gebot, gegen das Böse etwas zu tun. Das Böse als etwas außerhalb des Ichs zu behandeln, bedeutete, es im eigenen Herzen zu dulden. So propagierte er, was er als kontinuierliches »reines« Handeln bezeichnete, und rechtfertigte implizit einen dauernden Zustand der Rebellion. Er ging sogar so weit, zu schreiben, das Handeln in der Gesellschaft solle sein, »als wäre man verrückt«.[29] Wenn irgend etwas sich auf ein allgemeingültiges Prinzip berief, dann dies. Doch es bot wenig geistige Grundlagen für dauerhaftes politisches Engagement. Oshio setzte die Theorie in Praxis um und begann 1837 eine Rebellion, in deren Verlauf ein Viertel der Stadt Osaka abbrannte. Er gab hungernden Arbeitern Schwerter und verkaufte seine Bibliothek, um Gewehre und eine Kanone zu kaufen. Die großen Kaufmannshäuser wurden geplündert und niedergebrannt; Oshio wurde von den Behörden gestellt und beging Selbstmord. Seine Armee wurde gefoltert und bis auf den letzten Mann getötet.
Was Oshios Theorie widerfuhr, ist typisch für die Perversion, die heterodoxem politischen Denken in Japan anscheinend bestimmt ist, sobald es sich ausbreitet. Am Vorabend der Meiji-Restauration wurde Oshio von Kräften bewundert, die gegen das Shogunat waren. Doch seine ethischen Ideen wurden zu Parolen zum »nationalen Überleben« gemacht, und das bedeutete Vertreibung der Aus-

länder. Die Idee, die Armen zu retten, wurde zur Idee, das Land zu retten.[30] Sowohl die Yomeigaku- als auch die Kokugaku-Bewegung waren in ihrer entwickelten Form intellektuelle Waffen geworden, mit denen man der Macht der Tokugawa-Bürokratie trotzen konnte, indem man nach der Wiederherstellung des Kaisertums rief.[31] Die Kokugaku-Gelehrten unterstützten die Auffassung, daß der Kaiser die politische Ordnung heilige, so intensiv, daß ihre Botschaft ein ungewolltes revolutionäres Potential gewann.

Die Idee vom mystischen Wert alter Gebräuche und des kaiserlichen Segens wurde von zahlreichen Anhängern des Motoori Norinaga und Hirata Atsutane beim einfachen Volk des ganzen Landes verbreitet.[32] Zusammen mit der von Oshio verkörperten Idee intuitiven moralischen Handelns inspirierte sie die shishi, junge, hitzköpfige Krieger, die in den letzten Jahrzehnten des Shogunats im Namen der Wiederherstellung des Kaisertums in Japan ein Chaos anrichteten. Am Ende trugen sie zum Sturz des Tokugawa-Regimes bei.[33] Die shishi, die zum Teil herrenlose Samurai waren, lebten oft als Vagabunden, doch einige wurden zu Volkshelden. Sie repräsentierten eine Vielfalt von Charakteren, doch die wichtigsten unter ihnen waren fremdenfeindliche, nationalistische Eiferer, die die Luft mit ihrem Gebrüll füllten: »Verehrt den Kaiser und vertreibt die Barbaren!« Zu ihnen gehörten auch die Terroristen, die in den 1850er und 60er Jahren schon in Japan wohnende Europäer ermordeten.

Hier haben wir die Anfänge einer romantischen Tradition von Helden und patriotischen Übeltätern, angeblich inspiriert von reinen japanistischen Motiven und auf der Suche nach einem »reineren« Japan. Es ist eine der großen Tragödien in der Geschichte des japanischen politischen Denkens, daß Ideen, die hätten helfen können, Druck auf die etablierte Ordnung auszuüben, in den Arsenalen derer landeten, die japanistischer als die Japanisten sein wollten.

Die romantisierte shishi-Tradition bot eine »anerkannte« moralische Grundlage für die Morde der angeblichen Patrioten in den 1930er Jahren — verwirrter, größenwahnsinniger junger Männer, die glaubten, sie könnten Japan »retten«. Die Reinheit des Geistes, die die in Kapitel 10 untersuchte Ideologie des Japanertums fordert, wird noch unwiderstehlicher rein, wenn sie dem intuitiven Handeln Vorrang vor diszipliniertem Denken einräumt.[34] Solches Denken fördert in den Augen der Japanisten falsche Motive. Eine wichtige Eigenschaft dieses radikalen Japanismus ist, daß er oft zur Selbstzerstörung führt. Das wird von ihm erwartet.

Die Symbolik eines »reinen« Geistes, die von der kokutai-Ideologie gesellschaftsfähig gemacht wurde, wurde im Krieg eine machtvolle Antriebskraft für viele Japaner. Für die japanistische Mythologie war es kein so großer Schritt, weiterzugehen und zu behaupten, die Yamato-Rasse sei in sich höherwertig und deshalb ausersehen, in Asien zu führen. Der ausgeweiteten Symbolik zufolge ermöglichte Japan allen Nationen, die es kolonialisierte, ihren »angestammten Platz« in der Welt einzunehmen: nämlich unter den ursprünglichen, reineren Untertanen des Kaisers. Gleichzeitig war es der spirituellste und reinigendste Akt, den man sich vorstellen konnte, für Japan zu sterben. Der Zorn der seelischen Krüppel, die in den 1930er Jahren mit ihren Morden Japan »retteten«, war zur gesellschaftlich akzeptablen Raserei geworden, die wie alle Raserei immun gegen Verständnis war. Die Möglichkeit politischen Andersdenkens war ausgeschlossen.[35]

Wir wissen, daß viele Japaner in dieser Zeit nie aufhörten, ihren Kopf zu benutzen; die Offiziere, die sie führten, taten das jedoch mit Sicherheit. Die Produkte der Heeresakademie lernten, sich auf seishin-shugi zu verlassen, den Sieg des Geistes über die Materie, und logisches Denken zu ignorieren. Ein großer Prozentsatz von ihnen war nicht in Kontakt mit der Wirklichkeit und pathologisch selbstbewußt.[36] Colonel Kobayashi Junichiro, ein enger Freund des Kriegsministers und späteren Erziehungsministers Akari Sadao, warnte in einem berühmten Pamphlet, allzuviel Vertrauen auf »materielle Güter« würde die Seele der japanischen Armee korrumpieren.[37] Der Glaube an die Überlegenheit japanischer Fähigkeiten aufgrund ihres »reinen« japanischen Charakters überlebte die Schlacht von Nomonhan an der mandschurisch-mongolischen Grenze von 1939. Mehr als 17 000 Soldaten der Kwantung-Armee, die von ihren Offizieren Befehl hatten, sich auf ihren überlegenen Kampfgeist zu verlassen, starben in »Menschenwellen« beim Zusammenstoß mit überlegenen, motorisierten sowjetischen Einheiten und überlegenem taktischen Können — eine frühe, schreckliche Niederlage, die vor der japanischen Öffentlichkeit geheimgehalten wurde.[38]

Die offizielle Argumentation schon vor dem Pazifischen Krieg, propagiert von Offizieren, die ihre vorsichtigeren Kollegen durch Einschüchterung zum Schweigen gebracht hatten, lautete, Japans Willenskraft würde die physische Macht der USA überwinden. Admiral Kato Kanji glaubte, der anerkannt unmögliche Sieg über eine riesige militärische Übermacht könne durch diese Willenskraft möglich gemacht werden. Bei der kaiserlichen Konferenz, die eine de facto schon getroffene Entscheidung für den Krieg sanktionierte, sprach Admiral Nagano Osami, der höchste Kommandant der japanischen Marine, von der Notwendigkeit, gegen die USA zu kämpfen, weil kampflose Unterwerfung »geistige ebenso wie physische Zerstörung für die Nation« bedeuten würde.[39] Die Niederlage trat ein, wie Erziehungsminister Maeda Tamon in einem Memorandum an Schulleiter erklärte, »als Ergebnis unzureichender Anstrengungen und eines Mangels an echtem Patriotismus unsererseits«.[40]

Eine weitere Behauptung, die zum allgemeinen religiösen Wahn beitrug, betraf die grenzenlose Energie, die angeblich seit der Geburt des Landes existiert hatte.[41] Das Kokutai no Hongi, die Propagandabroschüre von 1937, in der das Erziehungsministerium das »nationale Wesen« erklärte, betonte, der Überfall auf die Mandschurei sei ein »unvermeidbarer Ausdruck der nationalen Vitalität« gewesen. Der Krieg ergab sich natürlich aus der grenzenlosen Energie des Landes und war nötig, um seine Vitalität zu erhalten.

Im heutigen Japan hat die von den USA aufgezwungene Nachkriegsverfassung den Staat kastriert, indem sie für immer auf Japans souveränes Recht verzichtet, Krieg zu führen. Krieg gilt zwar nicht mehr als noble Betätigung, doch die Idee einer angeborenen japanischen Energie, die sich in der industriellen Statistik ausdrückt, ist noch immer quicklebendig.

Ebenso schafft das Ideal »reiner« Motive und »reiner« Taten noch immer Objekte für eine zerstörerische Form sentimentaler Identifizierung. Die Tradition, das alltägliche Denken zu einer intensivierten Feier des Japanertums zu durchbrechen — eine Tradition, die damit begann, daß Oshios Eifer in eine Unterstützung für ein Superjapan umgekrempelt wurde, und dann mit den shishi und den Vorkriegs-Nationalisten weiterging —, ist nicht tot. Sie bietet etwas Letztes, etwas Sinnerfülltes, einen Gegensatz zur faden, materialistischen Routine des Alltagslebens, aus der sie ein Ausweg ist. Sie ist noch heute wie vor dem Krieg ein kläglicher Ersatz für die individuell befreiende Kraft geistiger Konstrukte, die über den Japanismus hinausgehen.

Das pathetische Verhalten Mishima Yukios, der Japans Selbstverteidigungstruppen aufforderte, sich zu erheben und »den Kaiser wieder einzusetzen«, bevor er sich »in der mannhaftesten Form japanischen Handelns« die Gedärme herausriß, paßt haargenau in diese Tradition. 1969 beschimpfte Mishima in einer öffentlichen Debatte die Studenten dafür, daß sie vor kurzem dem Tränengas und den Wasserwerfern der Polizei gewichen seien und die Yasuda-Halle der Universität Tokio brav geräumt hätten, ohne daß ein einziger Student die höchste Geste vollbracht habe, sich in den Tod zu stürzen. Aus den zeitgenössischen Kommentaren geht hervor, daß es ihm gelang, so manchen linken Studenten zu beschämen.

Der Glaube, daß Radikale eine Daseinsberechtigung haben, wenn sie bereit sind, für ihre Sache zu sterben, hätte nicht deutlicher ausgedrückt werden können als in einem Leitartikel der *Mainichi Shimbun* von 1972, nach einer sensationellen Belagerung von fünf Mitgliedern der extremistischen Roten Armee durch 1500 Polizisten. Die Radikalen hatten ihre Gruppe »gereinigt«, indem sie elf

Kameraden zu Tode folterten, und waren dann mit einer Geisel in eine Berghütte geflohen. Nach zehn Tagen vorsichtiger Polizeiaktion (landesweit vom Fernsehen ausgestrahlt) ergaben sich die Extremisten und enttäuschten diejenigen, die nach den Worten der *Mainichi* »glaubten, nachdem sie ihre Munition aufgebraucht hätten, würden sie sich entweder das Leben nehmen oder mit den Händen gegen die Aufstandspolizei kämpfen«. Dieselbe Zeitung fährt fort: »Dieser Glaube wurde gänzlich verraten... die fünf jungen Männer leisteten fast keinen Widerstand. Eine solche Haltung zeigt ihren ›verweichlichten Geist‹!«[42] Der Leitartikler verweilte noch beim verweichlichten Denken und setzte es gegen die Bereitschaft anderer ab, für ihre Sache zu sterben. Ian Buruma faßt zusammen:

> *Der ernsteste Vorwurf gegen die Studenten war nicht, daß sie elf ihrer Freunde und einen Polizisten ermordet hatten, oder daß ihre Sache bestenfalls absurd war, sondern daß sie versäumt hatten, dafür zu sterben. Es mangelte ihnen an Aufrichtigkeit, ihre Herzen waren nicht rein. Der Leitartikler, der dies schrieb, könnte kaum als Sympathisant mit den Zielen der »Roten Armee« bezeichnet werden. Ob er das war oder nicht, ist jedoch unwesentlich. Es war die Reinheit des Motivs, die zählte. Wäre nur ihre Haltung richtig gewesen, so hätten sie Helden sein können.*[43]

Die Tradition heroischer japanischer Extremisten bleibt eine potentielle Ursache der Instabilität. Frustration und Spannung, die beide in Japan überreich vorhanden sind, könnten zusammen mit künftigen Wirtschaftsproblemen und einem wachsenden Gefühl, daß die Nation um ihre gerechten Ziele gebracht wird, emotionale und irrationale japanistische Bewegungen in Gang setzen. Die Struktur dafür ist bei verschiedenen rechtsextremen Gruppen vorhanden. Und sie werden auf viel Sympathie zählen können, denn das Gefühl, man müsse »zu wahren japanischen Werten zurückkehren«, nimmt ebenso zu wie das Gefühl, Opfer einer antijapanischen Welt zu sein.

Wenn Japans strenge gesellschaftliche Normen abbröckelten, wäre nicht viel darunter, denn das politische System hat die Entwicklung jeder Religion und jedes ethischen Glaubenssystems verhindert, die eine Quelle moralischer Prinzipien sein könnten. Japan ohne seine starren Normen individueller Unterwerfung hätte wenig, das es noch zusammenhielte. Vielen Verwaltern ist dies unangenehm bewußt.

Die Reaktion gegen die fanatische Kriegsversion des Japanismus, die von der Nikkyoso und anderen linken Gruppen aufrechterhalten wurde, ist diesen Hütern japanischer Moral mit ihrer auf Außenstehende übertrieben wirkenden, endlosen Sorge um die moralische Qualität der nachwachsenden Generation viel zu weit gegangen.

In den frühen 60er Jahren, als ich zum erstenmal nach Japan kam, wurde viel vom Verfall der Sitten geredet, von der respektlosen japanischen Jugend und dem schwindenden Willen, für die Gesellschaft zu arbeiten. Ende der 80er Jahre hört man die gleichen Klagen; der nationale »Geist« scheint immer im Niedergang. Die Verwalter wirken manchmal besessen von der Sorge, daß die Generation, die jetzt in der Schule ist, alles aufgeben könnte: Hingabe an die Firma, Hausfrauenrolle, Gehorsam gegen Autoritäten und Zähigkeit für ihr Land. Sie teilen die Überzeugung, daß dagegen etwas getan werden muß.

Den nationalen Geist stärken

Vor diesem Hintergrund sind die Kampagnen der 50er und 80er Jahre zu sehen, »die Auswüchse der Besatzungszeit zu korrigieren«, und ebenso die Rufe von LDP-Mitgliedern und Erziehungsbeamten nach einem neuen Sinn für Patriotismus bei der Jugend. Es gibt allenthalben viel offene Unzufriedenheit über das Fehlen moralischer Führung und über die Einschränkungen, denen die Regierung bei ihrem Bestreben begegnet, sie in den Schulen wieder einzuführen. Die höchsten Wirtschaftsbürokraten in den Verbänden haben die Entwicklung eines Erziehungssystems gefördert, in dem die »Prüfungshölle« überhandgenommen hat, nicht nur, weil sie die gefügigen Mittelschichts-Arbeitskräfte, die es hervorbringt, gut fürs Geschäft finden, sondern auch, weil seine Disziplin in ihren Augen ein Auseinanderbrechen der japanischen Gesellschaft verhindert. Obwohl die Hüter der politischen Ordnung es nicht mit diesen Worten ausdrücken würden, ist es die »Verweltlichung« der japanischen Gesellschaft, die sie am meisten fürchten. In diesem Zusammenhang ist es bezeichnend, wie selbstverständlich angenommen wird, daß die Regierung »kulturelle Werte« fördern sollte wie in der Meiji-Periode.

Die Spannungen, die es in der japanischen Erziehung gibt und die durch Widersprüche zwischen dem japanischen System und Inhalten westlicher Herkunft entstanden sind, haben sich in den 80er Jahren verschärft. Der frühere Premierminister Nakasone hoffte, sie durch eine selbstbewußte Rückkehr zu japanischen Sitten zu lösen, wie er und andere stramme Japanisten sie deuteten. Er hat wirkungsvoll für die Notwendigkeit argumentiert, auf dem Weg zu einem wahrhaft internationalisierten Japan, das zum Wohle der Welt beiträgt, zuerst gründlich und aufrichtig zu studieren, was Japanersein eigentlich ist. Als ich ihn fragte, ob den Japanern eine andere Moral beigebracht werden muß als anderen Völkern, antwortete Nakasone, die grundlegende Moral sei vielleicht dieselbe, aber sie habe unterschiedliche gesellschaftliche Grundlagen und unterschiedliche Formen, was in Japans Fall die Aufmerksamkeit der Behörden erfordere.[44] Einige LDP-Politiker gehen erheblich weiter. Der Erziehungsminister Fujio Masayuki (der 1986 zurücktreten mußte, nachdem er geschrieben hatte, Korea habe seiner Annektierung durch Japan 1910 zugestimmt) sagte ganz deutlich, es sei nötig, den Moralkodex wieder einzuführen, den der kaiserliche Erlaß zur Erziehung lehrte, um Japans traditionelle moralische Ordnung wiederherzustellen. Ein anderer Erziehungsminister, Setoyama Mitsuyo, behauptete 1983 bei einer Pressekonferenz, die Beamten der US-Besatzung seien indirekt verantwortlich für die zunehmende Aufsässigkeit in japanischen Schulen. Sie seien beauftragt gewesen, Japans Sitten, Moral und Geschichte zu zerstören, um die Japaner an den amerikanischen Lebensstil anzupassen. Obwohl dies einiges Gutes bewirkt habe, sei das Volk dadurch nicht glücklich geworden, sagte der Minister. Als Heilmittel schlug er vor, die Frage der nationalen Moral sowie altmodische Lehrmethoden sollten neu studiert werden; die Auffassungen, die den Kindern seiner Meinung nach anerzogen werden sollten, finden sich alle im kaiserlichen Erlaß zur Erziehung. Setoyama wäre zweifellos zum Rücktritt gezwungen worden, wenn er damit nur sechs Jahre früher herausgekommen wäre.

Japaner, die wie Nakasone und die meisten Erziehungsminister nach dem Krieg denken, glauben, der »Individualismus«, der angeblich seit der Besatzung die traditionelle Moral verdrängt hat, habe zu hemmungsloser Selbstsucht und Gewalt geführt. In der »Anleitung« zum Unterricht über die Verfassung, die die Autoren von Schulbüchern 1987 bekamen, erläutern die Zensoren des Erziehungsministeriums, die Betonung müsse von den Garantien der Rechte des einzelnen auf gesellschaftliche und nationale Pflichten verlagert werden. Es herrscht erhebliche Ambivalenz über den Begriff »Individualismus«. Er ist ein Codewort, das zeigt, daß der Benutzer die korrekten Ideen über den Zweck der Erziehung hat, wie das Grundgesetz der Erziehung von 1947 ihn festlegt. Er gilt auch als notwendig, um Japan mehr kreative Denker zu geben. Der wichtige Ad-hoc-Rat zur Erziehungsreform, den Nakasone eingesetzt hat und der aus Akademikern, Intellektuellen und Geschäftsleuten besteht, hat sich mit dem Begriff herumgeschlagen; nach den Berichten, die er zwischen 1985 und 1987 herausbrachte, kann man sich des Eindrucks nicht erwehren, daß er glaubt, mehr Individualismus und mehr Kreativität würden aus mehr Kontrolle folgen. Japanische Beamte definieren ihre importierten Begriffe oft reichlich schlampig und schaffen sich dadurch die Möglichkeit, das Gegenteil von dem zu tun, was sie als ihre Ziele angeben. Die Nikkyoso und andere Kritiker kennen die Technik des Jonglierens mit unvereinbaren Wirklichkeiten gut, und deshalb fürchten sie, daß »Individualismus« das seit langem erwartete Trojanische Pferd sein wird, das die nationalistische Ethik einschmuggelt.[45]
Was die Reformer sagen, ist, daß Schulkinder durch ihre Erziehung mit Liebe zu Japan durchdrungen werden müssen, damit Individualität und Kreativität angeregt werden und damit eine sinnvolle Mitgliedschaft in der internationalen Gemeinschaft erreicht wird. In seinen offiziellen Empfehlungen für einen Lehrplan der moralischen Unterweisung, die schon zum Teil wieder eingeführt

ist, betont der Ausschuß zur Erziehungsreform die Erziehung zur »Achtung vor der japanischen Kultur«, und das bedeutet in dem Zusammenhang, in dem die Phrase gewöhnlich benutzt wird, Achtung vor den bestehenden Machtbeziehungen.

1985 sorgte das Erziehungsministerium für große Aufregung bei den Lehrern, indem es Anweisungen an alle Schulleiter herausgab, bei Schulzeremonien die Landesflagge zu hissen und ihre Schüler die Nationalhymne absingen zu lassen. Dieser erste derartige Befehl war die Reaktion auf einen Bericht, der offenbarte, daß nur 92,5% der Grundschulen und 86,4% der Mittelschulen die Flagge beim Abschluß des Schuljahrs hißten, und daß nur 72% der Grundschulen und 53% der Mittelschulen das »Kimigayo« sangen (»Seiner Majestät Herrschaft«, die inoffizielle Nationalhymne); nicht genug, meinten die zuständigen Beamten, um allen japanischen Kindern Vaterlandsliebe einzuflößen. Die Nikkyoso hält ihrerseits sowohl Flagge als auch Hymne für Überbleibsel des »Kaisersystems«. Auf die Behauptung des Ministeriums, andere Länder hätten ähnliche Praktiken, antworten die Kritiker, daß sowohl Deutschland als auch Italien nach 1945 ihre Nationalhymnen und Flaggen geändert haben. Kurz bevor das Ministerium seine Anweisungen herausgab, sagte eine Publikation vom Büro des Premierministers ganz offen, einige Japaner seien aufgrund persönlicher Kriegserinnerungen allergisch gegen den Anblick der Flagge, und gerade aus diesem Grund müsse man in einer Generation ohne solche Erinnerungen Patriotismus wecken.

Wer durch Japan reist, sieht vor den Schulen wieder Statuen von einem Jungen, der ein Buch liest und dabei Feuerholz auf dem Rücken trägt. Das ist Ninomiya Kinjiro, auch bekannt als Sontoku, eine historische Figur. Er wurde 1787 geboren und brachte es durch gleichzeitiges hartes Arbeiten und eifriges Lernen zum Shogunatsbeamten und zum Vorläufer der Bewegung des Agrarnationalismus. Seine Lehre betonte die Tugenden des Fleißes, der Sparsamkeit, Aufrichtigkeit und Zusammenarbeit als Zeichen der kollektiven Dankbarkeit für erhaltene Segnungen. Dies würde eine »wahre Gesellschaft« schaffen.[46] Die unschuldig aussehende Statue, die diese konfuzianische Ethik symbolisiert, war in der Vorkriegs- und Kriegszeit ein tragendes Element der moralischen Unterweisung an den Schulen. Und da die Zahl solcher Statuen auf

Grundschulhöfen in den Jahren, in denen das Militär seinen Griff um das Land anzog, rasch wuchs, erinnert Ninomiya Kinjiro viele Japaner an die »Moral«, die sie, wie sie glaubten, zum letztenmal gesehen hatten, als die US-Besatzung begann, den japanischen Lehrplan zu ändern.

»Erzwungene Verweltlichung« durch die Außenwelt

Selbstsucht und Materialismus gelten seit langem als Importe aus dem Westen.[47] Die Tugenden der Sparsamkeit und kollektiven Strebsamkeit, für die Ninomiya Kinjiro stand, werden — den Kommentaren vieler Verwalter zufolge — jetzt von Ausländern bedroht, die »arbeitsscheu geworden sind, die Produktion für den Konsum aufgegeben haben und jetzt gegen die wirtschaftliche Konkurrenz Japans verlieren«.[48] Als die ausländische Kritik an Japans Handelspraktiken und seiner Unzuverlässigkeit in internationalen Belangen Ende der 1980er Jahre begann, analytischeren Untersuchungen des »nationalistischen« japanischen Verhaltens zu weichen, machte sich in den Kommentaren einiger japanischer Wissenschaftler, Redakteure und anderer Sprecher ein neuer, entrüsteter Ton breit. Die kritischen Ausländer wollen angeblich die Grundfesten schwächen, auf denen die japanische Gesellschaft aufgebaut ist.

Dies wird in einigen der deutlicheren Kommentare damit begründet, daß der Westen das Prinzip des »kulturellen Relativismus« über Bord geworfen habe. Wie ein Professor der Volkswirtschaft an der Universität Kioto es ausdrückt:

> *Wenn Europäer und Amerikaner von Kulturen und Praktiken außerhalb der westlichen Tradition herausgefordert werden, ist ihr Impuls zunehmend die Verdammung dessen, was in westlichen Augen unethisch und unfair ist ... Vor dem Hintergrund dieses steigenden kulturellen Antirelativismus unter europäischen und amerikanischen Meinungsführern haben die Handelskonflikte ... an Schärfe gewonnen. Angesichts der Entfesselung eines solchen philosophischen Konservatismus könnte es unrealistisch von uns sein, ein faires Verständnis für unsere*

Kultur, unsere Gesellschaftsstruktur und unsere Sitten zu erwarten.[49]

Ausländische Analysen des japanischen Systems sowie der Ideologie und der Auffassungen, die es aufrechterhalten, erregen regelmäßig heftige japanische Reaktionen; das scheint unausweichlich. Schließlich kommt derlei der Analyse einer unfaßbaren Gottheit gleich — und das ist zerstörerisch für jede Art Religion. So leitartikelte Japans inoffizielles, aber praktisch prominentestes Sprachrohr zur Welt, die *Japan Times*, folgendermaßen zu einem Austausch in einer intellektuellen Zeitschrift zwischen einem ausländischen Autor und einem japanischen Professor, der japanistische Ansichten verbreitete:

Jeder Ausländer, der zornig und unrichtig auf die Identität — wenn man will, Mythologie — dieses Landes einschlägt, fördert die japanische Taubheit gegen ausländische Kritik. Die Ansprüche auf eine schuldfreie nationale Identität sind jetzt fest auf der menschlichen Tagesordnung. Freilich sind solche Ansprüche nicht der Stoff, aus dem reibungslose globale Beziehungen sind. Darum sind Geduld, Verständnis, Toleranz und gute Manieren gefragt.[50]

Ohne eine weitreichende »Verweltlichung« Japans können seine Untertanen keine wirklichen Staatsbürger werden; ebensowenig können sie ein klares Bewußtsein darüber gewinnen, wohin die Aktivitäten des Systems, an denen sich viele mit so offensichtlich religiösem Eifer beteiligen, sie führen. Da aber Ausländer, vor allem die Vertreter von Regierungen und Firmen, Japan in seiner Kapazität als Ersatzreligion nicht entgegenkommen können, da sie sich eben doch Sorgen machen, wohin Japan treibt, und da sie immer Fragen stellen und Antworten vorschlagen, die zu sehr ans Eingemachte gehen, sind sie in der Tat die »verweltlichende« Kraft, die die Verwalter fürchten. Die *Japan Times*, der Professor aus Kioto und zahlreiche andere Kommentatoren wissen es nicht, aber sie sind Verteidiger eines Glaubens.

12

Das Recht, zu herrschen

Solange sie einigermaßen diffus ist, löst die Ausübung informeller Macht in Japan keine akute Angst aus. Wenn die Nachkriegsjapaner sie überhaupt spüren, ist die allgegenwärtige und unentrinnbare Macht des Systems subtil, vage und selten lokalisierbar. Die inoffiziellen Methoden, mit denen die Ordnung außerhalb des sanktionierenden gesetzlichen Rahmens aufrechterhalten wird, werden selten wahrgenommen, schon gar nicht offen analysiert, und können daher nie ausdrückliche Probleme darstellen. Die Ausübung offizieller Führung löst andererseits ständige, schwere und offenbar unlösbare Spannungen aus.

Die Japaner, die das Land offiziell regieren — der Premierminister und sein Kabinett —, können in der Praxis nicht die Macht ausüben, die sie nach der Verfassung ausüben sollten. Politische Führer, die wirklich führen wollen, werden immer mit einer ungreifbaren, aber undurchdringlichen Wand des Mißtrauens und der nie endenden Sabotage konfrontiert. Niemand bekommt in Japan das eindeutige Recht, zu herrschen. Keine einzelne Person oder Gruppe ist je wirklich verantwortlich für das, was Japan tut. So ist Führung in Japan immer unvollständig.

Die weithin bemerkte Schwäche der offiziellen japanischen Führung wird gewöhnlich mit einem Hinweis auf die gesellschaftliche Tradition erklärt, die »Individualismus« nicht fördert und deshalb keine individualistischen Führer hervorbringt. Denkt man freilich an potentiell starke Führer wie Nakasone Yasuhiro, Tanaka Kakuei, Ikeda Hayato, Kishi Nobosuke und zahlreiche »Bosse« von Interessengruppen oder Banden, so hält diese Theorie nicht stand; Nakasone war zum Beispiel nicht weniger »individualistisch« als seine ausländischen Kollegen, mit denen er bei den jährlichen Gipfeltreffen konferierte. Die verwandte Theorie, es sei die Öffentlichkeit, die einen starken Führer nicht akzeptiere, weil sie mit Individualisten nichts zu tun haben will, ist ebensowenig überzeugend. Es hat immer eine Menge Volkshelden gegeben, die sich recht individualistisch aufführten und aus ebendiesem Grund weithin bewundert wurden.

Wer diese spezielle Frage in kulturellen Begriffen erklärt, ignoriert die entscheidende politische Tatsache, daß Japaner, die an der Verteilung der Macht beteiligt sind, unlösbar ambivalente Gefühle darüber haben, wer von ihnen das Recht haben sollte, zu herrschen. Dieser für eine moderne Industrienation außergewöhnliche Zug ist das Grundproblem im politischen Leben Japans. Es ist ein Problem, dessen Rückwirkungen in unterschiedlicher Unmittelbarkeit die meisten in diesem Buch beschriebenen Probleme betreffen. Es ist wesentlich und per definitionem ein Problem der politischen Legitimität. Ich sage, per definitionem, denn unter anderem impliziert Legitimität immer einen Zustand, in dem das Recht, zu herrschen, eindeutig etabliert ist.

DAS PROBLEM LEGITIMITÄT

Oberflächlich betrachtet sollte politische Legitimität in Japan kein Problem sein. Anders als in Südkorea oder den kommunistischen Ländern Asiens ist sie kein Thema, das Aufmerksamkeit heischt. Zugegeben, linke Intellektuelle hinterfragen routinemäßig die Legitimität eines Staates, der ein Knecht des »Monopolkapitalismus« ist. Vorgegebene Verzweiflung hierüber bindet sie in Gruppen zusammen, die, wie wir gesehen haben, dem System tatsächlich dienen, indem sie emotionale Ablehnung ritualisieren helfen. Doch außerhalb dieses starren, ritualistischen marxistischen Bezugsrahmens taucht der Begriff Legitimität in der politischen Diskussion einfach nicht auf. Das Fehlen eines geistigen Bezugsrahmens, anhand dessen die Japaner das Problem wahrnehmen und diskutieren könnten, bedeutet freilich nicht, daß es nicht potentiell vorhanden ist. Daß es niemals zur Sprache kommt, kann es um so heimtückischer machen.

»Politische Legitimität« ist ein schwer faßbarer Begriff. Er entspricht einer Wirklichkeit, die noch weniger meßbar ist als die meisten anderen soziopolitischen Phänomene. Überdies gehört er zu jener Art subtiler Attribute eines politischen Systems, die erst bemerkt wird, wenn sie fehlt oder nicht ausreichend vorhanden scheint. Solche Mängel machen sich bei zwei Anlässen akut bemerkbar. Der erste ist die Geburt eines neuen Machtsystems, wenn neue Gewohnheiten des Gehorsams gefordert werden. Der andere kommt, »wenn die herkömmlichen Formen und Grenzen der Macht geändert werden, wenn die Bürger mit neuen, beunruhigenden Machtanwendungen konfrontiert werden, neue Lasten übernehmen und neue Ansprüche akzeptieren sollen«.[1]
In der modernen Politologie wird Legitimität oft als etwas verstanden, das automatisch aus Billigung, Duldung oder Zustimmung folgt.[2] Das kann jedoch nicht zutreffen, denn wenn Billigung, Duldung oder Zustimmung die Schlüssel zur Legitimität wären, könnten breite Proteste gegen manche Handlungen einer Regierung als Zeichen für mangelnde Legitimität der Machthaber mißverstanden werden. Das Recht, zu herrschen, darf nicht abhängig von guter oder schlechter Politik gedacht werden. Es ist etwas, das über den Machthabern selbst steht, ob sie katastrophale Politik machen oder nicht. Andererseits kann es einen relativen Mangel an politischer Legitimität geben, ohne daß dies sich in Aufständen oder anderen Zeichen für ein Ende der Duldung äußert. Wer verkennt, daß das Fehlen einer Opposition nicht automatisch Legitimität verleiht, kann die politische Situation völlig mißverstehen. Ein Gefüge zustimmender Einstellungen, teilweise begründet in der absichtsvoll eingeführten allgemeinen Annahme, die Autoritäten seien wohlwollend und das Wohl des Volkes liege ihnen am Herzen, ergibt mit Sicherheit noch keine Legitimität.[3]
Legitimität impliziert mehr als Duldung oder Zustimmung, denn sie wird einem politischen Arrangement per definitionem von außen verliehen, etwa von einem Rechtssystem, einer sanktionierenden Gottheit oder etwas anderem, das die zeitliche, politische Welt transzendiert und von allen als das wahrgenommen wird, was die Herrscher ebenso wie die Beherrschten beherrscht. In diesem

Licht wird sofort klar, warum Legitimität in Japan ein Problem ist. Das japanische System bestätigt sich seine Gültigkeit selbst. Es ist selbst die »Gottheit« und liefert sein eigenes, geschlossenes System des Glaubens und der Selbstrechtfertigung. Und da ein politisches System sich nicht selbst legitimieren kann, kann das japanische System per definitionem nie legitim sein.

Ich unterschätze »Billigung« und »Duldung« als politische Faktoren nicht. Im Gegenteil, die Apathie der Öffentlichkeit, ein wichtiges Element zur Erhaltung der bestehenden Machtmuster in jedem Land, ist bisher ein besonders mächtiger Faktor in der Erhaltung japanischer Machtverhältnisse gewesen. »Shikataganai«, »Da kann man nichts machen«, ist einer der täglichen Stoßseufzer im japanischen Leben. Er anerkennt eine natürliche Tatsache, wie »Es ist heiß« oder »Es ist eiskalt«. Gehorsam gegen die Diktate der Machthaber ist weitgehend eine Sache des »shikataganai«; dazu trägt noch die Tatsache bei, daß zwischen der gesellschaftlichen Ordnung und dem politischen System keine klare Trennung gesehen wird. Doch diese Art Gehorsam beruht auf latenten sozialen Zwangsandrohungen, und auch deshalb hat sie nichts mit Legitimität zu tun.[4]

Wer sich ständig mit einem Seufzer des »shikataganai« dem politischen Status quo fügen muß, wird wahrscheinlich nicht durch die Frage erregt, wer das Recht hat, zu herrschen. Doch passives Sich-Fügen ist ein Produkt der Umstände. Politische Überzeugung gehört nicht dazu. Wenn das System überall und unüberwindlich ist, wenn es angeblich den letzten Sinn des Lebens enthält und man nicht weiß, wo sonst man nach einem solchen letzten Sinn suchen soll, dann kann man wenig anderes tun, als sich zurücklehnen und es genießen — oder, als Alternative, es lächelnd ertragen. Da in der japanischen Vorstellung, wie wir gesehen haben, das private Individuum und der soziopolitische Bereich nur vage gegeneinander abgegrenzt sind, und da das System eine religiöse Funktion hat, sollte klar sein, daß für die meisten normalen Japaner die Frage nach der Legitimität des Systems der Frage nach der Legitimität der eigenen Mutter gleichkäme.

Ein Problem für die herrschende Klasse

Im Gegensatz zur Durchschnittsbevölkerung sind die Menschen und Gruppen, die die herrschende Klasse bilden, oft tief betroffen von Fragen, wer unter ihnen Gehorsam und Mitarbeit von ihnen fordern darf. Obwohl sie es nicht mit diesen Worten ausdrücken, sind Bürokraten, LDP-Politiker, Verwalter an der Spitze industrieller Hierarchien und Zeitungsherausgeber alle gleichermaßen mit dem Problem des Rechts auf Herrschaft konfrontiert. Nakasone Yasuhiros Amtszeit als Premierminister ist dafür ein glänzendes Beispiel.

Nakasone schien genau zu wissen, daß Japans internationale Schwierigkeiten weitgehend an der schwachen Führung des Landes lagen, und er tat mehr als jeder Nachkriegspremier vor ihm, um sein Amt der Macht näherzubringen, die die Welt generell von Premierministern erwartet.[5] Wie wir in Kapitel 5 sahen, gründete er eine neue Verwaltungsbehörde im Rang eines Ministeriums, versuchte, das Büro des Premierministers besser zu schneller Reaktion auf Notsituationen zu befähigen und fand neue Wege, um mehr Einfluß über die Bürokraten zu gewinnen, indem er gordische Knoten durchhieb. Man sollte meinen, daß solche Maßnahmen Bürokraten und LDP-Politikern willkommen gewesen wären, ebenso wie vielen Leitartiklern, die im unbehaglichen Bewußtsein des Drucks und der Kritik aus dem Ausland routinemäßig bestätigen, das Land brauche größere strukturelle Anpassungen, effektivere Führung und eine verantwortlichere globale Rolle. Und ohne Zweifel haben Japans Verwalter und Kommentatoren sowie ein großer Teil der Öffentlichkeit bemerkt, wie vorteilhaft ein Premierminister ist, der von anderen Regierungschefs ernst genommen wird. Trotzdem sprachen dieselben Stimmen, die einräumten, daß ein entschlossener Premierminister dem Land nütze, gegen die Art, in der Nakasone versuchte, stärker und entschlossener zu sein als seine Vorgänger. Und für die Mehrheit seiner LDP-Parteifreunde war der Versuch, in Japan eine glaubwürdige Führung zu etablieren, wahrscheinlich Grund für eine herzliche Abneigung gegen Nakasone. Die Bürokraten waren kaum zu bewegen, etwas für die politischen Anpassungen zu tun, für die Nakasone plädierte; und Leitartikel, die seine Bemühungen kommentierten, waren von einem Gefühl des Mißtrauens durchdrungen.

Interessanterweise war die große Öffentlichkeit überhaupt nicht unglücklich über Nakasones Versuch, ein starker Führer zu sein. Die Popularitätsumfragen zeigten, daß er beim Volk mehr geschätzt wurde als jeder seiner Kollegen nach dem Krieg. Die verschiedenen Elitegruppen waren es, die er störte. Wohl mißtrauten ihm gewisse Gruppen in Japans Intelligenz von vornherein. Nakasone sprach notorisch deutlich über seine nationalistischen Überzeugungen. Er war bereit, viel weiter als seine Vorgänger darin zu gehen, Tabus im Zusammenhang mit Japans unverdauter imperialistischer Vergangenheit zu brechen, und er ist mit Gruppen verbunden, die die Idee von Japan als monoethnischer, einrassiger Gesellschaft vertreten. Doch im Ganzen paßt dieses Programm zu den Wünschen der Verwalter — nur seine Deutlichkeit ließ einige die Brauen runzeln. Das Problem war, daß diejenigen, die die verschiedenen Komponenten des Systems betreiben, eine eindeutige, zentrale politische Führung einfach nicht akzeptierten. Hätten Nakasones Vorgänger Fukuda Takeo und Ohira Masayoshi versucht, das Amt des Premierministers zu stärken, so hätte man auch ihnen sehr mißtraut.

Frühe Probleme

Schaut man zurück in die japanische Geschichte, so kann man eine Folge von Maßnahmen ausmachen, die eingeführt wurden, um dafür zu kompensieren, daß nicht ausgemacht war, wer das Recht auf Herrschaft hatte. Diese unvollständigen Lösungen verdienen hier betrachtet zu werden, denn die meisten haben bis heute entscheidenden Einfluß auf die Art, in der in Japan Macht ausgeübt wird. Die einfachste Methode, politisch Ordnung zu halten, ist die Drohung mit physischer Gewalt. Reste nackter Gewalt, etwa die Gewalt, die die Polizei bei der Verhaftung Krimineller ausübt, sind in allen fortgeschrittenen Gesellschaften zu finden und werden von der überwältigenden Mehrheit der Bürger als unvermeidlich akzeptiert. Für eine allgemeinere politische Kontrolle aber hat rohe Gewalt offensichtliche Nachteile. Sie führt nicht zu der stabilen Situation, die alle Machthaber anstreben, wenn sie ihre Macht behalten wollen. Die Anwendung nackter Gewalt kann einem Herrscher

Prestige verleihen, aber keine positiven Gefühle erzeugen, es sei denn, seine Untertanen sind Masochisten. Die bewaffneten Knechte, die der Herrscher sich halten muß, damit die Drohung mit Strafe glaubhaft bleibt, können sich unter der Führung eines ehrgeizigen Hauptmanns obendrein gegen ihn wenden.

Um beide Probleme zu lösen und die Untertanen, auch die Soldaten, zu überzeugen, daß der Herrscher ein Recht hat, sie zu kontrollieren, ist ein theoretisches Gebäude notwendig, zusammen mit Ritualen und anderer Symbolik. Die frühen japanischen Häuptlinge beanspruchten ihr Recht auf Herrschaft mit der Behauptung, durch ihre ursprüngliche Verwandtschaft mit Schutzgöttern sei ihnen Tugend wesenseigen, und unterstrichen das durch Sippentempel, Grabhügel und Chroniken. Wie es ihnen bei diesen ersten japanischen Versuchen, politische Macht zu legitimieren, erging, ist unklar. Die Nihon Shoki (Japan-Chronik), das älteste offizielle Geschichtswerk, erwähnt eine Prüfung, die vom Kaiser Ingyo im Jahr 415 vorgeschrieben wurde; dabei mußten Sippenhäuptlinge und Eigentümer erblicher Titel ihre Ansprüche auf ihre Position dem Gottesurteil unterwerfen, indem sie ihre Hände in kochendes Wasser hielten. Die Chronik berichtet, daß rechtmäßige Kandidaten unverletzt blieben, Lügner hingegen voll Entsetzen flohen, und daß hinfort niemand mehr über seine Abstammung log.[6]

Die Versuche des Yamato-Hofes im 6. und 7. Jahrhundert, seine Macht über die bislang unabhängigen Häuptlinge auszudehnen, erforderte neue und zwingendere Definitionen der Legitimität. Daher die Betonung der Pflicht zur Harmonie in Shotoku Taishis »Verfassung«, und die Begierigkeit, mit der sich Yamato-Herrscher auf Buddhismus und Konfuzianismus stürzten, um ihren Anspruch auf Legitimität zu untermauern.

Der Aufstieg der Kriegerhäuser und das Zeitalter der Bürgerkriege sprechen für sich. Ungelöste Legitimitätsprobleme neigen dazu, wo immer sie auftreten, das Militär an die Macht zu bringen.[7] Daher die Tatsache, daß Japan — was höchst ungewöhnlich ist, wenn man bedenkt, daß es fast keine Gefahr vom Ausland gab — über mehr als die Hälfte seiner bekannten Geschichte irgendeine Form der Kriegerherrschaft hatte.

Japans Herrscher konnten — und mußten oft — massive militärische Macht demonstrieren, um ihre politischen Ansprüche durchzusetzen. Hideyoshi brachte mehr als 150 000 Soldaten zur Belagerung Odawaras mit, etwa 10 000 mehr als alle Armee- und Garnisonstruppen, die Karl V. brauchte, um fast ganz Europa zu beherrschen.[8] Der dritte Tokugawa-Shogun, Tokugawa Iemitsu, konsolidierte sein Regime symbolisch dadurch, daß er mit 307 000 Mann durch Kioto marschierte. Der Kaiser residierte übrigens noch dort; er hatte natürlich keine andere Wahl, als zuzustimmen.[9]

Ein oft gebrauchter Ausdruck für die Ereignisse in Japan vor den Tokugawa war gekokujo (Drunter und Drüber); der Ausdruck weist auf viel Gerangel um Machtpositionen und eine Menge Opportunismus hin. Während des Muromachi-Shogunats (1338—1573) »war in den meisten Dingen Gewalt nötig, um die Ausübung delegierter Autorität zu stützen«.[10] So viel zur politischen Legitimität bis zur großen Wasserscheide der Tokugawa-Macht. Und die Situation, die dann folgte, kann kaum als Verbesserung gelten.

Die Tokugawa-Kriegerherrschaft wurde einer wenig begeisterten und manchmal demonstrativ unwilligen Bevölkerung aufgezwungen.[11] Im Gegensatz zu der allgemeinen Auffassung, Japan habe zweieinhalb Jahrhunderte öffentlichen Friedens genossen, gab es in der Periode immer wieder Störungen. Trotz der erbarmungslosen Unterdrückung Andersdenkender und einer Ideologie, die das Gemeinwesen als das höchste Gut darstellte, rebellierten die Bauern einer Sammlung zufolge 2809mal und zettelten an die tausend Aufstände an.[12] Fujita Yukoku (1774—1826), einer der größten konfuzianischen Gelehrten, der zum Sammelwerk der Geschichte Großjapans beigetragen hat, hatte keine Illusionen über die Bereitschaft der japanischen Bevölkerung, die Machthaber zu unterstützen. Er glaubte, wenn sie die Chance bekämen, würden sie mit fliegenden Fahnen zum Feind überlaufen. Diese Einschätzung scheinen seine Kollegen geteilt zu haben.[13]

Die Lösung »Nomenklatura«

Wenn Legitimität nicht zu haben ist und direkte Unterdrückung mit Gewalt nicht aufrechtzuerhalten ist, gibt es noch immer einen Mittelweg, um die Kontrolle zu behalten:[14] dafür sorgen, daß Gruppen von Menschen an entscheidenden Punkten der Gesellschaft glauben, die gegenwärtigen Verhältnisse seien die besten für sie. Ihre Zustimmung kann durch ein System abgestufter Vergünstigungen für Militär und Beamte gewonnen werden. Ich habe ein solches System, vielleicht in seiner reinsten Form, bei den nordvietnamesischen Kadern beobachtet. Die Nomenklatura der Sowjetunion, die obere Schicht mit erblichen Privilegien, gehört eindeutig zu dieser Kategorie.

Herausforderungen einer etablierten herrschenden Ordnung kommen wahrscheinlich nicht von den untersten und am wenigsten privilegierten Mitgliedern der Gesellschaft, es sei denn, sie hätten die Unterstützung und Führung gewisser Elitegruppen. Bewegungen vom Typ Spartakus sind selten und scheitern am Ende. Andererseits haben die Inhaber von Schlüsselpositionen gute Gründe, Änderungen zu verhindern; für sie ist Wandel inmitten wirtschaftlicher Knappheit — dem Zustand, in dem diese Art System gedeiht — gefährlich. Nicht mitzumachen kommt nicht in Frage, denn das würde bedeuten, die Privilegien zu verlieren, die für ein anständiges Leben schon wesentlich zu werden scheinen. Je mehr Macht ein einzelner hat, desto mehr kann er an Einkaufsprivilegien, medizinischer Versorgung, Elite-Ausbildung, guten Arbeitsplätzen für seine Kinder usw. verlieren.

Das System, das das Tokugawa-Regime schmiedete, ist der Nomenklatura-Lösung sehr ähnlich. Seine Sicherheit hing davon ab, daß alle »Vasallen« gezwungen wurden, jedes zweite Jahr in der Hauptstadt zu wohnen und den Rest der Zeit ihre Familien als Geiseln dort zu lassen. Es entwickelte auch, jedenfalls in seiner Spätphase, ein politisches System, das an die eben angeführten kommunistischen Beispiele erinnert. Eine Oberschicht von Samurai mit ererbten Privilegien garantierte die politische Kontinuität. Unter ihr gab es eine Schicht gebildeter und disziplinierter geringerer Samurai. Sie waren frühe »Technokraten«; ihnen war die tägliche Leitung einer rasch wachsenden Volkswirtschaft und, über Steuern und andere Abgaben, die Kanalisierung des Reichtums von der Gesellschaft zur parasitären Oberschicht anvertraut.[15] Die niederen Samurai wurden immer unruhiger, doch ihnen war auch klar, daß sie wahrscheinlich selbst über Bord gehen würden, wenn sie das Boot schaukelten.

Die Nomenklatura-Klasse der Tokugawa-Zeit ruhte auf einer politisch apathischen Bevölkerung, die für die Elite weitgehend unsichtbar war und nie zu einem aktiven Glauben an die Güte der Tokugawa-Herrschaft bekehrt wurde. Verschiedene Quellen, darunter europäische Augenzeugenberichte, legen nahe, daß dieses Militärregime in seiner Endphase härter regierte als im 17. Jahrhundert.[16] Sir Rutherford Alcock sah in ihm »eine Verwaltung, gegründet auf das ausgeklügeltste Spionagesystem, das je versucht wurde«.[17] Dennoch hatte es in der Praxis seine Kontrolle über die Feudaldomänen weitgehend verloren. Die plötzliche Forderung der USA 1853, daß Japan sich der Welt öffne, war wohl nicht mehr als der letzte Schubs, nach dem der gebrechliche Apparat der Kriegermacht dann einstürzte, als die Samurai von Satsuma und Choshu ihren Staatsstreich inszenierten. Das Verhalten der Vasallen zeigte danach, daß zwischen ihnen und dem Regime tatsächlich wenig Neigung gewesen war.[18]

Institutionalisierte Verantwortungslosigkeit

Das erste, was die neuen Herrscher taten, um ihr kolossales Legitimitätsproblem zu lösen, war, den Meiji-Kaiser von seinem Palast in Kioto auf die Shogunatsburg in Edo zu verlegen, das sie in Tokio umbenannten. Zusammen mit den neuen Institutionen, die den Thron mit dem politischen Prozeß verbanden, sollte dieser Schachzug den Eindruck erwecken, die Entscheidungen der Oligarchie fielen im Namen des Kaisers. In Wirklichkeit setzte die »Wiedereinsetzung« (Restauration) ihn keineswegs wieder in seine weltliche Macht ein. Die Oligarchen bewirkten wichtige politische Veränderungen und blieben doch gleichzeitig bei einer großen politischen Tradition. Alle Regierungen des Shogunats waren theoretisch durch kaiserliche Ernennung legitimiert worden. Da der Kaiser heilig und Majestätsbeleidigung ein schweres Vergehen war, waren die machtlosen Kaiser immer ein ideales Werkzeug für Machtspiele und ein idealer Schutzschirm für politische Manipulationen gewesen.

Mutsuhito, der als vierzehnjähriger Knabe den Thron bestieg, schien nie ein Interesse am Regieren zu entwickeln. Das war freilich irrelevant, denn der Restauration war zwar eine »Restaurationsbewegung« vorausgegangen, sanktioniert durch Theorien aufgrund von historischen Studien, denen zufolge der rechtmäßige Platz des Kaisers im Zentrum war, aber die Oligarchen hatten nie vorgehabt, ihm Macht zu geben. (Sie baten allerdings darum, er möge interessiert wirken; einmal schimpfte ihn sein politischer Lehrer aus, weil er seinen Pferden so viel Aufmerksamkeit schenkte, daß es ungünstig auf die öffentliche Meinung wirkte.)[19]

Nach der Meiji-Restauration bestand der Eindruck, die herrschende Elite sollte irgendwann einem parlamentarischen System weichen, das Japan einen geachteten Platz in den Reihen der modernen Nationen geben würde. In der politischen Debatte, die der Einführung neuer, ausländischer Theorien folgte, befürworteten einige eine konstitutionelle Monarchie, etwa wie die in Europa, mit Mutsuhito als König, der Premierminister und Kabinette legitimierte. Ein solches Arrangement hätte allerdings bedeutet, daß einzelne Oligarchen nach und nach die Macht verloren, und die Meiji-Verfassung, die sie schließlich vorlegten, zeigte deutlich, daß sie in einer konstitutionellen Monarchie keinen Vorteil für sich selbst erblickt hatten. Auf dem Papier lag alle Macht beim Kaiser, der aus Großmut der Nation die Verfassung schenkte. In der Praxis hatte ein neues System sich herauszukristallisieren begonnen, das die Ausübung inoffizieller Macht umfaßte — inoffizieller Macht, die die Oligarchen oben hielt. Die Meiji-Verfassung sorgte für ein weiteres System nach dem Tokugawa-Shogunat und all den anderen, früheren, inoffiziellen Systemen, legitimiert von einer theoretischen Kaiserherrschaft, die tatsächlich wenig oder nichts mit der Ausübung echter Macht zu tun hatte.

Die Architekten des neuen Staates, die aus der Klasse der unruhigen niederen Samurai kamen, verstanden, daß Kontrolle durch eine Hierarchie von Privilegien von Kontrolle durch Propaganda abgelöst werden mußte, und sie unternahmen eine große Kampagne, um die Öffentlichkeit von der unabweisbaren Rechtmäßigkeit ihrer Regierung zu überzeugen. Die Kampagne wurde zum Selbstläufer und führte zur Mystik des »nationalen Wesens« (kokutai), die eine politisch beschränkte, konstitutionelle Monarchie undenkbar machte. Auf der direkter praktischen Ebene verzichteten sie darauf, eindeutige Vorschriften für die Auswahl der vom Kaiser zu legitimierenden Führung in die Verfassung zu schreiben, weil das ihre eigene Position direkt gefährdet hätte. Hätten sie zugelassen, daß die Macht sich in der Hand des Premierministers oder eines anderen konzentrierte, so hätte die Koalition von Gruppen, aus der die Meiji-Oligarchie bestand, nicht gehalten.[20]

In all den Jahrzehnten zwischen dieser Zeit und der neuen Verfassung, die General MacArthur dem japanischen Volk gab, blieb unklar, wer das Recht hatte, irgend etwas Wesentliches zu entscheiden. Gruppen hochrangiger Staatsmänner, die den Kaiser umgaben, sorgten für das Funktionieren des Systems; doch sie hatten keine verfassungsmäßige oder rechtliche Stellung im Staat und waren daher nicht verantwortlich.

Wer war es dann? Die Armee? Der Geheime Rat? Das Parlament? Das Naimusho? Das Außenministerium? Wessen Legitimität war zu beurteilen? Wie Maruyama Masao in einem klassischen Abschnitt zusammenfaßt: »Man zog eine unbestimmte Teilung der Verantwortung vor, damit keine Einzelperson für Entscheidungen letztlich verantwortlich gemacht werden konnte. Es ist offensichtlich, daß der Mechanismus des Staates im ›Kaisersystem‹ die Gefahr barg, sich zu einem kolossalen System der Unverantwortlichkeit zu entwickeln.«[21]

Japanische Machthaber konnten in der Meiji-Periode und danach weder für Missetaten noch für krasse Mißregierung verantwortlich gemacht werden. Die ernste Gefahr dieser Tradition für das Land (und andere Länder) wurde in der ersten Hälfte des 20. Jahrhunderts mehr als deutlich. Die Autorität für Japans Eroberungen in Asien lag offiziell beim Kaiser, der praktisch nichts dabei zu sagen hatte, was Japan tat. Die anonymen Entscheidungen dieser Periode veränderten Asiens politische Landkarte, führten zum Krieg mit der größten Industriemacht der Welt, zum Tod von drei Millionen Japanern, zur kommunistischen Machtübernahme in China und zum beschleunigten Abzug der europäischen Kolonialmächte aus Asien. Und das sind nur die wichtigsten Folgen.

Eine Teillösung des Problems, wer das Recht auf Herrschaft hat, wurde in der Meiji-Zeit eingeführt und ist noch heute entscheidend wichtig. Es ist der Kult des eingeweihten, wissenden Verwalters, der angeblich keinen Ehrgeiz hat, Macht auszuüben.

Traditionell wird Eingeweihtsein in Japan mit dem Recht auf ein Verwaltungsamt assoziiert — verständlicherweise. Dem entspricht allerdings, daß die, die kein Amt haben, im Idealfall unwissend gehalten werden sollten. Etwas vereinfacht könnte man sagen, in der politischen Praxis Japans gibt es seit mindestens 300 Jahren zwei Kategorien von Menschen: die Männer, die das Recht haben, Macht auszuüben und automatisch »Bescheid wissen«, und die am anderen Ende, die nichts wissen.

Die Tokugawa-Verwalter anerkannten, daß Unwissen des Volkes und offizielle Geheimhaltung wesentlich für die Erhaltung der Ordnung waren. Aizawa Seishisai (1782—1863), Autor eines im Zusammenhang der späteren kokutai-Ideologie bahnbrechenden Werkes,[22] meinte, das Volk solle die Tatsache akzeptieren, daß es Regeln gab, die gut für es seien, aber man sollte ihm nicht sagen, was diese Regeln waren. Auch sagte er deutlich, daß das Tokugawa-Regime die Bevölkerung absichtlich schwach und unwissend hielt.[23] Über hundert Jahre nach seinem Tod entdeckten frustrierte Exporteure, die in den japanischen Markt einbrechen wollten, oft, daß ihre Produkte Regelungen unterstanden, über die die Beamten ihnen keine weiteren Auskünfte geben konnten.

Es gibt gute Gründe für die Annahme, daß die Machthaber der Meiji- und Taisho-Periode selbst nicht glaubten, was die Öffentlichkeit über einen göttlichen, unendlich wohlwollenden Kaiser, die »Staatsfamilie« und das ganze Drumherum schlucken mußte. Die letzten Jahre des 19. Jahrhunderts erlebten den Beginn einer »riesigen Kluft, die sich zwischen verantwortlicher Kenntnis der Verfassung und der öffentlichen Einstellung zur Verfassung auftat«.[24] Die kokutai-Ersatzreligion beantwortete alle Legitimitätsfragen, die in einer absichtlich unwissend gehaltenen Öffentlichkeit aufkommen mochten. Ideen, die politischen Zweifel einschlossen, galten nur als wirklich gefährlich, wenn sie an die Ohren der gewöhnlichen Leute drangen. Obwohl die Machthaber in den ersten Jahrzehnten des 20. Jahrhunderts von der Drohung, die sie darstellten, besessen waren, versuchten sie nicht, sie völlig auszurotten. Die meisten Intellektuellen arbeiteten entweder für die Regierung oder unterstützten sie auf die eine oder andere Weise, und es war ebenso schwierig wie kontraproduktiv, ihre geistige Produktion zu streng einzuschränken. Akademiker, deren Spekulationen der von der Regierung diktierten Ideologie gegen den Strich gingen, wurden zumindest bis Ende der 20er Jahre mit einer gewissen Toleranz behandelt.

Im Japan der Nachkriegszeit haben die Verwalter den Ausdruck »gefährliches Denken« fallenlassen; die Japaner haben wohl mehr Freiheit, kritische oder kämpferische Ideen auszudrücken, als jedes andere Volk in Asien außer den Filipinos. Die Annahme aber, das, was die Verwalter wissen, sollte vor dem gewöhnlichen Volk verborgen bleiben, lebt eindeutig weiter.

Verschiedene Regierungsbeamte haben mir mehrmals gesagt, sie stimmten meinen Folgerungen zwar zu und hätten an dem, was ich schrieb, nichts auszusetzen, doch einige meiner Analysen »würden den falschen Eindruck erwecken«. Japanische Journalisten kritisieren oft bürokratische Einschränkungen des »Rechts auf Wissen«, die weit über das hinausgehen, was damit entschuldigt werden kann, es sei im »nationalen Interesse«.[25] Die stehende Redensart aus der Tokugawa-Zeit — »Das Volk ist von der Autorität der Regierung nicht zu informieren, sondern abhängig zu machen« — wird noch heute gelegentlich gebraucht.[26] Zum Glück für die Beamten spielen die Mitglieder vieler Reporterclubs, die an Ministerien angeschlossen sind, fast immer mit — trotz ihrer Kritik an den Einschränkungen.

Japanische Verwalter brauchen über ihre gewohnheitsmäßige Geheimhaltung keine Skrupel zu haben, denn sie paßt zum allgemein akzeptierten japanischen Wirklichkeits-Management. Die nicht »Eingeweihten« müssen nicht fürchten, als geringere, weil taube Bürger zu gelten. Naivität und Unwissen über politische Feinheiten gelten seit langem als Teil des idealisierten Zustands japanischer Reinheit und Unschuld.

Die raffinierteste Teillösung für das Problem mit dem Recht, zu herrschen, haben die japanischen Machthaber in der systematischen Leugnung gefunden, daß überhaupt Macht ausgeübt wird. Um die Legitimitätsfrage zu umgehen, geben die Verwalter vor, nicht an Macht interessiert zu sein.

Diese Lösung kam ebenfalls mit den Tokugawa. So strebten die Tokugawa-Shogune und ihre Vertreter keine Macht an und übten sie nicht aus; sie vollzogen einfach die richtigen Zeremonien, um die natürliche Ordnung aufrechtzuerhalten. Erinnerungen daran, wie sie den Vorsitz über diese Zeremonien erlangt hatten, waren tabu.[27] Die Meiji-Oligarchie und die Bürokratie, die sie hervorbrachte, wurden ebenfalls als Gruppen dargestellt, die nicht von Interesse an Macht motiviert waren, sondern von einem selbstlosen Wunsch, dem Kaiser und durch ihn der Nation zu dienen, zum Wohle der ganzen japanischen Familie. Soldaten und Seeleute bis hinauf zum General und Admiral taten desgleichen; sie dienten dem Kaiser ohne den leisesten Gedanken, selbst groß zu werden. Heute wäre es sehr schwer, einen japanischen Verwalter zu finden, der offen zugäbe, daß er Macht gewinnen, behalten oder gar ausweiten will, obwohl das natürlich sein Hauptziel ist.

Die Lösung, Machtbesitz oder Machtstreben zu leugnen, bringt die Politiker jedoch in eine Zwangslage. Wenn sie zu ihren Wählern sprechen, können sie nicht anders als prahlen, daß sie Macht haben und mehr davon wollen. Denn wenn sie nicht genug Einfluß hätten, um den Ministern die Brücken, Straßen und Flughäfen für den Wahlkreis abzuringen, der sie ins Parlament schickt, warum sollte er sie dann wählen? Das Problem für Japans Politiker ist seit jeher, daß sie ihre wirklichen politischen Ambitionen nicht verbergen können — und das hat ihnen immer viel Mißbilligung eingetragen.

Als nach der Meiji-Restauration der westliche Begriff der den Wählern verantwortlichen Politik eingeführt wurde, stiftete er Verwirrung und Ambivalenz bei Japans Führern und Intellektuellen. Die Oligarchie wußte zunächst nicht recht, was sie wollte. Unter den frühesten Führern befürwortete Kido Koin eine konstitutionelle Regierung, die dem Willen des Volkes gegenüber verantwortlich wäre — dies sollte allerdings stufenweise erreicht werden, weil das Volk dafür noch nicht bereit war. Okubo Toshimichi hielt die parlamentarische Form nicht für passend und befürwortete eine absolute Regierung aus fähigen Männern. Ito Hirobumi, der unter Okubos Einfluß stand, war damit grundsätzlich einverstanden.[28]

Doch die Einführung der Parteipolitik war eine unvermeidliche Begleiterscheinung des japanischen Bemühens, zum Westen aufzuschließen. Das bedeutete, daß etwas getan werden mußte, um den potentiellen Schaden zu begrenzen, denn »die herrschenden Samurai-Bürokraten fanden es äußerst schwierig, die Idee einer loyalen Opposition zu akzeptieren; Opposition galt als Bedrohung, nicht nur für sie selbst, sondern für den Staat.«[29] Als Lösung sorgten die Oligarchen in ihrer Propaganda dafür, daß alles, was mit Politik zu tun hatte, als unpatriotisch dargestellt wurde.[30]

Die Meiji-Presse war insgesamt kaum weniger kritisch gegenüber den Politikern als Oligarchie und Beamte. Japans frühe Journalisten waren wirklich oder vorgeblich entrüstet über Bestechung und anderen Wahlbetrug; damit setzten sie ein Beispiel, das heute noch befolgt wird. Parteipolitik wurde der Öffentlichkeit des Meiji-Japan als schmutzig und von engstirnigem Eigennutz geleitet vorgestellt. Ihr wurde die Idee eingehämmert, daß loyale Untertanen des Kaisers, etwa Soldaten und Beamte, nichts mit Politik zu tun haben sollten.[31]

Die Parteiregierung wurde systematisch sabotiert. Ein ausländischer Politikhistoriker faßte damals zusammen:

> *Gegen alle Bemühungen der politischen Parteien, verantwortliche Politik durchzusetzen, deckt das Oberhaus (besetzt mit Bürokraten und Aristokraten) die Oligarchie und steht bereit, um*

jedes Gesetz einer Regierung, die zu eng mit einer Partei verbunden ist, zu blockieren. Versuche einer Parteienregierung weichen deshalb generell einer Regierung der Oligarchen, die bald in der einen, bald in der anderen Kombination von den Parteien unterstützt wird. Diese Unterstützung wird entweder durch Bestechung erreicht, oder durch ihre Überzeugung, daß Opposition ohnehin fruchtlos sei.[32]

Die Anti-Politiker-Propaganda wurde erfolgreich an die nächsten Generationen weitergegeben. In den 1920er Jahren sah man die Parteien aus der japanistischen Perspektive

als Verkörperungen eines unschönen, unmoralischen Konkurrenztriebes nach persönlicher Macht. Sie wurden nicht als diejenigen dargestellt, die das Volk mit der kaiserlichen Herrschaft vereinten, sondern als Eindringlinge, die ein heiliges und mystisches Band zwischen Kaiser und Untertanen zerschnitten — ein Band von harmonischer Schönheit, das, wenn es sich in kaiserlichem Wohlwollen und loyalem Gehorsam der Untertanen manifestierte, Japan in einen Rang moralischer Überlegenheit über die anderen Nationen der Welt erhob.[33]

Die jeweiligen Plätze in der Machtstruktur von Bürokraten und Politikern, die im wesentlichen bis heute bestehen, wurden kurz vor der Jahrhundertwende festgelegt, als Ergebnis institutioneller Manipulationen von Yamagata Arimoto, einem der Oligarchen. Yamagata hat weniger Aufmerksamkeit angezogen als andere Männer des Meiji, die mehr zitierbare Ideen hinterlassen haben, aber letzten Endes hat er wahrscheinlich mehr Macht über eine längere Zeit ausgeübt als jeder andere Oligarch. Er war die treibende Kraft hinter der Einführung der Militärpflicht, und er formte die Macht des Naimusho in seinen Entstehungsjahren. Er verdient mehr als jeder andere, der Schöpfer der japanischen Bürokraten der sozialen Kontrolle genannt zu werden. Und er »hielt an der Meinung fest, daß ein System mit politischem Wettbewerb die Gesellschaft entzweite und die nationale Einheit schmälerte, der alles geopfert werden sollte«.[34]

Obwohl die Parlamentarier von jeder exekutiven Macht ferngehalten wurden, wurden sie zunehmend wichtiger, weil die Oligarchie den Fehler gemacht hatte, dem Parlament ein Vetorecht über den Haushalt zu geben — mit anderen Worten, ein Instrument, mit dem politische Parteien die Regierung zwingen konnten, mit dem Haushalt des Vorjahres auszukommen. Dies bedeutete, daß die Verwalter letztlich doch mit den Politikern zusammenkommen mußten.[35] Trotzdem war der Machtkampf zwischen Bürokraten und Politikern dank der von Yamagata eingeführten Regeln praktisch entschieden, fast bevor er begonnen hatte. Nach dem Zusammenbruch des allerersten japanischen Kabinetts aus Parteipolitikern, das 1898 vier Monate überlebte, wurde Yamagata Premierminister und handelte rasch, um künftigen »Schaden« von der Nation abzuwenden. Okuma Shigenobu, der jene erste Parteienregierung geführt hatte, war mit Bitten bestürmt worden, die Bürokraten durch Politiker zu ersetzen.[36] Gemäßigte Politiker plädierten für ein System des doppelten Zugangs zu exekutiver Gewalt: Nicht nur Absolventen der Prüfungen für den Höheren Dienst, zumeist Todai-Juristen, sondern auch Abgeordnete und Präfekturversammlungen sollten für hohe Ämter in Frage kommen. Okuma willigte nicht ein, aber als Yamagata wieder an der Macht war, verbreitete er die Lüge, er hätte eingewilligt.

Die von Yamagata erdachte institutionelle Neuerung nahm künftigen Parteikabinetten praktisch für immer die Möglichkeit, Parteimitglieder als Staatssekretäre, Bürochefs oder Präfekturgouverneure zu ernennen. Dies hatte die Wirkung, die Bürokratie gegen alle Folgen politischer Entscheidungen zu isolieren.[37] Um sicherzustellen, daß die veränderte Ernennungsanweisung nie abgeschafft werden konnte, machte er den Geheimen Rat[38] zum Hüter seiner Edikte. Und um zu garantieren, daß die Kabinette sich immer an die Bestimmungen des Rates halten würden, »wählte er eine seltene und subtile Lösung, die ohne jede Gesetzeskraft, aber in der Praxis massiv bindend war«.[39] Er ließ den Kaiser eine »kaiserliche Botschaft« herausgeben und darin eine Reihe von Anweisungen der Zuständigkeit des Geheimen Rates unterstellen, darunter alle, die mit Prüfungen, Ernennungen, Disziplin, Entlassungen und Einstufung der Bürokraten zu tun hatten.

Eine persönliche Mitteilung vom Kaiser konnte — im Unterschied zum kaiserlichen Erlaß — nie überstimmt werden, und es gab keinen Präzedenzfall, keine Prozedur, um den Kaiser um seine Rücknahme zu bitten.[40] Es blieb eine ganz winzige Möglichkeit, daß ein späteres Kabinett trotzdem den Mumm haben würde, den Kaiser um eine Änderung zu bitten, und Yamagata fand in unschlagbarem Raffinement auch hierfür eine Abwehr. »Um die kaiserliche Botschaft zu schützen, hielt er sie geheim. Wenige außerhalb des Geheimen Rates und des kaiserlichen Haushalts wußten überhaupt, daß sie existierte... Yamagata hatte einen komplizierten, aber raffinierten Weg gefunden, die rechtliche Theorie zu umgehen, daß kein Gesetz irreversibel sein kann.«[41]

Auswahl der tugendhaften Verwalter

Als bei den Oligarchen die Entscheidung Gestalt gewann, daß Japan nicht von gewählten Vertretern durch das Mandat des Volkes regiert werden sollte, stand die Aufgabe vor ihnen, eine herrschende Klasse zu strukturieren und zu vermehren. Die Formel, die sie annahmen, bestimmt noch heute die Machtzuteilung in Japan. Das Prinzip der erblichen Auslese wich zu jener Zeit meritokratischen Prinzipien. Viele Jahre nach der Restauration war die Teilnahme an der Bewegung, die zum Staatsstreich geführt hatte, oder die Zugehörigkeit zur Klasse der Satsuma- oder Choshu-Samurai eine wichtige Qualifikation zur Mitgliedschaft in der Oligarchie und ihren bürokratischen Ausläufern. Dann wurde »westliches Wissen«, vorzugsweise in Europa oder den USA erworben, immer wichtiger.[42] Bis zur Jahrhundertwende war ein Diplom von der juristischen Fakultät der Universität Tokio der sicherste und fast einzige Weg geworden, in die Klasse der »Eingeweihten« zu gelangen, die das Land führt — eine Tradition, die, wie wir gesehen haben, bis heute den Charakter der japanischen Ausbildung bestimmt. Todai erreichte seine Spitzenposition in der Verleihung von Legitimität infolge der Verträge, durch die die Abendländer in Japan Exterritorialität hatten. Wie schon erwähnt, waren die Ausländer erst dann bereit, diese tief verhaßten Vorschriften zu streichen, wenn Gerichtsverfahren von einer kompetenten Justiz durchgeführt werden konnten. Der verzweifelte Bedarf, den dies schuf, brachte Todais juristischer Fakultät ihre Funktion ein, die modernen Samurai zu weihen. Ihre Absolventen brauchten zunächst nicht die Prüfungen zur Beamtenlaufbahn ablegen, um die höchsten Posten zu bekommen, und 1890 waren sie dann zahlreich genug, um fast alle Stellen in der Verwaltung und mehr als die Hälfte in der Justiz zu besetzen.[43]

Über 50% der Todai-Absolventen in den 1880er Jahren erreichten einen hohen Rang, und jeder vierte gelangte in die höhere Elite, verglichen mit jedem fünfundzwanzigsten Absolventen von Waseda oder Keio (den wichtigsten Privatuniversitäten). Siebzig der 76 Staatssekretäre in den acht Ministerien waren zwischen 1901 und 1926 Todai-Absolventen.[44]

Was Intellekt und Fähigkeit angeht, ist diese inzwischen fest etablierte Methode, die herrschende Elite zu ordinieren, recht willkürlich. Was damals galt, gilt auch heute: Das spezielle »Wissen« und damit die »Tugend« der Bürokraten, die ihrer Rolle einen Anschein von Legitimität verleihen hilft, besteht in der Zugehörigkeit zu einer Klasse von Menschen, die die Kunst beherrscht, die abstrusesten Zulassungsprüfungen zu bestehen. In Kapitel 4 habe ich den allgemeinen westlichen Irrtum über die Auswahl der japanischen Elite angesprochen. Sie wird hauptsächlich nach Zähigkeit und Hingabe erwählt. Todai-Absolventen sind oft »intelligent«, aber viele Japaner mit sehr fähigen Köpfen anderen Zuschnitts werden aussortiert und verurteilt, dauernd am Rand tätig zu sein. Viel Fähigkeit zu originellem Denken wird verschleudert. Die herrschende Klasse Japans ist sehr viel gründlicher ausgebildet als gebildet: eine Tatsache von mehr als nebensächlicher Bedeutung für den Umgang japanischer Verwalter mit der internationalen Welt.

Entpolitisierte Politik

Offiziell wird Legitimität in Japan seit dem Krieg durch Mandat des Volkes verliehen. Und Wahlen und ein Parlament haben tatsächlich in gewissem Ausmaß die Rolle des Kaisers bei der Legitimierung bestehender Arrangements übernommen. Der Begriff der Volkssouveränität wird allerdings von den meisten Japanern nicht verstanden und ist gewiß kein mit Leben erfülltes Prinzip der Machthaber. Die Berufungen auf die Souveränität des Volkes in der Presse sind rein rhetorisch und haben sich nie mit einer zusammenhängenden Analyse der allgegenwärtigen informellen Machtausübung verbunden, die die Realisierung dieses Prinzips systematisch verhindert. Parlament und Wahlen werden nicht als Legitimierung der bestehenden politischen Ordnung gesehen. Im Denken des Volkes haben sie ältere Institutionen nicht abgelöst, denn beide existierten schon, als der Kaiser offiziell die Quelle der Legitimität war, und damals wurden sie weithin geschmäht, weil sie die Reinheit und moralische Gesundheit der japanischen Nation beeinträchtigten.

Vor 1945 meinte man, alle Gesetze und Direktiven im Namen des Kaisers seien per definitionem zum Wohl der Allgemeinheit. Die Bürokraten waren daher per definitionem unparteiisch und gerecht. Politiker hingegen wurden nachweisbar von politischen Interessen getrieben, und das konnte im japanischen Zusammenhang nicht von selbstsüchtigen Motiven unterschieden werden. Es gibt noch immer eine starke Tendenz, anzunehmen, nichts, was politisch motiviert ist, könne je so gut sein wie das, was (angeblich) vom Interesse am Gemeinwohl motiviert ist. Obwohl eindeutig klar ist, daß die Bürokraten sich von ihren eigenen Interessen leiten lassen und vorgehen, ohne die Öffentlichkeit auf irgendeine Weise zu konsultieren, werden ihre Bestrebungen als legitimer dargestellt als alles, was die Politiker tun, die ihren ursprünglichen Ruf als flegelhafte, selbstsüchtige Opportunisten nie ganz abschütteln konnten. Die Nachkriegspresse ist noch immer von dem uneingestandenen Vorurteil gegen Politiker durchdrungen, und sie füttert die Öffentlichkeit routinemäßig mit einer Sicht der Politik, die zwar selten gut artikuliert, aber meist skeptisch und negativ ist. Argwohn und Abscheu der Bevölkerung werden durch die Leichtigkeit verstärkt, mit der in Japan politische Positionen zu kaufen und zu verkaufen sind, und durch die innere Instabilität, die dies bei den Cliquen der LDP-Politiker hervorruft.

Trotzdem kann Japan nicht auf die Politiker verzichten, weil sie in der Theorie die Verbindung zwischen Gesellschaft und Staatswesen bilden. Ohne sie würde die stärkste Komponente des Systems nur aus Bürokraten und Industriellen bestehen, und es würde zu offensichtlich, wie autoritär die Bürokratie ist. Die Tätigkeit des Parlaments bildet eine Fassade, hinter der die Verwalter ihr Geschäft betreiben, gerade so, wie der Kaiserthron einst für die Meiji-Oligarchie.

Um dem hartnäckigen Abscheu gegen den archetypischen Politiker mit seinen »egoistischen Motiven« zu begegnen, möchte die LDP den Eindruck erwecken, sie sei nicht weniger und nicht mehr als eine Sammlung wohlwollender Verwalter. Rund ein Drittel ihrer Abgeordneten — generell die mächtigsten — sind ohnehin den Elite-Verwalterkurs von der juristischen Fakultät der Todai und weiter durch eins der Ministerien gefahren. Während einzelne LDP-Mitglieder, wenn sie ein Interesse an der Macht leugneten, unglaubwürdig wären und Zweifel über ihre Fähigkeit erweckten, ihren Wahlkreisen die versprochenen Wahlgeschenke zu bringen, kann die LDP als Ganzes ihren Daseinszweck leichter übertünchen.

Passend zu ihrer Leugnung der Machtausübung malt die LDP gern ein entpolitisiertes Bild der Politik. Hier hilft ihr die alte Vorstellung sehr, daß die Machthaber moralischer sind als die Machtlosen, daß sie durch die Tatsache ihrer Macht selbst legitim sind. Die LDP — trotz so mancher Pressekampagne, in der sie für ihre »Geldpolitik«, ihre Arroganz und ihre falschen Prioritäten abgekanzelt wird — hat eine gewisse Aura der Achtbarkeit, die den anderen Parteien fehlt. Trotz aller routinemäßigen Kritik gegen sie wird die Regierungspartei behandelt, als gehörte sie nicht in die gleiche Kategorie wie Gruppen, die mit neuen Ideen die politische Arena betreten. Die letzteren werden leicht angeschwärzt, weil es ihnen um die Interessen einer ganz beschränkten Zahl von Bürgern ginge statt um die des japanischen Volkes insgesamt. Daß sie der LDP einen Teil ihrer Macht abnehmen wollen, stigmatisiert sie automatisch als »selbstsüchtige Politiker«.

In westlichen Verfassungsdemokratien erhebt sich das Problem der Legitimität nicht, denn die Bürger greifen zu korrektiven Mechanismen, wenn die Vorgänge vor politischen Entscheidungen erheblich von einem gesetzlich sanktionierten Kurs abweichen. In Japan, wo die Gesetze nicht die Verwalter kontrollieren, sondern wo die Verwalter mit Hilfe der Gesetze kontrollieren, gibt es keine derartigen Mechanismen. Der Begriff Demokratie ist in Japan kein pragmatischer Begriff, der aktuelle politische Prozesse leitet. Wie einer der hervorragendsten Fachleute über die Geistesgeschichte

Japans bemerkt, ist Demokratie in Japan ein radikaler Begriff und wird in einem abstrakten, normativen Sinn bewertet. Er liefert den Japanern einen auf rationalem Humanismus beruhenden Bezugspunkt außerhalb der realen Politik und Geschichte. »Er bietet eine ethische Identifikation, anhand derer historische Trends und der kulturell-politische Inhalt der Gegenwart kritisiert werden. Wie in den 1920er Jahren ... ist Demokratie nicht eine Ideologie, die zu verfassungsmäßiger Politik ermächtigt, sondern kritisch und recht oft apolitisch.«[45]

Japan kann nach den Kriterien eine »Demokratie« genannt werden, die Aristoteles in seiner berühmten Klassifikation von Monarchien, Aristokratien und Demokratien verwandte, denn »was Aristoteles eine Demokratie nannte, war einfach eine Aristokratie mit relativ breiter Mitgliederschaft«.[46] Und Japans »Demokratie« ist verfassungsmäßig, aber nicht verfassungstreu. Die demokratischen Vorgaben der Verfassung sind letztlich nicht durchsetzbar, und sei es nur, weil der Oberste Gerichtshof in der Hand der Bürokraten ist.

Die Opposition als illoyale Institution

In westlichen verfassungsmäßigen Demokratien wird die Erhaltung der Rechtsordnung, die die politischen Verhältnisse legitimiert, durch die Gelegenheit garantiert, »die Gauner rauszuwerfen«. Solange die Wähler die Macht einer anderen Gruppe von Machthabern übertragen können, können sie verhindern, daß das politische System ein »System« mit einer eigenen, nicht gesetzlich kontrollierten Dynamik des Machtmißbrauchs wird. Zu diesem Zweck muß ein politisches System eine institutionalisierte, loyale Opposition dulden. Wie wir schon gesehen haben, besteht einer der wichtigsten Züge des allumfassenden japanischen Systems darin, daß es keine echte Opposition duldet; seine Reaktion auf die Lehrergewerkschaft Nikkyoso und deren Schicksal haben das dramatisch illustriert.

Der Begriff der loyalen Opposition — einer politischen Opposition, die effektiv gegen die Regierungspolitik opponieren darf und trotzdem als völlig legitim angesehen wird — ist besonders problematisch für alle Länder, wo die Ausübung der Macht von traditionellen chinesischen Theorien der Regierung gerechtfertigt wird. Die politischen Probleme Südkoreas haben damit zu tun. Es hat die »Demokratie« Südvietnams behindert, bevor das Land überrannt wurde; und die Fälle des heutigen China und Taiwan sind weitere gute Illustrationen.[47] Präsident Ngo dinh-Diem von Vietnam hatte große Schwierigkeiten im Umgang mit John F. Kennedy und Henry Cabot Lodge, weil seine konfuzianische Denkweise keine Duldung der Opposition zuließ.[48] In der konfuzianischen Tradition sind Herrscher per definitionem tugendhaft; gegen sie zu opponieren, heißt deshalb automatisch, ihre Legitimität anzuzweifeln.

So ist es im wesentlichen noch im heutigen Japan. Eine echte Opposition mit dem Potential, die Regierung zu übernehmen oder auch nur, die politische Tagesordnung zu ändern, ist für die Verwalter in LDP und Bürokratie nicht annehmbar. Zu sagen, daß sie sich angesichts einer solchen Opposition unbehaglich fühlen würden, ist eine gewaltige Untertreibung des Problems. Eine echte Opposition würde alles zunichte machen, für das sie stehen. So ist selbst Japans offizielles politisches System, jener achtbare Mantel, der die Realität der jinmyaku-Mauschelei verhüllt, in Wirklichkeit ein Einparteiensystem.

Die LDP ist völlig einig mit dem Beamtenapparat in ihrem tiefen Mißtrauen gegen jede Art Opposition.[49] Wenn Premierminister Nakasone wie 1986 Wahlreden hielt, in denen er ein ums andere Mal wiederholte, die Oppositionsparteien führten sich auf wie bockige Kindergartenkinder, sprach er ein tiefsitzendes Vorurteil aus, daß diese Parteien nicht imstande sind, für das Volk zu sorgen, während die LDP ein erhabenes Vorbild der Verantwortlichkeit ist. Die Opposition zu wählen, ist zwar eine weitverbreitete Praxis, gilt aber als milde, kontrollierbare Form der Abweichung. Seine Stimme einer Partei zu geben, die, wie man weiß, niemals Anteil an der Macht der zentralen Regierung bekommen wird, ist eine Handlung, die etwas »ausdrückt« (im Unterschied zu »bewirkt«), vergleichbar mit einem Mittagspausenstreik oder einem Marsch vor dem Parlamentsgebäude mit pseudorevolutionären Fahnen.

Das gewählte Parlament vor 1945 war eine importierte Institution, die in ihrer ursprünglichen Form theoretisch der Ideologie des »nationalen Wesens« widersprach. Sie setzte die Möglichkeit politischer Wahl und politischen Konflikts voraus, während kokutai implizierte, daß die politischen Arrangements von einem wohlwollenden Kaiser eingesetzt seien und eine konfliktfreie Gesellschaft aufrechterhielten. Heute bleibt eine echte parlamentarische Politik mit der Möglichkeit zu dauerhafter, legitimer Opposition völlig unvereinbar mit den mächtigen japanischen Überzeugungen, die eine konfliktfreie Gesellschaft postulieren.

Die Illusion von der »Einschließung der Masse«

Die Verwalter halten die Grundlagen des Pluralismus selbst für moralisch suspekt; freilich können sie dies nie eingestehen, solange Japan der Welt und den Japanern als parlamentarische Demokratie präsentiert wird. Bestimmte Aussagen der LDP scheinen jedoch Versuche einer befriedigenderen Formulierung für den gegenwärtigen Stand der Dinge zu sein, die auch als begriffliche Basis künftiger Pläne dienen kann. Einen Monat nach den Wahlen vom Juli 1986, in denen die LDP einen Rekordzuwachs an Sitzen gewann, erklärte Premierminister Nakasone, dieser Sieg markiere den Beginn der »politischen Ordnung von 1986«. Bei der Geburt dieser Ordnung würde eine neue Parteistrategie assistieren, die die »flexibel konservativen« Wähler in den Städten allesamt gewinnen würde (anders als Landbevölkerung und Firmenchefs sind städtische Hausfrauen, Gehaltsempfänger und Studenten keine zuverlässigen LDP-Wähler). Solche zusätzliche Unterstützung für die LDP würde, meinte Nakasone, das Ende der »politischen Ordnung von 1955« (das ist die gängige Umschreibung der ungleichen Rivalität zwischen LDP und Sozialisten nach der Bildung der LDP) und den Beginn des »Systems von 1986« anzeigen.
Dies war mehr als Theorie, vorgetragen im Rausch des Sieges. Vier Jahre zuvor hatten LDP-Ideologen einen wichtigen Artikel veröffentlicht, dessen Theorie der politischen Geschichte Japans zu dem Schluß führte, die LDP sei dazu bestimmt, die Gewerkschaften von den Sozialisten wegzulocken und eine neue politische Organisation zu schaffen, die die politischen Energien der Stadtbewohner und Verbraucher direkt absorbieren könne.[50] Was diese

LDP-Theoretiker ebenso wie Nakasone mehr oder minder deutlich sagten, war, daß die JSP, ihr einziger »Rivale«, bald nicht mehr gebraucht würde.
Mit dem langsamen Abtreten der marxistisch orientierten Wissenschaft beginnt das System, für das, was es repräsentiert, wissenschaftliche Unterstützung zu gewinnen. Ein beliebter neuer Ausdruck dafür ist Murakami Taisukes »neue Mittelmasse«.[51] Japans politische Analytiker haben begonnen, routinemäßig von einem »die Masse einschließendes System« zu sprechen; darunter verstehen sie bürokratische Kontrolle, die nicht von der Öffentlichkeit überprüft werden kann, aber trotzdem von der Mehrheit unterstützt wird.
Letzten Endes ist der Anspruch auf ungeteilte Unterstützung für ein entpolitisiertes, »die Masse einschließendes« politisches System nicht glaubhaft. Zunächst wird diese Unterstützung vorausgesetzt und nie gemessen. Außerdem waren die »Reformer« der US-Besatzung nicht die einzigen, die auf kräftige Parteikonkurrenz setzten, um eine gesunde Demokratie in Japan zu etablieren. Viele Japaner hofften, dies würde geschehen. Und der offensichtliche allmähliche Niedergang der LDP in den 1970er Jahren, den die Medien mit viel Spekulation über das Bevorstehen einer »Mehrparteien«-Epoche begleiteten, war liberal gesonnenen Japanern willkommen. Es gibt genug japanische Journalisten und Wissenschaftler, die die relative Macht verschiedener Teile des Beamtenapparats diskutieren, und genug normale Bürger haben selbst die Einschüchterung zu spüren bekommen, zu der Komponenten des Systems fähig sind, um die Leugnung der Macht unglaubwürdig zu machen.
Die anderen asiatischen Länder mit konfuzianisch beeinflußter politischer Kultur, die die Akzeptanz der Idee einer legitimen, »loyalen Opposition« behindert, haben, wie es sich fügt, eine starke zentrale Führung. Ihr Problem mit der Frage, wer das Recht auf Herrschaft hat, kann die Machthaber von einem großen Teil der Bevölkerung trennen, wie das Beispiel Südkorea zeigt. Das japanische Legitimitätsproblem bewirkt keine solche politische Trennung, denn die Ideologie des Japanertums dämpft potentiellen, landesweiten politischen Widerstand. Freilich löst das nicht das Problem der herrschenden Elite. Die versuchten Teillösungen, die wir oben

untersucht haben, besonders die direkte Leugnung der Machtausübung, haben weitere Probleme geschaffen.

Die Idee, daß man ein politisches System entpolitisieren kann, ist natürlich eine Illusion. So zu tun, als seien Beziehungen und gesellschaftliche Prozesse, in denen Macht eine Rolle spielt, nicht politisch, bedeutet, daß man die wesentlichen Unterscheidungen nicht macht; als Folge werden viele Lebensbereiche, die normalerweise außerhalb der Politik bleiben, im Gegenteil stark politisiert. In gewisser Weise ist das System so entpolitisiert, daß es scheinbar immer weniger von dem gibt, was im Westen Politik genannt werden würde. Doch gerade deshalb kann man sagen, daß das ganze System und alles in ihm eminent politisch ist. Wie wir sahen, trägt dieser allgegenwärtige politische Aspekt des japanischen Lebens das Gewand der »Kultur«.

Die schwerwiegendste Folge einer scheinbar entpolitisierten Gesellschaft, die die Existenz echter Konflikte leugnet und ständig die Illusion der Einmütigkeit erwecken muß, ist, daß sie nicht die normalen Mittel zur Konfliktlösung bereitstellt, die in modernen Verfassungsstaaten zu finden sind. Die Wirkung dieses Mangels ist nicht ausreichend erkannt, aber weitreichend, nicht zuletzt in Japans internationalen Beziehungen. Das Fehlen offizieller Institutionen zur Konfliktlösung bedeutet, daß gesellschaftliche Beziehungen in Japan mit unvermittelter Macht durchsetzt sind — oder, um ein anderes Wort dafür zu gebrauchen, mit Einschüchterung.

13

Ritual und Einschüchterung

Die Japaner werden mit soziopolitischen Bildern erzogen, nach denen die Autoritäten in einem Verständnis für die Wünsche und Bedürfnisse der Menschen vereint sind, einem Verständnis, das aus Japans wesenhafter »Homogenität« kommt. Diese Vorstellung von der einzigartigen Gleichheit, die eine mitfühlende bürokratische Herrschaft ermöglicht, ist auch für das bürokratische Selbstbild sehr wichtig. Sie wird in den Anweisungen zur Ausbildung der Bürokraten deutlich:

> *Das Organisationsklima, das diese für unser Land typische Art Gruppenverhalten möglich macht, stammt aus unseren nationalen Traditionen, aus der Tatsache, daß unser Land aus einer homogenen Rasse besteht, und aus der Tatsache, daß wir unser Leben im gegenseitigen Verständnis unserer Gefühle führen, dabei Konfrontation fürchten, »Harmonie als edel« ansehen, uns gegenseitig zurückhalten und uns den Gedanken und Taten der Menschen in der Gruppe anpassen.*[1]

Ein anderes Grundelement in dieser zentralen Symbolik, die in dem obigen Zitat angesprochen wird und untrennbar mit dem Glauben an Homogenität und Wohlwollen verflochten ist, ist der Begriff wa, der allgemein mit »Harmonie« übersetzt wird, aber reiche Konnotationen hat. Wa ist einer der Begriffe, die weithin als schwer oder gar nicht verständlich für Ausländer gelten. Doch die »Harmonie« des japanischen wa ist mit einer Vielfalt allgemein menschlicher Tugend verbunden, mit Versöhnlichkeit, Sanftmut, Einmütigkeit, Entgegenkommen, Weichheit, Maß, Besänftigung, Frieden, Bereitwilligkeit, Freundlichkeit, Friedensstiftung, Anpassung, Ordnung, Gleichklang, Kompromiß usw.

Wa ist tatsächlich der erste politische Begriff, den japanische Kinder im Geschichtsunterricht lernen — wenn sie lernen, daß Shotoku Taishi, Japans erster Gesetzgeber, seine berühmte »Verfassung« mit der Mahnung einleitete: »Seht wa als edel an, und Nicht-Widerspenstigkeit als ehrbar.« Prinz Shotoku verstand die Notwendigkeit von wa ebensogut wie jeder nachfolgende Machthaber, denn er lebte in einer Zeit der Attentate und Schlachten um den Thron, einer Zeit, in der nativistische Kräfte gegen das Eindringen einer fremden Religion, des Buddhismus, protestierten, dessen Rituale aus politischen Gründen gefördert wurden.

EINE UNVOLLKOMMENE HARMONIE

Ein Wertesystem, das letztlich von gesellschaftlichen Erfordernissen regiert wird, bedeutet, daß der Drang fehlt, über Ideen zu streiten. Dies wiederum bedeutet, daß Revolutionen in der gängigen Bedeutung des Wortes ausgeschlossen sind. In der japanischen Geschichte gab es Rebellionen, von elenden wirtschaftlichen Bedingungen und unerträglichen Mißbräuchen provozierte Bauernaufstände, doch sie dauerten nie lange und führten nie zu einer größeren Revolution.

Bis vor etwas mehr als einem Jahrhundert wurden die Führer von Bauern-Protestbewegungen oft getötet, selbst wenn ihre Klagen anerkannt wurden. Sie wurden oft nachträglich geehrt und bekamen Gedächtnisschreine, an denen die Herren zusammen mit dem gewöhnlichen Volk beteten.[2] Doch selbst große Helden dürfen das wa der Gesellschaft nicht stören. 1937 verteilte das Erziehungsministerium zwei Millionen Exemplare des Kokutai no Hongi, einer Broschüre, die die Ideologie vom »nationalen Wesen« darstellte und behauptete, der Geist der Harmonie sei in der ganzen Geschichte die Quelle für Japans Wachstum gewesen. Suzuki Zenko nutzte, als er Premierminister war (1980—82), jede Möglichkeit, zu erklären, daß wa der zentrale Gedanke seiner politischen Philosophie sei. Seit Ende der 1970er Jahre taucht wa häufig in japanischen Schriften auf, die dem Rest der Welt die japanische Kultur erklären. Einige Japaner sagen, wa sei für Japan, was allgemeingültige Werte für den Westen sind: das zentrale »Prinzip«, nach dem ihre Gesellschaft funktioniert. Es überrascht nicht, daß es oft in einem Atemzug mit »Loyalität« genannt wird.

Wo der Schuh drückt

Streben nach wa wird in vielen Firmenversammlungen empfohlen, und wa wird oft in politischen Reden angesprochen. Zur Erhaltung des wa gelten bestimmte Dinge als wesentlich — etwa, nicht den Rechtsweg einzuschlagen, um Unrecht gutzumachen.[3] Mit anderen Worten, für wa muß man arbeiten; es kommt nicht automatisch. Die ganze Betonung des wa verrät, daß hier der Schuh drückt. Die Japaner sind besessen von der Idee der Harmonie, gerade weil sie unterschwellig wissen, daß sie immer sehr schwer zu erreichen ist. Wa ist keine existierende, vollzogene Harmonie, sondern die ununterbrochen zur Schau gestellte Bereitschaft, die eigenen Interessen der Ungestörtheit der Gemeinschaft zu opfern.

Die Möglichkeit, daß Teilen des japanischen Systems wa fehlen könnte, ist äußerst peinlich; sie legt die eine, gefürchtete Unvollkommenheit des idealisierten soziopolitischen Systems nahe, die seine wahre Natur enthüllen würde. Sie außer Sichtweite zu halten, erfordert eine erhebliche Anstrengung, denn die japanische Gesellschaft hat nicht weniger Konflikte als andere Gesellschaften. Das System ist alles andere als statisch; es wird von einer enormen inneren Dynamik bewegt, die von starker Konkurrenz verstärkt wird. Diese Konkurrenz beruht auf den Prinzipien der Meritokratie, die die Machtzuteilung durch Vererbung im frühen 19. Jahrhundert abzulösen begann. Sie beginnt mit den schulischen Prüfungssystemen, geht mit der Erlangung eines möglichst hohen Postens in der Salaryman-Welt oder der Bürokratie weiter und wird dann in Gruppenkonkurrenz um Marktanteile oder politische Macht sublimiert. Wo es möglich ist, wird Konkurrenz unter großen Gruppen kontrolliert, doch es bleibt viel Raum für Gleichgewichtsschwankungen und Angst, ob die eigenen Interessen auch angemessen zum Zuge kommen. Die Anstrengung, den manierlichen Schein zu wahren, wird von zahlreichen subtilen Methoden der Vermeidung und Unterdrückung offener Konflikte unterstützt.

Gangsterfilme stellen in extremer und stilisierter Form wunderbar japanische Konflikte dar, ihre Unterdrückung und was geschieht, wenn sie schließlich nicht mehr unterdrückt werden können. Wenn in diesen Filmen die Spannung steigt, ist es normal, daß die Menge »zischt und schnauft wie Dampfkochtöpfe«.[4] Der Protagonist, der es schließlich auf sich nimmt, die Beleidigung seines Chefs (oder was die Rivalen Böses getan haben mögen) zu rächen, weiß, er wird am Ende sterben, ebenso wie die Führer der Bauernaufstände in der Tokugawa-Periode. In diesen romantisierten Filmgeschichten ist Tod der Preis für die Störung der gesellschaftlichen Ordnung, selbst wenn sie für die ehrenwertesten Ziele geschieht.

Im Alltagsleben mag man das Zischen und Schnaufen nicht wirklich hören. Doch ein genauer Blick auf einen Japaner, der sich aufregt, vermittelt oft den Eindruck, daß hinter einem um Kontrolle kämpfenden Gesicht genau dies vor sich geht. Wird die Spannung in der Öffentlichkeit entladen, was nur selten geschieht, so kann die Wirkung explosiv sein: ein plötzlicher, sehr emotionaler Ausbruch, der die anderen anwesenden Japaner zu tiefem Schweigen bringt. Er ist gewöhnlich so schnell vorbei wie der sprichwörtliche Blitz aus heiterem Himmel, der Frustrierte gewinnt die Fassung zurück und lächelt, als wäre nichts geschehen.

Eine der gängigsten Arten, Spannung zu entladen, ist gemeinschaftlicher Suff. Sauftouren sind eines der verschiedenen Ventile am Dampfkochtopf der japanischen Gesellschaft. Die lärmenden, aber ritualistischen Demonstrationen der winzigen radikalen Splittergewerkschaften, die in manchen Firmen überlebt haben, sind ein weiteres.

Es ist nicht wahrscheinlich, daß man je auf zischende und schnaufende Bürokraten trifft. Aber beim Abendessen, einigem Sake und einiger Ermutigung nimmt ihre Sprechweise oft eine deutlich militärisch-strategische Qualität an, wenn sie die Beziehungen ihres Ministeriums zu anderen Ministerien oder behördeninterne Rivalitäten beschreiben. Sonderkommandos, die sich mit einem bestimmten Verwaltungsproblem befassen sollten, führen ständig Vorstöße, taktische Rückzüge und Täuschungsmanöver durch. Als Hatano Akiro, ein ehemaliger hoher Polizeifunktionär, in Nakasones erstem Kabinett Justizminister wurde, hieß es, er sei mit dem Fallschirm im feindlichen Territorium gelandet. Ständig versuchen Ministerien, andere Regierungsbehörden zu »kolonialisieren«, und mächtige LDP-Politiker tun das gleiche mit Ministerien. Bürokratenkriege sind ein Hauptgesprächsthema in informierten politischen Kreisen. Ministerialbeamte, die zu einer ausländischen Stelle oder Organisation abkommandiert sind, sprechen von ihrem Kriegspotential im Vergleich zu dem des Außenministeriums.

»Politische Analysen« bestehen in der japanischen Presse hauptsächlich aus laufenden Kommentaren und Spekulationen zum endlosen Machtkampf unter den LDP-habatsu. Japans politische Krisen sind momentane Intensivierungen dieses Machtkampfes; sie lassen sich gut mit Fortsetzungen der japanischen Fernsehserien über die Samurai-Geschichte vergleichen, deren Themen von Treue und Verrat sie auffallend ähneln.

Bürokratische Kriege

Wie Bürokraten überall haben auch Japans Bürokraten natürliche Feinde, doch die finden sich in rivalisierenden Ministerien statt bei den Politikern oder Geschäftsleuten. Eine Hauptaufgabe der Beamten, vor allem in den mittleren Chargen einer Behörde, ist das Aushandeln von Absprachen mit anderen Bürokraten. Wenn es zum Beispiel um die Kontrolle einer Öl-Pipeline geht, wird das Verkehrsministerium behaupten, dies falle in den Bereich des Verkehrs, das Ministerium für Außenhandel und Industrie (MITI) hingegen wird darauf beharren, es selbst sei zuständig, weil Öl ein Handelsprodukt ist.[5] Solche Kämpfe gibt es fast überall, doch unter japanischen Bürokraten wachsen sie sich oft zu ernsten Konflikten aus, die den Entscheidungsprozeß der Beamten völlig lähmen. Konflikte zwischen den Ministerien werden von japanischen Kommentatoren als »Partikularismus« kritisiert. Es wird fast vorausgesetzt, daß die Interessen des Ministeriums vor denen des Landes kommen. Hochrangige Bürokraten räumen selbst ein, daß die von nawabari arasoi (»Territorialkonflikten«) verursachten Funktionsstörungen über die Grenzen des Vernünftigen hinausgehen.[6]

Es findet sich sehr wenig wa in der Beziehung zwischen Außenministerium und MITI; sie verstehen sich als natürliche Feinde. Ihr Territorialkonflikt geht auf die 1930er Jahre zurück, als das Personal des Außenministeriums en masse kündigte, um gegen das geplante Handelsministerium zu protestieren, weil es ihrem Ministerium, das vor dem Krieg wesentlich mächtiger war als jetzt, diese Zuständigkeit abnehmen sollte.[7] Bei den jüngsten internationalen Konflikten über Japans Handelspraktiken und dem Kampf um die Kontrolle über Japans Diplomatie lagen sich die beiden Ministerien immer in den Haaren, und das führte zu widersprüchlichen Aussagen gegenüber Japans Handelspartnern.

Eine spektakuläre bürokratische Schlacht war der sogenannte VAN-Krieg 1984 zwischen dem MITI und dem Ministerium für Post und Telekommunikation (MPT), der zu einem größeren Konflikt um die Kontrolle der neuen Telekommunikationsindustrien gehörte. An VAN (»Mehrwert-Netz«, Value Added Network), einem fortschrittlichen Datenübertragungsdienst, sollten sich Ausländer, besonders Amerikaner, beteiligen. In den Augen des MITI gehörte der neue Subsektor zum Bereich der sogenannten »Informationsgesellschaft«, einer Ära industrieller Entwicklung, über die es seit Jahren Berichte und »Zukunftsvisionen« geschrieben hatte. Das MPT hingegen sah ihn als Teil der Kommunikationsdienste unter seiner Zuständigkeit. Das MITI verlangte völlige und uneingeschränkte Wettbewerbschancen für Ausländer in diesem Bereich des japanischen Marktes, das MPT hingegen bestand auf einem Lizenzsystem, das ausländische Beteiligung praktisch ausschloß. Die Schlacht wurde zum Teil im LDP-Forschungsrat Politik und Wirtschaft ausgefochten und gab den Politikern eine wichtige Vermittlerrolle.[8] Das MPT ist außergewöhnlich stark, weil der Post-zoku (der »Stamm« von LDP-Abgeordneten, der mit seinem Interessenbereich verbunden ist), sein Ministerium fanatischer unterstützt als jeder andere zoku.[9]

Es gibt keine Verwaltungsmethode, um Konflikte zwischen Ministerien zu regeln.[10] Darum sind Graue Eminenzen so wichtig — zwielichtige Machtmakler. Wenn ein Konflikt zwischen Ministerien durch die Dienste Außenstehender »geschlichtet« ist, etwa durch die LDP, ist er noch lange nicht gelöst; es gibt keinen Frieden zwischen rivalisierenden Ministerien, nur Waffenstillstand.

Ein weniger bekannter, aber wichtiger Konflikt besteht zwischen der Polizei und der Staatsanwaltschaft. Trotz gegenseitiger Unterstützung an der Oberfläche und gemeinsamer Rolle als Feind ideologisch inspirierter Linker ist ihre gegenseitige Verachtung tief verwurzelt. Sie geht auf die Rivalität zwischen dem Naimusho und dem Justizministerium vor dem Krieg zurück; die Vorkriegspolizei hatte manchmal Staatsanwälten, die Menschen mit »gefährlichen Gedanken« auf den Fersen waren, wichtige Informationen vorenthalten.[11] Unter der Nachkriegsverfassung wurde die Polizei von ihrer traditionellen hierarchischen Minderwertigkeit gegenüber den Staatsanwälten befreit, doch das Strafverfolgungsgesetz fordert noch immer, daß die Polizei den Anweisungen der Staatsanwaltschaft folgt. Die Staatsanwälte haben in ihrer Rivalität gegen die Polizei dadurch Punkte gesammelt, daß sie mehr politische Bestechungsfälle aufgreifen, seit eine Reihe früherer Polizeibürokraten der LDP beigetreten sind und ihre früheren Kollegen eher zögern, Geldskandale anzufassen.[12]

Es ist eine Binsenweisheit, daß der Zusammenhalt der Gruppe durch Feindschaft gegen eine andere, benachbarte Gruppe gefördert wird; die starke Rivalität zwischen christlichen Kirchen ist ein gutes Beispiel. Flügelkämpfe können in Japan extreme, höchst irrationale Formen annehmen, denn die Betonung der Solidarität und die Forderung nach Identifikation des einzelnen mit der Gruppe sind so stark, daß Gruppen oft in einen Zustand des Krieges gegeneinander eintreten, wenn nichts anderes den Zusammenhalt mobilisiert. Angesichts dieser Tendenz wird dafür gesorgt, daß die Zuständigkeit von Regierungsbehörden sich sowenig wie möglich überschneidet; das steigert ihre Entscheidungsgewalt, macht aber Konflikte, wenn sie doch auftreten, um so verbissener.

Dies Muster, in dem die Halb-Autonomie der Teile den Zusammenhalt des Ganzen untergräbt, wiederholt sich auf mehreren Ebenen des Systems. Die verschiedenen Redaktionen einer Zeitung zum Beispiel scheinen generell zu arbeiten, als wären sie getrennte Publikationen. Solcher Partikularismus kennzeichnet auch die meisten Ministerien; Konflikte zwischen Büros eines Ministeriums sind manchmal noch größer als zwischen Regierungsbehörden, und wenn eine Abteilung eine bevorstehende Entscheidung ihrer Behörde als Bedrohung ihrer Interessen ansieht, sabotiert sie möglicherweise die Pläne der größeren Gruppe.

Auch die Polizei ist durch verschiedene schwere Flügelkämpfe zerrissen. Einer ist die Rivalität zwischen der Kriminal- und der Schutzpolizei, die sich von der Polizeiakademie bis zum Polizeihäuschen erstreckt,[13] ein anderer die Reibereien zwischen der Stadtpolizei von Tokio und der Staatspolizei.[14]
Obwohl sich die einzelnen Bürokraten mit ihrem Büro identifizieren, lassen Privatgespräche mit hohen Beamten mich vermuten, daß die letzte Einheit in Konflikten mit anderen Einheiten wie überall sonst der einzelne, ehrgeizige Bürokrat ist, der gegen seine unmittelbaren Kollegen konkurriert. Dem Beamten des Finanzministeriums liegt nicht unbedingt viel an dem Büro, das er auf Kosten der Einheit des Ganzen verteidigt; nur seine Qualität als loyaler Beamter wird am Erfolg seines Büros gemessen. Seine weitere Karriere hängt davon ab, und schließlich der Platz, den er als amakudari haben wird.

Lähmung der Institutionen

Daß der innere Konflikt in Japan ernsthaften Schaden für das Allgemeinwohl anrichten kann, wurde durch das Nachspiel eines Flugzeugunglücks im August 1985 deutlich, bei dem 520 Menschen umkamen. Statt verschiedene Autoritäten in dem Bemühen zu vereinen, die Tragödie für alle Betroffenen zu minimieren, diente die Katastrophe nur dazu, die gegenseitige Feindschaft zu steigern.
Zunächst verzögerte die Verwirrung über die bürokratische Zuständigkeit die Rettungsversuche erheblich und kostete wahrscheinlich mehrere Menschenleben. Es dauerte vierzehn Stunden, bis der erste militärische Rettungstrupp beim Wrack in den Bergen war. Vier Überlebende des Unglücks berichten, daß zunächst noch mehr Passagiere überlebt hatten, und daß man hören konnte, wie Kinderstimmen langsam erstarben, während die Zeit verstrich.
Die japanische Luftwaffe hatte den Unfall auf ihren eigenen Instrumenten beobachtet, und zwei Phantom-Kampfflugzeuge, die zu Nachforschungen ausgesandt wurden, fanden die Unglücksstelle innerhalb von vier Minuten; danach kehrten sie zu ihrem Stützpunkt zurück, ohne mehr zu unternehmen. Erst zweieinhalb Stun-

den später bat die unmittelbar zuständige Behörde, das Amt für Zivilluftfahrt im Verkehrsministerium, die Bodentruppen, mit der Suche zu beginnen. Es gibt in Japan ein mit Helikoptern ausgerüstetes Notrettungsteam für Flugzeugunglücke, doch es wurde nie in Aktion gesetzt. Die Präfekturpolizei von Gumma, in deren Bezirk das Flugzeug heruntergekommen war, hatte keine Helikopter. Keine japanische Stelle reagierte auf das Angebot der US-Luftstützpunkte, mit Geräten und mit in schwierigen Gebirgs-Suchaktionen bei Nacht erfahrenem Personal zu helfen, und diese Experten standen etwa dreizehn Stunden vergeblich bereit. Obwohl die Stelle bekannt war, gingen die ersten Bodentruppen, die ausgesandt wurden, zum falschen Berg. Zehn Stunden nach der Katastrophe fand der Helikopter des japanischen Rettungsteams das Wrack, unternahm aber nichts, weil die Befehle, etwas zu unternehmen, an eine andere Militäreinheit ergangen waren. Stunden, bevor die Soldaten, die auf Anweisung des Verkehrsministeriums ausgesandt wurden, endlich an der Unglücksstelle ankamen, waren Bewohner der umliegenden Dörfer bereits dort.
Fragen über die katastrophale Verzögerung und das manifeste Fehlen effektiver Kommunikation zwischen den Behörden gingen in der dann folgenden Woge der Beschuldigungen gegen Japan Airlines (JAL) unter. Diese waren weitgehend das Ergebnis eines älteren Konflikts zwischen dem Verkehrsministerium und der halbstaatlichen Luftlinie. Verkehrsminister Yamashita Tokuo erklärte in einem Zeitungsinterview, er habe zwar von technischen Dingen keine Ahnung, sei aber sicher, daß die JAL die Schuld habe. Daraufhin entwickelten die japanischen Medien eine ausführliche Kampagne, in der die JAL als großer Schurke dargestellt wurde. Nicht ein Tag verging, ohne daß die Zeitungen der nationalen Luftlinie am Zeug flickten.[15]
Der Internationale Pilotenverband sah sich genötigt, eine Erklärung abzugeben, die alle Betroffenen daran erinnerte, daß Untersuchungen von Flugzeugunglücken nicht in erster Linie der Schuldzuweisung dienen, sondern die Ursache finden sollen, um ähnliche Unfälle zu verhindern. Er bat die Behörden, nicht weiter verwirrende und widersprüchliche Informationen an die Presse durchsickern zu lassen, und sprach sich dafür aus, Experten der Herstellerfirma und vom amerikanischen Rat für Verkehrssicherheit in die

Untersuchungen einzubeziehen. Die letztgenannten Fachleute warteten seit zwei Wochen abrufbereit in Tokio und waren nur einmal als Höflichkeitsgeste zum Unglücksort gebracht worden.
Dieses scheinbar seltsame Verhalten der japanischen Militäreinheiten und des Verkehrsministeriums wird klarer, wenn man es im Zusammenhang mit der fehlenden zentralen Führung sieht. Die Soldaten halten sich skrupulös an das Prinzip der »zivilen Verantwortung«, um Vergleichen mit ihren Vorgängern vor 1945 zu entgehen. Eine funktionierende militärische Zentralautorität gibt es nicht. Allerdings auch kein ziviles Organ, das in Notzeiten Befehle geben und koordinieren kann. Die Bürokraten der unmittelbar verantwortlichen Behörde waren nicht imstande, effizient auf das JAL-Unglück zu reagieren. Noch wichtiger ist, daß diese Bürokraten und ihre Minister sich nicht als Vertreter einer verantwortlichen Regierung sehen, die einer allgemeinen Öffentlichkeit — einschließlich Personal der zivilen Luftfahrt — Rechenschaft schuldig wäre. Sie sehen sich als parteiische Mitglieder ihrer eigenen Gruppe mit Interessen, die sie unter allen Umständen gegen andere Elemente des Systems verteidigen müssen, auch unter den Umständen eines Flugzeugunglücks. Premierminister Nakasone, der etwa zwanzig Helikopterminuten vom Unglücksort entfernt Urlaub machte und für seine Befürwortung entschlossener Führung bekannt war, verzichtete auffällig auf einen Besuch der Stelle, um die nächsten Verwandten zu trösten und die Rettungsarbeiter zu ermutigen. Dies zu tun, hätte den unerwünschten Eindruck erweckt, daß er symbolisch die Verantwortung für den Unfall übernahm.

Die unverdaute Vergangenheit

Der auffallendste Widerspruch zur Mythologie von Japan als einer glücklichen Familie, homogen und einig in Gedanken und Prioritäten, sind die nationalen Auseinandersetzungen über das, was man Japans unverdaute Vergangenheit vor 1945 nennen könnte: sein Versuch, Asien zu beherrschen, und die krasse politische Unterdrückung im Inland. Die Konflikte um dieses Thema werden von Gruppen lebendig erhalten, die nur teilweise oder gar nicht zum System gehören. Die wichtigsten dieser nationalen Auseinandersetzungen betreffen die Stellung des Kaisers, den Tag der Staatsgründung, den Yasukuni-Schrein, die Verfassungsänderung, die Einführung des Faches Patriotische Ethik an den Schulen und den Status der Selbstverteidigungstruppen. Jedesmal, wenn eine dieser Fragen durch Maßnahmen oder Aussagen der Regierung wieder aktuell wird, kann man darauf zählen, daß die wenigen Überreste der japanischen Linken sowie intellektuelle Zirkel und bestimmte religiöse Gruppen heftig reagieren.

Der Tag der Staatsgründung oder Kigensetsu wurde 1872 eingeführt — in der Frühphase der kokutai-Ideologie —, um an den Tag im Jahre 600 v. Chr. zu erinnern, an dem der mythische erste Kaiser Jimmu angeblich seine Hauptstadt in Yamato gegründet hat. Er war auch als Tag des Reiches bekannt und wurde am 11. Februar gefeiert, bis die Besatzung ihn als gefährliches Überbleibsel des militaristischen Fanatismus strich. Der Feiertag wurde 1966 per Gesetz unter leicht verändertem Namen wieder eingeführt. Doch erst 1985 nahm ein Premierminister, Nakasone Yasuhiro, an den offiziellen Zeremonien teil. 1983 hatte ihn ein entrüsteter Proteststurm daran gehindert, so daß 1985 viel Vorbereitung nötig war, um sein Auftreten halbwegs akzeptabel zu machen. Nakasones Freund, der Präsident der Handels- und Industriekammer, Goto Noboru, erhielt die Aufgabe, die notwendigen Kompromisse zu arrangieren, und Gotos Werbe- und PR-Firma, die Agentur Tokyu, erarbeitete die Details und die Öffentlichkeitsarbeit. Statt der geplanten drei Rufe »Tennoheika banzai« (die zu sehr daran erinnerten, was Soldaten und Kamikaze-Piloten riefen, wenn sie sich auf den Feind warfen) sollte die Zeremonie drei »banzais« (Hochrufe) auf die Gründung Japans enthalten, und für den Kaiser nur ein Gebet.

Die Linke und die Christen kritisierten Nakasone dafür, daß er »den alten Militarismus einen Schritt nähergebracht« habe, die Nationalisten hingegen attackierten ihn, weil er die Bedeutung der Gedenkfeier geschmälert habe. Gut 22000 Lehrer, Christen und andere Gegner nahmen an Protestmärschen in ganz Japan teil, doch etwa doppelt so viele Japaner nahmen an örtlichen Feiern teil — das legt nahe, daß das Blatt sich vielleicht zugunsten der Kigensetsu-Befürworter gewendet hat. Der mythische Jimmu wurde trotzdem nicht zeremoniell angebetet, sondern nur in einer offiziellen Rede erwähnt, was zeigt, wie schwer es die Nationalisten haben, Bruchstücke aus der Vergangenheit wieder einzuführen.

Eins der bekanntesten Symbole der nationalen Uneinigkeit ist der Yasukuni-Schrein, einst einer der beiden prominentesten Schreine des Staatsshinto, der künstlichen »Religion« aus Zeremonien, die der Mythologie vom »nationalen Wesen« Glanz verleihen sollten. Die Seelen von 2464151 Soldaten, die seit Ende des 19. Jahrhunderts für Japan gestorben sind, sind offiziell in diesem Heiligtum eingeschlossen. Unter ihnen sind Tojo Hideki und die anderen Generäle, die von den Alliierten als Kriegsverbrecher hingerichtet wurden. Es ist kein Soldatenfriedhof, aber es enthält Gedenktafeln mit den Namen der eingeschlossenen Soldaten und Denkmäler für Elitecorps wie die Kempeitai (die Militärpolizei) und Kamikaze-Piloten. Erinnerungsstücke von der burmesischen Eisenbahn, ein Kamikaze-Flugzeug und ein Kamikaze-U-Boot gehören zu den Ausstellungsstücken des Schreins.

Um den 15. August, wenn Japan des Kriegsendes gedenkt, ist der Yasukuni-Schrein Zentrum einer Auseinandersetzung, die fast jedes Jahr wieder aufflammt, seit Premierminister Miki Takeo 1975 den Schrein am betreffenden Tag besuchte. Er schuf diesen Präzedenzfall unter dem Druck des Verbandes der Kriegshinterbliebenen, der großen Einfluß ybei Wahlen hat, machte jedoch klar, daß er als Privatmann dort bete. Sein Nachfolger Fukuda Takeo ging einen Schritt weiter in dem Kompromiß, indem er als Privatmensch betete, aber im Gästebuch als Premierminister unterschrieb. Der nächste Premier, Ohira Masayoshi, der christliche Sympathien hatte, brachte es fertig, fernzubleiben. Suzuki Zenko, der als nächster kam, blieb seinem politischen Hauptprinzip treu, »Harmonie zu fördern«, und beschloß, der wartenden Heerschar von Zeitungs- und Fernsehreportern nicht zu sagen, wie er gebetet und unterschrieben hatte. Es war wieder einmal Nakasone, der jede noch vorhandene Barriere kurzerhand durchbrach. Am 15. August 1985 betete er nicht nur in seiner Kapazität als Premierminister am Yasukuni-Schrein, sondern opferte Blumen, die mit staatlichem Geld bezahlt waren, und marschierte direkt in das innere Heiligtum — alles hochsymbolische Handlungen. Außerdem wurde er von den meisten seiner Kabinettsminister und zweihundert LDP-Parlamentariern begleitet.[16]

Die Kontroverse um den Yasukuni-Schrein war die auffälligste der Auseinandersetzungen über die unverdaute Vergangenheit, denn für viele Japaner symbolisiert sie noch immer ein gefährliches Rückgleiten zu militaristischen Werten. Seit Nakasones vielpubliziertem Besuch ist sie auch Ursache diplomatischer Reibung mit China geworden, wo innere Gegner der offenen Regierungspolitik antijapanische Gefühle nutzen, um ihre Position zu stärken. Dies veranlaßte wiederum Nakasone, seine Besuche 1986 und 1987 zu streichen, obwohl praktisch das gesamte Kabinett und Massen von LDP-Parlamentariern beide Male kamen.

Der Kaiser

Als einstiger Brennpunkt der japanischen Staatsreligion bleibt der Kaiser bzw. seine Stellung in der Nachkriegsordnung sehr umstritten. Nach 1945 wurde Kaiser Hirohito zum personifizierten guten Gewissen Japans gemacht, das angeblich Opfer des Krieges war. Doch einige Japaner stießen sich noch in den 80er Jahren an der Autorität, in deren Namen ihre Väter, Männer und Söhne geopfert wurden. Auf hartnäckiges Fragen äußert eine Minderheit, Hirohito hätte 1945 in einer symbolischen Geste zurücktreten und ein Wissen um das Elend dokumentieren sollen, das im Namen seines »Willens« verursacht wurde. Eine viel größere und hörbarere Gruppe macht sich Sorgen, sein Sohn Akihito könnte wieder als politisches Werkzeug von Kräften benutzt werden, die Japans militaristische, autoritäre Vergangenheit nicht konfrontiert und abgelehnt haben.

Hirohito war länger als jeder seiner 110 realen und mythischen Vorgänger auf dem »Chrysanthementhron«.[17] Als er im April 1986 mit seinem Geburtstag das sechzigste Thronjubiläum feierte, hatte dieser älteste und dienstälteste Monarch der Welt mit unvergleichlichem Pflichtgefühl fünfundsechzig Jahre mit der strengsten Kontrolle durch andere gelebt. Ironischerweise aber gaben die politischen Umstände Hirohito ein größeres Machtpotential als seinem Vater oder Großvater. Er entschied sich dafür, diese Macht nicht zu benutzen. Der einzige Anlaß, bei dem Soldaten im Namen des »kaiserlichen Willens« frontal mit seinem persönlichen Willen zusammenstießen, war 1936 der wichtige »Zwischenfall vom 26. Februar« (niniroku jiken), ein versuchter Staatsstreich, nach dem der Kaiser empört über den Mord an mehreren Politikern war. Er befahl, die Rebellen aus ihren Positionen zu entfernen, und wies ihr Angebot zurück, auf seinen Befehl Selbstmord zu begehen.

Hirohitos persönliche Rolle im Zweiten Weltkrieg bleibt weitgehend unbekannt. Es heißt, er habe 1945, zumindest formell, die wichtige Entscheidung getroffen, die Kapitulationsbedingungen der Alliierten zu akzeptieren, doch die wahre Abfolge der Ereignisse wird vielleicht nie bekannt. Er selbst, lange Zeit Gefangener der Hofbeamten, hat nie öffentlich etwas über seine Motive in der ersten Hälfte des Jahrhunderts gesagt, außer 1981 bei einem formalen Hinweis, daß er die Kriegserklärung an die Vereinigten Staaten nicht verhindern konnte, solange er sich an die Vorgaben der Verfassung hielt, die nicht vorsah, daß er direkte politische Entscheidungen traf. Niemand außer seiner Frau und seinen engsten Haushofmeistern (die Stillschweigen bewahren) hat je informell mit ihm gesprochen.

General MacArthurs Bericht über das, was der Kaiser bei ihrem ersten Treffen am 27. September 1945 sagte, paßt überhaupt nicht zu dem, was Sprecher des Naimusho vier Tage später berichteten oder woran sich der einzige weitere Anwesende, der japanische Dolmetscher, erinnerte. MacArthur schrieb viele Jahre nach der Zusammenkunft, Hirohito habe gesagt: »Ich komme zu Ihnen, ... um mich dem Urteil der Mächte zu stellen, die Sie vertreten, als der einzig Verantwortliche für jede politische und militärische Entscheidung und Tat meines Volkes während des Krieges« — ein Satz, der in viele westliche Geschichtsbücher Eingang gefunden hat. Aus dem, was das Naimusho und der Dolmetscher gesagt haben, muß man den Schluß ziehen, daß die Frage der Verantwortung nur angesprochen wurde, um sie »künftigen Historikern« zu überlassen.[18]

Wenn man über Hirohitos Motive spekuliert, ist wahrscheinlich der wichtigste Schlüssel, daß er mit sieben Jahren unter die Aufsicht des Generals Nogi Maresuke gestellt wurde, der die Rolle des Vaters und Freundes übernehmen mußte. Nogi, ein Kriegsheld, war ein pathologischer Nationalist, für den Pflichtgefühl und Selbstopfer religiöse Bedeutung hatten. Als der Mentor und einzige Freund seiner Jungenzeit nach dem Tod des Kaisers Meiji (Hirohitos Großvater) rituellen Selbstmord beging, mußte der elfjährige Kronprinz als Teil seiner Erziehung damit fertigwerden, ohne irgendein Gefühl zu zeigen. Nogi hatte ein Testament hinterlassen, in dem er die moralische Schwäche Japans am Ende der Meiji-Zeit bejammerte und auf eine Wiederherstellung des »japanischen Geistes« drängte. Es gibt Anzeichen dafür, daß dies eine traumatisierende Wirkung auf Hirohito ausübte.

Hirohito kannte nie irgendein spontanes Vergnügen, mit der einzigen Ausnahme eines Aufenthalts bei der britischen Königsfamilie, den er als die schönste Zeit seines Lebens beschrieben hat.[19] Als er drei Monate alt war, wurde er seiner siebzehnjährigen Mutter fortgenommen. Kinderfreunde und Kinderspiele waren ihm verboten. Seinen Brüdern war er ein Fremder. Seine eigenen Kinder wurden in anderen Residenzen erzogen. Kaiserin Nagako war die einzige Gefährtin seines Lebens. Vor seiner Krankheit fand er seinen direkten Trost in den drei Tagen pro Woche, die er in seinem Labor zubringen durfte, einem einfachen Holzschuppen mit Mikroskopen und Präparaten für seine Forschung in der Meeresbiologie.

Das Leben am japanischen Hof ist noch extrem reglementiert, starr und antiquiert. Nach einer kurzen Zeit in den Besatzungsjahren, als Hirohito im Rahmen einer von den USA inspirierten Kampagne, ihn einem europäischen Monarchen anzugleichen, durch Japan reiste, Fabriken besuchte und mit gewöhnlichen, arbeitenden Menschen sprach, hat er sehr wenig Kontakt zu seinen Untertanen gehabt. Verglichen mit den 50er und 60er Jahren, als die mythologischen Aspekte des Kaisertums heftig geleugnet wurden, ist die kaiserliche Familie heute wieder von Tabus umgeben. In einer Broschüre für Mittelschüler, die 1985 vom Verband der Shinto-Schreine herausgegeben wurde, wird der alte Mythos vom Kaiser als Abkömmling der Sonnengöttin wieder eingeführt, und etliche LDP-Abgeordnete haben wieder über die Einzigartigkeit des japanischen Kaisertums gesprochen, die von Ausländern nie verstanden werden kann. Die Bürokraten des kaiserlichen Haushalts haben nicht gestattet, daß zum sechzigsten Thronjubiläum Goldmünzen mit dem Porträt des Kaisers erschienen. Er ist nie auf einer Münze oder Briefmarke erschienen, aus dem offen zugegebenen Grund, daß diese leicht entehrt werden können.

Trotz der berühmten Verkündigung am Neujahrstag 1946, daß der

Kaiser ein Mensch sei, verbreiten rechtsextreme Aktivisten, einige nationalistische Intellektuelle und Bürokraten sowie mehrere LDP-Gruppen eine Sicht seines Status und seiner Rolle, die sich wenig von der Zeit unterscheidet, als er noch offiziell eine Shinto-Gottheit war. In den Wochen im Herbst 1988, als Hirohito dem Tod nahe war, blieben Kabinettsminister internationalen Treffen fern, Berühmtheiten verschoben geplante Hochzeiten, Fernsehsender und Wochenzeitschriften reduzierten ihre frivolen Darbietungen, zahlreiche Firmen und Schulen sagten Feste ab, und die Presse trug massiv zur Schaffung einer quasi heiligen Atmosphäre bei.
Zwar war die Meinung weitverbreitet, daß die Krankheit des Kaisers die Kinder nicht ihre Schul- und Sportfeste kosten sollte, doch die Schulbehörden haben von den wuchernden rechtsextremen Gruppen Einschüchterungen zu fürchten. Verlage und Zeitungen sind aus dem gleichen Grund selbst unter normalen Umständen sehr vorsichtig damit, was unter ihrem Namen über die kaiserliche Familie erscheint.
Rechte Gruppen und die Nationalisten innerhalb der LDP werden wahrscheinlich die anstehenden Zeremonien der Thronnachfolge zu einem Versuch benutzen, ihren Einfluß auszudehnen. Der wichtigste Ritus, die Inthronisation oder daijosai, wird wohl ein Jahr nach Hirohitos Tod stattfinden; er sieht die symbolische Verwandlung des neuen Kaisers in eine Frau vor, gefolgt von der symbolischen Schwängerung durch Gottheiten und der Wiedergeburt mit göttlichen Eigenschaften. Die Verfassung stellt den Thron sogar weniger hoch als die Verfassungen westlicher konstitutioneller Monarchien und bezeichnet den Kaiser nur als »das Symbol des Volkes und der Einheit der Nation«. Doch die einzige praktische Einschränkung, die sie voraussichtlich für einen wiedererstandenen Kaiserkult bedeutet, ist, daß sie Andersdenkenden im Parlament eine rechtliche Basis dafür gibt, dagegen zu opponieren, daß für die religiösen Zeremonien staatliche Gelder ausgegeben werden.
Die kaiserliche Nachfolge birgt das Potential erneuter und recht heftiger landesweiter Konflikte. Zum erstenmal seit dem Krieg werden religiöse Zeremonien des Shinto im Rampenlicht stehen, und die Art, in der die einzelnen Menschen auf sie reagieren, könnte in den Augen ihrer nationalistisch geneigten Landsleute zum Maß ihrer »Reinheit« als Japaner werden.

Geistige Zwielichtzone

Eine weitere, mit der unverdauten Vergangenheit verbundene Frage, die eine unterschwellige nationale Uneinigkeit illustriert, ist der Versuch der Regierung, die moralische Unterweisung wieder einzuführen (vgl. Kapitel 4 und 11). Noch eine andere betrifft die Stellung der Selbstverteidigungstruppen. Ihr gegenwärtiger Status widerspricht den von der Besatzung durchgesetzten Absprachen der Nachkriegszeit. Artikel 9 der Verfassung verzichtet auf das souveräne Recht, Krieg zu führen, und verbietet ausdrücklich die Unterhaltung von Truppen zu Lande, zu Wasser und in der Luft sowie anderes Kriegspotential. Dies war eine Bedingung, die General MacArthur in die Verfassung schreiben mußte, um die Beibehaltung des Kaisers für die Alliierten akzeptabel zu machen. Die Ironie der Kontroverse ist, daß die USA Japan seit den 70er Jahren zu mehr Verteidigungsanstrengungen drängen.

Die Selbstverteidigungstruppen, das »höhere Ziel« der Erziehung, die genaue Rolle des Kaisers, staatliche Unterstützung nationaler Gedenkfeiern und der Yasukuni-Schrein gehören alle in eine besondere, japanische Zone des geistigen Zwielichts, gekennzeichnet durch simplizistisch formulierte Tabus und undeutlich formulierte Attacken gegen diese Tabus. Die Sozialistische und die Kommunistische Partei, die Nikkyoso, die schwindende linke Arbeiterbewegung und (abhängig vom Thema) einige Intellektuelle, Christen und Vertreter der neuen Religionen, die sich als Hüter der Nachkriegsverfassung sehen, reagieren mit Sicherheit und Berechenbarkeit auf alle Handlungen und Aussagen, die tendenziell wiederbringen, was die US-Besatzung abgeschafft hat.

Diese antirechte Opposition besteht hauptsächlich aus rituellen Parolen, die bei Märschen gerufen werden, und nur selten aus vernünftigen Argumenten. Ihre Proteste sind in den grellen Farben ideologischer Phrasen gehalten, die so typisch für die japanische Linke sind. Sie versuchen nicht, die verschiedenen Fragen in einem schlüssigen Bezugsrahmen miteinander zu verbinden, um ein überzeugendes, intelligent durchdachtes Plädoyer zu präsentieren. Für eine erhebliche Zahl nichtaktivistischer Japaner ist die von General MacArthur und seinen Reformern vorgezeichnete Route noch immer die richtige: eine Route, die nie so recht eingehalten wurde, aber immer noch an von den USA entzündeten Leuchtfeuern wie der neuen demokratischen Rolle des Kaisers, dem Verbot des Staatsshinto und der »demokratischen« Erziehung erkennbar ist. Die kontroversen Fragen im Zusammenhang mit der unverdauten Vergangenheit sind oft mit einem unbehaglichen Gefühl verbunden, daß gewisse Gruppen Japan auf Abwege führen könnten. Die japanische Presse, die generell auf dem Zaun zwischen den beiden nationalen Lagern sitzt, verkörpert die geistige Inkompetenz, mit der an diese Fragen herangegangen wird. Die Pressereaktion auf das Bestreben, in den Schulen die »moralische Unterweisung« wieder einzuführen, hat ein erhebliches Unbehagen offenbart, doch dies wird nie in intellektuellen Begriffen ausgedrückt, die als Bezugspunkte für eine unemotionelle Debatte dienen könnten. Japaner, die gegen die rückschrittlichen Vorlieben ihrer Verwalter sind, konzentrieren ihre Angriffe hauptsächlich auf Symbole. So sind die politische Linke und viele Intellektuelle unbeugsam darin, daß nichts an der Verfassung geändert werden darf. Selbst die kleinste Änderung an diesem von Nichtjapanern geschriebenen Dokument wird ihrer Auffassung nach einem Wiederaufleben von Vorkriegspraktiken Tür und Tor öffnen. Hiermit hängt die Furcht vor einem neuen Aufschwung des Militarismus zusammen. Obwohl diese Furcht vielen Außenstehenden übertrieben vorkommt, kann sie nicht vernünftig widerlegt werden, weil die Entwicklungen, die sie erwecken, so vage bleiben, und weil nichts je deutlich gesagt wird — eine Undurchsichtigkeit, die zentrales Attribut der Machtausübung in Japan bleibt. Während die Opposition ihre Energien mit symbolische Themen vertut, entgleiten volkswirtschaftliche Entwicklungen, die die Festigung des entpolitisierten Systems kennzeichnen, ganz ihrer Kontrolle. Statt einer systematischen Debatte über die Fragen der unverdauten Vergangenheit gibt es nur ein Gegenüber rechtskonservativer und linksliberaler Kräfte, und eine ritualistische Wiederholung von Parolen. Viele Linke wissen, daß sie, wenn sie eine Diskussion anfingen, nur in der unentrinnbaren Umarmung der Verpflichtungen landen würden, die sich aus jedem freundschaftlichen Kontakt in Japan ergeben. Mit der Zeit scheinen die Kräfte des Systems zu gewinnen, während die Stimmen schwächer werden, die gegen die volle Wiedereinführung einiger Elemente aus der unverdauten Vergangenheit protestieren.

Dieses Vorherrschen des Rituals — statt substantieller Diskussion und Berufung auf Vernunft, die Außenstehende für die Protestierenden nützlicher fänden — ist kennzeichnend für japanische Konflikte auch im kleineren Rahmen. Wa wird nicht durch Vernunft erreicht, und natürlich nicht durch Gesetz, sondern durch Mechanismen, die zwar andernorts auch bekannt sind, aber ihre höchste Entwicklung in Japan erreichen.

Die wirkungslose innere Stimme

Um die Tragweite des Rituals im japanischen Lebens voll zu würdigen, müssen wir wiederum bedenken, wie für einen konventionellen Japaner die soziopolitische Welt ohne eine Tradition universaler Werte aussieht. Durch japanische Augen gesehen, enthält die Welt in den meisten Fällen nicht die Gewißheiten, die der Glaube an eine auf unwandelbaren Prinzipien gegründete moralische Ordnung mit sich bringt, und das bedeutet, daß die meisten Japaner letztlich kein geistiges Geländer haben. Sie können sich auf kein Prinzip oder Ideal berufen, mit dem sie ihr Verhalten in den Augen ihrer Nachbarn, Kollegen oder Vorgesetzten rechtfertigen könnten. Um diese moralische Welt zu verstehen, muß man sich eine Situation vorstellen, in der Wohlverhalten ständig davon bestimmt wird, was die anderen nach der Meinung des einzelnen von ihm erwarten — in der er nie denken kann »Die können mich mal« — und in der Anpassung an soziale Erwartungen nicht ein unbequemer Kompromiß ist, sondern die einzige Art, zu leben.
In der Praxis liefert das Alltagsleben einige pragmatische Richtlinien für konkretes Handeln, eingebettet in Maximen, Sprichwörter und traditionelle Redensarten; aber sie reichen nicht aus, um die Nichterfüllung gesellschaftlicher Erwartungen zu rechtfertigen. Die Ideale des Wohlverhaltens, die wir oben betrachtet haben — »Reinheit des Geistes«, »Loyalität« und »Aufrichtigkeit« —, suchen die soziale Ordnung für den Moment zu bewahren; sie sind gewiß keine Waffen, mit denen der einzelne dem politischen System begegnen kann. Widerstand gegen alles, was als nützlich für

die Gemeinschaft dargestellt wird, gilt, wie wir sahen, als rein »privat« (d. h. »egoistisch«) motiviert und nicht als möglicherweise gültige, persönliche politische Meinung.

Von Japanern wird nicht erwartet, daß sie einer inneren Stimme folgen, die sie an im Lauf des Erwachsenwerdens verinnerlichte, moralisch absolute Werte erinnert. Sie lernen nicht, daß moralische Autorität in ihnen wohnt und ihr Leben von innen leitet. Sie haben keine geschichtlichen Vorbilder, die sie ermutigen, für ihren Glauben einzustehen. Sie können nicht mit Sokrates und einer Vielzahl von Denkern und politischen Aktivisten nach ihm sagen, daß es besser ist, dem eigenen Gewissen zu folgen als der Konvention. Natürlich könnten sie all dies tun. Aber sie würden Mißbilligung riskieren und selten belohnt werden.

Das persönliche Gefühl von »Adel verpflichtet«, das manche Japaner hegen, hat zusammen mit der vorherrschenden Höflichkeit der Manieren eine besänftigende und beruhigende Wirkung auf soziale Erfahrungen in Japan. Einige Japaner verschreiben sich aus Idealismus moralischen Anliegen. Doch in keinem dieser Fälle kann sich der einzelne auf persönliche Ideale des Verhaltens berufen, um Handlungen zu rechtfertigen, die den Erwartungen der Gemeinschaft zuwiderlaufen. Der Japaner, der in einer rein japanischen Umgebung funktionieren will, muß Logik, moralische Werte und philosophische oder wissenschaftliche »Wahrheiten« als letztes Mittel der Verteidigung oder des Angriffs aufgeben. Man ist versucht, die Japaner als Pragmatiker zu bezeichnen, aber man hätte Schwierigkeiten, Japaner zu finden, die so konsequent in ihrem Pragmatismus sind, daß er als Prinzip gelten könnte.

Sicherungen der Ordnung

Man könnte sagen, daß die Japaner nicht von inneren Berechnungen auf der Basis allgemein anwendbarer Regeln und Abstraktionen geleitet werden, sondern durch Radar. Es ist besonders die Oberfläche der Dinge und Menschen, die zählt. Ein seriöser und scharfsinniger Beobachter der japanischen Szene spricht von *außerordentlich empfindlichen »Fühlern« für das Gespräch und über das Gespräch hinaus, die ständig tätig sind, um die Reaktionen des anderen festzustellen und die nötigen Anpassungen vorzunehmen. Diese Anpassungen sind zwar winzig, machen aber insgesamt das aus, was die Gesellschaft stützt: Ideen und Prinzipien sind zweitrangig und nicht die Hauptstütze. Und die allgemeinen Begriffe wie Freundlichkeit, Sanftmut, Menschlichkeit usw. werden in diesem Kontext erlebt.*[20]

Mit ihrem Sprechen und Verhalten müssen Japaner immer dazu beitragen, ihre Landsleute gewissermaßen zurückzuhalten. Ebensowenig wie auf eine unsichtbare, sanktionierende Instanz, die ihr individuelles Handeln rechtfertigt, können Einzelpersonen auf Gesetze verweisen, die andere daran hindern, ihre private Ordnung zu stören. Sie müssen wachsam und argwöhnisch sein. Was ihre Vorgesetzten betrifft, so ist ihre größte Sorge, ob diese das Beste für sie im Sinn haben. Weil keine letzten Sanktionen von innen her Zurückhaltung fordern, muß die Zurückhaltung von außen kommen, und auf einer höheren Ebene des Systems sind alle, die eine gewisse Macht haben, ständig damit beschäftigt, die Macht der anderen im Zaum zu halten.

Die so weitgehend rituelle Natur des Alltagslebens und der Kommunikation sorgt für eine ständige Versicherung, daß Ordnung herrscht; dies ist notwendig, weil ihr mögliches Fehlen stärker gefürchtet wird als im Westen. Das Fehlen einer Tradition der Welterklärung anhand von allgemeinen, unwandelbaren Wahrheiten macht die Zukunft weniger berechenbar, gibt weniger Schutz — gar keinen geistigen Schutz — und setzt einen den Launen nicht durchschauter Kräfte aus. Die volle Tragweite dieser Situation, in der die einzige Sicherheit in einer strikt kontrollierten Gesellschaftsordnung liegt, ist schwer vorstellbar für Menschen, die durch ihre ganzen Erziehung ein Gefühl für grundlegende Gesetze und Prinzipien verinnerlicht haben.

In Japan muß das gesellschaftliche Leben so berechenbar wie möglich gemacht werden, um ein gewisses Maß an Sicherheit von Tag zu Tag zu garantieren. Daher neigt die Kommunikation in Japan dazu, sehr stereotyp zu sein, und die Japaner wachsen mit einem recht starken Bewußtsein davon auf, wie die Dinge sein sollten und wie man sich benehmen sollte. Es gibt sowohl »weiche« als auch »harte« Aspekte in ihrer menschlichen Umgebung. Diese ergänzen einander, werden aber nicht in einem durchgängigen logischen Schema gesehen. Auf der weicheren Seite ist die Flexibilität, die engere persönliche Beziehungen beherrscht; hier ist die Welt »feucht«, emotional und duldet Idiosynkrasien. Auf der »härteren«, weniger freundlichen Seite hingegen herrscht die Tendenz, Dinge in vorgefertigte, starre, unwandelbare Kategorien zu zwängen. In der Alltagswelt beurteilen Japaner einander nach den Schulen oder Universitäten, die sie besucht haben, oder den Regierungsorganen, denen sie angehören. Mit noch größerer Distanz werden Ausländer nach den Stereotypen ihres jeweiligen Herkunftslandes beurteilt. Die Welt in dieser Perspektive ist ein Puzzle, wo alles nach der Oberfläche beurteilt und entsprechend eingeordnet wird. Es ist fast, als erfordere die große Anstrengung, die die Überwachung der Verschiebungen und Veränderungen in der weichen, feuchten Welt der unmittelbaren sozialen Umgebung kostet, eine größere Einfachheit in der unpersönlicheren Welt dahinter.

Japaner können sich gewaltig aufregen, wenn die Welt und die Menschen darin Erwartungen nicht erfüllen, und sie neigen dazu, Dinge, die nicht zu vorgefaßten Meinungen passen, einfach abzutun — ein allgemein menschlicher Zug, doch auch hier mit einem überwältigenden quantitativen Unterschied. Ausländern fällt oft auf, daß das Denken selbst recht gebildeter und intelligenter Japaner offenbar Dinge, die nicht in erwartete Muster passen, nicht aufnehmen kann. Die gleiche Angst vor dem Unberechenbaren kann äußerst unbeugsame Denk- und Verhaltensweisen bewirken.

Konfliktvermeidung über die Hierarchie

Ritual und Hierarchie fördern an Stelle verinnerlichter Abstraktionen die Berechenbarkeit und die Einschränkung offener Konflikte. Wenn jeder seinen eigenen Platz im Schema hat und auch dort bleibt, kann in der Gesellschaft viel an Störung und Unruhe vermieden werden, und das Akzeptieren der hierarchischen Ordnung scheint in Japan die einzige Alternative zu schwelenden Konflikten zu sein. Die Konflikte, die auf nationaler Ebene bestehen bleiben, etwa der um die Wiedereinführung der »moralischen Unterweisung«, sind unlösbar, weil die Betroffenen, die Verwalter und die Kritiker des Systems — in diesem Fall das Erziehungsministerium und die Lehrergewerkschaft — keine hierarchische Beziehung zueinander akzeptieren. Ähnlich schwelen Konflikte mit der Außenwelt, weil Japans Gruppen sich nicht freiwillig ausländischen Gruppen unterordnen. Das Landwirtschaftsministerium und die nokyo können zum Beispiel keine Liberalisierung ihres Marktes zugunsten des nationalen Interesses akzeptieren, nur weil andere Länder ihre Handelsbilanz mit Japan ausgleichen wollen. Die logischen Argumente, die Ausländer geltend machen, können nie überzeugen. Solche Konflikte mit Außenstehenden sind unlösbar — außer natürlich, wenn das andere Land mit den Mitteln des japanischen Systems vorgeht und die Anerkennung seiner eigenen, mächtigeren Position erzwingt.

In der japanischen soziopolitischen Ordnung werden Konflikte gemieden, abgewiesen, nicht anerkannt, geleugnet, durch Ritual exorziert, aber selten gelöst. Da es keine Tradition gibt, sich auf allgemeingültige Prinzipien zu berufen und gesetzliche Mittel zu benutzen, um Ordnung in der Gesellschaft zu halten, akzeptieren einzelne und Gruppen ihr Los nur, weil eine stärkere Macht sie ruhig hält (obwohl subtile Akte der Sabotage erwartet und gebilligt werden). In intimen persönlichen Beziehungen, etwa zwischen Mutter und Kind, Mann und Frau, Chef und Untergebenem ersetzt psychologische Manipulation oft die Diskussion der gegenseitigen Einstellungen. Die Japaner haben solche »Psycho-Spiele« zu einer hohen Kunst verfeinert, und die Schwachen können sich weitgehend durchsetzen, wenn sie lernen, sie gut zu spielen.

So werden die gegenseitige Einschränkung der halbautonomen Systemkomponenten und die Ordnung auf den niederen Ebenen letztlich nicht durch Vernunft, sondern durch Macht bestimmt. Sie fordern Unterordnung. Es kann kein wa ohne Hierarchie geben. Ihr ganzes Leben lang werden die Japaner ständig daran erinnert, wo sie stehen, »oben« oder »unten« in Beziehung zu ihren Verwandten, Schulkameraden, Kollegen und praktisch jedem anderen, mit dem sie in Kontakt treten. Außerdem sollen sie ihr Wissen um den Rang von Organisationen gleich welcher Art durch ihr Auftreten gegenüber deren Vertretern zeigen. Sozialer Status ist der einzige Bereich, wo sie nicht dazu erzogen werden, sich mit Vagheit wohl zu fühlen.

Die Hierarchie beginnt daheim, obwohl die Betonung von »jünger« und »älter« außer in hochrangigen Familien weit geringer ist als vor dem Krieg. In der Schule ist der Rang der Kinder jedoch an Uniformen oder Abzeichen sichtbar, die sie tragen, und im Klassenzimmer ist die Rangordnung ganz offensichtlich. Hierarchie ist sehr wichtig in Universitäts-Sportclubs und Sport-Claqueurgesellschaften. Während der Jahrgang in amerikanischen Studentenclubs selten wichtig ist, ist die hierarchische Beziehung zwischen Älteren und Jüngeren das Rückgrat der Bindungen in japanischen Clubs.[21] In der Salaryman-Welt ist die Rangordnung noch klarer. Wenn man einem telefonierenden Japaner zuhört, ist fast immer sofort klar, ob sein Gesprächspartner über oder unter ihm rangiert. Die im Ausland verbreitete, gängige Vorstellung vom Egalitarismus in japanischen Arbeitsgruppen (wobei der oft zitierte Beweis ist, daß japanische Konzerndirektoren ihr Mittagessen in der gleichen Kantine einnehmen wie der einfachste Arbeiter) ist Unsinn. Japanische Arbeitnehmer müssen nicht nur ihre Sprache dem Rang des Angesprochenen anpassen, sondern auch wissen, welcher Grad von Verbeugung angebracht ist. Der Rang jedes Angestellten in einem Büro wird gewöhnlich sofort durch die Stellung der Schreibtische und die Qualität der Stühle deutlich. Wie ein Betroffener bemerkt: »Chefs rufen einen zu sich, indem sie durch das Büro brüllen; Untergebene gehen der Aufforderung nicht nach, sie rennen.«[22] Wenn die Japaner in Gruppen zu Verhandlungen kommen, kann man die Hackordnung auf den ersten Blick erkennen. Der Rang wird über die Grenzen der vielen halbautonomen Gruppen hinweg anerkannt. Das Alltagsleben in Japan ist ein wenig wie eine diplomatische Cocktailparty, bei der die meisten Gäste Militärattachés sind.

Einem bekannten Grundelement der japanischen Hierarchie sind wir schon begegnet: der oyabun-kobun(Elternrolle-Kindesrolle)-Beziehung von Arbeiterbanden in der Frühphase der japanischen Industrialisierung, die heute bei Gangstern, Politikern, traditionellen Handwerkern und Theaterkünstlern weiterlebt. Ähnlich gepaarte Rollen sind die von sempai und kohai, dem älteren und dem jüngeren Arbeitnehmer, deren Beziehung enger ist als die unter normalen Kollegen.[23] In vielen Firmen und Regierungsbehörden können solche sempai-kohai-Beziehungen natürlich wachsen, aber auch von Vorgesetzten verordnet werden, besonders bei expandierenden Firmen mit rasch wachsender Beschäftigtenzahl.

Die bürokratische Hierarchie ist in Japan hierarchischer, als die Bürokraten der meisten anderen Länder es sich vorstellen können. Ein Beamter mittleren Ranges sagte mir einmal, er rauche gern Pfeife, könne das aber bei der Arbeit nie tun, weil es den Eindruck erwecken würde, er hielte sich für etwas Besseres als sein zigarettenrauchender Chef. Ein ehemaliger Bürokrat des Finanzministeriums erinnert sich, daß ein anderer Beamter versetzt wurde, weil sein Kind einen höheren Rang erreicht hatte als das Kind seines Chefs, das in dieselbe Klasse ging.[24] In Wohnblöcken für Polizistenfamilien bestimmt der Rang des Polizisten direkt den Rang seiner Frau und seiner Kinder in jener recht abgeschlossenen Welt,[25] die an Soldatenwohnungen in anderen Ländern erinnert.

Das wohlbekannte »System der Seniorität« japanischer Firmen existiert, um eine eindeutige Hierarchie aufrechtzuerhalten, und ein paar Nachkriegsfirmen, die von sich reden machten, indem sie einige ihrer Angestellten nach Talent und Leistung beförderten, hatten später Probleme mit Vorgesetzten, die für die normalen hierarchischen Beziehungen mit ihren Untergebenen »zu jung« waren.

Die formelle hierarchische Ordnung muß unter allen Umständen eingehalten werden, selbst wenn weithin klar ist, daß sie nicht tatsächlichen Machtbeziehungen entspricht. Es kommt zum Beispiel häufig vor, daß der nominelle Chef einer Gruppe nicht imstande ist, Ideen zu produzieren, und sich darauf verlassen muß, daß ein phantasiebegabter Untergebener für ihn entscheidet. Es ist wesentlich für gute »menschliche Beziehungen« in einem solchen Fall, daß der Chef es versteht, die Talente des letzteren zu nutzen, ohne daß es zu sehr auffällt. Außerdem ist es in den meisten Fällen entscheidend wichtig, daß talentierte Mitarbeiter für ihre höhere Leistung keine Anerkennung beanspruchen. Die Mitglieder einer gut integrierten Gruppe halten es für normal, daß jemand die Führung hat, der ihnen theoretisch gleichgestellt ist. In einigen Fällen, und besonders außerhalb des Arbeitsplatzes, wird kaum versucht, den

Schein darüber zu wahren, wer die Entscheidungen trifft, und wenn kein Dritter anwesend ist, können talentierte Untergebene härter mit ihrem Chef umspringen, als im Westen je akzeptabel wäre. In der Öffentlichkeit wird jedoch die normale, rituelle Ehrfurcht vor dem Vorgesetzten peinlich genau eingehalten. Dies ermöglicht es der Gruppe, die Hierarchie der Seniorität intakt zu halten. Während im Westen meist die Begabten mit Führungsqualitäten schneller aufsteigen, bleiben sie in Japan länger auf niedrigeren Ebenen, was zu dem oft bemerkten Phänomen führt, daß relativ viel Initiative von normalen Angestellten kommt.

Innerhalb der etablierten japanischen Beziehungen brauchen hochrangige Personen in der Regel keine Gründe für das angeben, was sie von Untergebenen verlangen. Rangältere müssen allerdings demonstrieren, daß sie das Beste für ihre Untergebenen im Sinn haben. Untergebene neigen ihrerseits nicht dazu, nach dem Warum und Weshalb der Anweisungen, die sie bekommen, oder der Art, in der sie behandelt werden, zu fragen, sondern sie akzeptieren Befehle, solange ihre Vorgesetzten nicht ihren Glauben an die wohlwollenden Motive dafür beschädigt haben.

Hierarchische Ordnung durchdringt alle Winkel und Ecken der japanischen Gesellschaft. Die Bank of Japan hütet eifersüchtig die Hackordnung unter den großen Banken, um ein leicht kontrollierbares Kreditsystem aufrechtzuerhalten.[26] Wir sahen in Kapitel 5, daß die Rangordnung der LDP-Parlamentarier — hauptsächlich daran gemessen, wie oft sie wiedergewählt worden sind — bestimmt, welche Positionen sie in Ausschüssen einnehmen können und wann sie Minister werden können, ohne Rücksicht auf ihre Talente und Fähigkeiten.

Ein Gefühl der Überlegenheit oder Unterlegenheit ist auch in Japans Einstellungen gegenüber anderen Nationen offensichtlich. Gegenüber »Vorbildern«, zuerst China und später dem Westen, haben die Japaner immer emotionale Ambivalenz gezeigt. Die Vorstellung einer streng hierarchischen Weltordnung hat solche Gefühle verschlimmert. Die Japaner fühlen sich ihren Vorbildern zwar unterlegen, beanspruchen aber gleichzeitig die grundsätzliche Überlegenheit ihrer eigenen Nation, indem sie die bekannten mythischen Vorstellungen von einem »japanischen Geist« vertreten.

Die Besessenheit von gesellschaftlicher Ordnung geht, zumindest seit der Tokugawa-Zeit, mit der Auffassung einher, daß viel Zeremonie nottut, um ihr Überleben zu sichern. »In der großen Kette des Seins, die theoretisch den Kaiser über den Shogun, die Herren und Myriaden Ränge von Samurai, Bauern, Handwerkern und Händlern mit den geringsten Arbeitern verbindet, müssen alle Zeremonien vollziehen, damit die Ordnung durchgängig erhalten wird.«[27]

Hierarchie und Ritual hängen natürlich zusammen, und auch Ritual ist wesentlich für das wa. Wer die Regeln der Etikette bricht oder nicht die vorgeschriebenen Rituale fortführt, begeht eine schwere Sünde. Wenn es einen wichtigen, deutlichen Unterschied zwischen Japanern und anderen Leuten — Abendländern wie ihren asiatischen Nachbarn — gibt, so ist es das Ausmaß ihres ritualistischen Verhaltens. Japaner wickeln sich in Rituale ein. Das zeremonielle japanische Verhalten, das im Ausland bemerkt wird, gibt nur einen leichten Eindruck von dem, was Japaner daheim durchmachen müssen. Ein starres Geflecht von Formeln deckt Lebensbereiche und Aktivitäten ab, etwa Sportereignisse, Partys und Flitterwochen, für die Spontaneität in anderen Gesellschaften als wesentlich gilt.

Japaner lieben Rituale nicht unbedingt mehr als andere Leute, aber sie fühlen sich ohne sie verloren. Die Rituale brauchen durchaus nicht alt und ehrwürdig zu sein. Ein gutes Beispiel für ein neues Ritual, das aus den 1960er Jahren stammt, aber die gesamte Nation erobert hat, ist die japanische Hochzeit. Kommerzielle Interessen von großen Hotels und Hochzeitssalons haben die »Bräuche« geformt, denen die Mehrzahl der Japaner sich heutzutage unterzieht. Diese Hochzeiten sind extrem steif, langweilig und teuer.[28] Sie sind höchst berechenbar: identische Zeremonien des Kuchenanschneidens, Blumenopfers und Kerzenanzündens, drei oder vier Kostümwechsel der Braut (Brautkleid, Kimono, Abendkleid und wahlweise Flitterwochenuniform) und lange Ansprachen der Vorgesetzten von Braut und Bräutigam, in denen die Witze auf Kosten des Paares von einer Hochzeit zur anderen fast austauschbar sind. Die Rituale sind voller (neu entworfener) Symbolik, die nahelegt, daß Braut und Bräutigam (fast immer Anfang und Ende Zwanzig) erst jetzt die Kindheit hinter sich lassen.[29] Diese Hochzeiten haben keinerlei festliche Stimmung oder Spontaneität und sind den meisten Menschen, die an ihnen teilnehmen müssen, unsympathisch, wenn man ihren Kommentaren glaubt — aber die gesamte Bevölkerung nimmt sie hin als das, »was man tut«.

Japaner werden von Kind an dazu erzogen, an das zu glauben, was man tut, und das erstreckt sich auf alle Lebensbereiche einschließlich der Freizeitgestaltung. Ein auffallendes Produkt dieser Erziehung ist die hoch ritualisierte Golfkultur. Der japanische Golf ist nicht in erster Linie Sport oder angenehmer Zeitvertreib, sondern für hohe Wirtschaftsbeamte bittere Notwendigkeit, und für die 30% aller Gehaltsempfänger, die ihn praktizieren, eine äußerst ernste Angelegenheit. Der obligatorische Firmenausflug oder shain ryoko bestand in den letzten Jahren gewöhnlich aus einem Golfwettkampf. Die Golfkultur bietet ideale Gelegenheiten, hierarchischen Status zur Schau zu stellen. Die Mitgliedschaft in neu eröffneten Clubs kostete Mitte der 80er Jahre durchschnittlich zehn Millionen Yen — rund 77 000 Dollar.[30] Clubs mit Prestige verlangen 25 bis 50 Millionen Yen. Solche Mitgliedschaften werden wie Aktien und Wertpapiere gehandelt und gelten als ausgezeichnete Investitionen. Doch die Hauptfunktion der außerordentlich kostspieligen Golfkultur ist es, Geschäftsleuten und Politikern etwa des gleichen Ranges Gelegenheit zu bieten, in relativ entspannter Atmosphäre Kontakte zu knüpfen und so ihre jinmyaku zu erweitern.

Selbst unter Wissenschaftlern ist es wichtiger, zu tun, was man tut, als nach der Wahrheit zu suchen. So wird der japanische Wissenschaftler mit Selbstachtung nicht an gewisse Themen aus der jüngsten politischen Geschichte oder an aktuelle Affären rühren; das überläßt er dem Journalisten, und dadurch bleiben solche Themen implizit im Bereich des Klatsches.

Im Alltag müssen sich die Japaner an eine Etikette halten, die vielleicht ebenso komplex ist wie an altmodischen Königshöfen und die Welt außerhalb des inneren Kreises von Arbeitsgruppe, Familie und Vertrauten fast ganz frei von beunruhigenden gesellschaftlichen Überraschungen hält. Japaner sollen sich an ihre Rollen hal-

ten und diese durch Kleidung, Sprache und Verhalten deutlich machen. Es gibt eine leicht erkennbare Mutterrolle, Hausfrauenrolle, sempai-Rolle, Chefrolle und Lehrlingsrolle, um nur die offensichtlichsten zu nennen.
Hierarchie und Ritual sind in Japan wunderbare Mechanismen, nach denen die Schwachen den Starken nachgeben können, ohne ihre Würde zu verlieren. Dies umgeht viele Konfliktursachen. Die Prozeduren zur gütlichen Einigung, die an Stelle des Rechtsstreits angeboten werden, ermöglichen allen Betroffenen, ihr Gesicht zu wahren, und das gleiche gilt für die Vermittlung, die in weniger formellem Rahmen eine Vielfalt von Schwierigkeiten ausbügelt.
Dank der Tradition des Wirklichkeits-Managements kann sozialer Konflikt entschärft werden, ohne daß im geringsten versucht würde, Widersprüche zu lösen. Logische Argumentation darf selten das höchste Gut wa stören. Im Westen ist die Berufung auf die Logik ein akzeptierter (und erwarteter) Teil der Versöhnung von Meinungsverschiedenheiten. In Japan wird solche Argumentation mit Konflikt selbst assoziiert, und da aller Konflikt als schlecht definiert wird, werden Diskussionen und Debatten gewöhnlich nicht als gesunde Methoden der Beilegung von Konflikten anerkannt. Es gibt praktisch keine wissenschaftliche Auseinandersetzung, und die meisten japanischen Wissenschaftler würden nicht wissen, wie eine solche Auseinandersetzung zu führen wäre. Ausländische Akademiker und Intellektuelle, die zu Besuch kommen, werden fast immer gelobt, fast nie diskutiert man mit ihnen. Das Risiko, das Gesicht zu verlieren, wird dadurch minimiert.

Politisches Verhalten, das etwas ausdrückt

Man kann politisches Verhalten danach kategorisieren, ob es etwas ausdrückt (»expressiv«) oder etwas bewirkt (»instrumentell«). Meist kommt beides zusammen, doch wenn die Betonung deutlich darauf liegt, der Welt zu zeigen, wo man steht, statt darauf, einen gewissen direkten Nutzen zu bewirken, sprechen wir von »expressivem« Handeln. Dies überwiegt deutlich, wenn es um japanische Oppositionsbewegungen geht.
Die jährlichen Frühlingsriten von »Dienst nach Vorschrift« und

Streiks, die die Sohyo-Gewerkschaften in den 70er Jahren organisierten, und die heutigen Märsche am 1. Mai sind gute Beispiele für solch völlig harmlosen, ritualisierten Protest. Das beste Beispiel ist vielleicht Japans radikale Studentenbewegung. Abordnungen von studentischen »Demonstranten« sind zwar kein so vertrauter Anblick mehr wie in den 60er und frühen 70er Jahren, doch sie beteiligen sich noch gelegentlich an einer größeren Demonstration. Mit ihren identischen Helmen und fast identischen Kleidern vollführen sie wie in Trance einen Schlangentanz zum Rhythmus schriller Pfeifen und einer Kadenz von Stimmen, die Parolen rufen. Sie bewegen sich in einer hermetisch geschlossenen Formation: Brust an Rücken, Schulter an Schulter, mit einer kleinen Lücke zwischen den Jungen und den Mädchen, die hinter ihnen laufen. Sie bilden einen langen, sich windenden Leib, und keine Tanztruppe, keine Militäreinheit auf irgendeiner Parade der Welt könnte es besser machen als sie. Doch nichts von alledem bewirkt etwas Substantielles, und dazu ist es auch nicht da. Es ist als Demonstration Selbstzweck.

Ritualismus im Gewand der Demokratie gibt es überall in der japanischen Politik. Damit das »Wirklichkeits-Management« reibungslos funktioniert, muß man das Protokoll genauestens einhalten und die Formen der Demokratie sorgsam wahren. Daher das Ritual der Haushaltsdebatte im Parlament. Diese Debatten sind alle vorher inszeniert, aber kein Politiker oder Bürokrat würde es wagen, sie auf die leichte Schulter zu nehmen. Das Kabinett ist formal dem Parlament verantwortlich, und kein Minister würde im Traum daran denken, während der fast völlig ritualistischen Aussprache über den Haushalt abwesend zu sein.[31] Interpellationen, Fragen und Antworten im Parlament sind zumeist von den Bürokraten inszenierte, kunstvolle Vorstellungen. Oppositionsabgeordnete verlassen sich oft darauf, daß die Bürokraten sie mit Fragen versorgen, die dann von denselben Bürokraten beantwortet werden. Seit dem Ikeda-Kabinett hat man im Parlament große Ehrfurcht vor Anfragen der Opposition. Doch der Ton, in dem die Antwort gegeben wird, wird aufmerksamer wahrgenommen als ihr Inhalt.

Den politischen Sitten nicht zu folgen, kann zu einer Krise führen. So zeigte Nakasone nach den Rekordgewinnen der LDP im Juni 1986 als erstes der Opposition zeremonielle Sanftmut. Hätte er versäumt, seine Sorge zu zeigen, daß seine Partei »zu arrogant« werden könnte, so hätte er vielleicht einen Proteststurm von der Presse und Zeichen der Mißbilligung von der Öffentlichkeit provoziert. Eine Minderheit darf sich beklagen, daß sie der Tyrannei der Mehrheit unterworfen wird, und daher ist eine Fassade des Wohlwollens auf seiten der stärkeren Partei praktisch Pflicht.

Die Bürokratie lebt in einer durch und durch ritualistischen Welt. Beamte sprechen Code. Wenn sie sagen, »die Angelegenheit wird untersucht werden«, so meinen sie, daß nichts getan werden wird. Versprechen sie, »es zukunftsorientiert zu untersuchen«, so gibt es mehr Hoffnung; dies bedeutet, daß es eine Anpassungen geben wird, soweit die Umstände es erlauben. Wie bei den Politikern wird bei den Bürokraten alles außer Sichtweite geregelt, vor dem rituellen Ereignis, bei dem offiziell Entscheidungen fallen. Es hat seltene Fälle gegeben, in denen Generaldirektoren sich bei Verhandlungen mit Ausländern nicht genau an die vorbereiteten Schriftsätze hielten und ihre Untergebenen dadurch sehr aufregten.

Ritual und eine betonte Demonstration der Hierarchie gelten bei den Bürokraten außerdem als wesentliches Mittel zur Kultivierung der Achtung vor der Autorität und daher als Grundlage der Ordnung in der Gesellschaft. Beamte niederen Ranges zeigen sorgfältig Ehrfurcht vor ihren Vorgesetzten und geben ständig vor, Dinge zur endgültigen Entscheidung an höherer Stelle vorzutragen. Die bürokratische Hierarchie soll in sich der Öffentlichkeit Ehrfurcht einflößen.[32] Bei alledem ist die Illusion des Wohlwollens sehr wichtig. Der japanischen Gesellschaft muß versichert werden, daß die Verwalter das, was sie tun, nicht für sich selbst tun, sondern um die Stabilität der Lebensgrundlage des Volkes zu fördern; daß sie es unermüdlich tun, ohne in ihrer Aufmerksamkeit nachzulassen; daß sie es auf Kosten ihrer eigenen Zeit tun, und daß sie stets wachsam gegen unvorhergesehene Zwischenfälle sind.

In der von der Tokugawa-Zeit ererbten und von der Mythologie des »nationalen Wesens« vor einigen Jahrzehnten verstärkten politischen Symbolik produziert die wohlwollende Betreuung des Volkes durch selbstlose Verwalter die beste aller möglichen Welten und stellt die letzte Wahrheit dar. Die Einheit des Volkes ist in dieser Sichtweise eine wesentliche Gegebenheit, nicht etwas zu Erreichendes. Im schlimmsten Fall kann dieser Naturzustand der Nation durch ein Zufallsereignis nur vorübergehend gestört werden.[33]

Wa ist der Gesellschaft wesenseigen, während gleichzeitig von allen Japanern erwartet wird, daß sie sich anstrengen, um es aufrechtzuerhalten, und dies bedeutet, wie wir gesehen haben, daß die Möglichkeit des Konflikts offiziell ignoriert wird. Hierarchie und Ritual sind erstaunlich effektiv in der Aufrechterhaltung der Ordnung unter diesen Umständen, aber sie können nicht alle Fälle abdecken. Wo Konflikte schwelen und eine Formel fehlt, nach der man sich darauf einigen kann, uneinig zu sein, fehlt vernunftgemäße Kommunikation so vollständig, daß es zu emotionalen Ausbrüchen und manchmal sogar zu Gewalt kommen kann. Dies kann an so unwahrscheinlichen Orten wie dem Plenarsaal des Parlaments oder Firmentoiletten geschehen. Doch selbst dann werden die die Konfrontation begleitenden Gesten oft extrem ritualisiert.

Bis Mitte der 60er Jahre war das Parlament häufig Schauplatz von Handgemengen, wenn die Kommunikation zwischen den Minderheitsparteien und der LDP oder ihren Vorgängern völlig zusammenbrach. Diese Raufereien waren schlimm genug, daß die Stenographen des Parlaments 1954 eine Zusage verlangten, daß die Abgeordneten bei den Kämpfen nicht über ihre Tische liefen und weder sie noch ihre Aufzeichnungen anfaßten. Diese Zusage wurde 1971 und mindestens einmal danach erneuert.

Ein gutes Beispiel für einen kompletten Zusammenbruch der Kommunikation ist eine Auseinandersetzung zwischen der ambulanten und der stationären psychiatrischen Abteilung der Universitätsklinik Tokio. Ihr Konflikt reicht Jahrzehnte zurück, doch sie wissen nichts Genaues über die Sicht der anderen Seite, weil sie jegliche Kommunikation eingestellt haben.

Wie unheimlich japanische Kommunikationslosigkeit bei schwelenden Konflikten werden kann, zeigt sich in filmisch festgehaltenen Szenen des Protests von Opfern der Quecksilbervergiftung im berühmten Minamata-Fall. Die Opfer schüttelten ihre verformten Glieder nur Zentimeter entfernt vor den Augen der Manager der Verursacherfirma, der Chisso Corporation. Mütter hielten ihre Kinder, mißgebildet und von Krämpfen geschüttelt, direkt vor die Gesichter der Beamten. Aber diese Gesichter blieben völlig ungerührt und still. Irgendwann wurde es einem Manager zuviel, und er fiel in Ohnmacht, treuer Diener seiner Firma bis zum Ende.

Es ist nicht leicht, zu ermitteln, wieviel Disharmonie und wieviel Potential für soziales Chaos es in der japanischen Gesellschaft gibt. Weil die japanischen Medien es für ihre Aufgabe halten, zur Entschärfung gesellschaftlicher Konflikte beizutragen statt sie zu reflektieren, wird vieles nicht berichtet. Als einmal 1987 die Aufstandspolizei vor den Gebäuden des Justizministeriums mit Menschen zusammenstieß, die gegen die Änderung des Gesetzes zur Registrierung von Ausländern protestierten, wurden die Demonstranten gehindert, aus einer nahegelegenen U-Bahnstation zu kommen, hart angefaßt und zu Boden geworfen. Dennoch gab es in den Zeitungen des nächsten Tages weder Fotos noch Berichte. Japans Fernsehnachrichten zeigten auch nichts davon.

Ich habe Ende der 60er Jahre Krawalle in Shinjuku gesehen, die von Teilen der Studentenbewegung ausgelöst wurden, an denen sich aber Gehaltsempfänger begeistert beteiligten: Sie halfen, umgestürzte Autos anzuzünden und Steine auf die Polizei zu werfen. Die Nachrichten stellten diese Störungen dann als routinemäßige Aktivität radikal inspirierter Studenten dar.

Japan bekam 1974 eine Ahnung von dem Potential für gesellschaftliche Unordnung: Wütende Passagiere aus einem überfüllten Vorortzug, der in einem Bummelstreik von Ingenieuren der staatlichen Eisenbahn absichtlich aufgehalten worden war, zerschlugen ein Büro auf dem Bahnsteig eines Tokioter Bahnhofs. Kurz darauf demolierten Passagiere den Bahnhof Ageo in der Präfektur Saitama bei Tokio. Dies erwies sich als ansteckend, und innerhalb von Tagen hatte sich der Vandalismus der Passagiere auf mehrere Bahnhöfe in Tokio ausgeweitet. Ich habe zugesehen, wie normale Gehaltsempfänger im Bahnhof Yurakucho von Tokio Fahrkartenautomaten und Fenster zerschlugen. Dieses Verhalten war, wenn auch in kleinerem Maßstab, mit den Reisaufständen von 1918 vergleichbar. Unorganisierte, spontane Pendlerkrawalle griffen auf das ganze Land über. Die Ausbrüche verebbten schnell, aber die Behörden nahmen sie ernst genug, um die Organisateure des Bummelstreiks zu bitten, künftig normal zu streiken (was für Staatsbedienstete illegal ist), damit die Bahnhöfe geschlossen werden konnten.

Flughafen Narita

Die notorischste ständige Gefahr physischer Gewalt ist in den letzten Jahren die Protestbewegung gegen Tokios neuen Flughafen Narita gewesen. Dieser Protest begann 1966, als die Bauern von Sanrizuka, dem Ort, wo der Flughafen gebaut werden sollte, entdeckten, daß sie mit einer winzigen Abfindung für den Verlust ihrer Wassermelonen- und Erdnußfelder entschädigt wurden. Ein Jahr später bekamen sie Verstärkung von Mitgliedern der damals noch mächtigen, radikalen Studentenbewegung Zengakuren. Zwischen 1971 und 1978 bauten die Studenten Festungen und Türme, Tunnel und unterirdische Bunker. Ein Grabenkrieg kostete vier Aufstandspolizisten und zwei Protestler das Leben. Viele der Studenten begannen, auf dem Land zu arbeiten und die Töchter der Bauern zu heiraten. Die Dörfer der Umgebung wurden mit einem Netzwerk von Aktionscorps verbunden, darunter einer Kindertruppe. Nachdem sie ihren angesehenen christlichen Führer 1976 verloren hatte, spaltete sich die Bewegung und wurde radikalisiert.

Der Flughafen wurde sieben Jahre später als geplant eröffnet, fünf Jahre nach Fertigstellung der Gebäude und Rollbahnen. Im März 1978, Tage vor der geplanten offiziellen Eröffnung, gelang es den Radikalen, über die Kanalisation zum Tower vorzudringen und Geräte zu zerstören; so wurde eine weitere Verschiebung notwendig. Ein bedeutsamer Aspekt dieses Ereignisses war, daß viele normale Japaner die Radikalen für ihre Leistung bewunderten und sie privat anfeuerten.

Seit der Eröffnung des Flughafens hat es etliche schwere Schlachten zwischen Aufstandspolizei und Radikalen gegeben. Es ist eine Ironie, daß Besucher im Land des wa an einem Ort landen, der als riesiges Monument der japanischen Unfähigkeit zur Konfliktlösung angesehen werden kann. Der Flughafen ist Japans meistbewachte Institution, umgeben von mehreren Ringen hoher elektrischer Zäune, die tief im Boden stecken, um Tunnelbauer zu entmutigen. Alle Passagiere und Begleiter werden kontrolliert und manchmal von der Polizei durchsucht, wenn sie das Flughafengelände betreten. Alle paar hundert Meter stehen Wachttürme mit Suchscheinwerfern, die rund um die Uhr besetzt sind. Die Straße zum Flughafen hat an mehreren Stellen Stahlbarrikaden und wird von Panzerwagen und Wasserwerfern einer über 15 000 Mann starken, ständigen Polizeitruppe bewacht.

Der Mythos vom Konsens

Das Land, das ich bisher beschrieben habe, hat wenig Ähnlichkeit mit dem gängigen Porträt von Japan als Gesellschaft, deren menschliche Beziehungen auf Konsens beruhen. Das liegt daran, daß viel von der angeblichen Übereinstimmung Mythos ist. Dieser Mythos ist einer der erfolgreichsten Japans; er spielt eine Hauptrolle in den meisten populären und vielen seriösen ausländischen Schriften, und viele amerikanische Kommentatoren sprechen gewohnheitsmäßig von Japans »Konsensdemokratie«. Es ist nicht überraschend, daß Verwalter, die mit der Außenwelt verhandeln, die »Konsensbildung« als nützliche Entschuldigung für Untätigkeit entdeckt haben.

Der Ausdruck »Konsens« impliziert Zustimmung zu einer Idee oder Handlungsweise. Was in Japan fälschlich als »Konsens« bezeichnet wird, ist allerdings ein Zustand, in dem keiner der Betroffenen glaubt, daß es sich lohnt, Theater zu machen. Beteiligte an einem japanischen »Konsens« können tatsächlich sehr negative Gefühle über etwas haben, dem sie »zustimmen«. Ein anderes Phänomen, das viele Abendländer als »Konsensbildung« deuten, ist eine komplexe Berechnung der gegenseitigen Verpflichtungen, die zum jinmyaku jeder beteiligten Person gehören.

Das japanische Wort für den Prozeß, der zum »Konsens« führt, heißt nemawashi (sich um die Wurzeln kümmern). Beim nemawashi spricht man mit den Betroffenen, um sie darauf vorzubereiten, einem Plan »zuzustimmen«, so wie man den Boden für eine Pflanzung vorbereitet. Diese Art Umgraben ermutigt keinen »demokratischen« Widerspruch (mit der Möglichkeit der Ablehnung), wie ein ähnlicher Prozeß im Westen es würde. Die Japaner haben den Ausdruck »Konsens« eingeführt, um zu beschreiben, was in ihrer eigenen Gesellschaft als echte Zustimmung dargestellt wird, oft aber keine ist.

Die Vorstellung, daß Politik in Japan kollektiv eingeleitet wird, ist unrichtig. Die Japaner sind beruhigend menschlich darin, daß sie genau wie andere Leute nicht im Ausschuß erfinden können. Indessen, wie ein früherer Staatssekretär mir einst sagte: »Je mehr ›Konsens‹ man bekommt, desto weniger wird getan.« Der Prozeß, der zum japanischen Konsens führt, hat eine streng beschränkende Funktion; die Mitglieder einer Gruppe erhalten formal Gelegenheit, einem Vorschlag zu widersprechen, der generell vorgestellt wird, als sei er einstimmig und komme von der Gruppe als Ganzem. Ist der »Konsens« erreicht, bedeutet das, daß keiner der Beteiligten das Risiko oder die Mühe auf sich nehmen mag, Widerstand gegen etwas zu leisten, was eine stärkere Person oder Gruppe will. Wird eine das Gesicht wahrende Prozedur wie nemawashi versäumt oder zu schnell vollzogen, sprechen die Japaner von der »Diktatur der Mehrheit«. Die Unterscheidung ist bedeutsam für das Verständnis der Machtausübung in Japan. Die Starken haben die Gerechtigkeit auf ihrer Seite, solange sie ihren Willen nicht rücksichtslos durchsetzen.

Auf der Ebene der Firmen haben japanische Angestellte in Fragen, die ihr Arbeitsleben betreffen, nicht mehr zu sagen als Arbeitnehmer in jeder anderen Industriegesellschaft. Es wird aber die Illusion aufrechterhalten, daß Gegenargumente, die sie vielleicht zu wichtigen Dingen hatten, angemessen gehört wurden. Im allgemeinen ist es nicht allzu schwierig, diese Illusion in Firmen oder jedem anderen japanischen Kollektiv zu schaffen, denn subjektive Meinungen des einzelnen sind selten im Widerspruch zu dem, was er als objektive Tendenz der Situation wahrnimmt. Die Japaner sind dazu erzogen, so etwas sehr gut zu erspüren, und passen ihr Denken dementsprechend an.

Nach meiner Erfahrung schätzen die Japaner generell Meinungen einer Minderheit nicht und erinnern deren Vertreter auf subtile Weise daran. Die Meinung einer Minderheit ist ein Hindernis für die Solidaritätsgefühle innerhalb der Gruppe und bedroht die entscheidend wichtige Demonstration der Einheit. Die Führung der Gruppe muß pro forma jeden befragen und von jedem Zustimmung erlangen, besonders bei wichtigen Entscheidungen. Dieser Prozeß kann sehr ausführlich sein, doch letzten Endes besteht er aus bloßen Gesten, die allen Mitgliedern versichern, daß sie nicht unwichtig sind. Die tatsächliche Überzeugungsarbeit, der angebliche Prozeß der Konsensbildung, läßt dem potentiell widerstrebenden Mitglied kaum eine andere Wahl, als seine Zustimmung zu geben. Sind seine negativen Gefühle stark und weiß er, daß andere sie teilen, so bildet er eher einen neuen Flügel, als innerhalb der Hauptgruppe zu streiten.

Das ringi-System

Eine gängige Methode der Entscheidungsfindung, die ebenfalls die Illusion der Übereinstimmung schafft, ist das sogenannte ringi-System. In diesem System zirkulieren von unteren Beamten entworfene Pläne unter anderen, immer höher rangierenden Beamten und bekommen ihr Siegel der Zustimmung. Der Anschein voller Beteiligung wird gewahrt, und wer nicht für den Plan ist, kann ihn in gewissem Ausmaß sabotieren, indem er das ringi-sho, das zirkulierende Dokument, einstauben läßt, bevor er sein Siegel anbringt. Beamte können implizit ihr Maß der Unzufriedenheit mit einem Plan zum Ausdruck bringen, indem sie die Zeit kalkulieren, die sie abwarten, bevor sie das Dokument an den nächsten weiterreichen. Deshalb ist ringi auch als »Stapelsystem« bekannt.[34]
Das ringi-System ist ein wunderbarer Mechanismus, um alle Verantwortung zu verwischen und schließlich zu vernebeln. Nicht nur der Bürodirektor, sondern die ganze Kette niederer Beamter haben nur die Andeutung eines Gefühls, »für das Ergebnis verantwortlich« zu sein. Die Urheber einer Fehlentscheidung sind nirgends zu finden. Das System neigt dazu, Führung von der Spitze her zu behindern. Ein Plan, den ein Beamter mittlerer Charge entworfen hat, wird manchmal am besten durch ein informelles Gespräch mit einem niederen Beamten lanciert, der einen Entwurf fertigt; dieser zirkuliert dann nach oben, über den Schreibtisch des Urhebers. Einige Bürokraten halten dieses System für absurd, aber ein Vorgesetzter,

der sich systematisch weigert, danach vorzugehen, kann seine Stellung gefährden.[35] Ein anderer häufiger Effekt ist, den betroffenen Beamten klarzumachen, was sie nicht tun sollen, statt was sie tun sollen.[36] Einer der bekanntesten japanischen Fachleute für die Bürokratie sieht das ringi-System nicht als Produkt der pseudofamiliären Beziehungen in japanischen Verwaltungsinstitutionen, sondern als Mechanismus, der solche solche Beziehungen erzwingt.[37]
Die in Kapitel 5 beschriebene Beratungsinstitution der shingikai hilft, bei bürokratischen Entscheidungen, die wahrscheinlich Probleme mit Interessengruppen verursachen werden, ein Gefühl der nationalen Übereinstimmung zu erwecken. Shingikai versuchen, Vertreter der Betroffenen zusammenzubringen und sie in das einzubeziehen, was dann als harmonische gegenseitige Anpassung dargestellt wird.[38] Gelegentlich können sie eine neue oder erste Lösung einer drängenden Frage erarbeiten, aber meist sind sie symbolischer Ausdruck der »Übereinstimmung«, ein Beweis, daß der Öffentlichkeit gedient wurde, indem eine Auswahl der besten Köpfe gründlich über ein Vorhaben nachgedacht hat.

ORDNUNG DURCH EINSCHÜCHTERUNG

Institutionelle Beschränkungen der Macht sind in Japan sehr schwach. Das Fehlen allgemeiner Überzeugungen, auf die sich alle berufen können, die begrenzte Kontrollfunktion des Rechtssystems und die Ungreifbarkeit — oft Unsichtbarkeit — der tatsächlichen Machthaber ergeben eine Situation, in der die Macht ungezügelt ist und sich mit Klauen und Zähnen durchsetzt.

Die Ausgewogenheit der Macht

Doch die Klauen und Zähne sind gut verborgen. Zwang wird durch den Zwang anderer kontrolliert, die eine Schmälerung ihrer Macht fürchten, und wird zum Teil durch Schichten von Ritualen gemildert. Offene Zurschaustellung von Macht erweckt Angst in Japan. In der Sprache der westlichen Verfassungsdemokratien gibt es we-

nige Kontrollen, aber ganz besondere Gegengewichte. Die sichtbare Präsenz und oft das aktive Eingreifen einer Vielfalt von Gruppen sind immer vonnöten, um das System daran zu hindern, das Gleichgewicht zu verlieren. Alle Organisationen mit einer gewissen Macht halten ständig die Macht anderer in Schach. Die Ausgewogenheit unter den Komponenten, die das japanische System ausmachen, wird dadurch erreicht, daß ständig einzelne oder mehrere von ihnen eingreifen und dafür sorgen, daß keine stark und ehrgeizig genug wird, um den Rest zu beherrschen. Was der Einfluß der Bevölkerung und rechtliche Beschränkungen nicht erreichen können, muß durch einen ständigen, großartigen Balanceakt erreicht werden. Eine Clique oder Einzelperson, deren Macht so schnell wächst, daß sie nicht reibungslos von der existierenden Struktur aufgefangen werden kann, wird eine Reaktion auslösen, die daran erinnert, wie sich weiße Blutkörperchen auf einen Fremdkörper stürzen. Was dem einstigen Premierminister Tanaka Kakuei widerfuhr, ist dafür eins der besten Beispiele. Daher auch der Argwohn gegen Nakasone, als dieser versuchte, das Amt des Premierministers zu stärken.
Die Verwalter sind außerordentlich empfänglich für Fluktuationen in der Machtbalance ihres jeweiligen Bereiches. Ein erstaunliches Beispiel ist die Staatsanwaltschaft und ihre Einstellung zur Linken. Als linke Aktivisten ein großes Geschrei über die Korruption erhoben, sahen die Staatsanwälte den Wert ihrer traditionellen Feinde als reinigende Kraft, die auf Wirtschaft und Politiker einwirkte. Obwohl die politische Korruption »strukturell« ist und die Staatsanwälte nicht im Traum versuchen würden, sie auszumerzen, muß das System vor Extremen geschützt werden; und angesichts der allmählich abnehmenden Bedeutung linker Kräfte fanden die Staatsanwälte, sie müßten als Gegengewicht agieren und mehr Bestechungsfälle ans Licht bringen.[39]

Schwächen zum Ausnutzen

Trotz der Möglichkeit, Zwang zu begegnen, ist Japans politische Ordnung merkwürdig verwundbar durch jede nicht gezähmte Gruppe, die Druck auf sie ausüben kann. In anderen Nationen können sich etablierte Führungseliten auf allgemein anerkannte

Gesetze und überzeugende politische Theorien berufen, um ihre Vorherrschaft zu rechtfertigen. Das können die japanischen Machthaber nicht. Was der Shogun beanspruchen konnte, konnten auch die Gegner seiner Macht beanspruchen. Deshalb mußte die politische Führung in der Vergangenheit ständig mit lästigen, halbautonomen, kleineren Mächten fertigwerden — sie bekämpfen, andere Herren dazu bringen, sie in Schach zu halten, mit ihnen handeln und ihnen in gewissem Ausmaß entgegenkommen.

In den verschiedenen Shogunaten und der Meiji-, Taisho- und frühen Showa-Zeit funktionierte die Einschüchterung, wenn der einschüchternde Machthaber aus eigener Kraft mächtig war. Die Meiji-Herrscher übten im Namen einer im Kaiser verkörperten, wiederhergestellten kosmischen Ordnung Macht aus. Doch dies brachte eine große Gefahr mit sich, weil nun jeder den »kaiserlichen Willen« als Rechtfertigung für eine Änderung der politischen Ordnung anrufen konnte, und es mehrte die Gelegenheiten zur Einschüchterung gewaltig.[40] Heute ist die Einschüchterung innerhalb des Systems ähnlich wirksam. Ein wichtiger Grund, warum die Selbstverteidigungskräfte umstritten und gefürchtet bleiben, ist das Fehlen einer glaubwürdigen institutionellen Kontrolle ihrer Macht; wenn Japans Militär größer wird, wird es zu viel Einschüchterung imstande sein.

Wir haben schon gesehen, daß das System dieser merkwürdigen Verwundbarkeit auf zwei Weisen begegnet. Eine ist die ständige Kampagne, in der es alle gesellschaftlichen Elemente und Kräfte einbindet, absorbiert oder kastriert, die mit ihm um die letzte Loyalität des japanischen Volkes konkurrieren. Die zweite ist der Einsatz der Propaganda zugunsten des politischen Status quo.

Das Fehlen oder Vorhandensein von Macht in jeder Umgebung wird von Japanern sehr rasch begriffen, und jede wahrgenommene Verschiebung spiegelt sich meist unverzüglich in ihrem Verhalten. Sie neigen dazu, Stärke und Kraft zu bewundern, gleichgültig, in welchem Zusammenhang und zu welchem Zweck sie auftritt.

Einer der scharfsinnigsten Japan-Beobachter vor dem Krieg, Kurt Singer, hat es knapp zusammengefaßt: »Sie sind eigenartig empfänglich für den Geruch des Verfalls, wie gut er auch kaschiert ist; und sie schlagen gegen den Feind los, dessen Kern einen Mangel an Festigkeit zu verraten scheint.«[41] Dies sollten Ausländer im Umgang mit Japan immer im Gedächtnis behalten. In den 1980er Jahren haben die Amerikaner dazu geneigt, sich den Japanern gegenüber wegen des relativ schwachen Abschneidens ihrer eignen Wirtschaft zu demütigen. Die Japaner haben die Schwäche sofort gespürt und ausgenutzt.

Die allgegenwärtige Einschüchterung

Einschüchterung wird innerhalb von Wirtschaftsverbänden eingesetzt, um ihre Hierarchie aufrechtzuerhalten. Die prominenten Mitglieder haben viel Macht über die geringeren und können in Extremfällen sogar einen Bankrott durch den Einfluß organisieren, den sie über Zulieferer, Verteilungskanäle und Gläubiger haben.
Den bürokratischen Komponenten des Systems stehen verschiedene Wege zu Gebote, den Firmen ihren Platz im Gesamtgefüge klarzumachen. Aufsteigerfirmen können einen Denkzettel bekommen, wenn sie zu aggressiv sind oder beherrschende Firmen in der Industrie geärgert haben. Ein Beispiel ist Kyocera, eine relativ neue, risikofreudige und sehr erfolgreiche Firma, die von einem echten Unternehmer geleitet wird. Sie gehört nicht zur etablierten Firmenhierarchie und ist deshalb Äußerungen offiziellen Mißbehagens besonders ausgesetzt. Im Juni 1985 befahl ihr das Ministerium für Gesundheit und Soziales, die Produktion für fünfunddreißig Tage zu unterbrechen, weil sie ohne offizielle Genehmigung fünf Jahre lang (tadellose) Keramikgelenke und -knochen an Krankenhäuser verkauft habe. Tatsächlich konfrontiert die japanische Bürokratie die Wirtschaft mit einem solchen Wust an Regulierungen und offiziellen Einschränkungen, daß keine Firma sie ganz durchschauen kann. Die Strenge, mit der sie angewandt werden, hängt von jinmyaku-Beziehungen und von der Macht der Firma innerhalb der industriellen Hierarchie ab. Unter diesen Umständen werden Maßnahmen wie die gegen Kyocera nur ergriffen, wenn es eine Lektion zu erteilen gilt. Die Presse hilft die Lektion erteilen, und der Präsident der fraglichen Firma ist gezwungen, die Gesellschaft zeremoniell um Vergebung zu bitten.
Einschüchterung ist nicht etwa verpönt, sondern als unvermeidlicher Aspekt des gesellschaftlichen und politischen Lebens akzep-

tiert; unvermeidlich, weil die informellen, außergesetzlichen Beziehungen, die das System kennzeichnen, ganz natürlich dazu führen, daß mit Hilfe von informellem Zwang (d. h. Einschüchterung) die Ordnung gewahrt und die Macht der Machthaber geschützt wird. Die hochgeschätzte Konformität in Japan wird weitgehend mit Einschüchterung erreicht; bis zu dem kürzlichen Aufschrei ermutigten Lehrer ihre Schüler zu Einschüchterungspraktiken. Die Verwalter ziehen Einschüchterung rechtlich durchsetzbaren, normativen Werten vor und setzen sie ausgiebig ein, um die Kontrolle zu behalten.

Die Freiheit und de facto Unterstützung, die Gangster genießen, ist ein weiteres Beispiel dafür, wie Einschüchterung dazu beiträgt, das System zu betreiben. Daß sie existieren und stark sind, bedeutet automatisch, daß sie akzeptiert werden. Ihre Einschüchterung hat sie »akzeptabel« gemacht. Sie dürfen gewöhnliche Leute ungestraft einschüchtern; die Polizei und die meisten Gerichte bleiben ungerührt von der Not der Opfer. Wie wir in Kapitel 4 sahen, setzen angesehene, hochgestellte Leute im System sie gelegentlich zu Einschüchterungszwecken ein.

Daß Einschüchterung eine vorzuziehende Alternative zu rechtlichen Sanktionen ist, zeigt die offizielle Duldung der Aktivitäten der Burakumin-Befreiungsliga (BLL). Die Denunziationstaktiken dieser Gruppe haben sie sehr mächtig gemacht, wenn sie Verlage, Autoren, Journalisten, Herausgeber und Lehrer konfrontieren. Jeder von diesen, der irgend etwas über die burakumin-Minderheit sagt, was der BLL-Ideologie zuwiderläuft, riskiert, zu Denunziationssitzungen gezwungen zu werden. Diese können recht unerfreulich werden; die Opfer werden gegen ihren Willen zu einem Versammlungsort gebracht, wo sie in Gegenwart anderer »Vertreter der Gesellschaft« mit einer Serie von Beschuldigungen niedergemacht werden. Sie können festgehalten werden, bis sie sich tief zerknirscht entschuldigen. Das Ergebnis ist, daß die meisten Erwähnungen von burakumin in Büchern und Zeitschriften von den Herausgebern gestrichen werden. Das System hat einen Modus vivendi mit der BLL erreicht, und sowohl System als auch BLL sind gegen burakumin, die mit der Kommunistischen Partei verbunden sind und es bei offener Diskriminierung vorziehen, vor Gericht zu gehen.

Es ist verständlich, daß Regierungsbehörden diese Art Einschüchterung lieber sehen als die Prozesse, die einige der burakumin unter kommunistischer Leitung führen. Einschüchterung ist viel leichter zu kontrollieren als neue, normative Regeln. Viele Prozesse und rechtliche Präzedenzfälle helfen, Normen zu festigen, die von anderen Benachteiligten beansprucht werden können und die die gesellschaftlichen Kontrollprivilegien der Verwalter umgehen.[42] Im Bereich der Arbeitsbeziehungen werden offene Konflikte ebenfalls auf Weisen geregelt, die keine Präzedenzfälle schaffen, nach denen künftige Konflikte gelöst werden könnten — das würde den Spielraum der Verwalter einengen.[43] Dies bedeutet, daß es in Japan weniger Maßstäbe gibt, mit denen man die Angemessenheit der Gewaltanwendung bei Arbeitskämpfen beurteilen könnte.

Einschüchterung funktioniert in Japan, gleichgültig, woher sie kommt. Sie hat funktioniert, als die chinesische Regierung die japanischen Zeitungskorrespondenten versprechen ließ, daß sie nie etwas Kritisches über Mao Tse-Tung, die Kulturrevolution und andere umstrittene Themen schreiben würden. Sie funktioniert, wenn arabische Länder von japanischen Firmen verlangen, daß sie keinen Handel mit Israel treiben. Japan ist das einzige große Land im westlichen Bündnis, das den arabischen Wirtschaftsboykott gegen Israel fromm einhält. Kein Japaner, keine Wirtschaftsdelegation hat je Israel besucht, während der Pfad in arabische Länder gut ausgetreten ist.[44] Kein Schiff unter japanischer Flagge ist je in einen israelischen Hafen eingelaufen. Japanische Banken geben keine langfristigen Finanzierungen für Exporte von Investitionsgütern nach Israel, und Toyota hat in Israel nie einen Wagen verkauft. Als der New Yorker Bürgermeister Ed Koch diese Politik in einer Pressekonferenz kritisierte, brachte nicht einer der zweihundert anwesenden japanischen Journalisten eine Zeile davon in sein Blatt.[45] Die westliche Kontroverse über die Sendung von Filmen, die als Kritik an arabischen Gesellschaftspraktiken aufgefaßt werden könnten, ist undenkbar in Japan, wo solche Filme beim leisesten Wink arabischen Mißvergnügens aus dem Verkehr gezogen werden. Die Bürokratie setzt die Firmen unter Druck, an dieser Politik festzuhalten, weil sie glaubt, daß Japans nationale Sicherheit auf dem Spiel steht.

Jedes fremde Land kann sich an Japans politischem Tauziehen beteiligen, indem es gaiatsu oder Druck von außen ausübt. Ministerien haben im Zusammenhang mit ihren Schlachten gegen andere Ministerien bekanntlich mehrfach Ausländer ermutigt, gaiatsu anzuwenden.[46]

Einschüchterung durch Bürokraten

Wie wir sahen, sind die Gesetze, die die Bürokraten zur bürokratischen Kontrolle entworfen haben, absichtlich vage gehalten. Wenn Gesetz und Politik in Konflikt geraten, paßt die Beamtenschaft eher das Gesetz der Politik an; das wird dann »Auslegung des Gesetzes« genannt.[47] Die Drohung, Gesetze anzuwenden, wo sie gewöhnlich nicht angewandt werden, gibt Regierungsbehörden große Macht zur Einschüchterung.

Dies ist ein Grund für die heftige Opposition gegen die Gesetze zur Spionageabwehr, die etliche Male erfolglos vorgeschlagen wurden und vage Klauseln über die nationale Sicherheit enthielten, die eine ganze Reihe von Deutungen zuließen. Ein Redakteur des *Asahi Shimbun* faßt es zusammen:

> *Es ist nicht, daß wir verhaftet oder zum Tode verurteilt würden für das, was wir in unserer Zeitung schreiben. Was die Befürworter des Gesetzes erwarten, ist nicht, daß wir sofort verhaftet werden, sondern daß wir zur Zurückhaltung genötigt werden ... Viele Korrespondenten wären so clever, unter (dem Gesetz zur Spionageabwehr) nichts zu riskieren. Artikel über Diplomatie und Verteidigung würden nur gedruckt, wenn sie genehmigt oder innerhalb der Sicherheitszone wären. Auf diese Weise würde eine »angenehme Umgebung« für Leute in Führungspositionen geschaffen ... Und die mutige Minderheit würde unterdrückt.*[48]

Was die Firmen betrifft, so ist ihre Beziehung zur Bürokratie gewöhnlich nicht feindlich, doch bei den Konflikten, die es gibt — wenn die beiden Seiten sich über die Einzelheiten der Politik nicht einig sind —, haben die Firmen gewöhnlich keine andere Wahl, als sich den Wünschen der Bürokraten zu fügen. Tatsächlich ist die bürokratische Technik der »administrativen Führung«, die so viel Aufmerksamkeit bei westlichen Beobachtern geweckt hat, in sich eine Art Zwang durch Einschüchterung.

»Administrative Führung« ist wirksam durch die Macht, die die Bürokraten über Firmen haben. Die Macht, Genehmigungen zurückzuhalten, gehört offensichtlich dazu. Regierungsbeamte sind für die Genehmigung von Anträgen für fast jede vorstellbare Geschäftstätigkeit zuständig. Wenn ihnen ein Antragsteller nicht paßt, gleichgültig, aus welchem Grund, können sie eine Entscheidung über seine Anträge hinauszögern. Obwohl eine Firma gesetzlich nicht gezwungen ist, sich an die Führung zu halten, halten sie sich alle daran, einfach weil sie weiter funktionieren wollen. Dies ist einer der Schlüssel zur Macht japanischer Bürokraten. Trotz der offiziellen Theorie ist administrative Führung Zwang.[49]

Manchmal ist der Zwang direkter. Wie ein hoher MITI-Beamter mir sagte, haben alle Firmen irgendwann einmal etwas Zwielichtiges getan und fürchten, aufzufliegen, wenn sie den Anweisungen des MITI nicht folgen. Das Sammeln von Informationen, die für solche Erpressung nützlich ist, geschieht auf der Ebene der stellvertretenden Abteilungsleiter, und die Informationen kommen aus direkten Nachforschungen von Konkurrenten, Kunden, der Polizei, Feinden in der Wirtschaftsgemeinschaft und verärgerten Angestellten. Mein Informant schätzt, daß über die Hälfte aller Verstöße von Firmen, die der Polizei und dem MITI bekannt sind, nicht aufgedeckt werden. Die wichtigste Macht, die dies dem MITI verschafft, ist die Furcht — nicht vor rechtlichen Folgen für die Firma, sondern vor »sozialer Strafe«. Denn es gilt als äußerst schädlich für eine Firma, wenn ihr Name im Zusammenhang mit irgendeiner Art von Skandal bekannt wird.

Für die Bürokraten ist es sehr wichtig, daß eine Illusion freiwilliger Zusammenarbeit aufrechterhalten wird; deshalb ziehen Beamte es fast immer vor, inoffiziell auf eine potentiell widerspenstige Firma zuzugehen und ihr die Befreiung vom »Papierkrieg« zu versprechen, wenn sie sich den Wünschen der Regierung fügt, selbst wenn die Angelegenheit, um die es geht, durch ein Gesetz geregelt ist.[50]

Die Empfänger administrativer Führung halten es im Interesse ihres Ansehens für besser, zu kooperieren, als (informellen) Zwang zu provozieren,[51] und die Ministerien verteilen als Gegenleistung für Gehorsam gegenüber der administrativen Führung Gefälligkeiten wie Steuerprivilegien und finanzielle Hilfen.

Von den drei Werkzeugen zur Durchsetzung ihrer Pläne — gesetzgeberische Maßnahmen, Haushaltsmaßnahmen und administrative Führung — ist den Bürokraten die dritte die weitaus liebste, denn sie ist wirksam und für rasches Handeln leicht verfügbar. In den meisten Fällen könnte sie ein zweckdienliches Gesetz finden, doch die administrative Führung bewahrt die Fiktion der freiwilligen Zusammenarbeit. Wenn das Finanzministerium die kommerziellen Banken zwingt, Regierungsanleihen zu kaufen, nennt es das »Zusammenarbeit«. Die administrative Führung läßt zudem viel mehr Spielraum für spezifische Anpassungen in Abstimmung mit dem Geführten, als die Anwendung standardisierter Rechtsvorschriften das könnte. Und die administrative Führung ist wirksamer als rechtliche Mittel, weil Gesetze nicht so leicht durchsetzbar sind.

Die wirtschaftlichen Ministerien haben große Macht, Firmen und Banken, die sich sperren, das Leben schwer zu machen. Die Trumpfkarte der Bürokraten ist die Behauptung, was sie »vorschlagen«, sei nicht so sehr, was sie wollen, als vielmehr, was die Industrie schon immer wollte. Parallel dazu manipulieren die Bürokraten oft die Macht der Firmenverbände; diese können Konformität erzwingen, indem sie der widerspenstigen Firma drohen, daß die Gemeinschaft der Konkurrenten sie schneiden wird. Ein berühmtes Beispiel hierfür ist die Art, wie Sumitomo Metals in Osaka 1965 gezwungen wurde, auf Befehl des MITI seine Produktion einzuschränken.

Wie man Verwalter einschüchtert

Wie die Verwalter ihren eigenen Platz im System sehen, zeigt sich an der Art, wie sie auf die sehr seltenen Prozesse gegen sie reagieren. Wie ein japanischer Fachmann treffend sagt, werden solche Prozesse als unnötige Gewaltanwendung[52] empfunden. Verwicklungen in Prozesse behindern die Pflichtausübung der Beamten, aber die Bürokraten haben hauptsächlich deshalb etwas gegen sie, weil Erklärungen über die Handlungsweise von Beamten vor Gericht, wie sie finden, der hochgeschätzten »Vertraulichkeit der Verwaltung« wi-

dersprechen. Gerichtliche Untersuchungen, die die Bürokraten zu Enthüllungen zwingen, untergraben ihre Würde und folglich den etablierten, wohlwollenden Status quo der japanischen Nation.
So kann Einschüchterung in beiden Richtungen funktionieren. Obwohl die angeblichen Diener des Volkes im Vorteil sind, und obwohl die Möglichkeiten, gerichtlich gegen sie vorzugehen, so begrenzt sind, daß es sie fast nicht gibt, hat allein die Möglichkeit, daß die eine oder andere Gruppe versuchen könnte, Bürokraten auf die Anklagebank zu bringen, einen einschüchternden Effekt. Beamte, die in der Öffentlichkeit stehen, sehen in derartigem Widerstand ein »rotes Licht« und ändern ihr Verhalten, um die Dinge nicht aus dem Ruder laufen zu lassen. Es gibt keinen Zweifel, daß sie die öffentliche Unzufriedenheit fürchten, sobald sie sich in machtvollem Widerstand äußert.[53]
Die Muster japanischer Politik sind fast immer starr, bis eine Katastrophe eintritt oder bis diejenigen, die sich als Opfer sehen, einen ganzen Chor des Protests auf die Beine stellen.[54] Eine Bewegung der Opposition oder Unzufriedenheit wird am Anfang gewöhnlich ignoriert oder unterdrückt. Wenn aber den Beamten dämmert, daß weitere Unterdrückung die Bewegung nur stärker macht, ändern sie ihre Haltung. Die Verantwortlichen werden oft flexibler und sind bereit, illegale Aktionen zu übersehen. Wenn ein Problem plötzlich droht, akut zu werden, ist die Metamorphose der betroffenen Beamten von Sturheit und Kompromißlosigkeit zu Entgegenkommen generell sehr dramatisch.

Die Einschüchterung, die wir im japanischen System finden, kann man als »strukturelle Einschüchterung« bezeichnen. Ohne sie würde das System, wie wir es kennen, sich festfahren, denn sie gibt den Machthabern die Macht. Ritual und Hierarchie helfen die Ordnung bewahren, garantieren aber keine Sicherheit. Nur Macht gibt in Japan Sicherheit. Da Gesetze und allgemeingültige Werte fehlen, ist Macht für den Schutz unverzichtbar. Seine eigene Macht schützt man am besten, indem man sie auf subtile Weise zeigt und erweitert. Und weil dies nur mit informellen Mitteln möglich ist, ist Einschüchterung ein unvermeidliches und allgegenwärtiges Merkmal der japanischen Gesellschaft.

14

Ein Jahrhundert ausgebauter Kontrolle

Ein großes Hindernis für die richtige Einschätzung des japanischen Systems ist die noch immer sehr verbreitete Auffassung, der Schock der Niederlage im Pazifischen Krieg und die Dienste des Obersten Kommandanten der Alliierten (SCAP) hätten ein Japan geschaffen, das mit seiner eigenen unmittelbaren Vergangenheit definitiv gebrochen hat. Dieser Auffassung zufolge war die Gesellschaft, die sich in wenigen Jahren nach 1945 entwickelte, anderen Prinzipien der Regierung verpflichtet und von Männern geführt, die auch selbst diesen Prinzipien verpflichtet waren. Japans traditionelle politische Kultur galt als natürlich noch bedenkenswerter Einfluß, aber man glaubte, sie habe sich irgendwie grundlegend gewandelt.

Eine einflußreiche Denkrichtung machte es vielen leicht, dies zu akzeptieren. Sie stellte die Zeit zwischen den späten 1920er Jahren und 1945 als Abweg in der japanischen Geschichte dar. Ihr zufolge ist Japan bis kurz vor dem Mandschurischen Zwischenfall[1] einen historisch bestimmten Weg der »Modernisierung« gegangen. Alle Elemente, die es zu einer achtbaren, modernen Demokratie gemacht hätten, waren vorhanden, als das Land vorübergehend durch nationalistische Fanatiker aus dem Gleis geworfen wurde.[2]

Diese Sichtweise ist durch die Forschung der letzten Jahre, hauptsächlich von amerikanischen Historikern, stark erschüttert worden. Es zeigt sich, daß Japans Bestreben, ein Imperium aufzubauen und Widerstand im Inland zu unterdrücken, als logische Entwicklung aus den vorherrschenden Tendenzen der Meiji-Zeit gesehen werden kann. Doch erst in den 1980er Jahren haben einige Wissenschaftler begonnen, darauf hinzuweisen, daß 1945 nicht die Wasserscheide war, für die man es gehalten hat, und daß autoritäre Institutionen

und Techniken aus der ersten Hälfte des 20. Jahrhunderts zur Gestaltung des heutigen Japan entscheidend beigetragen haben.[3]
Mit dem Vorteil derer, die Vergangenes betrachten, können wir einen Schritt weitergehen und sehen, daß das japanische System der späten 1980er Jahre Produkt der Konsolidierung gewisser Kräfte in Bürokratie und Politik ist, die sich seit Ende des letzten Jahrhunderts entwickelt haben, und daß diese Konsolidierung durch den Krieg beschleunigt wurde.

DIE FUNDAMENTALE KONTINUITÄT

Es ist nicht von der Hand zu weisen, daß Japan nach dem Krieg in vielerlei Hinsicht ein neues Japan ist. Die Idee, daß die militärischen Abenteuer ein großer Fehler waren und daß die Nation sich friedlichen Zwecken widmen sollte, ist besonders von den 50er bis zu den 70er Jahren in der Bevölkerung sehr stark gewesen. Der Lebensstandard ist besonders auf dem Land nicht mit der Armut zu vergleichen, die vor dem Krieg in Japan herrschte. Die Japaner haben heute viel persönliche Freiheit und brauchen nicht zu fürchten, für das, was sie sagen, verhaftet zu werden. Die japanische Öffentlichkeit wird in einer Weise umsorgt wie nie zuvor. Dennoch erscheint im Kontext unseres Themas — wie in Japan Macht ausgeübt wird — die Kontinuität von größerer Bedeutung als die Veränderung; Kontinuität nicht nur in den Motiven der herrschenden Elite, sondern auch in den Institutionen, die sie geschaffen hat.
Japan ist wie ein Phönix aus der Asche seiner zerbombten Städte gestiegen, um zur zweitstärksten Wirtschaftmacht der Welt zu werden, die nun die älteren Industrienationen herausfordert. Die Hauptursachen dieser Wiedergeburt sind aber nicht in den wirtschaftlichen und politischen Umstrukturierungen der von der US-Besatzung inspirierten demokurashii zu finden, sondern in der soziopolitischen Welt und den verleugneten »feudalen« Praktiken Japans zur Kriegszeit. Wir werden die erstaunliche Geschichte der japanischen Volkswirtschaft in Kapitel 15 in ihren Einzelheiten untersuchen. Zuerst muß ich konkreter belegen, daß es fair ist, vom System als Konsolidierung der bürokratischen Institutionen vor 1945 zu sprechen.

Die folgenreichste Entscheidung der Besatzungsbehörden, als sie die Umwandlung der politischen Führung Japans einleiteten, war, praktisch die gesamte Bürokratie intakt zu lassen.[4] Die gängige Erklärung dafür ist, daß der SCAP nicht anders als durch die existierenden Staatsorgane arbeiten konnte. Ein Fachmann für japanische Politik weist jedoch darauf hin, daß diese Überbetonung der amerikanischen Abhängigkeit die Realität der Macht ignoriert.[5] Die überwältigende Mehrheit der an der Besatzungspolitik Beteiligten wußte nicht einmal, daß irgendeine wichtige Entscheidung getroffen worden war. Die verantwortlichen Amerikaner nahmen schlicht an, daß Bürokraten sich überall so verhielten wie in den USA, d. h. als apolitische Techniker. Der Beamte, der im großartigen »Demokratisierungsprogramm« des SCAP für Arbeitsbeziehungen zuständig war, beschreibt, daß das Nervenzentrum der Bemühungen, die Beamtenschaft des besiegten Japan zu reformieren, aus einem einzigen jungen Leutnant im Transportcorps, Milton J. Esman, bestand.

> *Esmans Schreibtisch war eine Oase der Ruhe in einem Tumult geschäftiger Reformaktivitäten, denn er war für die Beamten unter Kades verantwortlich, und es schien, daß niemand sonst an dem Thema interessiert war. Kein Abschnitt in der Gemeinsamen Chefdirektive JCS 1380/15 erwähnte die Bürokratie auch nur. Esman hatte wirklich keine offizielle Aufgabe.*[6]

Nachfolger des Leutnants in seiner Aufgabe, gewissermaßen die Bürokratie zu »entfeudalisieren«, war die Hoover-Mission, eine Gruppe von Fachleuten, die auf Bitten der japanischen Regierung kam, um moderne Verwaltungsmethoden zu lehren. Doch der Mission gelang es nicht einmal, die Bedeutung der Tatsache wahrzunehmen, daß alle höheren Beamten Absolventen der Universität Tokio waren. Was sie auch erreicht haben mag — mit einer Reform der Bürokratie hatte sie nichts zu tun.[7]

Die Säuberung der Besatzer eliminierte die besiegten Militärorganisationen, setzte fünfzehnhundert hochgestellte Geschäftsleute ab,[8] verbot ein paar Parteipolitikern, öffentliche Ämter zu über-

nehmen und löste ultra-nationalistische Organisationen auf. Weiter ging sie nicht, um die Grundlage des japanischen Regierungssystems in Angriff zu nehmen. Die Ziele der Säuberung waren teilweise widersprüchlich und weder klar umrissen noch unter den Umständen erfüllbar.[9] Außerdem brachte die starke Motivation, die Besatzung aus politischen Gründen »ruhig« zu halten, die US-Reformer dazu, sich möglichst wenig in Bereiche außerhalb des Militärs und der ultranationalistischen Organisationen einzumischen.[10] So wurde die Säuberung der Bürokratie in ihren Einzelheiten oft den Bürokraten selbst überlassen, und diesen wurde bald klar, daß sie eine Vielzahl von Schlupflöchern nutzen konnten; oft ignorierten sie Anweisungen des SCAP ganz einfach.
1950 kamen die gesäuberten Bürokraten zurück in die Öffentlichkeit; gleichzeitig verloren in der »Roten Säuberung« über tausend Regierungsbeamte und fast elftausend Firmenangestellte ihre Arbeit, weil sie im Verdacht standen, Kommunisten zu sein oder »wie Kommunisten zu denken«. Damit war die Wirkung der Besatzungs-Säuberung in Japans Beamtenschaft fast völlig gleich Null geworden. Der erste wichtige Nachkriegspremier, Yoshida Shigeru, faßte es zusammen: »Trotz aller Macht und Autorität hinter ihrem Vorgehen war die Besatzung durch ihre fehlende Kenntnis des Volkes behindert, das zu regieren sie gekommen war, und vielleicht noch mehr durch ihre allgemein glückliche Unkenntnis über das Ausmaß des erforderlichen Wissens, das ihr fehlte.«[11]

Reformbürokraten und die »neue Ordnung«

Die Unkenntnis des SCAP über die wahre Macht japanischer Bürokraten gab diesen Gelegenheit, wirtschaftliche Institutionen, mit denen sie bei der industriellen Anstrengung der Kriegszeit von Anfang der 30er Jahre bis 1945 experimentiert hatten, auszubauen und weiter zu integrieren. Diese Nachkriegsanstrengungen waren besser organisiert; die Bürokraten hatten aus der Erfahrung gelernt, und noch wichtiger: Der SCAP hatte ihnen Befugnisse gegeben, die sie nie zuvor gehabt hatten.
Viele der prominentesten Gestalten der Nachkriegspolitik waren im Japan der Vorkriegs- und Kriegszeit als »Reformbürokraten«

bekannt gewesen, stark beeinflußt von Ideen aus Hitlerdeutschland und von Mussolinis Korporatismus. Dies bedeutet nicht, daß sie sich zum Nazitum bekehrt hatten, sondern, daß sie die Anwendung deutscher Methoden auf Probleme der wirtschaftlichen und sozialen Kontrolle in Japan förderten.[12] Das japanische »Wirtschaftswunder« wird im Westen allgemein nicht mit Theorien der Nazis und Faschisten in Verbindung gebracht, doch es ist fraglich, ob es ohne die Inspiration dieser Theorien, die die Kontrolle totalitärer Staaten unterstützten, möglich gewesen wäre. Tatsächlich beherrschten die Reformbürokraten und ihre Lehrlinge nach dem Krieg die Führung der wirtschaftlichen Ministerien, der Zentralbank und der großen Wirtschaftsverbände.

Wegen ihrer Bedeutung nach dem Krieg verdienen die Reformbürokraten eine genauere Betrachtung. Der Weg war durch frühere Reformer für sie bereitet worden, die sogenannten »neuen Bürokraten«, die nach dem Mandschurischen Zwischenfall von 1931 auftraten. Sie galten als »neu«, weil sie zur Neuordnung der Innenpolitik beitrugen und ihre Prominenz einer Verschiebung der Machtverteilung verdankten, bei der die Parteien Minseito und Seiyukai langsam erstickt wurden. Statt durch diese beiden großen (weitgehend bürokratischen) Parteien zu arbeiten, halfen sie, den Einfluß der Parteipolitik zu untergraben und auszumerzen und ließen ihr eigenes Bündnis mit dem Militär wieder aufleben. Ihr Hauptquartier war das Naimusho, die Bastion der Bürokraten der sozialen Kontrolle; sie führten neue Institutionen ein und gewannen über Nachbarschaftsverbände in Städten und Dörfern mehr Kontrolle über Gemeinderegierung und Bevölkerung. Die heutigen Reformbürokraten, auch bekannt als »neue neue Bürokraten«, begannen nach dem fatalen Putschversuch vom 26. Februar 1936 und dem vollen Ausbruch der Feindseligkeiten in China ein Jahr danach auf sich aufmerksam zu machen.[13] Sie hatten begriffen, wie zentral wirtschaftliche Prozesse für die Gesellschaftsordnung sind, und brannten darauf, wirtschaftliche Kontrollen einzuführen.

Die Reformbürokraten reagierten emotional wie auch intellektuell auf die gesellschaftliche Konfusion und Unzufriedenheit, die wachsende wirtschaftliche Unsicherheit und steigende Erwartungen in der Öffentlichkeit geschaffen hatten. Auf der Suche nach Totallösungen für diese gesellschaftlichen Probleme standen sie in ihrer frühen, idealistischen Phase unter dem Einfluß eines Mischmaschs von Vorstellungen, die in Europa durch Spannungen und Probleme der Regierbarkeit aufgekommen waren. Einige Reformbürokraten waren zuerst Marxisten gewesen oder hegten sozialistische Überzeugungen. Einige hatten tatsächlich einen »roten« Anflug behalten, was Anfang 1941 zu einem großen Skandal und Verhaftungen hoher Beamter führte. In ihrer späteren Phase verbanden die Reformbürokraten jedoch Nazi-Vorstellungen, der italienische Faschismus, kräftiger Japanismus, eine gründliche Ablehnung liberaler Parteipolitik und ein Glaube an starke staatliche Kontrolle. An entscheidenden Punkten ihrer Laufbahn dienten alle prominenten Reformbürokraten im Marionettenstaat Mandschukuo, den Japans Kwantung-Armee gegründet hatte. Tatsächlich war der gängige Rat höherer Bürokraten an ihre Untergebenen: »Wer sich Reformer nennen will, muß sich in der Mandschurei ausbilden.«[14] In der Mandschurei lernten sie, mit Militärbossen zusammenzuarbeiten und die wirtschaftlichen Möglichkeiten einer Reglementierung auszunutzen, die weit starrer war als alles, was sich auf den japanischen Inseln hatte durchsetzen lassen. Militärplaner, zum Teil inspiriert von den sowjetischen Fünfjahresplänen, träumten seit langem davon, Pläne zur zivilen und wirtschaftlichen Mobilisierung zu koordinieren. Der besonders prominente General Nagata Tetsuzan sprach als erster die Idee eines »nationalen Verteidigungsstaates« aus, die eine große Wirkung auf die Phantasie der Bürokraten hatte.[15]

Die Vorstellungen der Reformbürokraten fanden ihren deutlichsten Ausdruck bei den Mitgliedern einer »Forschungsgesellschaft« namens Showa Kenkyukai — Bürokraten, Intellektuellen und Journalisten. Sie wurde von einem engen Freund des wichtigsten Führers einer Zivilregierung in den Kriegen vor dem Pazifischen Krieg, Konoe Fumimaro, gegründet.[16] Die Showa Kenkyukai galt als Konoes »Brain Trust« und war eine Quelle der Inspiration für die Bewegung der Neuen Nationalen Struktur (auch bekannt als Bewegung der Neuen Ordnung oder Shin Taisei Undo), die das politische System reformieren, Japan von Interessenkonflikten säubern und eine totalitäre nationale Einheit fördern wollte. Der Verband zur Unterstützung der Kaiserherrschaft (Imperial Rule Assistance Association, IRAA oder Taisei Yokusankai) wurde im

Oktober 1940 als Kontrollorganisation der »neuen Ordnung« gegründet; er sollte Japan ein für allemal von seinem ewigen »Partikularismus« befreien, der dem Kaiserreich sein volles Potential nahm. Dieser Versuch schlug fehl, doch der Teil »neue Wirtschaftsordnung« inspirierte das Nachkriegsprogramm des unbegrenzten Industriewachstums.[17]
Das institutionelle Operationszentrum für die Reformen war der Planungsrat des Kabinetts (Cabinet Planning Board, CPB). Dieses Zentralorgan der nationalen Mobilisierung entstand 1937 durch Zusammenschluß des zwei Jahre zuvor gegründeten Forschungsbüros des Kabinetts und dem Ressourcenbüro, einer wirtschaftlichen Planungsstelle des Militärs. Die Armee hatte den Zusammenschluß forciert, und im CPB, später unter dem Spitznamen »wirtschaftlicher Generalstab« bekannt,[18] verschoben die militärischen Wirtschaftsplaner ihr Hauptaugenmerk von einem Fünfjahresplan zur japanisch-mandschurischen Industrieentwicklung auf Programme zur allgemeinen Mobilmachung.[19] Es gelang dem CPB nie, die militärische und die zivile Seite der industriellen Kriegsanstrengungen wie beabsichtigt zu verbinden. Erst nachdem er 1943 mit dem Ministerium für Handel und Industrie zum Rüstungsministerium zusammengefaßt wurde, wurde er halbwegs effektiv.[20] Dennoch kann der CPB als Vorgänger des hochwirksamen Rates zur wirtschaftlichen Stabilisierung in der Nachkriegszeit gelten,[21] während das MITI die Hauptfunktionen des Rüstungsministeriums erbte. Wir werden später in diesem Kapitel zum IRAA und seinem Erbe kommen.

Die Stärkung der Wirtschaftsbürokraten

Institutionen und Personal der Bürokratie paßten herrlich in das neue Japan, das »entfeudalisiert« wurde. Einer der engsten Weggenossen von Tojo Hideki, der Reformbürokrat Kishi Nobosuke, der im Krieg als mächtigster Beamter des Rüstungsministeriums die Zentralfigur unter den Ausführenden der japanischen Industriepolitik war, wurde die dominierende Gestalt der Industriepolitik nach dem Krieg.[22] Wir haben angemerkt, daß Kishi nach einem kurzen Besuch im Gefängnis von Sugamo als Kriegsverbre-

cher (und nie vor Gericht gebracht) zuerst einer der bekanntesten Premierminister Japans wurde und dann, bis zu seinem Tod 1987, Japans einflußreichste Graue Eminenz.
An zweiter Stelle nach Kishi als Gestalter der Nachkriegs-Industriepolitik kam Shiina Etsusaburo, ein Mandschurei-Reformbürokrat, der rechtzeitig zwischen der Kapitulation und der Ankunft der ersten US-Truppen auf die Idee kam, das Rüstungsministerium wieder in Ministerium für Handel und Industrie umzutaufen.[23] Er selbst wurde nach dem Krieg MITI-Minister und blieb eine einflußreiche Kraft hinter den Kulissen des Ministeriums sowie einer der prominentesten Führer der LDP, bis er 1979 starb.
Der Führer der Gruppe des Finanzministeriums in der Mandschurei war Hoshino Naoki, der im Krieg Präsident des CPB war. Nach dem Krieg wurde er ein prominentes Mitglied der Keizai Kenkyukai, der Forschungsgruppe, die die Wirtschaftspolitik der Nachkriegszeit überprüfen sollte und den Entwurf für die Politik des hohen Wirtschaftswachstums in Form von Premierminister Ikedas »Plan zur Einkommensverdopplung« erarbeitete.[24] Zudem war er Vorsitzender der Tokyu Hotel- und Handelsgruppe und der Diamond Publishing, einer Firma, die sich auf Wirtschaftspublikationen spezialisierte.
Die wichtigsten Architekten der Finanzkontrollen im Krieg waren ursprünglich aus der 1933 gegründeten Devisenabteilung des Finanzministeriums gekommen und fanden sich in dessen Sekretariat und im Finanzbüro, einer außerordentlichen Gruppe von Ministerialbeamten mit großen Vollmachten zur Gestaltung staatlicher Politik.[25] Besonders prominent unter ihnen war Sakomitsu Hisatsune, der nach dem Krieg Leiter des Amtes für Wirtschaftsplanung und Postminister wurde.
Ein weiterer prominenter Beamter des Finanzministeriums, der mit dieser Kriegsplanung zu tun hatte, Morinaga Teiichiro, wurde 1957—59 Staatssekretär für Finanzen und in der zweiten Hälfte der 70er Jahre Gouverneur der Bank of Japan. Ein dritter, Shimomura Osamu, bestimmte die Preispolitik des wichtigen Rates zur wirtschaftlichen Stabilisierung nach dem Krieg und war später einer der Vordenker von Premierminister Ikedas »Plan zur Einkommensverdopplung«.
Viele der entscheidenden Kreditkontrollen der Kriegszeit wurden

in einer Behörde koordiniert, deren Chef, Ichimanda Hisato, 1946 dann Gouverneur der Bank of Japan wurde. Diese Position hatte er acht entscheidende Jahre lang inne, bevor er zum Finanzminister ernannt wurde. Unter seiner Leitung war die Zentralbank im Volksmund als »Vatikan« bekannt.

Die Bürokraten überlebten die Säuberungen mit dem weiteren Vorteil, von ihren manchmal lästigen militärischen Partnern befreit zu sein. Außerdem befahlen die Besatzungsautoritäten, weil sie glaubten, daß die Großfirmen »aktive Vertreter des militanten Nationalismus und der Aggression« waren, die Abschaffung der zaibatsu-Firmengruppen und löste die Holdinggesellschaften auf; das bedeutete, daß die Bürokraten nicht länger lästigen Rivalen um die Macht in der Wirtschaft gegenüberstanden. Die Bürochefs jedes Ministeriums begannen, an Kabinettssitzungen teilzunehmen — eine vor dem Krieg unbekannte Praxis. Sie wurden Zwischenträger zwischen MacArthurs Hauptquartier und den Regierungsministern,[26] und ihre Meinungen gewannen erheblich an Gewicht.

Als nach dem Krieg japanische Intellektuelle und Kommentatoren begannen, die Bürokraten als »Zulieferer der Besatzung« zu bezeichnen, übersahen sie die wesentliche Tatsache, daß der Schwanz mit dem Hund wackelte. Wie Chalmers Johnson es ausdrückt: »Die Besatzungszeit von 1945—1952 erlebte das höchste Maß an Regierungskontrolle über die Wirtschaft, die es je zuvor oder seitdem in Japan gegeben hat, höher als im Pazifischen Krieg.«[27] Das vielleicht größte Geschenk des SCAP an die Bürokraten des MITI war die Macht, Kartelle zu bilden, ein wesentliches Instrument japanischer Industriepolitik, das im Krieg Monopol der »Kontrollverbände« gewesen war. Diese Verbände wurden 1941 nach vielen Reibereien zwischen den betroffenen Cliquen und viel Opposition aus der Wirtschaft gegründet; sie sollten Aktivitäten, Produktionsziele und Materialzuteilung in den verschiedenen Sektoren der Kriegsindustrie koordinieren.[28] Die Bürokraten bekamen dies allerdings nie wirklich in die Hand, denn die Wirtschaft hatte dafür gesorgt, daß sie von dem höchsten Manager der größten Firma in jedem Sektor geleitet wurden und somit unter der wirksamen Kontrolle der zaibatsu standen. Durch die Auflösung der zaibatsu verbot die Besatzung jede weitere private Kartellbil-

dung. Den Wirtschaftsbeamten des späteren MITI kam es plötzlich so vor, »als wären sie im Gelobten Land der Bürokratie angelangt«.[29]
Redselige Beamte haben öffentlich anerkannt, daß Japan zwar formell nach dem Krieg eine große Umwandlung erlebt hat, das Wirtschaftssystem und besonders die institutionelle Grundlage für finanzielle Kontrollen jedoch in den Formen erhalten blieben, die sie während des Krieges angenommen hatten. Zwei ehemalige Bürokraten des Finanzministeriums haben die beiden »Wirklichkeiten«, die offizielle und die eigentliche, gegeneinander abgesetzt und behauptet, daß diese Dualität wesentlich zum »Wirtschaftswunder« der Nachkriegszeit beigetragen habe. Wie sie es ausdrücken, verursachte die Ideologie der demokratischen Chancengleichheit eine Explosion der Energie zugunsten des Wirtschaftswachstums, während das hohe Wachstum tatsächlich durch die Wirklichkeit strikter Finanzkontrollen erreicht wurde.[30] 32 Jahre nach dem Krieg schrieben sie, das grundlegende Gesetz für die Aktivitäten der Zentralbank sei noch dasselbe wie das ursprüngliche Gesetz, das die totalitären Wirtschaftsziele der Nazi-Reichsbank reflektiert habe.[31] Weiter argumentieren sie, die Gründung der Japan Development Bank, Export-Import Bank und Long-Term Credit Bank nach dem Krieg könne als Stärkung der Rolle gesehen werden, die die Industrial Bank of Japan (die es noch gibt) im Krieg gespielt habe.[32]

Zu »Vertretern der Wirtschaft« gewordene Kontrollbürokraten

Die Wirtschaftsbürokraten der Nachkriegszeit planten und betrieben eine Politik, die den Privatsektor belebte. Dabei steuerten sie ihn in noch nie dagewesenem Ausmaß nach ihrer eigenen Vorstellung, und förderten das Wachstum heimischer Hersteller durch starken Protektionismus. Dies wurde rasch zu Japans vorherrschender, ja alleiniger Politik. Sie wäre ernsthaft behindert gewesen, hätte man nicht wirksamere Mittel als im Krieg gehabt, Pläne mit der Wirtschaft zu koordinieren. Und das Abtreten der zaibatsu war nicht zuletzt deshalb bedeutsam, weil es den vier großen Indu-

strieverbänden Platz machte, die nach dem Krieg zu Zentren der Kontrolle wurden. Jeder ist mit Bürokraten durchsetzt und hat eine wichtige Rolle in der Entwicklung des Systems und seiner Industriepolitik gespielt: Keidanren als übergeordneter Koordinator und Geldbeschaffer für die spätere LDP; Nikkeiren als Koordinator der Kampagne gegen die Arbeiterbewegung; die Handelskammer als scheinbarer Hüter, aber auch Bewacher kleinerer Betriebe und Keizai Doyukai als Propagandist und Sprachrohr der Rechtfertigungen für den allgemeinen Verlauf, den die Dinge nahmen.
Der erste »Premierminister der Wirtschaft«, wie der Chef des Keidanren allgemein bezeichnet wird, galt vor Kriegsende auch als »Gott der Kontrollverbände«. Es war Ishikawa Ichiro, ein Führer des Kontrollverbandes der chemischen Industrie, die zu den oben beschriebenen, von der Regierung angeregten Kartellen gehörte. In den späteren Kriegsjahren stieg er im Kontrollverband für wichtige Industrien (der Dachorganisation, die die industriellen Kontrollverbände koordinierte) in eine hohe Stellung auf, ergriff die Initiative zur Auflösung dieser Einrichtung, bevor der SCAP es tun konnte, und bildete einen kurzlebigen Verband, der zum Hauptelement des Keidanren wurde.[33]
Kurz nach dem Krieg brachte Ishikawa junge Wirtschaftsfachleute zusammen, die im CPB gearbeitet hatten, um eine theoretische Studie für Japans Wiederaufbau zu erstellen. Das Ergebnis war ein langfristiges Wirtschaftsprogramm der Regierung. Ein Mitglied der Gruppe war Okita Saburo; er wurde später nacheinander ein wichtiger Beamter des Amtes für Wirtschaftsplanung, Außenminister, Minister für internationale Wirtschaftsbeziehungen und prominenter internationaler »Stoßdämpfer«, der ausländische Kritik auffing und ablenkte.
Die Bürokraten der Wirtschaftskontrolle und der industriellen Kontrollverbände hatten in dem Jahr zwischen Japans Kapitulation und der Entstehung des Keidanren eine Vielzahl von Ausschüssen und Unterausschüssen gebildet, um für die Industrie einen Kurs in die zunächst sehr ungewisse Zukunft vorzuzeichnen. Die prominentesten unter ihnen hatten auch zu den prominenten Wirtschaftsbeamten der Kriegszeit gehört. Drei von fünf Industrie-Unterausschüssen wurden von Chefs der früheren Kontrollverbände geleitet. Matsumoto Kenjiro, der erste Vorsitzende der Kohle-Kon-

trollgruppe und frühere Vorsitzende des Kontrollverbandes für Wichtige Industrien, war Leiter des Hauptausschusses.

Der stellvertretende Vorsitzende des Hauptausschusses, Uemura Kogoro, der später der stärkste Mann des Keidanren wurde, war ein prominenter Reformbürokrat, der von Anfang an dazu beigetragen hatte, die Verbindung zwischen dem Militär und dem Ministerium für Handel und Industrie herzustellen. Er war stellvertretender Chef des CPB, bevor er den Kohle-Kontrollverband führte. Wie andere Führer in den großen Wirtschaftsverbänden war er nach dem Krieg als eine der wichtigsten Stimmen der Wirtschaft bekannt, was den meisten Ausländern (und nicht wenigen Japanern) den irreführenden Eindruck vermittelte, er wäre ein Unternehmer. Es kann kaum zu oft wiederholt werden, daß die Wirtschaftsverbände keine echten Unternehmer repräsentieren. Die zaibatsu-Geschäftsleute der Kriegszeit, die eher Unternehmer waren als ihre Nachfolger nach dem Krieg, waren sehr auf der Hut vor der »neuen Wirtschaftsordnung«, die Leute wie Uemura und Kishi durchsetzen wollten, und zeigten sich besorgt über die große Bewunderung, die Uemura nach einem Studienaufenthalt in Nazideutschland für Hitlers Wirtschaftspolitik ausdrückte.[34]

Der zweite Keidanren-Chef, Ishizaka Taizo, stand in dem Ruf, drei Dinge nicht zu mögen: die Bürokratie, Unterstützung für Politiker von der Wirtschaft und Einmischung in den freien Markt. Er konnte es sich leisten, Journalisten gegenüber in Reden und Gesprächen gegen diese Dinge zu sein, denn während er dem Keidanren vorstand, wurden die Beziehungen zwischen den drei Hauptklassen von Verwaltern in aller Stille ausgebaut.[35] Ishizaka war auch Bürokrat gewesen, im Kommunikationsministerium, bis er zur Daiichi-Lebensversicherung wechselte, die eng mit der Regierung verbunden war (während der Kriegsjahre war er ihr Präsident). Er fiel der Säuberung durch die Besatzer zum Opfer und überwachte den Wiederaufbau der heutigen Toshiba Corporation, bevor er 1956 Vorsitzender des Keidanren wurde. Ein Dutzend Jahre später gab er den Posten an Uemura ab. Keidanren-Vizechef ab 1968 und Chef von 1980 bis 1986 war Inayama Yoshihiro, der vor dem Krieg im Vorgängerministerium des MITI gedient hatte; danach verstaatlichte er Japans größte Stahlfirmen und privatisierte sie wieder. 1970 schuf er die größte Stahlfirma der Welt durch einen Zusammenschluß, der ihn zu Japans bekanntestem Gegner der Anti-Kartell-Gesetze machte. Nagano Shigeo, der die Japanische Handels-und Industriekammer wiederbelebte (er war von 1969 bis 1984 ihr Vorsitzender), arbeitete eng mit Inayama zusammen und spielte ebenfalls eine führende Rolle in der nationalen Stahlindustrie. Er arbeitete für die Kriegsregierung und diente nach dem Krieg als Vizedirektor des Rates zur Stabilisierung der Wirtschaft.

Der SCAP billigte die Pläne zur Gründung des Keidanren unter der Bedingung, daß er nicht versuchen würde, wirtschaftliche Kontrolle auszuüben, und sich aus Arbeitsbeziehungen heraushielte. Zwei Jahre später wurde ein Weg gefunden, die zweite, leichter durchsetzbare Einschränkung zu umgehen, als etliche Gründerväter des Keidanren, unter ihnen Uemura, den Nikkeiren gründeten oder gründen halfen, das Hauptquartier des Kampfes gegen die Gewerkschaften und später die Kontrollorganisation, die dafür verantwortlich war, die Lohnerhöhungen erheblich unter den Produktivitätssteigerungen zu halten.

Die meisten prominenten Organisateure des Nikkeiren waren gleichzeitig im Kern des Keizai Doyukai, eines Clubs, der, oberflächlich betrachtet, eine viel moderatere Haltung gegenüber Sozialisten und Gewerkschaften einnahm.[36] Goshi Kohei, die Schlüsselfigur seiner Gründung, war im Krieg Chefsekretär des Kontrollverbandes für Wichtige Industrien gewesen. Später war er eng mit dem Japan Productivity Centre verbunden, dessen Vorsitzender er 1972 wurde. Der ursprüngliche Zweck dieses Instituts, das mit Hilfe der USA gegründet wurde, war, japanische Geschäftsleute mit fortschrittlichen amerikanischen Produktionsmethoden vertraut zu machen, doch seither ist es benutzt worden, um Methoden wachsender »Firmentreue« zu fördern und noch nicht gezähmten Firmengewerkschaften die Tugenden der Kooperation nahezubringen.

Eine weitere Schlüsselfigur bei der Gründung des Keizai Doyukai war Hoashi Kei, der Generalsekretär der Dachorganisation der Kontrollverbände gewesen war und 1941 ein Traktat über die »richtige Beziehung« zwischen Regierung und Wirtschaft in der »neuen Wirtschaftsordnung« geschrieben hatte. In diesem aufschlußreichen Dokument betonte er, es sei notwendig, daß die Wirtschaft mit den Behörden zusammenarbeite: Die Wirtschaft solle unabhängig sein, aber es solle keine Rückkehr zu einer »freien Wirtschaft, die auf dem Prinzip des privaten Gewinns beruht«, geben. Das nationale Ziel müsse Vorrang haben.[37] Er erwähnt die Mobilmachung der Wirtschaft Deutschlands, Englands und der USA im Ersten Weltkrieg als gute Beispiele echter Zusammenarbeit zwischen Regierung und privatem Sektor.[38] Das beste Beispiel und Vorbild für Japan aber ist für ihn die »wirtschaftliche Führung« in Nazideutschland, die er sorgsam von bloßer »wirtschaftlicher Planung« unterscheidet.[39] Hoashi hat nie bezweifelt, daß Geschäftsleute durch die Regeln gezügelt werden mußten, die nach der Weltwirtschaftskrise von 1929 eingeführt wurden und voraussetzten, daß nationale Ziele Vorrang hatten; erst wenn diejenigen, die privat profitierten, auch das »öffentliche Interesse« verfolgten, würde das Wirtschaftssystem gesund sein.[40]

Daß Geschäftsleute auf das »öffentliche Interesse« achten mußten, war in den meisten offiziellen Verlautbarungen des Keizai Doyukai in den ersten paar Jahrzehnten nach dem Krieg zu hören. Das öffentliche Interesse, wie Hoashi und Keizai Doyukai es auffaßten, war natürlich gleichbedeutend mit den Zielen der Verwalter. Der Verband lancierte eine weithin bekanntgemachte Theorie, die potentiell widerspenstige Kräfte in der Wirtschaft verführen sollte, und formulierte eine Prioritätenliste, die mit den Worten von Otsuka Banjo, eines seiner Gründer, auf den Vorschlag eines »reformierten Kapitalismus« hinauslief.[41] 1956 hatte die Führung des Doyukai ihr Programm weiter zu einer formellen Erklärung verfeinert, die als ideologischer Wegweiser des Nachkriegs-Managements bekannt wurde. Sie sah die japanische Firma als öffentliche Institution, an der Zulieferer und Kunden ebenso wie Arbeiter und Manager beteiligt waren. Eine Hauptaufgabe des Managements sei es deshalb, Harmonie der Interessen all dieser Beteiligten zu schaffen. Die Erklärung betonte weiter die kollektive Verantwortung der einzelnen Firmenleitungen für das übergeordnete Wohl der Volkswirtschaft. Sodann warnte sie, wenn alle Einzelfirmen ihren eigenen Weg gingen und diese bewußte Gemeinschaftsanstrengung versäumten, würde die Regierung stufenweise die Führung übernehmen, um die Lebensfähigkeit der Wirtschaft zu sichern. Dies klang wie ein Wiederkäuen der Ideen von Hoashi und den mandschurischen Bürokraten. Und es ist gewiß der deutlichste Ap-

pell, die Privilegien des privaten Unternehmertums zu opfern, den je eine großen Gruppe von Geschäftsleuten äußerte.[42]
In den späten 50er Jahren begann der Keizai Doyukai, frühere Karrierebürokraten in Spitzenpositionen zu berufen.[43] Die meisten seiner anderen Führungsmitglieder waren durch die Hierarchien der hochbürokratisierten Wirtschaft aufgestiegen, die sich seit Anfang der 1930er Jahre zunehmend mit der Regierungsbürokratie verflocht. 1966 setzten Führer des Keizai Doyukai die Sangyo Mondai Kekyukai (Forschungsgruppe für Industrielle Probleme) ein, im Volksmund Sanken genannt — ein weiterer Versuch, die Industrie zu koordinieren, den sie angesichts der bevorstehenden »Liberalisierung« der Wirtschaft für notwendig hielten.[44] 1970 kamen Uemura Kogoro vom Keidanren und eine prominente Figur vom Nikkeiren zur Sanken; danach übte sie über eine Reihe industrieller Verbände direkten Einfluß aus, und weil sie kontrollierte, wer aus der Wirtschaft an den shingikai (Beratungsgremien) der Regierung beteiligt wurde, spielte sie eine wichtige Rolle in der Beratung der Bürokratie. Alle vierundzwanzig Mitglieder der Sanken gehörten persönlich einem oder mehreren shingikai an.[45] Anfang der 80er Jahre stellte sie ihre Tätigkeit allmählich ein.
Zu den offiziellen Zielen dieser Verbände, die in den frühen Phasen ihrer Existenz in vielen öffentlichen Äußerungen dargelegt wurden, gehörte die Förderung einer kraftvollen Demokratie. Dies erinnert an die Befürwortung eines größeren »Individualismus« durch den Ad-hoc-Ausschuß zur Bildungsreform. Wie man sich erinnern wird, implizierten dessen Berichte, ein solches Ziel erreiche man am besten durch mehr Disziplin an den Schulen und bessere Unterweisung darin, was es bedeutet, Japaner zu sein. Die Demokratie, die die zaikai auf ihre Fahnen schrieben, ließ keinen Raum für irgendeine Bewegung, die die Arbeitnehmer repräsentierte, oder für Sozialismus (ganz zu schweigen vom Kommunismus), überhaupt für politische Prinzipien, die in Konflikt mit einer »stabilen«, konservativen Regierung treten könnten.
Die Führer der Verbände trugen zur Wahrung dieser »Stabilität« entscheidend bei. Sie hatten ihre Zweifel über Kishi Nobosuke, der Risiken einging, die ihrer Meinung nach die politische Lage gefährdeten, und waren noch weniger begeistert über Hayatomi Ichiro, zu dessen Rücktritt im Herbst 1956 sie das Ihre taten. Diese Lei-

stung gehörte zu ihrer größten Tat: die Zusammenführung aller »konservativen« Cliquen unter dem stabilen Dach der LDP.[46] Im Oktober 1952, drei Tage nach einer Wahl, bei der die herrschende Liberale Partei schlecht und die Sozialisten gut abgeschnitten hatten, hielten fünfzig Vertreter der vier Verbände eine Dringlichkeitssitzung ab und verabschiedeten eine Resolution, die die »Stabilisierung« der politischen Lage erbat. Ihr folgten viele ähnliche »Bitten«, verursacht durch das pausenlose Gezänk unter den künftigen habatsu der LDP, deren Führer sich noch mehr um ihr eigenes politisches Schicksal kümmerten als um ein stabiles System. Endlich führte, wie wir in Kapitel 5 sahen, ein neues, vom Keidanren gefördertes System der Parteienfinanzierung 1955 dazu, daß die Wünsche der Verbände erfüllt wurden. Die Hauptrolle bei der Zusammenführung der Teilgruppen zur LDP spielte derselbe Uemura, der in den 30er Jahren die zivilen und militärischen Wirtschaftsplaner zusammengebracht hatte.

Doch erst als Ikeda Hayato Kishis Nachfolger als Premierminister wurde, gestatteten es sich die Führer der Verbände, wirklich zu frohlocken. Sie hatten die Wahl früherer Premierminister beeinflußt, aber im Fall Ikeda hatten sie ihn sich mehr oder minder selbst ausgesucht und zurechtfrisiert. Das gleiche traf für den nächsten Premierminister zu, Sato Eisaku.

Die Mittel zur sozialen Kontrolle zurückgewinnen

Die Besatzungsbehörden waren zwar sehr freundlich zu den Bürokraten der wirtschaftlichen Kontrolle, brachten aber Bürokraten, die vor dem Krieg und im Krieg Methoden der sozialen Kontrolle angewandt hatten, in eine schreckliche Zwangslage. »Demokratisierte« Erziehung bedeutete, daß Lehrer sich unter marxistisch inspirierter Führung organisierten, und daß ein ganzes Arsenal von Methoden zur Indoktrinierung verlorenging. Beamte des Justizministeriums mußten mit Idealisten zurechtkommen, die tatsächlich glaubten, das Gesetz stehe über allen, auch den Beamten; es dauerte mindestens fünfzehn Jahre, bis sie die Kontrolle durch das Sekretariat des Obersten Gerichtshofes zurückgewannen. Das Naimusho wurde aufgelöst und die Polizei neu organisiert. Die zerstör-

te Wirtschaft und karge Lebensbedingungen erforderten viel Wirtschaftsplanung und somit Kontrolle, doch der Neubeginn mit der »Demokratie« erforderte schwerlich eine »Gedankenpolizei«.
Doch ohne es zu merken, tat General MacArthur den Bürokraten der sozialen Kontrolle mindestens einen großen Gefallen, als er Japan eine Verfassung gab. Die Verfassung war den Machthabern nicht vom Volk abgerungen worden. Das Volk wurde daher nicht ermutigt, zu denken, es hätte das Recht, der herrschenden Elite irgend etwas abzuringen; und die Theorie vom letztlichen Wohlwollen konnte aufrechterhalten werden. Auch wurde, als die Besatzungszeit etwa ihre Mitte erreichte, deutlich, daß der »Schaden«, den die US-Reformer anrichteten, begrenzt werden konnte. Eine Volksbewegung für echte Reformen des Beamtenapparats und seiner Auswahlmethoden, getragen von Bürokraten niederer Chargen, Ingenieur-Bürokraten und liberaleren Elementen in der höheren Bürokratie, war bis 1949 mangels Unterstützung vom SCAP im Sand verlaufen.[47]
Die Hauptgefahr für die Verwalter war die neue, demokratische Gesetzgebung, die die Mechanismen der sozialen Kontrolle leicht untergraben konnte. Die Gefahr wurde abgewendet, weil Veteranen des aufgelösten Naimusho — des wichtigsten Ministeriums für die soziale Kontrolle — in Massen ins Parlament einzogen: 1960 waren es 54.[48] Die Mehrheit unter ihnen war »gesäubert« worden. Dieser »Abstieg« pensionierter Bürokraten in die konservativen Vorgängerparteien der LDP hatte kurz nach dem Krieg begonnen,[49] begünstigt dadurch, daß die Säuberung der Besatzung unter den Politikern der Kriegszeit Platz geschaffen hatte. Gut dreißig Elitebürokraten traten für die Wahlen von 1949 in die Liberale Partei ein, und in den folgenden Wahlen wuchs ihre Zahl bis auf rund ein Viertel der Abgeordneten an. Ihnen verdankt Japan die wichtigen Kabinette von Yoshida, Kishi, Ikeda und Sato — in deren Amtszeit das Nachkriegssystem sich festigte — sowie die meisten Premierminister danach.
Die Verwalter, die sich mit der öffentlichen Ordnung befaßten, gewannen auch Verbündete unter den Besatzern, die nie begriffen, wie tief der Antiliberalismus ihrer »Zulieferer« saß. Zu diesen Verbündeten gehörte der Chef der Spionageabwehr (CIC, einer der drei wichtigsten Unterabteilungen des SCAP), General Charles

Willoughby. Der Amerikaner, der für Arbeitsbeziehungen zuständig war, erinnert sich fast vierzig Jahre später:

In einem Land, wo marxistische Terminologie zum normalen intellektuellen Austausch gehörte, und dessen Gewerkschaften alle bekannten, zumindest sozialistisch zu sein, war Willoughby verloren. Für ihn war Sozialismus einfach eine Etappe auf dem Weg zum Kommunismus. Demokratische Sozialisten waren keine Verbündeten im Kampf gegen den Kommunismus, sondern sie unterwanderten die etablierte Ordnung ... Nur japanischen Konservativen konnte man trauen ... Für ihn gab es keinen Mittelweg zwischen Konservativen und Kommunisten.[50]

Nachkriegskarrieren der »Gedankenpolizei«

In seiner Zelle im Gefängnis von Sugamo grübelte Hiranuma Kiichiro, der mächtige Staatsanwalt und vorbildliche Bürokrat der sozialen Kontrolle, 1952 über die unerfreuliche Tatsache, daß viele Menschen inzwischen die Spezielle Höhere Polizei (Tokko, allgemein »Gedankenpolizei« genannt) der Vorkriegs- und Kriegszeit für ein Übel hielten — eine Entwicklung, die ihm ernste Sorgen um die Zukunft des Landes bereitete.[51] Seine Sorgen waren ein wenig verfrüht. Eine große Zahl der Tokko-Beamten entging der Säuberung durch Versetzungsmanöver, die der SCAP nicht durchschaute.[52] Die Hälfte der vierzehn Naimusho-Bürokraten, die zwischen 1935 und 1945 zu Aufsehern aller Polizeiaktivitäten ernannt worden waren, waren nach dem Krieg im Parlament.

Um nur die Naimusho-Bürokraten zu nennen, die vor oder im Krieg wichtige Funktionen bei der »Gedankenpolizei« erfüllten und nach dem Krieg hohe Positionen einnahmen: Machimura Kingo (der die Veröffentlichung von Zeitschriften wie *Chuo Koron* suspendierte und religiöse Gruppen unterdrückte) wurde Innenminister und Vorsitzender des Nationalen Ausschusses für Öffentliche Sicherheit und bekam nach dem Krieg die Aufsicht über die Polizei; Niwa Kyoshiro (Tokko-Sektionschef in Kyoto) wurde Verkehrsminister; Okazaki Eijo (Tokko-Sektionschef in Aichi und Tokio) wurde parlamentarischer Staatssekretär im Arbeitsministerium, der Behörde für Administratives Management und im MITI sowie stellvertretender Vorsitzender des LDP-Ausschusses zur öffentlichen Sicherheit. Hara Bumbei (Tokko-Sektionschef in Kagoshima) wurde Abgeordneter des Oberhauses und Chef der Stadtpolizei von Tokio. Ein weiterer Sektionschef der Tokko in Kagoshima, Okuno Seisuke, war Staatssekretär im Innenministerium, Erziehungsminister und Justizminister, bevor er in Takeshitas Kabinett von 1987 Generaldirektor der Nationalen Landbehörde wurde. Der bekannte Naimusho-Beamte Furui Yoshimi (Chef des Naimusho-Polizeibüros, Staatssekretär des Naimusho, Gouverneur von Ibaragi und Aichi) wurde Sozialminister und Justizminister. Der Reformbürokrat Odachi Shigeo (1944 Naimusho-Minister) war Erziehungsminister und brachte, wie wir in Kapitel 3 sahen, frühere Naimusho-Bürokraten für seine Schlacht gegen die Lehrergewerkschaft Nikkyoso ins Erziehungsministerium mit. Nadao Hirokichi (Naimusho-Staatssekretär und Gouverneur von Oita) wurde Sozialminister und der größte Feind der Nikkyoso als Erziehungsminister in vier Kabinetten. Masuhara Keikichi (Tokko-Sektionschef in Wakayama) wurde Generaldirektor der Selbstverteidigungsbehörde. Otsubo Yasuo (verantwortlich für die Polizeisektion, die Veröffentlichungen überwachte) wurde parlamentarischer Staatssekretär für Erziehung und Justiz sowie Vorsitzender des Justizausschusses im Unterhaus. Goto Fumio, ein führender Reformbürokrat und Naimusho-Minister, der eine tragende Rolle beim Aufbau örtlicher Jugendorganisationen vor und im Krieg spielte, war nach dem Krieg im Oberhaus.[53]

Die Liste früherer Beamter der »Gedankenpolizei«, die als Politiker wieder auftauchten, ist viel länger, doch ich habe nur die genannt, die sich durch ihre Stellung in der Zentralregierung nach dem Krieg einen Namen machten. Eine große Zahl unter ihnen endete auch als Präfekturgouverneure, als Beamte in den örtlichen Ausschüssen zur Öffentlichen Sicherheit (die theoretisch die Polizei beaufsichtigen) oder in niedrigeren regionalen Regierungspositionen. Wie meine Liste ausweist, hatten frühere Beamte der »Gedankenpolizei« eine Neigung zu Regierungsbehörden der sozialen Kontrolle: Erziehung, Soziales, Justiz und Arbeit. Die Arbeitsbürokraten im Naimusho — die vom SCAP ebenfalls verschont blieben — hatten noch 1969 Staatssekretärsposten und die Leitung der wichtigsten Büros im Arbeitsministerium inne.[54] Wie ihr amerikanischer Chronist schreibt: »Ironischerweise erreichten die Arbeitsbürokraten ihre größte Autonomie unter der Ägide des amerikanischen Staates. Wie ihre Kollegen in anderen Ministerien wurden diese Beamten während der Besatzung mächtiger als je zuvor oder danach.«[55]

Die Besatzungszeit gab den Bürokraten der sozialen Kontrolle eine Gelegenheit, institutionelle Waffen zu schmieden, mit denen sie die Entwicklung der Gewerkschaften, die sie auf Befehl der USA anfänglich mit angeregt hatten, abwehren konnten. Die »Rote Säuberung« ließ Beamte verschwinden, die nach dem Krieg »gefährliche Gedanken« gehegt hatten, und machte die Bühne frei für die Entlassung von Beamten des Erziehungsministeriums, die mit den Demokratisierungsbestrebungen des SCAP »zu sehr kooperiert« hatten.[56] Maßnahmen zur Korrektur der »Auswüchse der Besatzung« in anderen Bereichen, etwa der Polizei und der Kartellgesetzgebung, vervollständigten den Ausbau der Bürokratenmacht nach dem Krieg.

Nicht allen Japanern war die Beibehaltung der Kontrollbürokraten aus der Kriegszeit willkommen. Wie ein Autor in einer der angesehensten intellektuellen Monatszeitschriften Japans schrieb, wurde in den Tokioter Prozessen über Taten geurteilt, die Kriegsverbrecher an Ausländern begangen hatten, nicht aber über Verbrechen am japanischen Volk. Männer, die andere an die Front geschickt hatten, die ihnen ihre Freiheit und ihr Eigentum genommen hatten, die grausame Gesetze gemacht hatten, hielten weiterhin, wie er schreibt, hohe Positionen in Nachkriegskabinetten.[57] Der Autor zeigt, wie die betreffenden Bürokraten über Regierungsgelder verfügten, um den Politikern ihrer Wahl die Mittel zu geben, mit denen sie an die Macht kommen konnten, und er erinnert seine Leser, daß in Deutschland, anders als in Japan, ein allgemeines Gefühl für Gerechtigkeit erhalten geblieben war. Die Deutschen selbst stellten Kriegsverbrecher vor Gericht, die bei den Nürnberger Prozessen freigesprochen worden waren.

Die einflußreichen Nachkriegskarrieren dieser Bürokraten aus der Kriegszeit sind nur ein Teil der Geschichte. Nicht weniger wichtig ist das phänomenale institutionelle Gedächtnis der Systemkomponenten. Japanische Bürokraten suchen, wie ihre Kollegen überall, ständig ihre persönliche Verantwortung für alles, was sie tun, zu minimieren. Sie unterscheiden sich jedoch von ihren Kollegen im Westen oder Asien durch das außerordentliche Verantwortungsgefühl gegenüber ihrer Organisation, das von ihnen erwartet wird. Wie wir in verschiedenen Zusammenhängen gesehen haben, lassen die soziopolitischen Umstände in Japan Angehörigen einer Organisation kaum eine Wahl, als sich stark mit ihr zu identifizieren, und dies trifft auf Elitegruppen in besonderem Maße zu. Angehörige des MITI, der Staatsanwaltschaft, des Nikkeiren und all der Institutionen, die Japan leiten und kontrollieren, sind sich ständig der Erfahrungen ihrer Vorgänger und des Ernstes ihrer Aufgabe bewußt. Institutionelles Gedächtnis und institutionelle Motivation gehören zusammen; kollektive Erfahrung gibt einem Kollektivziel ebenso wie leidenschaftlicher Parteilichkeit Antrieb. In japanischen Regierungsbehörden sind sie stark, lebhaft und dem Denken der Beamten tief eingeprägt. Für vergleichbare Beispiele außerhalb Japans könnte man auf Kreml-Spezialisten verweisen, die mit der kapitalistischen Welt umgehen; auf möglicherweise einige Geheimdienste; auf Kirchen und Geheimbünde. Diese speziellen Institutionen sind in dem Sinn wie normale japanische Verwaltungsorganisationen, daß Mitgliedschaft nie nebensächlich oder kurzfristig sein kann (wie in vielen amerikanischen Regierungsbehörden). Eine weitere Ähnlichkeit ist, daß sie weitgehend unter Bedingungen arbeiten, in denen die Gesetze der breiten Gesellschaft sie kaum berühren, oder daß sie oft ihre eigenen »Gesetze« mitbringen.

Kein Innenministerium eines westlichen Landes könnte zum Beispiel mit dem Naimusho in seiner diktatorischen Macht über die gewöhnliche Öffentlichkeit verglichen werden. Die Besatzungsbeamten, die es im Dezember 1947 auflösten, hatten keine Ahnung von der Breite und Tiefe seines institutionellen Gedächtnisses und von der Kraft, die es nach seiner Abschaffung behalten würde. Diese hydraähnliche Institution lieferte nicht nur die oben genannten Abgeordneten und Staatssekretäre sowie viele Präfektur-Vizegouverneure, die nach dem Krieg auf regionaler Ebene Schlüsselfiguren waren, sondern sie lebt weiter: Aus ihrer Sozialbehörde wurde nach dem Krieg das Arbeitsministerium und das Ministerium für Gesundheit und Soziales, aus ihrer Baubehörde wurde das Bauministerium und die Nationale Landbehörde, ihre Polizeibehörde wurde zur Staatspolizei und ihre Lokalbehörde wurde nach einer Zwischenperiode als Spezialbehörde zum Innenministerium (Jichisho). Die letztgenannte Institution gilt allgemein als Haupterbin ihrer Vorgängerin vor 1947,[58] doch Beamte in all diesen Ablegern haben in verschiedenem Ausmaß den »Naimusho-Geist« gemeinsam.

In den 1980er Jahren scheinen einige der Naimusho-Nachfolger ihre relative Macht auszubauen. Gewiß trifft dies für das Innenministerium zu, dessen frühere Bürokraten bereits ein Drittel der Präfekturgouverneure stellen[59] und prominente Positionen in Gemeinderegierungen besetzen, so daß es allmählich der mächtigste Rivale des Finanzministeriums geworden ist.[60] Am wichtigsten für die soziale Kontrolle sind Sonderausschüsse, die das Innenministerium in Lokalregierungen eingesetzt hat, um Informationen über Einwohner und ihre jinmyaku zu sammeln. Das Ministerium hat den Vorteil, für Politiker, die Kabinettsposten nutzen, um ihre »politische Finanzierung« auszuweiten, nicht attraktiv zu sein, und so wird es von der LDP nicht oft behelligt.[61]

Auch an weniger offensichtlichen Stellen gibt es Spuren der Naimusho-Tradition. Shoriki Matsutaro, der mächtige Nachkriegsboß der größten japanischen Zeitung *Yomiuri Shimbun*, war zum Beispiel im Naimusho, bevor er 1924 Präsident der Zeitung wurde. Als die Nachrichtenagenturen 1936 zu einem Propagandaorgan der Regierung, Domei Tsushinsha, zusammengefaßt wurden, setzte er sich für die Bürokraten ein.[62] Nach einem kurzen Besuch im Gefängnis als möglicher Kriegsverbrecher gründete er Nippon Television und wurde Abgeordneter und Generaldirektor der Behörde für Wissenschaft und Technologie.

Nach dem Zweiten Weltkrieg war das Militär kein Faktor mehr, und die Polizei verlor ihre drastischeren Mittel, die Bürger gefügig zu machen. Die Ministerien für Erziehung und Justiz mußten sich

einen »demokratischen« Anstrich geben, der unvermeidlich hemmend auf die herrische Art der Zeit vor der Besatzung wirkte. Doch ein wesentliches Element in der Einstellung der beamteten Verwalter ist geblieben — die Auffassung, daß sie die Menschen immer kontrollieren müssen.
Japans Bürokraten der sozialen Kontrolle haben immer geglaubt, daß ihre Mission weit über die Durchsetzung von Regeln geht, die in den meisten westlichen Ländern die normale Aufgabe der Beamten ist. Mit oder ohne Unterstützung ihrer militärischen Verbündeten waren sie immer an angewandter Sozialwissenschaft interessiert und haben solche aktive und findige Einmischung in die zivile Gesellschaft als notwendig empfunden, um Instabilität zu verhindern. Die herrschende Elite Japans hat heute wie vor dem Krieg die übermächtige Einstellung, »Papi weiß es am besten«, während das Volk, wie wir überall in diesem Buch sahen, unter ständiger politischer Vormundschaft gehalten wurde. Es ist diese Kontinuität von der Vorkriegszeit über den Krieg bis zur Nachkriegszeit, nicht die unbezweifelte Änderung im Verhalten der Elite und die Gewinne an persönlicher Freiheit, die den Charakter des japanischen politischen Systems heute am meisten bestimmt.

PROKONSOLIDIERUNG

Überall in diesem Buch haben wir die Folgen der Methoden zur sozialen und wirtschaftlichen Kontrolle gesehen, die von den zuständigen Institutionen und Menschen in Japans imperialistischer Phase ererbt sind. Nun scheint es angebracht, einen Schritt zurückzutreten, um die Motive der Verwalter in einer breiteren Perspektive zu sehen. Sie sind Erben einer ungewöhnlich großen Angst. Hinter den Sorgen der Tokugawa-Machthaber, der Meiji-Oligarchen und der Machthaber in den 1920er Jahren spürt man ihre tiefe Angst vor der Vergänglichkeit der politischen Welt. Herrschende Eliten fürchten Unordnung überall, doch die japanische ist von ihr besessen.

Berechtigte Ängste

Abweichende politische Ideen und unkonventionelles Verhalten werden gefürchtet, wenn ein starkes Gefühl für die Zerbrechlichkeit der jeweiligen Machtbeziehungen vorherrscht. Dies sollte nicht überraschen, denn außerhalb dieser Machtbeziehungen stützt nichts die soziopolitische Ordnung — kein konsequent eingehaltener gesetzlicher Rahmen, der ein Gefühl der Sicherheit vermittelt, keine Gewißheiten, die das Hier und Jetzt der politischen Nützlichkeit transzendieren. Japans herrschende Elite hat mehr Grund als westliche Eliten, Unordnung zu fürchten, weil alles, was nicht vorausgesehen und verhindert werden kann, ihre Sicherheit direkt bedroht. Für Abendländer ist es so selbstverständlich, daß die Gesellschaft automatisch durch Gesetze und allgemeingültige Prinzipien reguliert ist, daß sie das akute japanische Bedürfnis nach ständiger Wachsamkeit fast nie ganz verstehen. Wo die im System verkörperte Ordnung letzten Sinn hat, ohne Konkurrenz von irgendeinem weltlichen oder religiösen Glaubenssystem, muß die Erhaltung der Ordnung letztes Ziel sein.

Das Problem ist geblieben, und mit ihm wichtige Reste der neokonfuzianischen Vorstellungen, die dem Tokugawa-Shogunat so gute Dienste als unterstützende Ideologie leisteten — indem sie die existierenden soziopolitischen Beziehungen als Verkörperung der letzten Wahrheit darstellten. Ebenfalls von ihren Tokugawa-Vorgängern haben die Verwalter das übermächtige Gefühl geerbt, die Massen kontrollieren zu müssen. Die japanistische Ideologie, die außerrechtliche Macht unter Berufung auf Homogenität und Harmonie rechtfertigt, kann das unbehagliche Bewußtsein der Bürokraten nicht ganz unterdrücken, daß die »kulturalistische« Entschuldigung, die sie an der Macht hält, nicht jeden überzeugt. Sie wissen, daß Harmonie wie in der Zeit des Shotoku Taishi und in der Meiji-Periode durchgesetzt werden muß. Ob es ihnen gelingt, das uneingestandene Problem der Legitimität außer Sichtweite zu halten, hängt davon ab, ob es ihnen gelingt, Ordnung in der Gesellschaft zu halten.

Die Verwalter von heute sind als Individuen vielleicht nicht sonderlich besorgt, aber als Mitglieder der Verwaltungsinstitutionen ist es

ihre Pflicht, sich Sorgen zu machen, so, wie es etwa die Pflicht amerikanischer Hüter des Kartellgesetzes ist, in der kleinsten Firmenabsprache ein mögliches Zeichen für das beginnende Ende der freien Marktwirtschaft zu fürchten. Sie demonstrieren ihre tiefsitzende kollektive Sorge um die Ordnung zum Beispiel durch ihr gemeinsames Vokabular. In zahlreichen Berichten und Reden wird von einer »zunehmend komplexen Gesellschaft« gesprochen;[63] das ist eines der meistverwendeten Klischees in der Presse. Seit der Meiji-Restauration und Japans erneuter Öffnung für ausländische Einflüsse erfüllt Komplexität japanische Machthaber mit Entsetzen: Die politische Situation könnte nicht länger mit einem Blick erfaßt werden. »Komplexität« wird heute oft als Rechtfertigung für Einmischung zitiert, und wenn es heißt, etwas »wird zu komplex«, ist das oft ein Hinweis, daß hier mehr Aufsicht geplant ist.
Die Angst vor Unlenkbarkeit und unerwartetem Verhalten — und somit Notwendigkeit besserer bürokratischer Kontrolle — werden auch in Begriffen wie »übertriebener Wettbewerb« deutlich. Dieser Ausdruck bedeutet Wettbewerb, der Risiken birgt; die Art also, die in Ländern mit freier Marktwirtschaft die Regel ist. Oft sprechen Verwalter auch von einer »unklaren Lage«, womit sie eine unerwünschte Entwicklung meinen, die sich dem bürokratischen Zugriff entzieht.

Borgen für die Ordnung

Geschichtswerke über Japan bemerken im Zusammenhang kultureller Anleihen, das Land habe »nur genommen, was es brauchte« und generell »nur die Form, nicht den Inhalt importiert«. Dies unterstützt, was in Kapitel 1 über das außergewöhnliche Maß gesagt wurde, in dem Japans Machthaber seit Jahrhunderten die Einführung und Entwicklung politisch wichtiger Ideen und Institutionen beschränkt haben. Die gesellschaftlichen Veränderungen, die die Verwalter geleitet und überwacht haben, galten meist als unvermeidliche Anpassungen an neu erkannte Realitäten statt als absichtliche, radikale Abkehr von alten Gewohnheiten.
Die Bürokraten, die der Meiji-Oligarchie dienten, waren auf der Hut vor den potentiellen Gefahren importierter Ideen und Institu-

tionen und führten shiso zendo (»Gedankenführung«) ein, um Probleme, wie sie in Europa existierten, zu verhindern.[64] Gleichzeitig haben japanische Machthaber vieles übernommen, was ihnen zur Stärkung ihrer eigenen Position nützlich war, und verschiedene ausländische Methoden der sozialen Kontrolle entdeckt. Die ersten Bürokraten, die dies taten, waren vor allem im Naimusho; ihr Zentrum war Kawajis Polizeitruppe, deren ausgedehnte und vielfältige soziale Aufgaben von der sehr effizienten französischen Polizei inspiriert waren. Sechzig Jahre später war Nazideutschland ein wichtiges Vorbild. Die patriotischen Industrieverbände, die Vorläufer der Firmengewerkschaften nach dem Krieg, entstanden nach Plänen, die auf Hitlers Lösung für Arbeitsbeziehungen fußten. Das Arbeitsgesetz von 1936 war eine »offensichtliche Nachahmung des nazideutschen Gesetzes zur Organisation der nationalen Arbeit von 1934«.[65] Nach dem Zweiten Weltkrieg wandten sich die Verwalter der Wirtschaft weitgehend überholten amerikanischen Ideen zu, um dem Kapitalismus auf die Beine zu helfen, und produzierten Institutionen wie etwa Kreise zur Qualitätskontrolle, die die Disziplin in Fabriken verbessern sollten. In letzter Zeit untersuchen die Bürokraten die Ursachen der »Krankheit fortschrittlicher Länder«, die angeblich die Wirtschaft Europas und der USA heute schwächt.

Als die Meiji-Oligarchen 1873 die Wehrpflicht einführten, wußten sie, daß dies neben seiner offensichtlichen Funktion auch ihre beste Hoffnung war, die Ordnung durchzusetzen. Dies hatte Aizawa Seishisai vorausgesehen, der Autor vor der Meiji-Zeit, der sagte, das Volk solle den Regeln gehorchen, aber nicht über sie Bescheid wissen.[66] Für Aizawa war die einzige Alternative dazu, die Menschen schwach und unwissend zu halten, sie zur Armee einzuziehen. Ihm zufolge hatten westliche Regierungen keine andere Wahl gehabt, als die Wehrpflicht einzuführen, denn sie hatten versäumt, die Emanzipation der Massen unter Kontrolle zu halten.[67]

Obwohl die verschiedenen Cliquen unter den »Dienern des Kaisers« in endlose Rivalitäten verwickelt waren, stimmten sie in puncto soziale Kontrolle meist überein. Zwischen der frühen Meiji-Zeit und 1945 bildete eine Allianz zwischen Militär und Bürokratie das wichtigste institutionelle Mittel, um diese Kontrolle zu sichern. Weitgehend verantwortlich für die ursprüngliche Beschaffenheit dieser Allianz war Yamagata Arimoto, der in Kapitel 12 als das politische Genie erschien, das die Bürokratie dauerhaft von den Launen der Politiker isolierte. Er hatte mehr Einfluß über die Ausbildung von Bürokratie und Militär als jeder andere Oligarch. Er etablierte ein Muster militärischer Macht über die zivile Gesellschaft und zog sich eine Gruppe von Protégés heran, die seine Programme in der ersten Hälfte des 20. Jahrhunderts weiter ausführten. Die pensionierten Militärs, die zwischen 1885 und 1906 dem Naimusho vorstanden, »stellen praktisch das Who's Who von Armee und Marine dar«.[68] Das Erziehungsministerium sorgte auch dafür, daß die Grundschulen militärischen Idealen folgten. Viele Rektoren waren pensionierte Offiziere. Außerdem ließ die Armee den Lehrern ein halbes Jahr intensiver militärischer Schulung und Indoktrinierung angedeihen, nicht, um sie in einem künftigen Krieg an die Front zu schicken, sondern um die Dorfjugend zu Bewunderern von Soldaten und kriegerischen Werten zu erziehen.[69]

Die Masse potentiell nicht loyaler Japaner auf dem Land wurde durch eine Kampagne organisiert, die sich die ländliche Hierarchie zunutze machte. Die örtliche Elite, die zunächst nichts für das Soldatenwesen übrig hatte, wurde (nach der Anleitung eines deutschen Beraters) durch ein System eingebunden, bei dem die gebildeten Söhne der Großgrundbesitzer und anderer Dorfbosse nur ein Drittel oder die Hälfte der Zeit als Wehrpflichtige dienten, die für gewöhnliche Dorfbewohner üblich war, und dann als Leutnants heimkamen. Nach der Jahrhundertwende trug das Naimusho zu dieser Organisationskampagne bei, indem es eine »Bewegung zur Ortsverbesserung« lancierte; sie sollte die Treue der Landbevölkerung zu den alten Dörfern durch Treue zu neuen, von der Verwaltung eingeteilten Dörfern ersetzen, die von Tokio aus leichter zu kontrollieren waren.[70]

Yamagatas Traum war, daß Schule und militärische Ausbildung einander ergänzten und ein gigantisches Institut bildeten, in dem der Glaube an das »nationale Wesen« (kokutai) gelehrt und so eine geordnete, einige Nation gesichert wurde.[71] Zu diesem Zweck gründete sein wichtigster Protégé, General Tanaka Giichi, den Kaiserlichen Reservistenverband, die Vorhut der anderen national organisierten, militärisch geführten Institutionen zur Indoktrination, die in Kapitel 10 genannt wurden.

Tanaka Giichi setzte die von Yamagata übernommene Mission viele Jahre lang fort. 1928 wurde, als er Premierminister war, das Gesetz zur Wahrung des Friedens verschärft; es sah nun lebenslängliche Haft und Todesstrafe für Menschen vor, die »gefährliche Gedanken« hegten. Unter seiner Schirmherrschaft zogen Bürokraten des Justizministeriums, die den fanatischen kokutai-Verfechter Hiranuma Kiichiro unterstützten, in das Naimusho um und verhafteten von dieser neuen Basis aus über 3400 Menschen.[72]

Mehr und weniger autoritäre Herrschaft

Die Bürokraten mischten sich nicht mit ungemilderter Härte in die Gesellschaft ein. Sie sahen es als ihre Aufgabe an, japanistische Lösungen für gesellschaftliche Probleme zu finden, und stellten dies mit starker Betonung auf »Harmonie«, »schöne alte Bräuche« und dergleichen dar. Viele der wichtigsten Reformen der 1920er Jahre, die mehr Demokratie brachten, waren tatsächlich von aktivistischen Cliquen unter den Naimusho-Arbeitsbürokraten angeregt.[73] Diese Bürokraten waren von Überlegungen zur nationalen Sicherheit motiviert und argumentierten seit Ende des 19. Jahrhunderts dafür, die Arbeiter zu versorgen, weil verkrüppelte Kinder und schwächliche Mütter schwache und ungesunde Soldaten zur Folge hätten.[74] Trotzdem wurden die Initiativen zugunsten der Arbeiter, die vom Naimusho kamen, von einem noch lebendigen Ideal des Wohlwollens unterstützt.

Inmitten des bürokratisch-militärischen Kreuzzuges, um Japans geheiligte Ordnung zu retten und zu bewahren, gab es eine merkwürdige politische Periode vom zweiten Jahrzehnt des 20. Jahrhunderts bis 1932, über die die Historiker weit voneinander abweichende Meinungen haben. Sie wird als »Taisho-Demokratie« bezeichnet, weil sie in etwa mit der Taisho-Periode zusammenfällt, der Regierungszeit von Hirohitos Vater, die von 1912 bis 1926 dauerte. Die Entwicklungen in dieser Periode ließen an ein Potential zu strukturellem Wandel in der Regierung Japans denken. Es gab eine gewisse politische Entspannung in den Städten, und die politischen Parteien gewannen an Bedeutung.

Evolutionistische Theorien haben dies als eine »natürliche« Entwicklung in Richtung auf eine parlamentarische Demokratie westlicher Art gedeutet. Wie dem auch sei, die Verheißung erfüllte sich nicht. Das Wahlrecht wurde 1925 auf alle erwachsenen Männer ausgeweitet, aber im selben Jahr wurde mit Inkrafttreten des Gesetzes zur Wahrung des Friedens die rechtliche Grundlage für die »Gedankenkontrolle« geschaffen. Und nach rund zehn Jahren relativer Offenheit und Freiheit war die militärisch-bürokratische Reaktion, die Ende der 20er Jahre kam, um so intensiver.[75]

Die Öffentlichkeit in Schach halten

Die Verwalter Japans konnten nach dem Krieg eine Welt schaffen, in der soziopolitische Unordnung, die ihre Sicherheit und ihren Seelenfrieden gefährdet, auf ein Mindestmaß beschränkt bleibt. Japans politische Kultur, geprägt durch eine Folge politischer Arrangements, die vor allem den Kult der Unterwerfung gemeinsam hatten, hilft ihnen dabei. Diese Tradition entmutigt individuelles Wachstum und fördert die Abhängigkeit. Die Japaner akzeptieren ein hohes Maß an Organisation und Einschränkung, sie dulden die Art, wie sich Beamte in ihr Leben einmischen, und hinterfragen ihre dauernde politische Bevormundung nicht. Sehr wenige können sich bürgerlichen Ungehorsam als legitime politische Tat vorstellen.

Trotzdem müssen die Verwalter auf der Hut bleiben, denn sie können nicht darauf vertrauen, daß die von ihren Vorgängern begründete Tradition von selbst weiterbesteht. Wir haben die Folgen ihrer Wachsamkeit überall in diesem Buch gesehen. Universitätsstudenten, Salaryman-Rekruten und junge Fabrikarbeiter werden oft behandelt, als wären sie noch auf der Grundschule. Selbst ältere Erwachsene werden oft ermahnt oder beraten, als wären sie Kinder. Der Militärdienst hilft nicht mehr, bei japanischen Jugendlichen und jungen Männern für Disziplin zu sorgen, und die Nachkriegsfamilie hat den größten Teil der rechtlichen Kontrolle über ihre Mitglieder verloren, die sie vor dem Krieg hatte — doch der erzwungene Konformismus des Salaryman-Lebens ist ein sehr wirksamer Ersatz.

Unkonventionelles Verhalten und unerwartete Änderungen in den

Lebensgewohnheiten des Systems sind beängstigend und müssen eingeschränkt werden. Die Verwalter neigen dazu, rasch zu reagieren, wenn sie spüren, daß die Gesellschaft Gruppen herausbildet, deren Verhalten unberechenbar werden könnte. Ein klassisches Beispiel aus der Vorkriegszeit war ihr rigoroses Vorgehen gegen neue religiöse Sekten. Die Bürokraten sorgten sich nicht um ihre Lehren, die das Gemeinwesen an keinem Schwachpunkt betrafen. Das Problem war, daß diese Sekten außerhalb der Hierarchie etablierter Religionen wucherten; sie waren einfach unerwünscht, weil sie zu verschieden von konventionellen Gruppen waren.[76]

Die Energie, mit der die Behörden in den späten 1980er Jahren Fingerabdruck-Verweigerer verfolgt haben, ist ein Beispiel dafür, wie auch die Nachkriegsregierung ihre Macht in einer Angelegenheit ausspielt, die nicht das geringste Potential zur Staatsgefährdung hat. Einige Mitglieder der koreanischen und chinesischen Minderheiten, die seit mehreren Generationen in Japan leben, protestieren gegen die Vorschrift, daß sie sich zur fremdenpolizeilichen Registrierung die Fingerabdrücke abnehmen lassen müssen; sie sehen diese Praxis, die unter japanischen Staatsangehörigen nur bei Kriminellen angewandt wird, als eine symbolische Diskriminierung, unter der sie leiden. Einige andere in Japan lebende Ausländer verweigern ebenfalls ihre Fingerabdrücke. Es gibt keinen überzeugenden Grund dafür, diese antiquierte Identifikationsmethode weiter anzuwenden, und eine Reihe sympathisierender Gemeindebeamter hilft den Verweigerern, indem sie sie nicht anzeigt. Obwohl die Frage der Fingerabdrücke für das Außenministerium zu einer diplomatischen Belastung geworden ist, sind die Beamten des Justizministeriums wie der Staatspolizei eisern entschlossen, für »Ordnung« zu sorgen (manchmal mit Geräten, die der Polizei helfen, Fingerabdrücke gewaltsam abzunehmen), und statuieren Exempel, indem sie sich weigern, Genehmigungen zur Wiedereinreise oder Visaverlängerungen auszustellen, oder indem sie Abschiebungsbefehle erlassen.

Solche Kontrolle zum Selbstzweck ist auch den Japanern ein Exempel. Das System würde zusammenbrechen, wenn sie nicht die soziale Kontrolle als selbstverständlich hinnähmen. Den Verwaltern in den Redaktionen der Medien fällt willkürliche Kontrolle — unter Berufung auf deren angeblich hehren Zweck, die Wahrung

der öffentlichen »Moral« — nicht schwerer als denen in Polizei und Justiz.
Wo immer möglich, kombinieren die Verwalter das Statuieren von Exempeln gern mit einer Demonstration des »Wohlwollens«. So wurden zum Beispiel drei einundzwanzigjährige japanische Olympiaschwimmer erwischt, als sie 1984 in Los Angeles Marihuana rauchten. Japanische Staatsanwälte haben zwar außerhalb der japanischen Grenzen keine Rechtshoheit, aber dennoch machten sie viel her von ihrer »milden« Entscheidung, keine Strafverfolgung einzuleiten, weil die jungen Männer das verbotene Kraut nur aus Neugier geraucht hatten. Die Universität der Schwimmer war ebenfalls »milde«: Sie suspendierte sie und ließ sie nach einem Semester wieder zu; während dieser Zeit bekannten sie den Universitätsbehörden ihre Zerknirschung in ratenweise zugesandten Tagebüchern.

Kontrolle von langer Hand

Japans Verwalter sehen sich natürlich nicht als Leute, die aus fragwürdigen Motiven fragwürdige Pläne aushecken, um ihre Macht über den gewöhnlichen Bürger zu erweitern. Die bürokratische Tradition Japans hat sie konditioniert, zu glauben, daß die Gesellschaft untergraben wird, wenn sie in ihrer Wachsamkeit nachlassen; die Vorstellung von Bürgern, die das politische Recht haben, selbständig zu entscheiden, bleibt ihnen fremd.
Es gibt keine eindeutigen Beweise, daß Japans Bürokraten restriktive Maßnahmen weit in die Zukunft hinein planen, aber sie nutzen dankbar Umstände, die einer »Kontrolle von langer Hand« dienen können. Japanerinnen haben beispielsweise keinen einfachen Zugang zu empfängnisverhütenden Mitteln. Der offizielle Grund hierfür sind die angeblich schädlichen Nebenwirkungen dieser »neuen« Medikamente. Allerdings genehmigten die Gesundheitsbürokraten allein 1986 den Verkauf von fast der Hälfte der vier Dutzend wirklich neuen Medikamente, die weltweit in jenem Jahr eingeführt wurden; die Mehrheit war japanischer Herkunft und nur in Japan erprobt. Die gängige Erklärung dafür, daß wirksame Empfängnisverhütung den Japanern vorenthalten wird,

ist, daß dies die sehr lukrative Abtreibungsindustrie untergraben würde (zwischen ein und zwei Millionen Abtreibungen pro Jahr)[77], und tatsächlich hat der japanische Ärzteverband seine einst gewaltige Macht benutzt, um »die Pille« vom japanischen Markt fernzuhalten (außer zur Regelung des Menstruationszyklus, für die eine hochdosierte Variante eingesetzt wird, die die Behauptung schädlicher Nebenwirkungen bestätigt). Ob die Bürokraten des Ministeriums für Gesundheit und Soziales (ein Rest des Naimusho) aktiv konspiriert haben, um diese Kontrolle zu erreichen, oder ob sie den Druck von den Ärzten nur begrüßten, weil er ihre eigenen Ziele förderte — die Wirkung, Japans Frauen dort zu halten, wo sie sie haben wollen, ist dieselbe. Die japanischen Beamten wissen, daß emanzipierte Bürgerinnen wahrscheinlich das System der Hausarbeit durcheinanderbringen würden, und das Verbot der Pille hat den meisten Japanerinnen vorenthalten, was für die Frauen der westlichen Gesellschaft der wichtigste Faktor in ihrer gesellschaftlichen Emanzipation ist.

Erfüllung eines alten Traums

Das übliche Argument, das heutige japanische System sei stärker wettbewerbsorientiert und pluralistischer als die Vorkriegsordnung, ist natürlich nicht ganz unbegründet.[78] Eine größere Vielfalt von Meinungen ist an den Verwaltungsanpassungen beteiligt, die nötig sind, um den öffentlichen Frieden zu wahren. Die Verwalter sind gewiß mehr um die »öffentliche Meinung« besorgt als vor 1945; in dieser Hinsicht ist das Japan der 1980er Jahre »demokratischer« als das der 1930er Jahre.

Doch im Jahrzehnt vor dem Mandschurischen Zwischenfall gab es einen weit dramatischeren Machtkampf unter den verschiedenen Elitegruppen. Die jungen Parteien aus der Meiji-Zeit waren trotz der systematischen Behinderung stark genug geworden, um mit um die Macht zu kämpfen. Sie hatten sich mit den Großfirmen zusammengetan und bildeten zusammen ein Gegengewicht zum Militär. Es ist viel darüber gestritten worden, wie potentiell demokratisch die Taisho-Demokratie war, bevor die Allianz aus Militär und Bürokratie sie aufhielt; doch die Parteien kämpften zumindest um die Chance, Regierungen zu bilden oder sich an Koalitionen zu beteiligen, und sie waren eine echte Gefahr für den Einfluß von Militär und Bürokratie.[79] Etwa um die Zeit, als Premierminister Hara Kei 1918 sein Kabinett bildete, beeinflußten die beiden größten Parteien Minseito und Seiyukai auch die Bürokraten, die sie absorbierten, und örtliche Beamte wurden oft ersetzt, wenn die Kabinette dieser Parteien wechselten.[80]

Zudem waren die Großfirmen, die Partner der Politiker, der westlichen Wirtschaft ähnlicher als heute, sowohl in der Struktur der Firmenbeziehungen als auch in der Motivation. Die Unternehmer waren noch nicht überall Managern gewichen, die eindeutig zur Verwalterklasse gehörten und eng mit dem bürokratischen Apparat verbunden waren.

So war die Taisho-Demokratie ein Embryonalstadium einer pluralistischen Parteipolitik, nicht unähnlich der der ersten Nachkriegsjahre. Der Kampf zwischen den Parteien und anderen politischen Kräften war zwar von der kokutai-Mythologie verschleiert, hatte aber ein Potential für einen alternativen Kurs der politischen Entwicklung, das heute nicht mehr vorhanden zu sein scheint.

Die politische Ordnung in den ersten drei Jahrzehnten des 20. Jahrhunderts war weniger stabil als die der 80er Jahre, weil es eine höheres Maß an offenem Wettbewerb gab. Sie erlebte mehr heftige Störungen als das System heute. Vielen hochgestellten Japanern, die die Diskrepanz zwischen der wirklichen Situation und der Ideologie von der familiären Einheit unter dem Schutz des Kaisers akut spürten, war dies ein Dorn im Auge. In den 20er Jahren traten die inneren Konflikte immer offener zutage und drohten als Normalzustand akzeptiert zu werden — ein völliger Widerspruch zum harmonischen Wesen des kokutai. Pluralismus innerhalb parlamentarischer Prozesse, zusammen mit offenem Machtkampf außerhalb, hieß Unordnung: Anathema für diejenigen, die sich als Hüter der heiligen Ordnung Japans sahen.

Infolgedessen brachten die 30er Jahre ein neues Interesse an Programmen zur Förderung der Solidarität innerhalb der Elite und zur Weckung öffentlicher Begeisterung für eine Politik, die die Größe Japans zur Geltung bringen sollte. Die Reformbürokraten und ihre Verbündeten in verschiedenen Bereichen der japanischen Gesellschaft, gleichgültig, ob sie zunächst vom Marxismus, von

Nazi-Theorien oder vom italienischen Faschismus beeinflußt waren, glaubten, diese Ziele seien »nur zu erreichen durch die Bildung einer einzigen, totalitären Massenpartei, eng verbunden mit der Regierung, gerade so wie in der Sowjetunion, Deutschland und Italien«.[81] Nachdem das Kabinett Konoe Fumimaro 1937 an die Macht kam, begann die oben beschriebene Bewegung Neue Nationale Struktur (Neue Ordnung), das japanische Wesen und die Heiligkeit einer solchen, allumfassenden politischen Organisation zu betonen.[82]

Das Endprodukt der Reformistenpläne, der Verband zur Unterstützung der Kaiserherrschaft (IRAA), den Konoe Fumimaro 1940 gründen half, blieb hinter den ursprünglichen, grandiosen Plänen zurück. Der tatsächliche IRAA fungierte nicht so sehr als eine kolossale Größe, die alle japanischen Energien in dem Bestreben bündelte, Japan Weltgeltung zu verschaffen, sondern als massiver Propagandaapparat, der die weitere Unterstützung der schon weithin akzeptierten expansionistischen Ziele der Regierung förderte. Seine ursprünglichen Intentionen wurden nie verwirklicht, weil die verschiedenen Machthabergruppen ihre Zusammenarbeit einstellten, sobald sie begriffen, daß ein stärkeres Zentrum für sie selbst einen relativen Machtverlust bedeuten würde. Das Naimusho, der rechte Flügel, etliche militärische Gruppen und die Justizbürokraten unter Hiranuma waren gegen einen von Konoe geführten, zentral organisierten Staat. Sie fürchteten den Aufstieg einer Diktatur, die ihre eigene Macht schmälern würde; und als die Armee die Führung übernahm, um eine »neue Ordnung« von echt totalitärer Qualität einzurichten, schlossen sich die Industriellen, Gruppen von Bürokraten und rivalisierende Militärcliquen zu einer wirksamen Opposition zusammen.[83]

Während Japan in das eintritt, was seine Bürokraten, shingikai-Berichte und Presse gern »Informationszeitalter« oder »postindustrielle Gesellschaft« nennen, scheint es, als würde die japanische Volkswirtschaft allmählich der Vision sehr ähnlich, die im Entwurf des IRAA reflektiert ist. Zwischen 1945 und 1955 ähnelte die Kräftekonstellation der politischen Parteien der Situation in den 30er Jahren.[84] Dann kam der Zusammenschluß der »konservativen« Parteien, um den sich Uemura Kogoro und andere Ex-Bürokraten und Führer von Wirtschaftsverbänden mit soviel Einsatz bemüht hatten. Dieser Zusammenschluß brachte zwar den LDP-Politikern keinen Frieden, aber er brachte ein erhebliches Maß an Ordnung in die politische Welt, indem er die offizielle Regierung dauerhaft einer einzigen Organisation übertrug. Dieses Arrangement, zu dem auch eine ideologisch inspirierte Partei in unschädlicher Position gehört, wird gemeinhin, wie wir in Kapitel 12 sahen, als »System von 1955« bezeichnet. Es ist ein Arrangement, das anscheinend fast verwirklicht hat, was die Reformer der 30er Jahre wünschten.

Das Einparteiensystem erhält die Kontinuität eines von der Verwaltung kontrollierten politischen Systems, das von so unberechenbaren politischen Faktoren wie echten Unternehmern und echten Politikern nicht gestört wird. Japan bewahrt heute eine soziopolitische »Ordnung«, wie es sie seit der Tokugawa-Zeit nicht erlebt hat. Die Salaryman-Hierarchie liefert Fleisch und Knochen des Systems, und die Konzernverwalter, zusammen mit den Beamten, halten Arbeiter und Mittelklasse-Büroangestellte in Schach. Die Aktivitäten der Landwirtschaftsverwalter in der nokyo und des Landwirtschaftsministeriums halten in Verbindung mit einer ununterbrochenen Bautätigkeit, die mehr von politischen Motiven als von der Notwendigkeit geleitet ist, das ländliche Japan in Schach. Die Ärzte werden gekauft. Die Gangster tragen weiter dazu bei, daß das Verbrechen selbst »verwaltet« ist. Und nun finden selbst die Überbleibsel einer aktivistischen Arbeiterbewegung und die ideologisch inspirierte Opposition Aufnahme im Schoße des Systems.

Ein entscheidender Unterschied zwischen den 30er und den 80er Jahren liegt darin, daß die Visionen im Konzept des »nationalen Verteidigungsstaates« und in der Bewegung Neue Nationale Struktur, die die Bildung des IRAA inspirierten, in den 1930er Jahren ausgesprochen wurden, und daß sie eine vorhandene Konstellation elitärer Kreise umformen sollten. Diese fühlten sich zum Teil natürlich bedroht. Die Struktur des Nachkriegssystems und ihr Ziel, das unbeschränkte Industriewachstum, wurden hingegen nie in einen Gesamtplan gefaßt, der angegriffen werden könnte. Doch die Ziele aller Elitegruppen nach dem Krieg sind der Struktur und dem Ziel des Systems angepaßt. Da die Interessen der verschiedenen Verwaltergruppen berücksichtigt werden, sehnt sich niemand nach Veränderungen in der Struktur des Systems; und so haben die heutigen Verwalter im Gegensatz zu ihren Kollegen vor dem Krieg offenbar das Problem des inneren politischen Friedens gelöst.

Das offensichtliche Schicksal der LDP

Ein Artikel in der LDP-Parteizeitschrift vom Neujahr 1982 gibt einen aufschlußreichen Einblick, wie einige der Verwalter ihre Rolle im Kontext des oben Gesagten sehen.[85] Der Artikel ist ein Gemeinschaftsprodukt des Redaktionsrates und stellt auf faszinierende Weise dar, wie die LDP-Ideologen die Geschichte sehen und wie sie vor diesem Hintergrund die Zukunft ihrer eigenen Organisation sehen.

Der Artikel stellt fest, daß die Chancen einer Oppositionsregierung praktisch nicht mehr bestehen, und sagt dann das Ende des Systems von 1955 voraus, genau so, wie oben von Nakasone berichtet wurde. Er setzt dies zu dem in Beziehung, was er als die beiden Hauptmerkmale der politischen Entwicklung seit der Meiji-Restauration bezeichnet: der Tatsache, daß regierungsfeindliche Gruppen in Japan nie unterdrückt, sondern von der Regierung immer gehört worden seien, und daß seit 1866 etwa alle dreißig Jahre eine größere Änderung im politischen System eingetreten sei. Das Interessante an den Dreißigjahreszyklen, erklärt der Artikel, ist, daß immer etwa in seiner Mitte eine politische Bewegung aufkommt, geführt von Gruppen, die keinen Zugang zum politischen Prozeß haben, und daß der zyklische Wechsel eintritt, weil die Regierung diesen Bewegungen entgegenkommt.

Nach einem eleganten Sprung über den Pazifischen Krieg und die US-Besatzung führt der Artikel die beiden letzten Wechsel von 1924 und 1955 an. Die Bewegung nach dem zyklischen Wechsel von 1924 — die also zu dem zyklischen Wechsel von 1955 führte — ist keine andere als die Bewegung Neue Nationale Struktur der Reformbürokraten. Die LDP-Ideologen erklären sie mit der allgemeinen Unzufriedenheit darüber, daß zwei politische Parteien sich mit der Regierung abwechselten, »denn dies forderte zu Korruption und Kontrolle der Wirtschaft über die Politik heraus«. Der Verband zur Unterstützung der Kaiserherrschaft IRAA wurde gebildet, um mit diesem Problem fertigzuwerden. Und unter einem ähnlichen Programm, fährt der Artikel fort, bildeten Firmen die patriotischen Industrieverbände (Sangyo Hokokukai), in denen Arbeiter und Firmenleitung angeblich zusammenarbeiteten, um die Betriebe zu führen.

Die LDP-Autoren liegen nicht nur ein wenig daneben, wenn sie die Bewegung Neue Ordnung so darstellen, als wäre sie vom Volk ausgegangen. Sie zog zwar Gruppen an, die mehr Einfluß auf politische Entscheidungen suchten, wurde aber von etablierten politischen Cliquen beherrscht, die alle ihre eigene Position innerhalb der Elite stärken wollten. Die LDP-Sprecher ignorieren den imperialistischen Krieg und die Besatzung, als wären sie nebensächliche Zwischenspiele; interessant zu sehen ist aber, wie sie die politischen Institutionen der Kriegszeit einbeziehen. Der Sangyo Hokokukai gab den Arbeitern diesem Artikel zufolge eine Stimme in der Leitung ihrer Firmen. Und der IRAA, »obwohl heute negativ bewertet wegen seines Militarismus und seines ›Falkentums‹«, tat ebenfalls viel, um die Politik den gewöhnlichen Menschen wiederzugeben. Die verblüffende Schlußfolgerung der LDP-Ideologen ist, daß das System von 1955 diese Aspekte geerbt hat; gerade so wie im IRAA wurden die politischen Parteien in der LDP gebündelt, und die Grundlage, die der Sangyo Hokokukai legte, machte die Entwicklung eines höchst wünschenswerten Systems von Firmengewerkschaften möglich.

Kurz, die Autoren gestehen stolz, daß zwei der wichtigsten Merkmale des Systems in den drei Jahrzehnten hohen Wirtschaftswachstums seit 1955 — eine unangefochten herrschende Partei und gefügige Gewerkschaften — direkte Abkömmlinge von Institutionen sind, die mit dem Ziel gebildet wurden, ein Land im Krieg zu stärken. Das ist ein zwar ganz richtiges, aber doch seltsames Eingeständnis; die LDP hat sonst nicht die Gewohnheit, diese Arrangements der Kriegszeit vor dem Rest der Welt laut zu preisen.

Und die Zukunft? Den ungewöhnlich deutlichen LDP-Sprechern zufolge ist Mitte der 1980er Jahre ein weiterer Wechsel zwischen zwei Dreißigjahreszyklen eingetreten. Die entscheidenden beiden Bewegungen, die zum »System von 1985« geführt haben, sind die kakushin jichitai undo, eine Kampagne, um mehr Bürgermeister und andere Gemeindeautoritäten aus den Oppositionsparteien zu bekommen, und die chiiki jumin undo, örtliche Bürgerinitiativen in den großen Städten, die für Verbraucherinteressen eintreten. Beide Bewegungen sind eines stillen Todes gestorben (vgl. Kapitel 3), — nicht, weil sie ignoriert wurden, versichert uns der Artikel, sondern weil ihre Forderungen akzeptiert und ihre Wünsche verwirklicht worden sind.

Solche Entwicklungen, schließen die LDP-Autoren, weisen deutlich darauf hin, wie die Partei sich der Wirklichkeit anpassen muß; die LDP muß auch ein politischer Hafen für städtische Gehaltsempfänger und ihre Frauen werden, und sie müssen die Unterstützung der Gewerkschaften gewinnen.

Eine der zentralen Botschaften des Artikels ist das bevorstehende Ende der linken Gewerkschaftsbewegung. Tatsächlich gab es in den 1980er Jahren, wie schon erwähnt, eine wichtige Entwicklung in diesem Bereich: die Aufteilung der staatlichen japanischen Eisenbahn, deren Gewerkschaften des öffentlichen Sektors einst relativ aktivistisch gewesen waren und das Rückgrat der linken Sohyo gebildet hatten. Schon bei den Wahlen von 1986 stimmten etliche Gewerkschaften für LDP-Kandidaten. In mehreren Regionen sind örtliche JSP-Kandidaten mit starken LDP-Abgeordneten Koalitionen eingegangen, um Entwicklungsprojekte durchzuführen.[86] Wenn der neue nationale Gewerkschaftsbund Zenmin Roren einmal zu etwas Alltäglichem geworden ist, wird die unentrinnbare Umarmung fast vollständig sein.

Die Machthaber hatten schon immer ein Herz für Gewerkschaften, solange sie nach ihren eigenen Vorstellungen organisiert waren; schließlich förderte das Sozialbüro des Naimusho Arbeitsgesetze in den Jahren zwischen den Kriegen, und die Nachkriegsverwaltung hat »realistische«, d. h. konformistische Gewerkschaften immer gern gesehen.[87] Diese Konsolidierung eines Prozesses, der nach der richtigen Beschreibung der LDP-Ideologen mit den Firmenräten aus Leitung und Belegschaft in den patriotischen Industrieverbänden begann, bezeichnet einen historischen Meilenstein, wenn man bedenkt, daß christlich und später marxistisch inspirierte Gewerkschaften seit der Jahrhundertwende die einzigen wichtigen gesellschaftlichen Gruppen waren, die in dauerndem Konflikt mit dem System standen.

Während das System einen weiteren großen Schritt in seiner Kampagne zur Ausmerzung der japanischen Linken tut, kommt es der Erfüllung des Traums vom entpolitisierten Staat immer näher. Auch im Westen ist dies ein alter Traum. Die Vision der Zusammenarbeit in einem großartigen, gemeinsamen Streben zur Verbesserung des menschlichen Lebens und die Belohnung dafür in Form liebender Fürsorge haben viele Gesellschaftswissenschaftler und Utopisten vor Marx erfüllt.

Ein Teil des Traumes ist, daß das verlorene Paradies zurückgewonnen werden kann. Diese Vorstellung fand ihren bekanntesten wissenschaftlichen Ausdruck 1887 mit der Veröffentlichung von Ferdinand Tönnies' *Gemeinschaft und Gesellschaft*. Er nahm eine Dichotomie an: einerseits die Welt der traditionellen Dörfer, eine »Gemeinschaft«, mit angeblich innigen menschlichen Bindungen, beherrscht von einem Gefühl der Solidarität statt von Politik. Diese Welt war für die meisten Abendländer der künstlichen, unfreundlichen »Gesellschaft« gewichen, wo kalte Regeln das warme Verständnis ersetzt hatten. Obwohl niemand überzeugende Beweise gefunden hat, daß eine »Gemeinschaft«, frei von Machtkämpfen, je existiert hat, behielt diese Dichotomie ihren hartnäckigen und inspirierenden Einfluß über etliche Generationen von romantischen Träumern und Kommunengründern im Westen. Sie entspricht dem nihonjinron-Kontrast zwischen der intimen, organischen und warmen, traditionell japanischen Gemeinschaft voll »menschlichen Gefühls« und der berechnenden, mechanistischen und mißtrauischen Welt des Westens in der japanischen Phantasie.

Der andere Teil des Traumes ist die bekannte Vorstellung, frivole, raffinierte Politik durch vernünftiges, selbstloses und wissenschaftliches Regieren zu ersetzen, bei dem der Nation der volle und systematische Nutzen fortschrittlicher, moderner, technokratischer Expertise zugutekommt. Die Entfernung unordentlicher parlamentarischer Prozeduren und anderer institutioneller Hindernisse für die Durchsetzung des nationalen Ziels ist oft genug von westlichen Denkern in Betracht gezogen worden. Sie ist in Saint-Simons berühmtem Ausspruch zusammengefaßt, daß die Verwaltung von Sa-

chen die Regierung von Personen ersetze. Und sie ist in der marxistischen Sicht der Zukunft enthalten.
Ein Gesellschaftsleben, in dem vernünftige Planung selbstsüchtige Politik ersetzen würde, ist verlockend, weil es Lösungen für Probleme verheißt, die die Menschheit in ihrer ganzen Geschichte geplagt haben. Wie Isaiah Berlin es ausdrückt:

> *Wo man sich über die Ziele einig ist, bleiben nur noch Fragen nach den Mitteln, und diese sind nicht politisch, sondern technisch, d. h., sie können von Fachleuten oder Maschinen geregelt werden wie Meinungsverschiedenheiten unter Ärzten oder Ingenieuren. Jeder, der an ein riesiges, weltveränderndes Phänomen glaubt, etwa den letztlichen Triumph der Vernunft oder die proletarische Revolution, muß deshalb glauben, daß alle politischen und moralischen Probleme dadurch zu technologischen gemacht werden können.*[88]

Um Berlins Argument umzudrehen: Unter der »Verwaltung von Sachen« ist die einzige Frage die, wozu die Planung sein soll. Für das japanische System ist die Antwort darauf seit der Meiji-Zeit klar: Ordnung bewahren und stark werden. Und seit 1945 haben die Verwalter, ohne über »Ziele« zu diskutieren, für die Priorität des unbegrenzten Industriewachstums konsolidiert, angepaßt und geplant, als wäre es ein selbstverständliches Gut, und so sehen sie es tatsächlich.
Die Konsolidierung des Systems hat zu scheinbarer Stabilität geführt. Die Frage, ob die Stabilität mehr Schein als Sein ist, wird nur dann drängend, wenn durch Ereignisse, die die Verwalter nicht in den Griff bekommen, eine Krise eintritt. Und 1988 sah es so aus, als könnten keine inneren Spannungen in der übersehbaren Zukunft krisenhafte Ausmaße annehmen. Das uneingestandene Problem der Legitimität ist wirksam erledigt worden, gewiß wirksamer als vor 1945. Es wird kaum akut werden, solange die Komponenten des Systems sich gegenseitig an einer autoritären Machtergreifung hindern können. Die starke Tendenz zu Konflikten wird unterdrückt; wie wir sahen, wird Konflikt nicht als politisch akzeptabel anerkannt.
Freilich kann ein völlig entpolitisiertes System nicht existieren.

»Gemeinschaften« in Tönnies' Sinn sind eine Illusion, und die Ironie des japanischen Systems liegt, wie wir sahen, in seiner völligen Politisierung. Die politischen Motivationen und Funktionen der Firmen und Wirtschaftsverbände, die den harten Kern des Systems bilden, sind offensichtlich. Die heutigen Konzerne üben nicht einfach politischen Einfluß aus wie im Westen, sondern sie sind konstituierende und völlig unverzichtbare Organe des Gemeinwesens geworden. Dies ist, zusammen mit der fraglosen Priorität, die die Verwalter dem unbegrenzten Industriewachstum geben, ein wesentlicher Faktor in Japans internationalen Beziehungen — ein Faktor, der im Unterschied zu inneren Spannungen sehr wohl zu einer Krise führen könnte.

15

Der japanische Phönix

Es gibt zwei Bedrohungen für die geheiligte japanische Ordnung: von den Japanern und von Ausländern. Beide waren in den letzten 150 Jahren manchmal groß genug, um die herrschende Elite zu ängstigen. Die politischen Ereignisse vor und nach der Meiji-Restauration können als Sequenz innerer und äußerer Bedrohungen der etablierten Machtverhältnisse sowie der dadurch provozierten Reaktionen gesehen werden. Etwa sechzig Jahre lang bewahrte die neu aufgekommene Bürokratie Japan danach vor innerer Unordnung im Denken oder Handeln, wobei sie für ihren Zweck die allmählich entstehende Ersatzreligion vom »nationalen Wesen« und die in Kapitel 14 beschriebenen militärisch-bürokratischen Institutionen zur sozialen Kontrolle nutzte. Seit etwa 1955 ist man durch die ungeheuren Kontrollkapazitäten des Nachkriegssystems noch besser mit der Gefahr innerer Unordnung fertiggeworden. Aber außer Reichweite dieser innenpolitischen Maßnahmen ist die zweite Bedrohung geblieben, die von außen; und durch ihre Natur selbst bildet sie einen ständigen Unruheherd. Der Außenwelt ist mit den traditionell japanischen Techniken der sozialen Kontrolle einfach nicht beizukommen.

DIE WIRTSCHAFT DER NATIONALEN SICHERHEIT

Da Japans Machthaber eine Bedrohung ihres eigenen Sicherheitsgefühls automatisch als Bedrohung der nationalen Sicherheit sehen, haben sie und ihre beredten Sprecher Japan lange als ein Land dargestellt, das unkontrollierbaren Kräften von außen gegenüber besonders anfällig ist. Von der Meiji-Zeit bis mindestens in die 1970er Jahre hat diese stets gegenwärtige Angst, zeitweise nur latent, zeitweise akut, viel von der Energie geweckt, die bei dem Bemühen, aufzuholen, eingesetzt wurde.

»Aufholen«

In den 50 Jahren nach dem Ende der japanischen Isolation mußte der Möglichkeit, daß ausländische Mächte Japans soziopolitische Arrangements durcheinanderbrachten, begegnet werden, indem man Industrie und Militär des Landes stärkte. Rußland und die westlichen Staaten mußten dazu gebracht werden, Japan als gleichberechtigte strategische Größe zu sehen. Die berühmteste Parole der Meiji-Zeit war »fukoku kyohei«, »reiches Land, starkes Militär«, und die Antwort auf die echte oder eingebildete Gefahr von außen war das Bestreben, Japan unbesiegbar zu machen. Industrialisierung in rasendem Tempo war selbstverständlich, denn in den Augen der Machthaber bedeutete sie nicht weniger als das politische Überleben, sowohl Japans als auch ihr eigenes. Die Stärksten der Welt einzuholen, wurde zur Besessenheit — nicht nur als Priorität der Regierung, sondern als höchstes Ziel aller patriotischen Japaner. In einem für Abendländer wirklich unfaßbaren Maß fanden viele Japaner — die außer bloßen soziopolitischen Forderungen keine Religion hatten — den letzten Sinn des Lebens, ihren existentiellen Leitstern, im Überleben und Wohlergehen der Nation.

Aufholen bedeutete auch Kontrolle über die Wasser hinaus, die Japan umgaben. In der Meiji-Zeit wie in der Taisho-Demokratie hätte kein Japaner mit einer politischen Stimme es anders gewollt. Die politischen Parteien waren mit Militär und Bürokraten einig in dem Plan, Japan zu einer beherrschenden Macht zu machen. »Die Vorherrschaft stand nicht zur Diskussion, sondern wie und durch wen diese Vorherrschaft erreicht werden sollte — Diplomatie und wirtschaftliches Vordringen unter Leitung des Außenministeriums oder militärische Eroberung unter Leitung des militärischen Establishments.«[1]

Mit dem Programm »starkes Militär« war der Erfolg natürlich schneller nachweisbar. Und den Reaktionen der Meiji-Presse nach waren expansionistische Ziele äußerst beliebt. Die Zeitungen unterstützten den Krieg gegen China und gegen Rußland ebenso wie die Meuterei der Kwantung-Armee, die zum Krieg in der Mandschurei und letztlich im Pazifik führte. Der berüchtigte Hibiya-Aufstand von 1905 und die darauffolgenden Auseinandersetzungen zwischen Polizei und Bevölkerung in vielen Teilen Tokios (die eine Ausrufung des Kriegsrechts auslösten) waren Proteste gegen die Bedingungen des Vertrages von Portsmouth. In den nächsten Jahrzehnten war imperialistische Expansion in der veröffentlichten Meinung Japans ebenso beliebt wie die Idee des allgemeinen Wahlrechts.

Trotzdem war einem Teil der Elite die Hälfte »reiches Land« in der nationalen Mission eine noch größere Inspiration. Mehrere Meiji-Autoren und Beamten wurden von der Herbert-Spencer-Mode und dem Sozialdarwinismus mitgerissen und schrieben von einem »friedlichen Krieg« unter den Nationen; dabei betonten sie die letztgültige Notwendigkeit wirtschaftlicher Entwicklung und sahen das Militär als Hilfsmittel, um Auslandsmärkte und Rohstoffquellen zu erobern.[2]

Die Förderung der heimischen Industrie war Hauptaufgabe des 1873 gegründeten Naimusho in seinen ersten zehn Jahren, bevor Yamagata Arimoto es zum Hauptquartier der Bürokraten sozialer Kontrolle machte. Sein erster Minister Okubo Toshimichi, einer der mächtigsten unter den frühen Oligarchen, verzweifelte, als er auf einer Informationsmission in Europa feststellte, daß der Westen zu weit voraus war, um je von Japan eingeholt zu werden.[3] Er opponierte heftig gegen Pläne zur Invasion in Korea — Pläne, die die erste große Spaltung der Oligarchie verursachten —, weil Japan sich derlei Abenteuer nicht leisten könne und nur daran denken sollte, wirtschaftlich stark zu werden. Mit 70% der Mittel des neugegründeten Naimusho unterstützte Okubo die Bildung einer großen Gruppe staatlicher Fabriken, schloß eine staatliche Seetransportfirma mit Mitsubishis Schiffslinie zusammen, um die amerikanische und englische Vorherrschaft im Transport zu brechen, sandte Export-Studiengruppen in den Westen, baute ein Handelssystem auf, das ausländische Agenten umging, subventionierte die Seidenindustrie, die Landwirtschaft und andere Industrien und förderte nationale Ausstellungen, die die Vorteile der schnellen Industrialisierung vorführten.[4]

Japan hat seit der Meiji-Zeit immer eine Industriepolitik gehabt. Die Oligarchie übernahm Firmen, die von den Domänen gegründet worden waren, und fügte die staatliche Eisenbahn, Kommunikationsnetze und Rüstung, Bergbau und Werften hinzu. Mit Beginn der Meiji-Industrialisierung wurde die staatliche Kontrolle über die Wirtschaft automatisch, denn die Regierung stellte entweder selbst das Kapital, oder sie ermutigte private Investoren, indem sie ihnen Protektion bot. So wurde Verschwendung durch parallele Investitionen minimiert. In praktisch allen wichtigen Industrien ergriff die Meiji-Regierung die Initiative. Anfang der 1880er Jahre stellte sie sich von direkter Kontrolle über viele Fabriken auf indirekte Protektion um, indem sie beinahe verschenkte, was sie aufgebaut hatte. 1881 gründete sie ein Ministerium für Landwirtschaft und Handel, um diese Politik zu regulieren und die Gesetze zu entwerfen, die die früheren Transaktionen zwischen den Oligarchen und ihren Freunden, den Unternehmern und Geldverleihern, formalisierten. Es entstand eine Wirtschaftsoligarchie. Sie bestand aus politisch privilegierten Finanzhäusern, die der herrschenden Oligarchie verpflichtet waren, und deren bürokratischer Elite. Die jinmyaku-Netze — gegründet auf Verwandtschaft, Heirat, Bestechung oder Freundschaft aus der Schulzeit —, die eine so herausragende Rolle in Japans moderner Wirtschaftsentwicklung gespielt haben, funktionierten schon.

Privatisierung als Lösung industrieller Probleme ist ein wichtiges Merkmal japanischer Wirtschaftspolitik. Wann immer es ungefährlich erschien, haben die Bürokraten sich der lästigen Aufgabe direkter Leitung entledigt. Der Brauch besteht weiter, wie die Behandlung der staatlichen Eisenbahn und Telekommunikation Mitte der 1980er Jahre belegt. Die Beamten verlieren wenig praktische Rechtshoheit, aber die Wirtschaft gewinnt an Effizienz dank neuer Anreize, Risikostreuung und einer kontrollierten Form des Wettbewerbs, die die »natürliche Auslese« fördert. Ende des 19. Jahrhunderts behielten die Meiji-Bürokraten leicht die fast völlige Kontrolle über die strategisch wichtigen Sektoren Bergbau, Schwerindustrie und Transport.

Die zweite große Aufholkampagne begann in den 1950er Jahren, nachdem der Wiederaufbau nach dem Krieg abgeschlossen war, und hält bis heute an. Mit der gleichen zielstrebigen Hingabe hat Japan dabei jedes Land außer den USA an wirtschaftlicher Leistung überholt. Dahinter stand wiederum nicht nur, nicht einmal vornehmlich, das, was der Westen unter wirtschaftlichen Motiven versteht. Das wichtigste Ziel der japanischen Wirtschaftstätigkeit ist nicht, den Bürgern mehr Auswahl und Komfort zu geben. Im Gegenteil, das Wirtschaftswachstum ist oft auf ihre Kosten gegangen, denn es wird direkt mit der Vorstellung nationaler Sicherheit verbunden. Und da der Teil »starkes Militär« der nationalen Mission gestrichen werden mußte, muß die wirtschaftliche Anstrengung diesmal die gesamte Last tragen.

Während hastige industrielle Entwicklung in der Meiji-Zeit als wichtig für die nationale Sicherheit galt, tut man es heute nicht unter wirtschaftlicher Vorherrschaft. Daß Japans Beamte dies für selbstverständlich halten, ist offensichtlich, wenn man zwischen den Zeilen ihrer Artikel liest und ihren Verlautbarungen genau zuhört. Die Welt hat zu verstehen, scheinen sie zu implizieren, daß sie keine ihrer Industrien im Wettbewerb mit Ausländern verlieren lassen können.[5]

Die meisten ausländischen Beobachter dieses Jahrhunderts haben die unbezweifelbare Hingabe bezeugt, mit der die Japaner sich ihren Aufgaben widmen. Zwei Jahrzehnte nach Kriegsende, als der nationale Wiederaufbau längst hinter ihnen lang, strahlte eine Salaryman-Gruppe aus der gleichen Firma, wenn man sie zusammen sah, noch immer missionarischen Eifer aus. Besonders in den 1960er Jahren erweckten japanische Firmen den Eindruck, in ständigem Wettstreit zu stehen. Der Wettbewerb war tatsächlich kontrolliert, aber sie strebten unablässig, in der Wirtschaftshierarchie aufzusteigen, und die höchsten Ränge in den jeweiligen Sektoren wurden einer breiten Öffentlichkeit verkündet. Selbst Hausfrauen und Schulkinder, von denen man vielleicht erwartet hätte, daß ihnen derlei nicht viel bedeutete, wußten recht genau, welche Firma in welchem Bereich am größten war. Solche Publizität und der einheitliche Eindruck in den Medien (vor den Umweltskandalen), dies alles sei wunderbar, schufen eine phänomenale Antriebskraft. Aber unter den Spitzenfirmen im Inland zu sein, war nur der Anfang; das Rennen mit den mächtigen, internationalen Firmen hatte längst begonnen. In Gesprächen mit Ingenieuren und Managern großer Elektronikfirmen in den 70er Jahren spürte man, daß sie im Grunde alle für eines lebten: IBM einzuholen und zu überholen. Einen Tag nach der Bekanntgabe des »Dollar-Schocks« (der durch Nixons Entscheidung von 1971 verursacht war, die Konvertibilität des Dollars in Gold abzuschaffen und deshalb eine Neubewertung des Yen nötig machte) besuchte ich die Büros der Fuji Photo Film und fand eine Gruppe verzweifelter, aschfahler Gehaltsempfänger; sie erklärten, ihre internationalen Verkaufspläne und daher ihre Aussichten, Kodak einzuholen und zu überholen, habe einen Rückschlag erlitten, von dem die Firma sich vielleicht nie erholen würde.

Der Weg zur Vollkommenheit

Der Wille zum Aufholen ist bei Japans Aufstieg zur großen Wirtschaftsmacht ein so wichtiger Faktor, daß es sich lohnt, seine Auswirkungen in einem Bereich des japanischen Lebens zu untersuchen, der nicht direkt mit der Volkswirtschaft zu tun hat. »Fortschritt« ist in Japan oft und lange leichter meßbar gewesen als im Westen. Zu Beginn seiner bezeugten Geschichte, im sechsten Jahrhundert, als Japan eine primitive Stammesgesellschaft ohne Schriftsystem war, machte es die folgenreiche Erfahrung des Kontakts mit T'ang-China, damals der entwickeltsten Kultur der Welt. Die Übernahme kultureller Formen mit einer in der Geschichte selten oder nie wieder erreichten Gründlichkeit begründete eine bis heute erhaltene Einstellung, besser werden zu wollen.

Typisch für diese Einstellung ist die Idee, daß es eine »vollkommene« Art gibt, Dinge zu tun. Beim Erlernen einer Fähigkeit — besonders im Zusammenhang mit japanischer Musik, den traditionellen Theaterkünsten oder Judo, Aikido, Kendo und Karate — liegt die Betonung auf automatischer, endloser, gedankenloser Wiederholung dessen, was der Lehrer tut. Die Meisterschaft wird erreicht, indem man die Hindernisse zwischen sich selbst und dem vollkommenen, im Lehrer verkörperten Vorbild entfernt.

Die Vorstellung, daß der Lernende ein angeborenes Potential haben könnte, das ganz allein ihm eigen ist, hat selbst in den nicht traditionellen Künsten kaum Einfluß gehabt. Ausländische Dirigenten und Musiklehrer bemerken fast einstimmig, daß die japanischen Künstler große technische Geschicklichkeit mit einer relativ geringen Fähigkeit zu persönlichem Ausdruck verbinden. Dies spiegelt zum Teil einen Mangel an Mut in einer konformistischen Gesellschaft und zum Teil die Tatsache, daß Musiker, die nie im Ausland studiert haben, selten gelernt haben, daß sie die Musik interpretieren müssen. Die »vollkommene« Art, etwas zu tun, ist vergleichbar mit starren Erwartungen des Gemeinschaftsverhaltens; man muß sozusagen dem Vorbild gerecht werden. Den japanischen Lernmethoden zufolge hat die Fähigkeit oder Kunst eine autoritative und vorherbestimmte Existenz, der es zu dienen gilt. Es gibt keinen Raum für persönliche Variationen nach der individuellen Fähigkeit oder Vorliebe des Ausführenden.

Der Vorteil dieser Methode liegt darin, daß sie große technische Meisterschaft in den reproduzierenden wie auch in den bildenden Künsten hervorbringt, und eine heitere Schönheit, die aus totalem Selbstvertrauen kommt. Doch sie hat auch Nachteile. Fortschritt in einer Fähigkeit wird an so eng definierten Maßstäben gemessen, daß Leistungen, die diese Maßstäbe nicht erfassen, leicht unbemerkt bleiben können. Das Selbstbewußtsein, das die traditionelle japanische Lernmethode erreicht, wirkt oft auch als Bremse. Da der Stil, die genaue Art der Präsentation, als entscheidend gilt, sind unzählige Wiederholungen nötig, um dieses störende Bewußtsein von sich selbst zu eliminieren. Japaner, die traditionelle Fähigkeiten — und moderne Sportarten — erlernen, dürfen nicht so schnell ihre physischen Bewegungen sich selbst überlassen, damit sie auf das achten können, was dahinterliegt.

Ich glaube, diese Art des Lernens hat politische Bedeutung. Der Kontakt mit dem Vorbild China kam so früh in Japans politischer Entwicklung, und T'ang-China war so ungeheuer viel weiter entwickelt, daß sich daraus keine Gelegenheit ergab, die Regierungen zu vergleichen, sondern eher eine lange, traumatische Erfahrung. Die Machthaber, die die äußeren Formen der chinesischen Regierung fast vollständig importierten, waren anscheinend von dem Bewußtsein einer neuen Realität motiviert, der sie irgendwie gerecht werden mußten. Ich vermute, daß von daher in Japan sowohl die Vorstellung kommt, daß es eine vollkommene Art gibt, Dinge zu tun (besonders in den Künsten und Lernmethoden), als auch das allgegenwärtige Gefühl, dieser »vollkommenen Art« nie gerecht zu werden.

Im 19. Jahrhundert stand Japan plötzlich der Stärke und den technischen Wundern der USA und Europas gegenüber. Diesmal predigten die meisten Parolen, es gelte, den materiellen Errungenschaften der Ausländer nachzueifern und gleichzeitig den japanischen »Geist« zu bewahren. Und nachgeeifert haben die Japaner — in einem Ausmaß wie kaum ein oder gar kein Volk zuvor oder danach.

»Paniken«, Depression und neue Kontrollen

Bis 1905 hatte Japan eine ausreichend starke industrielle Basis aufgebaut, um Rußland im Krieg von 1904—1905 zu schlagen. Dem Erfolg der Meiji-Oligarchie in der Stimulierung der Wirtschaftsentwicklung folgte ein weiterer Aufschwung der japanischen Industrie aufgrund des Ersten Weltkriegs. Dieses Glück war 1920 zu Ende; eine Kette von »Paniken« verursachte mehrere Rezessionen und brachte die Wirtschaft durcheinander. Im internationalen Vergleich gesehen, wuchs die japanische Wirtschaft eigentlich weiterhin rasch,[6] aber das änderte nichts am allgemeinen Eindruck von Ungewißheit und Unordnung. Gerade, als Anpassungsmaßnahmen begannen, zu greifen, wurde Tokio und seine Umgebung 1923 von dem großen Kanto-Erdbeben erschüttert. Darauf folgte 1925 eine Deflation und 1927 die Finanzkrise. Viele Firmen, die im vorangegangenen Aufschwung zu stark expandiert hatten, mußten mit staatlichen Darlehen gerettet werden. Die Zentralbank hatte nach dem Erdbeben zuviel verliehen, und die darauffolgende Finanzpanik bewirkte den Zusammenbruch von 37 Banken und den Aufstieg der fünf zaibatsu-Banken zu annähernder Hegemonie. All dies geschah vor einem Hintergrund zunehmender Aufstände unter Landwirtschaftspächtern und vieler anderer gesellschaftlicher Wirren.

Die Unordnung hatte für die Wächter der japanischen Sicherheit unannehmbare Proportionen angenommen und erforderte dramatische Maßnahmen der Verwaltung. Als diese kamen, begann der Rückzug eines Wirtschaftssystems, das trotz seines starken bürokratischen Elements noch in vielen Dingen den Laissez-faire-Volkswirtschaften des Westens ähnelte. In der Zeit der »Taisho-Demokratie« blühte das Unternehmertum, und neue Betriebe konnten zu großen Firmen expandieren, ob sie nun mit der Bürokratie verbunden waren oder nicht. Gewinn zu machen wurde als angemessene Funktion von Geschäften akzeptiert. Es gab einen Arbeitsmarkt, einen offenen Kapitalmarkt und freien Handel, wie Japan sie seither nicht gekannt hat; ausländisches Kapital strömte frei herein. Nach der Bankenkrise bildete Tanaka Giichi jedoch im April 1927 ein Kabinett, das eine neue und stärker kontrollierte Wirtschaftspolitik einleitete. Tanaka Giichi war, wie in Kapitel 14 gesehen, Yamagata Arimotos wichtigster Protégé und ähnlich besessen von der Notwendigkeit zu mehr sozialer Kontrolle — er ließ zahlreiche Linke verhaften und löste alle »verdächtigen« Organisationen auf. Einen Monat nach Tanakas Kabinettsbildung setzte der Minister für Handel und Industrie innerhalb seines Ministeriums ein Beratungsgremium für Handel und Industrie ein, das untersuchen sollte, woran die japanische Wirtschaft krankte und was die Regierung dagegen tun müßte. Chalmers Johnson, der Urheber des Begriffs »kapitalistischer Entwicklungsstaat« (CDS) hat diese Entwicklung als den Beginn der Industriepolitik ausgemacht, die zum hohen Wachstum der Nachkriegszeit führte. Die Wirtschaftsbürokraten begannen, in Begriffen »industrieller Rationalisierung« zu denken, und damit haben sie nie wieder aufgehört.[7]

Die »Showa-Depression« von 1930 bis 35, verursacht durch die Depression von 1929 im Westen, folgte auf die vielen »Paniken« des Jahrzehnts davor und trug dazu bei, daß die »Reformbürokraten« mit ihren Theorien der sozialen und wirtschaftlichen Kontrolle nach Art des nazideutschen und italienischen Korporatismus an die Machtpositionen kamen. Gleichzeitig verfolgte einer der bekanntesten japanischen Finanzminister, Takahashi Korekiyo, eine Inflationspolitik, die das erste japanische Beispiel für diese Art Wirtschaftspolitik war. Sie funktionierte, unterstützt durch die gesteigerte Rüstung. Dann zogen die Schwerindustrie und die chemische Industrie Japan aus der Depression. Takahashi hatte immer für wirtschaftliche statt militärische Expansion plädiert und betont: »Militärausgaben, die die Zahlungsfähigkeit des Landes übersteigen, würden eine echte Verteidigung nicht fördern.«[8] Für diese Einstellung wurde er in der Rebellion vom 26. Februar 1936 von den »Superpatrioten« ermordet. Dieses herausragende Ereignis in Japans politischer Geschichte markierte auch den Rückzug mäßigender Kräfte in Japans Finanzpolitik vor den militärischen Forderungen nach maximalen Ausgaben für den »nationalen Verteidigungsstaat«.

Das Labor des Staatskapitalismus

Der einzige Ort, der von den ständigen inneren Kämpfen der Elitegruppen freiblieb, war die Mandschurei. Besonders nachdem die japanische Kwantung-Armee sie zum Marionettenstaat Mandschukuo gemacht hatte, sahen Militärs und »Reformisten« in der Bürokratie diese De-facto-Kolonie als idealen Schauplatz zur Förderung industrieller Pläne, nicht zum privaten Profit, sondern als Ausdruck der Macht des Kaiserreiches. Die Armee verachtete die japanischen Großfirmen seit langem, weil sie mehr an Gewinnen interessiert waren als daran, zur größeren Ehre des Kaisers zu arbeiten. Deshalb wollte sie die zaibatsu aus der Mandschurei heraushalten.

Der Kopf hinter dem Mandschurischen Zwischenfall und anderen Operationen der Kwantung-Armee, über die Tokio jede Kontrolle verloren hatte, war Hauptmann Ishiwara Kanji. Dieser glänzende Stratege war am engsten mit dem Konzept des »nationalen Verteidigungsstaates« verbunden und hatte als Dozent im Kriegscollege mit seinen Ideen über den »Endkrieg« (d. h. zwischen Japan und den USA) Aufmerksamkeit erregt. Er war das Idol romantischer Militäraktivisten. 1935 erlangte er seine einflußreichste Stellung als militärischer Wirtschaftsplaner und begann sofort, Pläne zur Entwicklung der Mandschurei zu entwerfen, um eine Basis für den Krieg gegen die Sowjetunion und für eine »Showa-Restauration« zu bieten — eine Revolution unter der Führung der radikalen Nationalisten, die Japan von den für das »nationale Wesen« schädli-

chen Elitegruppen reinigen würde.[9] Keins der beiden Ziele wurde erreicht; doch die grundlegenden Wirtschaftspläne, die die Kwantung-Armee den Reformbürokraten Kishi Nobosuke und Hoshino Noaki vorlegte, damit diese sie verfeinerten und umsetzten, stammten von Ishiwara und seinem Freund und Mitplaner des Mandschurischen Zwischenfalls, Miyazaki Masayoshi (der während der Revolution in Rußland gelebt und das Land in den 1920er Jahren wieder besucht hatte, um wirtschaftliche Planung zu studieren).[10]
Am Anfang war die Südmandschurische Eisenbahn (Mantetsu) ein riesiges Wirtschaftsimperium. In der Folge des russisch-japanischen Krieges kam sie in japanische Hände und bildete stets die Vorhut für Japans industrielles und wirtschaftliches Vordringen in China. Sie war auch Vorbote der japanischen militärisch-politischen Ambitionen in Asien und führte als solcher zu dem Konflikt mit China, der den Mandschurischen Zwischenfall mit auslöste. Außer der Eisenbahn betrieb die Mantetsu Kohlebergwerke, Stahlwerke, Warenhäuser, Kraftwerke, Leichtmetallfabriken, Banken, Häfen, Schiffslinien und Flugzeugwerften, insgesamt gut achtzig Firmen. Und sie beutete chinesische Arbeitskräfte in riesigem Umfang aus.
Dennoch hatte die Mantetsu Schwierigkeiten, genug Kapital für die Firmen aufzubringen, die sie gründen oder vergrößern wollte. Im entscheidenden Jahr 1937, als der totale Krieg mit China die volle Ausbeutung der Mandschurei notwendig machte, reorganisierten die militärischen und reformbürokratischen Planer die Mantetsu deshalb drastisch. Sie trennten ihre industriellen Aktivitäten von der Eisenbahn und gruppierten sie unter der Mandschukuo-Schwerindustrie-Entwicklungsgesellschaft. Die Hälfte des zusätzlich erforderlichen Kapitals sollte von einer der sogenannten »neuen zaibatsu«, der Nissan-Gruppe, gestellt werden.
Die Nissan (die Mutterfirma der heutigen Nissan Motor und der Hitachi-Gruppe) wurde gewählt, weil ihr Führer, Ayukawa Gisuke,[11] ein Verwandter und politischer Freund Kishi Nobosukes, in den Augen der Armee nicht durch bloßen persönlichen Gewinn motiviert schien. Ayukawa organisierte in den folgenden fünf Jahren die mandschurischen Firmen.[12] Hier sehen wir wieder die Bedeutung von jinmyaku. Persönliche Beziehungen waren ausschlaggebend unter den Reformbürokraten, zwischen Bürokraten und

Militär und zwischen Militär und offizieller Regierung. So war es Kishi, der das Militär überzeugte, daß sein Verwandter Ayukawa der Beste für sie sei, weil er irgendwie anders sei als die geldgierigen zaibatsu-Familien. Tatsächlich verdankte Ayukawa seine Stellung in der Industrie Familienbeziehungen mit Führern der wichtigsten Gruppen. Eine seiner Schwestern war mit dem höchsten Manager des Mitsui-Imperiums verheiratet; drei weitere Schwestern und verschiedene andere Ehen verbanden ihn mit einer erstaunlichen Liste von Familiennamen, die die Creme der politischen und wirtschaftlichen Aristokratie darstellten. Von Ayukawa wird später wieder die Rede sein, weil er nach dem Krieg eine wichtige, wenn auch nicht allgemein bekannte Rolle spielte.[13]

Drei Methoden zur industriellen Zwangsentwicklung, deren Pioniere die Bürokraten der wirtschaftlichen Kontrolle waren, bildeten die wichtigste Lektion für Japans Nachkriegswirtschaft: eine Methode der Finanzierung und eine Methode der Garantie von Marktanteilen, die wir sofort betrachten werden, und das Prinzip der »economics of scale«. Ayukawas Mandschukuo-Schwerindustrie-Entwicklungsgesellschaft hatte die Aufgabe, eine große Herstellerfirma für jeden Industriesektor zu gründen. Alle diese Firmen sollten dann ihre Produktionskapazität bis an die Grenze ihrer Möglichkeiten und auf Kosten von Profiten erweitern. Sie hatten natürlich keine Konkurrenz in der Mandschurei.

Zwei Jahre nach Ausbruch des Pazifischen Krieges, als Japans Aussichten trübe wurden, kühlte die Beziehung zwischen Ayukawas Nissan-Gruppe und der Allianz aus Armee und Bürokraten ab, und 1944 waren die Mißerfolge des mandschurischen Industrieexperiments eindrucksvoller als seine Erfolge.[14]

Grenzen der Kontrolle im Krieg

Den Wirtschaftsbürokraten der Kriegszeit gelang es nie, zu verwirklichen, was ihre Gesetze, ihr CPB, ihre Kontrollverbände, ihre mandschurische Industrieplanung und ihre zahlreichen Anweisungen an die von zaibatsu beherrschte Wirtschaft vorsahen. Regierungsbehörden und andere Machtgruppen kamen einander in die Quere und arbeiteten gegeneinander — ein ewiges japanisches Problem —, so daß es keine wirksame zentrale Kontrolle über Japans Kriegswirtschaft gab. Mit den Worten eines amerikanischen Beobachters der Kriegszeit:

1940 galten dann verschiedene Grade staatlicher Kontrolle über Devisenhandel, Import und Export, Kapitalinvestitionen, Preise, den Arbeitsmarkt, Verbrauchsgüterindustrie und elektrische Energieindustrie. Doch diese Maßnahmen blieben weit dahinter zurück, ein umfassendes Schema staatlicher Regelung auf die Grundindustrien und die großen Wirtschaftskartelle anzuwenden. Sie entstanden zumeist recht zufällig, wenn besondere Notfälle aufkamen. In vielen Fällen gelang es den Wirtschaftsinteressen, entweder die Kontrollregelungen selbst oder das Ausmaß ihrer Anwendung und Durchsetzung zu begrenzen.[15]

Einige der mit der Bewegung Neue Ordnung verbundenen Bürokraten waren von vornherein pessimistisch bei ihren Versuchen mit zentraler Wirtschaftskontrolle und warfen später ihren militärischen Bundesgenossen vor, sie hätten sie gezwungen, eine undurchführbare Politik zu übernehmen.[16] Erst 1942, nach der Schlacht von Midway, konnte mit der »Bewegung der Unternehmensanpassung« ein Anfang gemacht werden, die Industrie voll für den Krieg zu mobilisieren. Sie zog die Bürokraten tiefer als je in die Angelegenheiten von Industriebetrieben hinein, seit diese Firmen dem Staat in der frühen Meiji-Zeit gehört hatten. Und sie bildete einen weiteren Präzedenzfall für die Industrieplanung nach dem Krieg. Denn, mit den Worten eines neueren Beobachters: »Die Bewegung zur Unternehmensanpassung im Krieg liegt am Beginn des Weges, der zum Industriellen Rationalisierungsrat der 1950er und dem Industriellen Strukturrat der 60er und 70er Jahre führt.«[17]

Was im Krieg zufällig funktionierte, funktionierte nach dem Krieg sehr gut, als die Macht der Bürokraten mit Hilfe des SCAP erheblich stieg. Tatsächlich sind die beiden Arrangements, die das japanische Industriewachstum am machtvollsten bestimmt haben, Erbe der Wirtschaftsgesetze aus dem Krieg: erstens die Finanzbeziehungen, um die sich die keiretsu-Industriegruppen und Konzerne bildeten, und zweitens die neomerkantilistischen Handelspraktiken. Diese beiden großen Faktoren haben es den Nachkriegsherstellern ermöglicht, ihre Produktionskapazitäten fast risikofrei auszubauen, sie haben viel Kontrolle über den Wettbewerb im Inland erlaubt und japanische Industrien vor ausländischer Konkurrenz abgeschirmt.

Von der Kriegsfinanzierung zu den keiretsu nach dem Krieg

Die Grundlagen der finanziellen Kontrollstruktur der Kriegszeit wurden Jahre vor Ausbruch des Pazifischen Krieges gelegt. Es war die Aufgabe des Gold-Standards 1931, die eine neue Währungspolitik einleitete. Zuerst wurde Japans bislang relativ freier Handel durch das Gesetz zur Verhinderung des Kapitalabflusses von 1932 und das Gesetz zur Devisenkontrolle von 1933 eingeschränkt. Dann wurden die Grundlagen zur Kontrolle weiter durch zwei Gesetze konsolidiert, die 1937 vor dem Hintergrund einer internationalen Zahlungsbilanz-Krise und dem vollen Kriegsengagement der japanischen Kwantung-Armee in China verabschiedet wurden. Das eine von ihnen, das Gesetz über zeitweilige Maßnahmen in Export, Import und anderen Belangen, gab dem Ministerium für Handel und Industrie das Recht, Import oder Export jeder Ware nach Belieben zu drosseln oder zu unterbinden und die Verwendung importierter Rohstoffe zu kontrollieren. Das andere, das Notstandsgesetz zur Anpassung der Mittel, kontrollierte Darlehen für neue Investitionen in der Industrie und gab dem Finanzministerium die Macht, Mittel in militärische Industrien umzulenken.[18]

Die erste dieser Maßnahmen gab das Grundmodell für das Gesetz zur Kontrolle des Devisen- und Außenhandels ab, das 1949 verabschiedet wurde und als mächtigstes Instrument des MITI bezeichnet worden ist, um seine Industriepolitik umzusetzen.[19] Aufgrund des zweiten haben sich die Beamten des Finanzministeriums angewöhnt, die Banken direkt zu »führen«.

Anfang der 1940er Jahre versuchte das Zentralorgan für die nationale Mobilisierung, der Planungsrat des Kabinetts (CPB), als Teil der »neuen Wirtschaftsordnung« eine wirksame Koordinierung der Energien, Ressourcen und Institutionen zu erreichen. Er plante deshalb, die Ämter des Finanzministers und des Gouverneurs der Bank of Japan zu einem Finanz-Kontrollverband zu vereinen; dieser sollte es erleichtern, Japans Finanzinstitute vom Motiv des Gewinns zu säubern, das inzwischen als großer Schaden für die Ziele der Nation galt. Zwar wurde die völlige Umsetzung dieser Politik durch die inneren Kämpfe zwischen den Büros des Finanzministeriums sowie durch Reibereien zwischen dem Ministerium und dem CPB und durch zahlreiche persönliche Streitigkeiten behindert,[20] doch ein im Mai 1942 gegründeter Verband zur Währungskontrolle setzte den Präzedenzfall für die Kontrolle der Zentralbank über die kommerziellen Banken nach dem Krieg.[21]

Das wohl schicksalhafteste aller Finanzarrangements der Kriegszeit aber wurde etwa eineinhalb Jahre vor der Niederlage eingeführt. Es war das sogenannte »System der zur Finanzierung von Rüstungsfirmen berechtigten Geldinstitute«[22]; es sollte die Produktion der Güter ankurbeln, die die Militärmaschine in viel größeren Quantitäten verschlang, als frühere Planer erwartet hatten. Im Dezember 1943 trat ein entsprechendes Gesetz in Kraft, und im Januar 1944 wählte die Regierung die ersten 150 »Rüstungsfirmen« aus, die die »berechtigten Geldinstitute« unmittelbar und unbehindert mit Mitteln versorgen sollten. Bis Ende Februar war das System installiert.[23] Die berechtigten Institute, hauptsächlich die großen zaibatsu-Banken, wurden von Gruppen kleinerer Banken und anderen Finanzinstituten sowie der Bank of Japan gestützt, so daß ihnen nie das Geld ausging.[24] 1945 wurden dann über 600 große Firmen auf diese Weise finanziert und erhielten 97% ihrer Kredite von den dazu bestimmten Banken. Die letzteren dominierten 70—80% aller Kredite in Japan.[25] Das Finanzmini-

sterium hatte die Oberaufsicht, während das Rüstungsministerium die Mittel zuteilte.[26]
Dies war das ursprüngliche Vorbild für die keiretsu-Finanzierung nach dem Krieg.[27] Die außerordentlich engen Beziehungen zwischen japanischen Firmen und ihrer »Hauptbank« stammen aus den letzten Monaten des Zweiten Weltkriegs. Die meisten japanischen Konzerne sind, wie in Kapitel 2 erläutert, um die eine oder andere sogenannte Citybank gruppiert; und im größten Teil der Nachkriegszeit waren sie ungewöhnlich abhängig von diesen Banken. Während vor dem Krieg das Kapital zu 30—40% geborgt war (was mit Nachkriegszahlen in Europa und den USA vergleichbar ist), borgten große japanische Firmen von Ende der 1940er bis Ende der 1970er Jahre mindestens 80% ihres Kapitals von den Citybanken, mit denen sie eine keiretsu-Beziehung verbindet.
Die Banken, die die Gelder in die keiretsu pumpten, hatten in den meisten Nachkriegsjahren zuviel verliehen und wurden immer abhängiger von der Zentralbank. Ein Wirtschaftswissenschaftler in dieser Institution hat im Vergleich mit den größten westlichen Industriemächten gesagt: »Japan ist das einzige Land, wo die Zentralbank ein Netto-Kreditgeber ist«, d. h., wo die Darlehen von und Diskonte bei der Zentralbank höher sind als die Einlagen der kommerziellen Banken.[28] Dies Phänomen war bis zur Mitte der Meiji-Zeit gang und gäbe, doch von den späten 1910er Jahren bis zur Finanzierung des Pazifischen Krieges empfanden es die großen Banken als beschämend, bei der Zentralbank Schulden zu haben.[29] In der Nachkriegszeit hat die Bank of Japan heftig mit dem Finanzministerium über Fragen der Rechtshoheit gestritten, mußte aber in wesentlichen Punkten nachgeben. Dies bedeutet, daß die Bürokraten des Finanzministeriums enorme Macht über die Entwicklung wichtiger Industrien hatten — und, entgegen anderslautenden Berichten, noch haben. Die Arrangements der Kriegszeit wurden 1947 durch das Zeitweilige Gesetz zur Anpassung der Zinssätze wieder eingeführt, das den Bürokraten des Finanzministeriums freie Hand gab, Zinssätze für Darlehen wie für Einlagen festzusetzen. Dieses »zeitweilige Gesetz« war Ende der 80er Jahre noch immer in den Büchern. Das Recht, die Aktivitäten aller Finanzinstitute einzuschränken, vervollständigt die Auswahl von Instrumenten, mit denen das Finanzministerium das wirt-

schaftliche Verhalten der Japaner im In- und Ausland organisieren hilft. Westliche Analysen der Zusammenarbeit zwischen öffentlichem und privatem Sektor in Japan haben sich zu einseitig darauf konzentriert, inwieweit die Bürokratie die Industrie direkt subventioniert, und deshalb die falsche Frage gestellt. Die Bürokraten im Finanzministerium und in der Zentralbank haben die Zuteilung von Geldern reguliert, und das ist die wirksamste Kontrolle, die man über die Industrie haben kann.

Ererbte Hilfen der sozialen Kontrolle

Neben den Gesetzen und Institutionen der Wirtschaftsbürokraten umfaßt das Nachkriegserbe der Kriegsarrangements, wie wir sahen, auch verschiedene bewußt gestaltete — oder zumindest geförderte — Hilfen innerhalb des weiteren gesellschaftlichen Rahmens, die der Industriepolitik zu ihrem großartigen Erfolg verholfen haben. Eine wichtige Stütze sind die Firmengewerkschaften, direkte Abkömmlinge der Sangyo Hokokukai, der »patriotischen Industrieverbände«, die die Arbeitsbeziehungen zugunsten der Kriegsanstrengungen ordneten (vgl. Kapitel 3). Nach dem Krieg ist die Kontrolle in den meisten Bereichen viel subtiler geworden; nicht nur ihre Ursprünge im Krieg sind vergessen, sondern sie wird generell nicht einmal als das erkannt, was sie ist. Der Informationsfilter der Reporterclubs ist wesentlich achtbarer als direkte staatliche Zensur und erreicht eine wahrscheinlich wirksamere Art überwachter Standardisierung der Nachrichten und des öffentlichen Bewußtseins. Wie wir in Kapitel 6 sahen, ist nach dem Krieg die Kontrolle über die Massenmedien weitgehend privatisiert, und Dentsu ist die wichtigste koordinierende Agentur.
Der Mann, der die Dentsu groß gemacht hat, Yoshida Hideo, konnte das tun, weil er eins der größten jinmyaku-Netze der Nachkriegszeit besaß, das ihn mit früheren Reformbürokraten und anderen mandschurischen Beziehungen verknüpfte. Im Krieg hatte Yoshida den Reformbürokraten hinter den Kulissen die nötige Unterstützung gegeben, um die Systematisierung der Anzeigenkosten zu kontrollieren und 186 Werbeagenturen zu zwölf Firmen zusammenzuschließen.[30] Er arbeitete auch mit Tsukamoto Makoto zu-

sammen, einem Hauptmann im militärischen Nachrichtendienst in Shanghai, der an geheimen politischen Manövern und an der Unterdrückung einer antijapanischen Bewegung in der chinesischen Kolonie beteiligt war. Als Tojo Hideki Premierminister war, wurde Tsukamoto zum Sektionschef der militärischen »Gedankenpolizei« ernannt,[31] und er vermittelte zwischen der Kriegsregierung und den Journalisten. Nach dem Krieg macht Yoshida Tsukamoto zum Direktor der Dentsu. Er bestimmte auch einen der Führer der staatlichen Propagandatruppe in der Mandschurei, Morisaki Minoru, zum Präsidenten von Video Research, der Firma, die das Monopol für Ermittlungen der Zuschauerzahlen hat und ideal plaziert ist, um Fernsehprogramme aufgrund angeblich zu schwacher Zuschauerbeteiligung zu kippen. In den Jahren der Besatzung brachte Yoshida gesäuberte Politiker, Geschäftsleute und Journalisten in einem Club zusammen, der sich einmal monatlich traf. So dehnten sich seine jinmyaku aus, und er erhielt die Genehmigung zur Gründung des ersten kommerziellen Radiosenders. Weil der Rundfunk in Japan von den Genehmigungen der Bürokraten abhängt, waren Yoshidas Beziehungen in diesem Bereich unschätzbar. Das Gebäude bekam den Spitznamen »Zweites Mantetsu-Gebäude«, weil Yoshida so viele ehemalige Manager der Mantetsu (Mandschurischen Eisenbahn) einstellte. Mandschurische Bürokraten und Militäroffiziere wurden ebenfalls von Yoshida »rehabilitiert« und für Tätigkeiten entweder bei der Dentsu oder in den neuen, kommerziellen Radio- und Fernsehsendern ausgebildet. Der berühmte Reformbürokrat Sakomizu Hisatsune, dem wir in Kapitel 14 begegnet sind, bekam ein Büro im Dentsu-Gebäude.[33]

Die Verwalter vergalten Yoshida seine Dienste in der Kriegs- und Besatzungszeit, indem sie die Dentsu zu einer der großen japanischen Erfolgsgeschichten machten. Zwischen 1946 und 1947 stieg ihr Umsatz auf mehr als das Doppelte, im folgenden Jahr auf das Vierfache, im Jahr darauf nochmals auf das Doppelte und zwischen 1950 und 1955 noch einmal auf das Vierfache.[34] Seit Beginn der 1970er Jahre ist sie die größte »Werbeagentur« der Welt. 1971 gründete Yoshida den Masukomi Kodankai (»Runden Tisch der Massenmedien«), bei dem Vertreter der Wirtschaftsverbände und der Medien die Gefahr von »Vorurteilen« in den Medien diskutieren.[35] Wie wir sahen, beherrscht die Dentsu die Programmgestaltung des kommerziellen Fernsehens und ist weitgehend verantwortlich dafür, der LDP und den Bürokraten das erwünschte imeeji (Image) zu geben.

Ayukawa und die Zulieferer

Ein anderes Produkt der japanischen Kriegswirtschaft, das unverzichtbar für das »Wirtschaftswunder« der Nachkriegszeit war, ist das System der Zulieferer mit seinen quasi-familiären Beziehungen zwischen den abhängigen Unternehmen und ihren Auftraggebern. Das System kam nach dem Mandschurischen Zwischenfall voll zur Entfaltung und breitete sich während des Krieges rasch aus. Als Notmaßnahme zur Produktionssteigerung hatten Rüstungsfirmen die Herstellung von Teilen und andere Aufgaben kleineren Firmen übertragen, statt alles selbst zu produzieren.[36] Unproduktive, kleine Firmen wurden reorganisiert und in das System der Kriegsproduktion einbezogen.[37] Das oben erwähnte Gesetz von 1937, das den Bürokraten des Finanzministeriums eine entscheidende Stimme bei der Kreditvergabe an die Industrie gab, teilte die Firmen auch in drei Kategorien ein: militärische Priorität, wichtig und unwichtig. Herstellern »unwichtiger« Güter wurde befohlen, ihre Produktion auf Güter umzustellen, die das Land brauchte.[38] Die Kontrollverbände, deren Führer zum Teil nach dem Krieg die Wirtschaftsverbände gründeten, erhielten die Aufgabe, all dies zu koordinieren.[39]

Die Großfirmen profitieren, wie wir in Kapitel 6 sahen, weiterhin sehr von dieser hierarchischen Beziehung. Eine Reihe von Verbänden, die teils demokratisch, teils recht autoritär waren, konkurrierte in der frühen Nachkriegszeit um die Vertretung der Interessen kleiner und mittlerer Betriebe, und während eines wirtschaftlichen Abschwungs nach dem Koreakrieg neigten sie zu der Ansicht, ihre eigene Kartellbildung könnte die negativen Wirkungen der straffer gewordenen keiretsu und der Konzernkartelle mildern. Doch wie wir in Kapitel 3 sahen, fällt jede japanische Organisation von einer gewissen Größe stärkeren Komponenten des Systems zum Opfer, wenn sie nicht ideologisch gut geschützt ist. Durch »freiwillige«

Anpassungen, die die Wünsche der Großfirmen reflektierten und von Regierungsbehörden angeordnet wurden, erlangten die Verwalter entscheidende Kontrolle über die kleinen Firmen.[40]
Die Hauptregel in dieser Kampagne spielte derselbe Ayukawa, der auserwählt wurde, die mandschurische Industrie zu organisieren. Unmittelbar nach dem Krieg erarbeitete Ayukawa einen Plan, heimkehrende Soldaten umzuschulen und Bauerndörfer zu industrialisieren.[41] Doch die Besatzungsbehörden enthoben ihn aller seiner Ämter und setzten ihn wegen des Verdachts auf Kriegsverbrechen zwei Jahre lang im Gefängnis von Sugamo gefangen (wie Kishi wurde er nie vor Gericht gestellt). Kurz danach wurde er Oberhaus-Abgeordneter der LDP; dieses Amt behielt er, bis seine politische Karriere 1959 durch einen Wahlskandal zusammenbrach. Das meiste verdanken ihm die Wirtschaftsbürokraten der Nachkriegszeit als Gründer des Chusho Kigyo Seiji Remmei (Chuseiren), des wichtigsten Verbandes kleiner und mittlerer Industrieller.
Ayukawa war im Gefängnis zu dem Schluß gekommen, daß kleine und mittlere Betriebe im Wiederaufbau der Wirtschaft nach dem Krieg die Schlüsselrolle spielen würden.[42] 1952 kaufte er eine kommerzielle Bank, um Darlehen an kleine Firmen zu organisieren, und zusammen mit Hoshino Noaki, dem einstigen Gruppenführer der Reformbürokraten des Finanzministeriums in der Mandschurei, und Okada Ichiro von der Mantetsu machte er sich daran, den späteren Chuseiren in seinen Einzelheiten zu entwerfen. Die Kampagne, um seine Gründung bekanntzumachen, wurde 1956 geführt, und eine Plattform wurde verkündet, die unter anderem ein Gesetz vorsah, das »eine großartige Einheit kleiner und mittlerer Firmen schaffen« sollte.[43] Das Ziel des Chuseiren war, zehn Millionen Mitglieder zu werben und Kandidaten bei Wahlen zu unterstützen. Dies gab Ayukawa eine landesweite koenkai (Wahlhilfe-Organisation) in die Hand, mit der er wieder ins Oberhaus gewählt wurde. Vor allem aber gab es seinem alten Waffenbruder Kishi das Gerüst eines Apparates für die Kontrolle der Zulieferer von ganz oben. Wären die anderen Nachkriegsverbände der Zulieferer nicht untergraben worden, so hätten sie eine störende Kraft werden können, denn etliche von ihnen waren deutlich auf der Hut vor ausbeuterischen Beziehungen und gegen die Konzerne eingestellt.

Durch außerordentliche Ausgaben eigener Gelder gelang es Ayukawa, zahlreiche örtliche Zweigstellen zu gründen, und er sammelte gut acht Millionen Unterschriften für das Gesetz, bei dessen Entwurf er den Bürokraten geholfen hatte. Dieses Gesetz sah Regeln vor, nach denen Handelsabsprachen bindend waren, wenn die Hälfte der kleinen Firmen dem Unterverband in ihrem Industriesektor beitraten; wenn zwei Drittel beitraten, sollte der angeschlossene Verband das »Recht« haben, die bürokratische Regelung der Aktivitäten von Nichtmitgliedern zu verlangen; und wenn mehr als zwei Drittel beitraten, sollten die Behörden Nichtmitgliedern vorschreiben, Mitglieder zu werden. Es sah auch vor, daß der Verband von Vorschriften des Kartellgesetzes ausgeschlossen wurde. Der Gewerkschaftsverband Sohyo war gegen das Gesetz, ebenso wie der Ausschuß für gerechten Handel und der Hausfrauenverband, doch dank der persönlichen Vermittlung von Kishi Nobosuke wurde es 1957 im Parlament verabschiedet.[44]
Der Chuseiren sollte bei der Verwirklichung eines weiteren Gesetzes zur Wirtschaftskontrolle eine große Rolle spielen. Anfang der 1960er Jahre erforderte Ikedas »Plan zur Einkommensverdopplung« Anpassungen in der Größe und anderen Merkmalen kleiner und mittlerer Betriebe, damit sie in die Industriepläne paßten, die damals entwickelt wurden. In der Hoffnung, seine Macht in diesem Bereich weiter auszubauen, entwarf das MITI das Gesetz zur Gründung kleiner und mittlerer Industrien, um die Weiterentwicklung der keiretsu-Firmengruppen zu fördern. Die Kommunistische Partei protestierte, das Gesetz würde die wachsende Kontrolle der Großfirmen über die meisten Wirtschaftsbereiche beschleunigen. Ein anderer Verband kleiner und mittlerer Betriebe kämpfte dagegen und argumentierte, es solle nur bestimmte, von der Regierung ausgewählte Industriesektoren entwickeln und würde die bürokratische Kontrolle über die kleinen und mittleren Firmen stärken. Doch der Chuseiren trat nachhaltig für das Gesetz ein, und es wurde mit einigen Änderungen 1963 im Parlament verabschiedet.[45]
Nach Ayukawas Tod leitete Kishi Nobosuke offiziell den Chuseiren. Als Kishi dann 1987 starb, ging das »Gouverneursamt« dieses großen Verbandes kleiner und mittlerer Betriebe an den 77jährigen Tanaka Tatsuo; er war einst mandschurischer Reformbürokrat, Beamter im CPB und im Rüstungsministerium, nach dem Krieg Ka-

binetts-Chefsekretär, Generaldirektor im Büro des Premierministers, MITI-Minister, Erziehungsminister und Chef des Exekutivrates der LDP. Tanaka Tatsuo mag nicht zu den prominentesten politischen Figuren gehören, doch daß er in Japan oberster Vertreter der ausgebeuteten kleineren Betriebe geworden ist, zeigt, daß die Verwalter es verstehen, die Zügel in der Familie zu halten.

Das Erbe der Besatzung

Die Gelegenheit, nicht umgesetzte Pläne für eine zentralisierte Kriegswirtschaft und die mandschurische Lektion in die Praxis umzusetzen, wurde den Bürokraten, wie wir sahen, vom SCAP auf einem Silbertablett dargeboten. General MacArthur und seine »Reformer« verliehen auch der Industriepolitik der frühen Nachkriegszeit erheblichen Schwung. Zuerst hatten die Maßnahmen der Besatzung gegen die Großfirmen ganz unbeabsichtigt eine nachteilige Wirkung auf die »Demokratisierung«, die sie erreichen sollten. Und nachdem in China eine kommunistische Regierung an die Macht gekommen war, gab es, wie wir in Kapitel 3 sahen, eine bewußte Verlagerung der Betonung von der »Demokratisierung« Japans zur Unterstützung im Aufbau einer starken Wirtschaft, die einem potentiellen kommunistischen Angriff in Asien standhalten konnte — eine Verlagerung, die generell als »Rückwärtskurs« bezeichnet wird.[46]

Die Auflösung und Neuordnung der zaibatsu-Holdinggesellschaften, die Entfernung der zaibatsu-Familienkontrolle und die Reorganisation der Firmen unter einem Programm der wirtschaftlichen Dezentralisierung, die etwa hundert Firmen betrafen, stärkte nicht nur die Wirtschaftsbürokraten, sondern hob die bürokratischen Manager auf die höchsten Posten der Industrie. Die Auflösung der zaibatsu hatte auch große Mengen an Sicherheiten freigesetzt, die an die Regierung gingen, ebenso wie die finanzielle und verwaltungstechnische Kontrolle, die zuvor von den Gruppen ausgeübt worden war. Regierungsbeamte begannen, Verantwortungen zu übernehmen, die einst zaibatsu-Manager gehabt hatten. Zudem bedeutete die Knappheit an privatem Kapital direkt nach dem Krieg, daß die Firmen für Investitionsmittel, die durch die Reconstruction Finance Bank und später die Japan Export-Import Bank (ursprünglich Export Bank) erhältlich waren, fast völlig von den Bürokraten abhingen.[47]

Die wichtige politische Entscheidung, der Entwicklung der chemischen Industrie und der Schwerindustrie Vorrang zu geben, wäre ohne die Ablösung der alten Industriekapitäne wahrscheinlich nicht so einfach umzusetzen gewesen. Vor den 1930er Jahren, als das Ministerium für Handel und Industrie relativ wenig Macht hatte und Japans Wirtschaft noch relativ autonom war, hatten die Wirtschaftsbürokraten entdeckt, daß die Förderung ausschließlich dieser Industrien zur Erweiterung ihrer Autorität beitrug. Durch Vermittlung zwischen diesem Sektor und militärischen Kunden in der Mandschurei war es ihnen gelungen, ihr Ministerium zum wichtigsten Aufsichtsorgan über die heimische Schwerindustrie und chemische Industrie zu machen.[48] Die Bürokraten wußten, was sie taten, selbst als der Vorrang für chemische und Schwerindustrie nach dem Krieg keine logische wirtschaftliche Entscheidung zu sein schien.

Institutionen wirtschaftlicher Zwangsentwicklung

Der Wiederaufbau nach dem Krieg wurde unmerklich zu einer etablierten Politik unbegrenzten Industriewachstums. Ohne das Für und Wider einer solchen Politik je zu debattieren, billigte das Parlament Hunderte von Gesetzen und Gesetzesänderungen, die dazu beitrugen, die zur wirtschaftlichen Zwangsentwicklung gebrauchten Institutionen zu koordinieren. Bis Mitte der 50er Jahre war die Zahl der Gesetzesentwürfe, die dem Parlament vorgelegt wurden, auf 200 bis 250 pro Jahr angewachsen. Im gleichen Tempo ging es weiter bis Anfang der 60er Jahre; dann wies ein dramatischer Rückgang darauf hin, daß der Rechtsapparat, der das hohe Wachstum stützte, nun stand.[49]

Zu den wichtigsten gesetzlichen Stützen der Industriepolitik gehörte das Gesetz zur Kontrolle des Außenhandels, das auf dem Gesetz von 1937 aufbaute. Als wichtigstes Mittel zum Schutz der japanischen Industrie gegen ausländische Konkurrenz wählten die Bürokraten Devisenbeschränkungen statt Tarife.[50] Ein weiteres wichti-

ges Werkzeug der Industriepolitik war das im März 1952 verabschiedete Gesetz zur Förderung der Unternehmens-Rationalisierung. Zusammen mit Zusätzen zum Gesetz über spezielle Steuermaßnahmen ermöglichte es stimulierende Steuerbefreiungen, besonders für Exporteure, und schuf Reservemittel für entstehende Industrien. Die Steuermaßnahmen wurden kollektiv als »Steuersystem der Kapitalhäufung« bekannt, und die »vorrangige Anwendung der neuen Politik führte zur Stärkung bestehender Privilegien und zur weiteren Erstarrung der Industriepolitik«.[51]
Die Japan Development Bank wurde im März 1951 gegründet und durfte ihre eigenen Wertpapiere ausgeben. Im Juli 1952 entstand der fiskalische Investitions- und Darlehensplan; dieser »zweite Haushalt«, den Japans riesige Postsparkasse deckt, wurde völlig dem Ermessen der Bürokraten überlassen. Die Export-Import Bank, die Finanzgesellschaft für kleinere Betriebe, die Baukreditgesellschaft und die Finanzgesellschaft für Landwirtschaft, Forsten und Fischerei wurden ebenfalls Anfang der 50er Jahre gegründet, um einen Kapitalfluß für Investitionen zu schaffen.
Der Beitrag des SCAP zur wirtschaftlichen Gesetzgebung, das Kartellgesetz vom 14. April 1947, war unter der Besatzung und noch einmal 1953 geändert worden. Es wurde systematisch geschwächt, bis Kartelle bei Depression und Rationalisierung sowie Preisfixierungen erlaubt waren und die Warnungen an Firmen mit zu großer wirtschaftlicher Konzentration eingestellt wurden.[52]
Im ersten Quartal 1949 erlebte die Wirtschaftspolitik des SCAP einen dramatischen Wandel, als der Banker Joseph Dodge aus Detroit eintraf. Er führte die sogenannte Dodge-Linie ein, eine Reihe von Sparmaßnahmen, die die Inflation nach dem Krieg bremsen sollten. Die Dodge-Phase begann in einer Zeit der Wirtschaftskrise und war nötig, um eine Deflationspolitik einzuführen, die die Regierung sehr wahrscheinlich nicht selbst durchgesetzt hätte. Es galt, die ernüchternde neue Idee einzuführen, daß die Voraussetzung für das übergeordnete Ziel der Erholung wirtschaftliche Stabilität war, und dazu hielt Dodge einen ausgeglichenen Haushalt für wesentlich.
Die Dodge-Linie wurde fast von Anbeginn zum Teil sabotiert, als die Zentralbank die Finanzinstitute anwies, Firmen, die am Rand des Bankrotts standen, zu retten. Ein früherer Bürokrat, der zur

Wirtschaftsplanung der frühen Nachkriegszeit beigetragen hat, schreibt, daß diese Politik ein frühes Zeichen für das Phänomen der zu hohen Kreditvergabe war, und daß sie »die Stärkung der Kontrolle über die kommerziellen Finanzinstitute durch die Bank of Japan vorausahnen ließ«.[53] Sie widersprach den Ideen des SCAP, dieser befahl, sie einzustellen, und zwei Jahre lang bremste die Dodge-Linie die Wirtschaftsbürokraten.[54] Dann jedoch trat zu ihrer Befriedigung eine sehr wichtige Entwicklung für die erste Stufe des »Wirtschaftswunders« ein: Die USA begannen, für den Koreakrieg zu produzieren, und aller Augen richteten sich auf die Produktion. Nach nur einem Jahr, 1955, in dem die Banken nicht mehr verliehen, als ihre Einlagen ermöglichten, machte die Politik des hohen Wachstums vollen Gebrauch von den Methoden der überhöhten Kreditvergabe, die Japans Firmen dann so schnell expandieren ließen.[55]

Vorteile der »Liberalisierung« des Handels

Nicht alle von der Kontrolle im Krieg inspirierten offiziellen Maßnahmen waren für die Gesamtheit der Verwalter annehmbar. Das MITI verlor 1963 eine wichtige Schlacht, als sein Gesetzesentwurf für Sondermaßnahmen zur Förderung bestimmter Industrien, den das Ikeda-Kabinett unterstützte, wegen des Drucks der Wirtschaft auf die LDP im Parlament durchfiel. Das Finanzministerium und die Bankergemeinschaft halfen ebenfalls, ihn aufzuhalten, weil sie ihn richtig als Versuch der Bürokraten deuteten, ihr Territorium zu erweitern. Das Gesetz, das das MITI ermächtigen sollte, offizielle Kartelle in Industrien zu bilden, die international konkurrenzfähiger werden mußten, und das eine rechtliche Grundlage für die den Bürokraten liebe »öffentlich-private Zusammenarbeit« abgeben sollte, hätte außerdem zu sehr an den bürokratischen Kontrollapparat der Kriegszeit erinnert.[56] Der frühere Staatssekretär im MITI Amaya Naohiro sinnierte zwölf Jahre später, der fatale Fehler des Gesetzes sei gewesen, »explizit zu machen, was seit langem als Teil der Industriepolitik des MITI bekannt war«.[57]
Das Gesetz, das das MITI nicht bekam, um seine Einmischung in die Wirtschaft zu unterstützen, wurde vor dem Hintergrund der

Angst vor einer Invasion europäischer und amerikanischer Konkurrenz entworfen. Seit den 1930er Jahren war die Wirtschaft durch Devisenbeschränkungen vor Importen geschützt gewesen. Doch die Verwalter wußten, daß eine »Liberalisierung des Handels« unumgänglich werden würde, wenn Japan als echtes Mitglied im Club der freien Marktwirtschaften anerkannt werden und weiter voll an der internationalen Wirtschaft beteiligt sein wollte. Unter dem Druck des Auslands erreichte die Liberalisierung des Imports, zumindest auf dem Papier, im Sommer 1963 92%. So konnte Japan den vollen Status im GATT-Abkommen erlangen und durch den Eintritt in die OECD das erste asiatische Mitglied im Club der fortgeschrittenen Industrienationen werden.[58]

Diese unerwünschte Entwicklung wurde wie andere zuvor mit viel Erfolg ausgenutzt. Die eingebildete Gefahr der Auslandskonkurrenz wirkte als ungeheurer Ansporn auf die Sektoren Maschinenbau, Chemie und Automobile, brachte sie dazu, ihre Fabriken zu modernisieren und sich kopfüber in neue Projekte zu stürzen. Die keiretsu strafften ihre inneren Beziehungen als Reaktion auf das Liberalisierungsprogramm, indem sie die gegenseitige Aktienbeteiligung erhöhten.[59] Die industriellen Gruppierungen bauten ihre Position auf diese Weise aus, damit sie neue Firmen in den verheißungsvollen neuen Sektoren gründen und sicherstellen konnten, daß sie der Auslandskonkurrenz gewachsen waren.

Als die Liberalisierung endlich kam, erwies sie sich als praktisch schmerzlos. Sie verbesserte die japanische Situation in bezug auf Rohstoffe, und das einzige wichtige Opfer im Inland war die Kohleindustrie. Echte Veränderungen im geschriebenen Gesetz gab es nur in Bereichen, wo die japanische Industrie international konkurrenzfähig war. In Sektoren wie Automobile, Computer und Großanlagen, wo Japan entstehende Industrien aufpäppeln wollte, wurde die »stufenweise Liberalisierung« befürwortet. Und das MITI, das kein Gesetz zur Verfügung hatte, aber viel »administrative Führung«, machte das Beste aus der »öffentlich-privaten Zusammenarbeit«.

Sobald der Sturm der »Liberalisierung« vorbei war, gab es von dieser Art der Zusammenarbeit so viel, daß die protektionistischen Strukturen erhalten blieben, obwohl ihre rechtlichen Stützen entfernt worden waren. Obwohl die liberalisierten Bereiche auf dem

Papier dem internationalen Wettbewerb offenstanden, sorgten die Verwalter dafür, daß keine echte Konkurrenz von billigeren Auslandsprodukten den heimischen Herstellern die Butter vom Brot nahm. Dabei nutzten sie eine Vielfalt der Mittel, die später als nichttarifliche Barrieren bekannt wurden. Als angesichts der überwältigenden ausländischen Kritik der späten 1970er und frühen 80er Jahre ein Programm initiiert wurde, um diese nichttariflichen Schranken aufzuheben, stand die Struktur, die sie mit gestützt hatten, so sicher und unangreifbar, daß das Programm kaum eine Wirkung auf die Importe hatte.

Struktureller Protektionismus

Zwar bestimmen die Kräfte des Marktes Japans wirtschaftliche Entwicklung letztlich nicht, doch der Markt ist ein wichtiges Instrument der Bürokraten in den Ministerien und Wirtschaftsverbänden, um ihre Ziele zu verfolgen. In Japan wird wirtschaftliche Intervention in letzter Zeit als »marktkonform« bezeichnet, im Unterschied zu der drastischeren Intervention in Volkswirtschaften wie der sowjetischen, deren Planer keine freien Unternehmer als Verbündete akzeptieren. Doch der Marktplatz bleibt eine Quelle der Ungewißheit und damit ein potentielles Problem für die Verwalter. Eine wichtige Institution zur Reduzierung solcher Ungewißheit ist die »Verteilungs-keiretsu«, ein einengendes Netz von Beziehungen, die Großhändler und Einzelhändler an einen bestimmten Hersteller binden. Zusammen bilden die Verteilungs-keiretsu das, was japanische Beamte und frustrierte Ausländer, die gern nach Japan exportieren würden, als »Japans kompliziertes Verteilungssystem« bezeichnen.

Das ist irreführend. Das Verteilungssystem ist nicht kompliziert. Es ist manipuliert.

Groß- und Einzelhändler sind keine unabhängigen Wettbewerbsteilnehmer. Die Mehrheit der Läden, die mit Gebrauchsgütern handeln, sind tatsächlich mit den regulären Unterlieferanten japanischer Hersteller vergleichbar. Die Hersteller versorgen sie mit Kapital und, wenn nötig, mit technischem Know-how. Das Beispiel für die Verteilungs-keiretsu kam aus dem Westen, aber die japanischen Versionen wurden ungleich stärker und weiter verbreitet.[60] Dieses wirksamste Element der Kontrolle über den japanischen Markt begann sich in der zweiten Hälfte der 1950er Jahre zu entwickeln und etablierte sich bis in die späten 80er Jahre immer fester. Es hat sehr zur Konsolidierung der japanischen Oligopole beigetragen und ist unverzichtbar für die allgemein üblichen Preisfixierungen. Zu den vielen Neuerungen, die eingeführt wurden, um die Kontrolle der größten Firmen zu erweitern, gehören Händlerverbände, deren Mitglieder verpflichtet sind, ihr Angebot konkurrierender Produkte zu beschränken. Der Verteilungsprozeß ist tatsächlich eine von den Herstellern gesteuerte Marketing-Maschinerie geworden.[61] Er hat der Entwicklung der japanischen Industrie für elektronische Gebrauchsgüter sehr geholfen.

Seit die Tarife und Devisenkontrollen aufgehoben wurden, sind die Verteilungs-keiretsu und die Handelsverbände, die zumeist keine Nichtjapaner aufnehmen, die Hauptgarantie dafür, daß japanische Hersteller auf dem heimischen Markt nicht gegen Ausländer konkurrieren müssen. Konsumgüter, die nicht von Mitgliedern einer keiretsu produziert oder verteilt werden — und das umfaßt natürlich die meisten ausländischen Waren —, werden wirksam vom normalen japanischen Markt ferngehalten, weil ihr einziger Weg zum Verbraucher über spezialisierte Abgabestellen geht, die generell das Doppelte, manchmal sogar Vierfache des ursprünglichen Marktwertes für das Produkt verlangen.

Wenn ein wichtiger neuer Markt auf dem Spiel steht, etwa in den 1980er Jahren Geräte zur Telekommunikation, so dürfen japanische Industrien immer zuerst ihre oligopolistische Stellung konsolidieren; erst dann werden einigen ausländischen Konkurrenzprodukten Alibi-Marktanteile eingeräumt. Das Muster hierfür entstand 1936, als ein Gesetz, das Kishi Nobosuke entworfen und Ayukawa Gisuke hinter den Kulissen vorangetrieben hatte, die Aktivitäten ausländischer Automobilhersteller in Japan einschränkte. Ende der 20er Jahre begannen Ford und General Motors, Fahrzeuge in Japan zu bauen. Mitte der 30er Jahre belieferten die beiden amerikanischen Firmen rund zwei Drittel des japanischen Automobilmarktes, sehr zum Verdruß der Armee, die einsah, daß Ford-Fahrzeuge an der chinesischen Front zuverlässiger waren als alles, was japanische Automobilhersteller mit staatlicher Subvention fertigten. Kishis Methode, »wichtige Industrien« zu schützen, die von mehreren Studienreisen nach Deutschland inspiriert war, machte Toyota und Nissan zu »berechtigten Firmen«. Ford wurde gezwungen, seine Pläne zur Erweiterung der Produktionskapazität fallenzulassen. Den beiden US-Firmen wurde das Leben so schwer gemacht, daß sie ihre japanische Produktion fast zwei Jahre vor Pearl Harbor ganz einstellten.[62]

Der Mythos der schwindenden Kontrolle

Es gibt einen sehr gängigen Irrtum, daß unkontrollierbare und unaufhaltsame Entwicklungen wichtige strukturelle Veränderungen bewirken müssen. In regelmäßigen Abständen kommen ausländische Beobachter zu dem Schluß, die »Japan GmbH« werde aufgelöst und die Tage der staatlichen Aufsicht über die Industrie seien vorbei. Es gibt eine weitverbreitete Vorstellung, daß die Entwicklung der Weltwirtschaft in den 80er Jahren, die viel größere Komplexität japanischer Banken und Firmen und die Verlagerung arbeitsintensiver Produktionsprozesse zu billigeren ausländischen Arbeitsmärkten die Kontrollmöglichkeiten der Bürokraten über den privaten Sektor einschränken. Japanische Beamte, die die ausländische Kritik am kontrollierten Handel leid sind, applaudieren dieser Auffassung und helfen, sie zu verbreiten.

Doch die Lockerungen der Kontrolle, die hier und da zu verzeichnen sind, sollten nicht so verstanden werden, als bröckele das System ab. Es wird von zu vielen Institutionen, Gewohnheiten und Bedürfnisse gestützt. Angesichts der Kongruenz von »privatem« und »öffentlichem« Sektor und angesichts der Gewohnheit japanischer Verwalter, einander zu helfen, ist es die falsche Frage, ob die »Industrie« weniger abhängig von der »Bürokratie« wird und ihr weniger verdankt. Die Idee von der japanischen Industrie, die mit der Bürokratie ringt, um ihrer Umklammerung zu entrinnen, ist schlicht falsch. Außerdem sind die wichtigen Wirtschaftsinstitutionen so vernetzt, daß Freiheit von direkter bürokratischer Einmischung nicht bedeutet, daß industrielle Entwicklungen dem Zugriff der Bürokraten entglitten wären. Während in der westlichen Sichtweise bürokratische Einmischung automatisch als entsetzlich für die Wirtschaft gilt, würden sich die Organisationen der Wirtschaftselite in Japan nackt fühlen ohne die Garantie, daß am Ende jemand über sie wacht. Auf der Ebene der einzelnen Geschäftsleute und besonders bei Leitern von Firmen, die in ihrem Sektor niedrig rangieren, mag die Partnerschaft unfreiwillig sein, aber die Vorteile, die sie bringt, werden trotzdem geschätzt.

Geschäftliche Einzelgänger können sich den Verwaltern nicht lange erfolgreich widersetzen. Als im Sommer 1984 eine risikofreudige Ölvermarktungsfirma versuchte, zu direkten Importen überzugehen, um zu niedrigeren Preisen zu verkaufen — wozu sie offiziell vollkommen berechtigt war, was aber gegen die Wünsche des MITI und des japanischen Erdölverbandes ging —, kündigten die Banken ihr den Kredit. Im darauffolgenden Dezember wurde ein neues Gesetz verabschiedet, angeblich, um den Import spezifischer Ölprodukte zu liberalisieren, doch in Wirklichkeit beschränkte es den Handel noch mehr, indem es das Schlupfloch schloß.

Die Manipulationen des Ministeriums für Post und Telekommunikation im Zusammenhang mit dem neuen und potentiell sehr großen Markt der EDV und Kommunikation sind ein perfektes Beispiel, das zeigt, warum die Vorstellung, die Bürokraten »verlieren die Kontrolle«, ein grundsätzlicher Irrtum darüber ist, wie die Dinge in Japan funktionieren. Die zuständigen Beamten haben die Zukunft des Marktes in verschiedenen Stadien der 1990er Jahre vorausberechnet. Da sie glaubten, der Umsatz würde von 230 Milliarden Yen in 1987 nur auf rund 560 Milliarden in 1992 steigen, bestimmten sie, es sei nur Platz für eine weitere, neue Firma, um der jüngst privatisierten Nippon Telephone and Telegraph Konkurrenz zu machen. Als die Beamten dieses potentiellen ausländischen Konkurrenten erklärten, charakterisierten sie ihre Reglementierungen und ihre Führung als Ausdruck ihrer Sorge, daß eine ausländische Firma in Schwierigkeiten geraten könnte. Ihre Reaktionen auf potentielle ausländische Teilnehmer am japanischen Markt der Telekommunikation machten überaus deutlich, daß sie echte Konkurrenz nicht wollen.

Japan hat den Pazifischen Krieg verloren, aber eine Vision, die den Nationalisten der Bewegung Neue Ordnung gemeinsam war, scheint nach dem Krieg in Japan weitgehend verwirklicht. Inzwischen hat ein großer Teil der japanischen Großfirmen »edlere« Motive als Gewinnstreben.

Marktanteile

In der Wandlung der Konzernführung, durch die der geldgierige Unternehmer zum bürokratischen Manager wurde, läßt sich ein bemerkenswert konsistenter Kurs der Entwicklung aufzeigen. Die Industrie hat heute den Gipfel eines Prozesses erreicht, der lange vor dem Krieg begonnen hat — mit der Trennung zwischen Firmenbesitz und Firmenleitung. Sie trat ein, als die zaibatsu-Familien banto (professionelle Manager) einstellten, die die zu ihren Gruppen gehörenden Firmen leiteten.[63] Der Aufstieg des Managers nach dem Krieg hat zur fast völligen Bürokratisierung der großen Unternehmen geführt, und gleichzeitig machte die Auflösung der zaibatsu durch die US-Besatzung die Besitzer fast unsichtbar, wenn nicht vollkommen unwichtig. Die wenigen großen Firmen, die noch von starken Unternehmern geführt werden, gelten heute als mehr oder minder nebensächlich für die eigentliche Macht in der Wirtschaft. Der Industrielle des Meiji- und Taisho-Japan scheint als Typus längst vergessen. Heute findet sich der echte Unternehmer, der von dem Drang getrieben ist, reich zu werden, nur in den kleinen oder mittleren Firmen, oder höchstens in ein paar neuen Großfirmen, die regelmäßig an ihre untergeordnete Stellung in der zaikai-Hackordnung erinnert werden.
Obwohl dies oberflächlich vielleicht Entwicklungen in westlichen Firmen ähnelt, haben diese doch noch »Besitzer«, insofern sie den Aktionären noch Rechenschaft schulden. Da es japanischen Firmen seit dem Krieg durch einen Komplex von Steuern und anderen Regulierungen sehr erschwert worden ist, auf öffentlichen Märkten durch Wertpapiere Kapital zu beschaffen, zahlen sie ihren Aktionären die geringsten Dividenden der Welt. Ende der 1970er Jah-

re zahlten die führenden Firmen, die in der ersten Sektion der Tokioter Börse aufgeführt sind, im Durchschnitt um 1,5%. Wie wir sahen, haben die Mitglieder einer Konzerngruppe meist gegenseitige Beteiligungen. Besonders die Banken halten große Aktienpakete von ihren Kunden; und japanische Banken haben ganz andere Prioritäten als westliche Aktionäre. Präsidenten japanischer Firmen werden nicht von Großaktionären behelligt, die ihnen über die Schulter schauen und sie nötigen, auf die Profite zu achten, sondern sie müssen sich um Expansionspläne sorgen, die sie und ihre Banken vereinbart haben.

Die Verlagerung vom Unternehmer auf den Manager ist mit einer allmählichen Verlagerung vom Streben nach Gewinn zum Streben nach mehr Marktanteilen einhergegangen. Im Milieu der westlichen Wirtschaft ist das Streben nach Profit und nach mehr Marktanteilen gleichermaßen achtbar und natürlich miteinander verknüpft. Was Japan nach dem Krieg zum Sonderfall gemacht hat, ist die offensichtliche Möglichkeit der Firmen, den Gewinn sehr lange zu ignorieren und alle Kräfte in die Expansion zu leiten. Der Vorrang der Eroberung von Marktanteilen und die Möglichkeit, das auf Kosten der Gewinne zu tun, sind relativ neu. In der Frühphase der industriellen Entwicklung in der Meiji-Zeit wurden die Unternehmer von der Obrigkeit ermutigt, die ihnen überlassenen oder mit staatlicher Hilfe gegründeten Firmen zur persönlichen Bereicherung zu nutzen. Ähnlich waren die Firmen von der Notwendigkeit getrieben, den Profit zu maximieren, als Industrien in privaten Händen im ersten Drittel dieses Jahrhunderts deutlicher vom öffentlichen Sektor getrennt waren als heute.

Als die Allianz aus Militär und Bürokratie jedoch Japan fester in die Hand nahm und die Betonung des »nationalen Wesens« neue Höhen erklomm, begann man das Profitmachen als unedle Tätigkeit zu sehen.[64] Diese Sicht wurde durch die Behauptung unterstützt, Wettbewerb um Profit sei die Ursache der Wirtschaftsprobleme in den 20er und 30er Jahren gewesen. Dies paßte gut zu den traditionellen Denkweisen, denn der vorbildliche Samurai hatte das Streben nach finanziellem Gewinn immer verschmäht und geglaubt, Dienst für seinen Herrn sei eine weit noblere Beschäftigung. So tadelte die Armee die zaibatsu gerade für ihren Appetit auf Gewinn. Diese Haltung hat den Krieg überlebt; eines der Argumente des Gründers von Keizai Doyukai war, die Gewinnorientierung der zaibatsu sei »schädlich und könnte unmöglich zum Aufbau einer starken, lebensfähigen Wirtschaft beitragen oder wirklich dem nationalen Interesse dienen«.[65] Der Verband stellt weiterhin Gewinn als etwas dar, das der Hingabe für öffentliche Ideale (lies: Ideale der Verwalter) im Weg ist.[66]

Die von der Regierung geförderte Kartellbewegung der 1930er Jahre sowie andere Arrangements, die die Sicherheit der zaibatsu verbesserten, hatte auch unter Geschäftsleuten ein Bewußtsein für die aufregenden Möglichkeiten expansionistischer Geschäftsmethoden geweckt. Dies inspirierte sie mit neuen Ideen, die mit Hilfe eines scheinbar unerschöpflichen Kreditflusses von den 1950er Jahren an begeistert umgesetzt wurden.

Mehrere bewußt herbeigeführte Faktoren zwangen die großen Firmen nach dem Krieg, um Marktanteile zu konkurrieren, besonders nach der Mitte der 50er Jahre.[67] Die Wirtschaftsbürokraten zeigen deutlich, wo die Prioritäten ihres Denkens liegen, wenn das MITI im Kontext der Rezessionskartelle Kapazitätsreduzierungen aufgrund existierender Marktanteile anordnet, nicht aufgrund der Effizienz der Fabriken. Dies bedeutet für investierende Firmen das Wissen, daß ihr Streben nach mehr Marktanteilen mit garantierten Marktanteilen belohnt werden wird.[68] Diese wichtige Antriebskraft japanischer Betriebe hat in vielen Bereichen zu Oligopolen geführt. In den meisten Industriesektoren findet man eine bis drei Firmen, die rund 70% des Marktes kontrollieren. Die dominierenden Firmen treffen Preisabsprachen, und der Druck zur Konformität ist auch in anderen Bereichen sehr groß. Dies vereinfacht wiederum Kontrollen zur Förderung der »Ordnung« innerhalb jeder Industrie.

Viele westliche Analysen der japanischen Wirtschaft sprechen von »mörderischem« Wettbewerb, der angeblich zwischen den Firmen üblich sei. Das ist er nicht; dennoch gibt es solchen Wettbewerb, und wenn Beamte von ihm sprechen, beschreiben sie ihn ohne Unterschied als »exzessiven Wettbewerb«. Das Phänomen ist fast ausschließlich auf die Wachstumssektoren der Konsumgüterindustrie beschränkt und geht mit Schlachten um Marktanteile zwischen meist relativ neuen Abteilungen großer Firmen oder zwischen neuen Zulieferfirmen einher. Gelegentlich sind solche Schlachten

spektakulär, etwa die zwischen Honda und Yamaha bei Motorrädern Anfang der 80er Jahre, die zu einer Flut von zehn bis fünfzehn neuen Modellen pro Monat führte. Dieses Beispiel für echten mörderischen Wettbewerb (den Yamaha verlor) war Folge einer enormen Produktions-Überkapazität aufgrund einer plötzlichen Sättigung der Exportmärkte.
Der Sektor Haushaltsgeräte, wo neue Produkte sich in rascher Folge ablösen, ist Schauplatz recht häufiger Schlachten um heimische Marktanteile zwischen mittelgroßen, aber schnell wachsenden Firmen. Derartigen Schlachten folgt generell cinc Bereinigung, bei der die weniger erfolgreichen Firmen unter den Fittichen der keiretsu-Riesen landen; all dies wird eifrig überwacht von den Bürokraten. Im typischeren Fall aber ist der Inlandsmarkt eine relativ stabile Arena, die der japanischen Firma gestattet, sich auf den Wettbewerb im Ausland zu konzentrieren. In der Schlacht um ausländische Marktanteile hilft den Managern die »economics of scale«; diese wird durch solide heimische Marktanteile und relativ hohe Inlandsgewinne erzielt, mit denen die Exporte oft subventioniert werden. Eine solche Situation ist nur durch private Absprachen unter Firmen zu erreichen, nicht durch gnadenlosen Wettbewerb. Große japanische Firmen gehen sehr wenige Risiken ein. Sie sind in eine schützende Umgebung eingebettet, die sie nicht nur vor ausländischen Konkurrenten abschirmt, sondern auch Formen gegenseitigen Schutzes fördert. Diese Grundlage ist es, die es ihnen erlaubt, gleichzeitig mit Preisschlagern in Auslandsmärkte zu gehen.

Der unschlagbare Konkurrent auf Auslandsmärkten

Die großen japanischen Firmen mit starken Bindungen an Konzerngruppen sind gewaltige Konkurrenten auf Auslandsmärkten, weil sie nicht bankrott gehen können und sehr lange Zeit keine Gewinne ausweisen müssen. Wenn sie in einer mehr oder weniger konzertierten Aktion in einem bestimmten ausländischen Markt mit inländischen Herstellern konkurrieren, sind sie praktisch unschlagbar. Dies zeigte sich bei der Eroberung des Weltmarktes für Kameras, Motorräder und Videorecorder, und als sie die Inlands-

Marktanteile der amerikanischen Hersteller für Werkzeugmaschinen und Halbleiter auf einen Bruchteil dessen reduzierten, was sie gewesen waren, bevor die Japaner sich darauf konzentrierten.
Der Fall der Videorecorder ist ein gutes Beispiel für die Anwendungen der »economics of scale«. Infolge ihrer Investitionen vervierfachten Japans sieben Hersteller von Videorecordern ihre Produktion zwischen 1979 und 1981 auf 9,5 Millionen Geräte. Zwei Jahre später hatte sich die Zahl fast verdoppelt, und 1986 erreichte sie einen Gipfel von 33,8 Millionen Geräten. Die über 13 Millionen in Japan produzierten Geräte stellten 1982 140% der weltweiten Nachfrage dar. Solche Überproduktion brachte kolossale Vorräte und machte Auslandsverkäufe zu fast jedem Preis möglich; und rund fünf Sechstel der Jahresproduktion wurden exportiert. RCA und Zenith in den USA hatten längst aufgegeben (und klebten ihre Markennamen auf in Japan hergestellte Videorecorder), und Philips und Grundig konnten mit ihren 700000 Geräten kaum ernsthaft mit den 4,9 Millionen Recordern konkurrieren, die japanische Firmen 1982 nach Europa versandten.
Ausländische Marktanteile werden durch mühevolle Anpassung der Preise an Angebot und Nachfrage vor Ort erreicht. Daß japanische Firmen in dieser Hinsicht unvergleichlich elastisch sind, beweist die Art, wie sie trotz der annähernden Verdoppelung des Dollarkurses gegenüber dem Yen an ihren amerikanischen Marktanteilen festgehalten haben. Da Japans Exportpaket jeweils aus relativ wenigen Produkten besteht, kann die japanische Industrie recht konzentrierte Verkaufskampagnen im Ausland durchführen. Ihre Vorstöße sind natürlich im Verhältnis zur Gesamtstatistik des Westens in Handel und Industrie bloße Nadelstiche, doch im kleinen Bereich ist der konzentrierte Effekt ein rasiermesserscharfes Schwert, das in etablierte amerikanische und europäische Firmen einschneidet. Japanische Beamte selbst sprachen von »Laserstrahl-« oder »Sturzflutexporten«, und in Silicon Valley, dem High-Tech-Industriezentrum der USA, wurde für das japanische Vordringen der Ausdruck »rifle precision« (Gewehr-Präzision) verwendet.
Die Erfahrung mit Halbleitern und Werkzeugmaschinen hat einigen Amerikanern die Augen für Japans Konkurrenzmethoden geöffnet. Im Gegensatz zu dem, was japanische Propaganda und all-

zu selbstkritische westliche Kommentatoren nahelegen, haben die amerikanischen Firmen hart gearbeitet und nicht geschlafen. Sie konnten einfach nicht im entferntesten mit dem finanziellen Rückhalt der japanischen Firmen mithalten; und da sie der Prüfung durch Aktionäre und Vorstand unterstehen, mußten ihre Entscheidungen letztlich auf Gewinnüberlegungen fußen. Besonders in Produktionsbereichen, die die neueste Technologie einsetzen, müssen amerikanische Firmen zeigen, daß ihre Investitionen sich auszahlen, wenn sie überleben wollen. Die japanischen Konkurrenten sind meist Unterabteilungen von Riesen, deren andere, gewinnträchtigere Abteilungen die Offensive bezahlen können. Das amerikanische Gesetz begünstigt ausländische Firmen, weil es Dumpingpreise nur dann mit Strafe bedroht, wenn die amerikanische Industrie dadurch deutlich Schaden leidet. In den Jahren, die es dauert, einen Dumping-Fall auszufechten, kann der japanische Konkurrent die amerikanischen Firmen verdrängen.[69]

Konkurrenten großer japanischer Firmen im Ausland sind oft enorm im Nachteil, weil ihr Schicksal viel mehr von Wirtschaftsfaktoren abhängt. Die Heimatbasis der japanischen Firmen kann auf Kosten anderer menschlicher Belange wachsen und operiert in einer Umgebung, wo dies als völlig natürlich gilt. In bezug auf die Verluste, die sie auffangen können, sind japanische Exporteure letztlich nur durch die anderen Firmen in ihrer keiretsu beschränkt, und vor allem durch ihre Hauptbanken. In Industrien, die als »wichtig« gelten, können die Gläubigerbanken sich auf die letzte Garantie der zentralen japanischen Währungsbehörden verlassen. Das bedeutet, daß die Entscheidungen bei Darlehen an Firmen, die Auslandsmärkte erobern wollen, nicht zuerst wirtschaftlich, sondern politisch sind.

Die Blase, die nicht zerplatzt

In den 1980er Jahren begann man international auch auf japanische Wirtschaftsaktivitäten aufmerksam zu werden, die nichts mit Produktion zu tun haben. Im Austausch nicht von Waren, sondern von viel weniger handfesten Werten wie Wertpapieren, Land und ausländischen Schatzwechseln erwarben sich Japans Firmen rasch einen zusätzlichen gewaltigen Ruf. Mitte des Jahrzehnts war Japan die größte Gläubigernation der Welt geworden, weitgehend durch Investitionen in amerikanische Schatzbriefe; seriöse Wirtschaftszeitschriften und Ministerialbeamte zogen stolze Vergleiche mit England im 19. Jahrhundert oder mit den USA nach dem Zweiten Weltkrieg. Japans Banken überholten mit ihren Vermögen die größten amerikanischen und europäischen Banken; seine vier großen Versicherungsgesellschaften wurden ein wichtiger internationaler Faktor; ausländische Banken wurden geschluckt, und viele Firmen investierten massiv in Übersee-Immobilien.

Erst gegen Ende des vorigen Jahrzehnts hatten die Bürokraten Auslandsinvestitionen im großen Stil möglich gemacht. Dies geschah gerade, als japanische Firmen begannen, hohe Gewinne aus ihrer starken Position auf den Auslandsmärkten zu machen. Gesteigert durch die damals relativ niedrigen Wechselkurse des Yen machten diese Profite, zusammen mit der neuen Freiheit, ausländische Kapitalmärkte zu erkunden (besonders durch floatende Eurodollar-Wertpapiere), die Firmen in der Kapitalbeschaffung weniger abhängig von den Citybanken.

Bis 1985 hatte sich ein Meer der Liquidität gebildet, die Bankergemeinschaft und die Währungsbehörden warben für Kredite und ermutigten die Firmen, ihre Vermögenswerte zu erhöhen. Die Preise für Immobilien und Wertpapiere begannen steil anzusteigen. Dadurch stieg der Wert von Vermögenswerten allgemein, dies bedeutete Sicherheiten, und die Firmen konnten mehr Kredit aufnehmen. Inzwischen hatten schon viele japanische Großfirmen die Kalkulation ihrer Strategien aufgrund eines Phänomens namens zaiteku[70] umgestellt: Produktions- und Handelsfirmen nehmen direkt oder durch eilends gegründete Ablegerfirmen Geld auf, um mehr Geld an Dingen zu verdienen, die mit ihren ursprünglichen Aktivitäten nichts zu tun haben. Einige Produktions- und Handelsfirmen hatten in diesen Operationen begonnen, Banken zu ähneln, abgesehen von ihrer mangelnden Erfahrung und den größeren Risiken, die sie eingingen. Dies hätte ohne die starke Schutzfunktion der keiretsu-Beziehungen nicht in so großem Ausmaß geschehen können. Und es gab überzeugende Hinweise darauf, daß viele zaiteku-Unternehmen ernste Fehlschläge wie die institutionellen Investoren in ihren Büchern versteckten.

Im Westen hatten die Spekulationen, in die sich japanische Firmen eingelassen haben, die Unheilspropheten zuhauf auf den Plan gerufen. Ein paar traten auch in Japan in Erscheinung und prophezeiten, irgendwann bald würde »die Seifenblase zerplatzen« oder »der Boden herausfallen«. Allerdings entgeht den kurz- und mittelfristigen Pessimisten ein entscheidender Faktor: Das Fehlen einer klaren Trennung zwischen öffentlichem und privatem Sektor, die Zusammenarbeit (oder Mauschelei, wie man normalerweise in diesem Zusammenhang sagen würde) der Verwalter und die Leichtigkeit, mit der wirtschaftliche Prozesse politisch kontrollierbar sind, ergeben zusammen in Japan eine Situation, die sich radikal von der in den anderen kapitalistischen Ländern unterscheidet, aus denen die Seifenblasen-Theorien ursprünglich stammen.

Die Wirtschaft mit immateriellen Werten floriert, solange die Teilnehmer des Marktes darauf vertrauen, daß hinter den Papierstücken, die sie austauschen, wirkliche Werte stehen. Eine Vertrauenskrise verursacht einen Börseneinbruch. Im Westen hängt dieses Vertrauen von der generellen Leistung privater Unternehmen ab. In Japan bedeutet es Glauben an die Fähigkeit der Wirtschaftsmanager in Bürokratie, Banken und Wirtschaftsverbänden, das allgemeine Vertrauen auf den Wirtschaftsapparat aufrechtzuerhalten. Der Unterschied mag subtil erscheinen, aber in Wirklichkeit ist er enorm.

Die weithin bekanntgemachte Sparrate des japanischen Volkes hat den japanischen Praktiken der »überhöhten Kreditvergabe« in den letzten Jahrzehnten ein beträchtliches Maß an Glaubwürdigkeit verliehen.[71] Und wenn Ausländer sich heute über die Solidität japanischer Banken wundern, erzählt man ihnen von dem großen Umfang versteckter Vermögenswerte, die die Banken haben dürfen, ohne sie neu zu bewerten. Doch es gibt einen kuriosen Aspekt bei dem Land und den Effekten, die als Aktivposten oder Sicherheiten gehalten werden. Dem Amt für Wirtschaftsplanung (das den Rang eines Ministeriums hat) zufolge war der totale Marktwert japanischer Grundstücke im Finanzjahr 1987 4,1mal größer als der aller Grundstücke in den USA, obwohl das Land 25mal so groß ist wie Japan und 57mal mehr bewohnbare Fläche hat. Einige Grundstücke in Tokio sind zehnmal teurer (oder mehr) als Grundstücke in Manhattans Geschäftsbezirken. Land hat tatsächlich eine dem Gold vergleichbare Funktion bekommen, nur daß sein Wert natürlich unabhängig von ausländischen Marktkräften ist. Japanische Fachleute sprechen im Scherz von einem tochi honi-sei oder »Land-Standard«. Was die Effekten betrifft, so zeigten durchschnittliche japanische Aktien im Januar 1988 ein Preis-Gewinn-Verhältnis (Aktienpreis zu Profit) von 55,6, verglichen mit 14,0 in New York und 12,3 in London. Hierfür sind etliche Erklärungen angeboten worden, aber die einfachste ist, daß die Verwalter in Banken, Ministerien und Konzernen eine Methode entdeckt haben, Geld mit Geld zu verdienen, indem sie vereinbaren, sich gegenseitig nicht die Partie zu vermasseln.

Daß es Kontrollen gibt, um dies zu ermöglichen, wurde im Oktober 1987 nach der New Yorker Börsenkrise offenbar, die in der ganzen industrialisierten Welt Nachwirkungen hatte, aber Tokio — im Gegensatz zu den Voraussagen vieler internationaler Beobachter — relativ wenig berührte. In der Zusammenarbeit mit dem Finanzministerium können die »großen Vier« Versicherungsfirmen, die de facto ein Kartell bilden,[72] wahrscheinlich verhindern, daß sogar größere Kräche in Übersee der Tokioter Aktienbörse viel anhaben. Im privaten Gespräch haben Beamte des Finanzministeriums schon zugegeben, daß der Aktienmarkt leichter zu beeinflussen ist als der Devisenmarkt.

Die gesamte Preissteigerung bei Land und Aktien überstieg 1986 das ganze Bruttosozialprodukt des Jahres um fast 40 Billionen Yen.[73] Seither sind die Bodenpreise steil gestiegen: in einem Jahr durchschnittlich um 96,2% für geschäftlich genutztes und 89% für zum Wohnungsbau genutztes Land in Tokio, und 21,7% in Japan insgesamt.[74] All dies stellt eine kolossale Grundlage für Sicherheiten dar, mit denen Kredite zu weiteren zaiteku-Investitionen und Vermögenswerte in Übersee aufgenommen werden können. Bevor Japans Wirtschaft diesen neuen Expansionismus praktizieren konnte, mußte das System allerdings eine größere Anpassung vornehmen.

»Finanzielle Liberalisierung« hat in den 1980er Jahren eine große Rolle in Wirtschaftskommentaren über Japan gespielt. Daß sie voranschreite, wurde von den Verwaltern in internationalen Verhandlungen, besonders mit den USA, das ganze Jahrzehnt hindurch ständig neu versichert, und viele Aussagen von ausländischen Beauftragten bestätigten, daß sie planmäßig Fortschritte mache. Hier schien endlich ein Bereich zu sein, in dem Japan sich allmählich dem internationalen System einpaßte.

Eine gewisse Liberalisierung der Finanz- und Kapitalmärkte trat tatsächlich ein, aber sie war von einer Art, die japanischen Zwecken diente und machte den japanischen Markt nicht wesentlich zugänglicher für ausländische Finanzinstitute. Im Licht früherer Erfahrung gibt es keinen Grund, anzunehmen, daß die japanischen Beamten irgendeine Absicht haben, ihren Markt solcher Konkurrenz weiter zu öffnen, jedenfalls nicht über das Maß, das nötig ist, um zeitweilig benötigte ausländische Expertise zu bekommen.

Die scheinbaren Zugeständnisse der Bürokraten des Finanzministeriums sollten in Wirklichkeit erstens die Regelungen dem anpassen, was die japanischen Institute bereits taten, und zweitens die internationale Emanzipation japanischer Banken und Versicherungen dadurch fördern, daß sie auf den Geldmärkten der Welt besser mithalten konnten. Bis dahin hatten die Bürokraten des Finanzministeriums eine strikte Arbeitsteilung durchgesetzt, mit Zäunen um die Territorien der Banken und Versicherungen und mit Schleusen, die die Richtung des Geldflusses regulierten. So hatten sie in der Zeit des hohen Wachstums einen ordentlichen und kontrollierbaren Finanzmarkt geschaffen. Doch der dringende Wunsch der etablierten Finanzinstitute, in neue und lukrative Aktivitäten einzusteigen, wurde frustriert durch die Regulierungen, die auch nach der Ansicht vieler anderer Verwalter antiquiert waren.

In der zweiten Hälfte der 1980er Jahre glaubten noch viele ausländische Beobachter, insbesondere die, die für Washingtons Politik gegenüber Japan verantwortlich waren, die Regulierungen würden im Bereich der Finanzen den Kräften des Marktes weichen. Doch die »Führung« des Finanzministeriums ist so wichtig wie eh und je. Die um die Banken gruppierten keiretsu bleiben um die Banken gruppiert. Und obwohl die Bürokraten de facto die Kontrolle nicht aufgegeben haben, hat die partielle Deregulierung die beabsichtigte Wirkung gehabt, bei den japanischen Finanzinstituten eine neue Differenziertheit zu fördern und die Investitionsmöglichkeiten reicher Firmen, die nun in neue Richtungen expandieren können, erheblich zu steigern.

In der gleichen Periode, als allmählich entdeckt wurde, daß japanische Spekulanten sich über eine Vertrauenskrise keine übertriebenen Sorgen machen müssen, traten neue Finanzmächte in Erscheinung. Die kommerziellen Banken rückten enger mit den Versicherungen zusammen, indem sie Aktien und Personal austauschten. Und die Industrie der Lebensversicherungen, die (dank Japans aufgeblähter Pensionskassen) einer der stärksten institutionellen Investoren im Ausland ist, schwang sich zur dritten wichtigen Finanzmacht auf: Sie bot praktisch Investitionsinstrumente für den heimischen Markt an. Die großen Versicherer sind den großen Gruppen aus Herstellern, Banken und Händlern angeschlossen und haben sich außerdem lange unter dem Schutz des Finanzministeriums entwickelt. Auch dieser Sektor wird von etwas wie einem Kartell dominiert, den »großen Drei«,[75] durch die er leicht zu überwachen und zu leiten ist.

Der ungreifbare Gesamtplan

Die in Japan wuchernden Mauscheleien, die Prinzipien des freien Marktes zuwiderlaufen, legen natürlich die Frage nahe, ob all diese Machenschaften nicht zu einer einzigen, riesigen Verschwörung gehören. Die Frage wird noch naheliegender, wenn man bedenkt, wie in Bereichen des Systems, die nicht direkt mit der Wirtschaft zu tun haben, gemauschelt wird. Eine intensive Konzentration auf Ziele, die meist verfolgt werden, ohne daß man sich um Regeln oder einen Schiedsrichter kümmert: All dies wirkt gewiß wie ein Komplott. Ist die Konsolidierung des Systems, die in ihrer Form an die Pläne des Verbandes zur Unterstützung der Kaiserherrschaft erinnert, also das Ergebnis eines politischen Gesamtplans? Haben die Wirtschaftsverwalter bewußt darauf hingearbeitet, um die Umstände zusammentreffen zu lassen, die ihnen ihre heutige internationale Finanzmacht geben? Solche Fragen sind zwar naheliegend, aber nicht beliebt, zum Teil, weil man, wenn man sie in Betracht zieht, allzu leicht als »Gelbe Gefahr«-Unkenrufer gebrandmarkt wird.

Es gibt keinen überzeugenden, konkreten Beleg für einen Gesamtplan. Keine Verschwörer sind ins Rampenlicht getreten, keine Dokumente entdeckt, die etwas Derartiges enthüllten. Die Konsolidierung des Systems scheint weniger das Ergebnis absichtsvoller, großangelegter Planung zu sein, als vielmehr logisch aus zweihundert Jahre alten Merkmalen der politischen Arrangements in Japan zu folgen: aus der fehlenden Abstimmung zwischen den rivalisierenden Cliquen über das Recht, zu herrschen, und aus ihrem gemeinsamen Wunsch, die gesellschaftliche Ordnung ohne Bezug auf einen rechtlichen Rahmen oder allgemeingültige Prinzipien zu sichern.

Die japanische Geschichte bezeugt, wie ich finde, daß politische Ziele nicht völlig bewußt sein müssen, um verwirklicht zu werden. So, wie die allgegenwärtige japanistische Propaganda nicht von einer einzigen, starken Quelle im Zentrum ausgeht, sondern spontan von dem kollektiven Bedürfnis getrennter Gruppen von Machthabern, so haben sich die Bemühungen dieser Gruppen, die Bedingungen für sich selbst zu optimieren, um ihr eigenes politisches Überleben zu garantieren, zu etwas zusammengefügt, das nur aussieht wie die bewußte Ausführung eines gesellschaftspolitischen Entwurfs.

Es war unvermeidlich, daß die Verwalter nach 1945 sich von Anfang an dafür einsetzten, den Einfluß der Linken zu minimieren, die Gewerkschaften unten zu halten und »die Auswüchse der Besatzungszeit rückgängig zu machen«, sobald die Amerikaner fort waren. Es war auch völlig natürlich, daß diejenigen, die mit der »Neuen Wirtschaftsordnung« experimentiert hatten, versuchten, das Gelernte anzuwenden, als ihnen nach dem Krieg ein noch nie dagewesener Freiraum gegeben wurde, um eine solche neue Ordnung zu etablieren. Eine Tradition des Wirklichkeits-Managements setzte die Verwalter in die Lage, ihre Einmischung ohne viel Skrupel als demokratisch zu präsentieren, solange Wahlen, ein Parlament und eine scheinbar freie Presse vorhanden waren. Angesichts der ständigen Angst der Verwalter vor Unordnung wäre es nicht realistisch gewesen, zu erwarten, daß sie gerade die Gewohnheiten und Institutionen aufgaben, die sie vor 1945 entwickelt hatten, um sich diese Angst vom Leibe zu halten.

Was den »kapitalistischen Entwicklungsstaat« betrifft, den sie gefördert haben, so war für dieses Entwicklungsmuster keine Befolgung starrer Prinzipien notwendig, und die, die es wählten, waren sich vielleicht nicht ganz bewußt, daß sie ein bestimmtes Modell der Wirtschaftsentwicklung übernahmen. Bewußt war ihnen aber wohl, daß neue Möglichkeiten in ihrem Wirtschaftssystem dauernd entdeckt und genutzt werden konnten. Diese Tendenz zeigt sich deutlich in Zeiten offensichtlicher Schwierigkeiten. Wird das System von einem Gefühl erfaßt, daß gewisse unerwartete und unerwünschte Entwicklungen unaufhaltsam sind, setzen sich die Bürokraten und die Elite anderer betroffener Komponenten an ihre Spitze und suchen dabei dauernd nach Wegen, um diese neuen Entwicklungen auszunutzen. Eine Störung der normalen Routine bewirkt zuerst gewöhnlich außerordentliche Verwirrung, und man leugnet, daß Veränderungen unausweichlich sind; in der zweiten Phase jedoch treten Gruppen von Verwaltern vor und packen sie an — wie ein guter Schachspieler benutzen sie den Überraschungszug, um einen Vorteil über den Rivalen zu gewinnen.[76]

So war die Wertsteigerung der japanische Währung auf fast das Doppelte gegenüber dem US-Dollar in nur zwei Jahren ein Segen für diejenigen, die seit langem Rationalisierungspläne befürwortet hatten, um die Effizienz und damit die Konkurrenzfähigkeit großer Firmen zu steigern. Sie hat die Reorganisation der Zulieferer erzwungen. Als der Aufschrei gegen die industrielle Umweltvergiftung im Inland endlich zu einer unaufhaltsamen Protestbewegung wurde, die größere Anpassungen erzwang, erhielten die MITI-Bürokraten auf einem Silbertablett eine ganz neue Auswahl neuer Kontrollmechanismen in Form von Umweltschutzauflagen, die ihre Macht über die Industrie stärkten. Die US-Besatzung in Japan — die kaum das Kollektivziel der Verwalter der 30er Jahre gewesen war — gab vielen von ihnen die Chance, ihre Pläne umzusetzen, von der Landreform über die Arbeitsgesetze bis zur wirtschaftlichen Mobilisierung. Das Ausnutzen solcher unerwarteten und zunächst unerwünschten Gelegenheiten ist natürlich überall üblich, aber japanische Bürokraten und Manager sind, bei ihrer Besessenheit von ihrer Machtstellung gegenüber ihren Rivalen, außergewöhnlich gut darin.

Entdeckungen neuer Möglichkeiten, industrielle und finanzielle Macht auszuweiten, aktivieren auch die jinmyaku und die informellen Prozesse des Systems zur umfassenden Koordination zwischen Bürokraten, Wirtschaftsverbänden und Firmenverwaltern. Es ist vernünftig, anzunehmen, daß die massive Expansion immaterieller Werte, die dem System mehr Macht über das internationale Finanzsystem gegeben hat, auf diese Weise geführt worden ist. Deshalb gehört sie freilich noch nicht zu einem Gesamtplan, der entworfen wurde, bevor die neuen Methoden des Geldverdienens erprobt waren. Auch folgt daraus nicht, daß das System die Politik, die betrieben wird, einhellig gutheißt. Im Fall des zaiteku glaubte zumindest am Anfang eine beträchtliche Zahl einflußreicher Verwalter, daß es die Vitalität der japanischen Wirtschaft schwächen könnte. Bevor Inayama Yoshihiro als Präsident des Keidanren zurücktrat, äußerte er seine Sorge über die Art, wie die Geschäftsleute von ihrem eigentlichen Geschäft abgingen.

Der Fehler des Phönix

Obwohl es keinen überzeugenden Grund für den Verdacht gibt, daß die Verwalter einen großen Gesamtplan zur industriellen Weltherrschaft erarbeitet haben, hat ihr Tun die gleiche Wirkung, als wenn es einen solchen Plan gäbe. Warum das so ist, ist unschwer einzusehen. Die Verwalter sehen die ganze Welt durch die Brille des Systems. Männer, die sich für ihren Flankenschutz daheim nicht auf allgemeingültige Regeln berufen, werden kaum glauben, daß international akzeptierte Regeln, Verträge, Abkommen oder Versprechen letztlich verläßlich sind. Japan strebt nach industrieller Vorherrschaft, weil Macht die einzige Garantie seiner Sicherheit ist; und militärische Macht ist vorläufig, und vielleicht noch lange, nicht machbar. Daher der ständige Heißhunger auf ausländische Marktanteile und ausländische Technologie.

Im Hinblick auf diesen »natürlichen« japanischen Drang muß man zwei wesentliche Dinge begreifen. Erstens: Japan hat das Potential, in der Erlangung der Vorherrschaft in bestimmten strategischen Industrien sehr weit zu kommen und könnte dadurch den Westen von sich abhängig machen — bei Halbleitern ist dies schon fast eingetreten. Zweitens: Die uninformierte Annahme westlicher Handelspartner, daß Japans Volkswirtschaft im wesentlichen wie ihre eigene ist, ist eine unverzichtbare Voraussetzung dafür, daß die Verwalter ihre internationalen Ambitionen verwirklichen.

Der gegenwärtige Reichtum japanischer Firmen — wenigstens in bezug auf die Sicherheiten, die sie bieten können — hat ihre Basis für Unternehmungen auf Auslandsmärkten erheblich gestärkt. Sie kaufen ausländische Finanzinstitute und Immobilien nicht wegen mittelfristiger Gewinne, sondern um mehr Gewicht zu haben. Und wenn Land in Tokio 1988 zehnmal »wertvoller« sein kann als Land in Manhattan, könnte der Preis in ein paar Jahren auch bis auf zwanzigmal oder mehr hochgetrieben werden, wenn die Verwalter die Sicherheiten brauchen, um ihre überhöhte Kreditvergabe respektabel aussehen zu lassen.

Unterdessen wird Japans relativer Vorteil ständig durch andere, längerfristige Faktoren gesteigert. Zulieferverträge, Anstellung auf Zeit, schlechtere Bezahlung der Frauenarbeit und frühe Zwangspensionierung verschaffen der japanischen Industrie noch immer den Vorteil sehr flexibler und relativ geringer Lohnkosten. Nur ein Drittel der Arbeitnehmer ist fest angestellt. Nach der Pensionierung arbeiten die Beschäftigten bei stark reduzierten Gehältern weiter. 35% der Beschäftigten arbeiten weiter, wenn sie 65 sind, in Europa dagegen nur 10%. Auch hat eine Konzerngruppe, die in eine neue Industrie geht, sofort etwa 10% garantierte Marktanteile im Inland. Das japanische System ist obendrein weiterhin protektionistisch und schirmt die japanischen Hersteller und Banken vor der Art Konkurrenz ab, mit der die Konzerne des Systems westliche Firmen verdrängt haben. Der letztgenannte Faktor scheint sicherzustellen, daß die Handelsbilanz zwischen Japan und der Welt unausgeglichen bleibt.

Man glaubt weithin, daß westliche Firmen sich nicht genug anstrengten, in den japanischen Markt einzudringen, und die Verwalter sind nur allzu glücklich, die Vorstellung mit zu verbreiten, daß die europäische und amerikanische Wirtschaft müde und ineffizient sei. Schaut man aber japanische Firmen näher an, so gibt es dort nicht weniger Pfusch als in westlichen Firmen — vielleicht sogar mehr, wenn man die Betriebe mitrechnet, die nur den Inlandsmarkt beliefern. Das Argument vom ungenügenden Einsatz ist allerdings ein Ablenkungsmanöver; der springende Punkt ist, daß diejenigen, die sich in Japan ganz außerordentlich eingesetzt haben, ebenso jämmerlich gescheitert sind wie diejenigen, die es locker genommen haben. Japanische Sprecher verbreiten überall die Tatsache, daß einige ausländische Firmen, die »sich genug eingesetzt haben«, auf ihrem Markt erfolgreich sind. Diese Firmen sind allgemein bekannt, weil sie zu der gleichen kleinen Auswahl gehören, die in diesem Zusammenhang immer genannt wird. Ein paar handverlesene ausländische Firmen erhalten Unterstützung, um als neue Beispiele der japanischen Offenheit zu dienen.[77]

Eine zusätzliche und unterschätzte Quelle der japanischen Stärke ist die einschüchternde Wirkung, die ein Vorstoß des Systems in neue industrielle Bereiche hat. Die hier angewandten Finanzierungsmethoden sind derart, daß amerikanische oder europäische Firmenpräsidenten, wenn sie in solche Sektoren investieren, hohe Risiken eingehen, die sie nie vor ihren Aktionären verantworten könnten.

Der größte offensichtliche internationale Vorteil, den das japanische System bisher genießt, liegt in den westlichen Fehleinschätzungen über die Natur der japanischen Herausforderung. Die USA sind besonders anfällig für Japans industrielle Vorstöße, weil die US-Regierungsbehörden, die ihre Interessen in diesem Bereich überwachen, kein institutionelles Gedächtnis haben. Etwa alle zwei Jahre müssen neue US-Beamte neu lernen, daß die japanische Wirtschaft anders funktioniert als ihre eigene. Daher das ständige, selbstauferlegte Handicap des doktrinären Festhaltens an Theorien des freien Marktes. Das Ergebnis ist eine irregeleitete Flickwerk-Politik. Zunehmender Druck vom Kongreß auf die Reagan-Administration, etwas gegen das Japan-Problem zu tun, führte zu einer Doppelformel, um zum Ausgleich der Handelsbilanz beizutragen: eine Verteuerung des Yen und Forderungen, daß Japan seine heimische Wirtschaft stimuliert. Eine gesteigerte Inlandsnachfrage macht das Wachstum der japanischen Wirtschaft tatsächlich etwas unabhängiger vom Export, aber es gibt keinen guten Grund für die Erwartung, daß die Japaner ihretwegen mehr von den End-

produkten kaufen, die die westlichen Länder verkaufen wollen. Auch hat der teure Yen nicht die erwartete Wirkung gezeigt. Er kann die Wettbewerbssituation des Westens sogar verschlechtert haben, weil er die Verwalter gezwungen hat, relativ ineffiziente Sektoren in Schwung zu bringen. Das Verhältnis Yen-Dollar wird nur dann eine spürbare Wirkung auf die japanisch-amerikanische Handelsbilanz haben, wenn die USA bereit sind, viel weiter zu gehen, als anzunehmen ist, und zuzulassen, daß ihre Währung noch dramatischer an Wert und Prestige verliert als 1987.
Die Maßnahmen, die zur »Anpassung« des Dollar-Yen-Wechselkurses beitrugen, erbrachten nicht nur nicht das erhoffte Resultat, sondern sie verdoppelten beinahe die Kaufkraft japanischer Investoren auf dem amerikanischen Markt. Zusätzlich zu der Stärke, die die Japaner durch ihre in Kapitel 15 beschriebenen Finanzierungsmethoden haben, führte dies zu einem plötzlichen, großen Zuwachs an japanischem Einfluß auf Wall Street und andere Finanz-Handelsplätze. Ein wichtiger neuer Faktor wurde damit eingeführt, der Japans Beziehung zu den USA dramatisch verändern könnte und dessen Rückwirkungen auf den Westen allgemein noch ungewiß, aber sicher erheblich sind.
Langfristig gesehen ist das Fehlen einer wirksamen amerikanischen und europäischen Japan-Politik kein wirklicher Vorteil für die Verwalter. Im Gegenteil, ihre Sicherheit ist in Gefahr. Bislang ist die Gesetzgebung der USA durch das Beispiel des Smoot-Hawley Tariff Act von 1930 gebremst gewesen, das teilweise für die unkontrollierbare protektionistische Kettenreaktion vor der Depression verantwortlich war. Aber irgendwann scheinen Vergeltungsmaßnahmen, die japanischen Interessen sehr schaden könnten, unvermeidlich — besonders, wenn die Frustrationen über Japans Wirtschaftsaktivitäten durch japanische Handlungen oder Aussagen verschlimmert werden, die dem Kongreß den Eindruck vermitteln, daß Tokio arrogant oder moralisch unzulänglich ist. Die europäischen Länder, die ungebremsten Protektionismus ebenso fürchten, sind bislang weniger von der Ausweitung der japanischen Macht betroffen, würden aber dem Beispiel der USA höchstwahrscheinlich folgen. Die Europäische Gemeinschaft als Einheit wird mehr Grund zur Wachsamkeit gegenüber japanischen Marketing-Zielen haben, wenn 1992 alle noch vorhandenen Schranken

fallen, die den Warenverkehr zwischen den Mitgliedsländern regulieren. Da der Westen eindeutig nicht willens ist, die Folgen einer weiteren großen Steigerung der japanischen Wirtschaftsmacht aufzufangen — zumindest, wenn sie auf die gleiche Weise erreicht wird wie das Wirtschaftswachstum nach dem Krieg —, ist ungewiß geworden, ob das japanische Ziel unbegrenzten Industriewachstums weiterhin erreichbar ist. So ist eine Restrukturierung von lebenswichtiger Bedeutung.

Der Phönix hat sich vor den Augen der ganzen Welt majestätisch aufgeschwungen, verdienten Applaus und Ehrfurcht eingeheimst. Aber er ist mit einem wesentlichen Fehler behaftet, der ihm die Orientierung nimmt. Der Fehler ist natürlich in seinem Steuerungsmechanismus: Er ist unfähig, sich alternativen Methoden und Zielen zuzuwenden, weil es keine Person oder Gruppe gibt, die die Macht zu der politischen Entscheidung hat, die Ziele zu verlagern. Der Phönix scheint unfähig, von seinem Kollisionskurs abzugehen.

16

In der Welt, nicht von der Welt

Es gibt eine recht weit verbreitete Vorstellung, daß die japanische Nation Ende der 1980er Jahre in einer großen Debatte über die neue Politik steht, die durch ihre mißliche internationale Lage und die Erwartungen des Auslands nötig geworden ist.[1] Kolumnisten erzählen uns, daß große Veränderungen bevorstehen und daß die Zuständigen heute nicht mehr diskutieren, ob solche Veränderungen wünschenswert sind, sondern wie sie zu den hergebrachten Praktiken passen. Wir lesen, daß heftig debattiert wird, wie mehr importiert werden kann, und daß das japanische Volk sich der Notwendigkeit bewußt wird, seiner Wirtschaftsmacht entsprechende internationale Verantwortung zu übernehmen.

Die Vorstellung, daß eine solche Debatte stattfindet, ist falsch. Sie wurzelt offenbar in dem Glauben, daß die Japaner diese Dinge diskutieren sollten, nicht in irgendwelchen Anzeichen, daß das auch geschieht. In meinen fünfzehn Jahren als Korrespondent (eine Betätigung, die für Phänomene wie »nationale Debatten« empfänglich macht) habe ich weder die »große Debatte« entdeckt noch die kleineren über Importe und die größere Verantwortung. Die Vorstellung wird zweifellos von Verwaltern genährt, die mit der Außenwelt umgehen müssen und oft daran verzweifeln, zum Handeln in Bereichen anzuregen, wo sie Ergebnisse versprochen haben. Sie paßt auch zur allgemeinen Vorliebe der Medien für Geschichten über »Japan am Scheidewege«. Was da als nationales In-sich-Gehen mißverstanden wird, ist allerdings nichts weiter als die rhetorischen Paraden, mit denen die Spitzenverwalter ihre Reden garnieren, die Zeitungen gewohnheitsmäßig in ihren Leitartikeln bringen und die bei zahlreichen internationalen Podiumsdiskussionen und Symposien die Kommentare der englischsprechenden »Stoßdämpfer« ölen. Die phrasenhafte Wiederholung der Notwendigkeit gewisser Änderungen bedeutet jedoch weder den ernsthaften Willen noch die Fähigkeit, sie zu vollziehen.

DAS FEHLEN DER POLITISCHEN WAHL

Die Vorstellung von einer nationalen Debatte, an der das japanische Volk oder seine gewählten Vertreter beteiligt sind, ist schädlich, weil sie den seriösen Beobachter in dem falschen Gefühl wiegt, daß gemeinsame Probleme auf der japanischen Seite untersucht und gelöst werden. Sie bildet auch ein intellektuelles Hindernis für das Verständnis, wie das System funktioniert; sie erweckt den Eindruck, daß die Japaner eine Wahl haben, während der gewöhnliche Japaner keine Ahnung hat, was es bedeutet, unter gesellschaftspolitischen Alternativen zu wählen.

Systematische Vorenthaltung der Wahl

Die systematische Vorenthaltung der Wahl in fast allen Lebensbereichen, die mit der politischen Organisation Japans zu tun haben, ist notwendig, um das System in ruhigem Fahrwasser zu halten. Die Japaner haben keine Wahl in bezug auf politische Vertretung: Sie haben die LDP am Hals. Sie haben fast keine Wahl in der Bildung: Ihre Hauptfunktion ist die des Sortiermechanismus für den Salaryman-Markt, und der einzige Weg nach oben geht über die juristische Fakultät der Universität Tokio. Ist ein männlicher Japaner der Mittelschicht einmal von einer Firma eingestellt worden, so hat er praktisch keine andere Möglichkeit, als bei dieser Firma zu bleiben. Die Japaner haben keine Wahl in bezug auf japanische Quellen für Nachrichten und Informationen: Diese kommen in den monotonen Tönen einer praktisch gefesselten Presse daher oder verarbeitet von anderen Wirklichkeits-Managern wie der Dentsu. Die Wahlmöglichkeiten, die der Markt ihnen als Verbrauchern bietet, schließen nichts ein, was die Verteilungs-keiretsu nicht zu verteilen wünschen.

Die gängige Vorstellung vom japanischen politischen Prozeß setzt die Möglichkeit einer politischen Wahl voraus. Sie sieht Herrscher und Beherrschte in ständiger Kommunikation, um einen sich laufend entwickelnden »Konsens« zu ermitteln. Zu diesem Prozeß der Konsensbildung, so meint man, trägt die Vielzahl von Interessengruppen, akademische Kommentatoren, Journalisten, Politiker und Bürokraten bei, deren Zustimmung für alle Beschlüsse gewonnen werden muß. Japans Machthaber haben diese Sichtweise mit Begeisterung aufgegriffen, denn sie kann als »demokratisch« verkauft werden, und sie paßt schön zu dem entscheidend wichtigen Glauben an das Wohlwollen des Systems.
Ermahnungen in der Presse und Verlautbarungen prominenter Verwalter scheinen unausgesetzt zu beweisen, daß die Nation sich mit bestimmten Themen beschäftigt. Doch der ständige Hinweis auf die Wünschbarkeit einer Sache stellt keine Debatte dar. Dies wird klar, wenn man es näher betrachtet: Alle scheinen stets herzlich dem Gesagten zuzustimmen. Wenn die Übel des amakudari-Systems und der »Prüfungshölle« einmal jährlich in der Presse ausgelüftet werden, ist es selbstverständlich, daß die routinemäßigen Ermahnungen eine kathartische Funktion haben, denn sie ersetzen eine wirkliche Abhilfe. Diskussionen, wie man sie in europäischen Ländern und den USA findet, bei denen Intellektuelle und politische Repräsentanten identifizierbare und widerstreitende Meinungen vortragen, die zu einem Geben und Nehmen, zur Unterrichtung der Bürger und vor allem zu Änderungen in der Politik führen, sind unbekannt in Japan, wo nichts Wesentliches im eigentlichen Sinn debattiert wird.
Ich räume ein, daß in Japan einige Beispiele echter Übereinstimmung zu finden sind, aber mir fällt das relative Fehlen von Übereinstimmung im Vergleich mit etwa den Niederlanden oder anderen westlichen Ländern auf, mit denen ich vertraut bin. Wie dem auch sei, mit »Übereinstimmung« haben die Machtbeziehungen zwischen gewöhnlichen Japanern und den Verwaltern nichts zu tun. Theoretiker, die behaupten, Japan habe eine »neue Mittelmasse«, die politisch völlig einig mit dem sei, was das System bietet, und damit implizieren, die japanische Öffentlichkeit habe die politische Möglichkeit gehabt, politische Wünsche zu äußern, haben vergessen, daß niemand den Japanern je gesagt hat, sie könnten

ihre eigenen Prioritäten setzen. Premierminister Ikeda Hayato hat Japans politische Verhältnisse auf das Knappste zusammengefaßt, als er sagte: »Die Regierung ist der Kapitän und die zaikai ist der Kompaß des Schiffes.«[2] Zu keiner Zeit haben die gewählten Vertreter des Volkes versucht, den Bürokraten oder Verbandsführer zu zeigen, wo es langgeht. Im Gegenteil, den Politikern wurde gezeigt, wo es langgeht. Der Reformbürokrat Uemura Kogoro, der eine Hauptrolle in diesem Bemühen gespielt hat, ließ keinen Zweifel daran, welches Verhalten von Politikern erwartet wird, als er erklärte, der Aufbau einer starken Volkswirtschaft sei ohne den Zusammenschluß »konservativer Kräfte« undenkbar.[3]

Die Expansion der Industrie, die auf Kosten der lebenden Umwelt, der Wohnungsbau- und Sozialpolitik erreicht wurde und zu den höchsten Landpreisen der Welt geführt hat — all dies, ohne die Bequemlichkeiten zu bringen, die in weiten Teilen Europas und Nordamerikas selbstverständlich sind —, war nicht das Ergebnis irgendeiner Art Einigung darüber, was für das Volk gut sei. Die verhängnisvollen politischen Manöver, die sie zur übergeordneten nationalen Priorität machten, wurden nicht von der Presse überwacht. Die Öffentlichkeit wurde nicht aufgefordert, sich an der Formulierung der Politik zu beteiligen — sie wußte nie, daß es überhaupt eine Wahl gab.

Die Rückseite des erfolgreichen Systems

Gegen Erfolg läßt sich schwer argumentieren, und Japans wirtschaftlicher Erfolg nach dem Krieg hat im Rest der Welt viel Bewunderung erregt. Es ist nicht meine Absicht, die bewundernswerten Leistungen des japanischen Volkes und die daraus erwachsenen Garantien einer relativ sicheren Gesellschaft, die jeden ernähren kann und nur ein paar Tausend Obdachlose hat, zu schmälern. Aber dieses Buch handelt davon, wie die Japaner regiert werden. Und in diesem letzten Kapitel muß ich den Schluß ziehen, daß das Gesamtbild recht düster und voller Gefahren ist.

In den Augen der Welt hat Japan sich als reiches Land etabliert; trotzdem fühlen sich die meisten Japaner ironischerweise relativ arm. Die Diskrepanz in der Wahrnehmung war nie so stark wie Ende der 80er Jahre, als das nationale Pro-Kopf-Einkommen nach der Aufwertung der Währung höher lag als in jedem anderen Land, die Kaufkraft japanischer Gehälter aber zu den niedrigsten in den fortgeschrittenen Industrienationen gehörte. Wie ein in New York lehrender japanischer Professor zusammenfaßt:

> *Hinter einer robusten Fassade des Wirtschaftswachstums, das von grassierender Spekulation angeheizt wird, tragen etwa 80% des Volkes die Last hoher Steuern und überhöhter Preise für Wohnung, Land, Nahrung, Kleidung und andere Produkte und Dienstleistungen, deren Märkte vor ausländischer Konkurrenz abgeschirmt sind. Der Durchschnittsjapaner verdient etwa so viel wie sein amerikanischer Kollege (oder seine amerikanische Kollegin). Aber der Japaner muß fast fünfmal so lange arbeiten, um ein Pfund Fisch zu kaufen, fünfmal so lange für ein Pfund Reis, neunmal so lange für ein Pfund Rindfleisch und dreimal so lange für vier Liter Benzin.*[4]

Er hätte unter anderem hinzufügen können, daß das Privileg, verstopfte Autobahnen zu benutzen, ein Vermögen kostet, daß die Kosten für Telefon, Strom oder Wasser die höchsten der Welt sind, daß die himmelschreiend teuren Wohnungen winzig sind und daß Infrastrukturprobleme in den Städten ebenso mißlich sind wie in den 60er Jahren. Für den Durchschnittsjapaner war das Leben 1988 mit mehr Geräten und mehr »Mode« angefüllt, aber es war in keiner Weise komfortabler, lohnender oder billiger als 1968, mit der einzigen Ausnahme, daß der teure Yen viel mehr Japanern einen billigen Auslandsurlaub ermöglichte. In mancherlei Hinsicht, zum Beispiel in bezug auf die Aussicht, je ein Eigenheim zu haben, sah das Leben entschieden weniger verheißungsvoll aus. Und dies sind nur die materiellen Folgen der Art, in der in Japan Macht ausgeübt wird.

Allgemeiner Charakter und Prioritäten der japanischen Bildung behindern zusammen mit der praktischen Indoktrinierung über Medien und Firmen die Entwicklung emanzipierter Bürger. Das System verdummt, wo es anregen sollte; es verhindert aktiv die Selbstverwirklichung des einzelnen. Ein »wertfreies« Urteil von der Perspektive des kulturellen Relativismus würde offenlassen, ob das gut oder schlecht ist. Aber ich glaube nicht, daß eine solche Betrachtungsweise hilfreich für die Japaner, nützlich für die Abendländer oder auch nur langfristig möglich ist. Würde es einem Gärtner gelingen, ein chemisches Mittel zu erfinden, das Rosenknospen daran hindert, zu Rosen zu werden, und wäre sein Garten voller Rosenknospen, die nie aufblühten und ihr Dasein endeten, indem sie einfach eintrockneten, so würden wir ohne Zögern sagen, daß mit diesem Garten etwas nicht in Ordnung sei.

So gibt das System zweifellos fast allen Japanern den Lebensunterhalt und ein großes Maß an Sicherheit, aber als Regierungsform ist es kein befriedigender Ersatz für einen modernen Verfassungsstaat mit einem Zentrum der Verantwortung und mit Vorkehrungen für den einschüchterungsfreien Umgang mit politischen Konflikten. Das System kann unabhängige Bürger mit einem entwickelten Gefühl politischer Verantwortung nicht vertragen,[5] und dies ist ein weiterer Grund dafür, daß es keine echten Debatten mit einer Wirkung auf die politische Wirklichkeit gibt, an denen sich der gewöhnliche, intelligente und talentierte Japaner beteiligen könnte. Dies ist unausweichlich, wenn nicht offensichtlich, ein allgemeines Problem für Japans Verwalter ebenso wie für Vertreter der Außenwelt.

Lähmung der Regierung

Das Fehlen einer nationalen Debatte hat direkte Folgen für andere Nationen. Die Theorie einer sich ständig entwickelnden Übereinstimmung legt nahe, daß das System lenkbar ist, daß es wesentliche Änderungen in der Politik produzieren kann. Die große Ironie des heutigen Japan ist aber, daß die Verwalter in ihrer Furcht vor Unordnung durch eine Myriade erfolgreicher Kontrollen eine Volkswirtschaft aufgezogen haben, die im Kern außer Kontrolle ist; das System als Ganzes ist steuerlos.

Wie wir in Kapitel 1 sahen, ist eine wichtige Fiktion, die das internationale Verständnis für Japan behindert, die, daß seine Regierung imstande sei, die Art von Entscheidungen zu treffen und umzusetzen, die in anderen Ländern selbstverständlich mit Souveränität und internationalen Abkommen verbunden werden. Einigen japanischen Verwaltern ist völlig klar, wie immens dieses Problem für Japans internationale Beziehungen ist. Eine wichtige Minderheit unter ihnen sieht seine möglichen Folgen pessimistisch, und einige haben sogar Katastrophenvisionen von dem, was Japan zustoßen könnte. Aber niemand in Japan ist direkt verantwortlich, und deshalb liegt niemand nachts wach und macht sich darum Sorgen.

Es gab mehrere erfolglose Versuche, Japan zu neuen Prioritäten zu lenken. Der eine, der Ende der 1980er Jahre international Aufmerksamkeit erregte, war die Bildung eines Beratungsausschusses unter der Leitung des internationalistischen früheren Gouverneurs der Bank of Japan, Maekawa Haruo. Der damalige Premierminister Nakasone wies den Ausschuß an, Richtlinien zu einer größeren Umstrukturierung der japanischen Wirtschaft vorzulegen, die ihr Wachstum unabhängiger von Exporten machen sollte. Was dann geschah, illustriert mein Argument von der fehlenden Führung in Japan.

Im Lauf zahlreicher Sitzungen säuberten die Mitglieder des Ausschusses, die zumeist ministerielle und andere Interessen vertraten, den Maekawa-Bericht von all seinen konkreten Vorschlägen. Als Nakasone den Bericht sah, den der Ausschuß produziert hatte, befahl er zornig, ihn noch einmal zu schreiben, weil er, wie er sagte, kein Bewußtsein von der düsteren internationalen Lage reflektierte, in die Japan geraten war. Die Schlußfassung, die im April 1986 veröffentlicht wurde, war nicht besser, aber Nakasone war machtlos.

Wären alle Empfehlungen des Maekawa-Berichtes umgesetzt worden, so hätten sie freilich nicht mehr als einen schwachen Versuch ausgemacht, die Prioritäten zu verlagern. Doch selbst dies sollte nicht sein; viele Verwalter waren ehrlich genug, dies deutlich zu machen. Fast genau in dem Moment, als Nakasone in Washington den Bericht als Zeichen der japanischen Aufrichtigkeit präsentierte, sagten LDP-Politiker, sie könnten ihn nicht akzeptieren. Spitzenbürokraten ließen ihre »Besorgnis« durchsickern, daß Nakasone bei Präsident Reagan falsche Erwartungen wecke. Die *Nihon Keizai Shimbun* (vergleichbar mit dem *Wall Street Journal*) riß den Bericht in Stücke, und die *Asahi Shimbun* sagte in einem Leitartikel: »Jedesmal, wenn ein führender Politiker das eine im Ausland und etwas anderes im Inland sagt, wächst das Mißtrauen der Weltgemeinschaft gegen Japan. Es ist ironisch, daß Nakasone, der stolz auf sein diplomatisches Geschick ist, nun den gleichen Fehler wiederholt.«[6] Endlich warf das Finanzministerium sein Gewicht mit einer Verlautbarung in die Waagschale, der Bericht repräsentiere nicht die japanische Politik.

Der Fall des Maekawa-Berichtes illustriert auch die Sprachverwirrung, die japanische Aktionen oft begleitet. Gerade als Nakasones Landsleute ihm den Teppich unter den Füßen fortzogen, priesen Präsident Reagan, Außenminister George Shultz, die *New York Times* und andere den »Durchbruch« in der japanischen Entscheidungsfindung. Der Unter-Staatssekretär für Wirtschaft Alan Wallis ging so weit, von einer Wasserscheide im Wirtschaftsdenken Japans nach dem Krieg zu sprechen. Die US-Administration wollte natürlich die bilaterale Beziehung unbedingt in einem positiven Licht präsentieren und zeigen, daß ihre Japan-Politik Früchte trug. Doch selbst Kommentatoren, die nicht der Regierung angehörten, und Akademiker bezeichneten weiterhin den Maekawa-Bericht als wichtige Absichtserklärung der japanischen Regierung. Inzwischen behaupteten Beamte wie der MITI-Staatssekretär Kuroda Makoto, fast alle Empfehlungen seien bereits umgesetzt, während einige Mitglieder des Maekawa-Ausschusses ihre Frustration darüber, daß nichts getan wurde, durchsickern ließen. Maekawa selbst, so wurde mir berichtet, war von dem Ausbleiben konkreter Taten angewidert.[7] Zwei Jahre nach der Veröffentlichung des Berichtes waren nur ein paar Punkte verwirklicht worden; es waren Kleinigkeiten, die ohnehin zu früheren bürokratischen Plänen gehört hatten.

Der Maekawa-Ausschuß stellte ein weiteres Versagen darin dar, das System zu steuern. Die Außenwelt freilich zeigte sich enthusiastisch; sie wollte glauben, daß Japan schließlich doch eine Regierung hatte, und sie meinte, es sei höchste Zeit für eine gründliche Umstrukturierung. Die Bürokraten machten sich dies zunutze und lancierten tatsächlich im Mai 1987 einen »zweiten Maekawa-Bericht«, weil der erste im Ausland einen so guten Eindruck gemacht hatte! Der Haupterfolg des Maekawa-Berichtes war in der Tat die Reaktion, die er im Ausland auslöste; in Japan folgten auf ihn nur Lippenbekenntnisse.[8] 1988 verbreitete sich die Vorstellung, daß

Umstände wie die Wertverdoppelung des Yen in der Praxis erreicht hätten, was der Maekawa-Bericht gewollt hatte. Doch diese Sicht war mehr von Wunschdenken bestimmt als von irgendwelchen Zeichen für strukturelle Änderungen, wie der Bericht sie vorsah.

Die Täuschung »Japan«

Wenn Länder die Zusammenarbeit mit Japan »unmöglich« finden, dann deshalb, weil Regierungsbeamte in der ganzen Welt sich in Verhandlungen mit anderen Regierungen zwar an vieles gewöhnen können, eines aber nie glauben: daß es auf der anderen Seite keinen Verhandlungspartner gibt. Wie ernst dies begriffliche — um nicht zu sagen praktische — Problem ist, ersieht man aus der Tatsache, daß völlig normale und weithin verwendete Bezeichnungen für internationalen Beziehungen automatisch in die Irre führen, wenn man sie auf Japan anwendet. Selbst die politischen Beobachter, Leitartikler und ausländischen Regierungsbeamten, die theoretisch eingesehen haben, daß es kein Zentrum der Verantwortung gibt, sagen oft aus Gewohnheit weiterhin, »Japan« solle dies oder jenes langsam einsehen, und »Japan« solle dies oder jenes tun. Die Gewohnheit, in anthropomorphen Begriffen von einem Land zu sprechen, setzt wichtige Annahmen voraus: daß es einen Kern der Identität hat; daß dieser Kern es befähigt, über seine Zukunft nachzudenken, zu Beschlüssen zu kommen und entsprechend zu handeln; und daß es durch diesen Kern verantwortlich gemacht werden kann. Die Annahme ist, daß alle Länder eine Fähigkeit haben, als individuelle Personen mit einem Gefühl der Verantwortlichkeit zumindest sich selbst, wenn nicht Außenseitern gegenüber zu handeln.
In Verhandlungen mit einer Folge japanischer Premierminister, einschließlich Nakasone, ist besonders die Regierung der USA zu der Einsicht genötigt worden, daß man im Fall Japan nicht effektiv mit seinem offiziellen Regierungschef oder irgend jemand sonst verhandeln kann. Und verschiedene ausländische Mächte haben das ganze 20. Jahrhundert hindurch entdeckt, daß man auch mit seinen Unterhändlern nicht effektiv verhandeln kann. Japanische Unterhändler können tatsächlich nicht verhandeln — wegen

der ständigen potentiellen Opposition in Japan gegen alles, was sie tun könnten.[9] Diese Schwierigkeit hat weitgehend die westliche Einstellung zu Japan vor dem Krieg bestimmt. Ein Spezialist für die Geschichte der japanischen Diplomatie faßt zusammen:

> *Nie war eine Nation so besessen davon, sich internationales Vertrauen zu sichern, und nie wurde einer Nation so ausnahmslos mißtraut wie Japan vor dem Krieg. Obwohl die japanischen Führer und Unterhändler der Gedanke an ein Scheitern der Verhandlungen entsetzte, nahmen sie doch Positionen ein, die so nah an ihrem Minimum und so starr waren, daß Kritik fast vorprogrammiert war ... In jedem Fall versuchten die Führer und Diplomaten bewußt, die Fehler der Vergangenheit zu meiden, nur um jedesmal wieder in die gleiche Falle zu tappen.*[10]

Eine der aufschlußreichsten Episoden ereignete sich im Frühjahr 1984, als die Beziehungen zwischen den USA und Japan erheblich abzukühlen drohten, weil das Landwirtschaftsministerium unbeugsam darin war, ein paar Schiffsladungen Rindfleisch und Orangen mehr nach Japan kommen zu lassen. Nakasone schickte seinen Landwirtschaftsminister nach Washington, um die ins Stocken geratenen Verhandlungen zu retten. Zuerst wollte Minister Yamamura nicht gehen, denn er fand, er habe keine Wahl, als seinem Ministerium absolute Loyalität zu zeigen, während dieses wiederum seine »Aufrichtigkeit« als Verteidiger der nokyo zeigte. Als er in Washington war, setzte er sich über Nakasones direkte Anweisung hinweg, und dieser mußte ihm schließlich zureden, die Verhandlungen nicht ganz aufzugeben. Nakasone sagte seinem Kabinett wiederholt, daß Japan in seinen internationalen Beziehungen an einem Punkt angelangt war, wo nur handfeste Maßnahmen etwas bedeuteten, und daß es das Schicksal der Nation betreffen würde, wenn diese Maßnahmen ausblieben. Doch man geißelte sein »pompöses Auftreten und seine rosigen Versprechungen, die sein Ansehen in Übersee steigern sollen«. Nakasones Mahnungen, daß Japan internationale Verpflichtungen hatte, führten einen typischen Kommentator zu dem Schluß: »Er hat seine internationalen Versprechen als Waffe benutzt, um alle Opposition von seinen Kritikern im Inland zu unterdrücken.«[11]

Die Unmöglichkeit, eine Person oder Institution zu finden, mit der man erfolgreich verhandeln kann, ist natürlich Regierungen, die versucht haben, Abkommen mit Japan zu treffen, nicht verborgen geblieben. Ausländer werden häufig gebeten, Geduld zu haben, solange die angebliche große nationale Debatte sich vollzieht, und abzuwarten, bis der allgemeine Konsens erzielt ist. Oft wird noch versichert, daß der Prozeß der nationalen Debatte, obwohl er quälend langsam voranschreitet, wundervoll wirksam sein wird, wenn der Konsens einmal erreicht ist.

Eine der jüngsten Pseudo-Debatten betrifft die kokusaika (»Internationalisierung«). In den 1980er Jahren wurde die Notwendigkeit der »Internationalisierung« routinemäßig in Tausenden von Zeitungsartikeln und Zehntausenden von Reden betont. Zahlreiche Ausschüsse und Forschungsgruppen wurden eingesetzt, um sie zu fördern. In der Praxis aber dient die »Internationalisierung« oft einem wieder erstarkenden Nationalismus. Innerhalb der Firmen wird sie generell als die Notwendigkeit gedeutet, japanische Interessen im Ausland besser verteidigen zu können. Verbale Bekenntnisse zu einer Sache oder die Aussage, sie sei notwendig, werden in Japan oft mit konkreten Schritten verwechselt, und so glaubt man, sie hätten die Situation erheblich verändert. Die ständige Wiederholung des Begriffes kokusaika schafft ein Gefühl, daß Japans Verwalter tätig werden, um die angeblich mangelnde internationalistische Haltung der normalen Japaner zu korrigieren; gleichzeitig ist aber ein Bewußtsein, daß echter Internationalismus eine Bereitschaft voraussetzt, die Argumente und Wünsche von Ausländern zu berücksichtigen, das letzte, was sie fördern wollen.

EINE UNBEQUEME ABHÄNGIGKEIT

Die Anomalien in Japans Beziehungen zu anderen Ländern werden oft durch die ungewöhnliche Natur einer bestimmten Beziehung verdeckt. Als Folge der Art, wie es die politische Macht aufgeteilt hat, ist das System außerordentlich abhängig von den USA. Beide Seiten räumen ein, daß die Beziehung eine besondere ist; doch wie besonders, ist ein Punkt, der fast niemandem ausreichend bewußt ist. Es gibt kein anderes Beispiel in der Geschichte, bei dem eine große, wirtschaftlich mächtige Nation so lange von einer anderen Nation abhängig geblieben ist, ohne ihre eigene Identität zu verlieren. Was in Kapitel 2 gesagt wurde — daß Japans Verwalter entdeckt haben, daß alle Aufgaben, an denen ein Staat international als solcher erkannt wird, stellvertretend von den USA wahrgenommen werden können —, ist keineswegs übertrieben. Japan kann es sich leisten, sich aus der internationalen Politik herauszuhalten, weil die USA es beschützen. Dieser Schutz bedeutet weit mehr als militärische Sicherheit und diplomatische Protektion. Japan hätte ohne die amerikanische Duldung und Protektion nie eine neomerkantilistische Wirtschaftsmacht werden können.

Eine unerprobte internationale politische Macht

Man muß klar unterscheiden zwischen der japanischen Abhängigkeit von den USA und der Abhängigkeit von den europäischen Ländern. Ein Staat mit Souveränität (dem grundlegendsten Attribut des Staates) hat zwei eng verbundene Arten von Macht: sich nach innen Gehorsam zu verschaffen und sich in Beziehungen nach außen Unabhängigkeit zu bewahren. Wie wir gesehen haben, hat Japan in beiden Dingen Probleme. Es gibt keine zentrale Instanz mit dem eindeutigen Recht, zu herrschen, die sich bei den rivalisierenden Komponenten des Systems Gehorsam verschaffen könnte. Die gesetzliche Autorität ist unsicher und nicht durch die stärkste Macht im Land gedeckt. Auch die Aufrechterhaltung unabhängiger Beziehungen mit dem Ausland ist ein Problem, weil Japan Versprechen, die seine Regierung macht, nicht halten kann und deshalb die Nachsicht ebenso wie den Schutz der USA braucht.

Auch die westeuropäischen Länder sind vom Schutz der USA abhängig, doch dies ist ein Arrangement, das sie als verantwortliche Staaten getroffen haben. Ihre internationalen politischen Verhältnisse hindern sie nicht an einer Außenpolitik neben ihrem Bündnis mit den USA. Verlöre Japan hingegen die Nachsicht der USA, so wäre es gezwungen, etwas zu tun, das ihm bislang regelmäßig mißlungen ist: eine Außenpolitik betreiben, in der es für die Absprachen, die es trifft, auch in die Verantwortung genommen werden kann.

Die internationale Ungeschicklichkeit des Systems — isoliert, wie es ist, durch seine besondere Beziehung zu den USA — ist nicht ausreichend wahrgenommen worden. Die Entwicklungen in diesem Jahrhundert sind freilich Grund genug, seine Fähigkeit, mit außenpolitischen Beziehungen außerhalb dieses Kontexts zurechtzukommen, pessimistisch zu sehen. Der Angriff auf Pearl Harbor war selbstmörderisch. In den 1930er Jahren, als Japans militärische Machthaber ernsthaft über einen Krieg gegen die USA und die Sowjetunion und Großbritannien nachdachten und die Diplomaten herzliche Beziehungen links und rechts abbrachen, stand keiner der Machthaber auf und bezeichnete diese Politik als Wahnsinn.

Selbst als die Niederlage zur Gewißheit wurde, konnte Japan nicht die Führungskraft aufbringen, um dafür zu sorgen, daß es einen Rest von Kontrolle über die Kapitulationsbedingungen behielt. Theorien, daß Japan vor Hiroshima bereit war, den Kampf einzustellen, beruhen nicht auf überzeugenden Belegen und offenbaren Unkenntnis des damaligen japanischen Systems. Sie übersehen die Tatsache, daß es 1945 in Japan keinen Apparat gab, der Frieden beschließen und Friedensverhandlungen glaubwürdig machen konnte. Keine Person oder Gruppe hatte die Macht, irgendwelche Kapitulationsbedingungen, die vereinbart worden wären, für alle anderen Komponenten des selbst im Krieg führerlosen Systems akzeptabel zu machen. Die diplomatischen Mitteilungen, die Washington erreichten, waren widersprüchlich und mehrdeutig. Selbst nachdem der doppelte Schock der Atombomben und der sowjetischen Kriegserklärung den Machthabern die vollendeten Tatsachen deutlich gemacht hatte, versuchten militärische Einheiten weiterhin die Entscheidung des Kaisers zu sabotieren und die Aufnahme seiner Kapitulationsrede abzufangen, als sie zum Radiosender gebracht wurde. Sie warfen auch Flugblätter ab, in denen sie die Menschen aufforderten, weiter zu kämpfen.

Japans begrenzte Anstrengungen, nach dem Krieg Außenpolitik zu treiben, sind auch nicht ermutigend. Daß es sich von den Arabern einschüchtern ließ, hat nicht zu größerer Sicherheit in der Ölversorgung geführt. In den 70er Jahren sah es für eine Weile aus, als entstünde eine unabhängige Politik gegenüber Peking und Moskau, doch bald stellte sich heraus, daß hier auf Stichworte aus den USA gewartet wurde. Japans Beziehungen mit der UdSSR haben sich so entwickelt, daß Moskau mehr Macht über Tokio hat als umgekehrt, und die von Gorbatschow initiierte Umgestaltung der Politik wird nicht aufgegriffen, um einen Vorteil zu gewinnen.[12] Japan hat sich im chinesisch-sowjetischen Konflikt auf Chinas Seite geschlagen, doch der chinesische Markt, den es zu gewinnen hoffte, ist nicht Wirklichkeit geworden.

Die Bedingungen, unter denen unter Premierminister Hatoyama 1956 die Beziehungen mit der Sowjetunion normalisiert wurden, waren innerhalb der LDP Gegenstand der destruktivsten und unvorteilhaftesten Zänkereien, wie Donald Hellmann überzeugend dargestellt hat.[13] Auffallende Ähnlichkeiten zeigten sich in dem Prozeß, der zu dem 1978 unterzeichneten »Anti-Hegemonie-Vertrag« mit China führte. Auch hier war der entscheidende Faktor das ewige Gezerre innerhalb der LDP. Premier Fukuda Takeo hatte ursprünglich nicht die Absicht, einen Vertrag zu unterzeichnen, der tatsächlich antisowjetisch war, wurde aber durch geschickte chinesische Manöver dazu gebracht, die die innere Dynamik der LDP nutzten.

Das Verhalten der Presse war damals in sich wichtig, und zudem verdeutlichte es die Art, in der Entwicklungen von Bedeutung in der japanischen Außenpolitik vor sich gehen. Die Presse diskutierte nicht ein einzigesmal, was der Vertrag wert war, oder was es für Japans Sicherheit und seine Beziehungen mit den Nachbarn bedeuten könnte, einen Vertrag gegen »Hegemonie« zu unterzeichnen. Sie interessierte sich ausschließlich dafür, ob und inwieweit der Vertrag Fukudas Chancen verbesserte, eine weitere Legislaturperiode im Amt zu bleiben. Der Vergleich mit dem Verhalten der Presse bei den Normalisierungsverhandlungen mit Moskau ist interessant: »Die wirre Geschichte innerparteilicher Rivalitäten beeinflußte und beherrschte letztlich die Diskussion der eigentlichen Fragen, und die Leitartikel der Zeitungen ließen das daraus folgende unklare Bild, wie es war. Zusätzlich behinderte die Berichterstattung der Presse die Wirkung nicht nur der veröffentlichten, sondern der öffentlichen Meinung auf den Prozeß der Außenpolitik«.[14] Wenn irgend etwas schlimmer war, dann die Situation mit dem chinesischen Vertrag, denn nirgendwo gab es Äußerungen einer veröffentlichten oder öffentlichen Meinung. Ebensowenig gab es Anzeichen eines geistigen Austauschs zwischen den Gruppen von Bürokraten im Außenministerium, die dafür oder dagegen waren und recht leicht mit dem Referat China bzw. Sowjetunion zu identifizieren waren.

Ein jüngeres Beispiel dafür, daß die LDP-interne Politik Japans Haltung gegenüber einem mächtigen Nachbarn bestimmt, war die Art, wie Nakasones Regierung, die unbedingt zumindest eine symbolische »Leistung« in den japanisch-sowjetischen Beziehungen vorweisen wollte, Moskau einmal fast um einen Gorbatschow-Besuch anbettelte, ohne den Sowjets irgend etwas anzubieten, das sie zu einer Zusage bewegen konnte. Im Umgang mit den beiden kommunistischen Riesen ist Tokio seit jeher passiv und reaktiv, und es hat sich in Positionen manövrieren lassen, wo es anfällig für Einschüchterungen ist.

Es ist über einen möglichen japanischen »Gaullismus« spekuliert worden, doch ohne angemessene Gründe. Der springende Punkt ist nicht, daß Tokio einen übermächtigen Wunsch hätte, seine Außenpolitik mit Washington zu koordinieren, sondern daß die Bürokraten im Außenministerium und anderen japanischen Institutionen nicht in der Position sind, die Folgen echter Veränderungen der Politik zu akzeptieren oder Versprechen einzuhalten. Tokio weicht ausländischen Fragen nach Japans globalen politischen und wirtschaftlichen Absichten aus, weil niemand da ist, der die Autorität hat, zu antworten. Das Außenministerium hat in den 80er Jahren versucht, durch Vermittlungsversuche im Golfkrieg und im Zusammenhang mit der vietnamesischen Besetzung Kambodschas (in beiden Fällen erfolglos) die Welt mit Japans Bereitschaft zu größerer Beteiligung an der internationalen Politik zu beeindrucken. Wenn aber das Ausland Engagement erwartet, kommt keine aktive Politik; und wenn widerstreitende innenpolitische Interessen dazwischenkommen, werden alle schon begonnenen Goodwill-Bestrebungen zunichte. Die Glaubwürdigkeit der Vermittlung im indisch-chinesischen Konflikt leidet unter dem Zorn der ASEAN-Gemeinschaft darüber, daß Japan Abkommen ignoriert und recht große Geschäfte mit Hanoi macht.

Das Netz japanischer Machtbeziehungen ist so eng geknüpft, daß es keinen Platz für die Berücksichtigung ausländischer Interessen läßt, keine Möglichkeit zur Umorientierung mit Rücksicht auf Bedürfnisse von außen. Ausländische Faktoren werden normalerweise ignoriert, selbst wenn sie von Bedeutung für langfristige nationale Interessen sind. Als Premierminister Miki Takeo zum ersten Gipfeltreffen der Industrieländer nach Rambouillet in Frankreich kam, waren Japans Verwalter äußerst besorgt, er könnte Japan in unerwünschte Verpflichtungen verwickeln. Kosmetische Zugeständnisse in der internationalen Diplomatie werden höchst sorgfältig dosiert. Die japanischen Politiker und Medien weigerten sich, den Dienst anzuerkennen, den Nakasone ihnen beim Gipfel von 1986 in Tokio erwiesen hatte. Den Berichten von Insidern nach war er ein ausgezeichneter Vorsitzender — in großem Gegensatz zu Ohira Masayoshis mittelmäßiger Leistung von 1979, als zum erstenmal ein Japaner Gastgeber eines internationalen Gipfels war. Doch das Interesse der japanischen Journalisten beschränkte sich darauf, was Nakasone »verschenkte«, um einen guten Eindruck auf die Ausländer zu machen, und auf die Wirkung, die der Gipfel auf die Kämpfe innerhalb der LDP haben würde.

Die einzige Bedingung, unter der internationale Faktoren beachtet werden, sind vollendete Tatsachen, die durch ausländische Interessen geschaffen werden. Das System kann geschickt reagieren, sobald eine allgemein wahrgenommene, neue externe Realität ihm in allen seinen Teilen das Gefühl der Krise gibt. Die OPEC schuf eine solche Realität mit Taten, die zur Ölkrise führten, und Japan reagierte äußerst wirksam.

Wirksame Taktik, schlechte Strategie

Die Leistungen des Systems haben so viel Bewunderung und Beifall bekommen, daß Ausländer wie Japaner seine inneren Fehler und Mängel oft übersehen — auch den größten, daß es keine Kontrolle über sich selbst hat. Der Erfolg, mit dem die japanische Industrie und Bürokratie sich den durch die Ölkrise verursachten Änderungen angepaßt haben, hat zur Verdeckung der Tatsache beigetragen, daß sich die Verwalter insgesamt der Notwendigkeit eines viel grundsätzlicheren Strukturwandels nicht gestellt haben, obwohl viele besorgte Japaner schon vor dem Maekawa-Bericht sahen, wie dringlich sie war. Die japanische Wirtschaft ist vor allem von einem Markt abhängig: dem der USA, der rund 40% aller japanischen Exporte aufnimmt. Der hochsubventionierten Landwirtschaft geht es schlechter als in den meisten anderen fortschrittlichen Industrienationen, wo dieser Sektor noch eine wichtige Rolle spielt. Industrien, die nur den heimischen Markt beliefern, sind äußerst ineffizient. Japans relativ niedriger Lebensstandard trotz seiner internationalen wirtschaftlichen Leistung weist auf große strukturelle Ungereimtheiten hin, die es zu korrigieren gilt. Unterdessen macht die Streuung der Macht unter eine Vielzahl von Verwaltungsinstanzen, die alle letztlich nicht verantwortlich sind, eine langfristige, national integrierte strategische Planung unmöglich.

Die Umstände haben die Verwalter zu glänzenden Taktikern, aber miserablen Strategen gemacht. Wer mit der japanischen Geschichte vertraut ist, wird die Parallele zur kaiserlichen Armee in China in den 1930er Jahren recht einleuchtend finden. Die Ziele sind natürlich andere, die Situation aber ähnlich, denn es fehlt eine mäßigende, integrierte, langfristige Strategie oder eine Perspektive für das, was wünschenswert ist, abgeleitet aus der Würdigung des politisch Möglichen und des nationalen Interesses. Außerhalb der Mandschurei erwiesen sich die japanischen Militärs als Meistertaktiker. Aber es war auch klar, daß ihre Aktionen letztlich nicht von einem strategischen Gesamtplan geleitet waren, der die Welt jenseits von China berücksichtigte und glaubwürdige Maßnahmen für die Bewältigung der Gefahren eines Krieges mit den USA vorsah. Die Bürokraten in MITI und Finanzministerium, in Banken, Wirtschaftsverbänden, keiretsu-Firmen und all den anderen Institutionen, die die gesellschaftliche Disziplin gesichert und Japans Produktivität und Exportstärke gefördert haben, übertreffen die Leistungen des japanischen Militärs in China als Taktiker bei weitem. Das Gesamtergebnis ist aber, daß die Nation großen Ungewißheiten in bezug auf ihre internationale Position und letztlich ihre wirtschaftliche Lebensfähigkeit gegenübersteht.

Das tägliche Taktieren und die mittelfristigen Strategien der fähigeren Verwalter sorgen für weiteres Wirtschaftswachstum, erlauben die Anhäufung der letzten ausländischen Technologie und lassen die immateriellen Vermögenswerte anschwellen, die den beeindruckenden Versuch stützen, ausländische Finanzinstitute unter Kontrolle zu bekommen und ausländische Immobilien in Massen aufzukaufen. Trotz atemberaubender Ergebnisse ist diese Taktik aber nicht in eine große, übergreifende Strategie eingebunden — es sei denn, natürlich, das unausgesprochene Ziel der japanischen Verwalter wäre die wirtschaftliche Eroberung der Welt. Auch dann wäre ein solches Ziel freilich keine glaubwürdige Strategie, weil es nie erreicht werden könnte.

Die verpatzte Beziehung zu den USA

Es ist undenkbar, daß ein Staat mit einer verantwortlichen, für langfristige nationale Interessen sensiblen Regierung zugelassen hätte, daß die japanisch-amerikanischen Beziehungen so schlecht werden, wie sie es heute sind. Tokio hat die Nachsicht der USA zu stark in Anspruch genommen und hat seine wichtigste Beziehung, auf der das ganze Gebäude seiner Auslandsbeziehungen ruht, schlimm verpatzt. Über ihre speziellen Anliegen an Washington haben die Verwalter versäumt, die Tatsache wahrzunehmen oder zumindest ihren Kollegen effektiv zu verdeutlichen, daß Japan sich mit seinem Handeln oder Nichthandeln den größten Teil der echten Zuneigung verscherzte, den die USA für Japan gefaßt hatten.

Ende der 1970er Jahre wurde recht klar, daß die beiden größten Wirtschaftsmächte der Welt trotz ihrer Bedeutung füreinander nicht miteinander zurechtkamen. Ihre Ansichten von der Beziehung und ihren Problemen sind unvereinbar. In den Augen der USA spielt Japan nirgendwo in der internationalen Gemeinschaft die Rolle, die seinem Reichtum entspräche. Nach vier Jahrzehnten der Vergünstigungen, sagen amerikanische Kritiker, sollte Japan willens sein, die Gefälligkeit zu erwidern und sich an den politischen Kosten des Bündnisses beteiligen, und sei es nur um seiner eigenen künftigen Sicherheit willen.

Genauer gesagt, die Amerikaner finden es grob unfair, daß die Japaner, obwohl sie fast völlig freien Zugang zum US-Markt gehabt haben, ihren Markt amerikanischer Konkurrenz nicht öffnen. Es ist eine Untertreibung, zu sagen, daß die beiden Seiten nicht die gleiche Sprache sprechen. Die USA betonen, daß Japan selbst durch freien Handel und offene Märkte gewinnen wird, doch was sie damit meinen — mehr Auswahl für die japanischen Verbraucher —, ist durchaus nicht das, was japanische Verwalter unter Gewinn verstehen. Ein wirklich offener Markt würde die Ordnung im Inland untergraben; wie sollten sie das je als Gewinn für Japan sehen?

Vom Standpunkt der meisten Verwalter aus ist es Amerika, das eine Beziehung ändern will, die für sie wie eine natürliche Ehe ist: Es wurden keine Papiere unterschrieben, keine genauen Vereinbarungen getroffen, aber das Gewohnheitsrecht hat etwas entstehen lassen, das nicht weniger etabliert ist und nicht weniger verläßlich sein sollte als ein formeller Vertrag.

Da die USA die Natur der japanischen Volkswirtschaft nicht verstehen, können sie ihr Verhalten nicht akzeptieren. Der tatsächliche Mechanismus und das außerordentliche Maß der japanischen Abhängigkeit von den USA werden in Washington weitgehend nicht verstanden. Auf der japanischen Seite werden sie deutlicher empfunden, doch eine ehrliche Selbsteinschätzung bedeutet eine psychologische Belastung und ist daher nicht oft möglich. Gelegentlich implizieren japanische Bürokraten und Kolumnisten sogar das Gegenteil der tatsächlichen Lage und schließen, die USA seien »in Gefahr, Japans Unterstützung zu verlieren«. Der japanischen Seite ist weitgehend unklar, welche Gefahr es für sie bedeutet, daß Amerika nicht bereit ist, sie zu nehmen, wie sie ist. Da sie die Macht der amerikanischen Legislative nie gespürt hat, kann sie sich deren potentiellen Zorn nicht vorstellen.

Um die Wogen zu glätten, die die Handelskonflikte aufgewühlt haben, neigen die Verwalter dazu, bei ausländischen Regierungen Erwartungen zu wecken, die dann nicht erfüllt werden. Im Fall der USA überzeugen Tokios rituelle Argumente und leere Versprechungen Kongreßabgeordnete, Geschäftsleute und andere Amerikaner nur davon, daß sie hereingelegt werden. Die japanischen Bürokraten scheinen nicht einzusehen, daß die Frustration steigender Erwartungen — der klassische Brennstoff für Revolutionen im Inland — auch in internationalen Beziehungen von höchster Sprengkraft sein kann.

Wir haben gesehen, daß die US-Regierung in den ersten beiden Jahren der Nakasone-Regierung effektive japanische Maßnahmen erwartete. Diese Erwartungen beruhten zum Teil auf dem persönlichen Draht zwischen Premier und Präsident, der »Ron-Yasu-Beziehung«. Es begann Washington gerade zu dämmern, daß Yasu alles bekam und Ron nichts als eine Demonstration der Einigkeit in militärischen Fragen (die ohnehin jeder für selbstverständlich hielt), als der Senat im Frühjahr 1985 mit 92 zu 0 Stimmen eine nicht bindende Resolution verabschiedete, in der der Präsident gewarnt wurde, wenn er in Sachen Handel mit Japan nichts unternähme, würde der Senat das tun. Dies erschütterte Japan. Doch das Ergebnis zeigte nur, daß das System der Außenwelt gegenüber so gelähmt ist wie eh und je.

Die Verwalter erklären die Veränderungen in der amerikanischen Einstellung zu Japan gern mit der Schwächung der wirtschaftlichen und politischen Macht Amerikas und mit der angeblichen Frustration, die sie auslöst. Es wird viel davon hergemacht, daß Japan die größte »Schuldnernation« und Japan die größte »Gläubigernation« geworden ist — ein Hinweis darauf, daß Japan in den 80er Jahren einen Großteil der Staatsanleihen gekauft hat, mit denen Washington sein Haushaltsdefizit deckt. Die Darstellung der USA als eine im Abstieg begriffene Macht ist psychologisch so tröstlich für eine einst besiegte Nation, daß sie leicht übertrieben wird.

Die Komplikation der amerikanischen Politik und Ignoranz

Eine gängige japanische Klage ist, die USA seien irrational, und nach allem, was Japan schon getan habe, sei unklar, was sie eigentlich noch wollten. In den Augen der Amerikaner ist das lächerlich; fast jeder amerikanische Besucher, den die Presse interviewt, spricht immer wieder davon, daß ein offenerer Markt notwendig ist und daß nur Ergebnisse zählen.

Dennoch ist die japanische Verwirrung bis zu einem gewissen Punkt verständlich, denn das offizielle Amerika sendet seit langem uneindeutige Signale. Obwohl das Japan-Problem schon Jahrzehnte alt ist, ist das, was in Washington als Japan-Politik herhalten muß, völlig unrealistisch. 1986 ging man noch von der Annahme aus, daß man durch herzliche persönliche Verbindungen mit japanischen »Führern« der Vernunft zum Sieg verhelfen könnte, und daß am Ende der Markt alle Verzerrungen korrigieren würde. Politische Maßnahmen gegenüber Japan wurden weitgehend spontan improvisiert, ohne Zusammenhang und ohne Konsistenz. Meistens wurde eine einzelne Maßnahme nicht einmal durchgehalten. Wie ihre Vorgänger hielt die Reagan-Administration Handel und Wirtschaft für weniger wichtig als sicherheitspolitische und strategische Interessen. Das Außen- und das Verteidigungsministerium scheinen zu glauben, therapeutische Handelssanktionen würden den Status der US-Stützpunkte in Japan gefährden. Die Möglichkeit, daß Japans industrieller Ansturm die strategischen amerikanischen Industrien untergraben und dadurch die Sicherheit tatsächlich gefährden könnte, und daß das Dilemma der USA von ihren eigenen falschen Annahmen kommt, war der amerikanischen Regierung zumindest 1987 noch nicht in den Sinn gekommen. Was unternommen wurde, beruhte meist auf falschen Voraussetzungen. Wie einer der weitblickendsten amerikanischen Unterhändler mit Japan es ausdrückt:

Nichts im Gesetz und in den Traditionen der USA ... hat die Möglichkeit vorausgesehen, daß Industrie und Handel als Teil eines Bestrebens organisiert werden, bestimmte nationale Ziele zu erreichen, statt nach dem individualistischen westlichen Modell ... Das Ergebnis war eine Reihe von Verhandlungen, die nie um die Hauptthemen gingen, sondern sich mit Symptomen statt Ursachen befaßten.[15]

Politische und diplomatische Rücksichten haben viel zur Verwirrung der Lage beigetragen. Um Verhandlungserfolge vorzuweisen, stellte die US-Regierung bis Ende der 80er Jahre japanische Alibi-Zugeständnisse regelmäßig als echte Zugeständnisse dar. Durch die Begeisterung, mit der die Reagan-Administration die finanzpolitische »Liberalisierung« mit Hilfe der leicht manipulierbaren Medien als grundlegenden Durchbruch dargestellt hat, ist es noch schwieriger geworden, ebenso bedeutungslose bürokratische Maßnahmen, die noch kommen mögen, als unerheblich abzutun. Washington verkündete Erfolge in sektorenspezifischen Handelsgesprächen im Bereich der Kommunikationstechnik, und der Unterhändler Clyde Prestowitz sagte mir zur gleichen Zeit, er sei mit den Verhandlungen noch nicht fertig.

Bis 1987 hatte es sieben »Marktöffnungs-Pakete« gegeben, und dazu ein »Aktionsprogramm« bürokratischer Maßnahmen, deren Wirksamkeit bezweifelt wurde, sobald sie angekündigt waren. Manchmal stellen sich Zugeständnisse, die japanischen Bürokraten mühsam abgerungen wurden, bei näherem Hinsehen als dieselben heraus, die vor zwei oder vier Jahren unter großen Schwierigkeiten erreicht wurden. Ich selbst und etliche meiner Kollegen haben oft ein schwindliges Gefühl der Unwirklichkeit über den Jubel empfunden, mit dem solche Maßnahmen gewöhnlich in Washington aufgenommen werden. Auch europäische Sprecher haben die Angewohnheit, Tokio diplomatisch für unwesentliche Maßnahmen zu preisen; was Europa sagt, hat freilich nicht den Bruchteil des Gewichts amerikanischer Aussagen.

Dieser Prozeß ist langfristig schädlich, denn jedesmal, wenn die USA erneut um im Grunde dieselben Zugeständnisse bittet, meinen viele gewöhnliche Japaner, es fordere neue Zugeständnisse. Noch schlimmer — die USA haben manchmal Maßnahmen verlangt, die Japan bereitwillig ergriff, die aber völlig unwirksam sind, etwa eine Wirtschaftsbelebung durch inflationäre Mittel in Form eines Nachfragepakets, die Senkung der Zinssätze oder die »Liberalisierung« des Finanzmarktes. Darum beginnt Amerika in der Vorstellung der Öffentlichkeit als unersättlich dazustehen, scheinbar immer mehr von Japan zu fordern, obwohl es fast nichts bekommen hat. Halbherzige oder nicht durchgehaltene Maßnahmen haben den Eindruck erweckt, daß Washington nie genug bekommt und im Grunde keinen legitimen Grund hat, sich zu beklagen.

Internationales Wirklichkeits-Management

Am schädlichsten für die Chancen, den japanisch-amerikanischen Konflikt zu lösen, ist wahrscheinlich die Tatsache, daß die USA zugelassen haben, daß er weitgehend in einem japanischen Bezugsrahmen diskutiert wird. Die Verwalter haben das Wirklichkeits-Management in diesem besonderen Bereich freudig übernommen. Und die Unfähigkeit japanischer Bürokraten, ihre wichtigste Auslandsbeziehung langfristig zu behandeln, steht in scharfem Gegensatz zu ihrem taktischen Geschick, mit dem sie seit etwa fünfzehn Jahren mit den Amerikanern verhandeln und das immer dafür sorgt, daß sie den Vorteil haben.

Es gibt etwas, das am besten als »Industrie des gegenseitigen Verständnisses« beschrieben werden kann; seine japanischen Betreiber gehen davon aus, daß die Welt mehr Bedarf hat, Japan zu verstehen, als Japan, die Welt zu verstehen. Zahllose Podiumsdiskussionen, Studientreffen, Vorträge und Symposien vertreten ohne Ausnahme im wesentlichen die Sache und die Position der Verwalter. Subtile Schmeichelei (»Sie müssen uns lehren, mit unseren schlimmen Problemen fertigzuwerden!«) läßt oft Stimmen verstummen, die sonst kritisch geworden wären.

Die westliche Neigung zu moralischer Selbstkasteiung und die Gewohnheit westlicher Intellektueller, die Institutionen ihres eigenen Landes anzuschwärzen, haben zu einer allgemeinen Sichtweise beigetragen, in der Japan zu seinem Vorteil mit dem Westen verglichen wird, und die von japanischen Sprechern dankbar ausgenutzt wird. Podiumsdiskussionen über Handelsprobleme werden zu Foren, um die anwesenden Ausländer für ihr unzureichendes Verständnis und ihre ungenügenden Bemühungen abzukanzeln, in den japanischen Markt einzubrechen. Auch sollte eine Kategorie von Leuten nicht vergessen werden, für die es in keiner anderen bilateralen Beziehung eine Parallele gibt: die Japan-Apologeten. Ein Historiker, der einst eng mit dem Kulturaustausch zwischen den beiden Ländern verbunden war, faßt zusammen:

> *Anders als der Gedankenaustausch zwischen den USA und Europa sind die japanisch-amerikanischen Gespräche weitgehend von einer kleinen Gruppe japanischer und amerikanischer Experten für das jeweils andere Land bestimmt, die die große sprachliche und kulturelle Barriere überbrückt haben. Dieser enge Kanal von offensichtlich der gegenseitigen Freundschaft verschriebenen Wissenschaftlern, Journalisten und Diplomaten dient immer mehr dazu, den Dialog zugunsten Japans zu beeinflussen. Dies geschieht durch kulturelle Entschuldigun-*

gen und andere, spezielle Argumente; durch die Abwehr kritischer Analysen; durch Übertünchen heikler Themen in Japan; durch die Annahme angemessener japanischer Kenntnisse über die USA; und durch das Versäumnis, gegen Japans Beschränkungen ausländischer Akademiker und Journalisten zu protestieren.[16]

Das enorme, in früheren Kapiteln beschriebene Propaganda-Potential ist hier gut genutzt worden. Trotz ihrer berechenbaren Demonstration der Uneinigkeit wiederholen alle Verwalter — vor allem auch die in den Redaktionen — letztlich die gleichen Grundbehauptungen. Jeder, von dem die japanische Obrigkeit weiß, daß er über Japan nachdenkt oder schreibt, wird mit Hochglanzmagazinen und anderem Dokumentationsmaterial überschwemmt; die scheinbar unabhängigen Meinungen darin besagen in jedem Fall mehr oder minder dasselbe. Zusätzlich können die Verwalter die allgemeine ausländische Unkenntnis ausnutzen, den raschen Wechsel amerikanischer Beamter, die mit Japan zu tun haben, und das relative Fehlen eines institutionellen Gedächtnisses auf der amerikanischen oder europäischen Seite. Falsche Spuren werden mit unvergleichlichem Geschick gelegt.

Einen der großen Erfolge der Verwalter sieht man in der allgemeinen Annahme der Forderung nach der »äquivalenten Pflicht«. Die Japaner verstehen die amerikanischen Neigung, »beide Seiten zu sehen«, und die Amerikaner verhalten sich defensiv, wenn sie mit Appellen an die »Fairneß« konfrontiert werden. So sind Abkommen entstanden, die Maßnahmen vorsehen, die die USA gleichzeitig mit den von Japan beabsichtigten durchführen müssen. Beide Seiten versprechen, sich um einen offeneren Markt zu bemühen. Offizielle japanische Verlautbarungen, Kommentare von den »Stoßdämpfern« und unzählige Leitartikel und »Analysen« in den späten 80er Jahren drängen darauf, daß Japan seinen Markt weiter öffnet und international mehr Verantwortung übernimmt; im gleichen Atemzug aber sprechen sie davon, daß die USA ihr Haushaltsdefizit abbauen und mehr sparen sollen. Bis zum kometenhaften Anstieg des Yen gegenüber dem Dollar wiesen die automatisch eingeschlossenen Klauseln über die »äquivalente Pflicht« die USA an, die Zinssätze zu senken und den Dollar billiger werden zu lassen. Diese Taktik der »äquivalenten Pflicht« führt zu der unausgesprochenen Annahme, daß Japan eigentlich kein allzu schlechtes Gewissen wegen seiner Untätigkeit haben muß, solange die USA auch nichts tun, und daß »beide Seiten schuld sind«. Jede kritische Einschätzung Japans kann so als »zu einseitig« abgewiesen werden.

Ein damit verwandter Erfolg ist die Darstellung der japanischen Beamten als tapfere Kämpfer auf der Seite der verbleibenden amerikanischen Befürworter des freien Handels gegen die steigende Flut des Protektionismus in den USA. Fast jede offizielle Verlautbarung des Premierministers über die bilaterale Beziehung bezieht sich auf die »beiderseitige Entschlossenheit«, protektionistischen Tendenzen in der Welt Einhalt zu gebieten. In den Augen fast aller japanischen Normalbürger kommt die Gefahr von Kongreßabgeordneten, die feindselige Gefühle gegen Japan hegen, und von europäischen Regierungen, die keinen anderen Weg wissen, ihre Arbeitslosen ruhigzuhalten; sehr wenigen ist bewußt, daß der allgegenwärtige strukturelle Protektionismus des japanischen Systems der erste und wichtigste Grund des Konflikts ist.

Ein dritter, jüngerer Erfolg ist die Funktion, die der Ausdruck »Prügel« (bashing) in der japanischen Meinungs-Manipulation bekommen hat. Der Ausdruck wurde ursprünglich von einigen amerikanischen Kommentatoren verwendet, die glauben, daß amerikanische Eifersucht, Frustration und sogar Rassismus die Reibereien mit Japan verursachen, und ist von den japanischen Kommentatoren begeistert aufgegriffen worden. Meist wird er automatisch auf jede kritische Beurteilung Japans und auf jede seriöse Analyse der internationalen Probleme Japans angewandt, die die Verantwortung bei den Verwaltern sieht. Das Ergebnis ist, daß viele Beobachter, die völlig fair erscheinen wollen, daran gehindert werden, mehr zu sagen als die Platitüden, auf die sich die meisten japanischen Kommentatoren einigen können — etwa die Notwendigkeit, internationaler zu werden, den Markt ein wenig weiter zu öffnen und sich mehr an der Weltpolitik zu beteiligen. Das Etikett »Japan-Prügler« wird man nicht so leicht los.

Die Verwalter werden von ausländischen Theoretikern in ihrer Lieblingstaktik unterstützt, die Aufmerksamkeit von wesentlichen auf nebensächliche Themen abzulenken. Es gibt noch immer Wirtschaftswissenschaftler, die nichts von einer japanischen Industriepolitik hören wollen. Sie lehnen diese Möglichkeit aus rein theoretischen Gründen ab, ohne die Institutionen zu untersuchen, durch die eine derartige Politik umgesetzt werden könnte. Dann gibt es jene merkwürdige Art ökonometrischer Spitzfindigkeit, die nachweist, daß die Handelsbilanz sich kaum um einen Deut verändern würde, selbst wenn der japanische Markt völlig geöffnet würde. Genaue Zahlen bekommt man von Experten, die gewöhnlich mit japanischen Mitteln forschen, aber offenbar wenig Ahnung haben, wie das System funktioniert. Bei Leuten mit mehr Weltläufigkeit finden sich alte Kamellen wie die oft wiederholte Behauptung, wenn die amerikanischen Automobilhersteller nur daran dächten, das Steuer nach rechts zu setzen, könnten sie mehr Autos in Japan verkaufen.[17]

Die amerikanischen Diplomaten helfen ebenfalls, ohne es zu wissen, den Verwaltern bei ihrem Management der Wirklichkeit der Beziehung. Das Außenministerium und die Botschaft in Tokio haben seit langem die Tendenz, die japanische Deutung der bilateralen Probleme zu wiederholen. Diese Tendenz hat eine merkwürdige Geschichte. Die US-Besatzung sah die Entwicklung einer »Reihe von Bündnissen unter den Organisationen beider Länder, die bestrebt sind, die Sphäre ihrer eigenen Institutionen zu maximieren oder zu schützen«.[18] So wurden amerikanische Bürokraten leicht von japanischen Bürokraten im gleichen Zuständigkeitsbereich als »Freunde« gewonnen und ließen sich auf Streitereien mit japanisch-amerikanischen Verbündeten in anderen Bereichen ein. Die Beziehung zwischen dem japanischen und dem amerikanischen Außenministerium ist in den letzten Jahrzehnten recht ähnlich gewesen. Und selbst wenn amerikanische Diplomaten offiziell nicht mit ihren japanischen Kollegen übereinstimmen, so gibt es unter ihnen einflußreiche Leute, die negativ auf kritische Analysen reagieren, die ihre japanischen Kollegen nicht gern hören würden.

Verschlimmert wird das diplomatische Problem durch den amerikanischen Botschafter, der weniger als Botschafter im traditionellen Sinn gesehen wird, sondern eher als »Hüter«, der über die Beziehung wacht. Pionier der Tradition war Edwin O. Reischauer, der viel getan hat, um die Beziehung der »ausbeutenden Abhängigkeit« zu konsolidieren. Mike Mansfield, der über ein Jahrzehnt

Botschafter war, schien ein besserer Sprecher für Japan in Washington als umgekehrt. In seinen öffentlichen Äußerungen wiederholte er oft die gängigen japanischen Argumente darüber, was die USA tun sollten. Wer auf diplomatischer Ebene mit Japan umgeht, hat eine Welt des Rituals und der Beschwörung vor sich, die weit über das hinausgeht, was gemeinhin als diplomatisch notwendig oder auch nur akzeptabel gilt. Mansfield paßte sehr gut in diese Welt. Er verbreitete den Eindruck, zwar betroffen, aber »fair« und »unparteiisch« zu sein, als wolle er über dem Streit der Parteien stehen. Die japanische Presse war an Mansfields Mahnungen an beide Länder gewöhnt. In einem typischen Interview wurde der Botschafter mit der Aussage zitiert, der größere Teil der Verantwortung für das Handelsproblem liege bei den Vereinigten Staaten.[19] Selbst angenommen, daß dies zuträfe, so wäre es wohl ein vollkommenes Beispiel für uneindeutige diplomatische Signale. Ein solches amerikanisches Verhalten bestärkt die Bürokraten des japanischen Außenministeriums in ihrem Glauben, daß der Konflikt im wesentlichen ein Problem der Public Relations sei.

ZUM OPFER GEMACHT UND ALLEIN

Weil die Welt sich nicht länger damit begnügt, die Beziehungen zu Japan so zu lassen, wie sie sind, sind die Verwalter nun aufgerufen, als Staatsmänner zu handeln; das ist eine Rolle, für die sie nicht ausgebildet sind und, was noch wichtiger ist, für die sie nicht die nötige Unterstützung im Inland bekommen können. Mit anderen Worten, trotz ihrer außerordentliche Geschicklichkeit darin, eine Wirtschaft des hohen Wachstums zu fördern und wirksam soziale Kontrolle zu üben, sind sie inkompetent, gemessen an dem, was Ende der 1980er Jahre von ihnen verlangt wird. Wenn allerdings die Öffentlichkeit beginnt zu fragen, warum andere Länder Japan so kritisch sehen und warum die Forderungen des Auslands nie enden, können sie diese Inkompetenz schwerlich eingestehen. Eine alternative Erklärung, daß Ausländer Japan nicht verstehen, ist durch Jahrzehnte der Abnutzung verschlissen. Die einzig bleibende Erklärung ist, daß die Welt tatsächlich gegen Japan ist. Und in den 80er Jahren wurde diese Erklärung immer deutlicher zwischen den Zeilen der Verlautbarungen der Verwalter; in Kommentaren der Massenmedien und in seriösen Zeitschriftenartikeln war sie sogar oft recht unverblümt.

Diese Vorstellung von einer feindlichen Welt wird in Japan leicht akzeptiert. Sie paßt zu einer langen Tradition des Glaubens an die Anfälligkeit der Nation gegen unberechenbare Kräfte von außen. Sie paßt weitgehend zu der individuellen Psychologie vieler Japaner, die durch ihre Erziehung und Umgebung nicht ermutigt werden, gesellschaftliche Hindernisse in ihrem Leben zu bekämpfen, sondern sie passiv hinzunehmen. Das Japanische hat einen Ausdruck dafür: higaisha ishiki, »Opfer-Bewußtsein«.

Japans Leiden durch den Krieg

Sie paßt auch zu der üblichen japanischen Sicht der soziopolitischen Ereignisse und Entwicklungen, für die niemand verantwortlich ist und niemand zur Verantwortung gezogen wird. »Glücklicherweise konnte Japan am Ende dem Krieg entkommen«, hieß es einmal in der meistgelesenen Kolumne des Asahi Shimbun, als man der Ereignisse von 1945 gedachte.[20] In dieser Sichtweise ist Krieg wie ein Erdbeben oder ein Taifun, ein »Naturereignis«, das die Menschen überrascht. Wie einer von Japans wortgewandtesten Intellektuellen über den Krieg in China schrieb: »Von außen sah es so aus, daß Japan mit imperialistischen Absichten in China einfiel. Von innen hingegen sah es so aus, daß Japan in einem unvermeidlichen Prozeß in den Sumpf des Krieges gezogen wurde.«[21] Heute gelten die »Militaristen« als verantwortlich dafür, daß großes Leid über die Japaner kam, doch sobald man ihnen Gesichter und Namen gibt, werden sie für vielleicht die Mehrheit der Japaner zu Patrioten, die sich für ihr Land geopfert haben.

Die allgemeine Sicht des Pazifischen Krieges ist eins der besten Beispiele für Japans »Opfer-Bewußtsein«. Fast alle Kriegsfilme etwa der letzten fünfzehn Jahre zeigen das Leid des japanischen Volkes im Krieg, und viele junge Leute sind verblüfft, wenn man ihnen sagt, daß auch Nachbarländer, möglicherweise mehr unter den Japanern gelitten haben. Greuel, die in den besetzten asiatischen

Ländern begangen wurden, werden meist ignoriert, und die Idee, daß Japan das Hauptopfer war, gewinnt an Boden. In den frühen 50er Jahren erschienen Anti-Kriegsfilme, die das japanische Militär der Kriegszeit kritisierten, vor allem, weil viele japanische Soldaten umgekommen waren. Danach begann man, die Soldaten im Ausland mit einer Liebe zum Frieden im Herzen darzustellen, ein wenig wie das Hollywood-Klischee vom »guten Nazi«. Ab Ende der 60er Jahre erschienen Filme, die die US-Besatzung als die schrecklichste Erfahrung darstellten. In den späten 70er und frühen 80er Jahren schließlich kamen die ersten wirklich revisionistischen Kriegsfilme. Japanische Soldaten sind freundlich, sanft, voller Wohlwollen für die Einheimischen etwa auf den Philippinen, während US-Soldaten Bestien sind, die mit menschlichen Schädeln Fußball spielen (*Dai Nippon Teikoku* — ein Film, der General Tojo zu einem Helden macht). Die kaiserliche Marine bestand aus friedlichen Familienvätern, die versuchten, aus einer für Japan schwierigen Situation das Beste zu machen *(Rengo Kantai)*. In der japanischen Filmversion des Falls von Singapur wird der Mord an fünftausend Chinesen als Resultat der Befürchtung dargestellt, daß die chinesischen Guerillas die japanischen Bemühungen um Ordnung unter der einheimischen Bevölkerung, die die guten Absichten der Besatzer nicht begriff, sabotieren würden *(Minami Jujisei)*. Das Ende des letztgenannten Films zeigt ohne jeden Zusammenhang einen Atompilz — um uns daran zu erinnern, wer im Zweiten Weltkrieg wirklich die Bösen waren.

Atompilze, so scheint es manchmal, sind in den Kriegsfilmen der etablierten japanischen Studios praktisch Pflicht geworden. Hier ist die Opferrolle in ihrer letztgültigen Gestalt: der der Atombomben auf Hiroshima und Nagasaki. Der Glaube an die japanische Einzigartigkeit hat durch diese Ereignisse ganz besondere Unterstützung erhalten: Die Japaner haben nicht nur gelitten, sie haben auf einzigartige Weise gelitten. Man könnte sogar von nationalem Märtyrertum sprechen. Es ist in Japan üblich geworden, das Abwerfen der Atombomben als die schlimmste Tat des Krieges anzusehen. Manche sehen es sogar als das Verbrechen des Jahrhunderts.[22] Ältere Japaner haben noch ein Gefühl für die damaligen Zusammenhänge. Einige erinnern sich, daß die Generäle vor der Verwüstung Hiroshimas eine Miliz von 28 Millionen Männern und

Frauen zwischen fünfzehn und sechzig Jahren gebildet hatten, die ausgebildet wurden, die amerikanischen Invasoren mit Bambusspeeren als einziger Waffe an den Stränden aufzuhalten. Aber ein japanischer Intellektueller oder eine Person der Öffentlichkeit kann nicht mehr ungestraft andeuten, daß die Bomben wahrscheinlich Hunderttausende von Menschenleben gerettet haben. Und im August gönnt sich die Nation eine Woche des medienfabrizierten Selbstmitleids. Der »Friedenspark« und das Museum in Hiroshima — Wallfahrtszentrum für viele ausländische Atomgegner und Gruppen der Friedensbewegung — geben der Masse der japanischen Besucher keinen Eindruck, daß die Geschichte vor der Bombe begonnen hat.

Es gibt Lobbys, die dafür arbeiten, daß hochgestellte oder berühmte ausländische Gäste Hiroshima besuchen. Trifft der Gast dort ein, steht eine kleine Armee von Reportern bereit, seine Reue, sein Gefühl der Scham und seine Bezeugungen des Mitgefühls (und manchmal »Entschuldigungen«) an das japanische Volk weiterzugeben. Die »Friedensforschung«, die eine Reihe von Organisationen in diesem Zusammenhang betreiben, besteht aus Büchern mit Kinderzeichnungen, Fotos und Erinnerungen zum Thema des Leidens von Hiroshima. Die tatsächlichen Umstände, unter denen Japan sich zur Kapitulation entschloß, und die Rolle, die die sowjetische Invasion der Mandschurei im Vergleich mit der Bombe dabei spielte, werden von japanischen Intellektuellen kaum beachtet. Die Mehrheit der japanischen Gymnasiasten lernt Geschichte von Lehrern, die selbst kaum eine Ahnung davon haben, was in der ersten Hälfte des 20. Jahrhunderts geschah.

Hiroshima wird aus der Geschichte herausgehoben; es ist ein Schrein, der dem japanischen Märtyrertum geweiht ist. Man meint, es habe für die Menschheit gelitten, um der Welt die Bedeutung des Friedens zu vermitteln. Die Welt aber führt weiterhin Krieg, und so ist Japan wieder betrogen worden. Diese Argumentationslinie verfolgt der wichtigste Film über die Tokioter Prozesse *(Tokyo Saiban)*. Dieser Film, der ungewöhnliches Aufsehen erregte, impliziert, daß Japan einem Schuldspruch seiner militärischen Führer zustimmte, um die Welt die Bedeutung des Friedens zu lehren, daß aber die Welt ihren Teil des Handels nicht einhielt. Dieselbe Idee des vergeblichen Märtyrertums — sozusagen eine doppelte Opferrolle — ist in einer Reihe seriöser Zeitschriftenartikel vorgetragen worden.[23]

Die Symbolik der nationalen Opferrolle in der populären Kultur ebenso wie in seriösen Artikeln bietet einen perfekten Bezugsrahmen für Japans internationale Probleme in den 1980er Jahren. Es herrscht kein Mangel an »Beweisen«, daß das internationale System schon immer Japans nationale Interessen sabotiert hat. Man muß sich nur an das Gesetz gegen asiatische Einwanderer erinnern, das der amerikanische Kongreß 1924 verabschiedete — immer noch ein Lieblingsargument in Konferenzen und Artikeln. Gewöhnliche Japaner haben den Eindruck, daß Japan sich zwar an den Angelegenheiten der Welt beteiligen muß, aber durch diese Beteiligung in Schwierigkeiten geraten wird, weil es durch sie unkontrollierbaren Kräften von außen ausgesetzt wird.

Das Gefühl, Opfer zu sein, wird von der Kritik bestärkt, die die westlichen Handelspartner im Zusammenhang mit unausgeglichenen Handelsbilanzen an Japan üben, und deshalb ist es in den 80er Jahren erheblich stärker als in den 60er Jahren. Die Ansicht, daß Japan unverstanden ist, und daß erzürnte Handelspartner entweder in ihren Eindrücken irren oder in böser Absicht handeln, ist sehr stark, weil sie überall in Zeitungen, Zeitschriften und im Fernsehen präsentiert wird. Es ist auch klar, daß andere Länder nicht das Beste für Japan im Sinn haben, die Außenwelt ist nicht wohlwollend. Sie gilt daher als völlig anders als die japanische Gesellschaft, in der das Wohlwollen des Vorgesetzten gegenüber seinem Untergebenen die wesentliche Annahme ist, die die Bürokraten und anderen Verwalter in ihrer Stellung hält.

Japaner glauben bereitwillig, daß Anpassung an die Forderungen der Welt bedeutet, einen Preis zu zahlen. Dem Drängen der USA und Europas auf einen Abbau japanischer Wirtschaftskontrollen nachzugeben, wird so von den Verwaltern als ein Opfer dargestellt, das das japanische »Volk« bringen muß, um mit den Schwierigkeiten des Handels fertigzuwerden.[24] Die Zeitungen haben der japanischen Öffentlichkeit selten gesagt, daß sie von mehr importierten Produkten durch größere Auswahl und geringere Preise profitieren würde. Das Wirklichkeits-Management hat die Wahrnehmung in sehr drastischem Ausmaß verdreht. Viele Japaner glauben nicht, daß der Westen Grund hat, die japanischen Handelspraktiken unfair zu nennen, weil ihnen kaum bewußt ist, daß ihr System sich mit den Regeln des internationalen Handels nicht verträgt. Statt dessen sagt man ihnen, es sei der Westen, der die Regeln mitten im Spiel ändern will. Es ist in Japan fast zum Glaubensartikel geworden, daß Ausländer den Japanern einen Vorwurf daraus machen, ihr Bestes zu tun, und daß sie den Japanern die Früchte ihrer Nachkriegsarbeit nicht gönnen. Die Verwalter möchten den Eindruck erwecken, daß faule Amerikaner und Europäer den sparsamen, hart arbeitenden Japanern ihre schlechten Gewohnheiten aufzwingen wollen.[25] Die japanische Presse wird schlecht informiert, und statt zu versuchen, die Fragen zu ergründen, steckt sie im gleichen Kokon selbstrechtfertigender Rationalisierungen wie die Mehrzahl der Beamten. Selbst diejenigen, die bestätigen, daß strukturelle Reformen notwendig sind, assistieren oft der erfolgreichen Kampagne, Japan als Opfer unvernünftiger Forderungen und Kritik von »weniger hart arbeitenden« Ausländern darzustellen. Spuren beider Einstellungen finden sich in Verlautbarungen von Schlüsselfiguren wie Gotoda Masuharu, der Nakasones rechte Hand bei dessen Versuchen einer Strukturreform war. Er vergleicht die Situation in den 1980er Jahren mit der von 1853, als Commodore Perry und seine »schwarzen Schiffe« Japan zwangen, seine jahrhundertelange Isolation zu beenden. Intellektuelle, die das Thema kommentieren, kanzeln möglicherweise Bürokraten und Politiker für ihre Versäumnisse ab, aber im Grunde stellen auch sie ihr Land als leichtes Opfer des unvernünftigen, launischen Westens dar. Andere loben Japan und sein Volk für seine beachtliche Geduld angesichts des »emotionalen amerikanischen Verhaltens«. Einige angesehene Autoren sehen einen angeblichen amerikanischen Rassismus als Wurzel des Problems. Es gibt auch Anklänge an die Symbolik der Kriegszeit, die ein geschwächtes Amerika mit einem zielstrebigen, dynamischen und hart arbeitenden Japan verglich. Autoren, die die europäischen Proteste vergessen (und die der Chinesen, der ASEAN, der Pakistani und fast aller anderen Länder), werfen den USA vor, sie glaubten, »ihre Regeln« seien für alle gültig. Die USA werden sogar allen Ernstes dafür getadelt, daß sie den japanischen Beitrag zum Weltfrieden nicht würdigen.

Die Verwalter als Opfer

Wenn die breite Öffentlichkeit eine ahistorische und apolitische Vorstellung von Japans Platz in der internationalen Welt hat, so trifft das im großen und ganzen auch für die Verwalter zu. Dies zeigt sich zum Beispiel in ihrer offensichtlichen Weigerung, den Konflikt mit den USA und anderen Handelspartnern politisch zu sehen, als etwas, das politische Lösungen verlangt.

Hier kommen wir zu einem wesentlichen Aspekt des Japan-Problems. Nach Jahrzehnten wirtschaftlichen Einflusses auf andere Länder und der jüngsten Steigerung seiner finanziellen Macht über die Weltwirtschaft übt Japan zweifellos Macht in der Welt aus. Der wirtschaftliche Vorstoß Japans, der durch ökonomische Mechanismen offenbar nicht aufzuhalten ist, ist schon in sich ein politisches Problem. Dennoch leugnen die Verwalter nicht nur, daß sie in Japan Macht ausüben, sondern auch — implizit, aber systematisch —, daß sie im Ausland Macht ausüben. Sie beharren darauf, daß ihre internationalen Schwierigkeiten durch wirtschaftspolitische Maßnahmen, die andere ergreifen, oder durch das Funktionieren des Marktes gelöst werden können und sollen. Sie ziehen es vor, nicht zu sehen, daß Japans massive Exportangriffe und seine Schädigung bestimmter Industriesektoren in den USA und Europa politische Rückwirkungen haben, daß die Europäer beginnen, eine politische Lösung zu suchen, daß der amerikanische Kongreß versucht, entsprechende Gesetze durchzubringen und daß der Grund, warum das Problem nicht weggeht, Japans politische Lähmung ist.

Japans internationale Probleme als politisch anzuerkennen, würde sie in einen Bezugsrahmen setzen, wo unmißverständlich von Machtausübung die Rede wäre, wo inoffizielle Beziehungen und Prozesse offiziell gemacht würden und wo für die Obrigkeit bindende Regeln und Vorschriften unvermeidlich wären — in einen Bezugsrahmen also, der der Schrecken der Spitzenverwalter wäre.

In diesem Buch haben wir immer wieder Japans Machthaber als Betreiber eines tatsächlich gigantischen Kontrollmechanismus — des Systems — gesehen, der unter den gewöhnlichen Japanern Ordnung bewahrt. Dennoch ist klar, daß auch die Verwalter letztlich Opfer sind, besonders wenn Japan im internationalen Kontext gesehen wird. Sie sind Produkte der Umgebung, die ihre Vorgänger geschaffen haben, und jede Diskussion ihrer Situation, die von konventionellen Bahnen abweicht, ist unwillkommen. Sie sind die wahren Diener des Systems, gebunden durch ihren Mangel an Phantasie. Sie sind Opfer des Selbstbetrugs, den sie von ihren Vorgängern im Tokugawa-Shogunat und in der Meiji-Oligarchie ererbt haben: des Selbstbetrugs, daß sie keine Macht ausüben, verbunden mit der Leugnung, daß allgemeingültige Regeln diese Macht kontrollieren müssen; daher rühren ihre Probleme, eine eindeutige Führung zu akzeptieren. Die Verwalter haben komplexe persönliche Bindungen genährt, die von gegenseitiger Hilfe leben, und ihr Hauptziel war, diese Beziehungen und die Regeln, die sie beherrschen, inoffiziell zu halten, indem sie verhinderten, daß Gesetze und Gerichte die obersten Regulatoren der Gesellschaft wurden. Sie schützen sich durch eine ausgefeilte Argumentation, die die Kräfte leugnet, die das System tatsächlich beherrschen, und alles als natürliche Folge der japanischen »Kultur« erklärt. Die preußische Vision einer vollkommen reglementierten Gesellschaft und die übermächtige Angst vor sozialer Unordnung, deren Gegenmittel sie ist, sind beide von früheren Verwaltern ererbt und beschränken ihre Bewegungsfreiheit. Sie haben nicht, wie Politiker, Bürokraten und Intellektuelle in den meisten westlichen Ländern, den Vorteil eines politischen Systems, das von rationalen Argumenten, intellektuelle Warnungen und echter politischer Auseinandersetzung erheblich beeinflußt werden kann. Einige von ihnen, die ich persönlich kenne, sind entsetzt von der Erkenntnis, daß das System tatsächlich nicht unter Kontrolle ist.

Letzte internationale Unvereinbarkeit

Die Leugnung der wahren japanischen Machtmechanismen, das allgegenwärtige Gefühl, Opfer zu sein, gleichzeitig einzigartig und unverstanden, und das Fehlen einer Führung: All dies sorgt dafür, daß Japans Isolation in der Welt von Dauer ist. Diese Isolation wird durch die anscheinend unüberwindliche Schwierigkeit noch verschlimmert, Japan in einen größeren, »gesetzlichen« internationalen Rahmen einzuordnen.

Die internationale Welt, besonders das Nachkriegs-Handelssystem,

das unter der Schirmherrschaft der USA etabliert wurde und durch Institutionen wie GATT, IWF und OECD gestützt wird, geht nach Regeln vor, die sich wesentlich von denen des japanischen Systems unterscheiden. GATT-Mitgliedsländer richten ihre Beziehungen zu anderen Mitgliedsländern gewöhnlich nicht nach der gegenseitigen Machteinschätzung ein. Die USA haben Japan nicht durch Einschüchterung klargemacht, wo sein Platz ist. Die Regierung mögen einander und ihre eigenen Völker belügen, aber im internationalen Umgang zwischen nichtkommunistischen Handelspartnern gibt es keine Kluft zwischen tatsächlicher und offizieller Wirklichkeit, die auch nur entfernt mit der institutionalisierten Kluft in Japan vergleichbar wäre. Die Wirklichkeit kann bis zu einem gewissen Punkt manipuliert werden, aber irgendwann weisen ausländische Journalisten, wissenschaftliche Kommentatoren oder verärgerte Regierungen auf die Diskrepanzen zwischen Schein und Sein hin, wenn sie finden, daß diese zu groß geworden sind.
Das japanische System und das, was vom internationalen System des freien Handels noch übrig ist, sind unvereinbar, weil das letztere die Befolgung von Regeln verlangt, die zu akzeptieren die Verwalter sich nicht leisten können, wenn sie ihre eigenen inoffiziellen Beziehungen nicht zunichte machen wollen. Allgemeingültige Regeln, die die Chancen ausländischer Beteiligter an Japans Gesellschaft und Markt beherrschten, würden das System untergraben und letztlich zerstören, denn sie würden die komplexen Netze der jinmyaku und inoffiziellen Prozeduren schädigen. Das System läßt mit sich handeln, aber die Einführung allgemeingültiger Regeln in das System selbst kann unmöglich Gegenstand eines solchen Handels sein.

Ansteckung mit ausländischen Verhaltensweisen

Die Isolation des Systems führt zu Einstellungen in der Bevölkerung, die die Isolation noch intensivieren und das japanische Volk noch weiter vom Rest der Welt entfremden. Viele ausländische Beobachter haben eine hartnäckige Inselmentalität als einen der Hauptfaktoren in Japans internationalen Problemen gesehen und erklären sie mit dem Hinweis auf kulturelle Vorlieben. Hier wird oft übersehen, daß die Isolation ständig durch die Art gefördert wird, in der die Japaner regiert werden. Die Isolation folgt aus der Art, wie das Aufkommen einer Bourgeoisie angehalten wurde, wie die Mittelklasse in die Hierarchie der Firmen eingebunden wurde, wie das Schulsystem nicht Bürger für Japan heranbildet, sondern Verwalter und Gehaltsempfänger für vorbestimmte Stufen in den Hierarchien des Systems produziert.

All dies zeigt sich sehr deutlich im Phänomen der sogenannten »zurückkehrenden Jugendlichen« (kikoku shijo) — japanischer Kinder, die einen bedeutenden Teil ihrer Ausbildung im Ausland genossen haben, während ihre Väter in Übersee-Filialen ihrer Firmen arbeiteten. Abgesehen vom Ingenieurwesen und anderen technischen Bereichen ist eine Ausbildung im Ausland generell ein Hindernis für das Funktionieren im System. Die jungen Heimkehrer werden nicht etwa für die Weite und Frische der Bildung und Erfahrung geschätzt, die sie bei ihrer Rückkehr in japanische Gymnasien und Universitäten bringen, sondern sie werden aktiv diskriminiert, oft gehänselt und von der Klasse eingeschüchtert. Man läßt sie unmißverständlich spüren, daß sie angesteckt sind. Das Problem ist so groß, daß Spezialschulen eingerichtet werden mußten, um aus ihnen wieder akzeptable Japaner zu machen. Ihre Lehrer klagen, daß sie zuviel fragen. Ihre offensichtliche Abneigung gegen wuchernde Schulregeln brandmarkt sie als potentielle Gefahr für die japanische Gesellschaftsordnung. Sie werden gedrängt, darauf zu achten, wie sie gehen und lachen, weil dies sie sofort als Ausgestoßene in ihrem Heimatland kennzeichnen kann. Firmen mögen keine Bewerber, die im Ausland gelebt haben, weil sie fürchten, deren Verhalten könnte die Gemeinschaft der Arbeitenden stören.

Wenn nur eine kleine Zahl japanischer Vertreter in einer ausländischen Stadt wohnt, beweisen sie, daß ihre seelische Anlage nichts Unüberwindliches hat, das sie daran hindert, normale soziale Beziehungen mit anderen Völkern zu genießen. Wenn die Gemeinschaft der Exiljapaner wächst und eine japanische Schule gegründet wird, wird ihre Isolation akut; sie bilden ausschließlich japanische Clubs oder japanische Enklaven in existierenden örtlichen Clubs. Danach neigen sie dazu, nach Möglichkeit in den gleichen Ort zu ziehen. Das Ausmaß, in dem dies geschieht, und das Ausmaß der Isolation der Japaner von der einheimischen Gesellschaft ist unvergleichlich viel größer als bei Gemeinschaften von Amerikanern oder Europäern im Ausland. In privaten Unterhaltungen mit japanischen Geschäftsleuten in Ostasien und Europa habe ich den Eindruck gewonnen, daß viele von ihnen meinen, sie können sich nicht leisten, den Verdacht zu erwecken, sie gewöhnten sich ausländische Verhaltensweisen an, oder sie seien lieber mit Ausländern zusammen als mit anderen Japanern. So ist das Verhalten der Japaner im Ausland eine Folge des Drucks, den ihre Firmen auf sie ausüben, nicht einer vagen kulturellen Norm.

Wird das System ewig bleiben?

Am Ende die wichtigste Frage: Kann die Lage sich ändern? Theoretisch ist die Antwort ja. Wie ich versucht habe in diesem Buch darzulegen, ist der Charakter des Systems letztlich von politischen Beziehungen bestimmt. Nichts Politisches ist langfristig irreversibel, besonders, wenn die politische Dimension als solche erkannt wird. Es gibt keinen stichhaltigen theoretischen Grund dafür, daß die Japaner auf ewig unter politischer Vormundschaft gehalten werden sollten.

Was könnte man in einer idealen Situation tun? Als erstes müßte man die Universität Tokio abschaffen. Andere grundlegende Veränderungen müßten im Justiz- und Parteiensystem stattfinden. Eine große Zahl von Universitäten müßte juristische Fakultäten bekommen, und Anwälte müßten ausgebildet werden, um den einzelnen Japanern die Möglichkeit zu geben, sich gegen die Willkür der Verwalter zu verteidigen. Die Kontrolle über den Richterstand und die Zulassung als Anwalt müßte dem Sekretariat des Obersten Gerichtshofes entzogen, die künstliche Beschränkung der Zahl von Anwälten aufgehoben werden. Die Schulen und Medien müßten darauf hinarbeiten, beim einzelnen politisches Bewußtsein und individuelles Verantwortungsgefühl zu wecken, die Zugehörigkeit zu einer Firma und anderen Organisationen hingegen als weniger wichtig darstellen. All dies würde das Ersetzen der jinmyaku-Beziehungen durch rechtliche Beziehungen und der inoffiziellen Natur des Systems durch rechtlich garantierte Prozesse fördern. Jede wesentliche Veränderung zum Besseren würde auch die Bildung neuer politischer Parteien erfordern, die nicht von Wahlgeschenken abhängen und tatsächlich die Interessen der Mittelschicht und der Fabrikarbeiter vertreten wollen. Dies wäre nur ein Anfang, doch unter solchen Umständen könnte Japan möglicherweise allmählich beginnen, als die Verfassungsdemokratie zu funktionieren, die es angeblich ist. Und es käme der Lösung des Problems näher, wer oder welche Institution das Recht hat zu herrschen.

Die Aktivitäten und Einsichten einiger japanischer Gruppen, etwa der aktivistischen Gruppen im Juristenverband (Nichibenren) oder des Bürgerausschusses für eine alternative Bildungsreform sind Beweise, daß ich mit meinen Vorschlägen nicht zuviel verlange, denn sie weisen auf die Fähigkeit der Japaner hin, echte Staatsbürger zu sein und sich als solche zu verstehen. Leider gibt die Erfahrung bisher keinen Anlaß zum Optimismus. Wenn das System sich von einem übergeordneten, sakrosankten Ziel leiten läßt, so ist dies sein eigenes Überleben, und das bedeutet das Überleben der gegenwärtigen Konstellation von Verwaltern. Dieses Ziel wird fälschlicherweise mit dem Überleben Japans identifiziert. Das Fehlen einer politischen Auseinandersetzung über nationale Prioritäten, parlamentarischer Kontrollen und Gegengewichte und eines rechtlichen Rahmens zur Konfliktlösung verschärft das allgegenwärtige Risiko eines steigenden Japanismus. Dieser wiederum würde zu einer Auferstehung extremistischer Gefühle führen, die »die Nation retten« wollen und höchstwahrscheinlich wie einst die Nation nur in schlimmere Probleme stürzen würden. Man muß mit der Möglichkeit rechnen, daß das japanische System durch ein akutes Gefühl der Konfrontation mit einer feindlichen Welt eine weitere Umwälzung durchmacht. Durch eine solche Erschütterung könnte möglicherweise eine entschlossene Gruppe an die Macht kommen und dem Land eine neue Richtung geben — mit völlig unabsehbaren Folgen.

Die wahrscheinlichste Möglichkeit ist vielleicht, daß das System weiterwurstelt, nachdem es einen Modus vivendi mit dem Westen und besonders den USA gefunden hat. Dazu bedarf es freilich einer weisen Politik in den westlichen Hauptstädten.

Die wunderbare Alternative, das System zu einem echten, modernen Verfassungsstaat zu machen und die japanischen Untertanen zu Staatsbürgern, würde Umwälzungen der Macht erfordern, die einer echten Revolution nahekämen.

Anmerkungen

1 Das Japan-Problem

1 Die Unterscheidung zwischen »adversarial trade« (feindlichem Wettbewerb) und »competitive trade« (Wettbewerbshandel) wurde zuerst von Peter Drucker in *Wall Street Journal*, 1. April 1986, eingeführt.

2 Für einen Vergleich, diese und andere jüngere Entwicklungen innerhalb der in diesem Buch dargestellten Perspektive vgl. Kap. 15.

3 Umesao Tadao, »Escape from cultural isolation« in *The Silent Power*, ed. Japan Center for International Exchange, Simul Press 1976.

4 Naohiro Amaya, »Japan's Peter Pan syndrome«, *Asian Wall Street Journal*, 10. Januar 1986.

5 Chalmers Johnson von der University of California, Berkeley. Vgl. sein *MITI and the Japanese Miracle*, Stanford University Press 1982.

6 Vgl. u. a. F. A. Hayek, *Law, Legislation and Liberty*, Routledge & Kegan Paul 1973 (deutsch Recht, Gesetz und Freiheit, München 1980/81).

7 Kim Jae Ik, ehemaliger wirtschaftlicher Chefberater der südkoreanischen Präsidenten Park Chung Hee und Chun Do Hwan, sagte mir einmal, daß Park Chung Hee an diese japanischen Erfahrungen dachte, als er den »Architekten« des südkoreanischen Wirtschaftswunders, Nam Duck Woo, anwies, den Mechanismus für rasches Wachstum zu entwickeln. Kim Jae Ik selbst spielte eine Nebenrolle im Entwurf des »südkoreanischen Wirtschaftswunders«. Er wurde im nordkoreanischen Massaker südkoreanischer Führer am 9. April 1983 in Rangoon ermordet.

8 Christie Kiefer, »The danchi zoku and the evolution of metropolitan mind« in Japan: *The Paradox of Progress*, ed. L. Austin, Yale University Press 1976, S. 281.

9 Ausnahmen sind Kurt Singer (*Mirror, Sword and Jewel*, Croom Helm 1973), Ruth Benedict, Robert N. Bellah, Arthur Koestler und George De Vos.

10 Kato Tsugio, *Asahi Evening News*, 20. Januar 1983.

11 Das gleiche kann, abgesehen vom finanziellen Faktor, für China gesagt werden.

12 Lafcadio Hearn, Japan: *An Attempt at Interpretation*, Tuttle 1959, S. 1.

13 Ruth Benedict, *The Crysanthemum and the Sword*, Houghton Mifflin 1946, S. 1.

14 Nakagawa und Ota, *The Japanese-Style Economic System*, Foreign Press Center 1980.

15 Leitartikel in *Asian Wall Street Journal*, 10. April 1986.

16 Murakami Yasusuke, Kumon Shumpei und Sato Seizaburo, *Bunmei to shite no ie-shakai* (Die Ie-Gesellschaft als Muster der Zivilisation), Chuo Koronsha 1979; vgl. auch Murakami Yasusuke, »Ie-society as a pattern of civilisation«, *Journal of Japanese Studies*, Sommer 1984, S. 281—363.

17 Zu diesen und vielen anderen ununterbrochenen Karrieren von Bürokraten gesellschaftlicher Kontrolle vgl. Kapitel 14.

18 Reinhard Bendix, *Kings or People*, University of California Press 1978, S. 463f.

19 Rollo May, *Power and Innocence*, Norton 1972, S. 102.

20 »Sollten wir sie neu definieren, oder sollten wir sie ganz abschaffen? Meine erste Reaktion ist, sie sollte ganz abgeschafft werden.« Peter Nettle, »Power and the Intellectuals«, in *Power and Consciousness*, ed. Conor Cruise O'Brien und William Dean Vanech, New York University Press 1969, S. 16, wie zitiert in May, op. cit.

21 Unter anderen klinischen Psychologen definiert Abraham Maslow individuelle Reife als die Integration des kognitiven, des affektiven und des konativen Persönlichkeitsaspekts. Mit anderen Worten, die Wünsche, Emotionen und rationalen Gedanken eines emotional gesunden, reifen Individuums stimmen überein. Abraham Maslow, *Motivation and Personality*, Harper & Row 1970.

22 Leszek Kolakowski, »Beyond empiricism: the need for a metaphysical foundation for freedom«, in *On Freedom*, ed. A. Howard, Devin-Adair 1984.

2 Der ungreifbare Staat

1 Die Pionierarbeit über Beispiele dafür im Nachkriegsjapan ist Richard Halloran, *Japan — Images and Reality*, Knopf 1969.

2 »History of the kingdom of Wei (Wei Chi), c. AD 297 in *Japan in the Chinese Dynastic Histories*, R. Tsunoda und L. C. Goodrich, Perkins Asiatic Monograph Nr. 2, South Pasadena, Kalifornien, o. J.

3 Der alte japanische Ausdruck, der hier gebraucht wurde, »den Willen der Götter kennen«, war gleichbedeutend mit »das Land regieren«. Ryosuke Ishii, *A History of Political Institutions in Japan*, University of Tokyo Press 1980, S. 5—7.

4 George B. Sansom, *Japan: A Short Cultural History*, Cresset Press 1952, S. 300.

5 Dies ist unter den fortschrittlichen, nichtkommunistischen Ländern ein einzigartiger Fall. Schweden und Israel sind Beispiele für Nationen, die viele Jahrzehnte hindurch von den gleichen Parteien regiert wurden, aber diese waren links und nicht mit der Industrie verbunden. Die dominierenden Regierungsparteien in anderen Ländern, etwa Kanada, Norwegen und Irland, mußten gelegentlich einige Jahre lang oder länger Platz für Wettbewerber machen.

6 Die LDP hatte 1978 1,4 Millionen Mitglieder, 1979 3,1 Millionen und 1980 wieder 1,4. Der plötzliche Anstieg war weitgehend durch die Ambitionen eines Kandidaten für das Amt des Premierministers motiviert, der fast einer Million Mitglieder die Mitgliedsbeiträge zahlte und hoffte, sie würden in neu eingeführten »Vorwahlen« ihn wählen.

7 Für einen neueren Bericht über die Beziehung zwischen zentralen Bürokraten und Funktionären örtlicher Regierungen sowie die Rolle der LDP-Politiker vgl. Tahara Soichiro, »Jichisho 2« (Innenministerium, Teil 2), *Shukan Bunshun*, 12. September 1985, S. 46—51.

8 Masumi Junnosuke, »Gikaisei to atsuryoku dantai« (Das parlamentarische System und die Lobbys), *Chuo Koron*, Januar 1960, S. 46.

9 Zum Hintergrund der Gründer und Führer dieser Zusammenschlüsse vgl. Kapitel 14.

10 Mary Elizabeth Berry, *Hideyoshi*, Harvard University Press 1982, S. 4.

11 Herman Ooms, *Tokugawa Ideology*, Princeton University Press 1985, S. 26—28.

12 Der kaiserliche Erlaß, der die Abschaffung der Lehen begleitete, wie zitiert in Delmer Brown, *Nationalism in Japan*, University of California Press 1955, S. 96.

13 Die gängige deutsche Bezeichnung »Innenministerium« für Naimusho vermittelt nicht die Rechtshoheit und Macht dieser zeitweise mächtigsten Komponente in Japans Vorkriegssystem.

14 Die einzige Macht, die das Parlament hatte, war die, den Haushalt abzulehnen und so die Regierung zu zwingen, mit einem gleich großen Haushalt wie im Vorjahr auszukommen.

15 Nezu Masashi, *Dainippon teikoku no hokai: Tenno Showaki* (Der Zusammenbruch des japanischen Kaiserreichs: Bericht über den Kaiser in Showa), Bd. I, Shiseido 1961, S. 128f. Ich verdanke es David Titus, *Palace and Politics in Prewar Japan*, Columbia University Press 1974, daß ich auf diesen Fall aufmerksam wurde.

16 James B. Crowley, »Japanese Army factionalism in the early 1930s«, *Journal of Asian Studies*, Mai 1962, S. 309—26.

17 Asada Sadao, »The Japanese navy and the United States«, in *Pearl Harbor as History*, ed. Dorothy Borg und Shumpei Okamoto, Columbia University Press 1973, S. 258f. Vgl auch Fujiwara Akira, »The role of the Japanese army«, ibid., S. 195.

18 Ben-Ami Shillony, *Politics and Culture in Wartime Japan*, Clarendon Press 1981, S. 29.
19 Ibid., S. 83.
20 Chalmers Johnson, *Japan's Public Policy Companies*, American Enterprise Institute for Public Policy Research 1978.
21 Okumura Hiroshi, *Shin: Nihon no rokudai kigyo shudan* (Sechs große Firmengruppen in Japan), Daiamondosha 1983, S. 25.
22 Kosai Yutaka, *The Era of High-Speed Growth*, University of Tokyo Press 1986, S. 26f.

3 Eine unentrinnbare Umarmung

1 Kiyomi Morioka, *Religion in Changing Japanese Society*, University of Tokyo Press 1975, S. 7.
2 Die philippinische katholische Kirche spielte eine entscheidende Rolle bei den Ereignissen, die zu Marcos' Flucht aus seinem Palast führten. Vgl. die verschiedenen Aussagen der Bischofskonferenz und des Kardinals vom Februar 1986.
3 Frederick B. Katz, *The Mind of the Middle Ages*, University of Chicago Press 1953, Kapitel 4.
4 Nakayama-Komitee für die Keizai Chosa Kyogikai (Japanische Konferenz zur Wirtschaftsforschung), Chosa hokoku 74-7 jumin undo to shohisha undo: sono gendai ni okeru igi to mondaiten »Forschungsbericht 74-7: Bürger- und Verbraucherbewegungen, ihre Bedeutung und Probleme in der heutigen Zeit«, Nihon Keizai Chosa Kyogikai, März 1975. Dieser Bericht wird von der Bürgerbewegung angegriffen in Jishukoza Henshu Iinkai, »Kan, san, gakkai no jumin undo taisaku o hyosu« »Auswertung der Maßnahmen gegen Bürgerinitiativen durch die Welt der Bürokratie, der Wirtschaft und der Wissenschaft«, *Gekkan Jishukoza*, Bd. 49, 10. April 1975, S. 1—7.
5 Taguchi Fukuji und Toshinai Yoshinori, »Atsuryoku dantai to shite no ishikai« »JMA als Lobby«, *Chuo Koron*, April 1959, S. 263.
6 Inoffizielle Schätzungen der Gesamtzahl von Abtreibungen (von denen die Kliniken aus Steuergründen nur einen Bruchteil registrieren) rangieren von einer bis zwei Millionen pro Jahr. Vgl. auch Kapitel 14.
7 Ein jüngeres Beispiel ist das geplante Gesetz zur Kontrolle von AIDS, das den Ärzten keinerlei Zwang auferlegt. Für einen Bericht über den starken Einfluß der relevanten LDP-Politiker über ein Ministerium vgl. Inoguchi Takashi und Iwai Tomoaki, *»Zoku giin« no kenkyu* »Eine Studie über ›Zoku-Parlamentarier‹«, Nihon Keizaishimbun 1987, S. 194—98.
8 Tsuji Kiyoaki, »Atsuryoku dantai« ›Lobbys‹, in *Keizai shutaisei koza shakai II*, ed. Arisawa Hiromi u. a., Bd. 4, Chuo Koronsha 1960,

S. 232. Vgl. Kapitel 15 für einen Bericht über die wichtige Rolle dieser Gruppe für das System.

9 Kimura Kihachiro, »33 nendo yosan o meguru atsuryoku« »Druck auf den Haushalt des Fiskaljahres 1958«, *Chuo Koron*, Mai 1958, S. 124—31.

10 Vgl. etwa *Asahi Shimbun*, Leitartikel, 16. März 1957.

11 Der Fotograf Eugene Smith, der mit seinen Bildbänden dazu beitrug, daß die Welt auf Minamata schaute, erlitt durch diese Gangster einen irreparablen Schaden am Auge.

12 Jiyuminshu Henshubu, »1985 nen taisei e no tembo« »Perspektiven für das System 1985«, *Jiyuminshu*, Januar 1982, S. 224.

13 *Asahi Shimbun*, 8. April 1988.

14 Dies sind Nihon Izokukai, Gun On Ren, Nihon Shoi Gunjinkai und Goyu Remmei. Sie wollen eine Revision der »Friedensverfassung« und die formelle Wiedereinsetzung des Yasukuni-Schreins, eines Pilgerzentrums des abgeschafften Staatsshintoismus (vgl. Kapitel 13). Sie finanzieren Denkmäler für Soldaten, auch für hingerichtete Kriegsverbrecher.

15 Ishida Takeshi, »Pressure Groups in Japan«, *Journal of Social and Political Ideas in Japan*, Dezember 1964.

16 Ibid., S. 335.

17 Takeshi Ishida, »The development of interest groups and the pattern of political modernisation in Japan« in *Political Development in Modern Japan*, ed. R. E. Ward, Princeton University Press 1968, S. 333/34.

18 Tsuji, »Atsuryoku dantai«, op. cit. (Nr. 8), S. 246/47.

19 »Yosan to atsuryoku« »Haushalt und Druck«, Teil 12, *Yomiuri Shimbun*, 17. Dezember 1965.

20 *Yomiuri Shimbun*, Leitartikel, 13. August 1986.

21 Eine Abkürzung für nokyo kyodo kumiai (»Gewerkschaft landwirtschaftlicher Kooperativen«).

22 Nach einer Statistik des Landwirtschaftsministeriums vom Februar 1985 betrug die gesamte Bevölkerung in Japans 4 376 000 bäuerlichen Haushalten 19 839 000, davon 9 662 000 männlich und 10 177 000 weiblich; 6 363 000 von dieser Gesamtzahl waren voll oder teilweise in der Landwirtschaft tätig.

23 Ishikawa Hideo, »Taiseinai no atsuryoku dantai: Zenkoku Nokyo Chuokai« »Eine Lobby im Establishment: Zenchu«, *Asahi Jaanaru*, 30. Mai 1965, S. 39.

24 Matsumoto Seicho, »Kensetsu kanryoron« »Über Baubürokraten«, *Bungei Shunju*, Februar 1964, S. 136.

25 T. J. Pempel, Policy and Politics in Japan, Temple University Press 1982, S. 30.

26 Ishikawa, »Taiseinai«, op. cit. (Nr. 23), S. 38.

27 Tahara Soichiro, »Nokyo gaiko o tenkai suru Fujita Saburo Zenchu kaicho« »Zenchu-Präsident Fujita Saburo fördert nokyo-Diplomatie«, *Chuo Koron*, März 1980, S. 284.

28 Ishikawa, op. cit. (Nr. 23), S. 36f.

29 Tachibana Takashi, *Nokyo, Asahi Shimbunsha*, 1984. Die folgende Information über Miyazaki ist diesem Buch entnommen.

30 Ibid., S. 343.

31 Mit dem Gesetz zur Erhaltung des öffentlichen Friedens von 1900, das den Arbeitnehmern das Recht auf Organisation verweigerte.

32 Ikeda Makoto, »Roshi kyocho seisaku no keisei: Naimusho shakaikyoku setchi no igi ni tsuite« »Bildung der Politik zur Kooperation zwischen Arbeitgebern und Arbeitnehmern: die Bedeutung des Sozialbüros des Naimusho«, *Nihon rodo kyokai zasshi* Nr. 226, 1978, S. 14—23; Sheldon M. Garon, »The Imperial bureaucracy and labor policy in postwar Japan«, *Journal of Asian Studies*, Mai 1984.

33 Die höchste Organisationsrate war 1931 mit 7,9%, einer Gesamtzahl von 368975. Die größte Zahl der Gewerkschaftsmitglieder vor dem Krieg wurde in Japan 1936 mit einer Organisationsrate von 6,9% erreicht.

34 Sheldon M. Garon, *The State and Labor in Modern Japan*, University of California Press 1987, S. 220ff.

35 Thomas R. H. Havens, *Valley of Darkness: The Japanese People and World War Two*, Norton 1978, S. 43—46.

36 Für die vollständigste Darstellung dieser Reorganisation der japanischen Arbeiterbewegung nach Vorbildern aus Nazideutschland und dem italienischen Faschismus vgl. Garon, *State and Labor*, op. cit. (Nr. 34), Kapitel 6.

37 Takafusa Nakamura, *The Postwar Japanese Economy*, University of Tokyo Press 1981, S. 18.

38 Garon, *State and Labor*, op. cit. (Nr. 34), S. 213. Der Vorschlag kam von Minami Iwao, der Hitlers Arbeitspolitik und die Deutsche Arbeitsfront studiert hatte.

39 Eine Neufassung des Gesetzes für den nationalen öffentlichen Dienst nahm den betroffenen Arbeitnehmern das Recht, zu streiken und kollektiv zu verhandeln. Arbeitnehmer in Regierungsunternehmen, für die ein anderes Gesetz galt, durften noch kollektiv verhandeln, aber auch nicht mehr streiken.

40 Sumiya Mikio, »Nihonteki roshi kankeiron no saikochiku« »Rekonstruktion der Theorie japanischer Arbeitsbeziehungen«, *Nihon rodo kyokai zasshi* Bd. 226, Januar 1981, S. 2. Sumiya macht die interessante Feststellung, daß Arbeitsbeziehungen in kleinen und mittleren Zulieferbetrieben und in bezug auf Frauen nicht untersucht werden.

41 Stephen S. Large, »The patterns of Taisho democracy«, in *Japan*

Examined, ed. H. Wray und H. Conroy, University of Hawaii Press 1983, S. 177.

42 Der Rengo begann am 20. November 1987 mit zweiundsechzig Arbeitnehmerorganisationen und einer Gesamtzahl von 5,55 Millionen Mitgliedern. Dies umfaßt etwa 70% der privaten Gewerkschaften.

43 Chamoto Shigemasa, »Zenmin Roren no hossoku to Zendetsu« »Die Organisation von Zenmin Roren und Zendetsu«, *Sekai*, Dezember 1987, S. 281.

44 Ibid., S. 283f.

45 Ibid., S. 283f.

46 Vgl. Kapitel 12 und 14 zum komplexen Hintergrund dieser langfristigen LDP-Pläne.

47 Masumi Junnosuke, »Gikaisei to atsuryoku dantai« »Das parlamentarische System und Lobbys«, *Chuo Koron*, Januar 1960, S. 46.

48 Eine ausgezeichnete Zusammenfassung und Analyse der Motive von Regierung, BLL und JCP, was Kampf- und Anklagepraktiken im Zusammenhang mit den burakumin betrifft, findet sich bei Frank K. Upham, *Law and Social Change in Postwar Japan*, Harvard University Press 1977, Kapitel 3, bes. S. 116f. und 123.

49 Burakumin sind Berechnungen eines BLL-nahen Forschungsinstituts zufolge dreieinhalbmal stärker krankheitsgefährdet als andere Japaner. Vgl. Murakoshi Sueo und Miwa Yoshio (ed.), *Konnichi no buraku sabetsu* »Buraku-Diskriminierung heute«, Buraku Kaiho Kenkyujo 1986.

50 Benjamin C. Duke, *Japan's Militant Teachers*, University of Hawaii Press 1973, S. 35.

51 Ibid., S. 107f.; sowie Donald R. Thurston, *Teachers and Politics in Japan*, Princeton University Press 1973, S. 15

52 Yung Park, »Konzerne und Erziehungspolitik in Japan«, unveröffentlichtes Manuskript, Humboldt State University.

53 Totsuka Ichiro und Kiya Toshikazu (ed.), *Mombusho* »Das Erziehungsministerium«, Hobunsha 1956, S. 98—101; sowie Duke, *Japan's Militant*, op. cit. (Nr. 50), S. 124f.

54 *Nippon Times*, 27. März und 8. April 1956, zitiert in Duke, op. cit. (Nr. 50), S. 132.

55 Duke, op. cit. (Nr. 50), S. 116.

56 Vgl. Yung H. Park, *Bureaucrats and Ministers in Contemporary Japanese Gouvernment*, Institute of Asian Studies, University of California, Berkeley 1986, S. 24f.

57 Thurston, op. cit. (Nr. 51), S. 193.

58 Duke, op. cit. (Nr. 50), S. 153f.

59 Thomas Rohlen, *Japan's High Schools*, University of California Press 1983, S. 222; Duke, op. cit. (Nr. 50), S. 202; Thurston, *Teachers*, op. cit. (Nr. 51), S. 83.

60 Der Grus japanensis.
61 Thurston, op. cit. (Nr. 51), S. 132.
62 Vgl. Kapitel 6 und 7.
63 Vgl. Kapitel 9 und 10.
64 Justin Williams, *Japan's Political Revolution under MacArthur*, University of Tokyo Press 1979, S. 258.
65 Vgl. zum Beispiel Michio Muramatsu und Ellis S. Kraus, »The conservative policy line and the development of patterned pluralism« in *The Political Economy of Japan*, ed. K. Yamamura und Y. Yasuba, Bd. 1, Stanford University Press 1987, S. 537ff.
66 Vgl. zum Beispiel Pempel, *Policy and Politics*, op. cit. (Nr. 25). Pempel ist einer der ganz wenigen Forscher, die zur seriösen Analyse der japanischen Politik beigetragen haben.

4 Diener des Systems

1 Vgl. Kapitel 10.
2 Thomas Rohlen, *Japan's High Schools*, University of California Press 1983, S. 209. Ich halte dieses Buch für eines der besten der letzten Jahre über irgendein japanisches Thema.
3 Vgl. Robert M. Spaulding, *Imperial Japan's Higher Civil Service Examinations*, Princeton University Press 1967, S. 125.
4 1987 waren diese drei Gymnasien Kaisei, Nada und Lasalle; sie hatten zusammen 387 von den 3747 erfolgreichen Kandidaten, die zur Universität Tokio zugelassen wurden.
5 Rohlen, *High Schools*, op. cit. (Nr. 2), S. 100.
6 Amaya Naohiro, »World Leadership for Japan?«, *Japan Times*, 29. Juni 1986.
7 Kato Shuichi, persönliche Mitteilung.
8 Die Bedeutung der Zulassungsprüfungen für eine Vorstadt Tokios ist gut beschrieben von Ezra Vogel in *Japan's New Middle Class*, University of California Press 1967.
9 Die ausführlichsten Studien der betreffenden psychologischen Mechanismen stammen von George de Vos. Vgl. u. a. sein *Socialisation for Achievement*, University of California Press 1973.
10 Griffis, »Education in Japan«, *College Courant*, 16. Mai 1874, zitiert in Edward R. Beauchamp, »Griffis in Japan: the Fukui interlude, 1871«, in *Learning to be Japanese*, ed. Edward R. Beauchamp, Linnet Books, Connecticut 1978, S. 58.
11 *Keizai hatten ni okeru jinteki noryoku kaihatsu no kadai to taisaku* »Themen und Politik zur Entwicklung menschlicher Fähigkeit in der Wirtschaftsentwicklung«, Keizai Shingikai, 14. Januar 1963.

12 *Koki chuto kyoiku ni taisuru yobo* »Aussichten für höhere und mittlere Bildung«, 5. Februar 1965.

13 *Koki chuto kyoiku no kakuju seibi ni tsuite no toshin* »Rat zu Ordnung und Entwicklung der höheren und mittleren Bildung«, Chukyoshin, 31. Oktober 1966.

14 Die Einstufung hilft den Inhalt des naishinsho bestimmen, des Empfehlungsschreibens an eine gute Schule auf der nächsthöheren Stufe. Viele Lehrer verschaffen sich Gehorsam, indem sie die Möglichkeit einer negativen Bewertung im naishinsho als Drohung gebrauchen — Nikkyoso-Lehrer, persönliche Mitteilung. Vgl. auch »Tensei jingo«, *Asahi Shimbun*, 8. April 1988.

15 *Asahi Shimbun*, Leitartikel, 14. Dezember 1984.

16 Vgl. Kapitel 13 für eine detaillierte Darstellung dieses Phänomens.

17 Im Oktober 1985 hielt der Nichibenren ein Symposion über »Menschenrechte der Kinder und ihr Schulleben«. Zu dem Anlaß erschien ein Bericht mit dem Titel *Gakko seikatsu to kodomo no jinken* »Schulleben und Menschenrechte der Kinder«.

18 Nagase Akiyuki und Ueji Yoshio, beide Direktoren respektabler juku-Schulen, sagen, die Ruhe werde an den öffentlichen Schulen durch die Polizei und das naishinsho-System aufrechterhalten — hierbei schreiben die Lehrer eine Empfehlung mit einer Beurteilung des Betragens für das Gymnasium, das ein Schüler oder eine Schülerin besuchen möchte. »Kodomo o dame ni shita no wa gakko to oya da« »Schule und Eltern haben die Kinder ruiniert«, *Gendai*, September 1984. S. 383.

19 Ivan P. Hall, Mori Arinori, Harvard University Press 1973.

20 James L. Huffman, *Politics of the Meiji Press*, University of Hawaii Press 1980, S. 96.

21 Richard Mitchell, *Censorship in Imperial Japan*, Princeton University Press 1983, S. 55.

22 Ibid., S. 42f.

23 Harry Wildes, *Social Currents in Japan*, University of Chicago Press 1927, zitiert in L. W. Beer, *Freedom of Expression in Japan*, Kodansha International 1984, S. 63.

24 Gebhard Hielscher in *No. 1 Shimbun*, Foreign Correspondents' Club of Japan (Auslandskorrespondentenclub Japans), 15. November 1982, S. 6.

25 John Roberts, »Zaibatsu no seiji no hishinsei domei« »Die unheilige Allianz zwischen Konzernen und Politik«, *Chuo Koron*, April 1974, S. 118—28.

26 Young C. Kim, *Japanese Journalists and their World*, University Press of Virginia 1981, S. 48.

27 Nihon Keizai Shimbunsha (ed.), *Jiminto Seichokai* »LDP-Forschungsrat Politik und Wirtschaft«, Nihon Keizai Shimbunsha 1983, S. 159—62.

28 Yamanouchi Yukio, »Yamaguchi-gumi komon bengoshi no shuki« »Anmerkungen eines Rechtsberaters der Yamaguchi-gumi«, *Bungei Shunju*, November 1984, S. 400.

29 Ian Buruma, *A Japanese Mirror: Heroes and Villains of Japanese Culture*, Cape 1984, S. 168.

30 Yamanouchi, »Yamaguchi-gumi«, op. cit. (Nr. 28), S. 408; auch David Kaplan und Alec Dubro, *Yakuza*, Addison-Wesley 1986, S. 116.

31 Kaplan und Dubro, op. cit. (Nr. 30), S. 116.

32 »Taoka-ke onzoshi no kashoku no en ni manekareta hitobito« »Wer zur Hochzeit von Taokas Sohn geladen war«, *Shukan Asahi*, 7. Juni 1974, S. 139.

33 Mugishima Fumio, »Naze nakunaranu boryokudan?« »Warum gibt es noch Banden?« *Asahi Shimbun*, 25. Februar 1985.

34 Für Hintergrunddetails vgl. Ino Kenji, *Yakuza to Nihonjin* »Die yakuza und die Japaner«, Mikasa Shobo 1973, S. 254—257.

35 Walter L. Ames, *Police and Community in Japan*, University of California Press 1981, S. 107.

36 Yamanouchi, op. cit. (Nr. 28), S. 405.

37 Mugishima, »Naze«, op. cit. (Nr. 33). Takao begann damit, Hafenarbeiter zu organisieren und Entertainer zu erpressen, um das wohl größte Verbrechersyndikat der Welt aufzubauen. 1984 standen der Yamaguchi-gumi 593 Unterbanden mit insgesamt fast 13 000 Mitgliedern in 36 von Japans 47 Präfekturen zu Gebote.

38 *Yamaguchi-gumi Jiho*, Bd. 2, Oktober 1971.

39 *Yomiuri Shimbun*, 21. Dezember 1987.

40 Die yakuza sind auf den Philippinen aktiv, und als sie in den 70er Jahren Stützpunkte auf Hawaii errichtet hatten, begannen sie, an die amerikanische Westküste zu ziehen, wo sie japanischen Touristen Pornos und weiße Prostituierte liefern.

41 Dies hat zum Teil wirtschaftliche Gründe. Als die yakuza-Gemeinschaft 1963 einen Gipfel von rund 184 000 Mitgliedern erreichte, gab es genug Opfer für die traditionelle Schutzgelderpressung und genug Glücksspiel, daß sich die Banden nicht in die Quere kamen. In den 70er Jahren begann es den mittleren und kleinen Banden schlechterzugehen. Die großen Syndikate — Yamaguchi-gumi, Inagawa-kai und Sumiyoshi Rengo — blühten auf, als sie diese kleineren Gruppen schluckten. Der geschwächte Einfluß und das langsame Verschwinden einer Generation altmodischer Bandenchefs bedeutete, daß viele dieser größeren Banden mit mehr Ungehorsam zu kämpfen hatten. Ein Gangster sagte mir Ende der 60er Jahre, die Jungen, die seiner Organisation beiträten, schienen auf wertvolle Traditionen nichts mehr zu geben. Das Problem muß schlimmer geworden sein.

5 Die Verwalter

1 Manabe Shigeki, Chiba Hitoshi, Matsuzaki Yasunori und Marayama Noboru, »Kokkai giin no shin keibatsu o eguru — sei, zai, kankai o musubu daiketsumyaku« »Die großen Netzwerke, die politische, geschäftliche und bürokratische Beziehungen bilden und neue Parlamentariercliquen«, *Gendai*, Oktober 1980, S. 158.

2 Ibid., S. 160.

3 Ibid., S. 161.

4 Diese Zahlen stammen aus einer Übersicht über die frühen 80er Jahre.

5 Harvard-Absolventen sind in der US-Bürokratie mit 11,2% vertreten. 1950 kamen 26,5% von Englands hohen Beamten (höher als Ministerialdirektor) von Oxford und 20,8% von Cambridge.

6 Der wichtige Premierminister Ikeda Hayato hat die Universität Kioto absolviert, und Ohira Masayoshi die Universität Hitotsubashi, beides staatliche Universitäten, die als Todai gleichwertig gelten. Diese beiden Premierminister gingen nach einer Karriere im Finanzministerium in die Politik. Ishibashi und Takeshita kommen von Waseda und Miki von der Meiji-Universität. Takeshita wäre nie Premierminister geworden, wenn er nicht die »Maschinerie« hätte benutzen können, die Tanaka aufgebaut hat.

7 *Shukan Sankei*, 14. April 1977.

8 Die berühmtesten Privatuniversitäten, Waseda und Keio, waren mit 131 bzw. 159 Präsidenten vertreten. Vgl. *Cosmos News*, Nr. 4, Teikoku Data Bank, Juli 1985.

9 Kawamoto Taro, »Sore demo Todai Hogabuku wa Nippon o ugokasu« »Und trotzdem bewegt Todais juristische Fakultät Japan«, *Bungei Shunju*, September 1972, S. 169.

10 Ibid., S. 177.

11 Kusayanagi Daizo, »Kofuna nitodate basha: Kensetsusho« »Ein altmodischer Zweispänner: das Bauministerium«, *Bungei Shunju*, Februar 1975, S. 143.

12 Für Details über Konos Einmischung in Personalangelegenheiten vgl. Matsumoto Seicho, »Kensetsu kankyoron« »Über Baubürokraten«, *Bungei Shunju*, Februar 1964, bes. S. 144.

13 Kusayanagi, »Kofuna«, op. cit. (Nr. 11), S. 142.

14 Beide gewannen eine knappe Million Stimmen. Vgl. »Senkyo ni deru nara kensetsu kanryo« »Baubeamte haben den größten Vorteil bei Wahlen«, *Hyo*, Juni 1960, S. 19.

15 Für ein Beispiel aus den Wahlen von 1986 vgl. »Kensetsu kanryo gyokai memboku kake«, *Yomiuri Shimbun*, 12. Juni 1986, S. 19—22.

16 Op. cit. (Nr. 14), S. 21.

17 Kanryo Kiko Kenkyokai (ed.), *Kensetsusho zankoku monogatari*

»Die innere Geschichte des Bauministeriums«, Eeru Shuppansha 1978, S. 119.

18 »Tanaka naikaku no ›kensetsu daijin‹ wa naze...« »Warum die ›Bauminister‹ des Kabinetts Tanaka...?« *Ushio*, Februar 1974, S. 120.

19 Ito Hirokazu, *Zankoku kensetsu gyokai* »Die innere Geschichte der Bauindustrie«, Eeru Shuppansha 1987, S. 10, 20—22 und 27.

20 Takeuchi Naokazu, Watanuki Joji, Asani Chiaki und Ninagawa Masao, »Dogengyo ni nottorareta chihoseiji« »Lokalpolitik in der Gewalt der Bauindustrie«, *Asahi Jaanaru*, 21. Januar 1977, S. 28.

21 Ito, *Zankoku*, op. cit (Nr. 19), S. 30—32.

22 Kanryo Kiko Kankyukai, *Kensetsusho*, op. cit. (Nr. 17), S. 75.

23 Nihon Keizai Shimbunsha (ed.), *Jiminto Seichokai*, »LDP-Forschungsrat Politik und Wirtschaft«, Nihon Keizai Shimbunsha 1983, S. 165—68.

24 Takeuchi u. a., »Dokengyo ni nottorareta«, op. cit. (Nr. 20), S. 29.

25 Itagaki Hidenori, *»Zoku« no kenkyu* »Studie der Parlamentarier-›Stämme‹«, Keizaikai 1987, S. 75; Nihon Keizai Shimbunsha, *Jiminto*, op. cit. (Nr. 23), S. 165ff.

26 Itagaki, *»Zoku«*, op. cit. (Nr. 25), S. 140.

27 Ogata Katsuyuki, »Doken gyokai to oshoku« »Bauindustrie und Bestechung«, *Asahi Jaanaru*, 21. Januar 1977, S. 24.

28 Kikuchi Hisashi, *Jiminto habatsu* »LDP-Cliquen«, Piipurusha 1987, S. 119.

29 Für eine Liste vgl. Jiji Tsushinsha Seijibu (ed.), *Takeshita sori »zen deeta«* »Alle Daten über Premierminister Takeshita«, Jiji Tsushinsha 1987, S. 142—46.

30 *Asahi Shimbun*, 25. Dezember 1987 (Abendausgabe).

31 Kanryo Kiko Kenkyukai, *Kensetsusho*, op. cit. (Nr. 17), S. 70—73 und 82—89.

32 *Mainichi Shimbun*, 10. Dezember 1986.

33 Ito, *Zankoku*, op. cit. (Nr. 19), S. 16.

34 Kanryo Kiko Kenkyukai, op. cit. (Nr. 17), S. 76—78.

35 Honda Yasuharu, »Sekkei no dekinai gemba kantoku: Kensetsusho« »Das Bauministerium: ein Bauleiter, der nicht entwerfen kann«, *Gendai*, Februar 1974, S. 198.

36 Vgl. die Ausführungen hierüber in Richard Samuels, *The Politics of Regional Policy in Japan*, Princeton University Press 1983, bes. S. 234.

37 Für eine Untersuchung des Finanzministeriums, besonders seiner entscheidenden Rolle in Japans Haushaltsprozeß, vgl. John C. Campbell, *Contemporary Japanese Budget Politics*, University of California Press 1977.

38 Ibid., S. 19.

39 Das durchschnittliche Verhältnis von Verschuldung zu reinem Wert

bei Japans größten Firmen beträgt rund 4:1, verglichen mit 1:1 in den USA und 2:1 in europäischen Ländern. Das Verhältnis von Anteilkapital zum Gesamtwert ist mit 16 bis 18% das niedrigste in den wichtigsten Industrienationen — C. T. Ratcliffe, *Kodansha Encyclopaedia of Japan*, Bd. 2, 1983, S. 28.

40 Mikuni Akio, *Occasional Paper No. 2: Mikuni on Banking*, Mikuni & Co. 1987, S. 6.

41 Ibid., S. 6.

42 Jin Ikko, *Okura Kanryo: cho-eriito shudan no jinmyaku to yabo* »Bürokraten des Finanzministeriums: Netzwerke und Ambitionen der Super-Elite«, Kodansha 1982, S. 139; Kanryo Kiko Kenkyukai (ed.), *Shin Okurasho zankoku monogatari* »Die innere Geschichte des Finanzministeriums, Teil 2«, Eeru Shuppansha 1980, S. 39f.

43 Yamaguchi Jiro, »Zaisei kochokuka kyanpeen no zasetsu to yosan katei no henyo: tenki no shite no showa 40 nendai zenhanki« »Die Wandlung des Haushaltsprozesses: die Bewegung ›Durchbrecht die fiskalische Erstarrung‹ als Wendepunkt«, in *Nempo Kindai Nihon Kenkyu*, ed. Kindai Nihon Kenkyukai, Bd. 8, Yamakawa Shuppansha 1986, S. 279—304. Campbell summiert das Problem und die Bewegung, die es lösen sollte, in *Contemporary Budget*, op. cit (Nr. 37), S. 241—50; vgl. auch Ito Daiichi, *Gendai Nihon Kanryosei no bunseki* »Analyse der heutigen japanischen Bürokratie«, Tokyo Daigaku Shuppankei 1980, S. 155—206.

44 Yamaguchi Jiro, »Zaisei kochokuka«, op. cit. (Nr. 43), S. 298.

45 Die nächsten mißlungenen Versuche, die Verfügungsgewalt der Haushaltsbeamten auszuweiten, wurden 1969 und 1970 unternommen. Sie gründeten auf dem Beispiel eines amerikanischen Programms, des PPBS (Planning Programming Budgeting System), und gingen mit zahlreichen übersetzten Artikeln und Büchern sowie mit gelehrten Studien japanischer Instant-Experten einher; hinzu kamen die düsteren Warnungen der Ministerialbeamten vor der »unvernünftigen Einmischung von LDP und Interessengruppen«. »Die Beamten des Finanzministeriums schienen eine Utopie ordentlichen und effizienten Planens und Entscheidens im Sinn zu haben, wobei die Politiker eine gewisse Rolle in der Festsetzung der nationalen Ziele spielen konnten, nicht aber denen in die Quere kamen, die für die wirkliche Arbeit verantwortlich waren.« Campbell, op. cit. (Nr. 37), S. 107—109.

46 1966 begann die Frage der Staatsanleihen im Management der Nachkriegswirtschaft eine geringe Bedeutung zu gewinnen. Aber in den 1970er Jahren, nach den beiden Ölkrisen und dem Nachlassen der Inlandsnachfrage aufgrund fehlender großer Investitionen durch die Firmen, machten das Haushaltsdefizit und die Zinsen für alte Anleihen immer mehr Staatsanleihen notwendig. Japans Geschäftsleute

waren von staatlichen Anreizen für die Wirtschaft abhängig geworden, wenn sie absackte, und diese Anreize kamen immer in der Form eines »Nachfragepakets« für mehr öffentliche Projekte. Am Ende des Jahrzehnts war ein Drittel des Staatshaushalts von Einkünften aus Staatsanleihen abgedeckt. Das Problem war allerdings viel größer, denn eine Anzahl staatlicher und halbstaatlicher Firmen legten eigene Anleihen auf. 1980 gab der Premierminister, unterstützt von Führern der Wirtschaft, der Senkung der Abhängigkeit von Anleihen auf vertretbare Ausmaße Priorität. Erst 1987 zeitigte dieser Versuch erste Erfolge, dank des gestiegenen Steueraufkommens von den kolossalen internationalen Gewinnen, die Japans Exportriesen erwirtschaftet hatten.

47 Das jüngste Mißgeschick, für das das Finanzministerium zumindest teilweise verantwortlich gemacht wurde und das den Eindruck von Inkompetenz erweckte, hängt mit einem Versuch zusammen, das Verhältnis von direkten zu indirekten Steuern zu verändern (1987 kamen drei Viertel aller Steuereinnahmen aus direkten Steuern). Zu diesem Zweck entwarfen die Beamten eine Verkaufssteuer, vergleichbar der europäischen Mehrwertsteuer. Die Steuer sollte auf jede Transaktion von Herstellern, Großhändlern und Einzelhändlern erhoben werden, und sie beinhaltete ein komplexes Steuerquittungssystem, um Doppelbesteuerung zu vermeiden. Weil eine große Zahl von Waren-und Dienstleistungskategorien nicht besteuert werden sollten und viele Gruppen mit LDP-Protektion mit Steuerbefreiung bedient werden mußten, wurde das Schema schließlich so wirr und verdreht, daß opponierende Kräfte in der LDP keine Schwierigkeit hatten, den Chor der Kritik zu nutzen und das Gesetz zu kippen. Viel von der japanischen Innenpolitik Ende der 80er Jahre wird sich wohl um einen weiteren Versuch drehen, die indirekte Steuer einzuführen.

48 Vgl. Kanryo Kiko Kenkyukai, *Shin Okurasho*, op. cit. (Nr. 42), S. 106.

49 Ibid., S. 153.

50 Chalmers Johnson, »MITI and Japanese international economic policy« in *The Foreign Policy of Modern Japan*, ed. R. A. Scalapino, University of California Press 1977, S. 23—45.

51 Chitishi Yanaga, *Big Business in Japanese Politics*, Yale University Press 1968, S. 162.

52 Ito, op. cit. (Nr. 43), Einleitung.

53 Diese und andere Informationen in diesem Abschnitt basieren auf Interviews und informellen Gesprächen mit MITI-Beamten über mehrere Jahre.

54 Tawara Kotaro, »Naze ima ›Tanaka‹ na no ka« ›Warum jetzt noch Tanaka?‹, *Bungei Shunju*, August 1981, S. 93.

55 Dies wird in einer Vielfalt japanischer Literatur zum Thema erwähnt. Für eine Zusammenfassung vgl. Masumi Junnosuke, *Gendai*

seiji ›Moderne Politik‹, Bd. 1, Tokyo Daigaku Shuppankei 1985, S. 20.

56 Chalmers Johnson, »Tanaka Kakuei, structural corruption and the advent of machine politics in Japan«, *Journal of Japanese Studies*, Winter 1986, S. 11.

57 Frank C. Langdon, »Organised interests in Japan and their influence on political parties«, *Pacific Affairs*, Bd. 34, Nr. 3, 1961. Vgl. auch »Topikku kaisetsu, seiti to toshikin«, *Mainichi Shimbun*, 30. November 1955.

58 Einem Bericht des Innenministeriums zufolge hatten die Politiker aller Parteien 1986 ein registriertes Einkommen von 167,59 Milliarden Yen. Dies waren 15% mehr als im Vorjahr. Sehr wenig von dem Einkommen der Opposition kommt aus der Wirtschaft. Die JCP hat die höchsten (offiziellen) Einnahmen aus Abonnements ihrer Parteizeitung *Akahata*, die berechenbar marxistisch ist, aber den Ruf hat, bei bestimmten Themen ehrlicher zu sein als andere Zeitungen. Die JSP muß ihre Mittel von den Gewerkschaften bekommen. Nur die DSP bekommt Geld aus der Wirtschaft, was nicht überrascht, da sie mit der LDP stimmt.

59 »Nosabaru ›paati shoho‹ oshitsuke ni naku kigyo«, *Asahi Shimbun*, 4. September 1984 (Abendausgabe).

60 Walter McLaren, *A Political History of Japan during the Meiji-Period*, Allen & Unwin 1916, S. 364—70.

61 G. E. Uyehara, *The Political Development of Japan 1867—1909*, Constable 1910, S. 266f.

62 Nach mehreren Presseberichten jener Zeit.

63 Johnson, »Tanaka«, op. cit. (Nr. 56), S. 25.

64 Kikuchi, *Jiminto habatsu*, op. cit. (Nr. 28), S. 204.

65 Nihon Keizai Shimbunsha, *Jiminto Seichokai*, op. cit. (Nr. 23), S. 27.

66 »LDP-business negotiations never stop«, *Daily Yomiuri*, 29. Juni 1985.

67 Itagaki, »*Zoku*«, op. cit. (Nr. 25), S. 128f.

68 Yamaguchi Asao, »Kishi, Ikeda, Sato susho no ›kinmyaku‹ rimenshi« »Die geheime Geschichte der ›Geld-Netzwerke‹ der Premierminister Kishi, Ikeda und Sato«, *Hoseki*, April 1976, S. 108.

69 Shimizu Ikko, »Seizaikai no kage no jitsuryosuka, Kishi Nobosuke no shotai« »Die wahre Natur des Kishi Nobosuke, ein Schatten-Schwergewicht der Politik und Wirtschaft«, *Hoseki*, Januar 1976, bes. S. 90—98.

70 Für eine Anthologie der wichtigsten Skandale vgl. Aritake Shuji, *Seiji to kane no jiken to* »Politik, Geld und Skandale«, Keizai Oraisha 1970.

71 Fujiyama Aiichiro war Vorsitzender der japanischen Handels- und Industriekammer und Außenminister in Kishis Kabinett. Er machte

sein Vermögen, sogar sein Haus, zu Geld für die Politik, aber seine habatsu überdauerte ihn nicht.

72 Für diese verschiedenen Methoden und die Frage, welche Gesellschaften die wichtigsten Geldquellen prominenter Politiker waren, vgl. Hatakeyama Takeshi, *Habatsu no uchimaku* »Die innere Geschichte politischer Cliquen«, Rippu Shobo 1976, S. 104—106.

73 In einem Interview mit *Asahi Shimbun*, 20. September 1987.

74 Für eine Darstellung der Ursprünge des heutigen habatsu-Systems vgl. Masumi, *Gendai seiji*, op. cit. (Nr. 55), S. 7.

75 Campbell, *Contemporary Budget*, op. cit. (Nr. 37), S. 257.

76 Hatakeyama, *Habatsu*, op. cit. (Nr. 72), S. 73.

77 Für eine Darstellung dieser verschiedenen Aufgaben vgl. Masumi, op. cit. (Nr. 55), S. 17.

78 »Seikai ni nadarekomu wakate eriito kanryotachi no dasan to kake« ›Kalkulation und Herausforderung junger Elitebürokraten, die in die politische Welt drängen‹, *Shukan Asahi*, 27. Juni 1986, S. 23f. Das Finanzministerium führte mit 8 der Kandidaten, gefolgt vom MITI mit 5, dem Landwirtschaftsministerium mit 4 und dem Bauministerium mit 3. Fast die Hälfte dieser Kandidaten waren Ende Dreißig oder Anfang Vierzig und hatten in ihren früheren Ministerien keine höheren Ränge als Abteilungsleiter oder Stellvertretender Abteilungsleiter bekleidet. In der Vergangenheit strebten mit wenigen Ausnahmen nur frühere Staatssekretäre und Generaldirektoren LDP-Mandate an. Diese relative Jugend wies teils auf den Wunsch hin, noch genügend Jahre vor sich zu haben, um beim gegenwärtigen Aufstiegstempo in der LDP Spitzenpositionen zu erreichen, und teils auf Enttäuschung über ihre Karriere, besonders im Finanzministerium.

79 »Tsuyokatta kanryo OB: jimin hireiku meibojun kettei«, *Asahi Shimbun*, 18. Juni 1986.

80 Das Treffen, bei dem dies beschlossen wurde, fand am 4. Dezember 1987 statt.

81 Tanaka selbst konnte die Bürokraten ignorieren, wenn es ihm paßte, wie als die Chefs der Haushalts- und der Steuerbehörde schüchtern versuchten, seinen aufgeblähten Haushalten von 1972 und 1973 zu widerstehen. (1972 betraf Tanakas Eingriff — kurz nachdem er Premierminister wurde — nur den Nachtragshaushalt.) Doch er warb oft sehr um die bürokratische Meinung. Vgl. Sakakibara Eisuke, Nihon o enshutsu suru shin-kanryozo »Ein Profil der neuen Bürokraten, die Japan leiten«, Yamate Shobo 1977, S. 105.

82 Fukumoto Kunio, *Kanryo* »Bürokraten«, Kobundo 1959, S. 142f.

83 Mainichi Shimbun Shakaibu, Kanryo »Bürokraten«, Manichi Shimbunsha 1980, S. 250f.

84 »Katadori toben no seifu iin, daijin sasaeru kanryogun«, *Yomiuri Shimbun*, 8. Oktober 1986.

85 Vgl. Inoguchi Takashi und Iwai Tomoaki, *»Zoku giin« no kenkyu* »Eine Studie über ›Stammes-Parlamentarier‹«, Nihon Keizai Shimbunsha 1987, S. 11.

86 Kanryo Kiko Kenkyukai (ed.), *Okurasho zankoku monogatari* »Die innere Geschichte des Finanzministeriums«, Eeru Shuppansha 1976, S. 130f.

87 Tahara Soichiro, *Nihon no kanryo 1980* »Japans Bürokraten 1980«, Bungei Shunju 1979, S. 16—19.

88 Der Journalist war Gebhard Hielscher, Korrespondent der *Süddeutschen Zeitung* in Tokio.

89 Vgl. Kapitel 2.

90 Nihon Keizai Shimbunsha, *Jiminto Seichokai*, op. cit. (Nr. 23), S. 19.

91 Masumi, *Gendai*, op. cit. (Nr. 55), S. 18.

92 Uchida Genko, »Taikenteki kanryoron« ›Eine Sicht der Bürokratie, begründet auf persönlicher Erfahrung‹, *Chuo Koron*, Mai 1970, S. 63.

93 Eine der ersten japanischen Studien zu diesem Thema behauptet sogar, Tanaka sollte als Anfang des heutigen zoku-Systems gelten. Vgl. Inoguchi und Iwai, *»Zoku giin«*, op. cit (Nr. 85), S. 20.

94 Mitgliedschaft in einem zoku hängt auch von der habatsu ab, der man angehört. Das Tanaka-gundan ist in der größten Vielfalt von zoku-Bereichen mit der größten Zahl von zoku-Bossen überwältigend vertreten. Es beherrscht die beliebtesten zoku für Bau, Landwirtschaft und Verkehr. Miyazawas habatsu hingegen ist am schwächsten vertreten. Abe Shintaros habatsu ist im zoku für Verkehr gut verankert. Nakasone hat versucht, in den von Tanakas Leuten beherrschten zoku Einfluß zu gewinnen. Kanryoha-Mitglieder der LDP tendieren naturgemäß zu der PARC-Abteilung, die ihrem früheren Ministerium entspricht, und man erwartet, daß sie besondere Vermittlerfunktionen übernehmen. Ihre einstigen Kollegen erwarten zudem von ihnen, daß sie ihr Ministerium gegen unerwünschten Druck verteidigen. Die Stärke der einzelnen bei Wahlen hängt direkt von ihrer zoku-Position ab. Nur die ganz Starken können sich erlauben, politische Themen aufzugreifen, die mit Verteidigung und Bildung zu tun haben, denn diese Bereiche sind nicht lukrativ und bringen keine Stimmen (obwohl bekannt wurde, daß die Rüstungsindustrie bestimmte LDP-Kandidaten unterstützt hat). LDP-Mitglieder, die in diesen Bereichen Einfluß ausüben, sind folglich schon älter, haben ihren Wahlkreis vom Vater geerbt oder sind ideologisch stark motiviert. Dem zoku für Verteidigung anzugehören, gilt sogar in Wahlen als belastend. Andere PARC-Abteilungen, die relativ unbeliebt sind, befassen sich mit Justiz, Außenpolitik, Arbeit, Wissenschaft und Technik sowie Umwelt — Inoguchi und Iwai, op. cit. (Nr. 85), S. 134—147 und 150.

95 Ezra N. Suleiman, *Elites in French Society*, Princeton University Press 1978, S. 4.
96 Für einen Überblick über die jüngst größer gewordene gegenseitige Durchdringung aller Bereiche aufgrund der Mobilität der Bürokraten vgl. Pierre Birnbaum, *The Heights of Power: An Essay on the Power Elite in France*, University of Chicago Press 1982, S. 102—06.
97 Suleiman, *Elites*, op. cit. (Nr. 95), Kapitel 6.
98 Birnbaum, *Heights*, op. cit. (Nr. 96), S. 41.
99 E. N. Suleiman, *Politics, Power, and Bureaucracy in France*, Princeton University Press 1974, S. 138—56 und 201—32.

6 Die unterwürfige Mittelschicht

1 Vgl. Kapitel 11.
2 John C. Campbell, »Policy conflict and its resolution within the governmental system«, in *Conflict in Japan*, ed. E. S. Krauss, T. P. Rohlen und P. G. Steinhoff, University of Hawaii Press 1984, S. 316.
3 Rodney Clark, *The Japanese Company*, Yale University Press 1979, S. 41.
4 Sheldon Garon, *The State and Labor in Modern Japan*, University of California Press 1987, S. 225.
5 John W. Hall, »Rule by status in Tokugawa Japan«, *Journal of Japanese Studies*, Herbst 1974, S. 44f.
6 Vgl. Kapitel 3.
7 Vgl. Harumi Befu, »Corporate emphasis and patterns of descent in the Japanese family«, in *Japanese Culture*, ed. R. J. Smith und R. K. Beardsley, Aldine 1962, S. 34—40.
8 Die meisten buddhistischen Priester Japans sind nicht ehelos.
9 Für eine ausführliche Darstellung der Beziehung zwischen den Behörden und der Familie vgl. R. P. Dore, *City Life in Japan*, University of California Press 1958.
10 Nakane Chie machte dies als erste Sozialwissenschaftlerin unmißverständlich deutlich in ihren Vergleichen der indischen und der japanischen Gesellschaftsstruktur sowie in ihrer berühmten Studie auf Englisch, *Japanese Society*, University of California Press 1970.
11 »Kaisha no chorei de yarukoto« »Was die Morgentreffen in Betrieben sollen«, *Shukan Yomiuri*, 3. Juni 1984, S. 127. Einer Sammlung zufolge haben 60% der Großfirmen eigene Hymnen.
12 Vgl. zum Beispiel Basil Hall Chamberlain, *Things Japanese*, Tuttle 1971 (Reprint der Ausgabe von 1905), oder William Griffith, *The Mikado's Empire*, Harper & Brothers 1876.
13 Chamberlain, *Things Japanese*, op. cit. (Nr. 12), S. 165.

14 Ishii Ryosuke, *A History of Political Institutions in Japan*, University of Tokyo Press 1980, S. 42.

15 Kozo Yamamura, *Economic Policy in Postwar Japan*, University of California Press 1967, S. 163.

16 »Kyugekina endaka de shitauke ijime«, *Nihon Keizai Shimbun*, 19. Mai 1986.

17 Felix Twaalfhoven und Tomohisa Hattori, *The Supporting Role of Small Japanese Enterprises*, Indivers Research (Niederlande) 1982.

18 Die beste Darstellung der jüngsten Rechtsgeschichte zur Berufstätigkeit der Frau und eine ausgezeichnete Zusammenfassung des offiziellen Standpunkts zur berufstätigen Frau bringt Frank K. Upham in *Law and Social Change in Postwar Japan*, Harvard University Press 1987, S. 124—65.

19 Ibid., S. 150f.

20 Nihon Keizai Shimbunsha (ed.), *Jiminto Seichokai* »LDP-Forschungsrat Politik und Wirtschaft«, Nihon Keizai Shimbunsha 1983, S. 164.

21 Masukomi Kanren Sangyo Rodo Kumiai Kyoto Kaigi (ed.), *Masukomi 1970*, Rodo Jumposha 1969, S. 136.

22 Die Pionierarbeit, und m. E. bis heute die beste über dieses Phänomen, ist Daniel Boorstin, *The Image*, Atheneum 1961.

23 Tahara Soichiro, *Dentsu*, Asahi Shimbunsha 1984, S. 14.

24 Für eine Liste der spektakuläreren Beispiele vgl. Oshita Eiji, »Sogo ›joho‹ shosha Dentsu no tabuu« »Die Tabus der Dentsu, einer Handelsgesellschaft für allgemeine ›Information‹«, *Tsukuru*, Dezember 1977, S. 137, und Tahara, *Dentsu*, op. cit. (Nr. 23), S. 40—44.

25 Honda Yasuharu, »Dentsu no himitsu« »Das Geheimnis der Dentsu«, *Shukan Bunshun*, 28. Juli 1977, S. 37, und Tahara, op. cit. (Nr. 23), S. 37.

26 Kitazawa Shun, *Zankoku kokoku gyokai senso* »Grausamer Krieg der Werbeindustrie«, Eeru Shuppansha 1987, S. 26.

27 Mikami Hiroshi, »Genton no jiyu o hitei suru Dentsu« »Dentsu verweigert Redefreiheit«, in *Dentsu kogairon*, ed. Ino Kenji, Nisshin Hodo 1971, S. 107f.

28 Ino Kenji, »Magarikado ni kita Dentsu teikoku shugi« »Der Wendepunkt des Dentsu-Imperialismus«, ibid., S. 50ff.

29 Masukomi Kanren Sangyo Rodo Kumiai Kyoto Kaigi (ed.), *Masukomi 1971*, Rodo Jumposha 1971, S. 292 und Ino, »Magarikado«, op. cit. (Nr. 28), S. 39.

30 Der Reporter ist Sakai Sadao. Zitiert in *Osen hanzai o tsuikyu suru* »Jagd auf Umweltverbrechen«, ed. Kogai Shuzai-kisha-Guruppu, Ijiyakugyo Shimpo 1971, S. 242f. Vgl. auch Suetsugu Seiji, »Dentsu ni yoru masukomi sosa: sono haikei to konnichiteki yakuwari« »Dentsus Manövrieren der Massenmedien: Hintergrund und heutige Rolle«, *Tsukuru*, November 1973, S. 80.

31 Ino, »Magarikado«, op. cit. (Nr. 28), S. 59.

32 bekannt als das kaikiri-System.

33 Domei Tsushinsha, die mit der Armee und der Regierung kollaborierte, wurde aus einem Zusammenschluß von Dentsu (im ersten Drittel des Jahrhunderts eine Telegraphen- und Nachrichtengesellschaft ebenso wie eine Werbeagentur) und einer von der Presse betriebenen Nachrichtenagentur gebildet. Für weitere Einzelheiten über Dentsus Verbindungen im Krieg, die ihren Erfolg nach dem Krieg ermöglichten, vgl. Kapitel 14.

34 Fujita Haruo, »Dentsu no beeru o hagu« »Enthüllung der Dentsu« in Ino, *Dentsu kogairon*, op. cit. (Nr. 27), S. 133.

35 Op. cit. (Nr. 21). Für Kyodos Abhängigkeit von den Behörden vgl. auch Ino, »Magarikado«, op. cit. (Nr. 28), S. 41.

36 Oshita, »Sogo ›joho‹«, op. cit. (Nr. 24), S. 145f.

37 Kitazawa, *Zankoku*, op. cit. (Nr. 26), S. 46.

38 Ibid., S. 54.

39 Ibid., S. 55, und Uji Yoshio, »Kokoku gyokai wa ›kin no tamago‹ o mitsukerareru ka« »Kann die Werbeindustrie das ›Goldene Ei‹ finden?«, *Purejidento*, Oktober 1986, S. 202.

7 Kindermädchen des Volkes

1 Irwin Scheiner, »Benevolent lords and honorable peasants: rebellion and peasant consciousness in Tokugawa Japan« in *Japanese Thought in the Tokugawa Period*, ed. Tetsuo Najita und Irwin Scheiner, University of Chicago Press 1978, S. 46.

2 Richard H. Mitchell, *Censorship in Imperial Japan*, Princeton University Press 1983, S. 82.

3 Ibid., S. 16.

4 Ein Versprechen, das ein Teil der Intelligenz in den ersten Artikel des »Charta-Eides« hineingelesen hatte, der 1868 im Namen des Kaisers von der neuen Regierung verkündet wurde. Vgl. Matsumoto Sannosuke, »The roots of political disillusionment: public and private in Japan«, in *Authority and the Individual in Japan*, ed. J. V. Koschmann, University of Tokyo Press 1978.

5 Sheldon M. Garon, »The imperial bureaucracy and labor policy in postwar Japan«, *Journal of Asian Studies*, Mai 1984, S. 442.

6 Keishicho-shi Hensan Iinkai, *Keishicho-shi: Meiji-hen* »Geschichte der Stadtpolizei Tokios: Meiji-Periode«, 1959, S. 50f.

7 D. Eleanor Westney, »The emulation of western organisations in Meiji Japan: the case of the Paris prefecture of police and the Keishi-choo«, *Journal of Japanese Studies*, Sommer 1982, S. 315.

8 Ibid., S. 316f.

9 Vgl. Kapitel 14.

10 Walter L. Ames, *Police and Community in Japan*, University of California Press 1981, S. 23.

11 Lawrence Ward Beer, *Freedom of Expression in Japan*, Kodansha International 1984, S. 66—68.

12 Hauptmann Heinrich Friedrich Wilhelm Hoehn, der von 1885 bis 1891 Berater des Innenministeriums war. Vgl. Ames, *Police*, op. cit. (Nr. 10), S. 23.

13 Diese Information beruht auf persönlichen Gesprächen mit Polizisten und Fachleuten Mitte der 70er Jahre.

14 Diese Erklärung gab ein Informant, der mit japanischen Polizeipraktiken vertraut ist.

15 Ames, op. cit. (Nr. 10), S. 135.

16 David H. Bayley, persönliche Mitteilung. Vgl. auch sein Buch *Forces of Order: Police Behaviour in Japan and the United States*, University of California Press 1976.

17 Ibid., S. 134—40.

18 William Clifford, *Crime Control in Japan*, Lexington Books 1976.

19 Von den 75 163 1986 zu Gefängnisstrafen Verurteilten gingen nur 32 015 ins Gefängnis.

20 Etwa 42 auf 100 000 Einwohner, verglichen mit 158 in den USA und 80—90 in Großbritannien. Holland hat die wenigsten mit rund 20 pro 100 000.

21 Der Bericht des Ausschusses wurde 1984 von Seihosha veröffentlicht: Tokyo 3 Bengoshikai Godo Daiyo-kangoku Chosa Inkai (ed.), Nureginu »Fälschlich beschuldigt«. Eine ausführliche Darstellung und Deutung der Befunde des Ausschusses und des Treffens der Opfer findet sich in Igarashi Futaba, »Koshite ›jihaku‹ saserata: daiyo kangoku to enzai« »Wie Menschen gezwungen wurden, ihre Verbrechen zu gestehen: Ersatzgefängnis und falsche Beschuldigung«, *Sekai*, Februar 1984, S. 220—32. Eine zehn Jahre ältere Darstellung ist in Aochi Shin, »Ayamatta saiban o sabaku« »Kritik an Fehlurteilen der Gerichte«, *Ushio*, April 1973.

22 vgl. auch Aochi, *Ayamatta*, op. cit. (Nr. 21), S. 204.

23 Die Polizei darf einen Verdächtigen 48 Stunden festhalten, bevor sie die Staatsanwaltschaft informiert; diese haben dann 24 Stunden, um einen Richter um die Genehmigung zu 20 Tagen Haft zu ersuchen, bevor Anklage erhoben wird.

24 Beer, *Freedom*, op. cit. (Nr. 11), S. 159.

25 In diesem Zusammenhang vgl. Helen Merrell Lynd, *On Shame and the Search for Identity*, Routledge & Kegan Paul 1958, S. 65f.

26 *Mainichi Shimbun*, 17. Februar 1985 und *Asahi Shimbun*, 26. Februar 1985.

27 Für viele Beispiele von Greueln in Ersatzgefängnissen vgl. auch Goto

Shojiro, Saiban o tatakau, »Kampf gegen die Gerichte«, *Mainichi Shimbunsha* 1984, S. 17f.

28 Igarashi, »Koshite«, op. cit. (Nr. 21), S. 221.

29 Ibid., S. 223.

30 Nakamura Ryuji, der Beklagte im Fall »Tsuchida-Zigarettenbox-Bombe«.

31 Vgl. auch Tim Pearce, Reuters-Nachricht, August 1984.

32 Maesaka Toshiyuki, *Enzai to gohan* »Falsche Anklagen und Fehlurteile«, Tabata Shoten 1982 und Hogaku Seminaa zokan (ed.), *Nihon no enzai* »Falsche Anklagen in Japan«, Nihon Hyoronsha 1983.

33 Matsumoto Hitoshi, *Koban no ura wa yami* »Die Finsternis hinter dem Polizeihäuschen«, Daisan Shokan 1987, Kapitel 7 und Ise Akifumi, *Nippon keisatsu zankoku monogatari* »Die innere Geschichte der japanischen Polizei«, Eeru Shuppansha 1985, Kapitel 3.

34 Matsumoto, *Koban*, op. cit. (Nr. 33), Kapitel 14; und Ise, *Nippon*, op. cit. (Nr. 33), S. 178f.

35 Menda Sakae, persönliche Mitteilung.

36 Ibid.

37 Ito Hirobumi, »Some reminiscences of the grant of the new constitution«, in *Fifty Years of New Japan*, ed. Okuma Shigenobu, New York 1909, Bd. 1, S. 130, zitiert in J. L. Huffman, *The Politics of the Meiji Press*, University of Hawaii Press 1980, S. 199.

38 Nitobe Inazo, *Bushido: The Soul of Japan*, Tuttle 1969 (Reprint der Ausg. von 1905), S. 34.

39 George Etsujiro Uyehara, *The Political Development of Japan*, Constable 1910, S. 24.

40 Kishio Satomi, *Discovery of Japanese Idealism*, Kegan Paul, Trench, Trubner 1924, S. 64f.

41 Ruth Benedict, *The Crysanthemum and the Sword*, Houghton Mifflin 1946, Kapitel 5.

42 Dan Fenno Henderson, »›Contracts‹ in Tokugawa Villages«, *Journal of Japanese Studies*, Herbst 1974.

43 1984 wurden in Japan 1 762 Morde begangen, 18 692 in den USA, 1 613 in Großbritannien und 2 760 in der Bundesrepublik Deutschland — *White Paper of the National Police Agency*, 1986.

44 2 188 Raubüberfälle wurden 1984 in Japan begangen, 485 000 in den USA, 24 890 in Großbritannien und 28 000 in der Bundesrepublik — ibid.

45 Matsumoto, *Koban*, op. cit. (Nr. 33), S. 28—43.

46 Bayley, *Forces*, op. cit. (Nr. 17), S. 152.

47 Tamaki Naoya, ehemaliger Richter des Hohen Gerichts von Osaka, persönliche Mitteilung.

48 Nomura Jiro, Saiko Saibansho »Das Oberste Gericht«, Kodansha 1987, S. 144f.

49 Ames, *Police*, op. cit. (Nr. 10), S. 143.
50 Ibid., S. 144.
51 Ibid., S. 163.
52 Matsumoto, op. cit. (Nr. 33), S. 3, 63, 207.
53 Garon, »Imperial bureaucracy«, op. cit. (Nr. 5), S. 452.
54 Nomura, *Saiko*, op. cit. (Nr. 48), S. 124.
55 Ibid., S. 126.
56 Bayley, op. cit. (Nr. 17), S. 73—81.
57 Ames, op. cit. (Nr. 10), S. 145.
58 Für eine ausführliche Darstellung des Experimentierens mit Präzedenzfällen in sozialer Kontrolle vgl. auch Hosaka Kunio, Shin: Keisatsu kokka Nippon »Polizeistaat Japan«, Shakai Hyoronsha 1986.
59 Ames, op. cit. (Nr. 10), S. 129. Vgl. auch Kapitel 14.
60 Ibid., S. 220.
61 Matsumoto, op. cit. (Nr. 33), Kapitel 5.

8 Das Gesetz wird kontrolliert

1 Ernst Cassirer, *The Myth of the State*, Yale University Press 1946, S. 74f.
2 John W. Hall, *Government and Local Power in Japan*, Princeton University Press 1966, S. 26 und 34.
3 Ryosuke Ishii, *A History of Political Institutions in Japan*, University of Tokyo Press 1980, S. 9.
4 Ibid., S. 10.
5 Kiyomi Morioka, *Religion in Changing Japanese Society*, University of Tokyo Press 1975, S. 7.
6 George B. Sansom, Japan: *A Short Cultural History*, Cresset Press 1952, S. 183.
7 Dies war der Taiho-Kodex, bald durch den Yoro-Kodex von 718 ersetzt. Vgl. Ishii, *Institutions*, op. cit. (Nr. 3), S. 22ff.
8 Ibid., S. 23.
9 Und dies nach einer bereits erheblichen »Anpassung« an aktuelle Praktiken. Vgl. Kapitel 5 sowie Yamamura Kozo, *Economic Policy in Postwar Japan*, University of California Press 1967, Kapitel 4 und 5.
10 John Bowle, *Western Political Thought*, Cape 1947, S. 189.
11 John Dickinson (Übers.), *The Statesman's Book of John of Salisbury*, Russell 1963 (Reprint der Ausgabe von 1927), S. 259.
12 Das *Gukansho*, 1219 von Jien geschrieben; vgl. Delmer Brown und Ichiro Ishida, *The Future and the Past*, University of California Press 1979, S. 26.
13 Cassirer, Myth, op. cit. (Nr. 1), S. 97.

14 Frederick B. Katz, *The Mind of the Middle Ages*, University of Chicago Press 1953, Kapitel 8.
15 Cassirer, op. cit. (Nr. 1), S. 104.
16 Bowle, op. cit (Nr. 10), S. 180.
17 Hugh Trevor-Roper, *Renaissance Essays*, Secker & Warburg 1985.
18 Robert M. Spaulding, Imperial Japan's Higher Civil Service Examinations, Princeton University Press 1967, S. 60f.
19 Noda Yoshiyuki, *Introduction to Japanese Law*, University of Tokyo Press 1976, S. 44.
20 Kawashima Takeyoshi, *Nihonjin no ho ishiki* »Das Rechtsbewußtsein der Japaner«, Iwanami Shoten 1967, S. 49.
21 Carol Gluck, *Japan's Modern Myths*, Princeton University Press 1985, S. 119.
22 Kawakami Hajime, in *Kawakami Hajime chosakushu* »Gesammelte Werke«, Bd. 8, Chikuma Shobo 1964, S. 190.
23 Yanaihara Tadao, »Kokka no riso« »Ideale des Staates«, *Chuo Koron*, September 1937, S. 8, zitiert in Matsumoto Sannosuke, »The roots of political disillusionment« in Authority and the Individual in Japan, ed. J. Victor Koschmann, University of Tokyo Press 1978, S. 44.
24 Watanabe Yozo, *Gendai kokka to gyoseiken* »Der moderne Staat und seine Verwaltungsrechte«, Tokyo Daigaku Shuppankai 1972, S. 312; Ito Daiichi, *Gendai Nihon kanryosei no bunseki* »Analyse der Bürokratie im heutigen Japan«, Tokyo Daigaku Shuppankai 1980, S. 83.
25 Watanabe Yozo, *Ho to iu mono no kangaekata* »Die Denkweise namens Recht«, Iwanami Shoten 1959, S. 178.
26 Ibid., S. 183.
27 Watanabe Yasuo, »Sengo ha kanryoron« »Über Nachkriegsbürokraten«, *Chuo Koron*, September 1960, S. 209.
28 Noda, *Introduction*, op. cit. (Nr. 19), S. 159.
29 Ibid.
30 Vgl. Kapitel 3.
31 Für eine Darstellung der berühmten Umweltklagen und eine ausgezeichnete Analyse der Reaktion der Bürokraten sowie der daraus folgenden Rolle des Gesetzes vgl. Frank K. Upham, *Law and Social Change in Postwar Japan*, Harvard University Press 1987, Kapitel 2 und 6.
32 Tanaka Hideo, *The Japanese Legal System*, University of Tokyo Press 1976, S. 255—57.
33 Diese Deutung wird in den einflußreichen Schriften von Kawashima Takeyoshi beredt vorgetragen; vgl. sein *Nihonjin*, op. cit. (Nr. 20).
34 Das Verhalten der Nachbarn hat es generell sehr schwierig gemacht, unter Nachbarn einen Rechtsstreit anzufangen.

35 Jeffrey Mass, persönliche Mitteilung. Solche gerichtlichen Praktiken bezogen sich auf Sitte und Präzedenzfälle statt auf allgemein anwendbare Rechtsbegriffe.

36 Das Justizministerium erhielt 1986 0,7% und die Gerichte 0,4% des Staatshaushalts. In einer eineinhalbstündigen Sondersendung des NHK-Fernsehens am 9. Mai 1987 waren sich ein früherer höchster Richter des Obersten Gerichtshofes, ein früherer Generalstaatsanwalt, ein früherer Präsident des Anwälte-Dachverbandes, ein Professor und ein berühmter Journalist einig, daß die Schwere der LTRI-Aufnahmeprüfung den gegenwärtigen Mangel an Staatsanwälten verursacht hat. Doch die Podiumspartner bewunderten die Japaner dafür, daß sie der gütlichen Einigung den Vorzug vor dem Rechtsstreit geben, und folgerten einhellig, »Aufrichtigkeit« sei die Eigenschaft, die von den Mitgliedern der Justiz am meisten gefordert sei.

37 John O. Haley, »The myth of the reluctant litigant«, *Journal of Japanese Studies*, Sommer 1978, S. 386.

38 1890 gab es 1 531 Richter und 1987 2 808.

39 Stand 26. September 1986. Quelle: Nichibenren.

40 Die japanische Zahl ist für 1985, die anderen für 1984.

41 Diese Argumente trug ein erfahrener Anwalt vor, ein Vertreter des unten beschriebenen Seihokyo, der gegen die steigende bürokratische Kontrolle der Justiz und gegen ihre Politisierung durch LDP-Interessen opponiert.

42 »Saibanzata wa iya« »Nein zum Rechtsstreit«, *Asahi Shimbun*, 2. Dezember 1985.

43 Für eine geschichtliche Darstellung vgl. J. A. A. Stockwin, *Japan: Divided Politics in a Growth Economy*, Weidenfeld & Nicolson 21982, S. 205ff.

44 Upham, *Law*, op. cit (Nr. 31), S. 176.

45 Ito, Gendai, op. cit. (Nr. 24), S. 82f.

46 Tahara Soichiro, *Nihon no kanryo 1980* »Japans Bürokraten 1980«, Bungei Shunju 1979, S. 272.

47 Noda, *Introduction*, op. cit. (Nr. 19), S. 148.

48 Miyamoto Yasuaki, *Kiki ni tatsu shiho* »Gerechtigkeit in der Krise«, Chobunsha 1978, S. 98.

49 Ushiomi Toshitaka »Sengo no Nihon shakai to horitsuka 1, saibankan« »Japanische Gesellschaft und Juristen nach dem Krieg, Teil 1, der Richter«, in *Gendai no horitsuka, Iwanami koza gendaiho*, ed. Ushiomi Toshitaka, Bd. 6, Iwanami Shoten 1966, S. 67.

50 Nomura Jiro, *Saiko saibansho* »Der Oberste Gerichtshof«, Kodansha 1987, S. 75.

51 Miyamoto, *Kiki*, op. cit. (Nr. 48), S. 98.

52 Tamaki Naoya, persönliche Mitteilung.

53 Ibid. Vgl. auch Aoki Eigoro, *Saibankan no senso sekinin* »Die Kriegsverantwortung der Richter«, Nihon Hyoronsha 1963.
54 Ushiomi, »Sengo«, op. cit. (Nr. 49), S. 65.
55 Yonehara Itaru, Hazahaya Yasoji und Shiota Shobei, *Tokko keisatsu kokusho* »Schwarzbuch der ›Gedankenpolizei‹«, Shin Nippon Shuppansha 1977, S. 227—30.
56 Ushiomi, op. cit. (Nr. 49), S. 84.
57 Über das Vorherrschen der Heiraten innerhalb der Justiz, besonders der Staatsanwaltschaft, vgl. Kubo Hiroshi, *Nihon no Kensatsu* »Japans Staatsanwaltschaft«, Kodansha 1986, S. 189.
58 Nomura, *Saiko*, op. cit. (Nr. 50), S. 67.
59 *Asahi Evening News*, 9. November 1987.
60 Nomura, op. cit. (Nr. 50), S. 140.
61 Tamaki Naoya, persönliche Mitteilung.
62 Unmittelbar nach dem Ende der Besatzung drängten konservative Politiker auf eine Verfassungsänderung, weil die Verfassung Japan aufgezwungen und seinen Bräuchen teilweise feindlich sei. Ein Jahr nach ihrer Gründung setzte die LDP einen Ausschuß zur Untersuchung der Frage ein, und bis 1964 wurden viele Änderungsvorschläge gemacht. Der Ausschuß gab keine Empfehlung ab, denn es war klar, daß der Konflikt um ernsthafte Änderungsversuche für die Regierung nicht zu bewältigen gewesen wäre. Wichtige Politiker (etwa der verstorbene Kishi Nobosuke) haben weiterhin eine Verfassungsänderung als notwendig propagiert. Der frühere Premierminister Nakasone ist ebenfalls als Verfechter einer »eigenen« japanischen Verfassung bekannt, doch er wußte in seiner relativ langen Amtszeit wohl, daß es unmöglich war, die Frage wieder aufzubringen. Für eine gute Darstellung der Art, wie die Verfassung erzwungen wurde, vgl. Stockwin, *Divided Politics*, op. cit. (Nr. 43), S. 197—202.
63 Nomura, *Saiko*, op. cit. (Nr. 50), S. 67.
64 Richter Miyamoto Yasuaki; vgl. sein *Kiki ni tatsu shiho*, op. cit. (Nr. 48); und Fukuda Akira, »Saikosai to Seihokyo wa dochira no iibun ga tadashii ka« »Wer hat recht, der Oberste Gerichtshof oder der Seihokyo?« *Gendai*, Juni 1971, S. 98—106.
65 Fukuda, »Saikosai«, op. cit. (Nr. 64), S. 103.
66 Nomura, op. cit. (Nr. 50), S. 77.
67 Fukuda, op. cit. (Nr. 64), S. 102f.
68 Nomura, op. cit. (Nr. 50), S. 78.
69 Ibid., S. 79.
70 Shimizu Makoto, »Senzen no horitsuka nu tsuite no ich-ikosatsu« »Gedanken über Vorkriegsjuristen«, in *Gendai no horitsuka*, ed. Ushiomi, op. cit. (Nr. 49), S. 12.
71 Aktivistischer Anwalt, persönliche Mitteilung.
72 Seihokyo-Vertreter, persönliche Mitteilung.

73 Tamaki Naoya, persönliche Mitteilung.
74 Ibid.
75 Kubo, *Nihon no*, op. cit. (Nr. 57), S. 41.
76 Zwischen 1981 und 1985 gewann der Staatsanwalt 99,991 bis 99,995% aller Fälle, nach dem Verbrechens-Weißbuch von 1986.
77 *Asahi Shimbun* (ed.), Mujitsu wa muzai ni »Der Unschuldige sollte freigesprochen werden«, Suzusawa Shoten 1984, S. 221—27.
78 Ushiomi Toshitaka, »Sengo no Nihon shakai to horitsuka, 2, kensatsukan« »Japanische Gesellschaft und Juristen nach dem Krieg, Teil 2, der Staatsanwalt«, in Ushiomi, *Gendai*, op. cit. (Nr. 49), S. 108—110.
79 Gordon Mark Berger, *Parties out of Power in Japan*, 1931—1941, Princeton University Press 1977, S. 205.
80 Richard H. Mitchell, *Thought Control in Prewar Japan*, Cornell University Press o. J.; Berger, Parties, op. cit. (Nr. 79); Richard Storry, *The Double Patriots*, Chatto & Windus 1957.
81 Tahara, *Nihon no kanryo*, op. cit. (Nr. 46), S. 257.
82 Kubo, op. cit. (Nr. 57), S. 145.
83 Noda, op. cit. (Nr. 19), S. 149.
84 Kubo, op. cit. (Nr. 57), S. 42.
85 Das Shiratori-Urteil des Obersten Gerichtshofes hat sozusagen die Tür für eine Anzahl Wiederaufnahmen geöffnet, zumeist von Fällen mit falschen Geständnissen.
86 Chalmers Johnson, *Conspiracy at Matsukawa*, University of California Press 1972, S. 149.
87 Ito Takashi, persönliche Mitteilung.
88 Tahara, op. cit. (Nr. 46), S. 273; Kubo, op. cit. (Nr. 57), S. 137—42; Murofushi Tetsuro, »Kensatsu to seiji« »Staatsanwaltschaft und Politik«, in *Gendai no kensatsu* (Hogaku Seminaa-Sonderausgabe), Nihon Hyoronsha, August 1981, S. 270.
89 Ibid.
90 Kubo, op. cit. (Nr. 57), S. 70.
91 Tamaki Kazuo, der in den Toshi-Jaanaru-Geldskandal verwickelt war. Er starb im Januar 1987.
92 Tahara, op. cit. (Nr. 46), S. 277—82.
93 Kubo, op. cit. (Nr. 57), S. 15.
94 Ibid., S. 99—112.
95 John O. Haley, »Sheathing the sword of justice in Japan: an essay on law without sanctions«, *Journal of Japanese Studies*, Sommer 1982, S. 266.
96 Ibid., S. 267f.
97 *Asahi Shimbun*, 15. Dezember 1986 (Abendausgabe)

9 Wirklichkeits-Management

1 Vgl. Kapitel 14.

2 Kiyohara Jumpei, *Japan Times*, Datum unbekannt.

3 Die Dichotomie hone — tatemae wird in Analysen über Japan üblich. Je nachdem, wie sie angewendet wird, unterscheidet sie sich manchmal von dem, was ich »offizielle« und »tatsächliche« Wirklichkeit genannt habe.

4 Christie W. Kiefer, »The danchi zoku and the evolution of metropolitan mind«, in *Japan: The Paradox of Progress*, ed. Lewis Austin, Yale University Press 1976, S. 281.

5 Thomas P. Rohlen, *Japan's High Schools*, University of California Press 1983, S. 268.

6 Maruyama Masao, »Japanese Thought«, Reprint in *Journal of Social and Political Ideas in Japan*, April 1964, S. 42.

7 Rohlen, op. cit. (Nr. 5), S. 251.

8 Watsuji Tetsuro, »Keeburo sensei« »Professor Koeber«, *Watsuji Tetsuro zenshu*, Bd. 6, Iwanami Shoten 1962, S. 25.

9 Für einen ausführlichen Bericht über diese Debatte vgl. Germaine A. Hoston, *Marxism and the Crisis of Development in Prewar Japan*, Princeton University Press 1986.

10 Edward Seidensticker, »The pulverisers«, *Encounter*, Juni 1970, S. 83.

11 Maruyama Masao, *Studies in the Intellectual History of Tokugawa Japan*, Tokyo University Press 1974, S. 170.

12 Unter vielen anderen vgl. Suzuki Takao in *Tozasareta gengo* »Die isolierte Sprache«, Shinchosa 1975. Für eine höchst gelehrte Attacke gegen Unsinn dieser Art vgl. Peter N. Dale, *The Myth of Japanese Uniqueness*, Croom Helm 1986, bes. S. 89.

13 Für eine ausgezeichnete Darstellung des Zen-Einflusses auf politische Orthodoxien der Tokugawa-Periode vgl. Herman Ooms, *Tokugawa Ideology*, Princeton University Press 1985, S. 122—43.

14 Vgl. Kapitel 1.

15 Derk Bodde, »Harmony and conflict in Chinese philosophy«, in *Studies in Chinese Thought*, ed. H. G. Creel, University of Chicago Press 1953.

16 Creel, *Chinese Thought*, University of Chicago Press 1953, Kapitel 3.

17 Konfuzius, *Analekta*, 11.23.3; vgl. auch 14.17—18.

18 Creel, op. cit. (Nr. 16), Kapitel 3.

19 Ishida Takeshi sagt in seinem Werk das gleiche. Vgl. z. B. *Japanese Political Culture*, Transaction Books 1983, S. 12.

20 Ruth Benedict, *The Crysanthemum and the Sword*, Houghton Mifflin 1946, S. 41.

21 Yasuo Wakatsuki, »Unpleasant, other side to Japanese«, *Japan Times*, 25. Mai 1980.

22 Dies widerfuhr einer Karikatur, die Ranan Lurie zeichnete, als er bei der *Asahi* angestellt war. Sie zeigte Syrien in Form eines Löwen, der den libanesischen Führer Gemayel verschluckt hatte — Ranan Lurie, persönliche Mitteilung.

10 Macht im Gewand der Kultur

1 Vgl. zum Beispiel Zevedei Barbu, *Society, Culture and Personality*, Blackwell 1971, S. 75.
2 Peter Berger, *The Sacred Canopy*, Doubleday 1967.
3 Ian Buruma, »We Japanese«, *New York Review of Books*, 12. März 1987.
4 Ibid.
5 Asahi Shimbunsha Chosa Kenkyuhitsu, *Nihon no kokusaika e no ichi-kosatsu* »Eine Studie zur Internationalisierung Japans«, 1987, S. 7.
6 Das waren Ideale, die vor der Tokugawa-Konsolidierung wahrscheinlich nur zum Teil in der Wirklichkeit zum Ausdruck kamen. Einiges weist darauf hin, daß es zumindest regional und zeitweise in den fast fünfhundert Jahren der Entwicklung der Kriegergesellschaft recht unabhängig denkende Samurai gab, die ihre Dienste an den Meistbietenden verkauften. Nach der Konsolidierung des Tokugawa-Regimes war solcherlei Mobilität für Samurai weitgehend undenkbar. Um ihre Kontrolle zu erleichtern, erließen die Bakufu-Machthaber Regeln, die darauf zielten, jede Person in einer festen Stellung im Leben zu fixieren. Die Gesetze für Militärhaushalte, die 1615 erlassen wurden, verboten Außenseitern, in einer bestimmten Domäne zu wohnen, verboten den Bau neuer Festungen, befahlen Berichterstattung über jede Neuerung oder Parteiaktivität in benachbarten Domänen, die Anzeige von Hochzeiten und legte unter vielen weiteren Vorschriften fest, wie Menschen verschiedener Stände sich zu kleiden und zu verhalten hatten. Vgl. R. Tsunoda, W. T. De Bary und D. Keene (ed.), *Sources of Japanese Tradition*, Columbia University Press 1958, S. 335—38.
7 Herman Ooms, *Tokugawa Ideology*, Princeton University Press 1985, Kapitel 4. Ich verdanke dieser glänzenden Studie der verschiedenen ideologischen Konstrukte der frühen Tokugawa-Zeit viel. Sie ist außergewöhnlich in ihrer Betonung der politischen Tragweite dieses Denkens und gibt darüber einen wunderbar erhellenden Überblick. Vgl. auch George Elison, *Deus Destroyed*, Harvard University Press 1973, S. 227.
8 Ooms, op. cit. (Nr. 7), S. 130.
9 Ibid.
10 Elison, op. cit. (Nr. 7), S. 226f.

11 Yamamoto Tsunemoto, *Hagakure*, Üb. William Scott Wilson, Kodansha International 1979, S. 17. Donald Richie hat das Hagakure die Emily Post der Samurai-Epoche genannt, weil es die kleinsten Details der Etikette in den Vordergrund stellt.

12 Arthur Koestler, *The Lotus and the Robot*, Hutchinson 1960, S. 208.

13 Noru Hiranu, *Daily Yomiuri*, 2. Februar 1983.

14 Delmer Brown, *Nationalism in Japan*, University of California Press 1955, S. 55f.

15 Bob Tadashi Wakabayashi, *Anti-Foreignism and Western Learning in Early Modern Japan*, Harvard University Press 1986, S. 37; und David M. Earl, *Emperor and Nation in Japan*, University of Washington Press 1964, S. 74—76.

16 Earl, op. cit., S. 78.

17 Robert Frage und Thomas P. Rohlen, »The future of a tradition: Japanese spirit in the 1980s«, in *Japan: The Paradox of Progress*, ed. Lewis Austin, Yale University Press 1976, S. 264.

18 Ibid.

19 Ooms, op. cit. (Nr. 7), S. 290.

20 Richard H. Mitchell, *Censorship in Imperial Japan*, Princeton University Press 1983, S. 8.

21 Zitiert in Satomi Kishio, *Discovery of Japanese Idealism*, Kegan Paul, Trench, Trubner 1924, S. 73.

22 Ooms, op. cit. (Nr. 7), S. 247.

23 Die gängige Deutung, Hayashi Razan habe die neokonfuzianische Orthodoxie auf Geheiß des Gründers des Tokugawa-Shogunats gegründet, beruht auf einer Prahlerei Hayashis. Die Orthodoxie kam erst im späteren 17. Jahrhundert auf. Vgl. Ooms, op. cit. (Nr. 7), S. 72ff., 287.

24 Ogyu Sorai ist ein interessantes Streitthema unter Historikern der Tokugawa-Geistesgeschichte. Er schien unehrliche Manipulation durch den Herrscher zu billigen, solange sie dazu diente, den moralischen Zweck des konfuzianischen Weges zu erreichen. Maruyama, Japans hochangesehener Politologe der Nachkriegszeit, hat Sorai mit Machiavelli verglichen, weil er den Unterschied zwischen politischer Theorie und politischer Ethik entdeckt habe. Andere bezweifeln jedoch, daß Ogyus Denken Politik wirklich von Moral und Natur unterschied. Vgl. Maruyama Masao, *Studies in the Intellectual History of Tokugawa Japan*, University of Tokyo Press 1974, S. 83, und Tetsuo Najita, »Reconsidering Maruyama Masao's studies«, *Japan Interpreter*, Frühling 1976, S. 97—108.

25 Tetsuo Najita, »Methods and analysis in the conceptual portrayal of Tokugawa intellectual history« in *Japanese Thought in the Tokugawa Period*, ed. Tetsuo Najita und Irwin Scheiner, University of Chicago Press 1978, S. 14.

26 vgl. Kapitel 11.
27 Earl, op. cit. (Nr. 15), S. 70—72.
28 Masahide Bito »Ogyuu Sorai and the distinguishing features of Japanese Confucianism«, in Najita und Scheiner, *Japanese Thought*, op. cit. (Nr. 25), S. 157.
29 Basil Hall Chamberlain, *Things Japanese*, Tuttle 1971 (Reprint der Ausgabe von 1905), S. 1.
30 Reinhard Bendix, *Kings or People*, University of California Press 1978, S. 440.
31 Der sogenannte Morrison-Zwischenfall von 1837 mit dem Handelsschiff Morrison.
32 Nakajima Hirotari, zitiert in Wakabayashi, *Anti-Foreignism*, op. cit. (Nr. 15), S. 142.
33 Wakabayashi, op. cit. (Nr. 15), S. 143f. Auch David Titus, *Palace and Politics in Prewar Japan*, University Press 1974, S. 36.
34 Nishi Amane, »On Religion«, Teil 1, in *Meiroku Zasshi*, ed. William Reynolds Braisted, Adachi Yasushi und Kikuchi Yuuji, University of Tokyo Press 1976, S. 50—52, 59—62, 73—75.
35 Brown, op. cit. (Nr. 14), S. 101—103.
36 Takeshi Ishida, *Japanese Political Culture*, Transaction Books 1983, S. 69.
37 Hiroshi Wagatsuma, »Problems of cultural identity in modern Japan« in *Ethnic Identity*, ed. George De Vos und Lola Romanucci-Ross, Mayfield 1975, S. 315.
38 Delmer Brown und Ichiroo Ishida, *The Future and the Past*, University of California Press 1979, S. 8, 210.
39 Wakabayashi, op. cit. (Nr. 15), S. 13; und Earl, op. cit. (Nr. 15), S. 91—96.
40 Mitchell, op. cit. (Nr. 20), S. 36f.
41 Mikiso Hane, *Peasants, Rebels and Outcasts*, Pantheon 1982, S. 58.
42 *History of the Empire of Japan*, Dai Nippon Tosho KK 1893, S. 18. Dieses Buch wurde für die Columbische Weltausstellung in Chicago 1983 vorbereitet.
43 Carol Gluck, *Japan's Modern Myths*, Princeton University Press 1985, S. 36f.
44 Kosaka Masaaki, *Japanese Thought in the Meiji Era*, Pan-Pacific Press o. J., S. 364.
45 George Etsujiro Uyehara, *The Political Development of Japan*, Constable 1910; folgende Zitate sind von den Seiten 13, 17, 23, 27, 197.
46 Richard J. Smethurst, *A Social Basis for Prewar Japanese Militarism*, University of California Press 1974.
47 Zitiert in Richard Storry, *The Double Patriots*, Chatto & Windus 1957, S. 5, n. 3.
48 Vgl. den ausgezeichneten Bericht über Samurai- und yakuza-Bilder

in Filmen und anderen Formen der Unterhaltung von Ian Buruma, *A Japanese Mirror: Heroes and Villains of Japanese Culture*, Cape 1984, Kapitel 9 und 10.

49 Die erste längere und durchdachte Behandlung dieses Phänomens findet sich bei Peter N. Dale, *The Myth of Japanese Uniqueness*, Croom Helm 1986. Dale gibt auch eine ausgezeichnete Darstellung der psychologischen Folgen der nihonjinron-Rhetorik.

50 Nakasone Yasuhiro (Rede in der Transkription der Herausgeber), *Chuo Koron*, November 1986, S. 162.

51 Nakasone hat in einer Rede am 31. Juli im Takasaki-Gymnasium deutlich gemacht, daß er Watsuji Tetsuro intellektuell verpflichtet ist. Vgl. *Hato o koete* »Die Wogen überwinden«, Seisaku Kagaku Kenkyujo 1986, S. 262.

52 Watsuji Tetsuro, *Climate and Culture*, Üb. Geoffrey Bownas, Hokuseido Press 1961, bes. S. 61, 135—56.

53 Spezialisten zufolge gibt es biologische Unterschiede, etwa die unterschiedliche Geschwindigkeit im Abbau von Alkohol. Diese sind jedoch sehr subtil und haben in diesem Zusammenhang keine praktische Bedeutung.

54 Diese Vorstellung wurde von der Kriegspropaganda verbreitet, um die Bevölkerung mit ihrer schlechten Lebensmittelversorgung zu versöhnen. Iwamochi hielt seine Rede im Japanischen Club der Auslandskorrespondenten am 19. Mai 1982. Vgl. auch Kumon Shumpei, »Nationalism of long intestine«, *Japan Times*, 15. Februar 1988.

55 Vgl. Tsunoda Tadanobu, »The left cerebral hemisphere of the brain and the Japanese language«, *Japan Foundation Newsletter*, April/Mai 1978. Auf japanisch: *Nihonjin no no* »Das japanische Gehirn«, Taishukan Shoten 1978.

56 Für eine gründliche Zusammenfassung der relevanten Theorien von Kindaichi Haruhiko, Suzuki Takao und Watanabe Shoichi vgl. Roy Andrew Miller, *Japan's Modern Myth*, Weatherhill 1982. Auch Dale, op. cit. (Nr. 49).

57 Earl, op. cit. (Nr. 15), S. 79.

58 Yamamoto Shichihei, »Modern Japanese returning to Tokugawa values«, *Japan Times*, 20. Januar 1980. Sein früherer Bestseller unter Pseudonym war The Japanese and the Jews, Weatherhill 1972.

59 Einige Beispiele dieser Bestrebung: Umesao Tadao, *Bunmei no seitai shikan* »Über die ökologische Geschichte der Zivilisation«, Chuo Koronsha 1967; Murakami Yasusuke, Kumon Shumpei und Sato Seizaburo, *Bunmei to shite no ie-shakai* »Ie-Gesellschaft als Modell der Zivilisation«, Chuo Koronsha 1979. Auf Englisch vgl. Obayashi Taryo, »Uji society and ie society from prehistory to medieval times«, *Journal of Japanese Studies*, Winter 1985, S. 3—27, und die vier darauf folgenden Reaktionen von amerikanischen Japanfor-

schern: Hamaguchi Esyun, »A contextual model of the Japanese: toward a methodological innovation in Japan studies«, *Journal of Japanese Studies*, Sommer 1985, S. 289—322; und Murakami Yasusuke, »Ie society as a pattern of civilisation«, *Journal of Japanese Studies*, Sommer 1984, S. 281—363.

60 William Wetherall, *Far East Economic Review*, 19. Februar 1987, S. 86f. für einen detaillierten Bericht über Nakasones Bemerkungen; und ders. in *Japan Times*, 26. November 1986.

61 *Daily Yomiuri*, 1. August 1983. Einige Beamte haben nicht nur etwas gegen katakana-Silbenformen von Nicht-Yamato-Namen, besonders europäischen, sondern auch gegen koreanische und chinesische Namen, die in gängigen chinesisch-japanischen Kanji-Schriftzeichen geschrieben werden könnten. In der Vergangenheit wurden die Ainu-Japaner gezwungen, ihre Namen zu yamatoisieren, und in der Kolonialzeit mußten alle koreanischen und chinesischen Untertanen ihre Namen unter Strafandrohung yamatoisieren.

62 Vgl. alle großen japanischen Tageszeitungen des 13. und 14. Juli 1987. Es ist bezeichnend, daß diese Berechnung vom *Forbes Magazine* in den USA angestellt worden ist. Keine japanische Tageszeitung ließ daraufhin weitere Untersuchungen folgen.

63 Rodney Clark, *The Japanese Company*, Yale University Press 1979, S. 40f.

64 Vgl Kapitel 3 und 5.

65 Murakami, Kumon und Sato, op. cit. (Nr. 59).

66 Nakane Chie, *Japanese Society*, University of California Press 1970, S. 15; und Dale, op. cit. (Nr. 49), S. 107.

67 Robert E. Cole, *Work, Mobility and Participation*, University of California Press 1979, S. 252. Cole merkt an, der industrielle Paternalismus sei von den Amerikanern im ersten Viertel dieses Jahrhunderts erprobt und angesichts der Großen Depression und der Arbeitermilitanz als unzureichend aufgegeben worden.

68 Minami Hiroshi, *Nihonjin no shinri* »Die Psychologie des Japaners«, Iwanami Shoten 1953, S. 127.

69 Eine große Zahl Japanologen und mehr gelegentlicher Kommentatoren hat darauf hingewiesen und verschiedene Gründe dafür angegeben. Vgl. unter vielen anderen Takie Sugiyama Lebra, *Japanese Patterns of Behavior*, University of Hawaii Press 1976.

70 Edward Seidensticker, persönliche Mitteilung.

71 Für eine Zusammenfassung der in diesen Therapien benutzten Methoden vgl. David K. Reynolds, *The Quiet Therapies*, University of Hawaii Press 1980.

11 Das System als Religion

1 Emile Durkheim, *Elementary Forms of the Religious Life*, Free Press 1965.

2 Es gibt viel Literatur zu diesen »alten« neuen Religionen. Ich habe mich auf mein Gedächtnis verlassen und auf Carmen Blacker, »Millenarian aspects of the new religions in Japan« in *Tradition and Modernisation in Japanese Culture*, ed. Donald H. Shively, Princeton University Press 1971, zurückgegriffen.

3 »Jinsei annai« »Lebensführer«, Kolumne der *Yomiuri Shimbun*, Datum unbekannt.

4 H. D. Harootunian, »Between politics and culture«, in *Japan in Crisis*, ed. B. Silberman und H. D. Harootunian, Princeton University Press 1974, S. 144.

5 Masaharu Anesaki, *History of Japanese Religion*, Kegan Paul Trench, Trubner 1930, S. 201—03.

6 Herman Ooms, *Tokugawa Ideology — Early Constructs*, 1570—1680, Princeton University Press 1985, S. 30. Viel von der folgenden Information über die Suche der Tokugawa-Herrscher nach Legitimität kommt aus dieser meisterhaften Untersuchung, die in ihrer Betonung der politischen Nützlichkeit als Grundlage des modernen japanischen Denkens selten ist. Vgl. auch Inoue Toshio, *Ikko ikki no kenkyu* »Eine Studie über Ikko ikki«, Yoshikawa Kobunkan 1968.

7 Ooms, op. cit. (Nr. 6), S. 30f.

8 Ibid., S. 48.

9 Ibid., S. 129.

10 Ibid., S. 171—73.

11 Ibid., S. 155.

12 Von Rom werden für die Periode von 1597—1660 3125 Märtyrer anerkannt. Dies umfaßt nur die, die hingerichtet wurden oder unter der Folter starben, nicht die vielen, die durch schlechte Behandlung und Elend starben. Die Jesuiten- und Franziskanermissionare zählten 1614 fast eine Million Bekehrte. G. B. Sansom, *The Western World and Japan*, Knopf 1962, S. 173.

13 Ibid., S. 176.

14 Maruyama Masao, *Studies in the Intellectual History of Tokugawa Japan*, Tokyo University Press 1974, S. 249—58; und Ooms, op. cit. (Nr. 6), S. 61.

15 Ooms, op. cit., Kapitel 5.

16 Ibid., S. 35—62 und 168—69.

17 Zitiert in Delmer Brown, *Nationalism in Japan*, University of California Press 1955, S. 120; vgl. auch ibid., S. 137f.

18 Kenneth B. Pyle, *The New Generation in Meiji Japan*, Stanford University Press 1969, S. 130.

19 Carol Gluck, *Japan's Modern Myths*, Princeton University Press 1985, S. 135.

20 Abe Isoo, ein Christ, war in allen drei Organisation an vorderster Front engagiert. An seiner Seite stand bei einigen dieser Bestrebungen Katayama Sen, ebenfalls Christ und Führer mehrerer ziemlich radikaler Arbeiterbewegungen. 1921 nahm Katayama, der inzwischen überzeugter Leninist war, eine Einladung der Komintern nach Moskau an. Dort starb er 1933 als Berater der Komintern zur Propaganda in Asien. Er ist an der Kremlmauer begraben. Ein dritter Christ, Suzuki Bunji, gründete 1912 die Yuaikai und spielte eine wichtige Rolle in der späteren gemäßigten sozialistischen Bewegung.

21 Richard H. Mitchell, *Thought Control in Prewar Japan*, Cornell University Press 1976, S. 31 und Fußnote 43.

22 Paul Langer, *Communism in Japan*, Hoover Institution Press 1972, S. 6, 10—15.

23 Tachibana Takashi, *Nihon Kyosanto no kenkyu* »Eine Studie der Japanischen Kommunistischen Partei«, Bd. 1, Kodansha 1978, S. 185f.

24 K. G. van Wolferen, *Student Revolutionaries of the Sixties*, Interdoc, Den Haag 1970.

25 R. P. Dore, *Education in Tokugawa Japan*, Routledge & Kegan Paul 1965, S. 37.

26 R. Tsunoda, W. T. de Bary und D. Keene (ed.), *Sources of Japanese Tradition*, Columbia University Press 1958, S. 382.

27 Ibid., S. 385. Nakae Toju und Kumazawa Banzan waren Kultfiguren der ganzen Tokugawa-Periode. Ihre Idee, daß der Mensch eine von gesellschaftlichen Erwartungen getrennte spirituelle Identität hat, und ihr eintreten für ethisches Handeln aufgrund der eigenen Einsicht in Gut und Böse wurden durch ihre Identifizierung mit den Bedürftigen respektabel. Beide suchten die Gesellschaft armer Bauern und wandten dem Adel und den Gelehrten, denen sie offenbar nicht sehr gefährlich vorkamen, den Rücken.

28 Tetsuo Najita, »Oshio Heihachiro«, in *Personality in Japanese History*, ed. A. Craig und D. Shively, University of California Press 1970, S. 160f.

29 Ibid., S. 163.

30 Tetsuo Najita, Japan: *The Intellectual Foundations of Modern Japanese Politics*, University of Chicago Press 1974, S. 55.

31 Ibid., S. 56—59.

32 Fujii Jintaro, *Meiji ishinshi kowa* »Vorlesungen zur Geschichte der Meiji-Restauration«, Yuzankaku 1926, S. 42.

33 Najita, *Intellectual Foundations*, op. cit. (Nr. 30), S. 59; Thomas M. Huber, »›Men of high purpose‹ and the politics of direct action, 1862—1864«, in *Conflict in Modern Japanese History*, ed. Tetsuo Najita und J. V. Koschmann, Princeton University Press 1982, S. 124—26.

34 Das ist natürlich der machtvolle Unterton der Lehren von Nakae Toju, Kumazawa Banzan und Oshio Heihachiro.

35 Richard Storry, *The Double Patriots*, Chatto & Windus 1957, S. 24.

36 Fujiwara Akira, »The role of the Japanese army«, in *Pearl Harbor as History*, ed. D. Borg und S. Okamoto, Columbia University Press 1973, S. 192.

37 Zitiert in James B. Crowley, »Japanese army factionalism in the early 1930's«, *Journal of Asian Studies*, Mai 1962, S. 314.

38 Für eine erschöpfende Darstellung dieser Schlacht und der ideologischen Faktoren, die ihr Ergebnis bestimmten, vgl. Alvin D. Coox, Nomonhan: *Japan against Russia*, 1939, Stanford University Press 1985.

39 Asada Sadao, »The Japanese navy and the United States«, in *Pearl Harbor as History*, ed. Borg/Okamoto, op. cit. (Nr. 36), S. 254. Es war die kaiserliche Konferenz am 6. September 1941. Für Kato Kanjis Überzeugungen vgl. ibid., S. 234, 240.

40 Ben-Ami Shillony, *Politics and Culture in Wartime Japan*, Clarendon Press 1981, S. 135.

41 Vgl. Takeshi Ishida, *Japanese Political Culture*, Transaction Books 1983, S. 35.

42 *Mainichi Daily News*, 2. März 1972.

43 Ian Buruma, *A Japanese Mirror*, Cape 1984, S. 160.

44 Bei einem Essen im Club der Auslandskorrespondenten am 7. Oktober 1985. Vgl. *Asahi Shimbun*, 8. Oktober 1985.

45 Vgl. Kapitel 8.

46 Thomas R. Havens, *Farm and Nation in Modern Japan*, Princeton University Press 1974, S. 25 f. und 42—45.

47 Sheldon Garon, *The State and Labor in Modern Japan*, University of California Press 1987, S. 201; und Robert M. Spaulding, *Imperial Japan's Higher Civil Service Examinations*, Princeton University Press 1967, S. 54.

48 Watanabe Takeshi, »Seiron«-Kolumne, *Sankei Shimbun*, übersetzt als »What's wrong with thrift?«, *Japan Times*, 27. April 1987.

49 Sawa Takamitsu, »One Japan boom wanes«, *Japan Times*, 14. Februar 1988.

50 »Intellectuals on the Warpath«, *Japan Times*, Leitartikel, 4. Dezember 1987.

12 Das Recht, zu herrschen

1 John H. Schaar, »Legitimacy in the modern state«, in *Legitimacy and the State*, ed. William Connolly, Blackwell 1984, S. 111.

2 Für eine kurze, aber treffende Darstellung dieser Verwirrung vgl.

ibid., S. 108—111; und Carl J. Friedrich, *Man and his Government*, McGraw-Hill 1963. S, 233.

3 Die weithin gelehrte Klassifikation von Max Weber in den »traditionellen«, den »charismatischen« und den »rationalen« Typus der Macht sind in diesem Zusammenhang nicht ausreichend. Alle drei Kategorien werden von Weber selbst nicht konsistent verwendet und könnten auf verschiedene Ebenen der Machtausübung in Japan angewandt werden, übrigens auch in westlichen Demokratien oder totalitären Systemen des 20. Jahrhunderts, ohne daß sie viel über Legitimität aussagen, denn sie schließen einander nicht aus. Für eine Kritik an Webers Schema vgl. Stanislav Andreski, Max Weber's *Insights and Errors*, Routledge & Kegan Paul 1984, S. 96—98.

4 Anthony de Jasay, *The State*, Blackwell 1985, S. 71. De Jasay ist ein neuer Autor, der über die Unterscheidung zwischen Duldung und Legitimität Wichtiges sagt; vgl. S. 67—78.

5 Tanaka Kakuei wird ebenfalls oft als Premierminister erwähnt, der an der Erweiterung seiner Macht interessiert war. Doch für ihn war es kein Hauptziel, das Amt des Premierministers zu stärken. Sein Imperium beruhte auf inoffiziellen Beziehungen.

6 Delmer Brown und Ichiro Ishida, *The Future and the Past*, University of California Press 1979, S. 368.

7 Stanislav Andreski, *Military Organisation and Society*, University of California Press 1968.

8 Herman Ooms, *Tokugawa Ideology*, Princeton University Press 1985, S. 44.

9 Ibid., S. 42.

10 Jeffrey P. Mass, »Introduction«, in *The Bakufu in Japanese History*, ed. J. P. Mass und W. B. Hauser, Stanford University Press 1985, S. 4.

11 Dan Fenno Henderson, »The evolution of Tokugawa law« in *Studies in the Institutional History of Early Modern Japan*, ed. John W. Hall und Marius B. Jansen, Princeton University Press 1968, S. 214.

12 Irwin Scheiner, »Benevolent lords and honorable peasants: rebellion and peasant consciousness in Tokugawa Japan«, in *Japanese Thought in the Tokugawa Period*, ed. Tetsuo Najita und Irwin Scheiner, University of Chicago Press 1978, S. 41.

13 Bob Tadashi Wakabayashi, *Anti-Foreignism and Western Learning in Early Modern Japan*, Harvard University Press 1986, S. 112f.

14 Für eine sehr gescheite theoretische Behandlung des Kontinuums von Unterdrückung, Zustimmung und Legitimität vgl. de Jasay, op. cit. (Nr. 4), S. 67ff.

15 Thomas M. Huber, »The Choshu activists and 1868« in *Japan Examined*, ed. H. Wray und H. Conroy, University of Hawaii Press 1983.

16 Vgl. John W. Hall, »Rule by status in Tokugawa Japan«, *Journal of Japanese Studies*, Herbst 1974, S. 39f.

17 Sir Rutherford Alcock, *The Capital of the Tycoon*, London 1863, Bd. 2, zitiert in Hall, »Rule by status«, op. cit. (Nr. 16).

18 Harold Bolitho, »The Meiji restoration«, in Japan, ed. Wray/Conroy, op. cit. (Nr. 15), S. 63.

19 David Titus, *Palace and Politics in Prewar Japan*, Columbia University Press 1974, S. 20.

20 Gordon Berger, persönliche Mitteilung.

21 Maruyama Masao, »Japanese thought«, *Journal of Social and Political Ideas in Japan*, April 1964, S. 44. Übersetzung von Iwanami Koza, *Gendai Nihon no shiso*, Bd. 11, Iwanami Shoten 1957, S. 3—46.

22 Die Shinron oder Neuen Thesen, das Hauptwerk der Mito-Schule; sie wurden zur Bibel der Bewegung »Setzt den Kaiser wieder ein und vertreibt die Barbaren«. Vgl. auch Kapitel 10.

23 Wakabayashi, *Anti-Foreignism*, op. cit. (Nr. 13), S. 113.

24 Richard H. Minear, *Japanese Tradition and Western Law*, Harvard University Press 1970, S. 72.

25 Jung Bock Lee, *The Political Character of the Japanese Press*, Seoul National University Press 1985, S. 97.

26 »Tami wa shirashimu bekarazu, yorashimu beshi« — vgl. Lee, ibid., S. 98; und Maruyama Masao, *Studies in the Intellectual History of Tokugawa Japan*, University of Tokyo Press 1974, S. 330, n. 4.

27 Ooms, op. cit. (Nr. 8), S. 107.

28 Vgl. George M. Beckmann, *The Making of the Meiji Constitution*, University of Kansas Press 1957, Kapitel III.

29 Richard H. Mitchell, *Censorship in Imperial Japan*, Princeton University Press 1983, S. 16.

30 Carol Gluck, *Japan's Modern Myths*, Princeton University Press 1985, S. 60.

31 Ibid., S. 53—56.

32 Walter McLaren, *A Political History of Japan during the Meiji Period*, Allen & Unwin 1916, S. 356f.

33 Gordon Berger, *Parties out of Power in Japan*, Princeton University Press 1977, S. 28.

34 Roger F. Hackett, »The Meiji leaders and modernisation: the case of Yamagata Arimoto«, in *Changing Japanese Attitudes toward Modernisation*, ed. Marius B. Jansen, Princeton University Press 1965, S. 268.

35 Ein Oligarch wie Ito Hirobumi etablierte 1900 eine eigene Partei mit Gefolgsleuten aus der Bürokratie.

36 Robert M. Spaulding, *Imperial Japan's Higher Civil Service Examinations*, Princeton University Press 1967, S. 112. Diese immer noch nicht überholte Studie liefert den besten historischen Überblick über die bürokratischen Institutionen des modernen Japan in englischer Sprache.

37 Hata Ikuhiko, *Kanryo no kenkyu* »Über Bürokraten«, Kodansha 1983, S. 109; und Spaulding, op. cit. (Nr. 36), S. 117.
38 1888 gegründet, um den Kaiser in Fragen des Verfassungsentwurfs und anderer Gesetze zu beraten. Später gewann er die Rechtshoheit über kaiserliche Erlasse und Anweisungen. Seine Mitglieder waren frühere Bürokraten, Adlige und andere, immer konservativ. Sein Vorsitzender war Yamagata, von 1905 bis zu seinem Tod 1922. Er beschränkte wirksam die Macht der Parteikabinette.
39 Spaulding, op. cit. (Nr. 36), S. 119.
40 Ibid.
41 Ibid., S. 119f.
42 Vgl. James L. Huffman, *Politics of the Meiji Press*, University of Hawaii Press 1980, S. 192.
43 Spaulding, op. cit. (Nr. 36), S. 89.
44 Byron K. Marshall, »Professors and politics: the Meiji academic elite«, *Journal of Japanese Studies*, Winter 1977, S. 79f.
45 Tetsuo Najita, Japan: *The Intellectual Foundations of Modern Japanese Politics*, University of Chicago Press 1974, S. 10.
46 Gaetano Mosca, *The Ruling Class*, McGraw-Hill 1939, S. 52.
47 Die Autokratien in Indonesien und den Philippinen vor Marcos' Flucht (Ländern, die das konfuzianische Erbe nicht teilen) repräsentieren einen anderen Typus der Machtdynamik.
48 Ellen Hammer, *Death in November*, Dutton 1987.
49 Ein interessanter Bericht, der dies demonstriert, findet sich im Zusammenhang mit dem Kampf gegen die Behörden um den Bau des Flughafens Narita bei David E. Apter und Nagyo Sawa, *Against the State*, Harvard University Press 1984, S. 266.
50 Jiyuminshu Henshubu, »1985 nen taisei e no tembo« »Perspektiven für das System von 1985«, *Jiyuminshu*, Januar 1982, S. 228. Mehr über diesen bahnbrechenden Artikel in Kapitel 14.
51 Murakami Yasusuke, »The age of new middle mass politics: the case of Japan«, *Journal of Japanese Studies*, Winter 1982, S. 29—72.

13 Ritual und Einschüchterung

1 Chicho Jichi Kenkyu Shiryo Sentaa, *Gendai kanrisharon* »Moderne Manager«, 1977, S. 22.
2 Irwin Scheiner, »Benevolent lords and honorable peasants: rebellion and peasant consciousness in Tokugawa Japan«, in *Japanese Thought in the Tokugawa Period 1600—1868*, ed. Tetsuo Najita und Irwin Scheiner, University of Chicago Press 1978, S. 39—59.
3 Kawashima Takeyoshi, »Dispute resolution in contemporary Japan«

in *Law in Japan*, ed. A. T. von Mehren, Harvard University Press o. J., S. 43—45.

4 Ian Buruma, *A Japanese Mirror*, Cape 1984, Kapitel 10.

5 Sahasi Shigeru, »Kanryu shokun ni chokugen suru« »Mit Bürokraten direkt reden«, *Bungei Shunju*, Juli 1971, S. 108.

6 Ibid., S. 109.

7 Chitoshi Yanaga, *Japanese People and Politics*, Wiley 1956, S. 307. Vgl. auch Chalmers Johnson, *MITI and the Japanese Miracle*, Stanford University Press 1982, S. 134.

8 Vgl. Kapitel 5. Für eine detaillierte Darstellung des »Telekommunikationskrieges« und der Dynamik beider Ministerien vgl. Chalmers Johnson, *MITI, MPT and the Telecom Wars: How Japan Makes Policy for High Technology*, Berkeley Roundtable on the International Economy, University of California, Brie Working Paper Nr. 21, 1986.

9 Das MPT hat auch gegen eine Kombination aus Landwirtschaftskooperativen und den Ministerien für Landwirtschaft und Finanz einen großen Bürokratenkrieg um ein System von »Volksdarlehen« geführt; nach Vermittlung durch betroffene LDP-Mitglieder konnte es dies 1973 einführen. Vgl. Yung H. Park, *Bureaucrats and Ministers in Contemporary Japanese Government*, Institute of Asian Studies, University of California, Berkeley 1986, S. 137f.

10 Inoguchi Takashi und Iwai Tomoaki, *»Zoku giin« no kenkyu* »Eine Studie über ›Zoku-Parlamentarier‹«, Nihon Keizai Shimbun 1987, S. 22.

11 Richard H. Mitchell, *Thought Control in Prewar Japan*, Cornell University Press 1976, S. 187.

12 Kubo Hiroshi, *Nihon no kensatsu* »Japans Staatsanwaltschaft«, Kodansha 1986, S. 154.

13 Walter L. Ames, *Police and Community in Japan*, University of California Press 1981, S. 147f.

14 Ise Akifumi, *Nippon keisatsu zankoku monogatari*, »Die innere Geschichte der japanischen Polizei«, Eeru Shuppansha 1985, S. 12—16.

15 Es wurde schließlich ermittelt, daß der amerikanische Flugzeughersteller versäumt hatte, bei einer Reparatur am Schott der Maschine die notwendige Anzahl Bolzen anzubringen. Zum Zeitpunkt des Unglücks war der JAL-Präsident im Brennpunkt des Konflikts. Takagi Yasumoto war der erste, der innerhalb der Organisation aufgestiegen war, statt vom Ministerium an ihre Spitze gesetzt worden zu sein. Seine Ernennung war vom Verkehrsministerium kurzfristig akzeptiert worden, während dessen eigener Kandidat hinter den Kulissen wartete. Dann hatte sich jedoch gezeigt, daß Takagi nicht leicht aus dem Amt zu drängen war, und er hatte auch recht mit seiner Vorhersage, daß das Verkehrsministerium bei Manipulationen in den Landerechtsverhandlungen mit Washington schlecht ab-

schneiden würde — alles Gründe für saure Trauben bei den Bürokraten.

16 Um diese Unternehmung vorzubereiten, hatte Nakasone einen Beratungsausschuß eingesetzt, der zu dem Schluß kam, das Gebet am Yasukuni-Schrein sei kein Verfassungsbruch, »solange es nicht zu Militarismus führt«. Doch eine Minderheit in dieser Gruppe, hieß es, konnte sich mit diesem Standpunkt nicht abfinden, und die Presse kritisierte die Wahl der Ausschußmitglieder. 36 unabhängige Wissenschaftler, darunter Verfassungsexperten, übergaben Nakasone ihren eigenen Bericht, demzufolge das Gebet an dem umstrittenen Schrein die Verfassung tatsächlich verletzte, weil Religion und Staat deutlich getrennt bleiben sollten.

17 Seiner eigenen Regierungszeit sind fünf Jahre hinzuzurechnen, in denen er als Regent für seinen schwachsinnigen Vater amtierte.

18 Vgl. Kojima Noboru, »Tenno to Amerika to taiheyo senso«, *Bungei Shunju*, November 1975, S. 94—126; und D. Clayton James, *The Years of MacArthur, Bd. 3: Triumph and Disaster*, Houghton Mifflin 1985, S. 320—22.

19 Bei seinem berühmten Besuch im Buckingham Palace 1921 sah Hirohito zum erstenmal eine Zeitung und erlebte zum erstenmal spontanes Verhalten. König George V. kam im Morgenmantel in sein Schlafzimmer und klopfte ihm beim Frühstück auf die Schulter. Es dauerte Jahre, bis seine Höflinge in Tokio das geistig verkraftet hatten, doch in Erinnerung an diese unvergeßliche Freiheit aß Hirohito fortan immer Schinken und Ei zum Frühstück und trug nie wieder Kimono.

20 John Bester, »Afterthoughts«, *Mainichi Daily News*, 15. April 1985.

21 Thomas Rohlen, *Japan's High Schools*, University of California Press 1983, S. 191.

22 Michael Korver, »An outsider takes an inside look at Japan's corporate culture«, *Japan Economic Journal*, 3. Mai 1986, S. 41.

23 Nakane Chie hat in *Japanese Society*, University of California Press 1970, eine der knappsten, aber erschöpfendsten Darstellungen dieser vertikalen Bindungen in japanischen Gruppen gegeben.

24 Imai Kazuo, *Kanryo sono seitai to uchimaku* »Bürokraten, ihre Welt und verborgenes Verhalten«, Yomiuri Shimbunsha 1953, S. 61.

25 Ise, *Nippon*, op. cit. (Nr. 14), S. 115.

26 Mikuni Akio, *Mikuni on Banking*, Mikuni & Co. 1987, S. 6.

27 Masao Miyoshi, *As We Saw Them: The First Japanese Embassy in the United States*, University of California Press 1979, S. 87.

28 Für eine ausgezeichnete Darstellung vgl. Walter Edwards, »The commercialised wedding as ritual: a window on social values«, *Journal of Japanese Studies*, Winter 1987, S. 51—78.

29 Ibid.

30 Bei einem Wechselkurs von 130 Yen für den Dollar, der Ende 1987 galt.

31 Chalmers Johnson, »Omote and ura: translating Japanese political terms«, *Journal of Japanese Studies*, Winter 1980, S. 110.

32 Ito Daiichi, *Gendai Nihon kanryosei no bunseki* »Analyse der Bürokratie im heutigen Japan«, Tokyo Daigaku Shuppankai 1980, S. 20.

33 Für eine andere Argumentation mit ähnlichen Folgerungen vgl. J. Victor Koschmann (ed.), *Authority and the Individual in Japan*, University of Tokyo Press 1978, S. 14.

34 Tsuji Kiyoaki, »Nihon ni okeru seisaku kettei katei« »Der politische Prozeß in Japan«, in *Shimpan-Nihon kanryosei no kenkyu*, Tokyo Daigaku Shuppankai 1969, S. 157.

35 Ito, *Gendai*, op. cit. (Nr. 32), S. 50.

36 Nihon no Kanryo Kenkyukai (ed.), *Oyakunin sojuho* »Wie man Bürokraten manipuliert«, Nihon Keizai Shimbunsha 1971, S. 148f.

37 Tsuji, *Nihon*, op. cit. (Nr. 34), S. 163.

38 Vgl. zum Beispiel Frank K. Upham, *Law and Social Change in Postwar Japan*, Harvard University Press 1987, S. 211.

39 Tahara Soichiro, *Nihon no kanryo* »Japans Bürokraten«, Bungei Shunju 1979, S. 262.

40 Vgl. Robert J. Smith, *Japanese Society*, Cambridge University Press 1983, S. 27.

41 Kurt Singer, *Mirror, Sword and Jewel*, Croom Helm 1973, S. 39.

42 Upham, *Law*, op. cit. (Nr. 38), S. 122f.

43 Hanami Tadashi, *Labor Relations in Japan Today*, Kodansha International 1979.

44 Vgl. Howard Stanislawski, »Japan's Israel problem«, *New Republic*, 9. März 1987.

45 Für dies und weitere Beispiele vgl. Willy Stern, »Japan's ›free traders‹ boycott Israel«, *Tokyo Business Today*, November 1987, S. 26—28.

46 Ein gutes Beispiel findet sich bei Clyde Prestowitz, *Trading Places*, Basic Books 1988, S. 161.

47 Watanabe Yozo, *Gendai kokka to gyoseiken* »Der moderne Staat und seine Verwaltungsrechte«, Tokyo Daigaku Shuppankai 1972, S. 312.

48 Ishikawa Masumi, »Shitatakanari ›kokka himitsu-ho‹ an« »Das ›Spionagegesetz‹ lebt immer weiter«, *Chuo Koron*, Februar 1986, S. 141f.

49 Vgl. Ito, *Gendai*, op. cit. (Nr. 32), S. 23.

50 Ibid., S. 89.

51 Narita Yoriaki »Gyosei shido« »Administrative Führung«, in *Gendai no gyosei*, ed. Takayanagi Shinichi et al., Iwanami Shoten 1966, S. 138.

52 Ito, op. cit. (Nr. 32), S. 83f.

53 Ibid., S. 86.

54 Ibid., S. 53.

14 Ein Jahrhundert ausgebauter Kontrolle

1 Der Krieg in China begann mit dem sogenannten Zwischenfall an der Marco-Polo-Brücke am 7. Juli 1937. Davor hatte Japans Kwantung-Armee im September 1931 die chinesische Garnison in Mukden angegriffen; diese Aktion ist als der Mandschurische Zwischenfall in die Geschichte eingegangen. Er markierte den Beginn einer intensiveren Verwicklung, die zum oben erwähnten Krieg führte, und so kann man auch von Japans fünfzehnjährigem Krieg in Asien sprechen.

2 Edwin O. Reischauer, Geschichtsprofessor in Harvard und in den 1960er Jahren US-Gesandter in Tokio, war einer der einflußreichsten Vertreter dieser Auffassung. Für eine neuere Darstellung in einem Interview vgl. »Nihon no susumubeki michi« »Der Weg, den Japan einschlagen sollte«, *Bungei Shunju*, Januar 1988, S. 101.

3 Eine bahnbrechende Studie in diesem Zusammenhang konzentriert sich auf die Kontinuität der Industriepolitik und die Karrieren der maßgeblichen Beamten, die die Zeit vor dem Krieg, während des Krieges und nach dem Krieg umfassen: Chalmers Johnson, *MITI and the Japanese Miracle*, Stanford University Press 1982. Vgl. auch Sheldon Garon, *The State and Labor in Modern Japan*, University of California Press 1987.

4 Die vollständigste Untersuchung dieser Säuberung auf Englisch ist Hans H. Baerwald, *The Purge of Japanese Leaders under the Occupation*, University of California Press 1959. Baerwald listet 1,9% von 42251 Überprüften als gesäubert auf. Vgl. auch Hata Ikuhiko, *Kanryo no kenkyu* »Über Bürokraten«, Kodansha 1983, S. 27. Insgesamt wurden 210000 Personen gesäubert, zumeist Militär. Es gibt in den Statistiken eine Diskrepanz über die Zahl der offiziell Gesäuberten. Die gängige Liste gesäuberter Bürokraten gibt 1800 an. Einer anderen Statistik zufolge wurden am Ende nur 719 Bürokraten gesäubert. Vgl. auch Kinoshita Hanji, »Kyu-shihaiso no katai to fukkatsu« »Auflösung und Auferstehung der alten herrschenden Klasse«, in *Sengo Nihon no seijikatei: Nempo Seijigaku*, Iwanami Shoten 1953, S. 69—85.

5 T. J. Pempel, »The tar baby target: ›reform‹ of the Japanese bureaucracy«, in *Democratising Japan*, ed. R. E. Ward und Y. Sakamoto, University of Hawaii Press 1987, S. 159. Pempel gibt einen ausgezeichneten, kurzen Überblick über die Beziehung zwischen den Besatzern und der japanischen Bürokratie; darin zieht er eine Parallele

zur amerikanischen Behandlung deutscher Bürokraten im Gegensatz zur systematischen Durchforstung der ostdeutschen Bürokratie durch die sowjetischen Besatzer.

6 Theodore Cohen, *Remaking Japan*, Free Press 1987, S. 379.

7 Ibid., S. 381f.

8 Die genaue Endsumme der unter verschiedenen Kriterien gesäuberten Personen beträgt 1 535.

9 Baerwald, op. cit. (Nr. 4), bes. S. 2f.

10 Ibid., S. 69.

11 Yoshida Shigeru, *The Yoshida Memoirs*, Houghton Mifflin 1962, S. 128.

12 Miles Fletcher, *The Search for a New Order: Intellectuals and Fascism in Prewar Japan*, University of North Carolina Press 1982. Vgl. auch Juan J. Linz, »Some notes toward a comparative study of fascism in sociological historical perspective«, in *Fascism*, ed. Walter Laqueur, University of California Press 1976, S. 103f.

13 Hashikawa Bunzo, »Kakushin kanryo« »Reformbürokraten«, in *Kenryoku no shiso*, ed. Kamishima Jiro, Chikuma Shobo 1965, S. 252.

14 Hata, op. cit. (Nr. 4), S. 125.

15 Mark R. Peattie, *Ishiwara Kanji and Japan's Confrontation with the West*, Princeton University Press 1975, S. 186—89.

16 Goto Ryunosuke gründete 1933 die Showa Kenkyukai. Für eine detaillierte Untersuchung ihrer drei wichtigsten Intellektuellen und ihrer verschiedenen ideologischen Stränge vgl. Fletcher, op. cit. (Nr. 12).

17 Shibagaki Kazuo, »›Keizai shintaisei‹ to toseikai: sono rinen to genjitsu« »›Die neue Wirtschaftsordnung‹ und die Kontrollverbände: ihr Ideal und ihre Wirklichkeit«, in *Senji Nihon keizai*, ed. Tokyo Daigaku Shakai Kagaku Kenkuyjo, Tokyo Daigaku Shuppankai 1979, S. 301, 307—10, 322.

18 Hashikawa, »Kakushin«, op. cit. (Nr. 13), S. 254—56; Johnson, op. cit. (Nr. 3), S. 123—25; Hata, op. cit. (Nr. 4), S. 112—18.

19 Nakajima Makoto, »Showashi o irodoru kakushin kanryo no jidai« »Das Zeitalter der Reformbürokraten in der Showa-Geschichte«, *Gendai no me*, September 1978, S. 52.

20 T. A. Bisson, *Japan's War Economy*, Institute of Pacific relations, New York 1945, S. 10. Für den Zusammenschluß und viele weitere Details des Kabinetts-Planungsrates vgl. Johnson, op. cit. (Nr. 3), S. 137—43.

21 Ito Daiichi, *Gendai nihon kanryosei no bunseki* »Analyse der Bürokratie im heutigen Japan«, Tokyo Daigaku Shuppankai 1980, S. 36.

22 Für eine Darstellung der jinmyaku-Politik Kishis vgl. Takada Kyoshi, »Kishi Nobosuke«, in *Kuromaku kenkyu*, Shin Kokuminsha 1977, S. 15—113.

23 Johnson, op. cit. (Nr. 3), S. 172.

24 »Zaikai no ›Ikeda sanmyaku‹« »›Ikedas Beziehungsnetz‹ in Wirtschaftskreisen«, *Shukan Asahi*, 30. Oktober 1960, S. 8.

25 Ito Osamu, »Sengo Nihon kinyu shisutemu no keisei« »Die Entstehung des Finanzsystems in Japan nach dem Krieg«, in *Nempo Kindai Nihon kenkyu*, ed. Kindai Nihon Kenkyukai, Bd. 8, Yamakawa Shuppansha 1986, S. 225f.

26 Hata Ikuhiko, »Kanryo no ikinobiru michi« »Wie Bürokraten überleben«, *Shokun*, April 1977, S. 85.

27 Johnson, op. cit. (Nr. 3), S. 173.

28 Für einen Überblick über die Kontrollverbände vgl. Shibagaki Kazuo, »›Keizai shintaisei‹«, op. cit. (Nr. 17), S. 291—336.

29 Johnson, op. cit. (Nr. 3), S. 173.

30 Sakakibara Eisuke und Noguchi Yukio, »Okurasho Nichigin ocho no bunseki« »Analyse des Königreiches Finanzministerium/Bank of Japan«, *Chuo Koron*, August 1977, S. 98, 113—20.

31 Ibid., S. 99. Das Gesetz zur Bank of Japan von 1942 wurde 1947 geändert, ließ aber die Funktionen der Bank aus der Kriegszeit im wesentlichen intakt.

32 Ibid., S. 99, 117.

33 Akimoto Hideo, *Keidanren*, Sekkasha 1968, S. 116f. Der Juyo Sangyo Tosei Dantai Kyogikai (Kontrollverband für Wichtige Industrien) von 1941 wurde im Februar 1946 aufgelöst, im August 1946 durch den Nihon Sangyo Kyogikai (Japanischen Industrieverband) ersetzt und mit dem Kinyu Dantai Kyogikai (dem im April 1946 gebildeten Verband für Finanzfirmen) kombiniert, um eine Woche später zum Keidanren zu werden.

34 Otani Ken, »Uemura Kogoro«, in *Sengo zaikaijin retsuden*, Sangyo Noritsu Daigaku Shuppanbu 1979, S. 168.

35 Ishizakas Ruf, gegen die Bürokratie zu sein, lag zum Teil an seiner Opposition gegen das vom MITI vorgeschlagene Gesetz für Besondere Maßnahmen für bestimmte, notleidende Industrien, das nie verabschiedet wurde. Vgl. Kapitel 15.

36 Zu diesen Führern beider Organisationen gehörten Moroi Kanichi, Sakurada Takeshi, Imazato Koki und Shikanai Nobutaka. Für einen Vergleich der beiden Organisationen vgl. Noguchi Yuichiro, »Yottsu no keieisha dantai« »Vier Management-Gruppen«, *Chuo Koron*, Oktober 1960, S. 161—63.

37 Hoashi Kei, *Toseikai no riron to jissai* »Theorie und Praxis der Kontrollverbände«, Shin Keizaisha 1941, S. 4. Shibagaki Kazuo stellt Hoashis Theorie ausführlich dar, und wie wesentliche Aspekte daraus in der Nachkriegswirtschaft verwirklicht wurden, op. cit. (Nr. 17), S. 291—336.

38 Hoashi, op. cit. (Nr. 37), S. 2.

39 Ibid., S. 38.

40 Ibid., S. 15f.

41 Otsuka Banjo, »Keizai minshuka to sono gutaisaku« »Demokratisierung der Wirtschaft und ihre konkreten Maßnahmen«, *Keieisha*, März 1947, S. 2—9; ders., »Keizai minshuka to shusei shihonshugi« »Demokratisierung der Wirtschaft und reformierter Kapitalismus«, *Keieisha*, Dezember 1947, S. 1—5. Vgl. auch Kuribara Kazuo und Matsuyama Jiro, *Nihon zaikai nyumon* »Einführung in japanische Wirtschaftskreise«, Gakufusha 1961, S. 36f.

42 Die Doyukai-Theoretiker gaben damals noch Lippenbekenntnisse zum Ideal wirtschaftlicher Freiheit nach amerikanischem Vorbild ab; deshalb prangert die zweite Hälfte ihrer Erklärung Monopole und die duale Struktur mit untergeordneten Zulieferern an.

43 Watanabe Yasuo, »Sengoha kanryo ron« »Über Nachkriegsbürokraten«, *Chuo Koron*, September 1960, S. 206.

44 Oda Keisuke, »Doyukai«, *Jiyu*, November 1970, S. 170.

45 Kimura Takeo, »Sanken«, *Chuo Koron*, Juli 1971, S. 188.

46 Für einen ausführlichen Bericht über diese Schachzüge der Wirtschaft vor der Schaffung der LDP vgl. Chitoshi Yanaga, *Big Business in Japanese Politics*, Yale University Press 1968, S. 121—40.

47 vgl. Hayashi Shozo, »Nihon no pawaa eriito: gendai no kanryo« »Machteliten in Japan: Bürokraten heute«, *Chuo Koron*, Mai 1960, S. 110.

48 Garon, op. cit. (Nr. 3), S. 234.

49 Watanabe, op. cit. (Nr. 43).

50 Theodore Cohen, *Remaking Japan*, Free Press 1987, S. 92.

51 Hiranuma Kiichiro Kaikoroku Hensan (ed.), *Hiranuma Kiichiro kaikoroku* »Memoiren des Hiranuma Kiichiro«, Gakuyo Shobo 1955, S. 215.

52 Ogino Fujio, *Tokko keisatsu taisei shi* »Geschichte des Systems der ›Gedankenpolizei‹«, Sekita Shobo 1984, S. 429—31, 435f.

53 Diese Information stammt von Yonehara Itaru, Kazahaya Yasoji und Shiota Shobei, *Tokko keisatsu kokusho* »Schwarzbuch zur ›Gedankenpolizei‹«, Shin Nihon Shuppansha 1977, S. 211—21.

54 Garon, op. cit. (Nr. 3), S. 233.

55 Ibid., S. 235.

56 Yung H. Park, *Bureaucrats and Ministers in Contemporary Japanese Government*, Institute of Asian Studies, University of California, Berkeley 1986, S. 63f.

57 Hayashi, op. cit. (Nr. 47), S. 108.

58 1952 als Behörde gegründet und 1960 zum Ministerium erhoben.

59 Jin Ikko, *Jichi kanryo* »Bürokraten des Innenministeriums«, Kodansha 1986, S. 14.

60 Ibid., S. 73.

61 Ibid., S. 215.

62 Für die Rolle der Reformbürokraten bei der Etablierung dieses Sprachrohrs der Kriegsregierung vgl. Hashikawa, op. cit. (Nr. 13), S. 256.

63 Schon in den 1870er Jahren sprachen Kommentatoren von einer fukuzatsu naru shakai (zunehmend komplizierten Gesellschaft); vgl. Carol Gluck, *Japan's Modern Myths*, Princeton University Press 1985, S. 30.

64 Kenneth Pyle, »Advantages of followership: German economics and Japanese bureaucrats, 1890—1925«, *Journal of Japanese Studies*, Herbst 1974, S. 44.

65 Garon, op. cit. (Nr. 3), S. 212. Garon schreibt, daß die Historiker, während sie auf die nativistische Rhetorik hörten, die tiefgreifende Wirkung nazideutscher Modelle auf die damalige japanische Politik übersehen haben, besonders was die Unterdrückung der Gewerkschaften betrifft.

66 Vgl. Kapitel 12.

67 Bob Tadashi Wakabayashi, *Anti-Foreignism and Western Learning in Early Modern Japan*, Harvard University Press 1986, S. 112.

68 Yanaga Chitoshi, *Japanese People and Politics*, John Wiley & Son 1956, S. 306.

69 Richard J. Smethurst, *Social Basis for Prewar Japanese Militarism*, University of California Press 1974, S. 11.

70 Kenneth Pyle, »The technology of Japanese nationalism: the local improvement movement, 1900—1918«, *Journal of Asian Studies*, November 1973, S. 58.

71 Smethurst, op. cit. (Nr. 69).

72 Okudaira Yasuhiro, »Tennosei kokka no jinmin shihai« »Kontrolle des Volkes unter dem Kaisersystem«, in *Taikei Nihon kokkashi 5 kindai 2*, ed. Nakamura Masanori et al., Tokyo Daigaku Shuppankai 1976, S. 321, zitiert in Herbert Bix, »Kawakami Hajime and the organic law of Japanese fascism«, *Japan Interpreter*, Winter 1978, S. 129.

73 Garon, op. cit. (Nr. 3), S. 73f.

74 Ibid., S. 28.

75 Kato Shuichi, »Taisho democracy as the prestage for Japanese militarism«, in *Japan in Crisis*, ed. B. Silberman und H. D. Harootunian, Princeton University Press 1974.

76 Sheldon M. Garon, »State and religion in imperial Japan, 1912—1945«, *Journal of Japanese Studies*, Sommer 1986, S. 299.

77 Die Zahl zwei Millionen ist eine gängige Schätzung aktivistischer Frauengruppen. Laut offizieller Statistik gab es zwischen 1955 und 1961 jährlich über eine Million Abtreibungen. 1981 war diese Zahl auf knapp 600 000 gesunken. Ärzte glauben, daß diese offizielle Zahl

mehr als verdoppelt werden muß, weil viele Kliniken aus Steuergründen nicht alle Fälle melden.

78 Für ein Beispiel hierfür vgl. Park, op. cit. (Nr. 56), S. 134. Ein sehr kenntnisreicher und beredter Vertreter dieser Position ist Muramatsu Michio; vgl. zum Beispiel Muramatsu Michio und Ellis S. Kraus, »The conservative policy line and the development of patterned pluralism«, in *The Political Economy of Japan*, ed. K. Yamamura und Y. Yasuba, Stanford University Press 1987, S. 516—54.

79 Hata, Kanryo, op. cit. (Nr. 4), S. 108.

80 Ibid., S. 109f.

81 Gordon Berger, *Parties out of Power in Japan*, Princeton University Press 1977, S. 75.

82 Delmer M. Brown, *Nationalism in Japan*, University of California Press 1955, S. 219f.

83 Ibid., S. 220.

84 Junichi Kyogoku, *The Political Dynamics of Japan*, University of Tokyo Press 1987, S. 11.

85 Jiyuminshu Henshubu, »1985 nen taisei e no tembo« »Perspektiven für ein System von 1985«, *Jiyuminshu*, Januar 1982, S. 224—29.

86 Für ein Beispiel hierfür in Tanaka Kakueis Hochburg vgl. Takabatake Michitoshi, »Etsuzankai no tsuyoki to yowaki« »Starke und schwache Punkte der Etsuzankai«, *Ushio*, Dezember 1983, S. 96.

87 Garon, op. cit. (Nr. 3).

88 Isaiah Berlin, »Two concepts of liberty«, in *Four Essays on Liberty*, Oxford University Press 1969, S. 118.

15 Der japanische Phönix

1 David A. Titus, »Political parties and nonissues in Taisho democracy«, in *Japan Examined*, ed. H. Wray und H. Conroy, University of Hawaii Press 1983, S. 185.

2 Akira Iriye, »The failure of economic expansionism: 1918—1931«, in *Japan in Crisis*, ed. B. Silberman und H. D. Harootunian, Princeton University Press 1974, S. 238.

3 Tsuchiya Takao, »Keizai seisakuka to shite no Okubo Toshimichi« »Okubo Toshimichi als Wirtschaftspolitiker«, *Chuo Koron*, April 1935, S. 98. Die Mission war die berühmte Iwakura-Mission nach Europa und den USA, die 1871—73 achtzehn Monate dauerte.

4 Ibid., S. 109.

5 Clyde Prestowitz, *Trading Places*, Basic Books 1988, Kapitel 4.

6 Die Autorität zu diesem Thema, Nakamura Takafusa, schreibt dies im Widerspruch zur gängigen Auffassung einer allgemeinen Rezes-

sion. Nakamura Takafusa, *Economic Growth in Prewar Japan*, Yale University Press 1983, S. 156.

7 Chalmers Johnson, *MITI and the Japanese Miracle*, Stanford University Press 1982, S. 102f.

8 Nakamura, *Economic Growth*, op. cit. (Nr. 6), S. 266.

9 Mark R. Peattie, *Ishiwara Kanji and Japan's Confrontation with the West*, Princeton University Press 1975, Kapitel 6 und 7.

10 Nakamura, op. cit. (Nr. 6), S. 268—70.

11 Auch bekannt als Aikawa Yoshisuke. Er war selbstverständlich Todai-Absolvent und wurde von Marquis Inoue Kaoru protegiert, der viele Ministerposten in Meiji-Regierungen gehabt hatte und sehr eng mit den größten Finanziers verbunden war. Er begann mit einer Gießerei, kombinierte sie mit der Kuhara-Bergbaugesellschaft seines Schwagers, gab ihr den Namen Nissan und machte mit Zulieferern wie dem berühmten Hitachi-Werk eine »neue zaibatsu« daraus. Die Gruppe gedieh mit der Produktion von Rüstungsgütern, bis sie zur Beteiligung in der Mandschurei eingeladen wurde. Vgl. Ayukawas eigene Erklärung des Handels, den er mit der Kwantung-Armee schloß, in seinem Artikel »Manshu keizai shihai no kii pointo« »Die Schlüsselpunkte wirtschaftlicher Kontrolle in der Mandschurei«, *Bessatsu Chisei*, Dezember 1956, S. 198—200.

12 G. C. Allen, »Japanese industry: its organisation and development to 1937«, in *The Industrialisation of Japan and Manchukuo, 1930—1940*, ed. E. B. Schumpeter, Macmillan 1940, S. 643—45. Für Ayukawas Einführung durch Kishi vgl. auch Johnson, MITI, op. cit. (Nr. 7), S. 131f.

13 Für einen Teil des Netzwerks von Ayukawas Familienbanden mit prominenten Figuren vgl. Natori Giichi, *Seizaikaijin no meiun* »Schicksal der Menschen in Politik, Wirtschaft und Bürokratie«, Hokushindo 1952, S. 155—59.

14 Ayukawa erklärte nach dem Krieg, er sei von Bürokraten wie Shiina Etsusaburo über die Bedingungen in der Mandschurei getäuscht worden. Vgl. Ando Yoshio, *Showa seiji keizaishi e no shogen* »Zeugnis über die politische und wirtschaftliche Geschichte der Showa-Zeit«, Bd. 1, *Mainichi Shimbunsha* 1972, S. 280.

15 T. A. Bisson, *Japan's War Economy*, Institute of Pacific Relations, New York 1945, S. 3.

16 Vgl. zum Beispiel die Bemerkungen von Kaya Okinori, dem prominentesten Beamten des Finanzministeriums Ende der 1930er Jahre. Einige Mitglieder der Showa Kenkyukai (vgl. Kapitel 14) dachten ebenso. Vgl. Kaya Okinori, *Senzen sengo 80 nen* »80 Jahre vor und nach dem Krieg«, Keizai Oraisha 1976, S. 95f.

17 Johnson, op. cit. (Nr. 7), S. 160.

18 Ito Osamu, »Sengo Nihon kin'yu shisutemu no keisei« »Die Entste-

hung des japanischen Nachkriegs-Finanzsystems«, in *Nempo Kindai Nihon Kenkyu*, ed. Kindai Nihon Kenkyukai, Bd. 8, Yamakawa Shuppansha 1986, S. 219.

19 Johnson, op. cit. (Nr. 7), S. 136.

20 Ito, op. cit. (Nr. 18), S. 223.

21 Ibid., S. 224f.

22 Genju Yushi Shitei Kinyu Kikan Seido.

23 Vgl. Okurasho Showa Zaiseishi Henshushitsu (ed.), *Showa zeikeishi* »Geschichte der Showa-Staatsfinanzen«, Bd. 11, *Kin'yu 2* »Finanzen 2«, Toyo Keizai Shimposha 1957, S. 343—46. Das Gesetz war das Guju Kaisha Ho (Gesetz der Rüstungsfirmen).

24 Die kommerziellen Banken waren Teikoku, Mitsubishi, Yasuda, Sumitomo und Sanwa; die Industrial Bank of Japan gehörte in die gleiche Kategorie. Sie wurden von 56 Banken gestützt, die als »Banken zur Aufnahme von Mitteln aus privaten Sektoren« bezeichnet wurden; ibid., S. 348.

25 Ibid., S. 349—52.

26 Ibid., Bd. 2, *Zaisei kikan* »Finanzinstitute«, 1956, S. 275—78. Ein im April 1945 verabschiedetes Gesetz bestätigte das System zusätzlich (Gunjo Kinyuto Tokubetsu Sochi Ho, Sondergesetz zur Finanzierung der Rüstung).

27 Nakamura Takafusa, *The Postwar Japanese Economy*, University of Tokyo Press 1981, S. 16f.; Miyazaki Yoshikazu, *Sengo nihon no keizai kiko* »Wirtschaftsstruktur Japans nach dem Krieg«, Shinhyoron 1966, S. 48f.; Ito, op. cit. (Nr. 18); Yamazaki Hiroaki, »Senjika no sangyokozo to dokusen soshiki«, »Struktur und monopolistische Organisation der Kriegsindustrie«, in *Senji Nihon keizai*, ed. Tokyo Daigaku Shakai Kagaku Kenkyujo, Tokyo Daigaku Shuppankai 1979, S. 286—89.

28 Yoshio Suzuki, *Money and Banking in Contemporary Japan*, Yale University Press 1980, S. 8.

29 Ibid., S. 9.

30 Tahara Soichiro, *Dentsu*, Asahi Shimbunsha 1984, S. 69.

31 Ibid., S. 61.

32 Suetsugu Seiji, »Dentsu ni yoru masukomi sosa: sono haikei to konnichiteki yakuwari« »Dentsus Manipulation der Massenmedien: ihr Hintergrund und ihre heutige Rolle«, *Tsukuru*, November 1973, S. 76—79.

33 Kusayanagi Daizo, »Gendai okokuron: Dentsu« »Ein modernes Königreich: die Dentsu«, *Bungei Shunju*, Februar 1967, S. 194.

34 Tahara, op. cit. (Nr. 30), S. 79.

35 Fujii Haruo, »Dentsu no beeru o hagu« »Entschleierung der Dentsu«, in *Dentsu kogairon*, ed. Ino Kenji, Nisshin Hodo 1971, S. 165—67.

36 Nakamura, op. cit. (Nr. 27), S. 15.

37 Vgl. Okurasho Showa Zaiseishi Henshuhitsu (ed.), Showa zaiseishi, op. cit. (Nr. 23), Bd. 1, Soron »Allgemeines«, 1965, S. 227—32.

38 Vgl. Osawa Tadashi, *Chusho kigyo seisaku shiron* »Zur Geschichte der kleinen und mittleren Industrie«, Minato Shuppansha 1970, S. 206.

39 Ibid., S. 208.

40 Tatsumi Nobuharu, »Chusho kigyo ni okeru soshikika no rekishi to mondaiten« »Geschichte und Probleme der Systematisierung kleiner und mittlerer Betriebe«, in *Korekara no chusho kigyo soshikika no tembo*, ed. Takeuchi Masami, Nihon Seisansei Hombu 1965, S. 72. Für eine Geschichte der Organisation kleiner und mittlerer Betriebe in der frühen Nachkriegszeit vgl. Higuchi Kenji, »Sengo chusho kigyo undo no tenkai« »Entwicklung der Bewegung kleiner und mittlerer Industrien nach dem Krieg«, *Gendai Chusho kigyo kiso kozo*, Bd. 3, Doyukan 1976, S. 223—56.

41 Aikawa Yoshisuke, *Watashi no rirekisho: keizaijin* »Meine persönliche Geschichte: Geschäftsleute«, Bd. 9, Nikkei Shimbunsha 1980, S. 77. Zuerst veröffentlicht von Nihon Keizai Shimbun 1965.

42 Ibid., S. 80.

43 Higuchi, op. cit. (Nr. 40), S. 246.

44 Ibid., S. 249.

45 Ibid., S. 252.

46 Ob ein offizieller oder inoffizieller »Rückwärtskurs« je bewußte Politik der Besatzung war — ob er diskutiert worden ist —, ist unwichtig. Die Verlagerung des Gewichts wurde bemerkt, und in den Augen japanischer Intellektueller war sie ein sehr realer Meilenstein in der frühen Nachkriegsgeschichte.

47 Yanaga Chitoshi, *Big Business in Japanese Politics*, Yale University Press 1968, S. 38.

48 Tsuchikawa Nobuo, »Seito naikaku to shoko kanryo« »Die Bürokratie von Handel und Industrie und die Parteikabinette: die Industriestaats-Politik des Tanaka-Kabinetts«, in *Nempo Kindai Nihon kenkyu*, ed. Kindai Nihon Kenkyukai, Bd. 8, Yamakawa Shuppansha 1986, S. 188, 199.

49 Iwai Tomoaki, »Kokkai naikaku« »Parlamentskabinett«, in *Nihongata seisaku kettei no hen'yo*, ed. Nakano Minoru, Toyo Keizai Shimposha 1986, S. 17; und Muramatsu Michio, »Rippo katei to seito, atsuryoku dantai, kanrayo no kankei« »Parteien, Bürokraten und Lobbys im Prozeß der japanischen Legislative: vorparlamentarische und parlamentarische Prozedur«, *Hokudai Hogaku Ronshu*, Bd. 34, Nr. 1, 1983, S. 149f.

50 William W. Lockwood, »Japan's ›new capitalism‹«, in *The State and*

Economic Enterprise in Japan, ed. Lockwood, Princeton University Press 1965, S. 487.

51 Uchino Tatsuro, *Japan's Postwar Economy*, Kodansha International 1983, S. 66.

52 Für die Farce einer Anhörung hierzu vgl. Yamamura Kozo, *Economic Policy in Postwar Japan*, University of California Press 1967, Kapitel 5.

53 Uchino, op. cit. (Nr. 51), S. 54.

54 Der ausgeglichene Haushalt wurde beibehalten, nachdem Dodges andere Rezepte längst vergessen waren. Die Regierung war in den späten 1960er Jahren gezwungen, ihn unter dem Druck, die Wirtschaft durch staatliche Bauten zu stimulieren, fallenzulassen (vgl. Kapitel 5), obwohl das Abweichen von ihm die Bürokraten des Finanzministeriums bis heute ängstigt.

55 Suzuki, op. cit. (Nr. 28), S. 14.

56 Johnson, op. cit. (Nr. 7), S. 255—60; Uchino, op. cit. (Nr. 51), S. 119f.

57 Wie Johnson bemerkt, op. cit. (Nr. 7), S. 32.

58 Uchino, op. cit. (Nr. 51), S. 120.

59 Okumura Hiroshi, *Shin: Nihon no roku dai kigyo shudan* »Sechs große Konzerngruppen in Japan«, Daiamondosha 1983, S. 118.

60 Für einen Überblick und eine Analyse des Systems vgl. Ishida Hideto, »Anti-competitive practices in the distribution of goods and services in Japan«, *Journal of Japanese Studies*, Sommer 1983, S. 319—334.

61 Ibid., S. 325.

62 Furuta Hisateru, »Foodo o meguru Kishi to Yoshida« »Ford, Kishi und Yoshida«, *Chuo Koron*, Juli 1986, S. 301.

63 Für die Rolle der banto vgl. John G. Roberts, *Mitsui*, Weatherhill 1973.

64 Vgl. zum Beispiel Shibagaki Kazuo »›Keizai shintaisei‹ to toseikai: sono rinen to genjitsu« »›Neue Wirtschaftsordnung‹ und die Kontrollverbände: Ideal und Wirklichkeit«, in *Senji Nihon keizai*, ed. Tokyo Daigaku Shakai Kekyujo, op. cit. (Nr. 27), S. 302.

65 Yanaga, op. cit. (Nr. 47), S. 46.

66 Sakaguchi Akira, »Zaikai ›ipponka‹ koso no shujiku« »Initiator der ›Vereinheitlichung‹ der Wirtschaftswelt«, *Zaikai*, 1. Februar 1965, S. 53.

67 Miyazaki Yoshikazu, *Sengo Nihon no keizai kiko* »Wirtschaftsstruktur Japans nach dem Krieg«, Shinhyoron 1966, S. 55.

68 Prestowitz, op. cit (Nr. 5), S. 144.

69 Für eine sehr gute, ausführliche Darstellung der japanisch-amerikanischen »Halbleiterkriege« und der Werkzeugmaschinen-Saga vgl. ibid., Kapitel 2 und S. 217—29.

70 Der Ausdruck kommt von zaimu, Finanzmanagement, und »High technology«.

71 In den 80er Jahren haben die Japaner weiterhin etwa ein Fünftel ihres verfügbaren Einkommens gespart. Das »Bonus-System«, durch das ein Salaryman zweimal jährlich 20—35% seines Gehalts in ausgehandelten Summen erhält, trägt zur Steigerung der Sparrate bei. Das unterentwickelte soziale Netz ist ein weiterer Anreiz: Einer Schätzung der Zentralbank nach dienen 36% aller privaten Ersparnisse als Versicherung für Krankheit oder Unfälle. Ein weiterer Anreiz zum Sparen sind die hohen Kosten für Bildung und Wohnung.

72 Nomura, Daiwa, Nikko und Yamaichi.

73 Laut Auskunft des Amtes für Wirtschaftsplanung. Vgl. auch die Bemerkung des Sohyo-Präsidenten Kurokawa Takeshi, zitiert in *Asahi Evening News*, 19. Februar 1988.

74 Über das Kalenderjahr 1987. Im März 1988 veröffentlichte Zahlen der Nationalen Landagentur.

75 Nippon Life Insurance, Daiichi Mutual Life Insurance und Sumitomo Mutual Life Insurance.

76 Die Bürokraten machen natürlich Fehler. Einer ihrer größten Fehler nach dem Krieg war die Verteidigung des Yen-Wechselkurses 1971. Die Behörden stützten den Dollar elf Tage lang durch den Kauf von 6 Milliarden Dollar. In dieser Zeit blieb nur Japans Devisenbörse geöffnet.

77 IBM und Coca-Cola werden oft als große ausländische Erfolgsgeschichten auf dem japanischen Markt genannt. Beide begannen sehr früh nach dem Krieg und hatten sozusagen historische Rechte. Dennoch wurden ihnen viele Beschränkungen auferlegt. Sie durften am Anfang ihre Einnahmen nicht aus dem Land bringen und mußten durch Lizenzvorschriften praktisch zum Wachstum ihrer japanischen Konkurrenz beitragen.

16 In der Welt, nicht von der Welt

1 Ein gutes jüngeres Beispiel ist George Packard, »The Coming US-Japan Crisis«, *Foreign Affairs*, Winter 1987/88.

2 *Nihon Keizai Shimbun* »Umgang mit der Politik der neuen konservativen Partei«, 25. Dezember 1961.

3 Uemura Kogoro, »Shin hoshuto no seisaku ni nozomu«, *Yomiuri Shimbun*, 4. November 1955.

4 Yoshi Tsurumi, *Los Angeles Times*, 25. Januar 1988.

5 Dies verstehen einige japanische Intellektuelle. Vgl. zum Beispiel Kuroda Katsuhiro in *Japan National Press Club Bulletin*, 10. Januar 1988; übersetzt als »Predigt Südkorea nicht«, *Japan Times*, 7. Februar 1988.

6 *Asahi Shimbun*, 21. April 1986.

7 Persönliche Mitteilung eines gemeinsamen Freundes.

8 Vgl. auch die Kommentare von George Murakami, dem Veteran unter den wöchentlichen Kommentatoren zur japanischen Wirtschaft, *Asahi Evening News*, 27. April 1987.

9 Für die Schwierigkeiten und die daraus folgenden Methoden bei japanischen Verhandlungen vgl. Michael Blaker, *Japanese International Negotiating Style*, Columbia University Press 1977, S. 14—17.

10 Ibid., S. 224.

11 Kenzo Uchida, *Japan Times*, 19. Juni 1987.

12 Chalmers Johnson, »Japanese-Soviet relations in the early Gorbachev era«, *Asian Survey*, November 1987, S. 545—60.

13 Donald C. Hellmann, *Japanese Foreign Policy and Domestic Politics*, University of California Press 1969; und Donald C. Hellmann, »Foreign policy à la LDP«, in *Politics and Economics in Contemporary Japan*, ed. H. Murakami und J. Hirschmeier, Kodansha International 1983, S. 97f.

14 Hellmann, »Foreign policy«, op. cit. (Nr. 13), S. 103.

15 Clyde Prestowitz, *Trading Places*, Basic Books 1988.

16 Ivan P. Hall, »Stop making excuses for Japan's insularity«, *Wall Street Journal*, 6. Juli 1987.

17 Daß ein importierter Wagen sein Steuer für Japan auf der falschen Seite hat, gehört zu seinem Snob-Appeal; es zeigt, daß der Wagen ein ausländischer ist. Einige Importwagen wie Mercedes haben einen niedrigeren Wiederverkaufswert, wenn sie das Steuerrad rechts haben. BMW hat mit dem Import von zwei rechts gesteuerten Modellen experimentiert und gefunden, daß wenig Interesse an ihnen bestand.

18 T. J. Pempel, »The tar baby target: ›reform‹ of the Japanese bureaucracy«, in *Democratising Japan*, ed. R. E. Ward und Y. Sakamoto, University of Hawaii Press 1987, S. 174.

19 *Asahi Shimbun*-Interview, englische Fassung in *Asahi Evening News*, 3. Juni 1987.

20 »Tensei jingo«-Kolumne, *Asahi Shimbun*, Datum unbekannt.

21 Kato Shuichi, »Taisho democracy as the pre-stage for Japanese militarism«, in *Japan in Crisis*, ed. B. Silberman und H. D. Harootunian, Princeton University Press 1974, S. 234.

22 Mehrere Monate, nachdem Tokio informiert worden war, daß eine Atombombe entwickelt wurde, initiierte die kaiserliche Armee ihr eigenes Programm zur Entwicklung einer Atombombe unter der Leitung von Dr. Nishina Yoshio. Einer Dokumentation des NHK zufolge teilte General Tojo Hideki Hauptmann Kawashima Toranosuke seine Ansicht mit, der Krieg könnte mit Atomwaffen entschieden werden.

23 Für einen Artikel, der die damit verbundenen Gefühle und Gedanken zusammenfaßt und davor warnt, sie als Rechtfertigung für Ja-

pans Kriegsanstrengung zu benutzen, vgl. Onuma Yasuaki, »›Bunmei no sabaki‹ ›shosha no sabaki‹ o koete« »Jenseits der Logik von ›Gerechtigkeit der Zivilisation‹ und ›Gerechtigkeit der Sieger‹«, *Chuo Koron*, August 1983, S. 162—89.

24 Ein repräsentatives Beispiel dafür, daß die Öffentlichkeit aufgefordert wird, für bessere Beziehungen zu anderen Ländern Opfer zu bringen, findet sich im *Diplomatic Blue Book* des Außenministeriums vom Sommer 1985.

25 Unter den zahlreichen Beispielen dieser Art vgl. die Schlußfolgerungen des früheren japanischen Vorsitzenden der Dreierkommission: Watanabe Takeshi, Seiron-Kolumne, *Sankei Shimbun*, Nachdruck in *Japan Times*, 27. April 1987.

GLOSSAR JAPANISCHER WÖRTER

Amakudari	Übernahme pensionierter Bürokraten in hohe Positionen der Wirtschaft
Burakumin	Frühere Verfemte
Dango	Manipulierte Ausschreibungen für Bauprojekte
Fujinkai	Frauenzirkel
Gaiatsu	Druck von außen
Gekokujo	»Die Unteren überwinden die Oberen«; Bezeichnung für niedere Beamte, die die Macht ergreifen, Gehorsamsverweigerung oder Massenaufstände
Gikan	Beamte aus der technischen Laufbahn
Gundan	Wörtl. Armeecorps; Bezeichnung für Tanaka Kakueis Gruppe von Politikern
Habatsu	Politische Clique
Honne	Echte Absichten oder Motive, wahre Bedeutung
Ie	Haushalt, Haus
Ijime	Einschüchterung in der Schule
Ikki	Bauernaufstände
Jiageya	Immobilienhaie
Jimukan	Beamte aus der Verwaltungslaufbahn
Jinmyaku	Netz spezieller informeller Beziehungen
Juku	Paukschule
Kami	Shinto-Gottheit
Keibatsu	Familiengruppierungen durch Heirat
Keiretsu	Gruppe von Firmen, die durch verzahnte Direktorien und gegenseitige Aktienbeteiligung verbunden sind
Kidotai	Aufstandspolizei
Kisha kurabu	Reporterclub
Koban	Polizeihäuschen
Koenkai	Unterstützungsgruppe für einen Politiker, Wahlhilfe-Organisation
Kogai	Umweltverseuchung
Kokutai	»Nationales Wesen«
Kone	Beziehungen
Kyoiku mama	Bildungsmutter

Minzoku	Volk, Rasse
Mondai	Problem
Naimusho	Das aufgelöste, einst sehr mächtige Innenministerium
Nihonjinron	Theorie des Japanertums
Nokyo	Verband der Landwirtschaftskooperativen
Omiai	Offizielles erstes Treffen der Partner einer vermittelten Ehe
Paipu	Wörtl. »pipe = Leitung«; Zugang, den Politiker zu Bürokraten haben, im Zusammenhang mit Wahlgeschenk-Projekten
Sangyo Hokokukai	»Patriotische Industrieverbände« der Vorkriegs- und Kriegszeit, die Arbeiter zum Zweck der Produktionssteigerung organisierten
Sarakin	Kredithaie
Sarariiman	»Salaryman«, Gehaltsempfänger
Sempai	Der Ältere, Helfer, Berater in einer hierarchischen Beziehung
Shafu	»Kultur«, die einer Firma ihre Identität gibt
Shingikai	Beratungsgremium
Shinko shukyo	Neu entstandene Religion
Shunto	Arbeiter-Frühlingsoffensive
Sokaiya	Erpresser von Aktionärs-Vollversammlungen
Tatemae	Vorwand, formelle Erklärung, offizielle Motive
Tenko	Abschwören
Wa	Harmonie, Friede
Yakuza	Gangster
Zaibatsu	Konzerngruppen um eine Holding-Firma vor dem Krieg
Zaikai	Die Welt der Konzerne und Finanzen
Zoku	»Stamm«, Gruppe von Politikern, die sich speziell mit einem bestimmten Bereich der Politik befassen

Register